W0064219

Praxis-Handbuch

Office 2010

Gerhard Philipp
Dilek Mersin
Hannes Pfeiffer

DATA BECKER

Copyright © by   DATA BECKER GmbH & Co. KG
Merowingerstr. 30
40223 Düsseldorf

Produktmanagement   Peter Meisner

Umschlaggestaltung   Inhouse-Agentur DATA BECKER

Textbearbeitung und Gestaltung   SatzWERK, Siegen (www.satz-werk.com)

Druck   CPI Books GmbH

Alle Rechte vorbehalten. Kein Teil dieses Buches darf in irgendeiner Form (Druck, Fotokopie oder einem anderen Verfahren) ohne schriftliche Genehmigung der DATA BECKER GmbH & Co. KG reproduziert oder unter Verwendung elektronischer Systeme verarbeitet, vervielfältigt oder verbreitet werden.

ISBN: 978-3-8158-2998-1

Wichtige Hinweise

Die in diesem Buch wiedergegebenen Verfahren und Programme werden ohne Rücksicht auf die Patentlage mitgeteilt. Sie sind für Amateur- und Lehrzwecke bestimmt.

Alle technischen Angaben und Programme in diesem Buch wurden von den Autoren mit größter Sorgfalt erarbeitet bzw. zusammengestellt und unter Einschaltung wirksamer Kontrollmaßnahmen reproduziert. Trotzdem sind Fehler nicht ganz auszuschließen. DATA BECKER sieht sich deshalb gezwungen, darauf hinzuweisen, dass weder eine Garantie noch die juristische Verantwortung oder irgendeine Haftung für Folgen, die auf fehlerhafte Angaben zurückgehen, übernommen werden kann. Für die Mitteilung eventueller Fehler sind die Autoren jederzeit dankbar.

Wir weisen darauf hin, dass die im Buch verwendeten Soft- und Hardwarebezeichnungen und Markennamen der jeweiligen Firmen im Allgemeinen warenzeichen-, marken- oder patentrechtlichem Schutz unterliegen.

Inhaltsverzeichnis

1. Die besten Office 2010-Features im Überblick: schnell umsteigen und durchstarten

Das Office Paket 2010 bietet viele neue Funktionen, die den Alltag mit dem Programm erheblich vereinfachen können. Nicht alle diese Funktionen wird jeder jeden Tag brauchen, einige sind vielleicht nur für geschäftliche Nutzer sinnvoll. Dieses Kapitel soll Ihnen einen kleinen Überblick über das geben, was für einen privaten Nutzer sinnvoll einsetzbar ist. Private Nutzer sind aber nicht nur diejenigen, die ab und zu mal einen Brief zu schreiben oder eine kleine Tabelle zu kalkulieren haben, sondern auch diejenigen, die das Office Paket für Ausbildung und Universität einsetzen. Oder auch diejenigen, die mit Office 2010 sich als Kassenwart eines Vereins das Leben erleichtern möchten.

Office 2010 gibt es in drei verschiedenen Ausgaben. Die Office Home and Business 2010-Ausgabe umfasst die Elemente Word, Excel, PowerPoint, Outlook und OneNote. Damit werden schon viele Einsatzmöglichkeiten abgedeckt. Wer aber seine umfangreiche CD-, DVD- oder Büchersammlung verwalten möchte oder die Vereins- oder Stadtteilzeitung erstellen muss, der wird sich Office Professional 2010 zulegen müssen, denn darin befinden sich zusätzlich die Datenbank Access 2010 und das Programm zum Erstellen umfangreicher Publikationen Publisher 2010.

In diesem Buch werden alle Elemente der Office Home and Business 2010-Ausgabe besprochen.

Office 2010 sicher installieren

Das Installieren von Office 2010 geht schnell und problemlos. Findet Office 2010 eine Vorgängerversion auf Ihrem Rechner, können Sie sich entscheiden, ob Sie diese Version mit dem neuen Office überschreiben wollen oder ob Office 2010 parallel zum alten Office laufen soll.

Da Sie das alte Office in der Regel nicht mehr benötigen, bietet es sich an, das alte mit dem neuen Office 2010 zu überschreiben. Meist fragt man sich bei diesem Überschreiben einer alten Version, was denn mit den alten Word-, Excel- und PowerPoint-Dateien geschieht. Kann man diese im neuen Office 2010 öffnen und bearbeiten?

Die Antwort ist einfach: ja! Sie können jederzeit Dateien, die in einer Vorgängerversion von Office geschrieben wurden, mit Office 2010 öffnen und weiterbearbeiten. Abgespeichert wird dann aber in der Regel im neuen Format und das ist von alten Office-Versionen nicht lesbar.

Das neue Office kann das alte auf jeden Fall lesen, umgekehrt ist es nicht so. Was Sie tun müssen, wenn Sie Office 2010 haben und Ihre Datei zu einem Freund mit Office 2003 oder älter schicken möchten, wird in diesem Buch u. a. auf Seite 690 besprochen.

Was ist neu & besser? – Die Highlights im Überblick

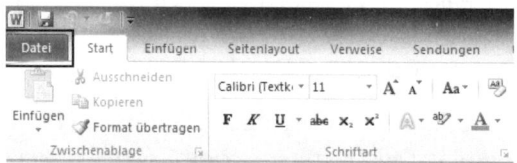

Was früher einmal *Datei*-Menü hieß, wird nun Backstage genannt und ist hinter der Registerkarte *Datei* zu finden. Doch im *Backstage*-Menü befinden sich andere Elemente, als im früheren *Datei*-Menü. Hier können Sie grundlegende Einstellungen für die jeweilige Office-Anwendung vornehmen. Hier können Sie das zuletzt bearbeitete Dokument aufrufen. Beim Erstellen neuer Dateien wählen Sie hier die Vorlage aus oder können auf einen Blick wichtige Druckeinstellungen sehen und ändern.

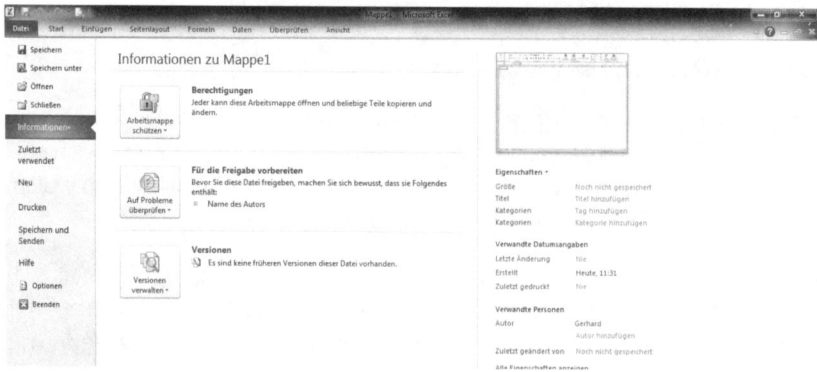

In jeder Office-Anwendung hat dieses *Backstage*-Menü eine andere Farbe bekommen, inhaltlich stimmen sie aber weitgehend überein. Die Einstellungen, die Sie dort machen, gelten aber dann auch nur in dieser Anwendung. Wir werden auf den folgenden Seiten den Backstage-Bereich noch genauer besprechen.

Auch können Sie in Office 2010 mit mehreren Personen über das Internet Dateien austauschen und bearbeiten lassen. Dazu müssen Sie allerdings Ihre Dateien auf dem Microsoft-Speicherdienst SkyDrive ablegen. Das aber geht nur, wenn Sie über ein Windows Live-Konto verfügen, was aber recht unproblematisch über SkyDrive zu bekommen ist.

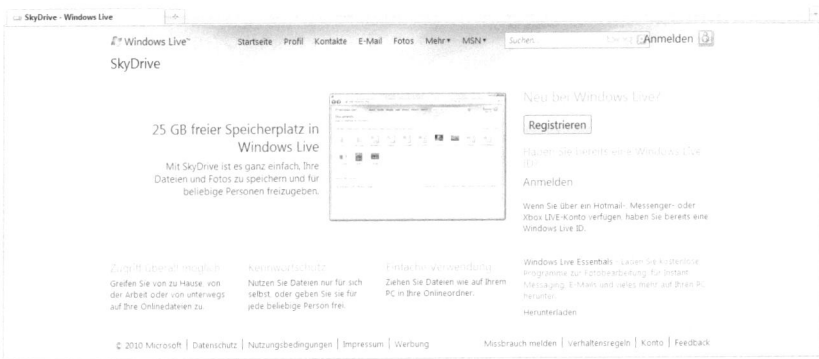

Bevor Sie sich jedoch ein solches Konto einrichten, lesen Sie vorher sehr sorgfältig das „Kleingedruckte" im *Datenschutz*.

Sie bekommen in Word und PowerPoint professionelle Werkzuge an die Hand, um Bilder zu bearbeiten. So können Sie in PowerPoint beispielsweise nicht nur rechteckige Teile aus einem Bild herausschneiden, sondern fast beliebige Formen. Auch können Sie Teile eines Bildes freistellen.

Wie das geht, erfahren Sie auf Seite 579.

In Excel können Sie nun Sparklines einfügen, um den Verlauf von Daten schnell verfolgen zu können. Sparklines sind kleine Liniendiagramme, die den Zahlenverlauf darstellen und in einzelne Zellen eingefügt werden können.

	A	B	C	D	E	F	G
1		Meier, Jens	Schulz, Katharina	Lehmann, Jochen	Schmidt, Agnes	Zufall, Rainer	Umsatzverlauf
2							
3	Januar	1240,83	561,25	2836,58	367,79	467,89	
4	Februar	2240,41	1573,15	229,01	787,53	597,34	
5	März	2261,78	2313,62	964,63	328,2	597,23	
6	April	1371,56	1527,05	878,92	180,14	123,56	
7	Mai	666,44	710,2646272	88,26	50,77	564,55	
8	Juni	366,81	1309,37	572,81	223,5	264,76	
9	Juli	1318,06	2116,47	203,06	471,44	375,5	
10	August	2802,26	858,4160925	137,7	531,93	578,45	
11	September	806,88	453,1	606,17	624,15	334,67	
12	Oktober	395,54	109,18	72,43	431,22	213,56	
13	November	1158,9	153,46	304	966,63	474,56	
14	Dezember	449,43	361,15	746,75	865,93	345,64	

Wie Sie Sparklines in Zellen eingeben können, erfahren Sie auf Seite 417.

Word bietet einen neuen, grandiosen Formeleditor für mathematische Gleichungen, mit dem Sie die komplexesten Formeln schnell und einfach generieren können.

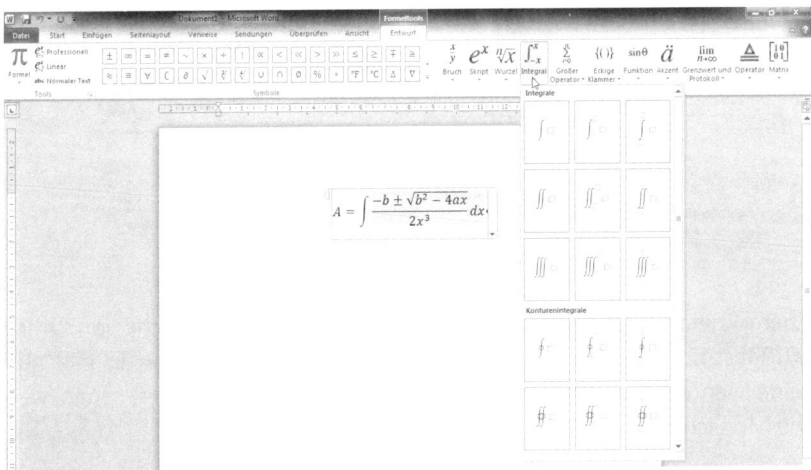

Für Texte hat Word noch weitere visuelle Effekte wie Spiegelungen parat.

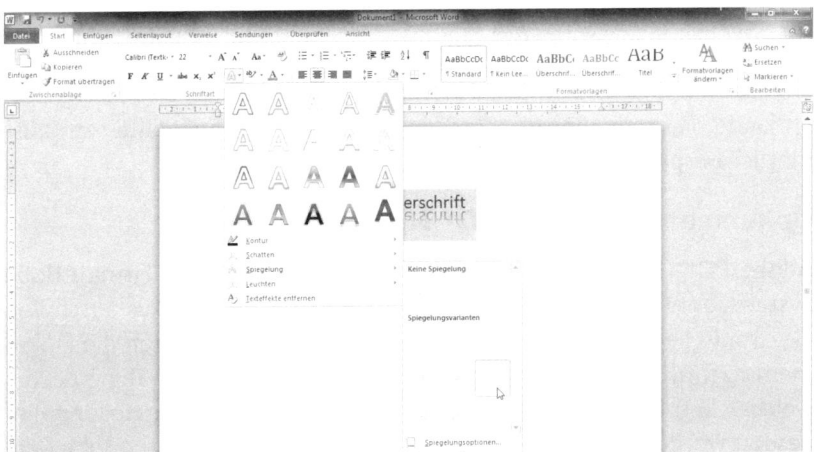

Das waren nur einige der Highlights. Im Verlauf des Buches werden Sie noch weitere kennenlernen.

So lässt sich die neue Oberfläche einfach bedienen

Die Oberfläche hat sich gegenüber der Vorgängerversion Office 2007 nicht grundlegend geändert. Lediglich das *Datei*-Menü, das bei Office 2007 weggefallen war, kommt wieder zum Einsatz, wenn auch mit anderen Elementen als bei Office 2003.

Insbesondere hat sich die Oberfläche gegenüber Office 2003 grundlegend geändert.

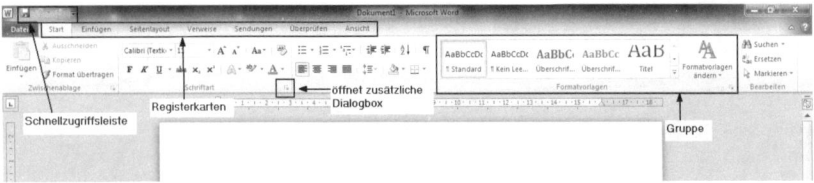

Aber mit ein wenig Eingewöhnungszeit lässt sich die Oberfläche von Office 2010 fast noch intuitiver benutzen als die Vorgängerversionen. Es gibt nun keine Menüs mehr, sondern Registerkarten, auf denen Sie sofort sehen, welche Möglichkeiten Sie an dieser Stelle haben.

Innerhalb der Registerkarten sind die wichtigsten Befehle zu sinnvollen Gruppen zusammengefasst. Da man so aber nicht alles unterbringen konnte, was die einzelnen Komponenten von Office 2010 zu leisten vermögen, wurden weniger häufig gebrauchte Elemente in zusätzlichen Dialogboxen untergebracht.

Im Laufe dieses Buches werden wir diese einzelnen Elemente sehr ausführlich besprechen.

Dokumente im XPS- & PDF-Format speichern

Adobe PDF (Portable Document Format) ist ein von der Firma Adobe Systems entwickeltes Dateiformat, das weltweit für den Austausch von elektronischen Dokumenten verwendet wird. Dabei behalten die Dokumente Schriftarten, Bilder, Grafiken und Layout bei, unabhängig davon, welches Betriebssystem oder welches Programm bei der Erstellung eingesetzt wurde. Zum Lesen solcher Dateien brauchen Sie den Adobe Reader, den Sie sich kostenlos von der Adobe-Webseite unter *www.adobe.de* herunterladen können.

Das Abspeichern als PDF-Datei ist unter Office 2010 ein Kinderspiel. Musste man bei der Vorgängerversion noch ein Add-in herunterladen, so klickt man nun nur noch auf die Registerkarte *Datei* und wählt *Speichern* oder *Speichern unter*. Bei *Dateityp* klicken Sie auf das Dreieck und wählen in der Liste *PDF (*.pdf)*.

Eine andere Möglichkeit: Sie gehen über *Datei* und wählen dann *Speichern und Senden*. Hier können Sie nun *PDF/XPS-Dokument erstellen* anwählen.

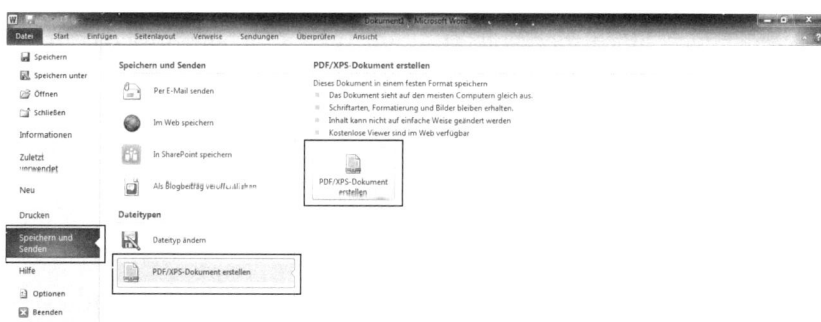

Nun wird ein Fenster geöffnet, in dem Sie entscheiden können, ob Sie eine PDF-, oder XPS-Datei erstellen möchten.

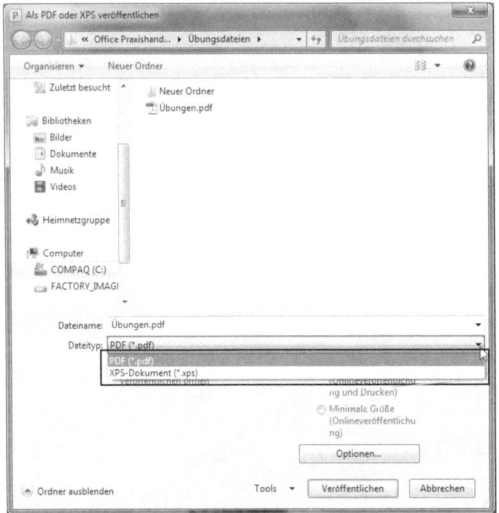

Mit einem Klick auf *Veröffentlichen* wird die Datei als PDF- bzw. XPS-Dokument abgespeichert.

Aber was ist denn eigentlich der Unterschied zwischen PDF- und XPS-Dateien?

XPS ist das Konkurrenzformat von Microsoft zum PDF-Format von Adobe. Zum gegenwärtigen Stand der Technik muss man aber sagen, dass PDF wesentlich mehr bietet als XPS. XPS hingegen ist das Bordwerkzeug von Office 2010. Jeder, der Office 2010 besitzt, kann also auch XPS-Dateien erstellen und betrachten. Wer eine PDF-Datei lesen möchte, muss sich zunächst einmal ein weiteres Programm, den Adobe Reader, herunterladen.

2. Word – Texte & Dokumente eindrucksvoll gestalten

Mit Microsoft Word können Sie anspruchsvolle Dokumente mit Texten und Grafiken gestalten, zum Beispiel Briefe, Bewerbungen, Hausarbeiten und sonstige umfangreiche Dokumente. Das Programm enthält aber auch ausgefeilte DTP-Funktionen, die Sie bei der Gestaltung von Plakaten, Postkarten, Einladungen und anderen attraktiven Dokumenten unterstützen.

2.1 Die ersten Schritte für einfachen Ein- und Umstieg

Nachfolgend erhalten Sie eine kurze Übersicht über die Funktionsweise von Word 2010 und die wichtigsten Bildschirmelemente.

Nach dem Starten von Word 2010 sehen Sie den folgenden Bildschirm:

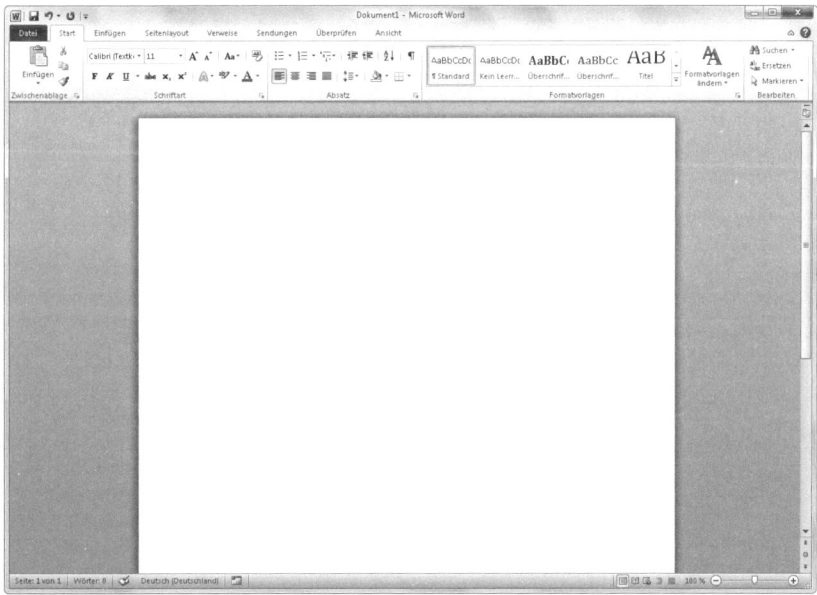

Der Bildschirm nach dem Start von Word 2010.

Sie erhalten ein neues leeres Dokument, das Sie als Grundlage für Ihre Arbeit verwenden können. Alternativ klicken Sie auf das Register *Datei* am linken oberen Bildschirmrand und wählen den Befehl *Neu*.

Im folgenden Dialogfeld können Sie zwischen verschiedenen, fertig gestalteten Dokumentvorlagen wählen, die zum Teil sogar schon vordefinierte Inhalte bieten – so erhalten Sie nicht nur Unterstützung bei der Gestaltung der Dokumente, sondern auch einen inhaltlichen Leitfaden: Sie müssen die vordefinierten Inhalte nur noch abändern und gegebenenfalls ergänzen. Dieser Weg bietet sich immer dann an, wenn Sie es besonders eilig haben und auch ohne eingehende Beschäftigung mit Word zu akzeptablen Ergebnissen gelangen möchten.

Die neue Oberfläche rasch kennenlernen

Betrachten wir nun die Benutzeroberfläche: Seit der Word-Version 2007 und im Unterschied zu den meisten anderen Windows-Anwendungen gibt es keine Menüs und Symbolleisten, sondern das Menüband am oberen Bildschirmrand. Dieses ändert sich dynamisch, je nachdem, was Sie im Dokument ausgewählt haben.

Menüband ausblenden

Bei Bedarf blenden Sie das Menüband ganz aus, indem Sie in der rechten oberen Bildschirmecke auf das Pfeilsymbol neben dem Fragezeichen klicken. Mit einem erneuten Klick auf das Symbol blenden Sie das Menüband wieder ein.

Menüband über die Tastatur bedienen

Das Menüband lässt sich übrigens auch schnell mit der Tastatur bedienen. Drücken Sie dazu einfach die [Alt]-Taste. Sie sehen nun zu jedem per Tastatur ansteuerbaren Befehl das entsprechende Tastenkürzel. Drücken Sie dieses, um zur entsprechenden Funktion zu gelangen.

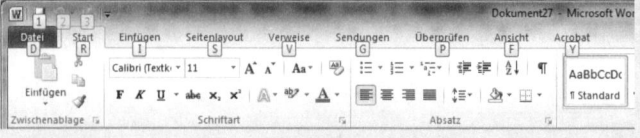

Die Register des Menübands funktionieren am besten in einer möglichst hohen Auflösung, obwohl auch eine Auflösung von 800 x 600 Pixel noch denkbar ist. Für ein vernünftiges Arbeiten sollte Ihr Monitor aber mindestens 1.024 x 768 Pixel messen – je höher die Auflösung, desto intuitiver ist die Arbeit mit dem Menüband.

Die verschiedenen Register des Menübands ersetzen nicht nur die früheren Symbolleisten und Menüs, sondern auch die Dialogfelder – mit dem Unterschied, dass Sie nicht mehr *OK*, *Zuweisen* oder *Vorschau* anklicken müssen, um die Auswirkungen Ihrer Eingaben in den Dialogfeldern zu betrachten. Vielmehr wählen Sie die Option einfach im Menüband aus, und sie wird dem Dokument dynamisch zugewiesen.

Der Backstage-Bereich im Datei-Register

Eine gewisse Sonderstellung nimmt – allein schon optisch – das *Datei*-Register des Menübands ein. Sie können hier ein neues Dokument erstellen, Ihr Dokument speichern und drucken und seine Eigenschaften ändern.

Das Menüband individuell anpassen

Welche Befehle in den einzelnen Registern des Menübands angezeigt werden, können Sie in Word 2010 selbst festlegen. Klicken Sie dazu im *Datei*-Register des Menübands auf den Befehl *Optionen*.

Im folgenden Dialogfeld aktivieren Sie im linken Bereich die Kategorie *Menüband anpassen*.

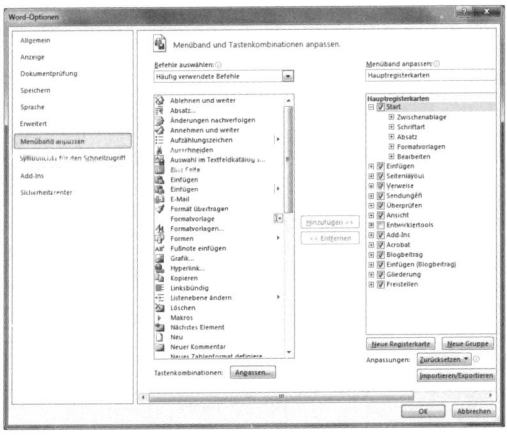

Das Menüband lässt sich in Word 2010 individuell anpassen.

Unter *Menüband anpassen* markieren Sie das Register, in das Sie den neuen Befehl einfügen möchten. Klicken Sie auf die Schaltfläche *Neue Gruppe*. Klicken Sie die neue Gruppe mit der rechten Maustaste an und wählen Sie *Umbenennen*. Vergeben Sie einen passenden Namen und wählen Sie bei Bedarf ein Symbol aus. Klicken Sie auf *OK* und lassen Sie die neue Gruppe markiert.

Nun wählen Sie aus dem Listenfeld *Befehle auswählen* den Befehlssatz, der den von Ihnen gewünschten Befehl enthält. Darunter markieren Sie in der Hauptliste den gewünschten Befehl. Klicken Sie auf *Hinzufügen*, um den Befehl in die neue Gruppe aufzunehmen.

Um einen von Ihnen nicht benötigten Befehl aus dem Menüband zu entfernen, markieren Sie ihn in der rechten Liste und klicken auf die Schaltfläche *Entfernen*.

Auch neue Register können Sie in das Menüband aufnehmen, indem Sie auf die Schaltfläche *Neue Registerkarte* klicken.

Zoomen

Im rechten unteren Bildschirmbereich finden Sie die praktische Zoomleiste.
Sie enthält einen Regler für die stufenlose Vergrößerung bzw. Verkleinerung der Dokumentansicht. Weiterhin können Sie durch einen Klick auf den momentanen Zoomwert das Dialogfeld *Zoom* öffnen, indem Sie die Zoomstufe in numerischer Form eingeben.

Der Auswahlbereich

Äußerst praktisch ist auch der sogenannte Auswahlbereich. Sobald Sie einige Elemente in Ihrem Dokument erstellt haben, können Sie ganz rechts im Register *Start* des Menübands auf die Schaltfläche *Markieren* klicken. Hier können 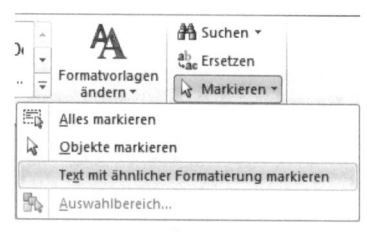 Sie beispielsweise das gesamte Dokument, gezeichnete Objekte oder alle Texte mit einer ähnlichen Formatierung wie das aktuell Markierte auswählen.

Das Dateiformat

Standardmäßig speichert Word 2010 Ihre Dokumente im DOCX-Format. Sie können Ihre Dokumente aber auch noch im alten DOC-Format speichern, um die Abwärtskompatibilität mit Word bis zur Version 2003 zu sichern. Das DOCX-Format – im Grunde genommen ein gezipptes Paket, in dem Dokumenttext, Formate und Bilder getrennt verwaltet werden – basiert auf XML und ist damit robuster und erweiterbarer als das DOC-Format.

So richten Sie sich die Word-Arbeitsumgebung optimal ein

Jetzt ist ein guter Zeitpunkt, sich die Arbeitsumgebung optimal einzurichten. Je nachdem, welche Aufgaben Sie in Ihrem Dokument gerade zu erfüllen haben, bietet Ihnen Word immer die geeignete Arbeitsansicht. Über das Register *Ansicht* oder die Schaltflächengruppe im rechten unteren Bildschirmbereich wechseln Sie schnell zur gerade benötigten Ansicht.

- Die Ansicht *Entwurf* verwenden Sie, wenn Sie schnell schreiben möchten, ohne sich groß um das Seitenlayout Ihres Dokuments zu kümmern. Seitenwechsel werden in Form von gepunkteten Linien dargestellt.

- Die Ansicht *Gliederung* eignet sich zum Umgruppieren, Einfügen und Löschen von Überschriften und Textelementen.

- Die Ansicht *Weblayout* zeigt Ihnen, wie Ihr Dokument aussieht, wenn Sie es über den Befehl *Speichern* im Datei-Register als HTML-Dokument speichern.

- Die Ansicht *Vollbild-Lesemodus* präsentiert die Seiten Ihres Dokuments in kurzen, für das Lesen am Bildschirm optimierten Einheiten, ohne Rücksicht auf tatsächliche Seitenumbrüche zu nehmen.

- Mit der Ansicht *Seitenlayout* begutachten Sie Ihr Dokument so, wie es letztendlich auch im Druck aussehen wird.

2.2 Für jeden Anlass den richtigen Brief: alles Wichtige rund um die Briefgestaltung

Word unterstützt Sie bei der attraktiven Gestaltung Ihrer Korrespondenz. Dazu gehören Funktionen wie die Arbeit mit Textfeldern, Dokumentvorlagen, Zeichnungselementen und Grafiken. Die folgenden Abschnitte zeigen Ihnen, wie Sie diese Funktionen einsetzen, um perfekte Briefe zu erstellen.

Der formelle Brief

Wenn Sie noch keine Briefvorlage haben und schnell einen Brief schreiben möchten, erfahren Sie nun, wie Sie sich ungefähr nach den Vorschriften der DIN-Norm richten, damit er in einem handelsüblichen, ebenfalls genormten Fensterbriefumschlag versandt werden kann. Allerdings ist es nicht notwendig, sich sklavisch an die aus der Schreibmaschinen-Ära stammende Norm zu halten.

1   Klicken Sie auf das Register *Datei* und wählen Sie *Neu*.

2   Wählen Sie *Leeres Dokument* und klicken Sie auf *Erstellen*.

3   Ein neues leeres Dokument liegt vor Ihnen auf der Arbeitsfläche.

Die Adresse an der richtigen Stelle positionieren

Damit die Anschrift des fertigen Briefes genau in ein handelsübliches Fensterkuvert passt, wechseln Sie nun im Menüband in das Register *Seitenlayout* und klicken in der Gruppe *Seite einrichten* auf die Schaltfläche *Seitenränder*.

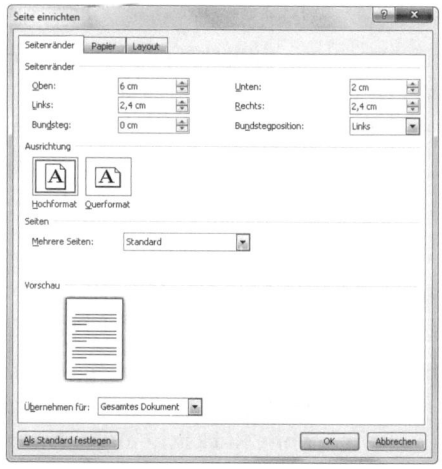

1   Wählen Sie den Befehl *Benutzerdefinierte Seitenränder* und vergewissern Sie sich, dass im Listenfeld *Mehrere Seiten* die Option *Standard* ausgewählt ist.

2   In das Feld *Oben* geben Sie 6 cm ein, in das Feld *Links 2,4 cm* und in das Feld *Rechts* ebenfalls *2,4 cm*.

So sollten Sie Ihre Seite einrichten.

Bestätigen Sie mit *OK* und geben Sie nun die Empfängeradresse ein. Formatieren Sie sie bei Bedarf über die Schaltflächen in den Gruppen *Schriftart* und *Absatz* des Registers *Start*.

1 Drücken Sie dann fünfmal die [Enter]-Taste und geben 🔲 Datum und Uhrzeit
Sie das Datum ein. Sie können sich dabei von Word
helfen lassen, indem Sie im Register *Einfügen* des Menübands auf die
Schaltfläche *Datum und Uhrzeit* klicken. Im folgenden Dialogfeld wählen Sie das gewünschte Datumsformat aus und klicken auf *OK*.

2 Word fügt automatisch das aktuelle Datum an die Stelle der Einfügemarke ein.

3 Drücken Sie erneut fünfmal die [Enter]-Taste und geben Sie die Betreffzeile ein.

4 Markieren Sie die Zeile, wechseln Sie in das Register *Start* und **F**
formatieren Sie die Betreffzeile über das entsprechende Symbol in der Gruppe *Schriftart* fett.

Schnelle Formatierung über das Kontextmenü

Noch schneller formatieren Sie Ihre Texte, wenn Sie nach
dem Markieren des Gewünschten die rechte Maustaste
drücken. Nun erscheint sowohl über als auch unter dem markierten
Text ein Kontextmenü. Im oberen Kontextmenü finden Sie Schaltflächen, mit denen Sie den Text schnell färben oder fett und kursiv formatieren oder seine Schriftart und -größe ändern können.

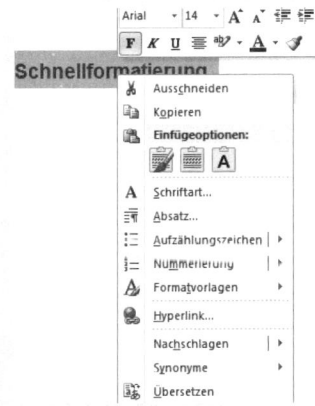

5 Drücken Sie die [Enter]-Taste dreimal und geben Sie die Anrede ein.

6 Drücken Sie die [Enter]-Taste zweimal und geben Sie den Brieftext ein. Die einzelnen Absätze des Briefes trennen Sie jeweils durch eine Leerzeile.

7 Am Ende des Brieftextes drücken Sie wieder zweimal die [Enter]-Taste und geben die Grußformel ein (*Mit freundlichen Grüßen* oder dergleichen).

8 Drücken Sie die [Enter]-Taste sechsmal und geben Sie den Namen des Unterzeichners ein. Unterschrieben wird der ausgedruckte Brief dann zwischen Grußformel und Name des Unterzeichners.

Der fertige Brief passt in jeden Fensterbriefumschlag. Sie können ihn nun per Register *Datei*, Befehl *Drucken*, auf Ihrem Briefpapier ausgeben.

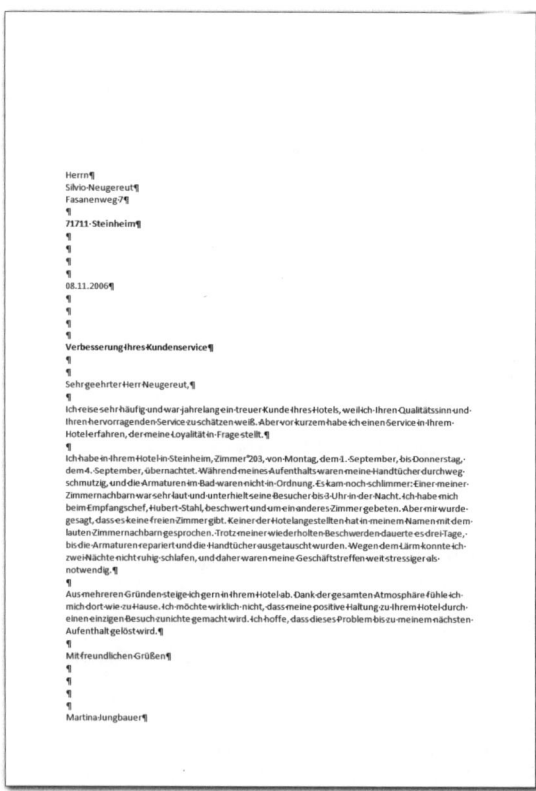

Einen eigenen Briefbogen erstellen

Möchten Sie ein wenig mehr Zeit in die Gestaltung Ihres Briefbogens investieren, eröffnet Word Ihnen vielfältige Möglichkeiten. Denn der Briefbogen vermittelt dem Empfänger nicht nur Ihre Adresse, sondern er beeinflusst das Bild, das sich der Betrachter von Ihnen macht, ganz erheblich. Dieses Bild können Sie durch die Verwendung von unterschiedlichen Elementen Ihres Briefbogens – zum Beispiel Ihrem Logo, Farben, Schriften sowie dem verwendeten Papier – steuern.

Vorbereitungen für die eigene Briefvorlage

Damit Sie Ihre fertige Briefvorlage später bequem nutzen können, speichern Sie sie als Dokumentvorlage mit der Dateiendung *.dotx*.

1 Erstellen Sie ein neues leeres Dokument.

2 Wählen Sie im *Datei*-Register den Befehl *Speichern unter*.

3 Als *Dateityp* wählen Sie *Word-Vorlage* und geben einen passenden Dateinamen ein. Klicken Sie auf *Speichern*.

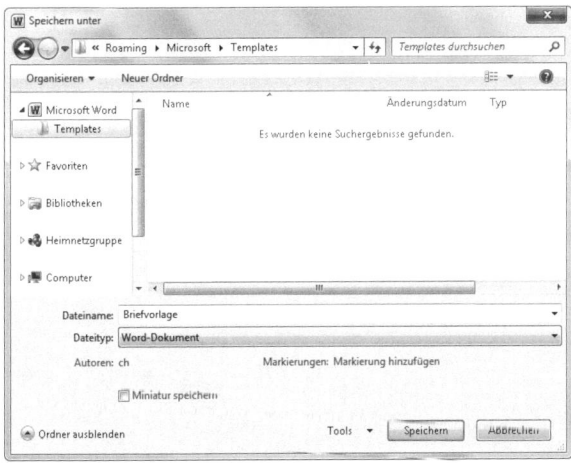

4 Von jetzt an können Sie die Vorlage mit dem Befehl *Neu* aus dem *Datei*-Register abrufen: Klicken Sie dazu im linken Bereich des angezeigten Dialogfeldes unter *Vorlagen* auf *Meine Vorlagen*. Hier lässt sich Ihre Vorlage nun auswählen.

5 Nach einem Doppelklick auf das Symbol erstellt Word ein neues leeres Dokument auf der Basis dieser Vorlage. Enthalten sind sämtliche Elemente, die Sie der Datei hinzufügen (womit wir uns im nächsten Schritt beschäftigen).

6 Öffnen Sie die soeben erstellte DOTX-Vorlage erneut. Im Folgenden beschäftigen Sie sich mit der Gestaltung der einzelnen Elemente.

Elemente in den Briefkopf einfügen – private Briefe verschönern

Gerade persönliche Briefe können Sie ganz nach Ihrem Geschmack durch weitere Elemente wie Grafiken etc. ergänzen. Bevor Sie mit der weiteren Gestaltung beginnen, sammeln Sie alle Elemente, die auf Ihrem Briefbogen erscheinen sollen. Wählen Sie jetzt auch die Druckfarben sowie das Papier aus, auf dem Ihr Brief gedruckt werden soll.

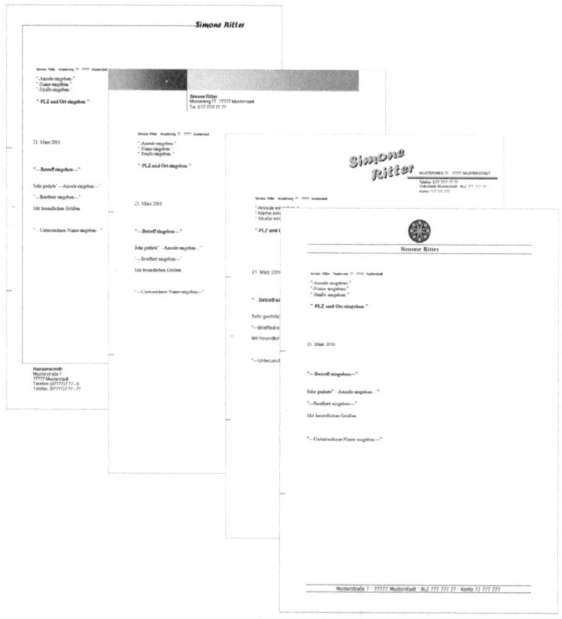

Achten Sie darauf, dass ein gelungenes Briefpapier nicht zu viele Elemente enthalten sollte – es genügt, wenn Sie sich auf einen einzigen Blickfang konzentrieren.

Die Elemente positionieren Sie in der Kopfzeile. Damit stellen Sie zum einen sicher, dass sie unverrückbar positioniert sind, und zum anderen, dass sie auf jeder Seite des Briefes erscheinen.

In die Kopfzeile gehören im Allgemeinen Ihr Absender und vielleicht ein persönliches Logo oder ein Firmenlogo. In der Grundeinstellung beginnt die Kopfzeile eines Word-Dokuments bei 1,25 cm vom oberen Rand aus gemessen. Diesen Wert sollten Sie verringern:

1 Aktivieren Sie im Menüband das Register *Einfügen*.

2 Klicken Sie auf das Symbol *Kopfzeile* und wählen Sie *Kopfzeile bearbeiten*.

3 In der Gruppe *Position* des Registers *Kopf- und Fußzeilentools* verringern Sie den Abstand vom Seitenrand für Kopf- und Fußzeile gesondert.

Verringern Sie die Abstände von Kopf- und Fußzeile.

Nun können Sie die gewünschten Elemente einfügen.

1 Um beispielsweise eine Grafik in die Kopfzeile einzufügen, wählen Sie im Register *Einfügen* die Schaltfläche *Grafik*. Wählen Sie das gewünschte Bild aus und klicken Sie auf *Einfügen*.

2 Anschließend klicken Sie das Bild an und wählen im Register *Bildtools* die Schaltfläche *Position*. Klicken Sie auf *Weitere Layoutoptionen* und aktivieren Sie das Register *Textfluss*. Wählen Sie die Option *Vor den Text*.

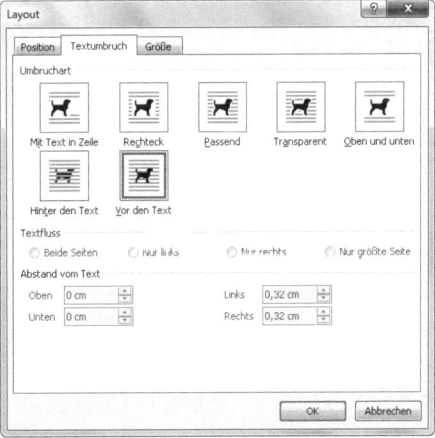

Jetzt lässt sich die Grafik frei auf dem Briefbogen umherziehen – übrigens nicht nur im Bereich der Kopfzeile, sondern im gesamten Dokument.

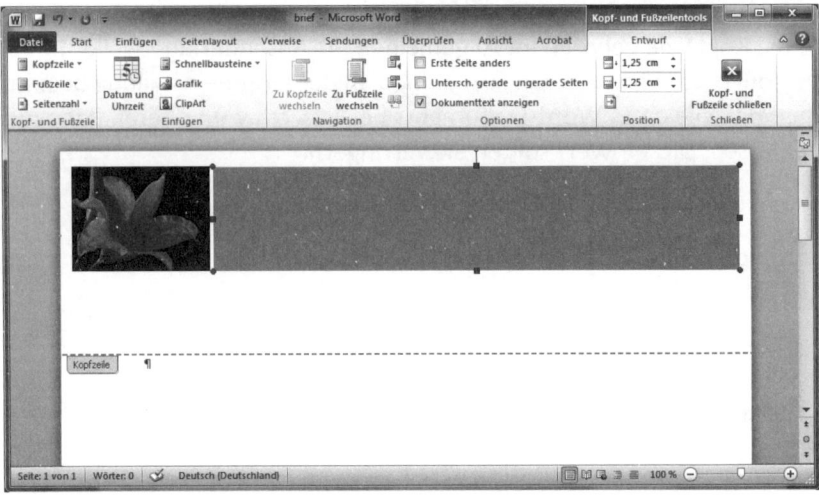

Hier wurde als dekoratives Element über die Schaltfläche Formen des Registers Einfügen ein langes Textfeld in die Kopfzeile eingefügt und mit einem Bild kombiniert.

Haben Sie eine Pixelgrafik, beispielsweise ein Foto, in die Kopfzeile eingefügt, lässt diese sich anschließend noch neu kolorieren – eine sehr wirkungsvolle Gestaltungsmöglichkeit.

Zweiton

Durch die Kolorierung erzeugen Sie grundsätzlich ein Zweitonbild, also ein Bild, das für die dunklen Bereiche eine Farbe verwendet und für die hellen eine andere.

So erzielen Sie beispielsweise den beliebten Sepiaeffekt, der an ein antikes, gebräuntes Schwarz-Weiß-Foto erinnert. Klicken Sie dazu in der Gruppe *Anpassen* des Registers *Bildtools* auf *Farbe* und wählen Sie den gewünschten Effekt.

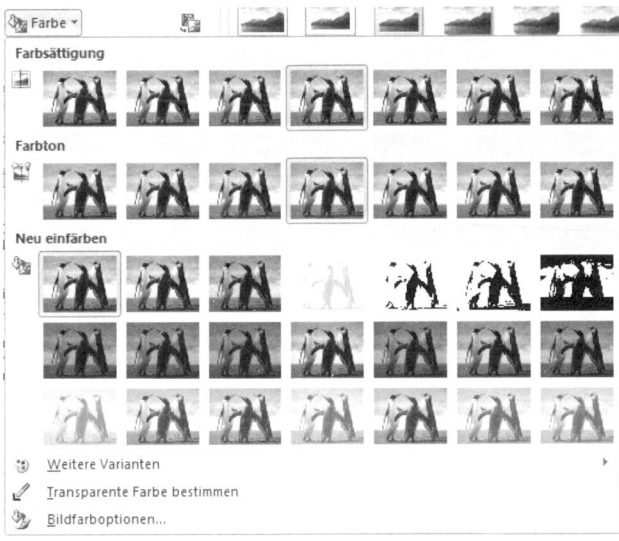

Mit der Variante Sepia versehen Sie Ihr Bild mit einem Sepiaton, wie ihn antike Schwarz-Weiß-Fotos aufweisen.

Neben dem Einfärben von Bildern können Sie in der Gruppe *Anpassen* Ihre Bilder auch über die Schaltfläche *Korrekturen* bezüglich ihrer Helligkeit und ihres Kontrasts ändern.

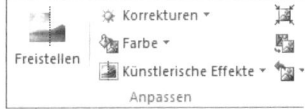

Oder Sie klicken auf die Schaltfläche *Künstlerische Effekte* und verwandeln Ihr Bild mit einem einzigen Klick in ein Kunstwerk – zum Beispiel in eine Bleistiftzeichnung, eine Pastellmalerei oder in ein Mosaik.

Original

Bleistift: Graustufen

Silhouette

Mit *Bild ändern* ersetzen Sie das vorhandene markierte Bild durch ein anderes Bild auf Ihrer Festplatte. *Grafik zurücksetzen* entfernt sämtliche Effekte – das Bild sieht danach wieder so aus wie direkt nach dem Einfügen.

Rechts von diesen Funktionen finden sich verschiedene effektvolle Bildrahmen, und über die Schaltfläche *Bildlayout* lässt sich das markierte Bild schnell mit einer effektvollen Bildbeschriftung versehen.

Bilder freistellen

Möchten Sie ein Motiv verwenden, das vor einem farbigen Hintergrund fotografiert wurde? Wenn das Objekt klar umrissen ist, können Sie es mit einem Klick auf die Schaltfläche *Freistellen* ganz links im Register *Bildtools/Format* freistellen, also vor weißem Hintergrund abbilden.

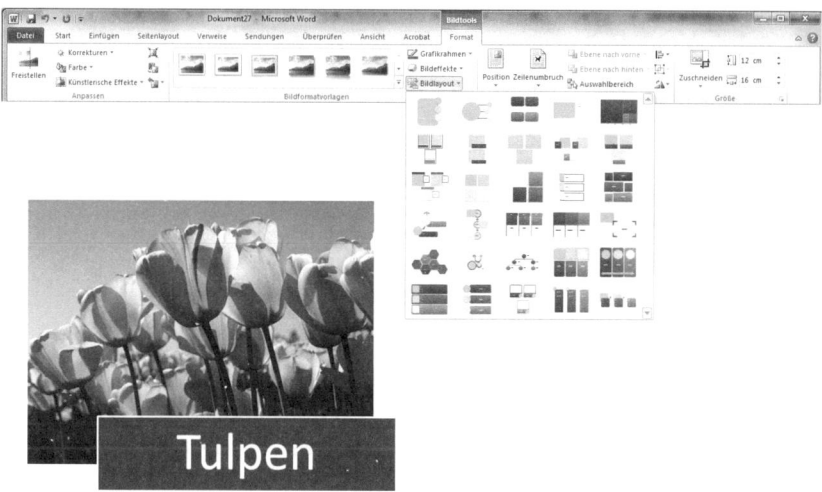

Eine effektvolle Bildbeschriftung – mit einem einzigen Mausklick zugewiesen.

Bilder speichern

Ihr fertig bearbeitetes Bild können Sie übrigens auch als Grafikdatei speichern. Klicken Sie es dazu mit der rechten Maustaste an und wählen Sie aus dem Kontextmenü den Befehl *Als Grafik speichern*.

Einen Bildausschnitt anfertigen

Häufig möchten Sie nicht das ganze Bild in Ihrem Briefkopf zeigen, sondern nur einen Ausschnitt. Ein solches Bild, auf dem nur ein einzelnes, entsprechend vergrößertes Detail gezeigt wird, kann besonders interessant wirken.

1 Markieren Sie das Bild und klicken Sie im Register *Bildtools* auf die Schaltfläche *Zuschneiden*.

Zuschneiden

2 Der Mauszeiger ändert sich in zwei sich überschneidende Winkel. Ziehen Sie die schwarzen Balken um das Bild herum nach innen, bis es auf den gewünschten Ausschnitt zugeschnitten ist.

*Häufig wirkt es interessanter, nicht das gesamte
Bild zu zeigen, sondern nur einen Ausschnitt.*

Texte fügen Sie am besten in Textfeldern ein, die Sie über das Symbol *Formen* des Registers *Einfügen* erstellen und deren Linienfarbe Sie über die Schaltfläche *Formkontur* im Register *Zeichentools* abschalten.

Fügen Sie auf diese Weise alle gewünschten Elemente ein. Anschließend ziehen Sie sie mit gedrückter Maustaste an die gewünschte Stelle, bis Sie das gewünschte Layout erzielt haben.

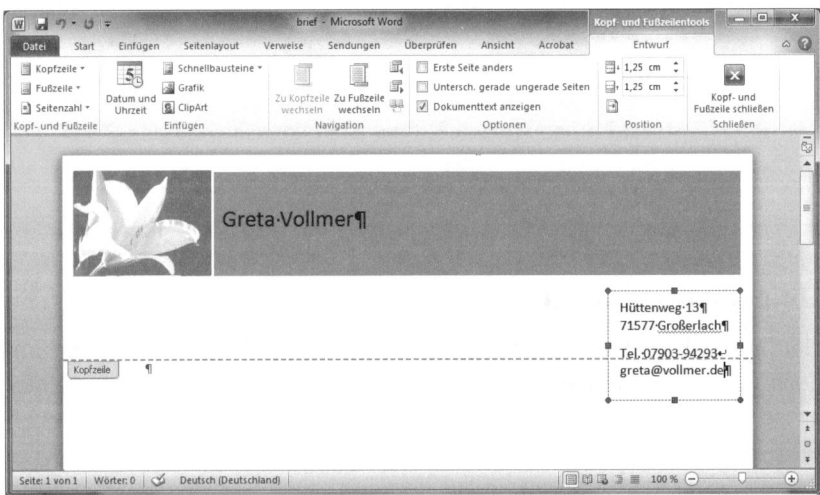

Die Adresse wurde über ein Textfeld in die Kopfzeile eingefügt. Der Umriss des Textfeldes wurde über die Option Keine Gliederung der Schaltfläche Formkontur im Register Zeichentools entfernt.

Besondere Gestaltungsmöglichkeiten nutzen

Bei der Gestaltung Ihres Briefpapiers können Sie die verschiedensten Gestaltungsfeatures von Word ausschöpfen. Obwohl Word kein DTP-Programm im engeren Sinn ist, bietet es Ihnen doch eine Fülle von Möglichkeiten, Ihren Briefentwürfen das gewisse Etwas zu verleihen.

Schon wenige einfache, gut platzierte Elemente genügen für ein attraktives Briefpapier – hier wurden Grafik und Textfeld aus der Kopfzeile in schmalerer Version in der Fußzeile wiederholt.

Bitte nicht überladen

Kombinieren Sie die einzelnen Möglichkeiten so harmonisch miteinander, dass das Briefpapier schließlich nicht überladen wirkt. Am besten ist es normalerweise, wenn Sie sich auf einen einzigen hervortretenden Blickfang konzentrieren und diesen so überzeugend und ausdrucksvoll wie möglich gestalten.

WordArt und Texteffekte einsetzen

WordArt ist der Office-Begriff für (kurze) Texte, die mit besonderen grafischen Effekten versehen sind. Gut geeignet ist diese Art von Text für Ihren Namen etc., weniger für Angaben wie Adresse, Telefonnummer etc.

> **Ein Blickfang ist genug**
>
> Setzen Sie die nachfolgend geschilderten Möglichkeiten als einzelnes Blickfangelement ein. Mehr als ein WordArt-Element pro Briefbogen sollten Sie nicht verwenden.

Die WordArt-Optionen eignen sich zur Gestaltung von Logos und anderen kurzen Texten.

1 Wählen Sie das Register *Einfügen* des Menübands und klicken Sie in der Gruppe *Text* auf das Symbol *WordArt*.

2 Der WordArt-Katalog wird angezeigt. Hier wählen Sie zunächst das gewünschte Erscheinungsbild (Sie können es später noch anpassen).

3 Das Register *Zeichentools* wird aktiviert. Es bietet Ihnen die verschiedensten ausgefeilten Möglichkeiten zur Formatierung Ihrer WordArt-Grafik. Sie können beispielsweise Schatten und 3-D-Effekte und vieles mehr zuweisen.

Sie können aber auch ganz „normalen" Text – auch einzelne Wörter mitten im Textfluss – mit Texteffekten versehen:

1 Dazu markieren Sie den gewünschten Text und aktivieren das *Start*-Register des Menübands.

2 Klicken Sie in der Gruppe *Schriftart* auf das Symbol *Texteffekte* und wählen Sie den gewünschten Effekt aus, um ihn der Markierung zuzuweisen.

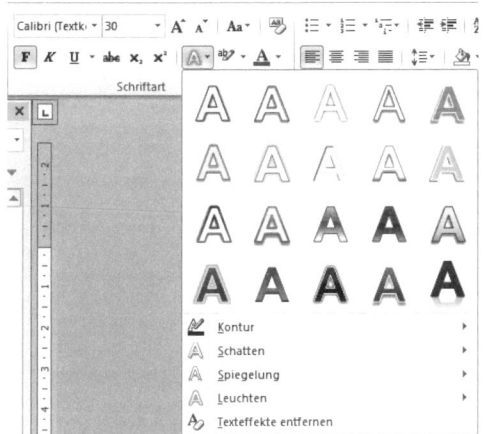

Texteffekte auswählen.

Das Besondere daran ist, dass der Text danach zwar grafisch aufbereitet ist, sein Wortlaut aber dennoch frei bearbeitet werden kann.

Wasserzeichentexte und -grafiken einbauen

1   Phantomtext oder eine Phantomgrafik hinter dem Briefkörper erstellen Sie in Word über die Schaltfläche *Wasserzeichen* im Register *Seitenlayout*.

2   Klicken Sie auf *Benutzerdefiniertes Wasserzeichen*, dann auf *Bildwasserzeichen*.

3   Wählen Sie das gewünschte Bild aus.

4   Geben Sie die Skalierung an. Das Kontrollkästchen *Ausgewaschen* bleibt aktiviert. Klicken Sie auf *OK*. Die Grafik wird eingefügt.

Seitenrahmen richtig einstellen

Falls Sie Ihren Briefbogen mit einem Seitenrahmen schmücken möchten, sollten Sie beachten, dass Sie keine dicken schwarzen Linien wählen. Besser sind unterbrochene Linien in helleren Farben oder geschwungene Formen.

Vorgefertigte Seitenrahmen finden Sie, wenn Sie aus dem Register *Seitenlayout* des Menübands die Schaltfläche *Seitenränder* wählen. Klicken Sie hier auf *Benutzerdefinierte Seitenränder*.

Im folgenden Dialogfeld aktivieren Sie das Register *Layout* und klicken dann auf die Schaltfläche *Ränder*.

Neben den schlichten Seitenrändern dieses Registers finden Sie im Listenfeld *Effekte* noch verschiedene grafisch gestaltete Ränder.

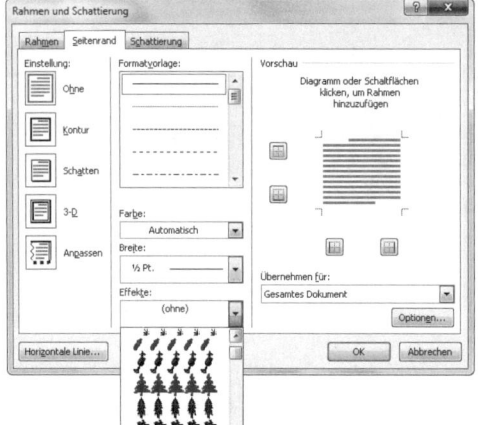

Grafische Seitenränder finden Sie im Listenfeld Effekte.

Initialen als Schmuckelement nutzen

Ein besonderes typografisches Schmuckelement ist die sogenannte Initiale. Mit Word haben Sie solche hervorgehobenen und/oder verzierten Anfangsbuchstaben auch in Ihren Briefen schnell erstellt:

1 Stellen Sie die Einfügemarke in den Absatz, den Sie mit einer Initiale versehen wollen, und aktivieren Sie das Register *Einfügen*.

Initiale

2 Klicken Sie hier auf die Schaltfläche *Initiale* und dann auf *Initialoptionen*.

3 Normalerweise wählen Sie die Option *Im Text*. Belassen Sie die Initialhöhe auf 3 und wählen Sie die gewünschte Schriftart aus.

4 Mit dem Abstand zum Text müssen Sie je nach gewählter Schriftart etwas experimentieren. Er sollte nicht zu groß sein, damit der Initialbuchstabe nicht den Anschluss zum dazugehörigen Wort verliert.

Eine besondere Schriftart verwenden

Vielleicht haben Sie auf einer CD, im Web oder in einer anderen Quelle eine schöne Schriftart gefunden, die Sie von nun an für Ihre Korrespondenz verwenden möchten. Installieren Sie die Schriftart, indem Sie in der Windows-Systemsteuerung auf das Symbol *Schriftarten* doppelklicken und *die Schriftdateien aus dem Explorer in diesen Ordner ziehen*. Anschließend ist die Schrift auch in Word verfügbar.

Loch- und Falzmarken

Die praktischen Loch- und Falzmarken dienen dem richtigen Zusammenfalten des Briefes, sodass er mühelos in ein übliches Fensterkuvert passt. Falzmarken haben, gemessen vom oberen Blattrand, eine Position von 10,5 bzw. 21 cm. Die Lochmarke ist im Allgemeinen ein kleiner Punkt mit einem Randabstand von circa 4 mm. Sie befindet sich an der Position 14,85 cm vom oberen Rand aus gemessen.

1 Um die Falzmarken anzubringen, zeigen Sie das Register *Einfügen* des Menübands an.

2 Klicken Sie auf *Formen* und wählen Sie die Schaltfläche *Linie*.

3 Ziehen Sie mit gedrückter ⌈Umschalt⌋-Taste eine waagerechte Linie in beliebiger Länge und Position.

4 Das Register *Zeichentools* des Menübands wird automatisch angezeigt.

5 Im rechten Bereich dieses Registers geben Sie in das Feld *Breite 0,4 cm* ein.

6 Klicken Sie auf die Schaltfläche *Position* desselben Registers und dann auf *Weitere Layoutoptionen*.

7 Vergewissern Sie sich, dass das Kontrollkästchen *Objekt mit Text verschieben* deaktiviert ist.

8 Aktivieren Sie in der Gruppe *Horizontal* das Optionsfeld *Absolute Position*.

9 Geben Sie *0 cm* rechts von Seite an.

10 In der Optionsgruppe *Vertikal* stellen Sie *Absolute Position* auf *10,5 cm unterhalb Seite* ein.

Den Stand der oberen Falzmarke festlegen.

11 Nachdem Sie mit *OK* bestätigt haben, hat die erste Falzmarke ihren korrekten Stand auf der Seite. Kopieren Sie sie und fügen Sie sie erneut ein. Am schnellsten geht dies mit [Strg]+[D].

12 Wählen Sie wieder die Schaltfläche *Position* mit dem Befehl *Weitere Layoutoptionen*.

13 Stellen Sie unter *Horizontal Absolute Position* auf *0 cm rechts von Seite*, unter *Vertikal Absolute Position* auf *21 cm unterhalb Seite*. Die Falzmarken sind damit fertig.

14 Für die Lochmarke erstellen Sie eine weitere Kopie einer der beiden Falzmarken. Versehen Sie die Linie mit einer Breite von *0,2 cm* und einer absoluten Position von *0,4 cm rechts von Seite* sowie *14,85 cm unterhalb Seite*.

Der nicht druckbare Bereich

Wenn Sie Ihr Briefpapier selbst ausdrucken möchten, haben Sie jetzt ein kleines Problem: den nicht druckbaren Bereich, den Ihr Drucker benötigt, um das Papier zu fassen. Elemente, die Sie in diesem Bereich platzieren, werden nicht ausgedruckt. Die beste Lösung besteht darin, die Loch- und Falzmarken als Punkte innerhalb des bedruckbaren Bereichs festzulegen.

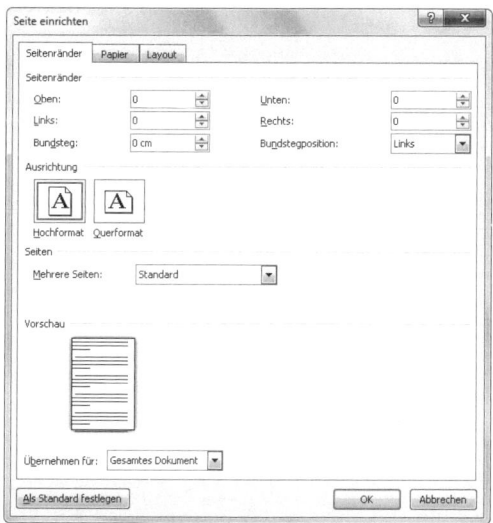

Den bedruckbaren Bereich finden Sie heraus, indem Sie in das Register *Seitenlayout* des Menübands wechseln, hier auf die Schaltfläche *Seitenrän-der* klicken und den Befehl *Benutzerdefinierte Seitenränder* wählen. Setzen Sie hier alle Seitenränder auf *0 cm* und klicken Sie dann auf *OK*.

Der Druckertreiber informiert Sie darüber, dass sich mehrere Seitenrän-der außerhalb des bedruckbaren Bereichs befinden. Klicken Sie auf *Korri-gieren* und sehen Sie erneut im Dialogfeld *Seite einrichten* nach. Hier sind die bedruckbaren Bereiche eingetragen. Nun wissen Sie, wie weit Sie mit den Werten für Kopf- und Fußzeile heruntergehen können.

Was ist noch zu beachten? Der linke Textrand Ihres Briefbogens sollte bei *2,5 cm* stehen, damit er einen guten Anschluss an das Adressfeld hat. Der rechte Rand kann etwas größer sein, bei einem zentrierten Design Ihres Briefpapiers sollte er ebenfalls bei *2,5 cm* stehen.

Stellen Sie den Rand über die Schaltfläche *Seitenränder* des Re-gisters *Einfügen* ein.

Seitenränder

Falls Sie streng nach der DIN-Norm 676 gestalten möchten, müssen sowohl der linke als auch der rechte Rand jeweils 2,41 cm von den Seitenrändern entfernt sein.

Reklamationen, Anfragen etc. auf die Schnelle

Microsoft hält bereits eine Reihe von vorgefertigten Anschreiben für Sie bereit. Sie können diese kostenlos herunterladen und mit wenigen Handgriffen an Ihre Bedürfnisse anpassen.

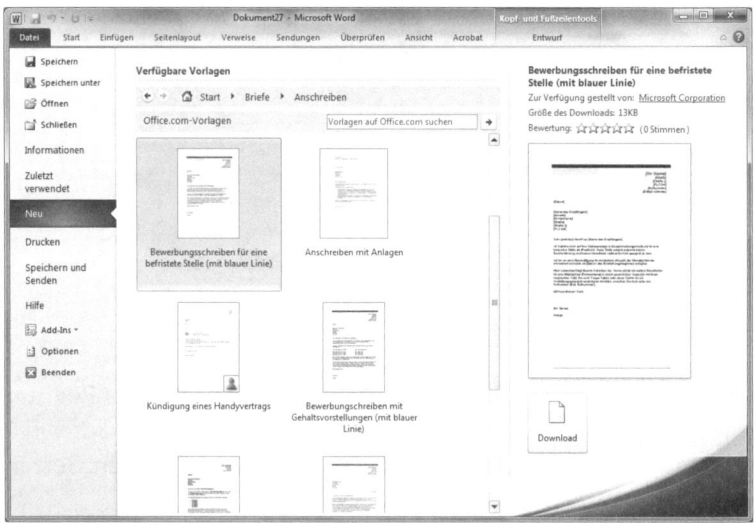

Auf Office Online finden Sie viele vorgefertigte Anschreiben, die Sie nur noch an Ihre Bedürfnisse und die deutschen Normen anpassen müssen.

1 Stellen Sie sicher, dass eine Onlineverbindung aufgebaut ist. Klicken Sie dann auf das Register *Datei* und wählen Sie *Neu*.

2 Im linken Bereich wählen Sie unter *Office-com-Vorlagen* die Kategorie *Briefe*.

3 Im Hauptbereich klicken Sie dann beispielsweise auf *Beschäftigung* und dann auf *Bewerbungsschreiben*, wenn Sie Vorlagen für Bewerbungen suchen.

4 Wählen Sie das Gewünschte aus und klicken Sie auf *Download*.

Das Anschreiben wird heruntergeladen und erscheint in Ihrem Word-Arbeitsfenster.

Passen Sie diese Briefvorlage mit den oben beschriebenen Schritten an die deutsche DIN-Norm an und ändern Sie die Texte entsprechend ab.

2.3 Dokumente & Ausarbeitungen für Schule und Universität

Im Gegensatz zu früher, als Hausarbeiten und Dissertationen mit der Schreibmaschine verfasst wurden, verwendet man heute ausschließlich den PC – intelligent eingesetzt, kann Word Ihnen eine Menge Arbeit abnehmen.

Wir zeigen nachfolgend, wie Sie die Layout- und Formatierungsarbeiten mit Word so weit wie möglich automatisieren können, wie Sie Zitate einfügen, mit Fußnoten, Seitennummern, Kolumnentiteln arbeiten und vieles mehr.

Das Dokument nach den Vorgaben einrichten

Am besten richten Sie zuerst Ihr Dokument ein. Bezüglich der äußeren Form Ihrer Arbeit gibt es fast immer Vorschläge oder Vorschriften. Für unser Beispiel wollen wir einmal von folgenden Vorgaben ausgehen:

- Schriftart: Times Roman und Arial
- Schriftgröße: 12 pt
- Zeilenabstand 1,5
- Fußnoten: Schriftgröße 10 pt, Zeilenabstand einfach
- Seitenränder: oben, unten, links und rechts je 3 cm
- Blocksatz mit Silbentrennung
- Umfang: 10 Seiten – circa 3.000 Wörter – circa 23.000 Zeichen

1 Erzeugen Sie ein neues Dokument, indem Sie auf das Register *Datei* klicken und dann *Neu/Leeres Dokument* wählen. Schneller geht's übrigens mit der Tastenkombination Strg+N.

2 Klicken Sie erneut auf das Register *Datei* und wählen Sie *Speichern*. Geben Sie Ihrem Dokument einen geeigneten Namen.

Die Seite einrichten

Kümmern Sie sich nun um die vorgegebenen Seitenränder und die Silbentrennung. Zur Erinnerung: Die Silbentrennung muss eingeschaltet sein, und die Seitenränder sollen oben, unten, links und rechts je 3 cm betragen.

1 Aktivieren Sie im Menüband das Register *Seitenlayout*.

2 Klicken Sie auf die Schaltfläche *Seitenränder* und wählen Sie *Benutzerdefinierte Seitenränder*.

3 Setzen Sie alle vier Seitenränder auf *3 cm* und bestätigen Sie mit *OK*.

Im selben Register des Menübands klicken Sie auf die Schaltfläche *Silbentrennung*.

Aktivieren Sie den Befehl *Automatisch*. Von nun an führt Word beim Tippen automatisch eine Silbentrennung durch – auch eventuell schon bestehende oder in das Dokument hineinkopierte Texte werden mit der Silbentrennung versehen.

Schriftart und -größe festlegen

Legen Sie nun Schriftart und -größe für den Normaltext fest. In der Grundeinstellung erhält der Normaltext in einem neuen Word-Dokument die Schriftart Calibri in der Größe 11 pt. Die Formatierung dieses Normaltextes ist in Word in einer sogenannten Formatvorlage gespeichert.

Eine Formatvorlage ist ein Satz von Formatierungsanweisungen, der unter einem Namen gespeichert ist und unter diesem jederzeit abgerufen werden kann. Alle Texte, denen Sie die gleiche Formatvorlage zuweisen, werden exakt identisch formatiert. Wenn Sie an einer Formatvorlage eine Änderung vornehmen, wird gleichzeitig das Aussehen aller Texte, denen diese Formatvorlage zugewiesen ist, neu definiert. Wie Sie sich denken können, stellt dies eine ungeheure Arbeitserleichterung dar, da Sie Ihre Dokumente schnell und konsistent formatieren können.

Vier verschiedene Arten von Formatvorlagen

Wichtig ist auch, dass es vier verschiedene Arten von Formatvorlagen gibt:

Absatzformatvorlagen werden stets dem gesamten Absatz, in dem die Einfügemarke steht, zugewiesen. Dieser Formatvorlagentyp enthält neben Definitionen der Schriftart etc. eventuell auch Tabstopps, Nummerierungen etc.

Zeichenformatvorlagen werden dem Wort, in dem die Einfügemarke steht, bzw. der markierten Textpassage zugewiesen. Dieser Formatvorlagentyp kann beispielsweise Definitionen des Schriftgrads und Schriftschnitts etc. enthalten – also alle Merkmale, die Sie über den Menübefehl *Format/Zeichen* einstellen können. Mit einer Zeichenformatvorlage lassen sich bestimmte Wörter in einem Absatz mit einer eigenen Schriftformatierung gestalten, auch wenn dem Absatz selbst eine Absatzformatvorlage zugewiesen wurde.

Auch eine Kombination aus beiden ist möglich.

Listen- und Tabellenformatvorlagen dienen der schnellen und konsistenten Formatierung von Aufzählungen und Tabellen.

Wie oben aufgelistet, soll der Grundtext – also die Formatvorlage *Standard* – in der Schriftart Times New Roman mit einer Größe von 12 pt, einem Zeilenabstand von 1,5 und im Blocksatz formatiert werden. Außerdem soll die automatische Silbentrennung eingeschaltet werden.

Ändern Sie zu diesem Zweck die integrierte Formatvorlage *Standard* ab.

1 Aktivieren Sie im Menüband das Register *Start* und klicken Sie auf den Pfeil rechts unten an der Gruppe *Formatvorlagen*.

2 Der Aufgabenbereich *Formatvorlagen* wird im rechten Bereich des Word-Fensters angezeigt.

3 Platzieren Sie den Mauszeiger auf der Formatvorlage, die Sie bearbeiten möchten, in diesem Fall der Formatvorlage *Standard*.

4 Über den angezeigten Listenpfeil wählen Sie den Befehl *Ändern*.

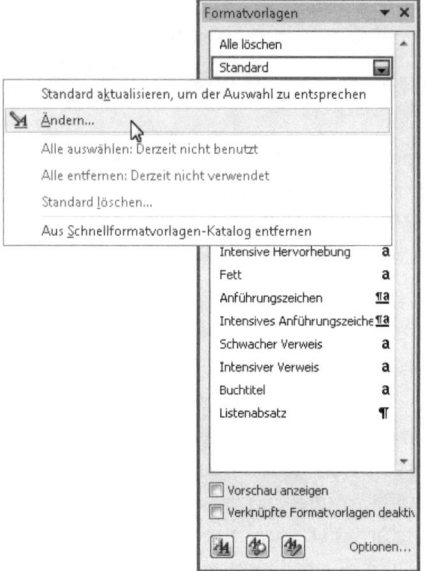

Die Formatvorlage Überschrift 1 soll geändert werden.

Sie erhalten das Dialogfeld *Formatvorlage ändern*. Dieses enthält unter anderem eine Symbolleiste, über die Sie Formatierungseigenschaften wie Schriftart und -größe, Zeilenabstand und vieles mehr ändern können.

1 Wählen Sie aus dem Listenfeld direkt unter *Formatierung* die Schriftart Times New Roman.

2 Daneben stellen Sie als Schriftgröße 12 ein.

3 Darunter sehen Sie verschiedene Schaltflächen zur Absatzformatierung. Klicken Sie auf *Blocksatz*.

4 Klicken Sie ebenso auf das Symbol *1,5facher Zeilenabstand*.

5 Bestätigen Sie schließlich mit *OK*.

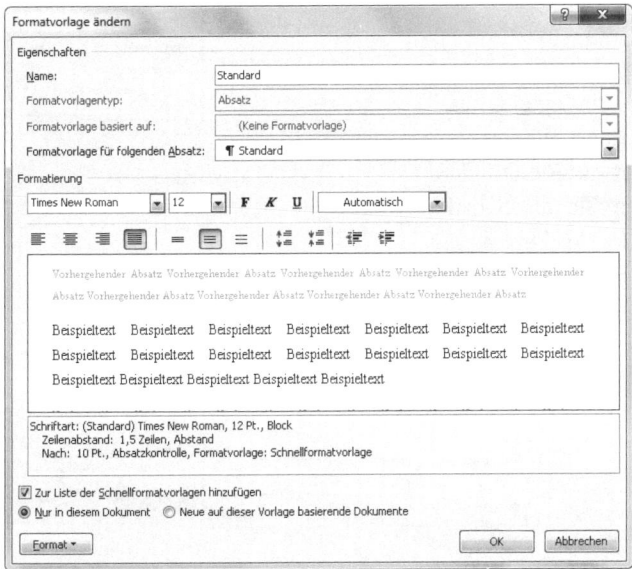

Die Formatvorlage Standard wurde nach den Vorgaben eingerichtet.

Ganz ähnlich nehmen Sie die geforderten Einstellungen für die Fußnoten vor. Die für Fußnoten verwendete Formatvorlage wird standardmäßig nicht im Aufgabenbereich *Formatvorlagen* angezeigt. Sorgen Sie deshalb zunächst dafür, dass sie hier erscheint:

1 Klicken Sie rechts unten im Aufgabenbereich *Formatvorlagen* auf *Optionen*.

2 Wählen Sie im Listenfeld *Anzuzeigende Formatvorlagen* den Eintrag *Alle Formatvorlagen* und klicken Sie auf *OK*.

Nun wird die für Fußnoten verwendete Formatvorlage *Fußnotentext* im Aufgabenbereich angezeigt.

1 Zeigen Sie im Aufgabenbereich auf die Formatvorlage *Fußnotentext* und klicken Sie auf den zugehörigen Listenpfeil.

2 Wählen Sie *Ändern*.

3 Als Schriftart ist bereits Times New Roman eingestellt, weil die Formatvorlage *Fußnotentext* auf der Formatvorlage *Standard* basiert. Geben Sie als Schriftgröße 10 ein und klicken Sie auf das Symbol *Einfacher Zeilenabstand*.

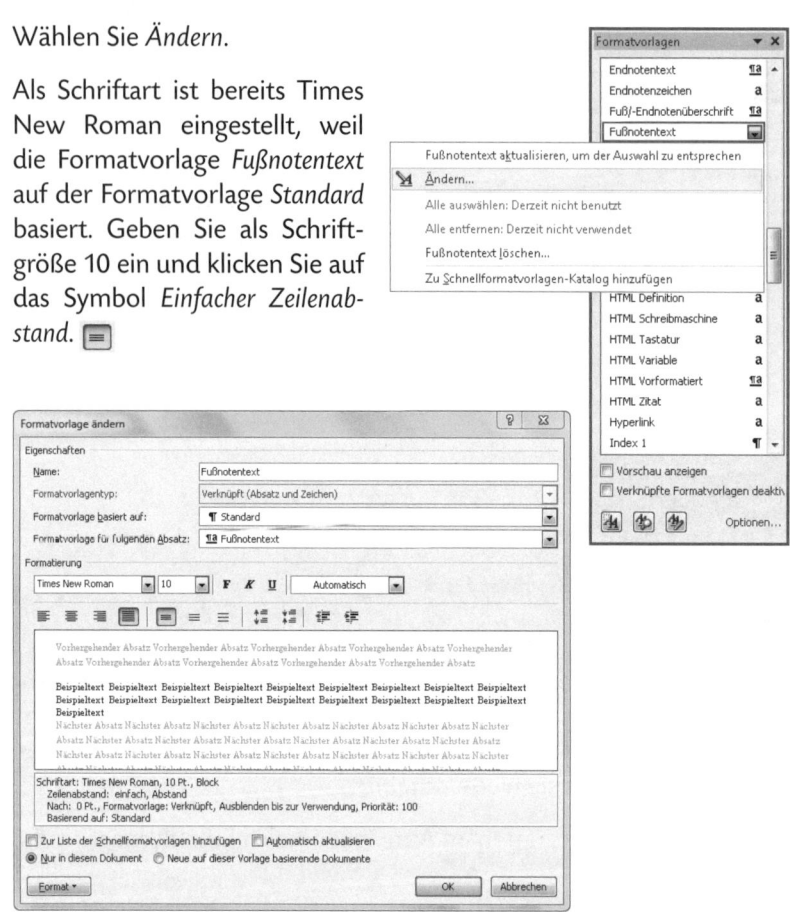

Auch die Formatvorlage Fußnotentext wurde nach den Vorgaben eingerichtet.

Für die Überschriften Ihrer Arbeit können Sie die in Word ebenfalls vordefinierten Formatvorlagen *Überschrift 1* bis *Überschrift 9* verwenden. Ändern Sie diese gegebenenfalls auf die beschriebene Weise nach Ihren Vorstellungen ab.

Eine eigene Formatvorlage für Zitate erstellen

Vielleicht benötigen Sie neben den integrierten Formatvorlagen noch weitere Formatierungsmöglichkeiten, zum Beispiel Kursivdruck für Zitate etc. In diesem Fall bauen Sie sich am besten eine eigene Formatvorlage.

Für Zitate benötigen Sie keine Absatzformatvorlagen, sondern eine Zeichenformatvorlage: Sie möchten vielleicht keinen ganzen Absatz als Zitat formatieren, sondern nur einige Wörter im Fließtext.

1 Formatieren Sie einen beliebigen Absatz auf die gewünschte Weise und klicken Sie in der Formatvorlagenliste des Menübandregisters *Start* auf das Symbol *Weitere*.

2 Wählen Sie *Auswahl als neue Schnellformatvorlage speichern.*

3 Klicken Sie auf *Ändern.*

4 Geben Sie in das Feld *Name* einen aussagekräftigen Namen für die geplante Formatvorlage ein.

5 Bei Bedarf legen Sie weitere Optionen für die neue Vorlage fest, indem Sie auf die Schaltfläche *Ändern* klicken.

6 Nun können Sie beispielsweise im Feld *Formatvorlagentyp* festlegen, ob Sie eine Zeichen-, eine Absatz-, eine verknüpfte Formatvorlage, eine Listen- oder eine Tabellenformatvorlage erstellen möchten.

7 Bei Bedarf legen Sie fest, auf welcher vorhandenen die neue Formatvorlage basieren soll (dann haben Sie einerseits nicht mehr so viel Formatierungsarbeit, andererseits ändert sich die neue Formatvorlage mit, wenn Sie beispielsweise die Schriftart der zugrunde liegenden Vorlage ändern).

8 Falls gewünscht, aktivieren Sie nun noch das Kontrollkästchen *Neue auf dieser Vorlage basierende Dokumente* (siehe oben).

9 Legen Sie die gewünschten Formatierungsmerkmale fest und bestätigen Sie mit *OK.*

Schon haben Sie Ihre eigene Schnellformatvorlage erstellt, die Sie von nun an beliebigen Dokumentteilen zuweisen können.

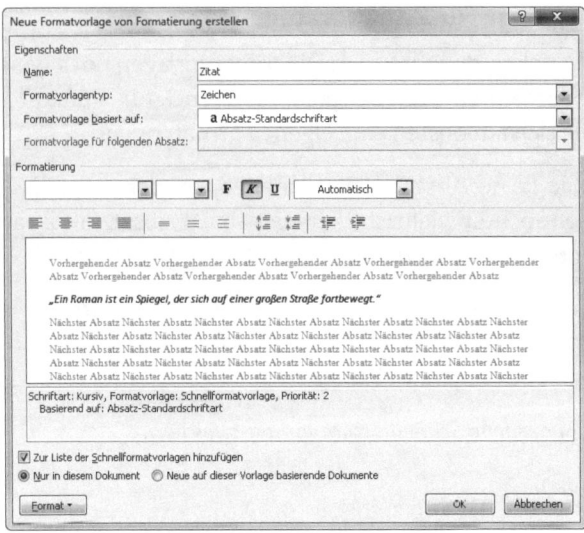

Für Zitate wurde eine eigene Formatvorlage erzeugt.

Eine Formatvorlage zuweisen

> ### Standardmäßige Formatvorlagen
>
> Die Formatvorlagen *Standard* und *Fußnotentext* werden automatisch verwendet, wenn Sie einen normalen Text eingeben bzw. eine Fußnote einfügen (weiter unten erfahren Sie darüber noch mehr).

Um Ihren Texten eine Formatvorlage zuzuweisen, gehen Sie folgendermaßen vor:

- Möchten Sie einem einzelnen Absatz eine Absatzformatvorlage zuweisen, klicken Sie in den Absatz.

- Möchten Sie mehreren Absätzen eine Absatzformatvorlage zuweisen, markieren Sie die Absätze.

- Möchten Sie einem oder mehreren Wörtern eine Zeichenformatvorlage zuweisen, markieren Sie die Wörter.

Die am häufigsten und die von Ihnen selbst definierten Formatvorlagen finden Sie nun in der *Formatvorlagen*-Liste des Registers *Start* – klicken Sie eventuell auf das Symbol *Weitere*, um sich einen Überblick zu verschaffen. Mit einem Klick weisen Sie die gewünschte Formatvorlage zu.

Die wichtigsten Formatvorlagen finden Sie in der Formatvorlagenliste des Menübands.

Hier nicht aufgeführte Formatvorlagen finden Sie im Aufgabenbereich *Formatvorlagen*. Auch hier bedarf es nur eines Klicks, um die Formatvorlage der aktuellen Markierung zuzuweisen.

Schnelles Zuweisen von Absatzformatvorlagen

Nicht nur Tastaturfreaks werden die folgenden Short-cuts zum Zuweisen häufig benötigter Formatvorlagen nützlich finden:

Formatvorlage *Überschrift 1*: [Alt]+[1]
Formatvorlage *Überschrift 2*: [Alt]+[2]
Formatvorlage *Überschrift 3*: [Alt]+[3]
Formatvorlage *Liste*: [Strg]+[Umschalt]+[L]
Formatvorlage *Standard*: [Strg]+[Umschalt]+[N]
Alle Formatierungen aus der Markierung löschen: [Strg]+[Leertaste]

Sie sehen, wie schnell, einfach und vor allem konsistent Sie auf diese Weise Ihr Dokument formatieren können. Auch wenn Sie Textpassagen aus anderen Quellen in Ihre Arbeit kopieren, lassen sich diese mithilfe der zuvor angelegten bzw. abgeänderten Formatvorlagen schnell formatieren.

Eine Formatvorlage wieder löschen

Nicht mehr benötigte Formatvorlagen können Sie problemlos entfernen, indem Sie im Aufgabenbereich *Formatvorlagen und Formatierung* darauf zeigen, auf den angezeigten Listenpfeil klicken und den Befehl *Löschen* wählen. Die Absätze, die vorher mit dieser Formatvorlage versehen waren, erhalten die Vorlage *Standard*.

Nicht entfernen lassen sich die in Word integrierten Formatvorlagen.

Möchten Sie die Einstellungen von Formatvorlagen in einer Dokumentvorlage oder einem Dokument schnell überblicken?

Zu diesem Zweck können Sie die Definitionen ausdrucken. Öffnen Sie entweder ein Word-Dokument, das auf der entsprechenden Dokumentvorlage basiert, oder öffnen Sie gleich die Dokumentvorlage selbst. Klicken Sie auf das Register *Datei* und wählen Sie *Drucken*. Aus dem Listenfeld *Drucken* wählen Sie den Eintrag *Formatvorlagen*. Starten Sie den Ausdruck mit *OK*.

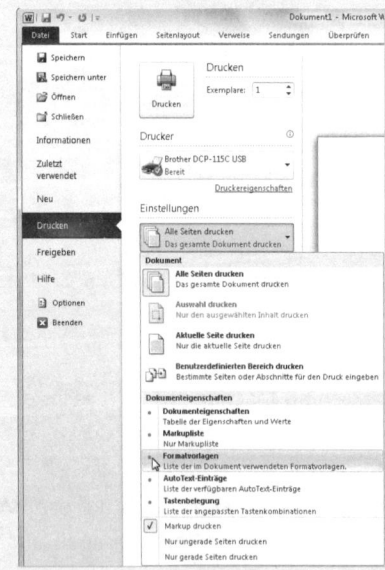

Bei Bedarf drucken Sie alle in einem Dokument oder einer Dokumentvorlage vorhandenen Formatvorlagen aus.

Überschriften nummerieren

Sollen die Überschriften überdies nummeriert werden, gehen Sie folgendermaßen vor:

1   Geben Sie in Ihr Dokument für jede der gewünschten Überschriftenebenen einen Absatz ein und formatieren Sie ihn mit der entsprechenden Überschriftformatvorlage.

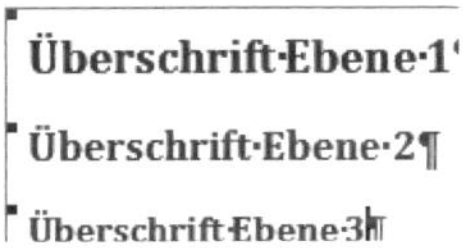

Für jede gewünschte Überschriftenebene wurde ein Testabsatz eingegeben. Der erste wurde mit der Formatvorlage Überschrift 1 formatiert, der nächste mit der Formatvorlage Überschrift 2, der dritte mit der Formatvorlage Überschrift 3 etc.

2   Klicken Sie in den Absatz mit der Formatvorlage *Überschrift 1*.

3   Klicken Sie im Register *Start* auf die Schaltfläche *Liste mit mehreren Ebenen*.

4   Aus der Gruppe *Listenbibliothek* wählen Sie das Symbol mit der Überschriftengliederung.

Wie Sie sehen, werden die nächsten Überschriftenebenen automatisch angepasst. Auch wenn Sie weitere Überschriften hinzufügen, erhalten diese automatisch die richtige Nummerierung.

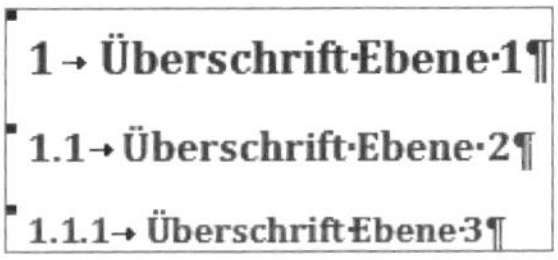

Seitenzahlen einfügen

Ein weiteres wichtiges formales Element, auf das häufig in den Vorgaben nicht speziell hingewiesen wird, sind die Seitenzahlen. Sie legen diese am besten in der Kopf- oder Fußzeile an. Die Kopf- und Fußzeile Ihres Dokuments enthält wichtige Informationen, die auf jeder Seite identisch sind. Neben den genannten Seitenzahlen könnte dies auch das Erstellungsdatum des Dokuments, der Autor etc. sein.

Eine Seitennummerierung lässt sich besonders schnell einfügen. Häufig wird die Seitennummerierung an jedem Seitenende – in der sogenannten Fußzeile – untergebracht. Kopf- und Fußzeilen lassen sich wie jeder andere Dokumentteil formatieren. Sie können die Kopf- oder Fußzeile auf der ersten Seite eines Dokuments oder Absatzes anders gestalten. Verschiedene Abschnitte können unterschiedliche Kopf- und Fußzeilen erhalten, ebenso die geraden und die ungeraden Seiten des Dokuments – wie Sie es beispielsweise aus Büchern kennen.

Schneller zur Kopf- oder Fußzeile wechseln

Haben Sie erst einmal etwas in die Kopf- oder Fußzeile eingefügt, können Sie aus dem Dokumenttext schnell zur Kopf- bzw. Fußzeile wechseln, indem Sie einen Doppelklick darauf ausführen.

Gehen Sie zum Einfügen folgendermaßen vor:

1 Zeigen Sie im Menüband das Register *Einfügen* an.

2 Klicken Sie auf *Fußzeile* und wählen Sie *Fußzeile bearbeiten*.

3 Als Nächstes klicken Sie auf die Schaltfläche *Seitenzahl* und wählen *Seitenende*.

4 Wählen Sie die gewünschte Seitennummerierungsart aus.

Kopf- und Fußzeilen auf bestimmten Seiten anders gestalten

Häufig soll die Kopf- oder Fußzeile auf der ersten Seite des Dokuments anders gestaltet werden als auf den Folgeseiten. So gehen Sie beispielsweise vor, wenn Sie auf der ersten Seite Ihres Dokuments keine Seitenzahl wünschen.

1 Versehen Sie die Fußzeile Ihres Dokuments wie oben beschrieben mit Seitenzahlen.

2 Klicken Sie in die erste Seite Ihres Dokuments.

3 Aktivieren Sie im Menüband das Register *Einfügen* und klicken Sie auf die Schaltfläche *Fußzeile*. Wählen Sie *Fußzeile bearbeiten.*

4 Aktivieren Sie das Kontrollkästchen *Erste Seite anders.*

5 Löschen Sie die Seitenzahl.

6 Schließen Sie die Fußzeile.

Dieser Vorgang funktioniert nur, wenn Sie die Fußzeile (bzw. die Kopfzeile) auf der ersten Seite anders gestalten möchten. Um eine Kopf- oder Fußzeile am Ende oder an einer anderen Stelle des Dokuments abweichend zu gestalten, ist eine andere Vorgehensweise notwendig, wie Sie im nächsten Abschnitt sehen.

Römische und lateinische Nummerierung für den Vorspann der Arbeit

Auch nachträglich lässt sich die Art der Seitennummerierung noch ändern. Manchmal sind beispielsweise für den Vorspann Ihrer Arbeit römische Seitenzahlen vorgeschrieben, für den Hauptteil die üblichen arabischen. So gehen Sie vor:

1 Nachdem Sie die Seitennummerierung in die Fußzeile eingefügt und diese wieder geschlossen haben, klicken Sie an das Ende der Seite, nach der die römische Seitennummerierung beginnen soll.

2 Aktivieren Sie das Register *Seitenlayout*, klicken Sie auf die Schaltfläche *Umbrüche* und wählen Sie *Fortlaufend*.

3 Klicken Sie nun an das Ende der letzten Seite, auf der die Seitennummern römisch formatiert sein sollen. Klicken Sie wieder auf die Schaltfläche *Umbrüche* und wählen Sie *Fortlaufend*.

Der Bereich, der römisch paginiert werden soll, ist nun von fortlaufenden Umbrüchen eingegrenzt: Das Dokument besteht also aus insgesamt drei Abschnitten.

1 Klicken Sie jetzt in einen beliebigen Absatz einer der Seiten, die römisch paginiert werden sollen, und wählen Sie im Register *Einfügen* des Menübands die Schaltfläche *Fußzeile*. Wählen Sie *Fußzeile bearbeiten*.

▤ Fußzeile ▾

2 Deaktivieren Sie das Symbol *Mit vorheriger verknüpfen.*

▦ Mit vorheriger verknüpfen

3 Klicken Sie dann auf das Symbol *Nächster Abschnitt*.

▤ Nächste

4 Deaktivieren Sie auch hier das Symbol *Mit vorheriger verknüpfen.*

▦ Mit vorheriger verknüpfen

Durch diese Vorgehensweise haben Sie den mittleren der drei Abschnitte – der die römische Paginierung erhalten soll – von den anderen beiden arabisch paginierten Abschnitten isoliert.

Der mittlere Abschnitt kann nun die eigene Paginierung erhalten:

1 Klicken Sie auf das Symbol *Vorheriger Abschnitt*, um wieder zur Fußzeile des mittleren Abschnitts zu gelangen.

▤ Vorherige

2 Klicken Sie auf die Seitenzahl, dann auf die Schaltfläche *Seitenzahl* und wählen Sie *Seitenzahlen formatieren*.

3 Wählen Sie im Feld *Zahlenformat* eines der römischen Zahlenformate aus und bestätigen Sie mit *OK*.

Sie haben damit die Seitenzahlen des zweiten Abschnitts abweichend von denen des ersten formatiert. Die Seitennummerierung läuft trotzdem fortlaufend weiter.

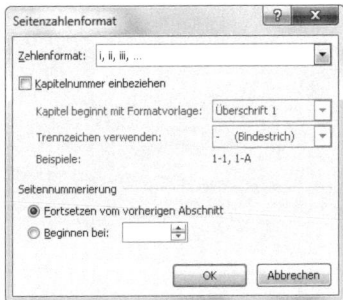

In diesem Dialogfeld legen Sie
das Seitenzahlenformat fest.

Der zweite Abschnitt hat römische Seitenzahlen erhalten.

Lebende Kolumnentitel nutzen

Besonders in wissenschaftlichen Texten wird gern ein sogenannter lebender Kolumnentitel verwendet. Dies ist eine Seiten- oder Kapitelzahl mit beigefügtem Text, der die auf der aktuellen Seite stehende Überschrift wiedergibt.

1 Aktivieren Sie im Menüband das Register *Einfügen* und klicken Sie auf *Kopfzeile/Kopfzeile bearbeiten*.

2 Ebenfalls im Register *Einfügen* klicken Sie auf die Schaltfläche *Schnellbausteine* und wählen *Feld*.

3 Wählen Sie die Kategorie *Verknüpfungen und Verweise*.

4 Wählen Sie den Feldnamen *StyleRef*.

5 Soll die Kopfzeile den ersten auf der jeweiligen Seite in der Formatvorlage *Überschrift 2* formatierten Text wiedergeben, wählen Sie aus dem Feld *Formatvorlagenname* den Eintrag *Überschrift 2*.

6 Klicken Sie auf *OK*.

7 Wechseln Sie im Menüband in das Register *Kopf- und Fußzeilentools* und klicken Sie auf die Schaltfläche *Kopf- und Fußzeile schließen*.

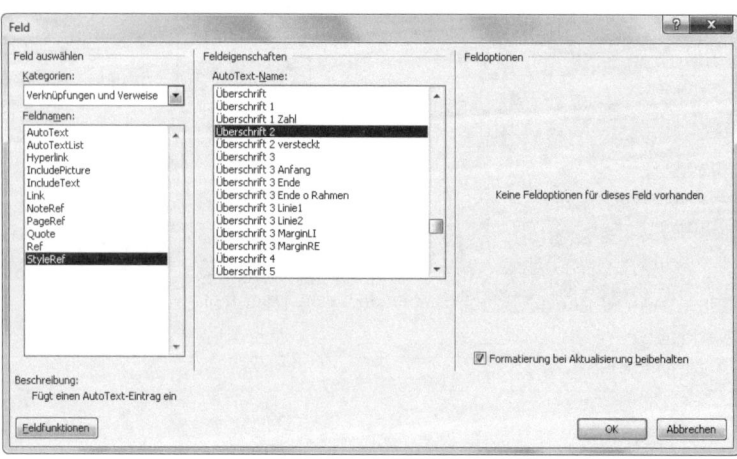

Einen lebenden Kolumnentitel auf Grundlage der Überschriftenebene 2 erzeugen.

Selbstverständlich können Sie den lebenden Kolumnentitel in der Kopfzeile noch durch statische Texte vervollständigen.

Exkurs: Was sind Feldfunktionen?

Gerade haben Sie ein sogenanntes Feld verwendet. Felder sind Funktionen, die, sichtbar oder unsichtbar, etwas in Ihrem Text bewirken, was Sie nicht direkt über die Tastatur eingeben können. Sehr häufig wird zum Beispiel das Feld *Seite* verwendet, das Sie bereits kennengelernt haben – es entsteht immer dann, wenn Sie in einer Kopf- oder Fußzeile auf die Schaltfläche *Seitenzahlen* bzw. in Word auf *Seitenzahlen einfügen* klicken oder im Menü *Einfügen* den Befehl *Seitenzahlen* wählen. Sie könnten die Seitenzahlen natürlich auch manuell eintragen, doch das wäre um ein Vielfaches umständlicher. Dieses kleine Beispiel kann auf alle Feldfunktionen übertragen werden: Felder sind eine einfache Lösung für komplexe Aufgaben, sie arbeiten unbemerkt im Hintergrund und nehmen Ihnen vielfältige Aufgaben ab.

Felder sind immer nach dem gleichen Muster aufgebaut und unverzichtbar für eine rationelle und auch benutzerfreundliche Textverarbeitung. Außerdem erstellt Word für Sie während der ganz normalen Arbeit – ohne dass Sie sich dessen immer bewusst sind – Felder: etwa beim Einfügen von Sonderzeichen, Inhaltsverzeichnissen, Indizes, Fußnoten, Hyperlinks und Ähnlichem mehr.

Der professionelle Dokumenttext: Verweise, Textbausteine, Fußnoten, Schaubilder & Co.

Nachdem Sie Ihr Dokument auf diese Weise bestmöglich vorbereitet haben, können Sie den Text Ihrer Arbeit eingeben und auf die beschriebene Weise mit Formatvorlagen formatieren. Außerdem können Sie die verschiedensten Elemente, wie Grafiken, Formeln, Diagramme und Schaubilder, in Ihre Texte einfügen.

Kontrolliertes Einfügen aus der Zwischenablage

Eine der am häufigsten genutzten Funktionen bei der Bearbeitung von Texten ist die Möglichkeit, eine markierte Textpassage mit (Strg)+(C) in die Zwischenablage zu kopieren bzw. mit (Strg)+(X) auszuschneiden und mit (Strg)+(V) an anderer Stelle im Dokument wieder einzufügen. Office 2010 hat Ihnen diesbezüglich eine interessante Neuerung zu bieten:

Nachdem Sie den gewünschten Inhalt kopiert oder ausgeschnitten haben, setzen Sie die Einfügemarke an die Textstelle, an der Sie ihn einfügen möchten. Klicken Sie mit der rechten Maustaste. Im Kontextmenü zeigen Sie jetzt auf eine der Schaltflächen unter *Einfügeoptionen*. Sie sehen hier jeweils in einer temporären Vorschau, auf welche Weise der Text eingefügt würde, wenn Sie die entsprechende Schaltfläche anklicken würden. Sie haben die folgenden Möglichkeiten:

Ursprüngliche Formatierung beibehalten: Der Text wird so eingefügt, wie er an der ursprünglichen Stelle kopiert bzw. ausgeschnitten wurde.

Formatierung zusammenführen: Merkmale wie Schriftart und -farbe werden vom Absatz, in dem sich die Einfügemarke befindet, übernommen, Formatierungen wie fett, kursiv usw. vom kopierten Text.

Nur den Text übernehmen: Der Text wird ohne Formatierungen und ohne eventuell mitkopierte Grafiken eingefügt. [A]

Verweise und Textmarken sinnvoll setzen

In längeren Dokumenten ist die Arbeit mit Textmarken sinnvoll. Sie können sich diese in etwa vorstellen wie Lesezeichen, die dazu dienen, eine bestimmte Textstelle schnell ansteuern zu können. Textmarken bleiben auch nach dem Speichern des Dokuments erhalten.

1   Möchten Sie eine Textstelle schnell wiederfinden, klicken Sie in diese hinein und aktivieren das Register *Einfügen* des Menübands. Klicken Sie hier auf die Schaltfläche *Textmarke*.

2   Vergeben Sie einen aussagekräftigen Namen, mit dem Sie auch später noch etwas anfangen können. Klicken Sie auf *Hinzufügen*. Damit haben Sie die Textmarke erstellt.

3   Benötigen Sie ein weiteres solches Lesezeichen an einer anderen Stelle des Dokuments, fügen Sie dort auf die gleiche Weise eine Textmarke ein.

4   Die so gekennzeichneten Textstellen können Sie nun jederzeit ansteuern, indem Sie wieder die Schaltfläche *Textmarke* anklicken, die gewünschte Textmarke auswählen und auf die Schaltfläche *Gehe zu* klicken.

Die Suche nach bestimmten Textstellen

Bei der Arbeit an längeren Dokumenten müssen Sie oft nach einem bestimmten Begriff, einer Textpassage oder einem Abschnitt suchen, um dort Bearbeitungen durchzuführen. Zu diesem Zweck steht Ihnen in Word 2010 eine sehr gute, überarbeitete Suchfunktion zur Verfügung.

Für die Suchfunktion klicken Sie im Register *Start* auf die Schaltfläche *Suchen*. Alternativ drücken Sie die Tastenkombination Strg+F. Im linken Bildschirmbereich wird das Navigationsfenster mit der Suchfunktion geöffnet.

1   Tippen Sie in das Eingabefeld *Suchen nach* das Wort oder die Zeichenfolge, nach der Sie in Ihrem Dokument suchen möchten.

2   Standardmäßig zeigt Word Ihnen im linken Bereich „live" alle Fundstellen in einer Liste. Im Dokument selbst werden die Vorkommen gleichzeitig gelb markiert hervorgehoben. Klicken Sie eine Fundstelle im Navigationsfenster an, springt das Dokument zur entsprechenden Stelle.

Sie können aber auch in zwei andere Ansichten umschalten:

■   Wenn Sie im Navigationsfenster auf das Register *Durchsuchen der Seiten in Ihrem Dokument* klicken, sehen Sie im Navigationsfenster die Miniaturen der Seiten mit den Fundstellen. Klicken Sie eine solche Miniatur an, springt Word im Dokumentfenster zur Seite mit der entsprechenden Fundstelle.

■ Oder Sie klicken auf die Schaltfläche *Durchsuchen der Überschriften in Ihrem Dokument*, markiert Word im Navigationsfenster alle Überschriften mit Fundstellen gelb. Mit einem Klick auf die entsprechende Überschrift steuern Sie diese im Dokument an.

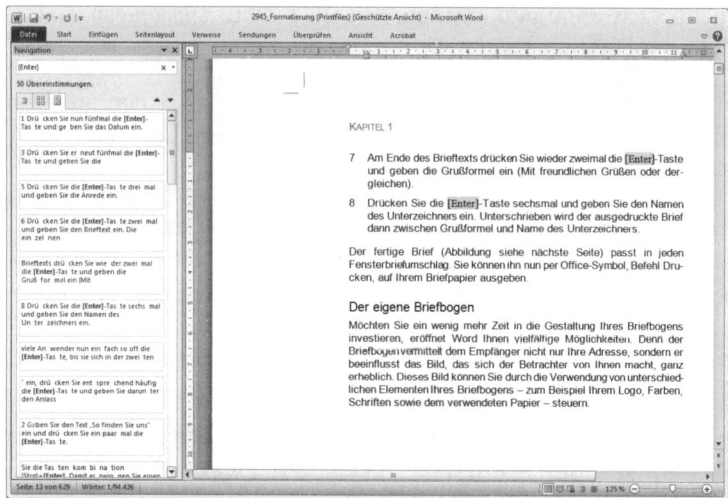

Die neue, komfortable Suchfunktion.

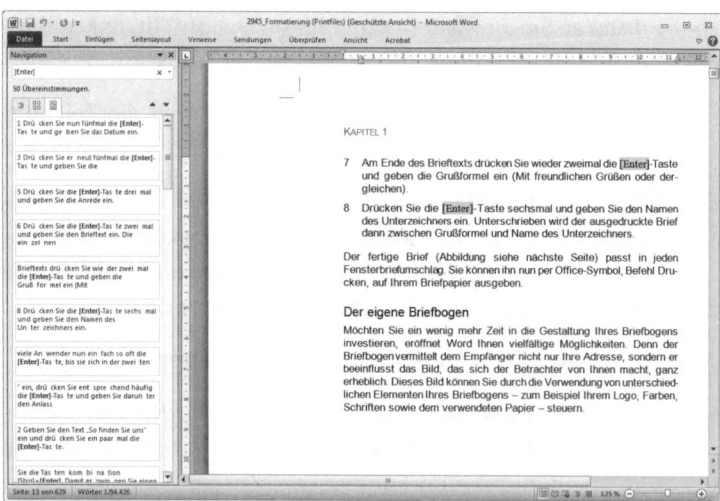

Im Navigationsfenster können Sie verschiedene Darstellungsweisen wählen.

Gefundene Zeichenfolgen ersetzen

Nachdem Sie im Dokument die gesuchte Zeichenfolge gefunden haben, können Sie diese nun durch eine gewünschte Zeichenfolge ersetzen. Haben Sie beispielsweise nach der Zeichenfolge *Sie* suchen lassen und möchten diese durch *wir* ersetzen, gehen Sie folgendermaßen vor:

1 Klicken Sie im oberen Teil des Navigationsbereichs auf den Pfeil neben dem Lupensymbol und wählen Sie *Ersetzen*. Alternativ klicken Sie im Register *Start* des Menübands auf das Symbol *Ersetzen*. Das Dialogfeld *Suchen und Ersetzen* wird mit der Registerkarte *Ersetzen* angezeigt.

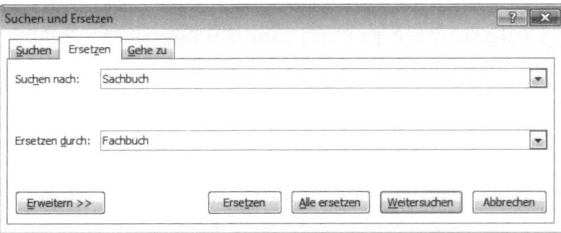

Das Dialogfeld Suchen und Ersetzen.

2 Prüfen Sie, ob in dem Eingabefeld *Suchen nach* die gesuchte Zeichenfolge steht. Darunter tragen Sie in dem Eingabefeld *Ersetzen durch* die Zeichenfolge ein, mit der Sie die im Text gefundene Zeichenfolge ersetzen möchten.

3 Starten Sie den Suchvorgang mit der Schaltfläche *Weitersuchen*. Um die gefundene Zeichenfolge durch die Zeichenfolge im Feld *Ersetzen durch* auszutauschen, klicken Sie auf die Schaltfläche *Ersetzen*.

4 Möchten Sie die gesuchte Zeichenfolge durchgehend im ganzen Dokument ersetzen, können Sie den Vorgang beschleunigen, indem Sie auf die Schaltfläche *Alle ersetzen* klicken. Dann führt Word die ganze Prozedur automatisch durch, ohne dass Sie bei jeder Stelle die *Ersetzen*-Schaltfläche anklicken müssen.

Sobald Word das gesamte Dokument durchsucht hat, wird dies in einem kleinen Dialogfeld angezeigt.

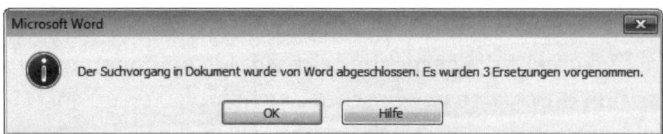

Die Suche wurde im gesamten Dokument durchgeführt.

Mit dieser Funktion sollten Sie aber vorsichtig umgehen, da Word es mit der eingegebenen Zeichenfolge sehr genau nimmt. Nehmen wir an, in einem Dokument wurde durchgehend das Wort *Sachbuch* benutzt, und Sie möchten es durch *Fachbuch* ersetzen. Nun können Sie die Arbeit natürlich in einem Zug durch einen Klick auf die Schaltfläche *Alle ersetzen* erledigen. Allerdings müssten Sie danach einen weiteren Suchlauf starten, da ja auch der Begriff *Sachbücher* vorkommen könnte. Sie könnten diese Aufgabe beschleunigen, indem Sie gleich nach *Sachb* suchen und diese Zeichenfolge durch *Fachb* ersetzen.

Suchbereich einschränken

In der Grundeinstellung wird die Suche im ganzen Dokument durchgeführt. Wenn Sie möchten, können Sie den Suchbereich aber auch einschränken. Hierzu markieren Sie einfach den gewünschten Bereich, in dem die Suche stattfinden soll. Word beschränkt sich bei der Suche dann auf die von Ihnen vorgegebene Markierung.

Namensschreibweise ersetzen: fortgeschrittene Suchfunktion

Für schwierigere Aufgaben können die erweiterten Suchfunktionen sehr hilfreich sein. Diese Suchfunktionen stehen Ihnen im Dialogfeld *Suchen und Ersetzen* über die Schaltfläche *Erweitern* zur Verfügung. Ein Klick auf diese Schaltfläche erweitert das Dialogfeld nach unten.

■ Im Bereich *Suchoptionen* legen Sie über das Listenfeld *Suchen* fest, ob die Suche am ganzen Dokument ausgeführt werden soll oder ab der Einfügemarke nach unten Richtung Textende bzw. nach oben Richtung Textanfang.

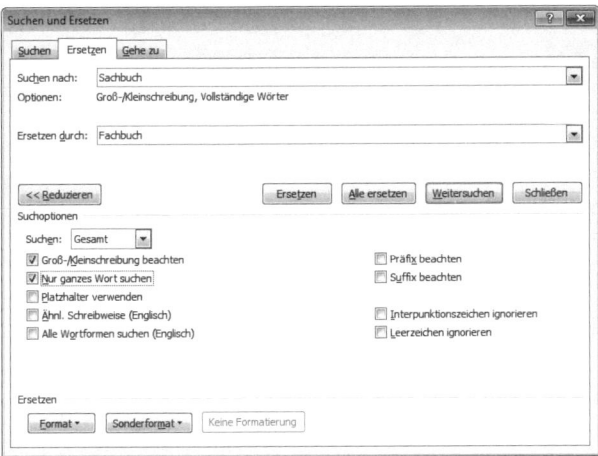

Das erweiterte Dialogfeld Suchen und Ersetzen.

■ Aktivieren Sie das Kontrollkästchen *Groß-/Kleinschreibung beachten*, veranlassen Sie Word, während der Suche auf die Groß-/Kleinschreibweise der gesuchten Zeichen zu achten. So könnten Sie beispielsweise die veraltete Schreibweise *im allgemeinen* bei aktiviertem Kontrollkästchen durch die neue Schreibweise *im Allgemeinen* ersetzen.

■ Aktivieren Sie das Kontrollkästchen *Nur ganzes Wort suchen*, betrachtet Word die von Ihnen eingegebene Zeichenkette als einzelnes Wort. Suchen Sie beispielsweise ohne weitere Angaben nach dem Wort *Symbol*, würde Word bei nicht aktiviertem Kontrollkästchen auch die Wörter *Symbole, symbolisch* etc. finden. Bei aktivierter Funktion *Nur ganzes Wort suchen* hingegen hält Word tatsächlich nur nach dem Wort *Symbol* Ausschau.

■ Bei aktiviertem Kontrollkästchen *Platzhalter verwenden* können Sie sogenannte Platzhalterzeichen in das Feld *Suchen nach* eingeben – zum Beispiel ein Sternchen (*), wenn Sie nach einer beliebigen Anzahl von beliebigen Zeichen suchen. Wenn Sie nach einem beliebigen Zeichen suchen, geben Sie ein Fragezeichen (?) ein.

Dialogfeld Erweitern wieder ausblenden

Benötigen Sie die erweiterten Funktionen bei der Suche nicht, können Sie das Dialogfeld natürlich jederzeit wieder verkleinern, um mehr Platz zu schaffen. Klicken Sie dazu einfach auf die Schaltfläche *Reduzieren*. Die erweiterten Optionen werden dadurch ausgeblendet, und das Dialogfeld wird verkleinert. Die Schaltflächenbezeichnung ändert sich wieder in *Erweitern*.

Um Ihnen die Möglichkeiten des Mustervergleichs zu verdeutlichen, bietet sich die Suche nach einer Variante der Namen Meier/Mayer/Meyer/Maier sehr gut an. Für diesen häufigen Nachnamen existieren ja viele verschiedene Schreibweisen. Nehmen wir an, Sie haben einen langen Text, in dem sehr häufig der Name *Meier* vorkommt. Das Problem ist, dass im Text dieser Name mehrmals auf verschiedene Arten falsch geschrieben wurde – zum Beispiel einmal *Meyer*, dann wieder *Maier* etc. Mit dem Mustervergleich lässt sich dieser Fehler ohne langwieriges Suchen und Herumprobieren schnell beheben.

Die Namen *Meier, Mayer* etc. beginnen alle mit dem Buchstaben *M* und enden mit der Buchstabenkombination *er*. Dazwischen stehen stets zwei Buchstaben, die jedoch nicht festgelegt sind. Daher bietet sich das Platzhalterzeichen *?* für ein beliebiges Zeichen an – es ergäbe sich im Feld *Suchen nach* der Suchbegriff *M??er*. Damit würden Sie Word mitteilen, dass Ihnen der zweite und der dritte Buchstabe nicht bekannt sind.

Das kann allerdings so noch nicht funktionieren, da Word nach der genauen Zeichenfolge *M??er* suchen und keine *Meiers, Mayers* oder *Meyers* finden würde. Sie müssen Word also noch mitteilen, dass es sich bei den Fragezeichen nicht um zu suchende Zeichen, sondern nur um Platzhalter für Zeichen (also Platzhalterzeichen) handelt. Dazu stehen Ihnen zwei Wege offen.

Sie können zunächst das Kontrollkästchen *Platzhalter verwenden* aktivieren, sodass Word die Fragezeichen als Platzhalterzeichen für jeweils ein beliebiges Zeichen interpretiert.

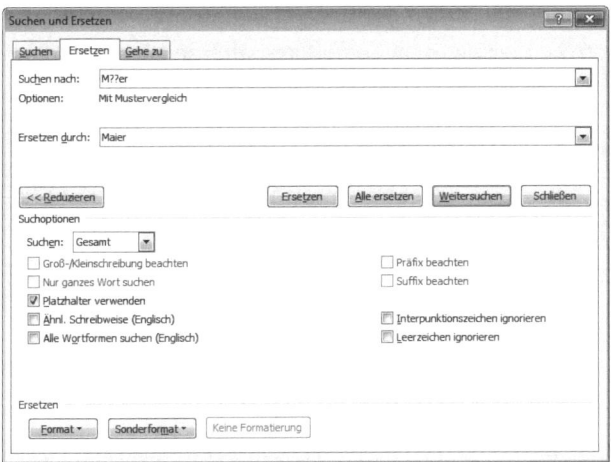

Suche mit Mustervergleich.

Sternchen als Platzhalter

Mit dieser Vorgehensweise könnten Sie auch das Sternchen (*) als Platzhalterzeichen für null oder mehr Zeichen verwenden – dann würde der Suchbegriff für unser Beispiel *M*er* lauten. Allerdings würde Word dann auch Begriffe wie *Meister*, *Minensucher* oder auch Kombinationen wie *Merkmale der* etc. finden.

Beachten Sie, dass Sie in diesem Beispiel bei aktiviertem Kontrollkästchen *Platzhalter verwenden* nicht mehr nach Fragezeichen im Text suchen können – würden Sie bei aktiviertem Mustervergleich in das Feld *Suchen nach* ein Fragezeichen eingeben, würde Word jedes einzelne Zeichen im Text als erfolgreiches Suchergebnis auswerten. Davon sind auch die Kontrollkästchen *Groß-/Kleinschreibung beachten* und *Nur ganzes Wort suchen* betroffen, Sie können sie nicht mehr einsetzen.

Bei aktiviertem Mustervergleich stehen Ihnen noch weitere Platzhalterzeichen zur Verfügung, die Sie mit einem Klick auf die Schaltfläche *Sonderformat* im Dialogfeld *Suchen und Ersetzen* erreichen.

Klicken Sie zuerst in das Feld *Suchen nach* und dann auf die Schaltfläche *Sonderformat*. Wählen Sie hier das benötigte Platzhalterzeichen, das dann im Feld *Suchen nach* eingesetzt wird.

Steuerzeichen ohne Mustervergleich einsetzen

Um unbekannte Zeichenfolgen und Sonderzeichen in einem Text zu finden, sind Sie nicht gezwungen, per Mustervergleich vorzugehen. Sie können auch Steuerzeichen einsetzen – dann müssen Sie das Kontrollkästchen *Platzhalter verwenden* nicht aktivieren. Es handelt sich dabei um bestimmte Zeichenfolgen, die immer mit einem Caret-Zeichen (^) beginnen. Wenn Sie eine solche Zeichenfolge einsetzen, teilen Sie Word mit, dass es nach etwas ganz Bestimmtem suchen soll.

Aber auch diese Steuerzeichen brauchen Sie nicht direkt in das Feld *Suchen nach* einzutragen, Sie können sie ebenso über die Schaltfläche *Sonderformat* auswählen. Achten Sie nur darauf, dass Sie das Kontrollkästchen *Platzhalter verwenden* deaktiviert haben. Wenn Sie dann die Schaltfläche *Sonderformat* anklicken, zeigt Word Ihnen die Liste an.

Sie können nach den verschiedensten Elementen suchen, etwa nach Tabstopps, Feldern, Fußnotenzeichen, Grafiken etc.

Zurück zu unserem Beispiel:

1 Um alle Schreibweisen des Namens *Meier* unter Verwendung von Steuerzeichen und ohne Mustervergleich zu finden, vergewissern Sie sich, dass das Kontrollkästchen *Nur ganzes Wort suchen* deaktiviert ist.

2 Geben Sie in dem Feld *Suchen nach* den Buchstaben *M* ein.

3 Klicken Sie dann auf die Schaltfläche *Sonstiges*.

4 Wählen Sie aus der Liste den Eintrag *Beliebiger Buchstabe*.

5 Wiederholen Sie diesen Vorgang.

6 Abschließend geben Sie die Buchstabenfolge *er* ein.

7 Aktivieren Sie die Kontrollkästchen *Groß-/Kleinschreibung* sowie *Nur ganzes Wort suchen*.

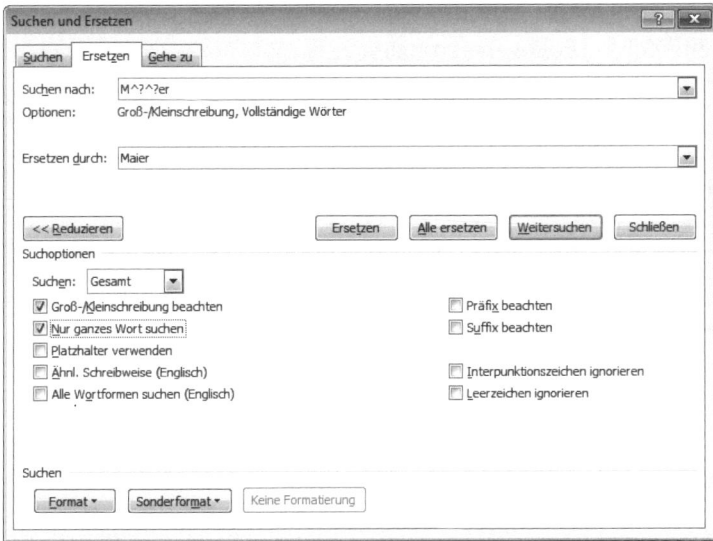

Suche ohne Mustervergleich.

Damit haben Sie den Suchbegriff so weit wie möglich eingegrenzt und können die Suche mit einem Klick auf die Schaltfläche *Weitersuchen* starten.

Mit etwas Übung werden Sie mit den einzelnen Platzhalterzeichen vertraut, sodass Sie sie auch selbst eingeben können – ohne Caret-Zeichen (^) beim Mustervergleich, mit diesem Zeichen, wenn Sie ohne Mustervergleich arbeiten wollen.

Eine Grafik durch eine andere ersetzen

Wie ersetzen Sie eine Grafik im gesamten Dokument durch eine andere? Mit einem kleinen Umweg klappt es über das Dialogfeld *Suchen und Ersetzen*.

1 Zeigen Sie das Dialogfeld *Ersetzen* an.

2 Klicken Sie in das Feld *Suchen nach* und geben Sie ^g ein. Word sucht damit nach allen Grafiken.

3 Geben Sie in dem Feld *Ersetzen durch* eine Zeichenfolge ein, die sicher nicht in Ihrem Dokument vorkommt, zum Beispiel *qqqqqqq*.

4 Klicken Sie so lange auf *Weitersuchen*, bis Sie das erste Vorkommen der entsprechenden Grafik gefunden haben. Klicken Sie auf *Ersetzen*.

5   Fahren Sie so fort, bis Sie jedes Vorkommen der Grafik durch die angegebene Zeichenfolge ersetzt haben.

6   Klicken Sie an eine beliebige Stelle in Ihrem Dokument und fügen Sie die neue Grafik ein.

7   Schneiden Sie sie gleich darauf mit ⌗Strg⌗+⌗X⌗ aus.

8   Klicken Sie im Dialogfeld *Suchen und ersetzen* in das Feld *Suchen nach* und geben Sie die vorhin gewählte Zeichenfolge (*qqqqqqq*) ein.

9   Klicken Sie in das Feld *Ersetzen durch* und dann auf *Erweitern* und auf *Sonstiges*. Wählen Sie *Inhalt der Zwischenablage*.

10 Klicken Sie auf *Alle ersetzen*.

Textformatierungen in einem Durchgang ändern

Word bietet Ihnen nicht nur die Möglichkeit, nach Zeichenfolgen zu suchen, sondern Sie können auch gezielt nach Formatierungen, z. B. nach Unterstreichungen, Fettsetzungen oder auch nach Schriftarten, suchen. Dabei können Sie sowohl nach einem Wort in einer bestimmen Formatierung als auch nur nach einer bestimmten Formatierung suchen.

Ein Beispiel: Sie haben ein bestimmtes Wort im gesamten Dokument kursiv formatiert und entscheiden danach, dass es doch eher fett gedruckt werden sollte. Oder aber Sie möchten in einem Text alle in der Schriftart Arial Black und der Schriftgröße 14 pt formatierten Absätze mit der Formatvorlage *Überschrift 1* formatieren. Auch das ist kein Problem.

1   Klicken Sie im erweiterten Zustand des Dialogfeldes *Suchen und Ersetzen* in das Feld *Suchen nach* und danach auf die Schaltfläche *Format*.

2   Eine Liste mit verschiedenen Formatierungsmöglichkeiten wird angezeigt.

3   Wählen Sie hier zum Beispiel den Eintrag *Zeichen*, erscheint ein Dialogfeld, das fast genauso aussieht wie das zum Formatieren von Zeichen in einem Word-Dokument. Sie können hier Schriftart, Auszeichnungen, Schriftgröße und Effekte auswählen.

Suche nach Textformatierungen

Beachten Sie dabei: Wenn Sie in einem der Felder keine Eingabe vornehmen, also zum Beispiel keinen Schriftschnitt festlegen, jedoch festlegen, dass der zu suchende Text in der Schriftart Arial formatiert werden soll, wird Word alle Textteile in der Schriftart Arial, ungeachtet des Schriftschnitts, finden.

Weiterhin sehen Sie im Feld *Schriftschnitt* die Einträge *Nicht Fett* und *Nicht Kursiv*, die bei der Zeichenformatierung im Dialogfeld *Zeichen* nicht verfügbar sind. Mit diesen Einträgen können Sie bestimmen, dass der gesuchte Text nicht fett oder nicht kursiv formatiert sein soll. Ähnlich verhält es sich mit den verschiedenen Effekten des Dialogfeldes *Format*. Hier kann jedes Kontrollkästchen drei verschiedene Zustände annehmen:

- *Aktiviert*: Der gesuchte Text muss die aktivierte Formatierung aufweisen.

- *Aktiviert, aber grau*: Die Formatierung ist unbedeutend für die Suche.

- *Deaktiviert:* Der gesuchte Text darf die gewünschte Formatierung nicht aufweisen.

Wenn Sie im Feld *Suchen nach* keine Angabe machen, wird Word alle Zeichenfolgen, auf die Ihre Auswahlkriterien zutreffen, finden. Wenn Sie hingegen eine Zeichenfolge eingegeben haben, werden nur diejenigen Zeichenfolgen, auf die zusätzlich die angegebenen Formatmerkmale zutreffen, gefunden.

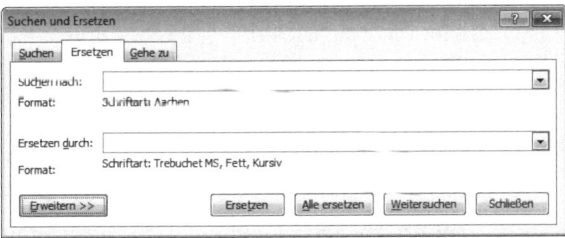

Hier werden alle in der Schriftart Aachen formatierten Texte in Trebuchet MS, Fett und Kursiv geändert, ungeachtet ihres Wortlauts.

Die Suche nach Absatzformaten, Tabstopps, Abständen etc.

Auch nach Absatzformaten können Sie gezielt suchen, zum Beispiel nach Abständen, Einzügen und Textfluss sowie Zeilen- und Seitenwechseln. Die Suche kann sich aber auch auf Tabstopps, Sprachversionen (dazu muss allerdings dem gesuchten Textteil über die Befehlsfolge *Extras/Sprache* explizit eine bestimmte Sprache zugewiesen sein), hervorgehobenen Text etc. beziehen. Anschließend kann eine Ersetzung durch eine andere Formatierung erfolgen.

Rasch zu bestimmten Dokumentelementen springen

Mit dem Befehl *Gehe zu*, der sich ebenfalls hinter der Pfeilschaltfläche neben dem Lupensymbol im Navigationsfenster verbirgt, oder der Tastenkombination (Strg)+(G) öffnen Sie die Registerkarte *Gehe zu* des Dialogfeldes *Suchen und Ersetzen*. Hier können Sie angeben, welches Element der Textcursor im aktuellen Dokument ansteuern soll – zum Beispiel eine bestimmte Seitenzahl, eine Zeilennummer, einen Abschnitt, eine Textmarke etc.

Lange Textabschnitte markieren

Nebenbei bietet Ihnen die Funktion *Gehe zu* auch eine Möglichkeit, lange Textabschnitte zu markieren: Klicken Sie an die Stelle, an der die Markierung beginnen soll, drücken Sie die Taste (F8) und wählen Sie im Dialogfeld *Gehe zu* die Stelle aus, an der die Markierung enden soll. Mit der Taste (Esc) heben Sie den Markierungserweiterungsmodus anschließend wieder auf.

Haben Sie im linken Kategorienbereich *Seite* gewählt, tragen Sie beispielsweise in das Eingabefeld einfach die Nummer der gesuchten Seite ein und bestätigen mit der Schaltfläche *Gehe zu*.

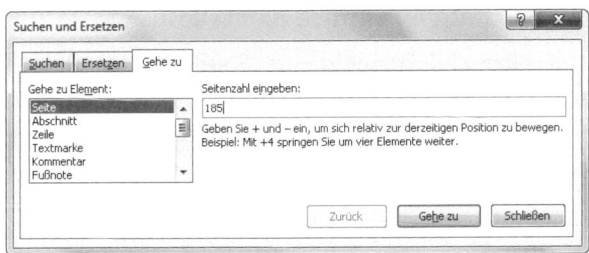

Eine Seitenzahl
ansteuern.

Möchten Sie in Ihrem Dokument um 20 Seiten vor- oder zurückblättern? Auch das ist über das Dialogfeld *Gehe zu* möglich: Wählen Sie unter *Gehe zu Element* den Eintrag *Seite* aus. Tragen Sie in das Feld *Seitenzahl eingeben + 20* ein, um 20 Seiten vorzublättern, bzw. *-20*, um 20 Seiten zurückzublättern.

Textpassagen übersetzen

Word 2010 bietet Ihnen die Möglichkeit, Wörter, Sätze oder auch ein ganzes Dokument automatisch in eine andere Sprache zu übersetzen. Es versteht sich von selbst, dass eine solche maschinelle Übersetzung immer einer gründlichen manuellen Überarbeitung bedarf. In vielen Fällen kann die erzeugte Grobübersetzung jedoch sehr hilfreich sein.

1 Im Register *Überprüfen* des Menübands klicken Sie auf die Schaltfläche *Übersetzen*.

2 Wählen Sie nun, ob Sie das gesamte Dokument oder die aktuelle Markierung übersetzen möchten. Wenn Sie die letzte Option einschalten, können Sie auf ein Wort zeigen, um es zu übersetzen.

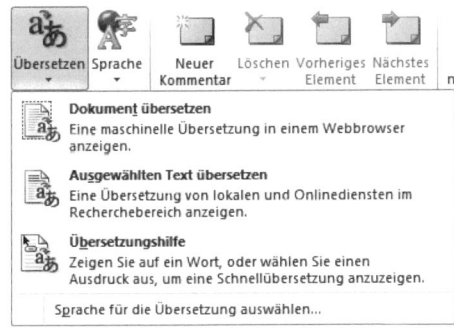

Die neuen Übersetzungsfunktionen.

Formeln, Brüche und Gleichungen einfach darstellen

Mathematische und physikalische Formeln und Sonderzeichen lassen sich ohne große Schwierigkeiten in Word-Dokumente integrieren und fast beliebig gestalten. Ähnlich wie Diagramme und SmartArt-Schaubilder werden auch Formeln als Objekte in den Fließtext eingebunden.

1 Zeigen Sie das Register *Einfügen* des Menübands an.

2 Klicken Sie auf die Schaltfläche *Formel*. Das Menüband erweitert sich um das Register *Formeltools*. π Formel ▾

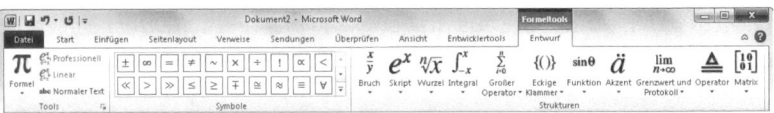

Das Register Formeltools des Menübands.

3 Dieses Register bietet Ihnen eine große Palette der unterschiedlichsten Formelbestandteile – klicken Sie sich Ihre Formel mithilfe der Symbole einfach zusammen.

Um die bekannte Gleichung E=mc² über den Formeleditor darzustellen, gehen Sie nach Aktivieren des Registers *Formeltools* folgendermaßen vor:

1 Geben Sie das *E* über die Tastatur ein.

2 Klicken Sie im Register *Formeltools* auf das Symbol *Gleich*.

3 Geben Sie *mc* über die Tastatur ein.

4 Markieren Sie die Buchstaben *mc* mit der Maus und klicken Sie im Register *Formeltools* auf die Schaltfläche *Skript*.

Skript

5 Wählen Sie das Symbol *Hochgestellt*.

6 Geben Sie in den leeren Platzhalter 2 ein.

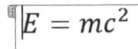
$$E = mc^2$$

Formatierungsoptionen

Übrigens können Sie die Formatierungsoptionen des Registers *Start* auch für Ihre Formeln einsetzen.

Diagramme und Schaubilder richtig erstellen und einbinden

Diagramme oder Schaubilder lassen sich ebenfalls direkt im Word-Dokument erzeugen und in Ihre Arbeit integrieren:

1 Zeigen Sie im Menüband das Register *Einfügen* an.

2 Für ein Diagramm klicken Sie auf die Schaltfläche *Diagramm*.
Diagramm

3 In die daraufhin angezeigte Datentabelle geben Sie die gewünschten Werte ein.

4 Wie Sie sehen, ist das Menüband durch die Symbolleiste zur Bearbeitung und Gestaltung von Diagrammen ersetzt worden. Klicken Sie hier auf das Symbol *Diagrammtyp* und wählen Sie die gewünschte Darstellungsweise.
Diagrammtyp ändern

Mehr über die Gestaltung und Formatierung von Diagrammen erfahren Sie im Excel-Kapitel ab Seite 219.

Genauso schnell erzeugen Sie ein attraktives Schaubild zur Visualisierung von Sachverhalten.

1 Klicken Sie im Register *Einfügen* auf die Schaltfläche *SmartArt* und wählen Sie den gewünschten Schaubildtyp aus, zum Beispiel ein Organisationsdiagramm.
SmartArt

2 Das Menüband erhält daraufhin ein Register *Organigrammtools*, das Sie zur Bearbeitung und Formatierung Ihres Schaubilds verwenden können.

Mehr über die Gestaltung und Formatierung von SmartArt-Schaubildern erfahren Sie im PowerPoint-Kapitel ab Seite 497.

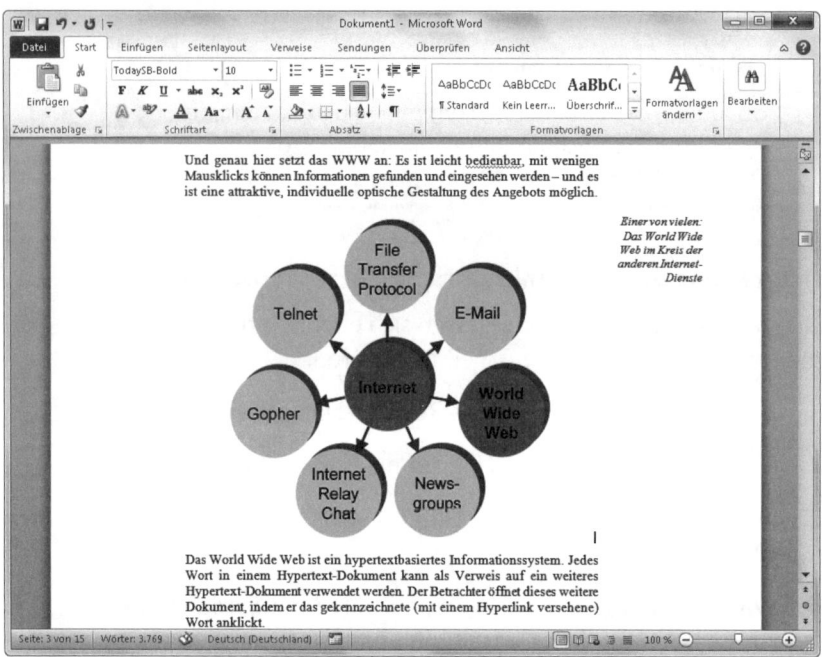

Über die Schaltfläche SmartArt haben Sie schnell ein attraktives Schaubild in Ihren Text eingefügt.

Textbausteine verwenden

Bestimmte Elemente – zum Beispiel eine fertige Formel, ein Schaubild oder Diagramm oder auch einen Textblock – benötigen Sie in Ihren Arbeiten häufiger. Anstatt so ein Element nun jedes Mal neu zu erstellen oder aus einem bestehenden Dokument herauszukopieren, legen Sie es einfach als sogenannten Schnellbaustein ab. Dann lässt es sich jederzeit mit einem Tastendruck in Ihr Dokument einfügen.

1 Erstellen Sie das Element in Ihrem Dokument.

2 Markieren Sie es und klicken Sie im Register *Einfügen* auf die Schaltfläche *Schnellbausteine.*

3 Wählen Sie *Auswahl im Schnellbaustein-Katalog speichern.*

4 Geben Sie in das Feld *Name* einen passenden Text ein.

5 Bei Bedarf legen Sie über das Listenfeld *Kategorie* eine neue Kategorie für den Schnellbaustein an.

6 Standardmäßig wird Ihr Schnellbaustein in der globalen Dokumentvorlage *Normal.dotm*, also der Standardvorlage für neue Dokumente, gespeichert. Damit ist er für alle Dokumente verfügbar.

7 Bestätigen Sie mit *OK*.

Sobald Sie nun den zuvor festgelegten Textbausteinnamen eingeben und dann die Taste [F3] drücken, wird das Element automatisch eingefügt.

Als Alternative klicken Sie im Register *Einfügen* auf die Schaltfläche *Schnellbausteine*. Hier lässt sich Ihr neuer Eintrag auch bequem über das Schaltflächenmenü abrufen.

Besondere Hinweise als Fuß- oder Endnoten einfügen

Mit Fuß- und Endnoten können Sie es vermeiden, den Text Ihres Dokuments mit allen notwendigen Informationen vollstopfen zu müssen. Stattdessen können Sie zusätzliche Bemerkungen oder Verweise als Fuß- oder Endnotentext einfügen. Da es für jede Fuß- oder Endnote im Text einen Verweis gibt, ist es einfach, diese zusätzlichen Informationen im Bedarfsfall aufzufinden.

Die folgenden Begriffe sollten Ihnen für die kommenden Ausführungen vertraut sein:

- Fußnoten stellen Zusatzinformationen, die nicht direkt im Text untergebracht werden, am jeweiligen Seitenende dar. Sie werden oft für Anmerkungen, die sich direkt auf den Text beziehen, verwendet.

- Endnoten zeigen diese Informationen erst am Dokument- oder am Abschnittsende an. Sie werden meist für Literaturverzeichnisse etc. verwendet.

- Das Fuß-/Endnotenzeichen ist die (normalerweise hochgestellte und kleiner dargestellte) Nummer im Text, die auf die Fuß-/Endnote verweist.

■ Die Fuß-/Endnote ist der eigentliche Text am Seiten- bzw. Dokumentende, auf den sich dieses Zeichen bezieht.

Das Einfügen solcher Anmerkungen kann recht zeitaufwendig sein, besonders wenn sie nachträglich noch aktualisiert und/oder ergänzt werden müssen.

Gerade derartige Aufgaben sind eine besondere Stärke von Word 2010: Gleichgültig, ob Sie Fuß- bzw. Endnoten bereits während der Texteingabe oder erst nachträglich einfügen, ob Sie in der richtigen Reihenfolge vorgehen oder immer einmal wieder eine Fußnote einschieben: Die Fußnotennummer wird durch die zugrunde liegende Feldfunktion stets sofort aktualisiert und der Text in der richtigen Reihenfolge eingereiht.

Dokumente mit vielen Fußnoten sind häufig ein wenig schwer lesbar, da die Fußnoten den unteren Teil der Seite ausfüllen. Endnoten hingegen stören beim Lesen selbst weniger. Allerdings werden sie häufiger ignoriert, da der Leser nach hinten blättern muss, um den Endnotentext zu finden.

Für die Länge von Fuß- und Endnoten gibt es keine Vorschriften. Falls Sie sehr viele und/oder sehr lange Fuß- oder Endnoten verwendet haben, werden diese auf der Folgeseite fortgesetzt.

Fuß- und Endnoten einfügen

Um in Word 2010 eine Fußnote einzufügen, klicken Sie zunächst hinter das Wort, auf das Sie verweisen möchten. Alternativ können Sie das Wort auch markieren. Bei beiden Verfahren fügt Word das Fuß-/Endnotenzeichen hinter dem Begriff ein.

1   Aktivieren Sie im Menüband das Register *Verweise*.

2   Je nachdem, welche Anmerkungsart Sie wünschen, klicken Sie jetzt entweder die Schaltfläche *Fußnote einfügen* oder die Schaltfläche *Endnote einfügen* an.

3   Falls Sie sich in der Entwurfsansicht befinden, zeigt Word 2010 das Fuß-/Endnoten-Teilfenster, befinden Sie sich dagegen in der Layoutansicht, sehen Sie nun den unteren Seitenrand (bei Fußnoten) bzw. das Dokumentende (bei Endnoten). Dort können Sie dann den Fuß-/Endnotentext eingeben.

Nachdem Sie die Fuß-/Endnote eingegeben haben, möchten Sie wahrscheinlich an die Textstelle, die Sie gerade bearbeitet haben, zurückkehren. In der Entwurfsansicht drücken Sie dazu die Taste F6, wenn Sie sich in der Seitenlayoutansicht befinden, die Tastenkombination Umschalt+F5.

Fuß- und Endnoten kopieren, verschieben und löschen

Alle Fuß-/Endnoten löschen

Falls Sie alle Fuß- oder Endnoten gleichzeitig aus dem Text löschen möchten, öffnen Sie das Dialogfeld *Ersetzen*, klicken auf die Schaltfläche *Erweitern* und dann auf *Sonderformat*. Wählen Sie den Eintrag *Fußnotenzeichen* bzw. *Endnotenzeichen*, vergewissern Sie sich, dass das Textfeld *Ersetzen* leer ist, und klicken Sie auf *Alle ersetzen*.

Möchten Sie eine Fuß- oder Endnote verschieben oder löschen, müssen Sie dazu das Fuß- oder Endnotenzeichen verwenden – nicht den Fuß- oder Endnotentext. Wenn Sie ein Fußnotenzeichen markieren und löschen, nummeriert Word alle Fußnoten neu durch. Dasselbe gilt für Endnoten. Wollen Sie hingegen nur den Fuß-/Endnotentext verschieben oder löschen, bleibt das zugehörige Zeichen im Textkörper an seiner Stelle.

Die Position von Fuß- und Endnoten bestimmen

In der Standardeinstellung werden Fußnoten am unteren Rand der Seite unterhalb einer eigens eingefügten Trennlinie positioniert.

Bei Bedarf sorgen Sie dafür, dass die Fußnoten direkt unter dem Text erscheinen (fällt besonders bei kurzen Seiten ins Gewicht). Endnoten – die normalerweise am Ende des Dokuments platziert werden – können Sie bei Bedarf an das Ende jedes Abschnitts setzen (dazu muss das Dokument bereits in Abschnitte unterteilt sein).

Im Register *Verweise* klicken Sie dazu auf den kleinen Pfeil rechts unten an der Gruppe *Fußnoten*.

Bei Fußnoten haben Sie die Wahl zwischen der Positionierung am Seitenende und der Positionierung direkt unterhalb des Textes.

Öffnen Sie das Listenfeld im Optionsbereich *Speicherort* und wählen Sie die gewünschte Option.

Querverweise korrekt darstellen

In Ihrer Arbeit haben Sie auf einer bestimmten Seite ein Schaubild eingefügt. Mehrere Seiten weiter hinten möchten Sie noch einmal auf dieses Schaubild verweisen.

Anstatt die Seitenzahl, auf der das Schaubild zu sehen ist, manuell einzutippen, sollten Sie eine spezielle Funktion verwenden. Denn es könnte sein, dass sich die Seitenzahl nachträglich ändert, weil Sie beispielsweise vor der Seite mit dem Bild Text löschen oder einfügen müssen. Gehen Sie folgendermaßen vor:

1 Geben Sie den Verweistext ein, beispielsweise *siehe Abbildung auf Seite*.

2 Navigieren Sie zu der gewünschten Abbildung und markieren Sie den Absatz.

3 Im Register *Einfügen* des Menübands klicken Sie auf die Schaltfläche *Textmarke* und geben in das Feld *Textmarkenname* einen sprechenden Namen ein – besonders wichtig, wenn mehrere Querverweise im Dokument erstellt werden müssen.

4 Klicken Sie auf *Hinzufügen*.

5 Wechseln Sie an die vorherige Schreibposition (Umschalt+F5).

6 Im Register *Einfügen* klicken Sie auf die Schaltfläche   🔲 Querverweis. *Querverweis*.

7 Als *Verweistyp* wählen Sie *Textmarke*, im Feld *Verweisen auf* wählen Sie *Seitenzahl*.

8 In der unteren Liste wählen Sie den Textmarkennamen und bestätigen mit *Einfügen*.

Ändert sich nun die Seitenzahl der Seite mit dem Bild, wird der Querverweis automatisch angepasst. Dadurch bleibt dieser Textteil immer up to date.

Wörter und Zeichen zählen

Grundsätzlich sollten Sie sich bei Ihrer Hausarbeit an die vorgegebene Wort-/Zeichenanzahl halten. Wie viele Wörter bzw. Zeichen Sie verwendet haben, stellen Sie in Word folgendermaßen fest:

1 Aktivieren Sie im Menüband das Register *Überprüfen*.

2 Klicken Sie auf *Wörter zählen*. 🔢

3 Falls laut Vorgabe die Zeichen von Fuß-/ Endnoten nicht mitgezählt werden dürfen, deaktivieren Sie das Kontrollkästchen *Textfelder, Fuß- und Endnoten berücksichtigen*.

Den perfekten Index erstellen

Zu jeder längeren Arbeit gehört zumindest ein Inhaltsverzeichnis, bei umfangreichen Werken ist ein Stichwortverzeichnis ebenfalls sinnvoll. Auch ein Abbildungsverzeichnis kommt häufig noch hinzu. Dieses listet alle im Werk vorkommenden Bilder anhand ihrer Seitenzahlen auf.

Mit Word lassen sich solche Arbeiten problemlos und schnell erledigen. Auch nachträgliche Überarbeitungen dieser Verzeichnisse machen keine Schwierigkeiten.

Stichwörter festlegen und als Index ausgeben

Um einen Index zu erstellen, müssen Sie alle Wörter, die darin erscheinen sollen, im Dokument durch eine XE-Feldfunktion kennzeichnen. Das klingt vielleicht zunächst etwas geheimnisvoll, ist aber in Wirklichkeit ganz einfach:

1 Markieren Sie das Wort, das indiziert werden soll, und klicken Sie im Register *Verweise* des Menübands auf die Schaltfläche *Eintrag festlegen*. Schneller sind Sie mit der Tastenkombination [Alt]+[Umschalt]+[X].
Eintrag festlegen

2 Das markierte Wort wird im Dialogfeld *Indexeintrag festlegen* als *Haupteintrag* angegeben.

3 Wenn Sie einen verschachtelten Index erstellen möchten, können Sie jetzt noch einen Untereintrag festlegen. Auch ein Querverweis ist möglich. Dazu klicken Sie das Optionsfeld *Querverweis* an und tragen anschließend das Stichwort, auf das verwiesen werden soll, ein.

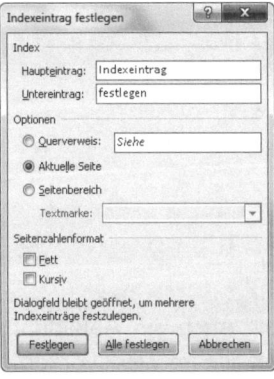

Diese Abbildung zeigt, wie ein Indexeintrag mit Untereintrag und Querverweis erzeugt wird.

Praktischerweise können Sie nach dem Festlegen des ersten Indexeintrags das Dialogfeld *Indexeintrag festlegen* geöffnet lassen, Ihren Text bearbeiten und dabei weitere Indexeinträge festlegen, indem Sie im Text den gewünschten Begriff markieren, danach im Dialogfeld in das Feld *Haupteintrag* klicken, eventuell weitere Optionen angeben und dann auf *Festlegen* klicken. Sie können den Dialog natürlich an der Titelleiste verschieben, um den Dokumenttext ungestört bearbeiten zu können.

1   Haben Sie alle Indexeinträge erzeugt, schließen Sie das Dialogfeld und setzen die Einfügemarke an die Stelle, an der der Index eingefügt werden soll (meist ist dies das Ende des Dokuments – in einem Masterdokument auf jeden Fall außerhalb eines Filialdokuments).

2   Schalten Sie verborgenen Text, nicht druckbare Zeichen und Feldfunktionen aus, um einen korrekten Seitenumbruch zu erzielen. Dazu klicken Sie auf das Register *Datei* und wählen *Word-Optionen*. In der Kategorie *Anzeigen* deaktivieren Sie die Kontrollkästchen unter *Diese Formatierungszeichen immer auf dem Bildschirm anzeigen*. Zudem deaktivieren Sie in der Kategorie *Erweitert* unter *Dokumentinhalt anzeigen* das Kontrollkästchen *Feldfunktionen anstelle von Werten anzeigen*.

3   Klicken Sie dann im Register *Verweise* auf die Schaltfläche *Index einfügen*.

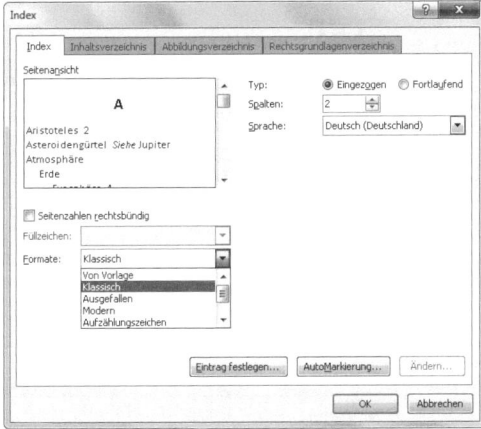

4   Sie können im Listenfeld *Formate* aus einem von sieben Indexformaten auswählen.

5   Im Drehfeld *Spalten* legen Sie fest, aus wie vielen Spalten der Index bestehen soll. Weitere Formatierungsmöglichkeiten bestehen in *Seitenzahlen rechtsbündig* und *Füllzeichen*.

6   Wenn Sie Ihre Auswahl mit *OK* bestätigen, wird erst ein Seitenumbruch für das Dokument vorgenommen, dann wird der Index zusammengestellt. Dabei wird die Feldfunktion *INDEX* eingefügt.

Die Option Von Vorlage

Wenn Sie die Option *Von Vorlage* auswählen, können Sie mit einem Klick auf die Schaltfläche *Ändern* das Format des Indextextes anpassen, indem Sie im angezeigten Dialog *Formatvorlage* die Indexvorlagen 1 bis 9 abändern.

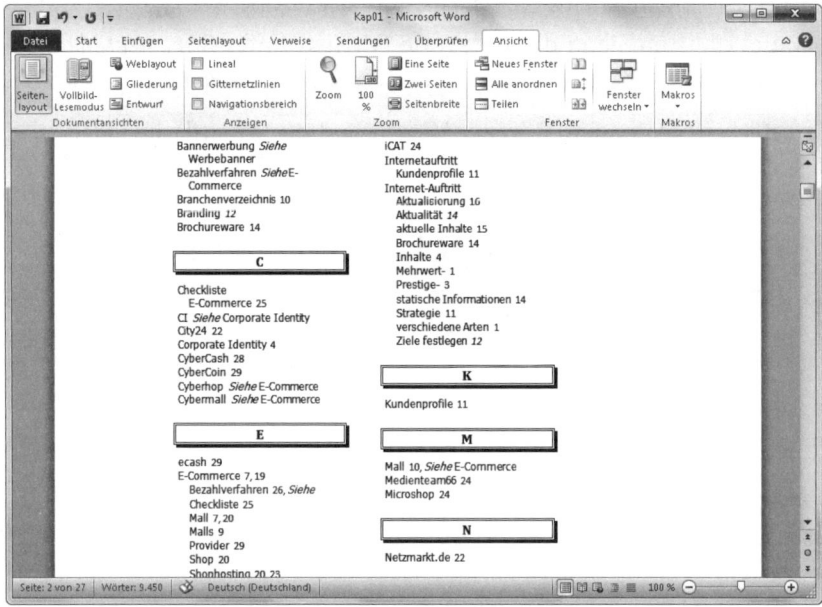

Ein Ausschnitt aus einem fertigen Index mit der Vorlage Ausgefallen.

Aktualisieren und Ersetzen von Indizes

Selbstverständlich kommt es vor, dass Sie die Indexeinträge nachträglich erweitern oder verändern möchten. In diesem Fall stellen Sie einfach die Einfügemarke in den fertigen Index und drücken dann die Taste F9 (aktualisiert die Felder). Nun werden neue Indexeinträge hinzugefügt, gelöschte entfernt und die Seitenzahlen aktualisiert. Beachten Sie, dass dabei alle Formatierungen, die Sie direkt im Indextext vorgenommen haben, verloren gehen.

Indexeinträge formatieren

Es lohnt sich nicht, den fertig zusammengestellten Index manuell zu formatieren. Denn: Bei jeder Aktualisierung der zugrunde liegenden Feldfunktion mit der Taste (F9) würden die Formatierungen wieder verschwinden, da die standardmäßigen Formatvorlagen wieder zugewiesen werden. Auch die fertige INDEX-Feldfunktion kann nicht so bearbeitet werden, dass einzelne Indexeinträge eine besondere Formatierung erhalten.

Formatieren Sie die einzelnen Indexeinträge daher bereits bei der Erstellung im Dialogfeld *Index und Verzeichnisse*:

1   Stellen Sie die Einfügemarke im jeweiligen Eingabefeld in das Wort, das die Formatierung erhalten soll (bei Mehrworteinträgen markieren Sie die entsprechenden Wörter).

2   Verwenden Sie Tastenkombinationen zur Zeichenformatierung.

Falls Sie diese nicht kennen oder zur Auffrischung sehen Sie hier eine kleine Zusammenstellung der Shortcuts:

Formatierung	Tastenkombination
Großbuchstaben	(Strg)+(Umschalt)+(G)
Fett	(Strg)+(Umschalt)+(F)
Unterstrichen	(Strg)+(Umschalt)+(U)
Wörter unterstrichen	(Strg)+(Umschalt)+(W)
Doppelt unterstrichen	(Strg)+(Umschalt)+(D)
Kursiv	(Strg)+(Umschalt)+(K)
Kapitälchen	(Strg)+(Umschalt)+(Q)
Tiefgestellt	(Strg)+(#)
Hochgestellt	(Strg)+(Umschalt)+(+)
Manuelles Zeichenformat entfernen	(Strg)+(Leertaste)

Einträge manuell formatieren

Sie können die Indexeinträge auch manuell formatieren, indem Sie die XE-Feldfunktion bearbeiten. Die einfachste XE-Feldfunktion, zum Beispiel *{XE "Sonnenblume"}*, hat im fertigen Index folgendes Ergebnis: *Sonnenblume, 18.*

Die Feldfunktion *{XE "Sonnenblume |r "textmarke1}* verweist auf eine Textmarke mit dem Namen *textmarke1*, die mehrere Seiten umschließt. Das Ergebnis sieht daher folgendermaßen aus: *Sonnenblume, 18-24.* Die Feldfunktion *{XE "Sonnenblume |i}* enthält den Feldschalter für kursiv (|*i* wie italic). Die Seitenangabe wird entsprechend formatiert.

Weitere Optionen für Indexeinträge

Um wirklich professionelle Indizes, wie man sie in Fachbüchern findet, zu erzeugen, stellt Word noch weitere Optionen für Indexeinträge zur Verfügung.

- Falls sich der Indexeintrag nur auf die aktuelle Seite beziehen soll, aktivieren Sie das Optionsfeld *Aktuelle Seite*.

- Häufig werden in Indizes ganze Seitenbereiche angegeben, z. B. *Drucker einrichten, 104-116.* Das ist natürlich auch in Word möglich. Markieren Sie dazu den gesamten Bereich, auf den verwiesen werden soll, und weisen Sie ihm eine Textmarke zu. Wie bereits oben angesprochen, aktivieren Sie im Dialogfeld *Indexeintrag einfügen* das Optionsfeld *Seitenbereich* und wählen den Namen der Textmarke aus.

- Auch die Seitenzahlen können formatiert werden. Es lohnt sich hier aber ebenfalls nicht, den fertigen Index manuell zu formatieren, da diese Formatierungen bei jeder Aktualisierung verschwinden. Wählen Sie das Format lieber über die Kontrollkästchen *Fett* oder *Kursiv* aus.

- Ganz wichtig ist die Unterscheidung zwischen den Schaltflächen *Festlegen* und *Alle festlegen*. Wenn Sie möchten, dass der markierte Haupteintrag nur einmalig im Index erscheint, klicken Sie auf die Schaltfläche *Festlegen*.

- Anders sieht es aus, wenn Sie auf die Schaltfläche *Alle festlegen* klicken. Word durchsucht in diesem Fall das gesamte Dokument und legt jedes Mal, wenn es eine Entsprechung für den Text im Feld *Hauptein-trag* findet, einen weiteren Indexeintrag fest. Das kann sich natürlich im fertigen Index sehr störend auswirken, zum Beispiel wenn Sie ein sehr häufig verwendetes Wort an einer bestimmten Stelle definieren und nur diese Stelle in den Index aufnehmen möchten. Die Schaltfläche ist übrigens nur dann verfügbar, wenn Sie Text im Dokument markiert und die Option *Aktuelle Seite* angeklickt haben.

Indizes sperren und in Text umwandeln

Wenn Sie einen geschützten Index erstellen möchten, den andere Benutzer nicht verändern können, dann sperren Sie die INDEX-Feldfunktion. Das geht folgendermaßen:

1   Klicken Sie an eine beliebige Stelle innerhalb des fertigen Index und drücken Sie die Tastenkombination [Strg]+[F11]. Der Index kann jetzt nicht mehr aktualisiert werden.

2   Um die Feldfunktion wieder zu entsperren, drücken Sie die Tastenkombination [Umschalt]+[Strg]+[F11].

3   Wenn Sie ganz sichergehen möchten, können Sie das Feldergebnis auch in normalen Text umwandeln. Dazu stellen Sie die Einfügemarke wiederum in den Index oder die Feldfunktion. Drücken Sie die Tastenkombination [Umschalt]+[Strg]+[F9].

Vorsicht beim Lösen von Verknüpfungen

Wenn Sie die Verknüpfung gelöst und das Dokument gespeichert haben, können Sie den Index nicht mehr in ein Feld umwandeln.

Das Inhaltsverzeichnis zusammenstellen

Für die automatische Zusammenstellung eines Inhaltsverzeichnisses werden üblicherweise die Überschriftformatvorlagen des Dokuments verwendet. Damit die Arbeit zu einem Kinderspiel wird, treffen Sie zunächst einige Vorkehrungen:

1   Überprüfen Sie in Ihrem Text, ob Sie allen Überschriften die Formatvorlagen *Überschrift 1* bis *Überschrift 9* zugewiesen haben.

2   Setzen Sie die Einfügemarke an die Stelle, an der Sie das Inhaltsverzeichnis einfügen möchten. In der Regel ist dies der Anfang (gelegentlich auch das Ende) eines Dokuments.

3   Aktivieren Sie im Menüband das Register *Verweise* und klicken Sie auf die Schaltfläche *Inhaltsverzeichnis*.

Inhalts-
verzeichnis ▾

4   Am schnellsten geht es nun, wenn Sie nun einfach eines der integrierten Inhaltsverzeichnisse anklicken.

5   Benötigen Sie jedoch mehr Kontrolle über das Aussehen Ihres Inhaltsverzeichnisses, wählen Sie *Inhaltsverzeichnis einfügen*.

Fertige Formatvorlagen für die Gestaltung von Verzeichnissen

Das Dialogfeld enthält verschiedene nützliche Optionen, die wir Ihnen im Folgenden vorstellen:

■   Das Feld *Formate* enthält verschiedene vordefinierte Formatvorlagen, die Sie anwenden können, um Verzeichnisse zu gestalten. Klicken Sie auf eine Vorlage, erhalten Sie im Vorschaufenster eine Vorschau der Verzeichnisgliederung.

■   Lassen Sie das Kontrollkästchen *Seitenzahlen anzeigen* aktiviert, damit auch auf die Seitenzahlen verwiesen wird.

■   Ebenso sollten Sie das Kontrollkästchen *Seitenzahlen rechtsbündig* aktiviert lassen, damit diese übersichtlich dargestellt werden. Ansonsten würden die Seitenzahlen gleich hinter dem Text angezeigt werden. Wenn Sie sich die Vorlagen genauer ansehen, stellen Sie jedoch fest, dass es hier auch Inhaltsverzeichnisse gibt, die ohne diese Funktion gut aussehen.

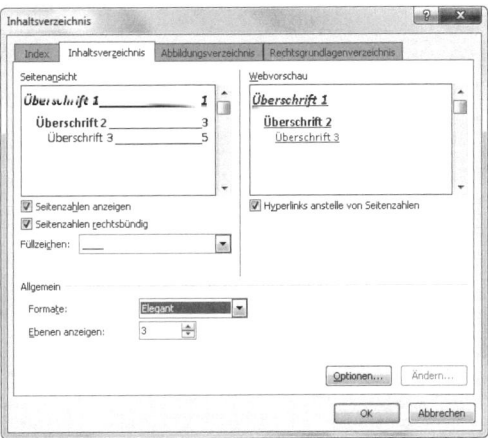

- Die Option *Füllzeichen* betrifft den Raum zwischen dem Text und der Seitenzahl. Dieser Abstand kann mit Punkten oder Linien ausgefüllt sein, damit das Auge des Betrachters die beiden zusammengehörigen Elemente leichter erfassen kann. In den Vorlagen finden Sie wieder einige mit und einige ohne diese Option.

- Das Feld *Ebenen* bezieht sich auf die Überschriftenebenen des Inhaltsverzeichnisses. Damit können Sie bestimmen, wie viele Überschriftenebenen für das Inhaltsverzeichnis verwendet werden sollen. Für sehr lange Dokumente sind beispielsweise zwei bis drei Ebenen zu empfehlen, damit das Inhaltsverzeichnis nicht allzu lang ausfällt.

Eine mögliche Fehlerquelle

Vielleicht stellen Sie bei der Durchsicht Ihres Inhaltsverzeichnisses fest, dass die Seitenzahlen im Verzeichnis gar nicht mit den Seitenzahlen im Dokument übereinstimmen! Als Ursache kommt im Grunde nur ein Fehler infrage: Sie haben vor dem Erstellen des Inhaltsverzeichnisses versäumt, Feldfunktionen bzw. verborgenen Text auszuschalten. Dadurch haben sich die Seitenumbrüche verschoben, und die Seitenangaben im Inhaltsverzeichnis stimmen nicht mehr mit denen des Ausdrucks überein.

Haben Sie im Dialogfeld *Index und Verzeichnisse* die gewünschten Einstellungen vorgenommen, bestätigen Sie es mit der Schaltfläche *OK*, damit Word das Inhaltsverzeichnis an der Position der Einfügemarke automatisch erstellt.

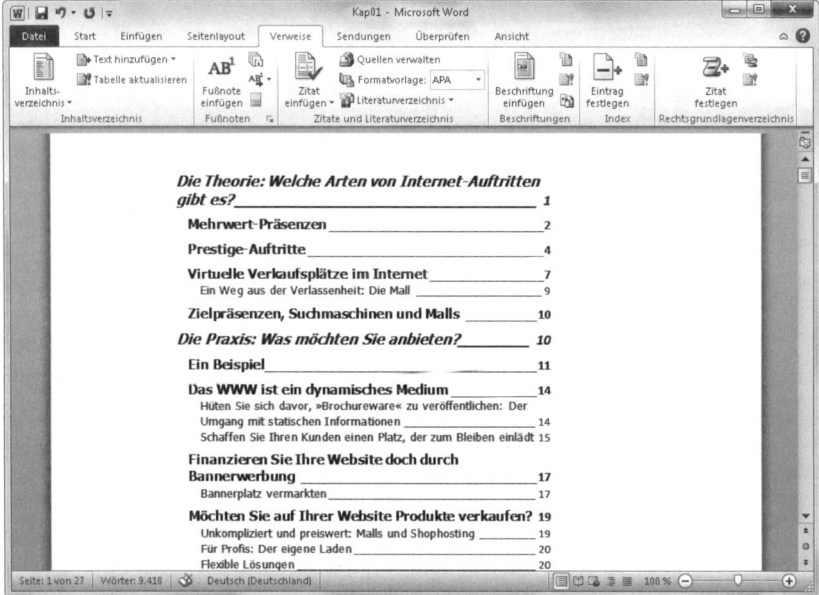

Word erstellt automatisch ein gut formatiertes Inhaltsverzeichnis auf der Grundlage der Überschriftformatvorlagen.

Wenn Sie nun Änderungen im Dokumenttext vornehmen, beispielsweise Überschriften hinzufügen oder löschen oder sie umformulieren, wird das Inhaltsverzeichnis nicht automatisch aktualisiert. Um es zu aktualisieren, verwenden Sie die Taste (F9), mit der Sie in Word 2010 prinzipiell jede Feldfunktion aktualisieren können:

1   Klicken Sie an eine beliebige Stelle im Inhaltsverzeichnis.

2   Drücken Sie die Taste (F9).

3   Word fragt Sie, ob Sie das gesamte Inhaltsverzeichnis oder nur die Seitenzahlen des vorhandenen Verzeichnisses aktualisieren möchten.

4   Wählen Sie das Gewünschte aus und bestätigen Sie mit *OK*.

Ein Verzeichnis auf der Grundlage anderer Elemente erstellen

In Word 2010 können Sie Inhaltsverzeichnisse aber nicht nur aus Überschriftenebenen erstellen, sondern auch auf Basis anderer Elemente. Nehmen wir beispielsweise an, dass Sie Kapitelüberschriften stets mit einer selbst erstellten Formatvorlage namens *Kapitel* formatieren. Selbstverständlich sollen auch die Kapitelüberschriften in das Inhaltsverzeichnis integriert werden.

Gehen Sie folgendermaßen vor:

1   Klicken Sie im Register *Inhaltsverzeichnis* des Dialogfeldes *Index und Verzeichnisse* auf die Schaltfläche *Optionen*, um in das Dialogfeld *Optionen für Inhaltsverzeichnis* zu gelangen.

2   Geben Sie in das Feld neben der Formatvorlage, die Sie in das Inhaltsverzeichnis integrieren möchten, die gewünschte Ebene im Inhaltsverzeichnis ein.

3   Daraufhin müssen Sie die Überschriftformatvorlagen wahrscheinlich entsprechend anpassen – der Formatvorlage *Überschrift 1* beispielsweise manuell die Ebene 2 zuweisen, der Formatvorlage *Überschrift 2* die Ebene 3 etc.

4   Bei Bedarf können Sie eine Formatvorlage bei der Verzeichniserstellung auch komplett ausschließen, indem Sie die Zahl neben dieser Formatvorlage löschen.

Haben Sie diese Einstellungen vorgenommen, bestätigen Sie zweimal mit *OK*, um das Inhaltsverzeichnis zu erstellen.

Spezialverzeichnisse: Wie gehen Abbildungs- und Literaturverzeichnis?

Bei wissenschaftlichen Arbeiten benötigen Sie häufig nicht nur Inhaltsverzeichnisse, sondern auch andere Verzeichnistypen, wie Abbildungsverzeichnisse, Tabellen- oder Diagrammverzeichnisse etc.

Für das Erstellen eines solchen Verzeichnisses verwenden Sie die gleiche Feldfunktion wie für ein Inhaltsverzeichnis und arbeiten ebenfalls mit dem Dialogfeld *Index und Verzeichnisse*.

Es stehen Ihnen zwei Wege offen:

- Zum einen können Sie das Verzeichnis über Formatvorlagen, zum Beispiel über die in die *Normal.dotm* integrierte Formatvorlage *Beschriftung,* erstellen.

- Zum anderen besteht die Möglichkeit, dass Sie die Verzeichniseinträge selbst in das Dokument eingeben.

Ein Abbildungsverzeichnis auf der Grundlage von Formatvorlagen erstellen

Beginnen Sie mit der zuerst genannten Vorgehensweise, indem Sie ein Abbildungsverzeichnis auf der Grundlage von Formatvorlagen erstellen. Diese Variante gelingt besonders einfach:

1 Versehen Sie alle Abbildungen in Ihrem Dokument mit Bildbeschriftungen. Fügen Sie diese unbedingt mit dem automatischen Beschriftungsfeature über die Schaltfläche *Beschriftung einfügen* des Registers *Verweise* ein. Denn nur dann legt Word eine automatische SEQ-Funktion für jede Beschriftung an.

Beschriftung einfügen

2 Haben Sie alle Bilder mit einer solchen Beschriftung versehen, können Sie mit dem Abbildungsverzeichnis beginnen.

3 Positionieren Sie die Einfügemarke an die Stelle im Dokument, an der das Abbildungsverzeichnis entstehen soll. Das könnte zum Beispiel das Dokumentende sein. Doch Vorsicht bei Masterdokumenten: Hier darf es sich nicht um ein Unterdokument handeln.

4 Schalten Sie die Anzeige von Feldfunktionen und verborgenen Texten aus (Register *Datei, Word-Optionen,* Kategorie *Anzeigen: Ausgeblendeten Text* deaktivieren, Kategorie *Erweitert: Feldfunktionen anstelle von Werten anzeigen* deaktivieren), damit der Seitenumbruch korrekt durchgeführt wird.

5 Wählen Sie im Register *Verweise* die Schaltfläche *Abbildungsverzeichnis einfügen* (Gruppe *Beschriftungen*).

6 Bestätigen Sie mit der Schaltfläche *OK.*

Formatvorlagen für Abbildungsverzeichnisse

Genauso wie beim Erstellen eines Inhaltsverzeichnisses stehen Ihnen auch hier in der Liste *Formate* verschiedene vordefinierte Vorlagen zur Verfügung. Wählen Sie mithilfe des Vorschaufeldes eine Vorlage aus. Andernfalls können Sie auch selbst definierte Formatvorlagen verwenden, indem Sie in der Liste auf den Eintrag *Von Vorlage* klicken und dann rechts auf die Schaltfläche *Ändern*. Im Dialogfeld *Formatvorlage* passen Sie das Verzeichnis dann Ihren Wünschen an.

Anschließend wird das Dokument neu umbrochen und das Abbildungsverzeichnis angelegt.

Ein manuelles Literaturverzeichnis erstellen

Das Literaturverzeichnis ist unabhängig von den Seitenzahlen des Haupttextes. Gut möglich, dass Sie sich alle Quellen schon herausgeschrieben haben. In diesem Fall erzeugen Sie das Literaturverzeichnis nicht mithilfe von Feldfunktionen, sondern gestalten es frei, wobei Sie sich des Tabulators bedienen.

1   Geben Sie zunächst den oder die Autoren ein.

2   Drücken Sie einmal die Tab-Taste und geben Sie die bibliografischen Angaben ein.

Abulafia, David → Herrscher zwischen den Kulturen Friedrich II. von Hohenstaufen, Wolf·
Jobst·Siedler·Verlag·Berlin·1991¶

Geben Sie den Autor ein, drücken Sie Tab und geben Sie anschließend die bibliografischen Angaben ein.

Die zweite Zeile und die eventuell folgenden Zeilen der bibliografischen Angaben sollen eingerückt unter der ersten Zeile erscheinen. Zu diesem Zweck passen Sie den Tabulatoreinzug auf dem Lineal an.

Das Lineal enthält zu diesem Zweck dreieckige Markierungen, die Einzugsmarken, am linken und am rechten Rand. Sie können diese nach links und nach rechts ziehen, um Einzüge festzulegen.

Tabstoppzeichen anzeigen lassen

In der Grundeinstellung finden Sie alle 1,25 cm auf dem Lineal einen Tabstopp. Das Lineal stellt diese Tabstopps als kleine senkrechte Striche unter der eigentlichen Linealskala dar (wird das Lineal nicht angezeigt, aktivieren Sie im Register *Ansicht* das Kontrollkästchen *Lineal*). Jedes Mal, wenn Sie die Tab-Taste drücken, wird der auf die Einfügemarke folgende Text zur nächsten Tabstoppposition verschoben.

Bei der Arbeit mit Tabulatoren empfiehlt es sich außerdem, die Tabstoppzeichen im Dokument anzeigen zu lassen, indem Sie auf die Schaltfläche ¶ *einblenden/ausblenden* im Register *Start* klicken. Die Tabstopps erscheinen als Rechtspfeile.

Das obere Dreieck am linken Rand stellt den Erstzeileneinzug dar, das untere Dreieck den linken Einzug. Beide Marken lassen sich unabhängig voneinander verschieben.

1 Ziehen Sie das untere Dreieck nach rechts. Eine gestrichelte Linie zeigt Ihnen, an welcher Stelle der Text nach dem Tabstopp angeordnet würde, wenn Sie die Maustaste nun loslassen würden.

2 Ziehen Sie die Marke nach rechts. Sobald Sie sie loslassen, wird der Text nach dem Tabulator unter dieser Marke angeordnet.

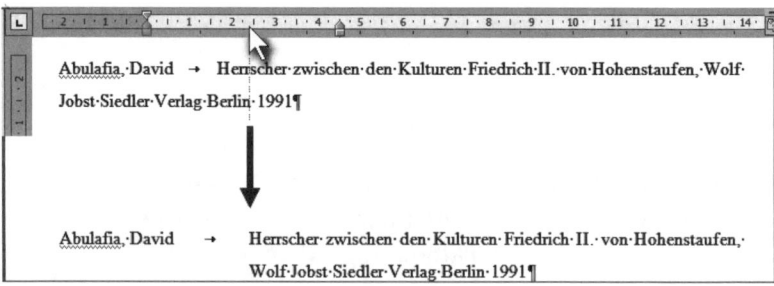

Alle standardmäßig eingerichteten Tabstopps vor diesem benutzerdefinierten Tabstopp werden entfernt.

Übernahme von Tabstopps in den nächsten Absatz

Sie sollten bei der Arbeit mit Tabulatoren berücksichtigen, dass Tabstopps wie alle Absatzformatierungen in der Absatzmarke gespeichert werden. Wenn Sie während der Eingabe einen Tabstopp setzen und dann die [Enter]-Taste drücken, werden die Tabulatoreinstellungen in den nächsten Absatz übernommen. Wenn Sie die Tabulatoren hingegen später setzen, werden sie nur dem Absatz oder den Absätzen, die Sie dabei markiert haben, zugewiesen.

Der Text Ihres Literaturverzeichnisses hat automatisch die Absatzformatvorlage *Standard* und damit einen 1,5-fachen Zeilenabstand zugewiesen bekommen.

Legen Sie nun für das Literaturverzeichnis eine eigene Absatzformatvorlage mit dem soeben gestalteten Einzug sowie einem einfachen Zeilenabstand fest.

1 Klicken Sie an beliebiger Stelle in den fertigen Absatz.

2 Im Register *Start* des Menübands klicken Sie auf das Symbol *Weitere* an der Formatvorlagenliste.

3 Wählen Sie *Auswahl als neue Schnellformatvorlage speichern* und klicken Sie auf *Ändern*.

4 Geben Sie als *Name Literatur* ein.

5 Als *Formatvorlagentyp* wählen Sie *Absatz*.

Verwenden Sie nicht den Formatvorlagennamen Literaturverzeichnis

Der Formatvorlagenname *Literaturverzeichnis* ist programmintern bereits vergeben, deshalb Sie können ihn nicht verwenden.

6 Aktivieren Sie das Symbol *Einfacher Zeilenabstand*.

7 Klicken Sie auf *OK*.

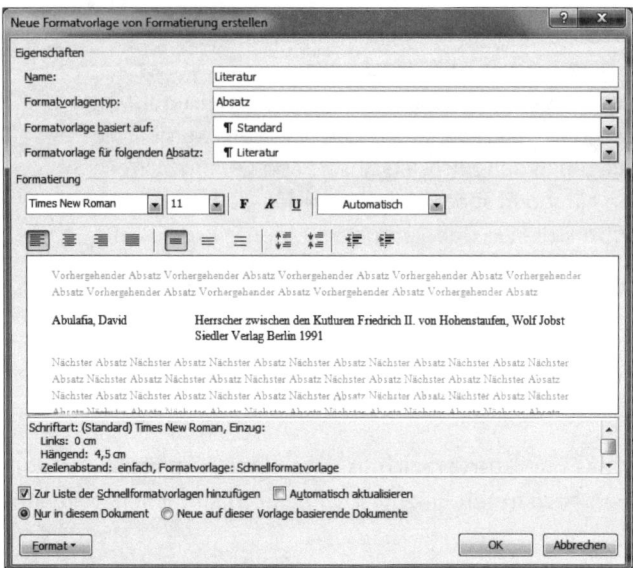

Von nun an ist es ein Leichtes, weitere Einträge für Ihr Literaturverzeichnis zu erzeugen und bei Bedarf schnell zu formatieren.

Abulafia, David	→	Herrscher zwischen den Kulturen Friedrich II. von Hohenstaufen, Wolf Jobst Siedler Verlag Berlin 1991¶
Akermann, Manfred	→	Bemühungen zum Bau eines Nationaldenkmals auf dem Hohenstaufen, in Hohenstaufen Veröffentlichungen des Geschichts- und Altertumsvereins Göppingen 10. Folge 1977¶
Althoff Gerd	→	Adels- und Königsfamilien im Spiegel ihrer Memorialüberlieferung. Wilhelm Fink Verlag München 1984. ¶
Althoff, Gerd		Der Sachsenherzog Widukind als Mönch auf der Reichenau. Ein Beitrag zur Kritik des Widukind-Mythos.¶
Andrieux Maurice	→	Heinrich IV. Frankreichs guter König. Societäts-Verlag Frankfurt 1955¶
Appelt, Heinrich	→	Zur diplomatischen Beurteilung des privilegium maius. ¶
Baaken, Gerhard	→	Königtum, Burgen und Königsfreie, Vorträge und Forschungen Band VI, Jan Thorbecke Verlag Sigmaringen 1981¶
Baaken, Katrin	→	Herzog Welf VI. und seine Zeit, in Welf VI. Wissenschaftliches Kolloquium zum 800. Todestages Welfs VI. im Schwäbischen Bildungszentrum Irsee, Seite 9-29 Jan Thorbecke Verlag Sigmaringen 1991¶
Babinger Franz	→	Mehmed der Eroberer. Weltenstürmer einer Zeitenwende. R. Piper GmbH&Co. KG, München 1987. ¶

Ein automatisches Literaturverzeichnis erzeugen

Sie können die Erstellung eines Literaturverzeichnisses übrigens auch automatisieren. Dies bietet sich immer dann an, wenn Sie die Quellenangaben noch nicht herausgeschrieben haben, sondern erst beim Schreiben erarbeiten.

Dazu versehen Sie Ihr Dokument mit Zitaten und den zugehörigen Quellenangaben. Zunächst wählen Sie in der Gruppe *Zitate und Literaturverzeichnis* des Registers *Verweise* aus, nach welcher Norm (*Formatvorlage*) Sie Ihr Literaturverzeichnis erstellen möchten.

Gehen Sie anschließend folgendermaßen vor:

1 Setzen Sie die Einfügemarke hinter den Satz, den Sie als Zitat kennzeichnen möchten.

2 Aktivieren Sie das Register *Verweise* und klicken Sie auf die Schaltfläche *Zitat einfügen*.

3 Wählen Sie *Neue Quelle hinzufügen*.

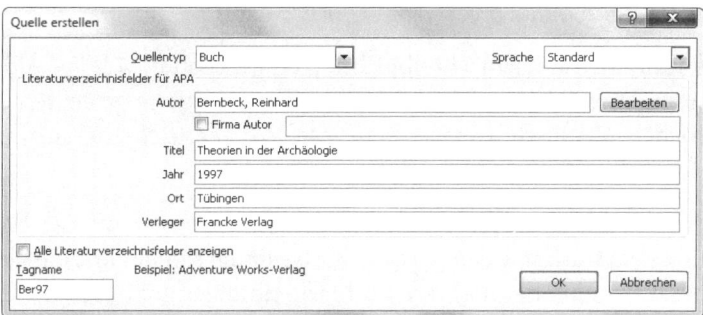

4 Füllen Sie die Felder des Dialogfeldes aus.

Nachdem Sie auf diese Weise alle Quellen in Ihrem Dokument markiert haben, generieren Sie ein automatisches Literaturverzeichnis.

1 Scrollen Sie an das Ende des Dokuments – an die Stelle, an der Sie das Literaturverzeichnis einfügen möchten.

2 Aktivieren Sie das Register *Verweise* und klicken Sie auf die Schaltfläche *Literaturverzeichnis*.

99

3 Wählen Sie *Literaturverzeichnis einfügen*.

4 Wählen Sie das gewünschte Literaturverzeichnisformat.

Sie erhalten automatisch ein genormtes Literaturverzeichnis.

2.4 Fehlerfrei mit der Rechtschreibprüfung

Wichtiger als das ausgefeilteste Layout ist bei Haus- und Seminararbeiten eine korrekte Rechtschreibung. Auch bei dieser Aufgabe unterstützt Word Sie: Bei Bedarf unterziehen Sie Ihre Texte einer Rechtschreibprüfung. Damit machen Sie schnell Wörter im Dokument ausfindig, die nicht mit den im integrierten Wörterbuch eingetragenen Wörtern übereinstimmen. Sind Sie wegen eines Wortes unsicher, kann Word Ihnen Alternativschreibweisen zeigen. Das Programm durchsucht sein Wörterbuch nach passenden Begriffen und zeigt Ihnen eine Liste anderer Schreibweisen.

In der Version 2010 ist die Rechtschreibprüfung verbessert worden; ihr fallen auch Fehler auf, wenn ein Wort zwar richtig geschrieben, aber in falschem Zusammenhang verwendet wird.

Ist die automatische Rechtschreibprüfung eingeschaltet, werden Wörter, die nicht im Wörterbuch enthalten sind, mit einer roten, gewellten Linie unterstrichen. Dadurch können Sie diese Wörter leicht herausfinden, wenn Sie das Dokument korrigieren.

Darüber hinaus erscheint in der Statuszeile am unteren Rand des Word-Bildschirms ein Buch mit einem roten X, das Ihnen signalisiert, dass in Ihrem Dokument ein oder mehrere Rechtschreibfehler gefunden wurden.

Weitere Optionen

Die Word-Rechtschreibprüfung fahndet auch nach verschiedenen anderen Problemen: etwa doppelte Wörter (*das das*), Wörter mit falscher Großschreibung (*kApitel*) und Wörter, die großgeschrieben werden sollten (*stuttgart*).

Die Rechtschreibprüfung beginnt an der Position der Einfügemarke und überprüft den gesamten Dokumentinhalt. Oder Sie markieren einen Abschnitt, um nur in diesem die Rechtschreibung zu überprüfen.

Die Rechtschreibprüfung gibt Ihnen jedoch nur ein gewisses Maß an Sicherheit, wenn es darum geht, dass Ihre Arbeit korrekt ist. Passen Sie trotzdem auf. Keine Rechtschreibprüfung kann Ihnen mitteilen, ob Sie Wörter falsch verwendet haben, beispielsweise ob das Wort *dass* mit einfachem statt mit doppeltem s geschrieben wird. Die Rechtschreibprüfung kann also das Korrekturlesen nicht ersetzen, sondern nur ergänzen.

Die automatische Rechtschreibprüfung

Bereits während der Texteingabe werden Wörter, die Word nicht in seinem Wörterbuch findet, automatisch mit einer roten Zickzacklinie unterstrichen – vorausgesetzt, diese Funktion ist eingeschaltet.

Die Rechtschreibprüfung richtig konfigurieren

Dies erledigen Sie über einen Klick auf das Register *Datei* und anschließend auf die Schaltfläche *Word-Optionen*: Zeigen Sie hier die Kategorie *Dokumentprüfung* an und vergewissern Sie sich, dass das Kontrollkästchen *Rechtschreibung während der Eingabe überprüfen* aktiviert ist.

Mit einem Doppelklick auf das Buch mit dem roten Kreuz in der  Statusleiste springt Word nun zum nächsten als fehlerhaft gekennzeichneten Wort. Gleichzeitig erscheint das Kontextmenü, das Ihnen eine Liste von Korrekturvorschlägen und zusätzlichen Optionen anzeigt. Wählen Sie bei Bedarf einen der Korrekturvorschläge aus der Liste (falls einer angezeigt wird) oder tippen Sie das neue, korrekt geschriebene Wort direkt ein.

Kontextmenü direkt öffnen

Sie können das Kontextmenü natürlich auch direkt auf einem als fehlerhaft gekennzeichneten Wort öffnen, indem Sie es mit der rechten Maustaste anklicken.

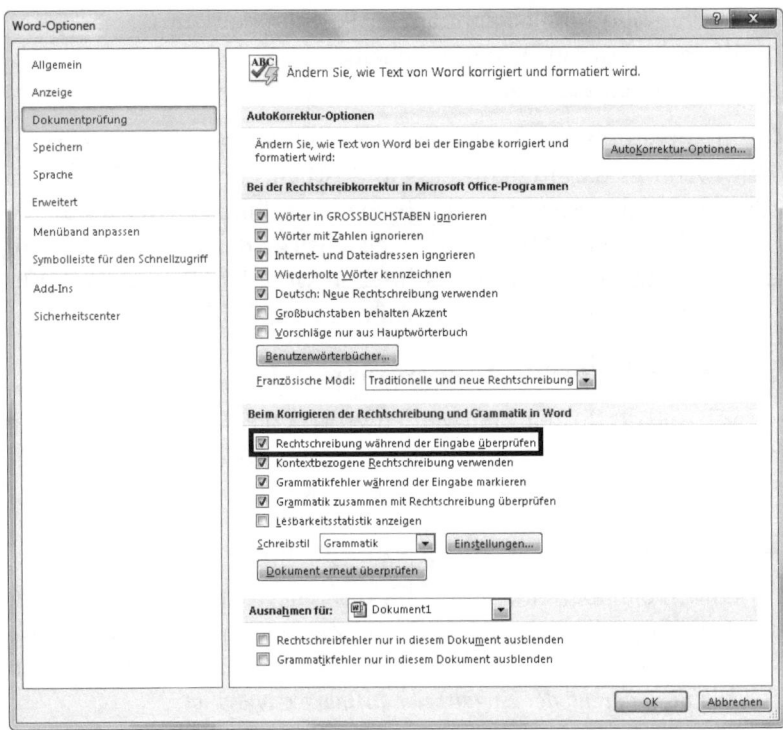

Wählen Sie aus dem Kontextmenü *Alle ignorieren*, um alle Vorkommen des Worte im Dokument zu ignorieren. Wählen Sie *Zum Wörterbuch hinzufügen*, um das Wort dem aktuell ausgewählten Benutzerwörterbuch hinzuzufügen (mehr über die Benutzerwörterbücher erfahren Sie weiter unten). Wiederholen Sie diesen Vorgang für jedes Wort, das Sie überprüfen möchten.

Der Befehl Rechtschreibung und Grammatik

Anstelle des Buchsymbols am unteren Rand des Bildschirms können Sie auch das Register *Überprüfen* mit dem Symbol *Rechtschreibung und Grammatik* bzw. der Taste F7 verwenden. Word scrollt durch das Dokument und vergleicht jedes Wort

Rechtschreibung und Grammatik

mit dem Hauptwörterbuch. Sobald das Programm auf ein ihm unbekanntes Wort stößt, wird das Dialogfeld *Rechtschreibung und Grammatik* angezeigt. Das unbekannte Wort wird im Text hervorgehoben und im Feld *Nicht im Wörterbuch* angezeigt.

■ Finden Sie in der Liste *Vorschläge* die korrekte Schreibweise, markieren Sie diese und klicken dann auf *Ändern*. Das im Text markierte Wort wird entsprechend Ihrer Auswahl abgeändert.

■ Klicken Sie auf *Alle ändern*, um alle Vorkommen des falsch geschriebenen Wortes im Dokument zu ändern.

■ Wenn keines der Wörter in der Liste *Vorschläge* passt, können Sie das Wort im Feld *Nicht im Wörterbuch* selbst manuell bearbeiten. Danach klicken Sie auf die Schaltfläche *Ändern*.

■ Oder Sie wählen *Ignorieren*, um das Wort so zu lassen, wie es ist.

■ Klicken Sie auf *Alle ignorieren*, um alle weiteren Vorkommen des Wortes zu ignorieren.

■ Wenn Word ein Wort nicht in seinem Wörterbuch findet, obwohl es richtig geschrieben ist, können Sie es dem Wörterbuch hinzufügen: Klicken Sie auf *Zum Wörterbuch* hinzufügen. Das Programm fügt das Wort dann dem aktuell ausgewählten Wörterbuch hinzu.

Wortwiederholungen löschen

Findet die Rechtschreibprüfung doppelte Wörter, wird das Feld *Nicht im Wörterbuch* zum Feld *Wortwiederholung*. Das wiederholte Wort ist rot hervorgehoben. Um das wiederholte Wort zu löschen, klicken Sie auf die Schaltfläche *Löschen*.

Ein Dialogfeld zeigt an, wenn die Rechtschreibprüfung am Ende des Dokuments oder der Markierung angelangt ist. Haben Sie vor dem Öffnen des Dialogfeldes eine Markierung vorgenommen, werden Sie gefragt, ob Sie den Rest des Dokuments auch überprüfen wollen. Klicken Sie auf *Ja* oder auf *Nein*. Beginnen Sie mit der Rechtschreibprüfung mitten im Dokument, wird es bis zum Ende überprüft und dann vom Beginn bis zu der Stelle, an der Sie begonnen haben.

Sie können die Rechtschreibprüfung anhalten, um Ihr Dokument zu bearbeiten, ohne das Dialogfeld *Rechtschreibung und Grammatik* zu schließen. Verschieben Sie das Dialogfeld, sodass Sie die zu bearbeitende Stelle sehen können. Klicken Sie in das Dokument, um das Dokumentfenster zu aktivieren. Nachdem Sie das Dokument bearbeitet haben, klicken Sie im Dialogfeld *Rechtschreibung und Grammatik* auf die Schaltfläche *Weiter*, um die Rechtschreibprüfung dort fortzusetzen, wo Sie sie unterbrochen haben.

Praktische Vorgehensweise bei Fachtexten

Nehmen wir einmal an, Sie arbeiten häufig an – sagen wir technischen – Fachtexten. Darin kommen selbstverständlich viele Begriffe vor, die nicht zum gängigen Umgangsdeutsch gehören und die Sie deshalb beim Tippen noch nicht so recht „in den Fingern" haben. Daher lassen Sie gern die Rechtschreibprüfung über Ihre Texte laufen, entweder nach oder schon während der Bearbeitung. Jedes Mal, wenn Word auf einen der von Ihnen verwendeten Fachbegriffe stößt, reklamiert das Programm diesen Begriff, da es ihn nicht in seinem Wörterbuch findet – egal, ob Sie ihn richtig oder falsch geschrieben haben. Kein Problem: Mit einem rechten Mausklick auf das Wort und einem Klick auf die Schaltfläche *Hinzufügen* im Kontextmenü können Sie das Wort zum Wörterbuch ergänzen, sodass es von nun an nicht mehr als fehlerhaft angezeigt wird.

Nehmen wir weiterhin an, Sie schreiben gerade einen Aufsatz über Internettechnologie. Hier gibt es natürlich verschiedene Fachausdrücke, die besonders häufig vorkommen. Jetzt wäre es doch sehr hilfreich, wenn Sie die Rechtschreibprüfung von vornherein so einstellen könnten, dass diese Begriffe nicht moniert würden! Diese Aufgabe können Sie in Word ganz leicht erledigen:

1 Klicken Sie auf das Register *Datei* und dann auf *Word-Optionen*.

2 In der Kategorie *Dokumentprüfung* können Sie mit einem Klick auf die Schaltfläche *Benutzerwörterbücher* nun feststellen, welche Benutzerwörterbücher Sie gerade verwenden. In der Grundeinstellung wird das Standardbenutzerwörterbuch *BENUTZER.DIC* verwendet.

Rein technisch betrachtet, handelt es sich bei den Wörterbüchern um einfache Textdateien, die mit der Endung *.dic* versehen sind. Damit können diese Dateien in einem Texteditor oder in Word bearbeitet werden. Standardmäßig werden Einträge, die Sie während der Rechtschreibprüfung hinzufügen, in das Standardwörterbuch *BENUTZER.DIC* eingetragen.

3 Klicken Sie im immer noch angezeigten Dialogfeld *Benutzerwörterbücher* auf die Schaltfläche *Neu*.

4 Word legt ein ganz neues Wörterbuch an und zeigt das Dialogfeld *Benutzerwörterbuch erstellen* an. Erstellen Sie ein neues Benutzerwörterbuch mit beispielsweise dem Namen *Internet.dic*.

5 Belassen Sie den vorgeschlagenen Speicherort, damit Word keine Probleme mit dem Auffinden des neuen Wörterbuchs bekommt, und geben Sie einen Dateinamen ein.

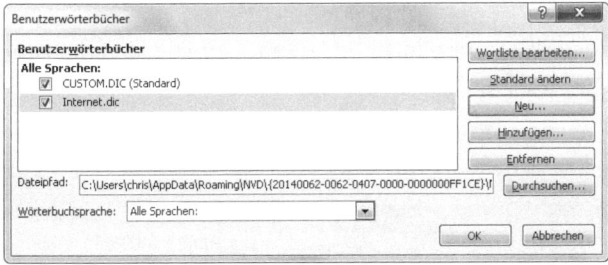

6 Klicken Sie auf *Speichern*. Das neue Wörterbuch wird mit einem kleinen Häkchen davor sofort in der Liste des Dialogfeldes *Benutzerwörterbücher* angezeigt. Dieses Häkchen bedeutet, dass das neue Wörterbuch jetzt verwendet wird, wenn Word die Rechtschreibung Ihres Dokuments überprüft.

Rechtschreibung wichtig

Achten Sie jetzt besonders darauf, dass Sie alle Wörter korrekt schreiben, denn diese Schreibweise dient Word als Grundlage für die Rechtschreibprüfung.

Bisher enthält das neue Wörterbuch natürlich keinen einzigen Eintrag. Jetzt ist es Ihre Aufgabe, das neue Wörterbuch mit den Fachbegriffen zu füllen, damit diese während der Rechtschreibprüfung von Word nicht mehr reklamiert werden.

Keine Formatierungen!

Wichtig ist, dass Sie hinter jedem Wort die Enter-Taste drücken. Verzichten Sie auf jede Formatierung.

1 Markieren Sie – immer noch im Dialogfeld *Benutzerwörterbücher* – das neu angelegte Wörterbuch und klicken Sie auf die Schaltfläche *Wortliste bearbeiten*.

2 Das neue Wörterbuch wird in einem eigenen noch leeren Fenster angezeigt. Tragen Sie jetzt alle Fachbegriffe ein und klicken Sie jeweils auf *Hinzufügen*.

3 Zum Schluss bestätigen Sie mit *OK*.

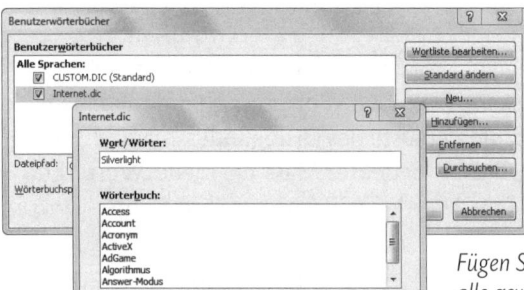

Fügen Sie dem neuen Wörterbuch alle gewünschten Begriffe hinzu. Achten Sie auf die korrekte Schreibweise!

Auf diese Weise können Sie ein umfangreiches Fachwörterbuch erstellen und für die Rechtschreibprüfung nutzen.

Die Grammatikprüfung

Beim Erstellen eines Dokuments sind Sie unter Umständen manchmal unsicher, ob die Satzstruktur grammatikalisch korrekt ist. Für derartige Fälle gibt es eine deutsche Grammatikprüfung, die Fehler im Satzbau findet und Ihnen auch Vorschläge unterbreitet, wie Sie diese verbessern können.

Die Grammatik wird in der Grundeinstellung mit der Rechtschreibung geprüft. Wenn Sie nichts markieren, bevor Sie die Grammatikprüfung aktivieren, überprüft Word das gesamte Dokument, beginnend an der Einfügemarke. Markieren Sie Text, wird nur diese Markierung überprüft. Eine Markierung muss selbstverständlich mindestens einen vollständigen Satz enthalten, damit die Grammatikprüfung korrekt arbeiten kann.

Wenn Word einen Verbesserungsvorschlag anbieten kann, erscheint dieser im Feld *Vorschläge*. Eine Erklärung des Fehlers oder zweifelhaften Ausdrucks wird über dem oberen Feld angezeigt.

Wenn die Worte fehlen, hilft der Thesaurus weiter

Kennen Sie die Bedeutung eines Wortes nicht genau, merken Sie, dass Sie einen bestimmten Begriff zu oft benutzen, oder fällt Ihnen einfach das richtige Wort nicht ein? Dann arbeiten Sie am besten mit dem Thesaurus. Er definiert markierte Wörter und zeigt Ersatzbegriffe (Synonyme) an. Der Thesaurus sucht immer nur nach einem Wort auf einmal. Sie können das Wort auswählen, indem Sie es markieren. Ansonsten schlägt der Thesaurus das Wort nach, in dem die Einfügemarke steht, bzw. das vor der Einfügemarke.

1   Nachdem Sie die Markierung festgelegt bzw. die Einfügemarke positioniert haben, klicken Sie im Register *Überprüfen* des Menübands auf die Schaltfläche *Thesaurus* (Gruppe *Dokumentprüfung*). Noch schneller geht das mit der Tastenkombination Umschalt + F7.

2 Das markierte Wort wird im Aufgabenbereich *Recherchieren* angezeigt.

3 Die Definition des Wortes erscheint in dem Feld *Bedeutungen*. Wählen Sie das gewünschte Ersatzwort aus und klicken Sie auf die Schaltfläche *Ersetzen*.

Bei Bedarf können Sie auch in anderen Quellen recherchieren. Öffnen Sie dazu das Listenfeld unter dem Feld *Suchen nach* und wählen Sie das Gewünschte aus. So können Sie beispielsweise Textpassagen übersetzen lassen etc. Für die meisten Informationsquellen benötigen Sie eine Verbindung ins Internet.

2.5 Die perfekte Bewerbung für den Traumjob

Heutzutage erhalten Personalabteilungen bzw. Personalberater auf Stellenangebote häufig viele hundert Bewerbungen. Das bedeutet, dass Sie sich mit Ihrer Bewerbung so gut verkaufen müssen wie noch nie. Tatsächlich ist eine Bewerbung sozusagen Werbung in eigener Sache: Der Empfänger Ihrer Bewerbung muss sich anhand Ihrer Bewerbung ein Bild von Ihrer Persönlichkeit, Ihren Fähigkeiten und Ihrer Arbeitsweise machen. Klar, dass Ihre Bewerbung keine Rechtschreibfehler oder Eselsohren enthalten darf.

Aber auch was das Formale betrifft, sollten Sie äußerste Sorgfalt walten lassen. Völlig out ist es beispielsweise, jedes einzelne Blatt der Bewerbungsmappe in eine gesonderte Klarsichthülle einzulegen. Auch übertrieben kreative Bewerbungen, wie lange Bewerbungsvideos auf DVD oder eine Multimedia-CD-ROM, kosten den Entscheider lediglich Zeit.

So erstellen Sie die optimale Bewerbungsmappe

Besser ist – außer vielleicht manchmal in sehr kreativen Branchen – eine herkömmliche Bewerbungsmappe, die der Personalentscheider in wenigen Minuten durchblättern und überfliegen kann, um sich ein erstes Bild von Ihrem Angebot zu machen.

Ob Schnellhefter, Klemmbinder oder ein anderes System – kaufen Sie möglichst keine Mappen aus gewöhnlichem, glattem Plastik. Im Moment sind eher Mappen aus natürlichen Materialien gefragt.

In dieser Mappe stellen Sie die Unterlagen in der folgenden Reihenfolge zusammen:

- Deckblatt (optional)

- Anschreiben

- Lebenslauf mit Datum und Unterschrift sowie mit Foto in der rechten oberen Ecke

- Zeugnisse und sonstige Anlagen

Schul- und Ausbildungszeugnisse sollten Sie nur beilegen, wenn Sie noch sehr jung sind. Diplome und Examenszeugnisse sowie Arbeitszeugnisse hingegen legen Sie auf jeden Fall bei.

Die Reihenfolge der Zeugnisse

Die Zeugnisse sollten chronologisch sortiert sein, und zwar vom neusten zum ältesten. Oder Sie sortieren das für die Bewerbung aussagekräftigste zuerst ein und lassen die anderen mit absteigender Wichtigkeit folgen.

Verwenden Sie gutes Papier und heften Sie alle Unterlagen in die Mappe – bis auf das Anschreiben selbst, dieses legen Sie lose obenauf.

Versenden Sie Kopien

Nur Anschreiben und Lebenslauf sollten Sie als Original versenden. Für alle anderen Unterlagen verwenden Sie neue Kopien.

Das Deckblatt

Die Bewerbungsmappe gleicht im Grunde genommen einer Werbebroschüre – einer Werbebroschüre über Sie selbst. Dementsprechend sollte nicht nur der Inhalt stimmen, sondern auch das äußere Erscheinungsbild.

Gestalten Sie deshalb zunächst ein persönliches Deckblatt.

1 Erzeugen Sie über das Register *Datei* ein neues leeres Dokument.

2 Entscheiden Sie sich für eine Schriftart, die Sie sowohl für das Deckblatt und das Anschreiben als auch für den Lebenslauf verwenden möchten – das gibt Ihrer Bewerbungsmappe eine optische Klammer; alles wirkt aus einem Guss. Wählen Sie diese Schriftart im Register *Start* aus. Da Sie noch nichts eingetippt haben, wird diese Schrift bei allem, was Sie von nun an eingeben, verwendet (nicht aber in Textpassagen, die Sie eventuell aus anderen Dokumenten kopieren und einfügen).

Richten Sie nun die Seitenränder ein. Wir verwenden für Deckblatt, Anschreiben und Lebenslauf dasselbe Dokument – auch durch die gemeinsamen Seitenränder ergibt sich eine optische Klammer.

1 Aktivieren Sie im Menüband das Register *Seitenlayout*.

2 Klicken Sie auf die Schaltfläche *Seitenränder* und wählen Sie *Benutzerdefinierte Seitenränder*.

Seitenränder

3 Setzen Sie den linken Rand auf *4cm*, rechts auf *3cm*.

4 Bestätigen Sie mit *OK*.

Geben Sie nun den Inhalt des persönlichen Deckblatts ein. Es kann beispielsweise Folgendes enthalten:

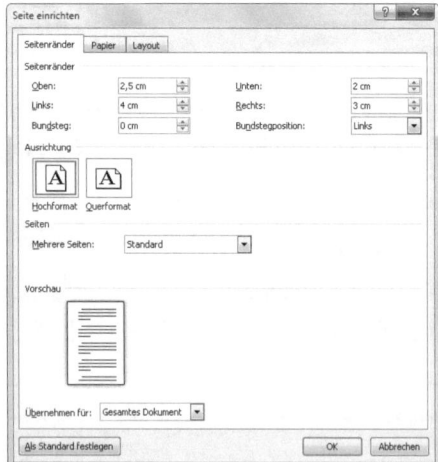

■ Name, Telefonnummer und Adresse, gegebenenfalls Fax und E-Mail

- Titel der Mappe, zum Beispiel „Bewerbung als [Stellenname]"

- Foto – gescannt oder aufgeklebt

- eventuell Inhalt der Bewerbungsmappe

Bei der Formatierung der Inhalte ist zu beachten, dass das Ergebnis nicht verspielt, sondern angenehm sachlich wirken sollte. Trotzdem bleibt genug Raum für attraktive Gestaltungsmöglichkeiten.

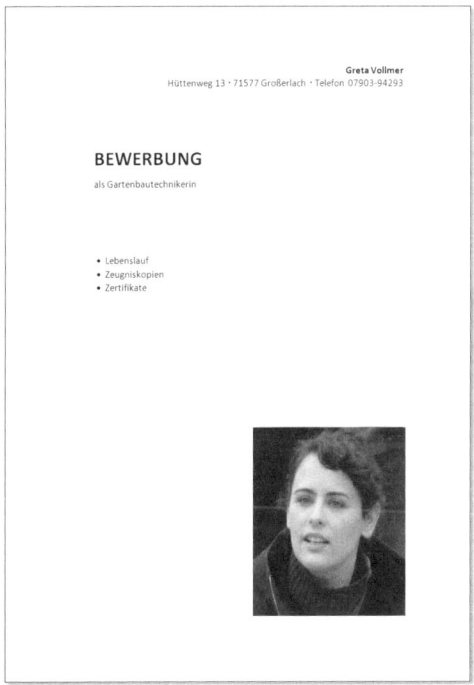

- Bei der dargestellten Variante wurde in die erste Zeile der Name geschrieben, in die nächste Adresse, Wohnort und Telefonnummer. Beides wurde über das Symbol *Text rechtsbündig ausrichten* im Register *Start* rechtsbündig formatiert.

- Nach einigen Leerzeilen folgt das linksbündig ausgerichtete Wort *Bewerbung*, das über die Tastenkombination Strg+Umschalt+G in Großbuchstaben formatiert wurde.

- Darunter wurde die Stellenbezeichnung eingegeben.Diese sollte sich mit der in der Zeitungsanzeige verwendeten Stellenbezeichnung decken.

- Nach einigen weiteren Leerzeilen wurde der Inhalt der Bewerbungsmappe angegeben.

- Das Bild wurde – wiederum nach mehreren Leerzeilen – über die Schaltfläche *Grafik* des Menübandregisters *Einfügen* hinzugefügt und über das Symbol *Text rechtsbündig ausrichten* im Register *Start* rechtsbündig formatiert.

Grafik

Noch schlichter, aber dennoch wirkungsvoll ist die folgende Variante: Hier wurde zunächst über die Schaltfläche *Formen* des Registers *Einfügen* ein Textfeld erzeugt. Dieses wurde über die *Textfeld-Formatvorlagen* des Registers *Zeichentools* mit einem dunkelgrünen Rahmen versehen.

Formen

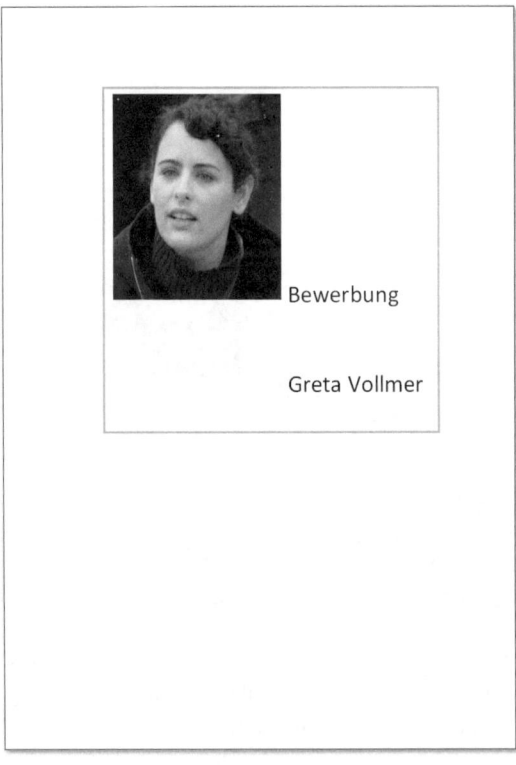

Bewerbung

Greta Vollmer

In dieses Textfeld wurde über die Schaltfläche *Grafik* des Registers *Einfügen* das Bewerbungsfoto eingefügt und an einem der runden Eckanfasser entsprechend skaliert. Die Tab-Taste wurde gedrückt und das Wort *Bewerbung* eingegeben. Nach mehreren Leerzeilen und entsprechender Ausrichtung per Tab-Taste wurde dann der Name der Bewerberin eingegeben.

Oder Sie erzeugen über die Schaltfläche *Formen* eine senkrechte Linie (Tipp: Linie mit gedrückter Umschalt-Taste aufziehen) und zwei Textfelder, die Sie links und rechts von der Linie anordnen.

Formen

Bei den Textfeldern entfernen Sie über die Schaltfläche  Formkontur des Registers *Zeichentools* die Umrisslinie. In das linke Textfeld geben Sie das entsprechend formatierte Wort *Bewerbung* ein, drücken ein paar Mal die Enter-Taste und fügen Ihr Foto ein.

In das rechte Textfeld geben Sie Ihre persönlichen Daten sowie den Inhalt der Bewerbungsmappe ein.

Das Anschreiben

Setzen Sie die Einfügemarke an das Ende des Dokuments. Sie benötigen nun eine neue Seite, auf der Sie das Anschreiben Ihrer Bewerbung gestalten werden. Da der obere Seitenrand des Anschreibens von dem der übrigen Seiten Ihrer Bewerbung abweichen wird, erzeugen Sie einen neuen Abschnitt.

1 Zeigen Sie das Register *Seitenlayout* des Menübands an.

2 Klicken Sie auf die Schaltfläche *Umbrüche* und wählen Sie *Nächste Seite*.

3 Richten Sie die neue Seite ein, indem Sie – ebenfalls im Register *Seitenlayout* – auf die Schaltfläche *Seitenränder* klicken und dann *Benutzerdefinierte Seitenränder* wählen.

4 Geben Sie im Feld *Oben 6 cm* ein und vergewissern Sie sich, dass im Feld *Übernehmen für Aktuellen Abschnitt* ausgewählt ist.

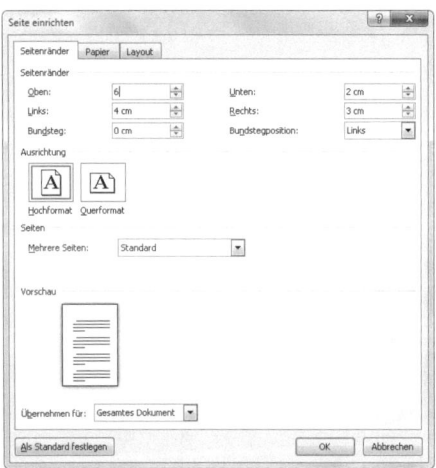

5 Bestätigen Sie mit *OK*.

In die Kopfzeile dieser Seite fügen Sie Ihre Absenderangaben ein.

1 Aktivieren Sie im Menüband das Register *Einfügen* und klicken Sie auf die Schaltfläche *Kopfzeile*.

2 Wählen Sie *Kopfzeile bearbeiten*.

3 Wie Sie sehen, hat der neue Abschnitt – die zweite Seite – eine eigene Kopfzeile erhalten.

4 Deaktivieren Sie im Register *Kopf- und Fußzeilentools* die Schaltfläche *Mit vorheriger verknüpfen*. Erst dann ist die Kopfzeile des zweiten Abschnitts völlig unabhängig von der ersten.

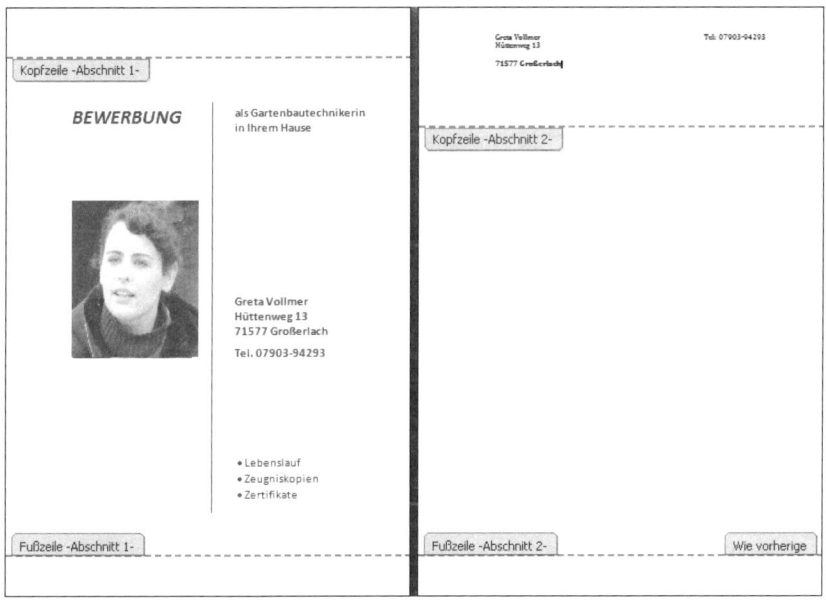

Die zweite Seite hat durch das Einfügen des Abschnitts eine eigene Kopfzeile erhalten.

Geben Sie in die Kopfzeile Ihre Absenderangabe ein und schließen Sie die Kopfzeile danach über die Schaltfläche *Kopf- und Fußzeile schließen* des Registers *Kopf- und Fußzeilentools*.

Kopf- und
Fußzeile schließen

Halten Sie sich bei der Gestaltung Ihres Bewerbungsschreibens an die Ausführungen ab Seite 26.

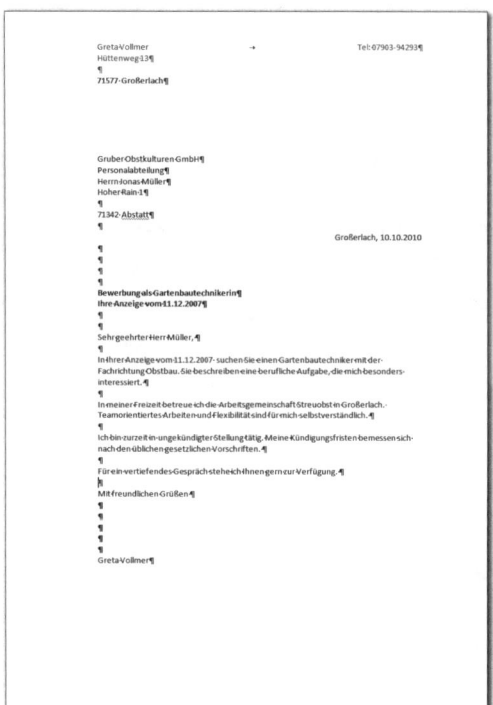

Die folgenden Punkte sind in diesem Zusammenhang noch interessant

Wenn es im Stellenangebot nicht ausdrücklich gefordert wird, sollten Sie im Bewerbungsschreiben keinen Gehaltswunsch mitteilen. Genauso wenig sollten Sie mitteilen, dass Sie sich in Ihrer bisherigen Tätigkeit als Frauenbeauftragte oder im Betriebsrat engagieren. Bedenken Sie, dass das Anschreiben Ihre erste und einzige Chance ist, dem Personalchef klarzumachen, dass Sie die gestellten Anforderungen erfüllen. Bauen Sie die in der Anzeige verlangten Kenntnisse geschickt in das Anschreiben ein. Überlegen Sie, welche Fähigkeiten oder Erfahrungen Sie haben, über die andere nicht verfügen. Vermeiden Sie oberflächliche Formulierungen und Floskeln.

Der Lebenslauf

Ist Ihr Anschreiben fertiggestellt, fügen Sie einen weiteren Abschnittswechsel ein. Denn nun soll der Lebenslauf folgen, und dieser soll einen geringeren oberen Seitenrand erhalten.

1   Klicken Sie an das Ende des Anschreibens.

2   Zeigen Sie das Register *Seitenlayout* des Menübands an.

3   Klicken Sie auf die Schaltfläche *Umbrüche* und wählen Sie *Nächste Seite*.

4   Klicken Sie auf die Schaltfläche *Seitenränder* und wählen Sie *Benutzerdefinierte Seitenränder*.

5   Geben Sie in das Feld *Oben 3,5 cm* ein und vergewissern Sie sich, dass im Feld *Übernehmen für Aktuellen Abschnitt* ausgewählt ist.

6   Bestätigen Sie mit *OK*.

7   In die Kopfzeile dieser Seite fügen Sie das Wort *Lebenslauf* ein.

8   Aktivieren Sie im Menüband das Register *Einfügen* und klicken Sie auf die Schaltfläche *Kopfzeile*.

9   Wählen Sie *Kopfzeile bearbeiten*.

10 Wie Sie sehen, wurde die Kopfzeile des zweiten Abschnitts – des Anschreibens – in die neue Kopfzeile für den Lebenslauf übernommen.

11 Deaktivieren Sie im Register *Kopf- und Fußzeilentools* das Symbol *Mit vorheriger verknüpfen*. Jetzt ist die Kopfzeile des dritten Abschnitts unabhängig.

Geben Sie in die Kopfzeile das Wort *Lebenslauf* ein und formatieren Sie es. Verwenden Sie dieselbe Schriftart wie für Deckblatt und Anschreiben. Schließen Sie die Kopfzeile danach über die Schaltfläche *Kopf- und Fußzeile schließen* des Registers *Kopf- und Fußzeilentools*.

Für die Gestaltung des Lebenslaufs benötigen Sie Tabulatoren.

In der Praxis haben viele Word-Anwender einen gehörigen Respekt vor Tabulatoren. So kommt es, dass man sehr oft Word-Dokumente sieht, die statt mit Tabulatoren mit Leerzeichen formatiert sind. Diese Vorgehensweise führt ganz schnell zu einem Chaos – ganz umsonst, denn die Arbeit mit Tabulatoren ist eigentlich ganz einfach, wie Sie im Folgenden sehen werden. Außerdem hat die Arbeit mit Tabulatoren einen immensen Vorteil: Sie können die Tabstopps verändern oder austauschen, und der Text wird dann an diesen neuen Tabulatoren ausgerichtet.

1 Geben Sie zunächst alle gewünschten Daten untereinander ein, wobei Sie das Datum und den zugehörigen Schulbesuch/die zugehörige Tätigkeit jeweils durch ein einmaliges Drücken der ⒯ab-Taste voneinander trennen. Auch wenn die Daten nun ganz und gar nicht korrekt untereinander ausgerichtet sind – widerstehen Sie der Versuchung, die ⒯ab-Taste mehrmals zu drücken, um die Daten ordentlich anzuordnen!

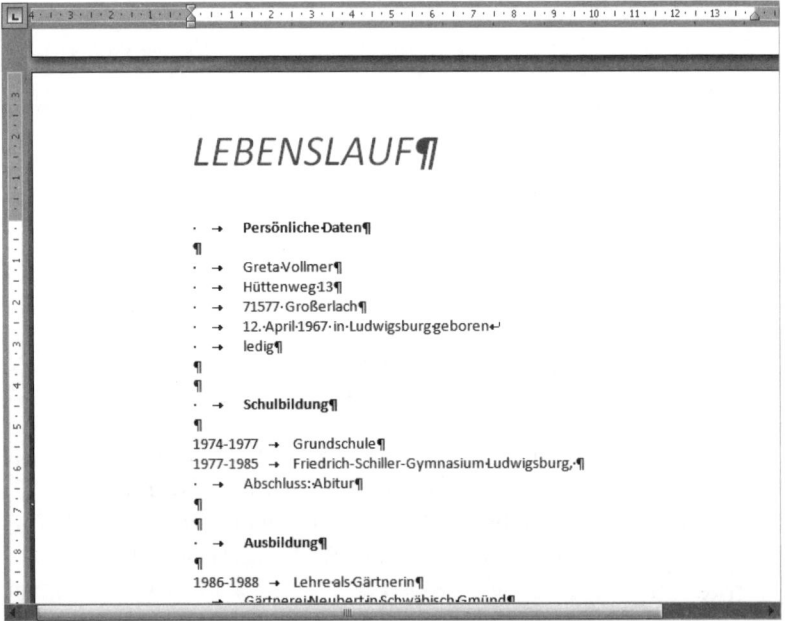

Kümmern Sie sich anfangs noch nicht darum, dass die Daten nicht sauber untereinander angeordnet sind.

Tabstoppzeichen anzeigen lassen

Bei der Arbeit mit Tabulatoren empfiehlt es sich, die Tabstoppzeichen im Dokument anzuzeigen, indem Sie auf die Schaltfläche ¶ *einblenden/ausblenden* im Register *Star*t klicken. Die Tabstopps erscheinen als Rechtspfeile.

2 Nach der Eingabe aller Daten legen Sie die Tabstopps fest: Markieren Sie die gesamte Seite.

3 Klicken Sie links neben dem Lineal so oft auf das Symbol *Tabula-tor-Ausrichtung*, bis Sie den gewünschten Tabulatortyp ausge-wählt haben, hier den linksbündigen Tabulator.

4 Zeigen Sie im Lineal auf die Stelle, an der die Daten der zweiten Spalte ausgerichtet werden sollen, und klicken Sie.

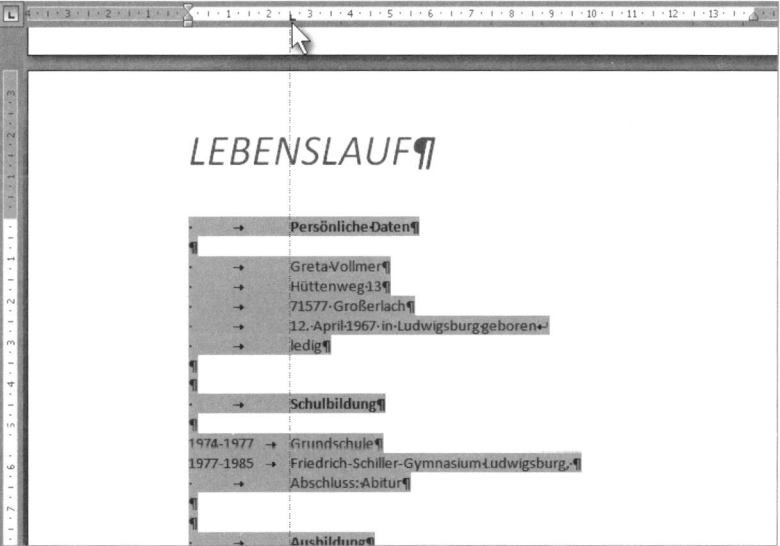

Tabulatoren entfernen

Um einen irrtümlich gesetzten Tabulator zu entfernen, klicken Sie ihn auf dem Lineal an und ziehen ihn bei gedrückter Maustaste nach oben oder nach unten weg.

Übernahme von Tabstopps in den nächsten Absatz

Sie sollten bei der Arbeit mit Tabulatoren berücksichtigen, dass Tabstopps wie alle Absatzformatierungen in der Absatzmarke gespeichert werden. Wenn Sie während der Eingabe einen Tabstopp setzen und dann die [Enter]-Taste drücken, werden die Tabulatoreinstellungen in den nächsten Absatz übernommen. Wenn Sie die Tabulatoren hingegen später setzen, werden sie nur dem Absatz oder den Absätzen, die Sie dabei markiert haben, zugewiesen.

Unser fertiges Formatierungsbeispiel enthält nach jeder Zwischenüberschrift eine feine, gepunktete Linie.

LEBENSLAUF

Persönliche Daten

Greta Vollmer
Hüttenweg 13
71577 Großerlach
12. April 1967 in Ludwigsburg geboren
ledig

Schulbildung

1974-1977	Grundschule
1977-1985	Friedrich-Schiller-Gymnasium Ludwigsburg, Abschluss: Abitur

Ausbildung

Um eine solche Linie einzufügen, gehen Sie folgendermaßen vor:

1   Fügen Sie nach jeder Zwischenüberschrift eine Leerzeile ein.

2   Stellen Sie die Einfügemarke in die Leerzeile nach der ersten Zwischenüberschrift.

3   Aktivieren Sie im Menüband das Register *Start*.

4   Klicken Sie in der Gruppe *Absatz* auf den Listenpfeil rechts am Symbol für die Rahmenlinien und wählen Sie *Rahmen und Schattierung*.

5   Im folgenden Dialogfeld klicken Sie zuerst im Vorschaubild rechts auf den oberen Rahmen. Klicken Sie dann in der Liste *Formatvorlage* auf die gepunktete Linie und anschließend erneut im Vorschaubild auf den oberen Rahmen.

6   Bestätigen Sie mit *OK*.

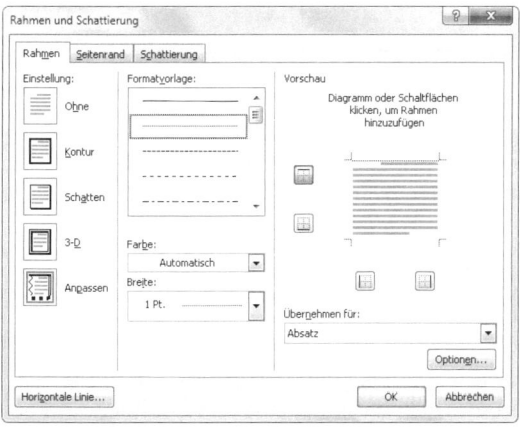

7   Klicken Sie in die Leerzeile nach dem nächsten Zwischentitel und drücken Sie die Taste F4. Mit dieser Taste wiederholen Sie stets die zuletzt ausgeführte Aktion.

8   Wiederholen Sie diesen Schritt für alle Zwischentitel.

Dieses Beispiel zeigt Ihnen, dass Sie Ihren Bewerbungsunterlagen auch mit einfachen, dezenten Gestaltungsmitteln „das gewisse Etwas" verleihen können.

Tipps für den Lebenslauf

Für einen sehr hohen Prozentsatz der Personalchefs ist das Studium des Lebenslaufs ein entscheidendes Auswahlkriterium. Beachten Sie, dass der Lebenslauf nicht länger sein sollte als maximal zwei Seiten. Das wichtigste Kriterium ist die Kürze und Durchschaubarkeit des Lebenslaufs. Dazu gehört eine klare Gliederung etwa in *Persönliche Daten, Schulbildung, Beruflicher Werdegang* und *Weiterbildung.* Verwenden Sie auch im Lebenslauf einen Schriftgrad von 10 bis 12 pt. Geben Sie am Schluss des Lebenslaufs Ort und Datum an und unterschreiben Sie handschriftlich. Falls Sie Ihr Foto nicht auf dem Bewerbungsdeckblatt angebracht haben, setzen Sie es rechts oben in den Lebenslauf ein.

2.6 Einladungen, Visitenkarten, Postkarten, Anzeigen und mehr: überzeugend layouten mit Word

Word ist zwar kein ausgewachsenes DTP-Programm – aber für die Gestaltung von Visitenkarten, Hauszeitungen und ähnlichen einfacheren Publikationen eignet es sich doch ganz gut.

Gutscheine, Einladungen & Co. selbst gemacht

Die folgenden Abschnitte zeigen Ihnen, wie Sie einfachere Dokumente selbst gestalten. Sie verwenden dazu vielfältige Word-Funktionen wie den Spaltensatz, den Seriendruck, das Einfügen von Grafiken und Seitenrahmen.

Einen Gutschein im Seriendruck gestalten

Benötigen Sie für geschäftliche oder private Zwecke, zum Beispiel als Geschenk, einen Gutschein? Wir zeigen nachfolgend, wie Sie einerseits Ihre Kreativität spielen lassen, den Vorgang andererseits aber auch so weit wie möglich automatisieren können.

Bei Gutscheinen können Sie Ihrer Phantasie meist freien Lauf lassen. Wichtig ist hier ein attraktives Erscheinungsbild und vor allem ein Text, der alle wichtigen Punkte enthält (Wann, wo, Übertragbarkeit, Ablauf der Gültigkeit usw.)

Wichtige Gestaltungselemente von Gutscheinen sind grafische Elemente, beispielsweise Seitenrahmen, Illustrationen, Strichgrafiken etc. Gänzlich ohne solche Elemente sehen die meisten Gutscheine langweilig aus. Allerdings sollten Sie Grafiken auch nicht überstrapazieren.

Seitenrahmen

Ein für unsere Zwecke sehr nützliches Word-Feature ist die bereits erwähnte Möglichkeit, einen dekorativen Seitenrahmen hinzuzufügen. Dies gibt Ihrem Gutschein einen gewissermaßen „offiziellen" Touch.

1   Bei geöffnetem Dokument aktivieren Sie im Menüband das Register *Seitenlayout* und klicken in der Gruppe *Seitenhintergrund* auf die Schaltfläche *Seitenränder*.

2   Im linken Teil des angezeigten Dialogfeldes wählen Sie zwischen fünf einfachen Rahmenvarianten, die für unsere Zwecke weniger wichtig sind.

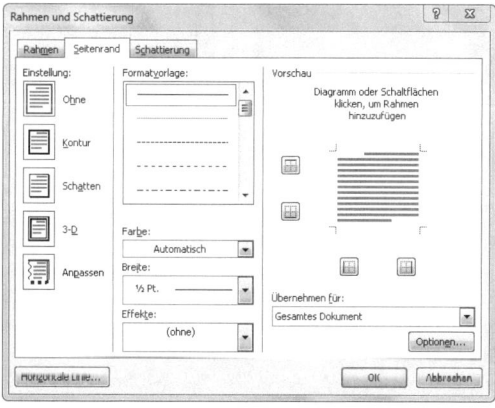

Im Register Seitenrand des Dialogfeldes Rahmen und Schattierung bietet sich Ihnen die Möglichkeit, das ganze Dokument einzurahmen.

3 Viel mehr interessiert uns momentan das Listenfeld *Effekte*. Denn hier finden Sie 164 gestalterische Varianten für das Einrahmen Ihrer Seite – Freizeit- und Büromotive, Tiere, Pflanzen, Ornamente und vieles mehr.

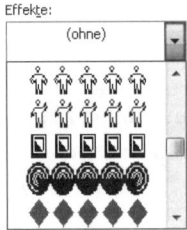

Bei der Auswahl des Seitenrahmeneffekts kommen gewiss alle Anwender auf ihre Kosten.

Die meisten Varianten erstellen einen vierseitigen Seitenrahmen – einige wenige schließen nur den oberen und unteren Seitenrand ein. Einige der Varianten sind farbig, die meisten schwarz-weiß.

In vielen Fällen können Sie durchaus einen verspielteren, dem jeweiligen Gutscheinthema angepassten Seitenrahmen auswählen.

Word bietet Ihnen eine Fülle von verschiedenen Seitenrahmen.

Wird der Seitenrahmen nicht angezeigt?

Damit der Seitenrahmen angezeigt wird, müssen Sie sich in der Layoutansicht befinden oder das Dokument in der Seitenansicht betrachten: Um in die Layoutansicht zu wechseln, aktivieren Sie im Menüband das Register *Ansicht* und klicken auf die Schaltfläche *Seitenlayout*. Die Seitenansicht erhalten Sie, indem Sie auf das Register *Datei* klicken, dann auf *Drucken* zeigen und *Seitenansicht* wählen.

Wenn Sie einen bestimmten Effekt auswählen, schlägt Word Ihnen im Feld *Breite* automatisch eine bestimmte Motivgröße vor, bei der das jeweilige Motiv erfahrungsgemäß am besten aussieht. Sie können sich daran halten oder eine eigene Breite von bis zu 31 pt einstellen.

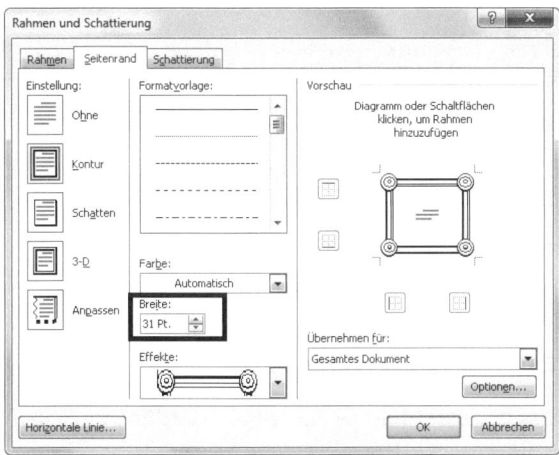

Word schlägt Ihnen eine bestimmte Effektgröße vor, die Sie aber auch ändern können.

Rahmeneinstellungen vornehmen

Auch noch nach der Auswahl eines Rahmeneffekts können Sie verschiedene Einstellungen ändern und damit das Aussehen Ihres Rahmens beeinflussen. So können Sie bei Bedarf dafür sorgen, dass beispielsweise nur der obere und der linke Rahmen angezeigt werden, der rechte und der untere hingegen nicht:

1   Klicken Sie im rechten Teil des Dialogfeldes in der Vorschaugrafik auf diejenigen Rahmenteile, die Sie ausblenden möchten.

2   Mit einem weiteren Klick blenden Sie sie wieder ein.

Mit einem Klick auf die Schaltfläche *Optionen* bestimmen Sie die Position des Seitenrahmens und sein Verhältnis zur Kopf- und Fußzeile. Denn in der Grundeinstellung ist der Seitenrahmen ziemlich weit von den Rändern des Dokuments entfernt. Nicht immer ist das erwünscht.

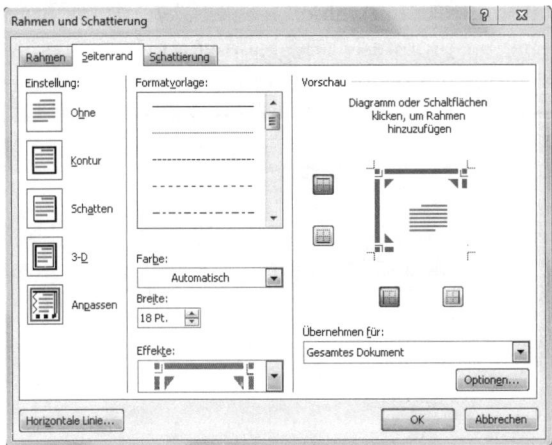

Im rechten Bereich des Dialogfeldes lassen sich Teile des Seitenrahmens ausblenden.

Nach einem Klick auf die erwähnte Schaltfläche *Optionen* können Sie den Abstand des Seitenrahmens von den Seitenrändern ändern:

1 Achten Sie darauf, dass im Listenfeld *Gemessen von* der Eintrag *Seitenrand* aktiviert ist.

2 Verringern Sie die Werte in den Feldern *Oben, Links, Unten* und *Rechts*, um den Abstand zum Seitenrand zu verringern, bzw. erhöhen Sie sie, um den Abstand zum Seitenrand zu erhöhen.

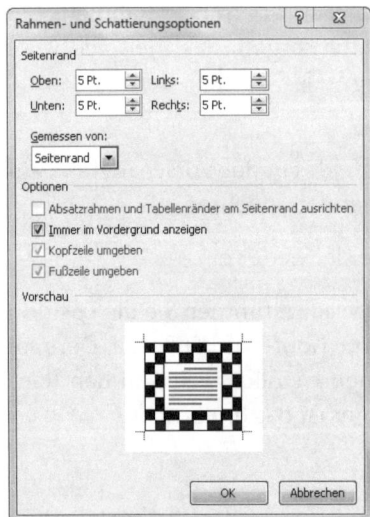

Ändern Sie gegebenenfalls den Abstand zwischen Seitenrand und grafischem Seitenrahmen.

Probedruck

Denken Sie an einen Probedruck Ihres mit einem Seitenrahmen versehenen Dokuments, um sich zu vergewissern, dass der Rand auch wirklich komplett ausgedruckt wird.

Rahmenvariationen

Die vorgegebenen Rahmen lassen sich mit einigen kleinen Tricks auch erweitern bzw. modifizieren, wie das folgende Beispiel zeigt.

1 Im Dialogfeld *Rahmen und Schattierung* klicken Sie auf die Schaltfläche *Optionen*.

2 Vergewissern Sie sich, dass das Kontrollkästchen *Immer im Vordergrund anzeigen* aktiviert ist.

3 Bestätigen Sie mit *OK*.

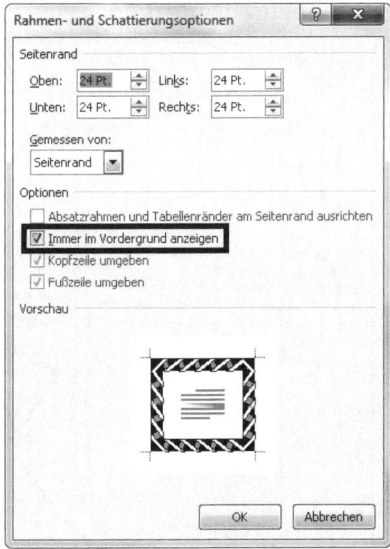

4 Aktivieren Sie im Menüband das Register *Einfügen* und klicken Sie auf die Schaltfläche *Formen*.

Formen

5 Wählen Sie die Standardform *Rechteck* und zeichnen Sie ein seitenfüllendes Rechteck.

6 Füllen Sie es über das Symbol *Fülleffekt* mit der gewünschten Farbe.

7 Klicken Sie erneut auf die Schaltfläche *Formen* und klicken Sie unter *Standardformen* auf *Textfeld*.

8 Ziehen Sie ein Textfeld auf, das von der Größe her in den vorgegebenen Zierseitenrahmen passt.

9 Füllen Sie dieses Textfeld mit Weiß.

10 Zentrieren Sie das Textfeld auf der Seite, indem Sie es markieren, dann im Register *Zeichentools* auf die Schaltfläche *Ausrichten* klicken und anschließend die Befehle *An Seite ausrichten, Horizontal zentrieren* und *Vertikal zentrieren* wählen.

11 In dieses Textfeld geben Sie nun Ihren Gutscheintext ein.

Der Seitenrahmen ist manuell durch verschiedene Rechteckformen erweitert worden.

Fülleffekte nutzen

Für diese zusätzlich hinzugefügten Elemente können Sie die verschiedenen Fülleffekte für Zeichnungsele-mente verwenden, die sich hinter dem Symbol *Fülleffekt* des Regis-ters *Zeichentools* verbergen.

Frei eingefügte Grafiken

Zusätzliche, frei eingefügte Grafiken können ebenfalls recht effektvoll sein. Hier müssen Sie allerdings zuerst überlegen, ob die Grafik über oder unter dem Seitenrahmen dargestellt werden soll. Dementsprechend müssen Sie das Kontrollkästchen *Immer im Vordergrund anzeigen* des Dialogfeldes *Rahmen- und Schattierungsoptionen* aktivieren bzw. deaktivieren.

Auch zusätzlich eingefügte Fotos können Ihren Gutschein/Ihren Gutschein aufwerten.

Schrift und Schriftgestaltung

Für eine klassische Gutscheingestaltung können Sie auf eine komplett zen-trierte Ausrichtung zurückgreifen. Für eher moderne Layouts eignen sich, wie eingangs erwähnt, auch die Ausrichtungen *Linksbündig* bzw. *Rechtsbündig*.

Wählen Sie für eine komplett zentrierte Ausrichtung Ihr gesamtes Dokument aus ([Strg]+[A]) und klicken Sie im Register *Start* auf das Symbol *Zentriert*.

Alle vorhandenen Texte und sämtliche Texte, die Sie von nun an eingeben, werden mittig ausgerichtet.

Schriftwahl für Gutscheine

Schriftwahl und -gestaltung helfen, die Stimmung des Anlasses sowie den Wert der Gestaltung zu unterstreichen. Ein Gutschein für ein Wellness-Wochenende beispielsweise kann eine ganz andere Schrift bekommen als ein Gutschein eine Autowäsche etc.

Wichtig ist allerdings nicht nur, dass die Schrift dem Anlass entspricht. Sie soll vielmehr auch zum Seitenrahmen bzw. zu den eingefügten Grafiken passen. Zu einem starken, schwarzen, balkenartigen Rahmen passt keine feine Schreibschrift, zu einem zierlichen Blümchenmuster kein kräftiger, serifenloser Font.

GUTSCHEIN

Gutschein

Gutschein

Gutschein

Gutschein   *Unterschiedliche Schriften haben auch ganz unterschiedliche Aussagen.*

Schriftgestaltung

Das Wort *Gutschein* sollte besonders hervorgehoben werden. Word bietet Ihnen dazu verschiedenartige Gestaltungsmittel.

Bei kräftigeren Schriften kann ein Schlagschatten sehr ausdrucksvoll wirken. Bei schlanken Schreibschriften etc. wirkt ein Schatten unter Umständen eher störend.

Für einen solchen Schlagschatten markieren Sie das Wort, aktivieren im Menüband das Register *Start* und klicken auf das Symbol *Texteffekte*. Wählen Sie *Schatten – Weitere Schatten*. Im angezeigten Dialogfeld wählen Sie die gewünschten Schatteneinstellungen.

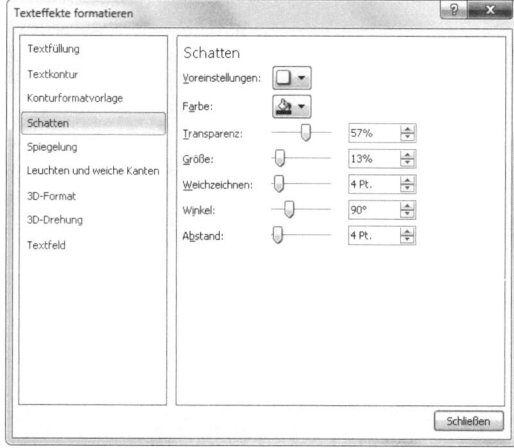

Über das Dialogfeld Texteffekte formatieren fügen Sie Ihrem Text einen Schlagschatten hinzu.

Der Schatten kann übrigens durchaus dunkler sein als der Schriftzug – das sieht meist gar nicht schlecht aus.

Farbe

Der Umgang mit Farben ist im Gutscheindesign nicht ganz einfach. Viele Faktoren beeinflussen die Art, wie der Betrachter Farben sieht – zum Beispiel individuelle Farbwahrnehmung, Laser- oder Tintenstrahldruckertyp, Papiersorte und Raumbeleuchtung, um nur ein paar zu nennen. Nachfolgend einige Richtlinien zur Farbwahl:

- Am einfachsten ist der Umgang mit den Grundfarben wie Rot, Blau und Grün. Schattierungen wie Gelbgrün, Blaugrün etc. mischt jeder Drucker anders, sodass Sie häufig ein unvorhergesehenes Ergebnis erhalten.

- Verwenden Sie ein helles Papier und gestalten Sie mit dunklen Farben.

- Bei der Verwendung von farbigem Papier ist zu beachten, dass Druckfarben nicht vollständig deckend sind. Verwenden Sie beispielsweise ein gelbes Papier, bekommen Blautöne einen Grünstich, Rottöne tendieren zu Orange.

Metalleffekte

Mit Farbverläufen können Sie interessante Metalleffekte gestalten, die sich gerade in Gutscheinen sehr gut machen können.

1   Klicken Sie im Register *Einfügen* auf *WordArt*.

2   Wählen Sie die gewünschte WortArt-Vorlage und geben Sie Ihren Text ein.

3   Klicken Sie im Register *Zeichentools* und klicken Sie auf den Pfeil des Symbols *Fülleffekt*.

4   Klicken Sie auf *Farbverlauf* und dann auf *Weitere Farbverläufe*.

5   Öffnen Sie im Dialogfeld *Form formatieren* das Listenfeld *Voreinge-stellte Farben* und wählen Sie eine der Einstellungen *Gold, Messing, Chrom* oder *Silber*.

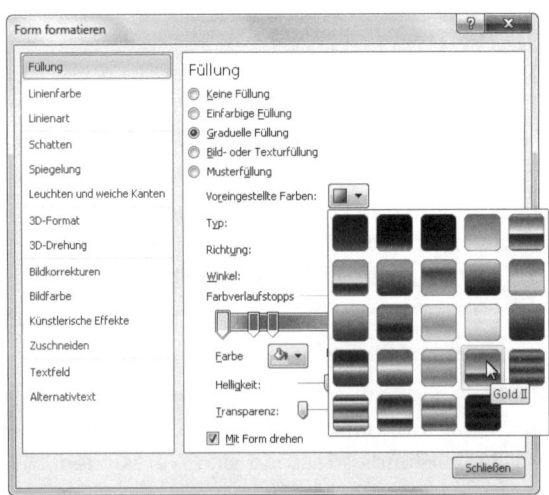

Office bietet mehrere vordefinierte Metallfülleffekte.

Probedrucke erforderlich

Allerdings sollten Sie Probedrucke machen, um zu überprüfen, ob der Metalleffekt wie gewünscht ausgegeben
werden kann.

Den Gutscheindruck automatisieren

Wenn Sie den Gutschein nicht nur zwei oder drei Empfängern übergeben möchten, sondern einer ganzen Reihe von Personen, lohnt es sich,
den Vorgang zu automatisieren und die Seriendruckfunktion von Word
zu verwenden.

Um ein Seriendokument zu erstellen, benötigen Sie zwei Dokumente: Das
eine Dokument, die Datenquelle, enthält einen genau festgelegten Satz von
Daten, beispielsweise Namen und Adressen. Das andere Dokument, das
Hauptdokument, ist eine Art Formular, in das die Daten eingefügt werden.
Das Hauptdokument sieht aus wie ein normales Dokument, abgesehen davon, dass es Seriendruckfeldfunktionen enthält, die die Positionierung der
eingefügten Daten bestimmen. In einem typischen Seriendruck ist das
Hauptdokument ein Serienbrief, in den die Namen und Adressen eingefügt
werden, die Datenquelle ist die Liste mit diesen Namen und Adressen.

Die Datenquelle muss auf eine bestimmte Art angeordnet sein, sonst
treten beim Mischvorgang Fehler auf. Die erste Zeile der Datenquelle
muss aus Feldnamen bestehen. Darunter stehen Zeilen mit Daten. Jede
dieser Zeilen ist eine Datenreihe, und jede Dateneinheit in der Zeile, beispielsweise Nachname, ist ein Feld. Jeder Name in der ersten Zeile des
Dokuments ist ein Feldname. Durch diesen Feldnamen kann auf jedes
Feld Bezug genommen werden.

Wenn Sie Dokumente mischen, ersetzt Word die Seriendruckfelder
durch den entsprechenden Text in der Datenquelle. Sie können dann
entscheiden, ob Sie das Ergebnis in einem neuen Dokument auf dem
Bildschirm sehen oder es direkt ausdrucken möchten.

Die Tabelle mit den Gutscheinempfängern anlegen

Sie benötigen als Erstes eine Tabelle mit den Empfängern des Gutscheins – tragen Sie in diese den Empfängernamen, gegebenenfalls Wohnort, Adresse oder andere Daten oder den erzielten Wettbewerbsrang etc. ein – eben alle Informationen, die in diesem Gutschein dargestellt werden sollen. Eine solche Tabelle können Sie in Excel oder auch in Word erstellen. Wir gehen von einer Excel-Tabelle aus.

1 Klicken Sie in Excel auf das Register *Datei* und erzeugen Sie ein neues Dokument.

2 In die erste Zeile geben Sie die Spaltenbezeichnungen ein, in die folgenden Zeilen die Teilnehmerdaten.

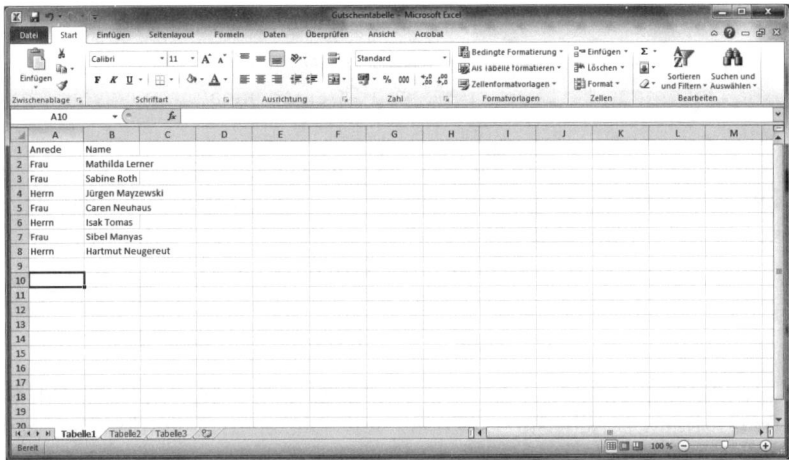

Konventionen für Spaltenüberschriften

Die Spaltenüberschriften müssen sich allerdings an die Konventionen für Feldnamen halten: Sie müssen mit einem Buchstaben beginnen, dürfen keine Leerzeichen enthalten, nicht länger als 40 Zeichen sein, und sie müssen eindeutig sein (dürfen also nicht doppelt vorkommen).

3 Speichern Sie die Arbeitsmappe auf Ihrer Festplatte. Von nun an können Sie sie als Datenquelle verwenden.

4 Fahren Sie nun mit dem eigentlichen Seriendokument fort: Wechseln Sie in Word und öffnen Sie Ihren Gutschein.

5 Zeigen Sie im Menüband das Register *Sendungen* an und klicken Sie auf die Schaltfläche *Empfänger auswählen*.

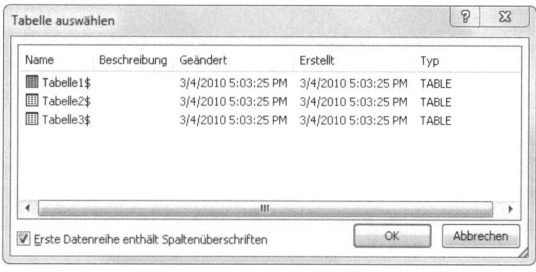

6 Wählen Sie den Befehl *Vorhandene Liste verwenden*. Im Dialogfeld *Datenquelle auswählen* wählen Sie die im letzten Schritt erzeugte Tabelle und klicken auf *Öffnen*.

7 Wählen Sie das entsprechende Tabellenblatt Ihrer Excel-Tabelle – normalerweise *Tabelle1*.

Die Datenquelle bearbeiten

Falls Sie die ausgewählte Datenquelle noch einmal betrachten oder sogar noch überarbeiten möchten, klicken Sie im Register *Sendungen* auf die Schaltfläche *Empfängerliste bearbeiten*. Die Tabelle wird in Datenbankform im Dialogfeld *Seriendruckempfänger* angezeigt. Bei Bedarf können Sie Empfänger, denen Sie keinen Brief schicken möchten, hier deaktivieren, indem Sie das Häkchen aus den entsprechenden Kontrollkästchen entfernen.

> **Weitere Optionen im Dialogfeld Seriendruckempfänger**
>
> Für einen besseren Überblick über die Liste skalieren Sie das Dialogfeld über den diagonalen Anfasser in der rechten unteren Ecke. Auch können Sie die Datensätze – analog zum Auto-Filter in Excel – über die kleinen Pfeile rechts neben den Datensatzbeschriftungen sortieren.

Seriendruckfelder in den Gutschein einfügen

Nachdem Sie das Dialogfeld *Seriendruckempfänger* wieder mit *OK* geschlossen haben, sind Sie bereit, die sogenannten Seriendruckfelder in Ihren Gutschein einzufügen. Denn Word hat nun aus jeder Datenfeldbeschriftung in Ihrer Tabelle (im Beispiel *Anrede* und *Name*) ein Seriendruckfeld erstellt.

1 Klicken Sie im Dokument dorthin, wo Sie das erste Seriendruckfeld einfügen möchten – in unserem Beispiel das für die Anrede.

2 Klicken Sie im Register *Sendungen* auf die Schaltfläche *Seriendruckfeld einfügen*.

3 Vergewissern Sie sich, dass im angezeigten Dialogfeld das Optionsfeld *Datenbankfelder* aktiviert ist, damit die Felder Ihrer Tabelle angezeigt werden und nicht die von Word vorgeschlagenen.

4 Wählen Sie das Seriendruckfeld, das Sie an der Stelle der Einfügemarke in das Dokument einfügen möchten, und bestätigen Sie mit *Einfügen*.

5 Fügen Sie auf diese Weise alle benötigten Seriendruckfelder an der richtigen Stelle in Ihr Dokument ein. Achten Sie darauf, zwischen den einzelnen Seriendruckfeldern Leerzeichen einzufügen.

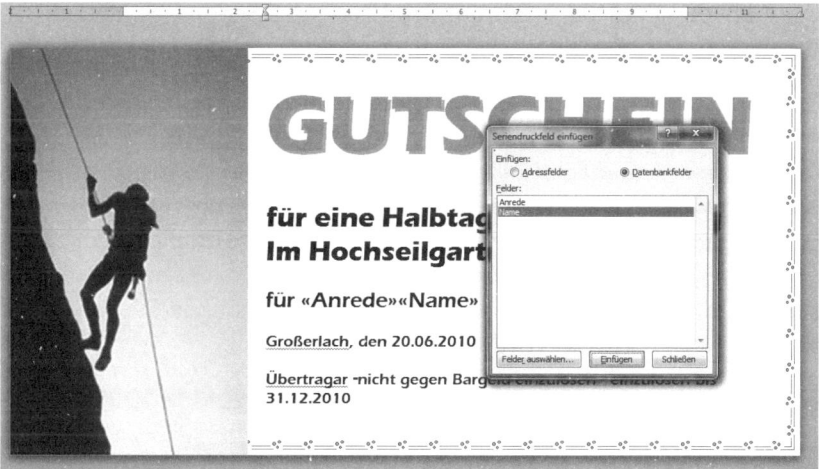

Die Seriendruckfelder wurden in das Dokument eingefügt.

Die Daten in das Hauptdokument mischen

Damit ist Ihr Seriengutschein auch schon fertig. Sie können ihn nun mit der ausgewählten Datenquelle mischen. Dazu verwenden Sie die Schaltfläche *Fertig stellen und zusammenführen* im rechten Bereich des Registers *Sendungen*:

Fertig stellen und zusammenführen ▾

- Der Befehl *Einzelne Dokumente bearbeiten* mischt das Hauptdokument und die Datenquelle und erstellt daraus ein neues Word-Dokument.

- Der Befehl *Dokumente drucken* mischt Hauptdokument und Datenquelle und druckt das Ergebnis auf dem ausgewählten Drucker.

- Mit dem Befehl *E-Mail-Nachrichten* senden erstellen Sie eine Serien-E-Mail.

Nachdem Sie das gewünschte Symbol angeklickt haben, wählen Sie im folgenden Dialogfeld, ob Sie alle Datensätze mit dem Brief verbinden möchten oder nur eine bestimmte Anzahl. In diesem Fall geben Sie die erste Datensatznummer in das Feld *Von*, die letzte in das Feld *An* ein.

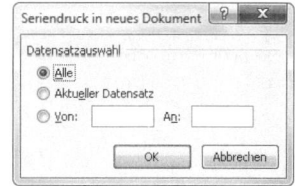

Die Abbildung auf der nächsten Seite zeigt das Seriendruckdokument, das über *Einzelne Dokumente bearbeiten* erstellt wurde.

Es enthält den gesamten Text des Hauptdokuments, wobei jeder der individuellen Gutscheine in einem eigenen Abschnitt steht. Dieses Dokument enthält keine Feldfunktionen, Sie können mit dem Text arbeiten wie mit jedem eingegebenen Text. Mit jedem Abschnittswechsel (in der Entwurfsansicht dargestellt durch eine doppelte gestrichelte Linie) beginnt eine neue Zeile, sodass beim Drucken des Dokuments lauter einzelne Gutscheine ausgegeben werden. Natürlich können Sie wie üblich arbeiten, wenn Sie etwas abändern möchten.

Bei der Ausgabe des Seriendrucks in ein neues Dokument entsteht ein langes Dokument, das die einzelnen Gutscheine enthält.

Speicherkapazität des Druckers nicht überschreiten

Wenn Sie eine große Anzahl von Datensätzen verwenden, übergeben Sie den Seriendruck am besten gleich dem Drucker, damit Sie die Speicherkapazität nicht überschreiten. Bei Bedarf verbinden Sie vor dem Drucken ein paar Datensätze, damit Sie sehen, ob der Seriendruck richtig funktioniert.

Eine Postkarten-Einladung gestalten

Word ist auch sehr gut geeignet, wenn Sie mit Freunden oder Verwandten feiern oder eine Veranstaltung ausrichten und die passenden Einladungen selbst gestalten möchten. Eine solche selbst gestaltete Einladungskarte hinterlässt einen viel persönlicheren Eindruck als eine gekaufte.

Zunächst machen Sie sich Gedanken über das Aussehen der Karte. In unserem Beispiel möchten wir eine praktische Postkarte verwenden. Eigene Postkarten lassen sich mit Word schnell erstellen. Sie sind auch eine praktische und kostengünstige Lösung für Bekanntmachungen und vieles mehr.

Richtlinien für Maße und Normen

Die gebräuchlichsten Abmessungen für Postkarten sind wohl die DIN-Formate A6 und C6. Diese Formate sind auch am preiswertesten im Versand. Die Vorderseite einer Postkarte können Sie frei gestalten; die Rückseite mit der Adress- und Absenderangabe soll nach den Richtlinien der Deutschen Post folgendermaßen aufgebaut sein:

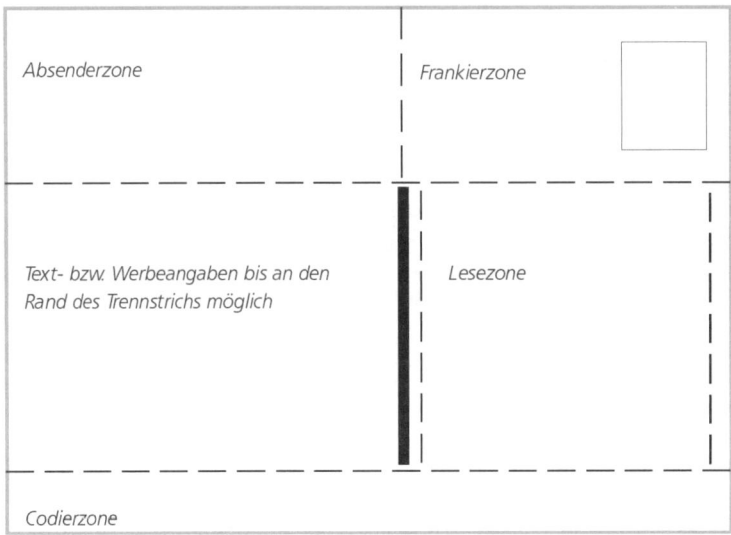

Richtlinien der Deutschen Post für A6-Postkarten.

■ Postkarten im genannten A6- oder C6-Format müssen einen senk-rechten Trennungsstrich enthalten. Die Breite des Striches muss min-destens 1,2 mm, die Länge mindestens 50 mm betragen. Sein Abstand vom rechten Rand der Karte sollte 74 mm (+/– 15 mm) betragen.

■ Die Absenderangaben dürfen bis an den Trennungsstrich bzw. die Frankierzone und unten bis an die Codierzone heranreichen.

■ Sonstige Angaben dürfen an den gleichen Stellen wie Absenderanga-ben stehen, soweit diese dadurch nicht beeinträchtigt werden.

■ Lesezone: Die Anschrift sollte 5 bis 8 mm an die rechte Kante des Trennungsstrichs und höchstens bis zu 5 mm an den rechten Karten-rand heranreichen.

Postkarte in Word anlegen

Aufgrund dieser Vorgaben legen Sie nun eine Postkarte im Format DIN A6 an.

1 Erstellen Sie ein neues leeres Dokument.

2 Aktivieren Sie das Register *Seitenlayout* und wählen Sie die Schaltfläche *Größe*. Klicken Sie auf *Weitere Papierformate*.

Größe

3 In das Feld *Breite* geben Sie *14,8 cm* ein, in das Feld Höhe *10,5 cm*.

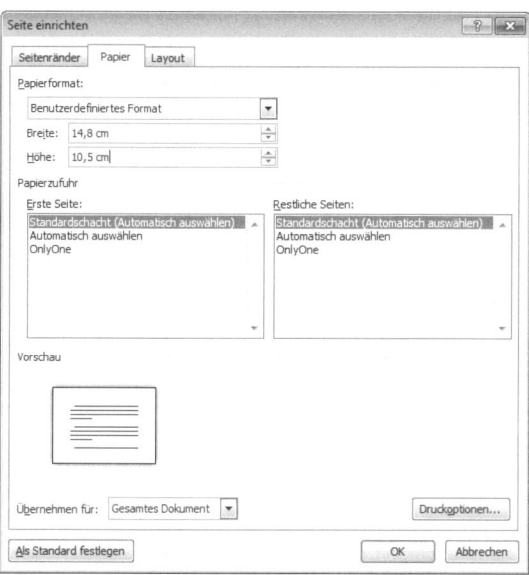

4 Aktivieren Sie das Register *Seitenränder*.

5 Für alle vier *Ränder* wählen Sie *0,5 cm*. Klicken Sie auf *OK* und gegebenenfalls auf *Korrigieren*.

Die Kartenrückseite erstellen

Drücken Sie die Tastenkombination [Strg]+[Enter], um dem Dokument eine zweite Seite hinzuzufügen. Hier fügen Sie nun den Trennstrich- sowie Anschriften- und Absenderzone ein.

141

Fügen Sie zuerst den vorgeschriebenen Trennstrich ein. Gehen Sie dazu folgendermaßen vor:

1 Klicken Sie im Register *Einfügen* des Menübands auf das Symbol *Formen*. Klicken Sie auf das Liniensymbol.

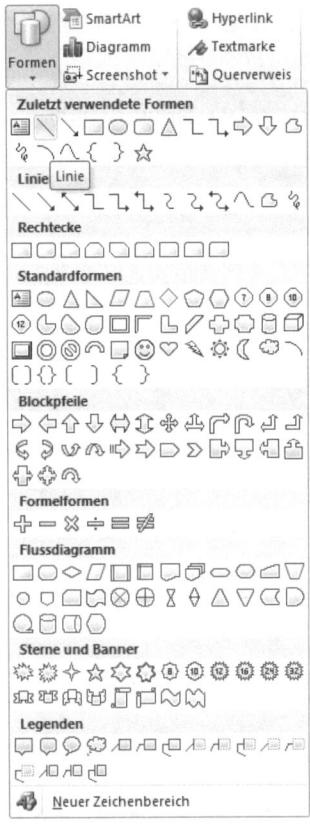

2 Ziehen Sie mit gedrückter Umschalt-Taste eine senkrechte Linie in beliebiger Länge und Position.

3 Im Register *Zeichentools/Format* klicken Sie auf das Symbol *Größe* und geben Sie in das Feld *Höhe 5,74 cm* ein. Die Linie erhält damit die gewünschte Länge.

4 Klicken Sie auf das Symbol *Position* und wählen Sie *Weitere Layoutoptionen.*

Position

5 Im folgenden Dialogfeld klicken Sie im Register *Textumbruch* auf das Symbol *Hinter den Text.*

6 Im Register *Position* aktivieren Sie unter *Horizontal* und *Vertikal* jeweils das Optionsfeld *Absolute Position.* Als horizontale *Absolute Position* geben Sie *7,8 cm rechts von Seite* ein, als vertikale *Absolute Position* wählen Sie *3,7 cm unterhalb Seite.* Damit positionieren Sie die Linie an der vorgegebenen Stelle.

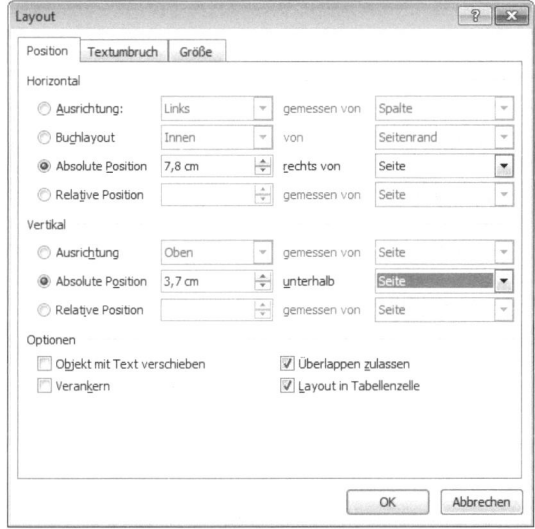

Positionieren Sie die Trennlinie.

7 Klicken Sie auf *OK.*

8 Definieren Sie schließlich noch die vorgeschriebene Linienbreite: Klicken Sie auf die Schaltfläche *Formkontur,* wählen Sie *Stärke,* klicken Sie auf *Weitere* Linien und geben Sie als *Stärke 3,4 Pt.* ein.

Formkontur ▾

9 Klicken Sie auf *OK.*

Inhaltsfeld erzeugen

Erzeugen Sie jetzt das Feld links vom Trennstrich, in das Sie bei Bedarf freien Inhalt eingeben können, z. B. ein Antwortformular oder Ihre Kontaktdaten.

Formen

1 Klicken Sie im *Einfügen*-Register auf das Symbol *Formen* und wählen Sie *Textfeld*. Ziehen Sie ein Textfeld in beliebiger Größe auf.

2 In das Feld *Größe* im Register *Zeichentools*/Format geben Sie eine *Höhe* von *5,3 cm* und eine *Breite* von *6,8 cm* ein.

3 Klicken Sie auf die Schaltfläche *Formkontur* und wählen Sie *Kein Rahmen*.

4 Klicken Sie auf das Symbol *Position* und dann auf *Weitere Layoutoptionen*.

Position

5 Im Register *Position* geben Sie eine horizontale *Absolute Position* von *0,5 cm rechts von Seite* ein und eine vertikale *Absolute Position* von *3,8 cm unterhalb Seite*.

Positionieren Sie das Inhaltsfeld.

6 Klicken Sie auf *OK*.

Anschriftenfeld erzeugen

Um das Anschriftenfeld zu erzeugen, ziehen Sie ein weiteres Textfeld auf. Formatieren Sie es folgendermaßen:

- Formkontur: Kein Rahmen

- Breite: 5,7 cm

- Höhe: 5,3 cm

- Absolute Position horizontal: 7,9 mm

- Absolute Position vertikal: 3,3 mm

Geben Sie das Wort *Postkarte* ein und formatieren Sie es in einer fetten Schrift.

Absenderfeld und Briefmarkenplatzhalter erzeugen

Um das Absenderfeld und den Briefmarkenplatzhalter zu erstellen, gehen Sie folgendermaßen vor:

1 Zunächst erzeugen Sie einen weiteren Textrahmen für den Absender. Geben Sie diesem eine Breite von *6,8 cm* und eine Höhe von *2,7 cm*. Positionieren Sie das Textfeld anschließend am linken oberen Seitenrand und geben Sie Ihre Absenderangaben ein.

2 Docken Sie nun am rechten oberen Seitenrand ein Rechteck mit den ungefähren Abmessungen 1,9 x 2,3 cm (Breite x Höhe) und einer dünnen Kontur als Platzhalter für die Briefmarke an.

Die Postkartenvorlage speichern

Damit ist den Vorgaben der Deutschen Post Genüge getan. Speichern Sie Ihre Arbeit nun als Vorlage, um auch für künftige Postkarten schnell darauf zurückgreifen zu können.

1 Aktivieren Sie das Register *Datei* und klicken Sie auf *Speichern unter*.

2 Aus dem Listenfeld *Dateityp* wählen Sie *Word-Vorlage*.

3 Geben als Dateinamen *Postkarte.dot* ein und klicken Sie auf *Speichern*.

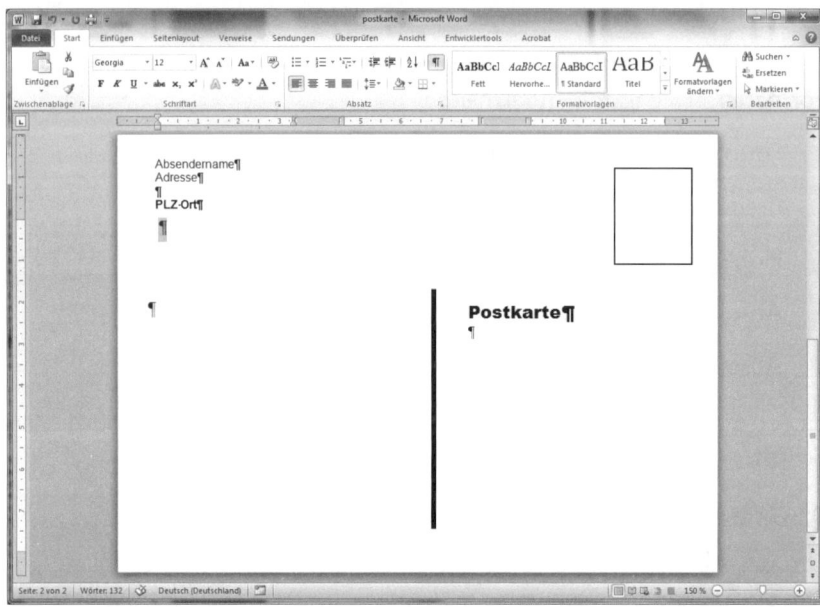

Die Postkartenrückseite ist fertig.

Ein neues Dokument auf Grundlage der Vorlage erzeugen

Möchten Sie nun eine Postkarte erstellen, gehen Sie folgendermaßen vor:

1 Wählen Sie im Register *Datei* den Befehl *Neu* und klicken Sie auf *Meine Vorlagen*.

2 Klicken Sie auf *Postkarte* und dann auf *OK*.

3 Sie erhalten ein neues, unbenanntes Dokument auf der Grundlage Ihrer Vorlage.

4 Speichern Sie es unter dem gewünschten Namen und fügen Sie die Postkarteninhalte auf der Vorderseite ein.

Die Vorderseite ...

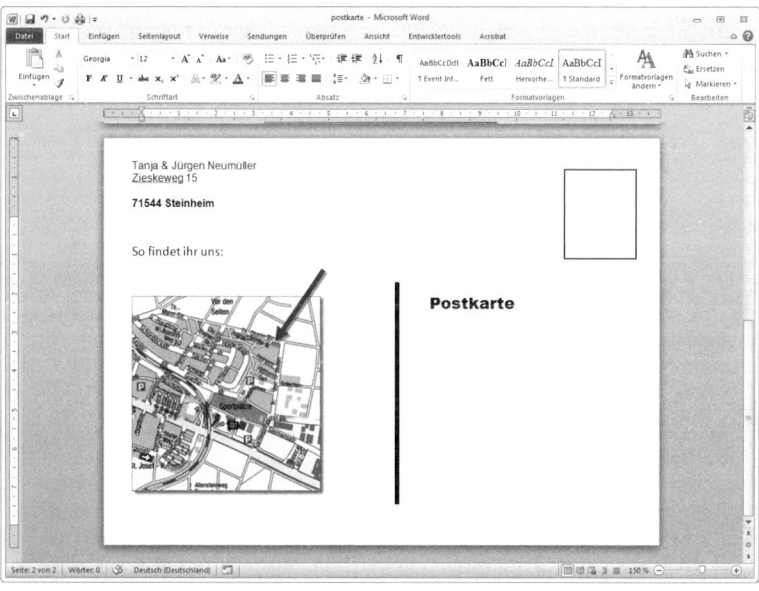

... und die Rückseite der Einladung.

Eine persönliche Note bekommt die Vorderseite der Postkarte, wenn Sie ein Bild oder eine ClipArt-Grafik einfügen.

1 Klicken Sie an die Stelle, an der Sie das Bild einfügen möchten, und zeigen Sie im Menüband das Register *Einfügen* an.

2 Klicken Sie hier auf *Grafik*.

3 Wählen Sie das gewünschte Bild aus und klicken Sie auf *Einfügen*.

4 Word fügt das Bild an der Stelle der Einfügemarke ein.

5 Sollte das Bild nun zu groß oder zu klein sein, skalieren Sie es entsprechend: Klicken Sie es an und ziehen Sie es an einem der Eckanfasser größer oder kleiner. Durch das Ziehen der Eckanfasser erreichen Sie, dass das Bild proportional skaliert wird.

Die ClipArt-Galerie nutzen

In der ClipArt-Galerie werden Sie zu den verschiedensten Themen fündig.

Haben Sie kein geeignetes Bild zur Verfügung, können Sie auch die in Office integrierte ClipArt-Galerie nutzen.

Die ClipArt-Galerie ist sehr einfach anzuwenden und bietet eine Fülle von professionellen Grafiken und Bildern. Der Clip Organizer ist in Kategorien eingeteilt, sodass Sie anhand von Schlüsselwörtern und einer Vorschau die passende Illustration für Ihr Vorhaben finden können.

Um auf die ClipArt-Grafiken zuzugreifen, wählen Sie im Register *Einfügen* des Menübands die Schaltfläche *ClipArt*.

ClipArt

Clips suchen

Geben Sie ruhig auch mehrere Suchbegriffe ein. Es muss sich beim Suchwort nicht unbedingt um ein Substantiv handeln: Sie können ebenfalls nach Adjektiven- oder Verben suchen oder einen ganzen Satz, der das gesuchte Thema beschreibt, eingeben.

Im Aufgabenbereich *ClipArt* am rechten Bildschirmrand kommen Sie mit einem Suchwort im Feld *Suchen nach* bei der Bildauswahl schnell zum Ziel. Der Clip Organizer zeigt Ihnen dann nur Clips, die auf diesen Begriff passen.

Wählen Sie die gewünschte Grafik mit einem Doppelklick aus.

Eine Vorschau darstellen

Besonders bei Fotos und detaillierten Vektorgrafiken kommt es vor, dass die Clipvorschau zu klein ist, sodass Sie sich kein endgültiges Bild von der ausgewählten Illustration machen können. In solchen Fällen können Sie sich eine große Vorschau anzeigen lassen. Dazu zeigen Sie auf den gewünschten Clip, klicken auf den nun angezeigten Pfeil und wählen *Vorschau/Eigenschaften*.

Die Anfahrtsskizze – einen Pfeil zeichnen

Soll Ihre Postkarte auf eine Veranstaltung hinweisen, können Sie unter dem Absenderbereich eine Grafik mit einer Anfahrtsskizze einfügen.

Möchten Sie die Anfahrtsskizze mit einem Pfeil versehen, gehen Sie folgendermaßen vor:

1 Im Register *Einfügen* klicken Sie auf die Schaltfläche *Formen*.

Formen

2 Aus der Gruppe *Linien* wählen Sie *Pfeil*.

3 Ziehen Sie den Pfeil im Dokument auf und lassen Sie ihn markiert. Ziehen Sie an den beiden grünen Anfassern, bis der Pfeil die richtige Ausrichtung, Größe und Position hat.

4 Das Register *Zeichentools* ist automatisch aktiviert. In der Gruppe *Formenarten* versehen Sie den Pfeil mit der gewünschten Farbe und Stärke. Sie können entweder aus den vordefinierten Mustern wählen oder die Formatierungsmerkmale über die Schaltfläche *Formkontur* selbst festlegen. Recht gut kann es auch wirken, wenn Sie den Pfeil über die Gruppen *Schatteneffekte* bzw. *3D-Effekte* mit einem Schlagschatten oder einem 3-D-Effekt ausstatten.

Eine persönliche Visitenkarte gestalten

Im Handel gibt es ein breites Sortiment an Bögen für Visitenkarten. Mit Word können Sie diese Bögen mit nur wenigen Handgriffen über die Etikettendruckfunktion mit den jeweils gewünschten Informationen versehen. Mit der nachfolgend beschriebenen Technik erstellen Sie ohne großen Aufwand Ihre eigenen Visitenkarten.

Vorüberlegungen

Wie für jedes Medium gibt es auch für Visitenkarten ein paar einfache Grundregeln für eine optimale Gestaltung.

■ Schriften sollten nicht kleiner als 7 pt sein.

■ Sparen Sie nicht am Papier: Verwenden Sie das dickste und beste Papier, das Sie auftreiben können und mit dem Ihr Drucker klarkommt.

Praktische Vorbereitungen

Wenn Sie mit vorgefertigten Bögen arbeiten, lassen sich Visitenkarten am einfachsten über das Etiketten-Feature erzeugen. Vorgefertigte Visitenkartenbögen gibt es für wenig Geld in jedem Schreib- oder Bürowarengeschäft.

Sie sind bereits mit einer Perforation bzw. einer Schnittkante versehen, die Ihnen das mühsame und meist ungenaue Schneiden der Karten erspart.

Besorgen Sie sich möglichst Visitenkartenbögen von bekannten Herstellern, da in Word die Einstellungen zum Bedrucken der meisten dieser Etiketten schon vorhanden sind.

Tipps für die Anschaffung von Etikettenbögen

Bei der Anschaffung der benötigten Bögen sollten Sie Folgendes beachten. Verzichten Sie bei der Auswahl Ihrer Etiketten auf No-Name-Hersteller. Verwenden Sie vielmehr Etiketten von bekannten Firmen, z. B. Herma, Zweckform, Avery oder DATA BECKER. Der Grund dafür ist, dass Word zum Bedrucken der Etiketten über Voreinstellungen für die Etiketten dieser Unternehmen verfügt, auf die Sie dann zugreifen können. Vergewissern Sie sich zudem, dass der Etikettentyp zu dem von Ihnen verwendeten Druckertyp passt (Tintenstrahldrucker, Laserdrucker etc.).

Ganz wichtig!

Achten Sie darauf, für welchen Drucker Sie Visitenkarten erwerben (Tintenstrahl- oder Laserdrucker). Einer der Gründe: Im Laserdrucker entstehen sehr hohe Temperaturen. Visitenkarten mit abziehbaren Rücken, die eigentlich nur für Kopierer oder Tintenstrahldrucker vorgesehen sind, könnten schmelzen oder abgezogen werden.

Möchten Sie – wie eingangs empfohlen – Ihre Visitenkarten doppelseitig drucken, ist noch auf Folgendes zu achten: Kaufen Sie auf jeden Fall Bögen, bei denen die rechten und linken Ränder identisch sind. Außerdem sollten Sie ein Lineal zur Hand haben, um bei der Vorbereitung des Visitenkartendrucks Ihre Karten und deren Anordnung auf den Bögen nachmessen zu können.

Machen Sie immer erst einen Probedruck auf normalem Papier, bevor Sie den ersten Etikettenbogen zum Ausdruck einlegen.

Vorgefertigte Visitenkarten-Designs verwenden

Word bietet Ihnen verschiedene vordefinierte Visitenkarten-Designs. Möchten Sie diese verwenden, sollten Sie die zum jeweiligen Design passenden Visitenkartenbögen erwerben. Gehen Sie folgendermaßen vor:

1 Aktivieren Sie im Menüband das Register *Datei* und wählen Sie den Befehl *Neu*.

2 Unter *Office.com-Vorlagen* klicken Sie auf *Visitenkarten* und dann auf *Druckvorlage*.

3 Klicken Sie auf die gewünschte Visitenkartenvorlage. Lesen Sie in der Beschreibung nach, für welchen Visitenkartenbogen sie geeignet ist.

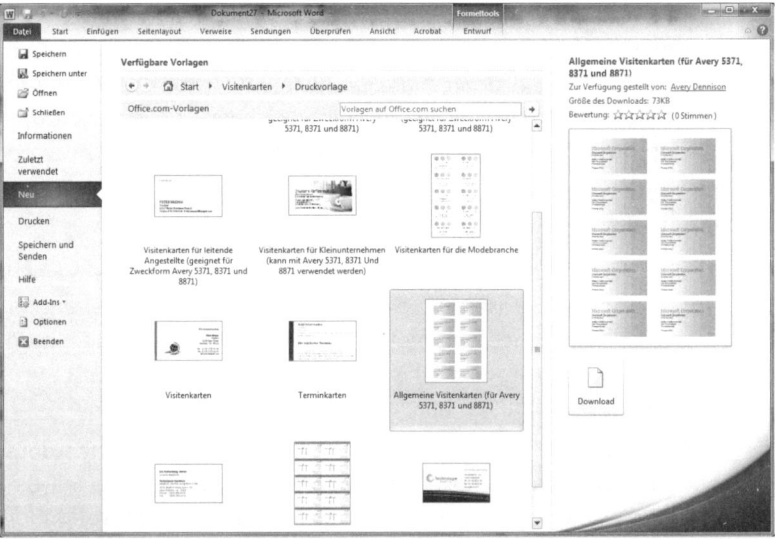

4 Klicken Sie auf *Download* und ändern Sie die Visitenkarte(n) nach Ihren Anforderungen ab.

5 Besorgen Sie sich die angegebenen Visitenkartenbögen und drucken Sie das Dokument darauf aus.

Individuelle Visitenkarten erstellen

Möchten Sie nicht auf die vordefinierten Designs zurückgreifen, sondern individuellere Karten erstellen, gehen Sie folgendermaßen vor:

1 Öffnen Sie in Word ein neues Dokument.

2 Aktivieren Sie im Menüband das Register *Sendungen*.

3 Klicken Sie in der Gruppe *Erstellen* auf die Schaltflä- ▣ Beschriftungen
che *Beschriftungen*. Löschen Sie im Feld *Adresse* even-
tuell voreingetragenen Text.

4 Nun stellen Sie den Etikettentyp ein, indem Sie auf die Schaltfläche *Optionen* klicken. Dadurch gelangen Sie in das Dialogfeld *Etiketten einrichten*.

5 Aus dem Listenfeld *Etikettennummer* wählen Sie den entsprechenden Eintrag und bestätigen Ihre Angaben mit der Schaltfläche *OK*.

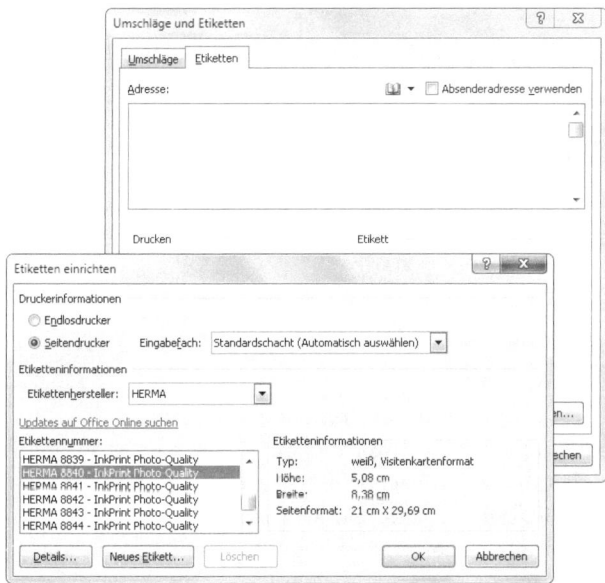

Wählen Sie im Dialogfeld Etiketten einrichten zuerst den Hersteller Ihrer Visitenkarten und anschließend die Etikettennummer.

6 Gleich danach klicken Sie auf die Schaltfläche *Neues Dokument* – Sie erhalten ein neues Dokument mit einer noch leeren Tabelle.

Das Ergebnis ist ein Bogen mit einer noch leeren Tabelle.

7 Speichern Sie das Dokument beispielsweise unter dem Namen *Visitenkarten.docx*.

Einen eigenen Visitenkartentyp definieren

Können Sie in der Liste der Hersteller den Hersteller Ihrer Etikettenbögen nicht finden, müssen Sie die notwendigen Daten selbst eingeben.

Wenn die Visitenkarte professionell gedruckt werden soll ...

Auch wenn Sie Ihre Visitenkarten nicht selbst ausdrukken, sondern sie einer professionellen Druckerei übergeben möchten, benötigen Sie wahrscheinlich die nachfolgend beschriebene Technik. Allerdings sollten Sie sich zuvor bei der Druckerei über den Aufbau des Bogens informieren. Lassen Sie sich die genauen Abstände vom oberen und linken Rand und die vertikalen und horizontalen Abstände der Karten untereinander mitteilen.

1 Dazu wählen Sie zunächst aus der Liste des Dialogfeldes *Etiketten einrichten* einen Typ aus, der von den Proportionen her weitgehend Ihrem Visitenkartenbogen entspricht (achten Sie auf die Informationen im Feld *Etiketteninformation*).

2 Dann klicken Sie auf die Schaltfläche *Details*, um die hier erforderlichen Anpassungen vorzunehmen.

3 Im Folgenden müssen Sie die Maße Ihrer Visitenkarten selbst eingeben; daher sollten Sie sich ein Lineal zur Hand nehmen:

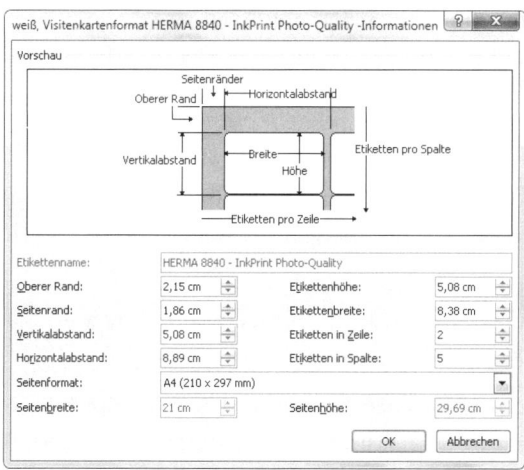

Ausgehend von dem am besten passenden Etikettentyp, stellen Sie in diesem Dialogfeld Ihre eigenen Abstände und Ränder ein.

■ In das Feld *Oberer Rand* tragen Sie den Abstand zwischen dem oberen Rand des Bogens und der Oberkante des ersten Etiketts ein.

■ In das Feld *Seitenrand* tragen Sie den Abstand zwischen dem linken Rand des Bogens und der linken Kante der ersten Visitenkartenspalte ein.

■ In das Feld *Vertikalabstand* tragen Sie den Abstand von der Oberkante der ersten Visitenkarte bis zur Oberkante der darunterliegenden Karte ein.

■ In das Feld *Horizontalabstand* tragen Sie den Abstand von der linken Kante der ersten Visitenkartenspalte bis zur linken Kante der rechts danebenliegenden Visitenkartenspalte ein.

- In die Felder *Etikettenhöhe* und *Etikettenbreite* tragen Sie die Abmessungen einer einzelnen Visitenkarte ein.

- In das Feld *Etiketten in Zeile* tragen Sie die Anzahl der nebeneinanderliegenden Visitenkarten auf Ihrem Bogen ein. Entsprechend tragen Sie in das Feld *Etiketten in Spalte* die Anzahl der untereinander angeordneten Visitenkarten ein.

- Als Papierformat ist A4 voreingestellt. Diese Einstellung können Sie in der Regel belassen.

Geben Sie einen Namen für Ihren eigenen Visitenkartentyp ein und schließen Sie das Dialogfeld. Von nun an ist der selbst definierte Typ ebenfalls über die Auswahlliste verfügbar.

Textränder und Textausrichtung

Standardmäßig stellt Word die Textränder innerhalb der Tabellenzelle recht knapp ein – der Text klebt am oberen Rand. Für unsere Zwecke ist dies eher ungünstig.

1 Klicken Sie an beliebiger Stelle in die Tabelle und aktivieren Sie das Register *Tabellentools*.

2 Klicken Sie auf die Schaltfläche *Auswählen* und wählen Sie *Tabelle auswählen*. Damit haben Sie alle Visitenkartenlayouts auf der gesamten Seite ausgewählt.

Nun regeln Sie den Abstand des Textes von den Zellenrändern.

1 Lassen Sie die Gesamttabelle markiert und klicken Sie im Register *Tabellentools* auf die Schaltfläche *Zellenbegrenzungen*. Zellenbegrenzungen

2 Im angezeigten Dialogfeld geben Sie für *Oben, Unten, Links* und *Rechts* einen passenden Abstand vom linken, rechten, oberen und unteren Zellenrand an.

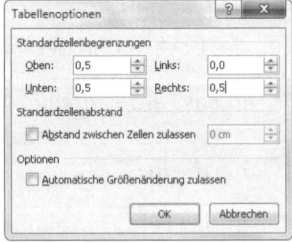

> **Keine Größenänderung zulassen!**
>
> Achten Sie darauf, dass das Kontrollkästchen *Automatische Größenänderung zulassen* deaktiviert bleiben muss.

Die erste Karte gestalten

Gestalten Sie zunächst nur die linke obere Karte.

Sie können sämtliche in Word verfügbaren Formatierungs- und Grafikoptionen innerhalb dieser Tabellenzelle verwenden, beispielsweise mit WordArt, Flächen, eingefügten Grafiken und selbst gezeichneten Elementen arbeiten.

Wenn Sie eine Grafik o. Ä. in Ihre Visitenkarten einfügen möchten, binden Sie diese am besten nicht fest ein, sondern verknüpfen sie mit dem Dokument. Das hat den Vorteil, dass die Dateigröße des Visitenkartenbogens klein bleibt, und bietet sich auch besonders an, weil Sie die Grafik schließlich zehnmal auf dem Bogen benötigen:

1   Aktivieren Sie das Register *Einfügen* und klicken Sie auf die Schaltfläche *Grafik*.

Grafik

2   Suchen Sie die Grafik auf Ihrer Festplatte heraus und klicken Sie auf den kleinen Pfeil neben der Schaltfläche *Einfügen*. Wählen Sie *Mit Datei verknüpfen*.

In der Grundeinstellung steht die so eingefügte Logografik mit dem Text in der Zeile. Für freie (Visitenkarten-)Layouts ist das meist weniger günstig.

1   Lassen Sie die Grafik deshalb nach dem Einfügen markiert und aktivieren Sie das Register *Bildtools*.

2   Klicken Sie auf die Schaltfläche *Zeilenumbruch* und wählen Sie *Quadrat*.

Zeilenumbruch

Von nun an lässt sich die Grafik frei im Layout umherziehen.

157

Für die Texte der Visitenkarte verwenden Sie Textfelder, die Sie über die Schaltfläche *Formen* des Registers *Einfügen* erzeugen.

Formen

1 Sobald Sie mit der Gestaltung der ersten Karte fertig sind, markieren Sie mit gedrückter ⌈Umschalt⌉-Taste alle Elemente dieser Karte.

2 Im Register *Zeichentools* klicken Sie auf das Symbol *Gruppieren* und wählen *Gruppieren*. Damit lassen sich die gruppierten Elemente wie ein einziges Element behandeln.

Gruppieren ▾

3 Klicken Sie im Register *Zeichentools* auf die Schaltfläche *Position* und dann auf *Weitere Layoutoptionen*.

Position

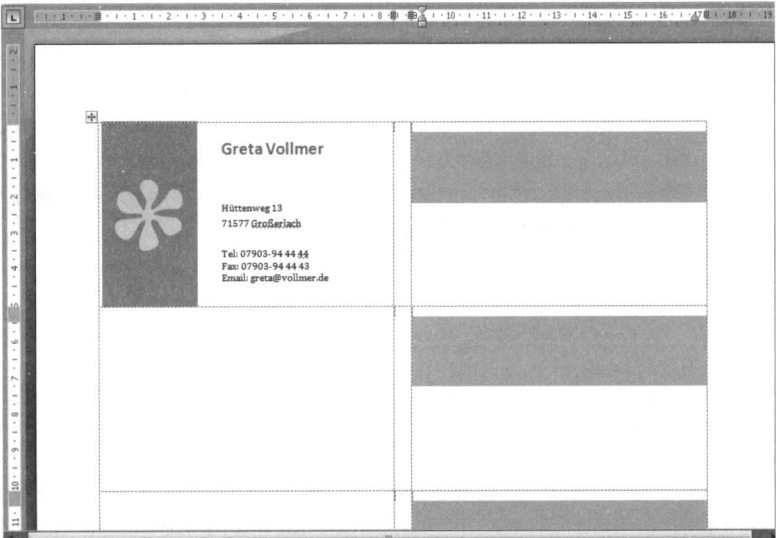

Gestalten Sie zunächst nur eine Karte.

4 Achten Sie darauf, dass der Maßbezug in der Gruppe *Horizontal rechts von Spalte* und in der Gruppe *Vertikal unterhalb Absatz* lauten soll.

5 Notieren Sie sich die Werte.

6 Klicken Sie auf *OK*.

7 Drücken Sie die Tastenkombination ⌐Strg¬+⌐C¬. Damit kopieren Sie die markierte Gruppe in die Zwischenablage.

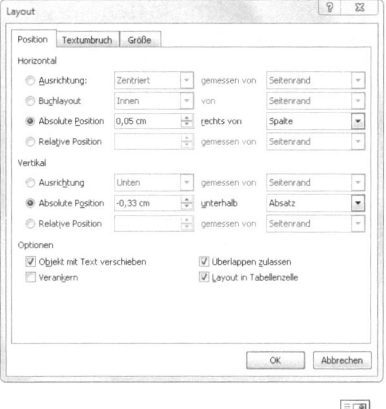

8 Klicken Sie in die nächste Visitenkarte und drücken Sie die Tastenkombination ⌐Strg¬+⌐V¬.

9 Klicken Sie im Register *Zeichentools* auf die Schaltfläche *Position* und dann auf *Weitere Layoutoptionen*.

Position

10 Tragen Sie die zuvor notierten Werte ein und klicken Sie auf *OK*.

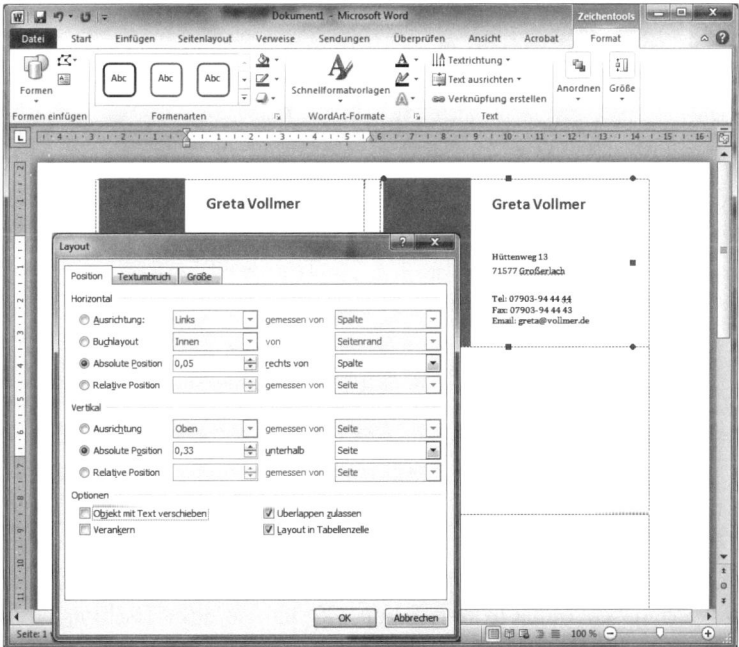

Durch die Übernahme der Werte sitzt der Inhalt der zweiten Visitenkarte an der korrekten Stelle.

11 Wiederholen Sie den Vorgang für alle Visitenkarten des Bogens.

Auf diese Weise haben Sie einen Bogen mit zehn identischen Visitenkarten erhalten – Sie müssen diesen nur noch ausdrucken.

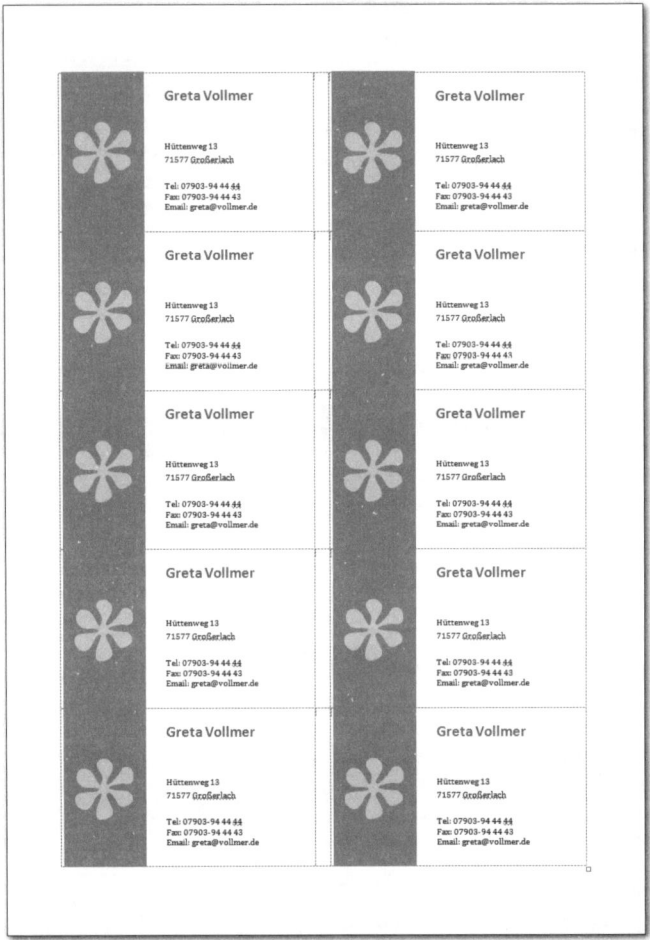

Mit dieser Technik lassen sich natürlich nicht nur Visitenkarten, sondern auch Namensschilder, Ordnerrücken, CD-Labels oder Tischkärtchen für geschäftliche und private Zwecke herstellen!

Als Alternative: die Druckfunktionen für das Erstellen von Visitenkarten nutzen

Wenn Sie nicht mit vorgefertigten Visitenkartenbögen arbeiten, ist die nachfolgend beschriebene Methode praktischer.

1 Legen Sie ein neues leeres Dokument an.

2 Aktivieren Sie im Menüband das Register *Seitenlayout*.

3 Klicken Sie in der Gruppe *Seite einrichten* auf die Schaltfläche *Größe* und dann auf *Weitere Papierformate*.

Größe

4 Tragen Sie in das Feld *Breite 9 cm* ein, in das Feld *Höhe 5 cm*.

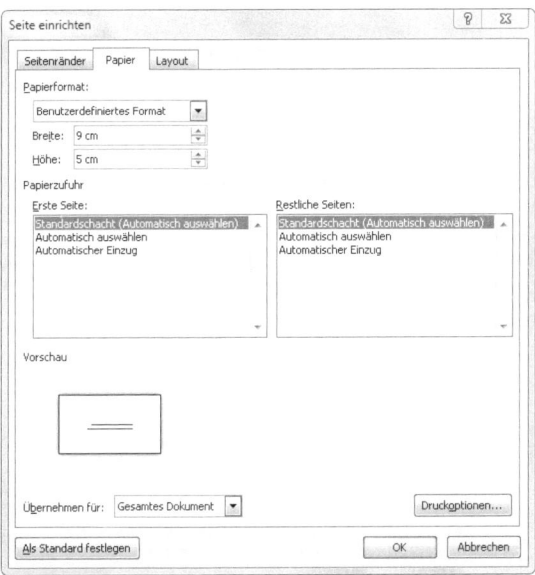

Tragen Sie in die Felder Breite und Höhe die Endmaße der Visitenkarte ein.

5 Aktivieren Sie im selben Dialogfeld das Register *Seitenränder* und stellen Sie alle Seitenränder auf 0,5 cm.

6 Falls Sie Ihre Karte selbst ausdrucken möchten, sollten Sie ihr einen dünnen, hellgrauen Seitenrahmen hinzufügen, damit Sie es beim Schneiden einfacher haben. Aktivieren Sie die Registerkarte *Layout* und klicken Sie auf die Schaltfläche *Ränder*.

7 Das Dialogfeld *Rahmen und Schattierung* wird mit der Registerkarte *Seitenrand* angezeigt.

8 Klicken Sie unter *Einstellung* auf *Kontur* und wählen Sie als Farbe ein helles Grau aus. Die *Breite* stellen Sie auf ½ pt.

9 Klicken Sie dann auf die Schaltfläche *Optionen*, um das Dialogfeld *Rahmen- und Schattierungsoptionen* anzuzeigen.

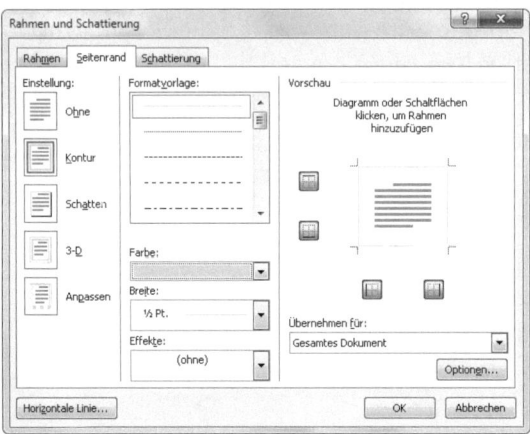

10 Setzen Sie in diesem Dialogfeld alle Seitenränder auf 0 pt.

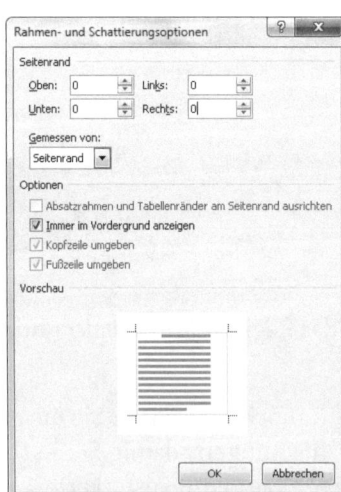

Hier wird festgelegt, wo der Rahmen beginnen soll.

Klicken Sie dann zweimal auf *OK*. In Ihrem Word-Arbeitsfenster wird ein Dokument mit den Standardabmessungen einer Visitenkarte angezeigt.

Diese Visitenkarte können Sie jetzt nach Ihren Wünschen gestalten.

Überprüfen Sie die Lesbarkeit

Zoomen Sie das Dokument gelegentlich auf 100 %, um sich ein besseres Bild von seinem späteren Aussehen zu machen. Verwenden Sie keine Schriftgrößen, die kleiner sind als circa 7 pt, um eine gute Lesbarkeit der Karte zu gewährleisten.

Ausdrucken der Visitenkarte

1   Wenn Sie mit der Gestaltungsarbeit fertig sind, klicken Sie auf das Register *Datei* und wählen Sie den Befehl *Drucken*.

2   Wählen Sie *8 Seiten* pro Blatt und klicken Sie dann auf *OK*, um die Karten auszudrucken.

Einen Aushänger gestalten

Haben Sie ein Zimmer zu vermieten oder suchen selbst eines? Suchen Sie neue Mitglieder für Ihre Hobbyfußballmannschaft, möchten Sie die Nachzucht aus Ihrem Aquarium vermitteln oder Nachhilfe geben? Dann versuchen Sie es doch einmal mit einem Aushänger, den Sie an der Bushaltestelle, am Schwarzen Brett Ihrer Uni/Schule oder in Schaufenstern von Läden befestigen können. Ein

Mehrere Seiten auf ein Blatt drucken.

163

kostengünstiger, idealer Weg, um Ihr Angebot bzw. Ihre Nachfrage in der unmittelbaren Nachbarschaft bekannt zu machen.

Lesen Sie nachfolgend, wie Sie ein solches Angebot inklusive der zugehörigen Abreißzettel für die Telefonnummer augenfällig und attraktiv gestalten.

Die Seite einrichten

Normalerweise werden Aushänger im A4-Querformat gestaltet.

1 Klicken Sie auf das Register *Datei* und wählen Sie *Neu*. Klicken Sie auf *Leeres Dokument*.

Speichern

Es ist eine gute Angewohnheit, ein neues Projekt immer gleich nach dem Erstellen zu speichern und auch zwischendurch immer wieder mit [Strg]+[V] Speicherungen durchzuführen. Wenn Ihnen dann der Rechner abstürzt, ist nicht die ganze Arbeit verloren.

---

2 Klicken Sie erneut auf das Register *Datei* und wählen Sie *Speichern*. Speichern Sie das Dokument unter einem passenden Namen.

3 Aktivieren Sie im Menüband das Register *Seitenlayout*.

4 Klicken Sie auf die Schaltfläche *Ausrichtung* und wählen Sie *Querformat*.

5 Klicken Sie nun – ebenfalls im Register *Seitenlayout* – auf die Schaltfläche *Seitenränder* und dann auf *Benutzerdefinierte Seitenränder*.

Seitenränder

6 Geben Sie in das Feld *Unten 0* ein und klicken Sie auf *OK*.

7 Klicken Sie auf *Korrigieren*.

8 Word trägt nun automatisch den kleinstmöglichen unteren Seitenrand ein, den der Drucker benötigt, damit er das Papier noch fassen kann.

Dieser möglichst geringe untere Seitenrand ist notwendig, damit Sie ausreichend Platz für die Abreißzettel mit der Telefonnummer haben.

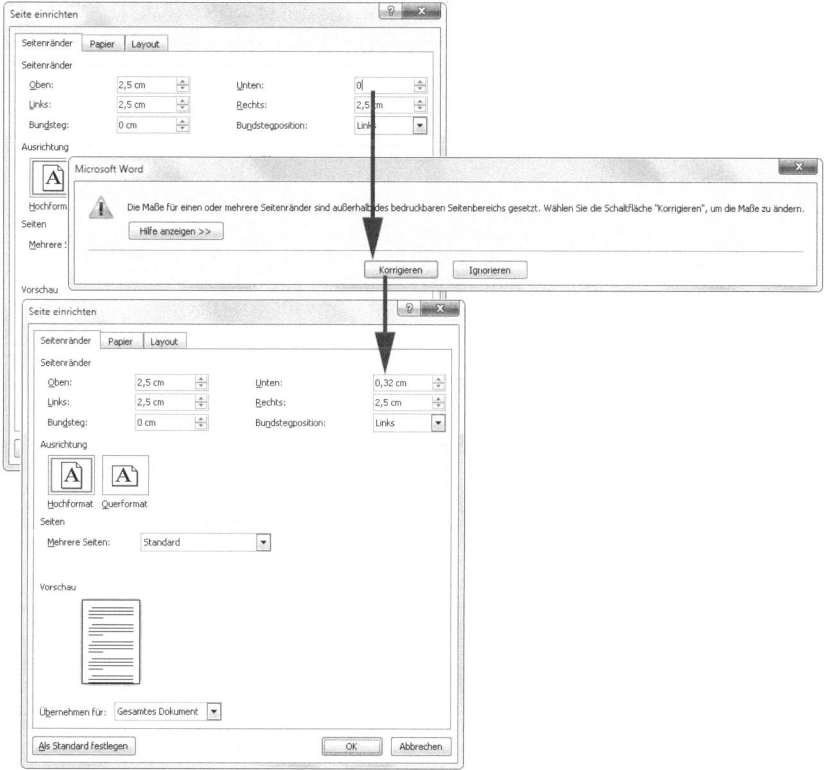

Den kleinstmöglichen unteren Seitenrand herausfinden.

Der Angebots- oder Gesuchtext

1 Geben Sie nun Ihren Angebotstext ein.

2 Markieren Sie ihn komplett (am schnellsten geht das mit der Tastenkombination (Strg)+(A)).

3 Wechseln Sie in das Register *Start* und formatieren Sie Ihren Text über das *Schriftgrad*-Feld in der Gruppe *Schriftart* so, dass Ihr Text circa zwei Drittel der Seite einnimmt.

Komplettüberblick

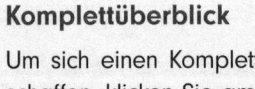

Um sich einen Komplettüberblick über die Seite zu verschaffen, klicken Sie am rechten unteren Seitenrand links neben dem Ansichtsregler auf die aktuelle Ansichtsprozentzahl. Wählen Sie aus dem angezeigten Dialogfeld die Option *Ganze Seite*.

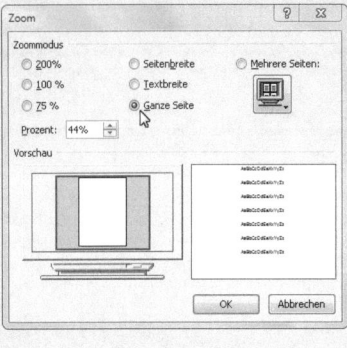

Gegebenenfalls können Sie nun noch einzelne Wörter oder Textpassagen markieren und diese durch das Symbol für Fettschrift – ebenfalls in der Gruppe *Schriftart* – besonders hervorheben.

F

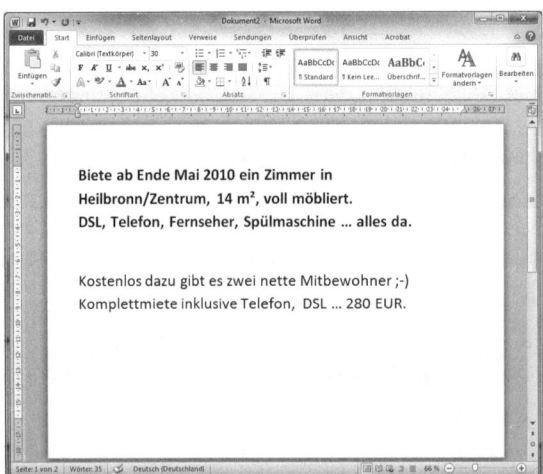

Formatieren Sie Ihren Text so, dass er ungefähr zwei Drittel der gesamten Seite einnimmt.

Die Abreißzettel für die Telefonnummer

> ### Kurzinfo nicht vergessen
>
> Vergessen Sie nicht, auf die Abreißzettel in kurzen Stich-
> worten zu notieren, worum es geht. Wenn der Interes-
> sent den Zettel später aus der Brieftasche herausnimmt, weiß er
> sonst vielleicht nicht mehr, auf welches Angebot sich dieser bezieht.

Die anspruchsvollste Aufgabe beim Gestalten des Aushängers ist die Anordnung der Abreißzettel für Ihre Telefonnummer und/oder andere Kontaktdaten.

1   Aktivieren Sie im Menüband das Register *Einfügen* und klicken Sie auf
    die Schaltfläche *Formen*.

2   Wählen Sie unter *Standardformen* das *Textfeld*.

3   Ziehen Sie das Textfeld im unteren Bereich des Dokuments auf
    – Form und Größe sind momentan noch gleichgültig.

4   Geben Sie die gewünschten Kontaktdaten in das Textfeld ein.

Biete ab Ende Mai 2010 ein Zimmer in
Heilbronn/Zentrum, 14 m², voll möbliert.
DSL, Telefon, Fernseher, Spülmaschine ... alles da.

Kostenlos dazu gibt es zwei nette Mitbewohner ;-)
Komplettmiete inklusive Telefon, DSL ... 280 EUR.

Zimmer in Heilbronn
Telefon: 07131-92399
E-Mail: zh-geiger@gmx.de

---

5 Formatieren Sie den Text in der gewünschten Weise.

6 Markieren Sie den gesamten Text im Textfeld und aktivieren Sie das Register *Zeichentools*.

7 Klicken Sie so lange auf die Schaltfläche *Textrichtung*, |||ᴬ Textrichtung ▾
bis der Text mit der Leserichtung von unten nach
oben oder von oben nach unten vertikal ausgerichtet ist.

8 Ziehen Sie nun an den quadratischen Anfassern des Textfeldes, bis es die gewünschten Proportionen erhalten hat.

9 Nun richten Sie das Textfeld links unten auf der Seite aus:

10 Wechseln Sie zunächst in das Register *Ansicht* und aktivieren Sie das Kontrollkästchen *Gitternetzlinien*. Das angezeigte Gitternetz reicht bis zu den Seitenrändern, sodass Sie sehen können, bis wohin das Textfeld in den unteren Rand reichen darf.

11 Klicken Sie im Register *Zeichentools* auf das Symbol *Aus-*   ↳ Ausrichten ▾
richten und wählen Sie *An Seite ausrichten*.

12 Klicken Sie erneut auf *Ausrichten* und wählen Sie *Linksbündig* und dann *Unten ausrichten*.

13 Erzeugen Sie eine Kopie des Textfeldes, indem Sie auf den Rand des Textfeldes klicken und mit gedrückter ⌷Strg⌷-Taste ziehen.

14 Richten Sie die Textfeldkopie rechts auf der Seite aus, indem Sie
wieder im Register *Zeichentools* auf *Ausrichten* klicken und
Rechtsbündig sowie *Unten ausrichten* wählen.

15 Erzeugen Sie nun so viele Duplikate des Textfeldes, bis die Reihe ganz gefüllt ist (es genügt, wenn Sie diese Duplikate vorerst grob ausrichten).

16 Markieren Sie alle Textfelder, indem Sie sie nacheinander mit gedrückter ⌷Umschalt⌷-Taste anklicken.

17 Klicken Sie wieder auf das Symbol *Ausrichten* und aktivie-   ↳ Ausrichten ▾
ren Sie den Befehl *Ausgewählte Objekte ausrichten*.

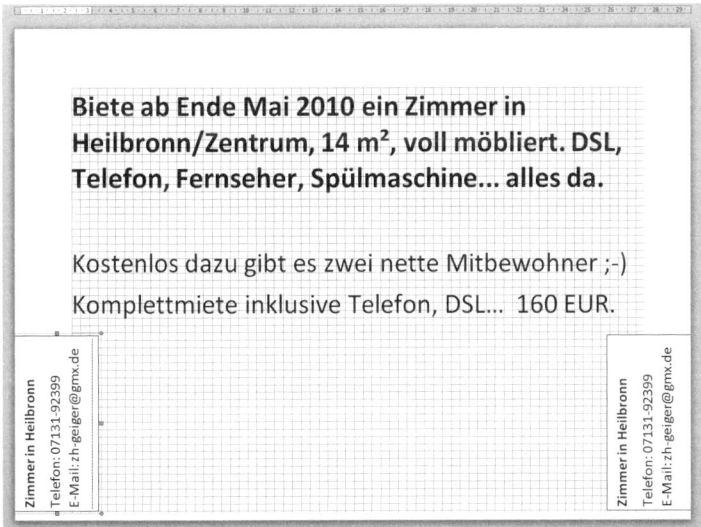

18 Klicken Sie erneut darauf und wählen Sie *Horizontal verteilen.*

19 Lassen Sie alle Textfelder markiert und drücken Sie so oft die Pfeiltaste, bis die Unterkante der Textfelder mit der Unterkante des Gitternetzes abschließt.

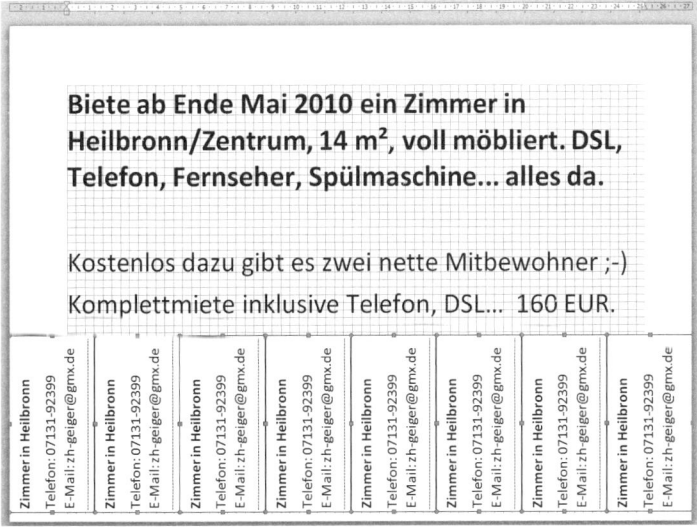

Das Gitternetz können Sie nun wieder ausblenden: Aktivieren Sie das Register *Ansicht* und deaktivieren Sie das Kontrollkästchen *Gitternetzlinien*.

Jetzt ist der richtige Zeitpunkt, um die Rahmenlinien der Textfelder zu entfernen.

1 Lassen Sie alle Textfelder markiert und aktivieren Sie das Register *Zeichentools*.

2 Klicken Sie auf die Schaltfläche *Formkontur* und wählen Sie *Keine Gliederung*.

Schneidehilfe

Falls Sie eine Hilfe zum Einschneiden der Abreißzettel wünschen, klicken Sie in die letzte Zeile des ersten Textfeldes. Aktivieren Sie das Register *Start* und klicken Sie auf den Pfeil neben dem Symbol für die Rahmenlinien. Wählen Sie *Rahmen und Schattierung* aus dem Pop-up-Menü.

Im angezeigten Dialogfeld wählen Sie unter *Formatvorlage* eine gestrichelte Linie. Klicken Sie anschließend im Schaubild im rechten Bereich des Dialogfeldes auf die Rahmenlinien, bis nur noch unten eine gestrichelte Linie anzeigt wird. Bestätigen Sie mit *OK*.

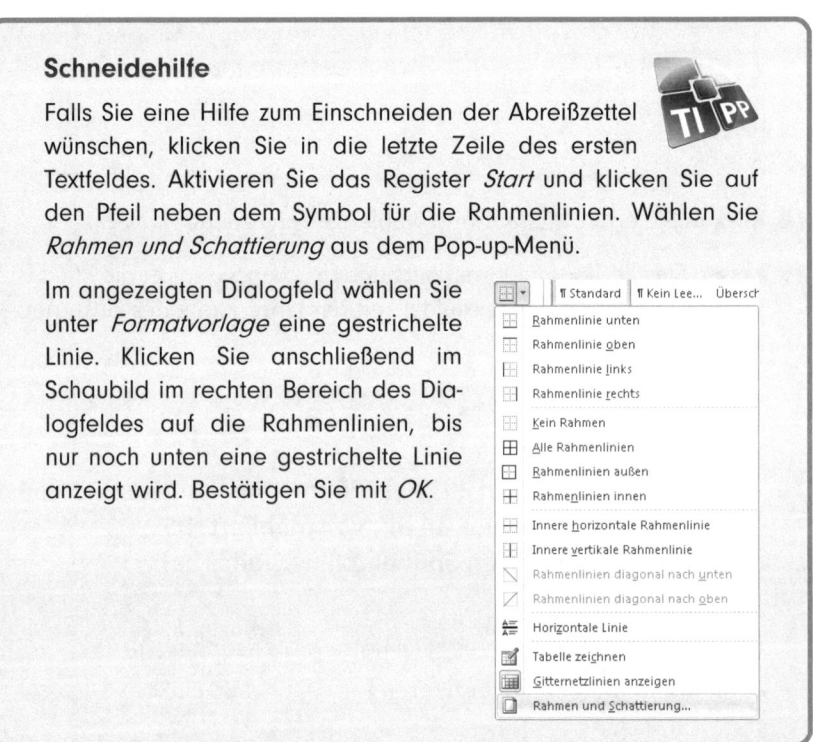

Prüfen Sie, ob im Ausdruck alle Textfelder korrekt angezeigt werden:

1 Klicken Sie auf das Register *Datei* und zeigen Sie auf *Drucken*.

2 Im angezeigten Menü wählen Sie *Seitenansicht*. Auf der nächsten Seite sehen Sie, wie Ihr fertiges Dokument im Ausdruck aussehen wird.

Sind Sie zufrieden, klicken Sie auf die Schaltfläche *Drucken* im *Datei*-Register. In das Feld *Anzahl Exemplare* geben Sie die gewünschte Auflage ein und starten den Druckvorgang mit *OK*.

Kontrollieren Sie in der Druckvorschau, ob alles auf die Seite passt.

Ein Plakat im A2-Format

Auffälliger und professioneller als ein einfacher Aushänger wirkt ein Plakat, mit dem Sie beispielsweise eine Veranstaltung Ihres Vereins etc. ankündigen können.

Das maximale in Word einstellbare Format sind 55,87 cm x 55,87 cm. Das scheinen schlechte Voraussetzungen für die Gestaltung beispielsweise eines Plakats im Format DIN A2 zu sein, denn ein solches Plakat hat die Maße 420 cm x 594 cm.

171

Ihnen bleibt aber immer noch die Möglichkeit, das Dokument zunächst im normalen DIN-A4-Format anzulegen und es dann entweder auszudrucken und mittels eines Schwarz-Weiß- oder Farbkopierers auf das gewünschte Format zu vergrößern. Oder – falls Ihr Drucker A2 unterstützt – Sie können die Seite über die Druckereigenschaften auf A2 hochzoomen. Die dritte Möglichkeit wäre, eine PDF-Datei im Format DIN A2 aus dem A4-Blatt anzufertigen, um es von einer Offset- oder Digitaldruckerei professionell ausgeben zu lassen.

Die Seite einrichten

1 Legen Sie für ein Plakat im Querformat zunächst ein normales Word-Standarddokument im A4-Format an.

2 Klicken Sie im Register *Seitenlayout* des Menübands auf das Symbol *Seitenränder*. Wählen Sie *Benutzerdefinierte Seitenränder*.

3 Klicken Sie auf *Querformat* und richten Sie die Seitenränder nach Ihren Wünschen ein. Beachten Sie dabei: Die Kantenlänge des fertigen Plakat ist genau doppelt so groß wie die Kantenlänge des A4-Blattes. Soll das fertige Plakat also Seitenränder von 4 cm haben, geben Sie für Ihr DIN-A4-Dokument Seitenränder von 2 cm ein usw. Klicken Sie auf *OK*.

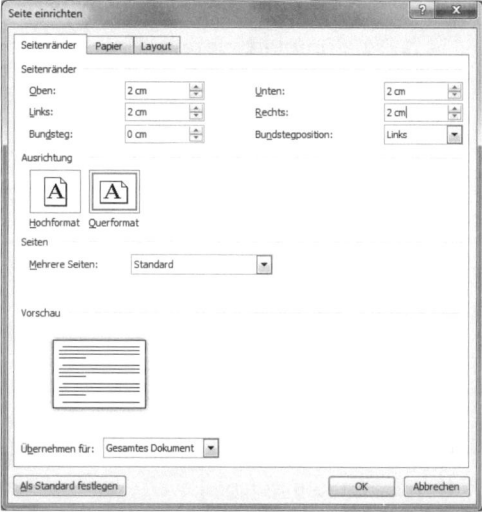

Die Seite für das Plakat einrichten.

Die Schrift

Bei der Schriftgestaltung ist dasselbe zu beachten: Soll die Schrift im fertig ausgegebenen Plakat 100 pt groß sein, wählen Sie in Ihrem Word-Dokument eine Schriftgröße von 50 pt usw.

Die Kantenlänge ist bei einem A2-Plakat gegenüber einem A1-Plakat verdoppelt.

Schriftangaben in Millimeter

Wenn es Ihnen lieber ist, können Sie die Punktangaben auch in Millimeter umrechnen. Sie wissen beispielsweise, dass die Schrift auf Ihrem A2-Plakat etwa 3 cm hoch sein soll. Welche Punktgröße benötigen Sie dann in Ihrem A4-Dokument?

Ein DTP-Punkt ist 0,352777 mm groß. Die Schrift muss also im fertigen A2-Plakat circa 85 pt, im A4-Dokument dementsprechend circa 42,5 pt groß sein.

Große Schriftgrade müssen ausgeglichen werden

Manche Buchstaben, besonders Großbuchstaben, haben zu große (z. B. WA) bzw. zu kleine (z. B. AS) Abstände zu den nachfolgenden oder vorhergehenden Buchstaben. Was im kleinen Schriftgrad noch nicht auffällt, wird im großen Grad so richtig deutlich. Je nach Schriftart ist dieses Phänomen stärker oder schwächer ausgeprägt. Für ein ästhetisches und gut lesbares Schriftbild sollten die Abstände zwischen solchen Buchstaben bei Plakaten deshalb ausgeglichen werden.

1 Wählen Sie das gesamte Dokument aus, indem Sie die Tastenkombination ⟦Strg⟧+⟦A⟧ drücken. Aktivieren Sie im Menüband das Register *Start* und klicken Sie auf das Pfeilsymbol unten rechts an der Gruppe *Schriftart*, um das gleichnamige Dialogfeld zu öffnen.

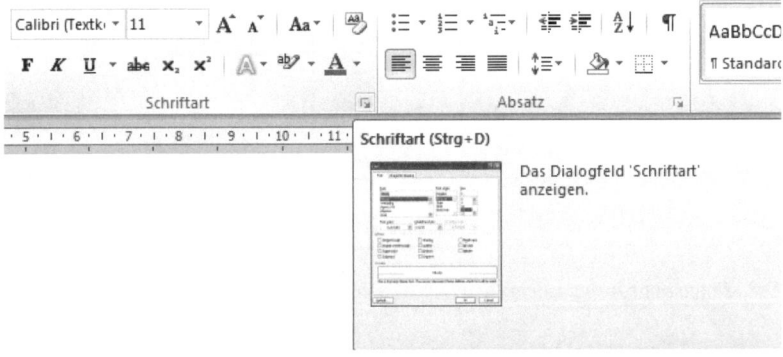

Das Dialogfeld Schriftart öffnen.

2 Aktivieren Sie das Register *Erweitert* und hier das Kontrollkästchen *Unterschneidung ab.*

3 Geben Sie im zugehörigen Eingabefeld *Punkt* an, ab welcher Punktgröße die Unterschneidungsfunktion wirksam werden soll. Sind beispielsweise die Texte in Ihrem A4-Dokument mindestens 20 pt groß, genügt es, diese Größe anzugeben. Dann werden alle Buchstaben automatisch ausgeglichen.

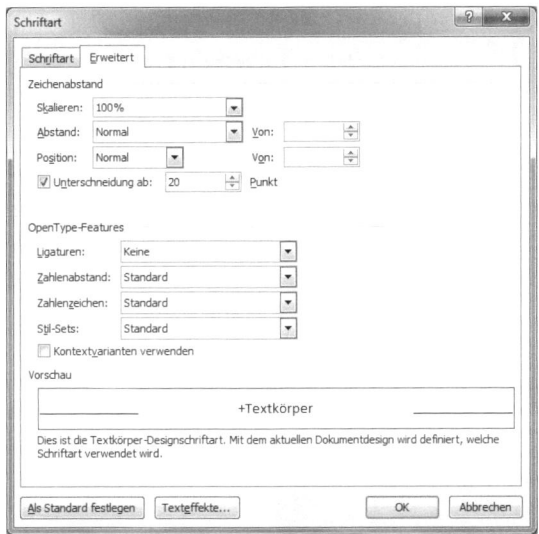

Das Dialogfeld Schriftart öffnen.

Durch das Aktivieren des Kontrollkästchens *Unterschneidung ab* werden nicht einfach alle Buchstaben unterschnitten, sondern nur diejenigen, bei denen es aus typografischer Sicht notwendig ist.

Oben ohne, unten mit Ausgleich: besonders deutlich an den Pfeilmarkierungen.

Bilder

Fotos sind heute aus einer gelungenen Gestaltung nicht mehr wegzudenken. Solche Bilder können aber bei der Verwendung auf einem so großen Medium spätestens beim Druck Probleme machen.

Im Gegensatz zu einer Vektorgrafik lässt sich ein Bild – sprich: eine Pixelgrafik – nicht so einfach ohne Verluste vergrößern. Wie stark Sie ein Bild vergrößern können, damit es im Druck noch gut aussieht, ist von der Auflösung abhängig. Die Auflösung ist die Anzahl von Pixel pro Zoll oder wird in ppi (pixels per inch) oder dpi (dots per inch) angegeben. Ein im Offsetdruck reproduziertes Bild, das von Nahem betrachtet wird, soll eine Auflösung von 300 dpi aufweisen. Für Plakate, die ja im Allgemeinen aus einem gewissen Abstand betrachtet werden, genügt eine Auflösung von 150 dpi.

Nehmen wir an, Sie haben ein etwa postkartengroßes Bild vorliegen und möchten es auf Ihrem Plakat platzieren. Sie könnten das Bild über die Schaltfläche *Grafik* im Register *Einfügen* in Ihrem Plakat platzieren und dann an den Ziehpunkten skalieren, bis es sich harmonisch in die Gesamtkomposition einfügt. Sie würden in der 1:1-Ansicht sofort feststellen, dass das Foto nicht mehr attraktiv aussieht. Alle schrägen und kurvigen Formen würden den sogenannten „Treppcheneffekt" zeigen.

Ein Ausschnitt aus einem Foto in 10-facher Vergrößerung - deutlich ist der „Treppcheneffekt" zu erkennen.

Bei Vektorgrafiken, beispielsweise aus der Clip Gallery (Schaltfläche *ClipArt* im Register *Einfügen*), tritt dieses Problem nicht auf. Sie können beliebig skaliert werden, ohne dass dabei Qualitätsverluste auftreten. Der Nachteil von Vektorgrafiken ist, dass die Vielfalt von Schattierungen und Farben, die die Fotoqualität erfordert, niemals erreicht werden kann. Meist ist das aber nicht notwendig, wenn Sie die Gestaltung Ihres Plakats darauf ausrichten.

176

Die Ausgabe

Wie eingangs erwähnt, haben Sie für die Ausgabe Ihres Plakats verschiedene Möglichkeiten. Auf die erste Möglichkeit – den Druck des Dokuments im A4-Format und das Vergrößern per A2-Kopierer – müssen wir hier nicht näher eingehen.

Falls Sie jedoch über einen A2-Drucker verfügen, wählen Sie im Register *Datei* des Menübands den Befehl *Drucken* und wählen Ihr Gerät unter *Drucker* aus. Klicken Sie anschließend auf *Eigenschaften*.

Die Optionen unterscheiden sich von Drucker zu Drucker. Wählen Sie jedoch die Möglichkeit, den Ausdruck an die definierte Seitengröße anzupassen, und stellen Sie als Seitengröße *A2* ein.

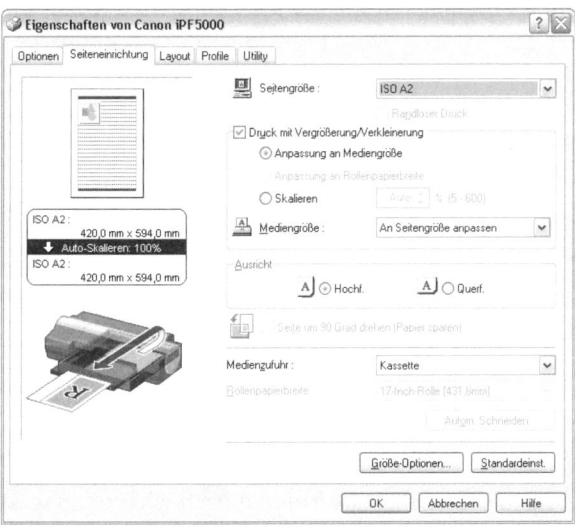

Die Seitengröße auswählen.

Für die dritte Möglichkeit, die PDF-Datei im Format DIN-A2 aus dem A4-Blatt anzufertigen, um es von einer Offset- oder Digitaldruckerei professionell ausgeben zu lassen, gehen Sie folgendermaßen vor:

1   Aktivieren Sie im Menüband das Register *Datei*.

2   Wählen Sie *Freigeben* und klicken Sie auf *PDF/XPS-Dokument erstellen*.

3   Lassen Sie das Kontrollkästchen *Standard (Onlineveröffentlichung und Drucken)* aktiviert.

4   Klicken Sie auf *Veröffentlichen*, um das PDF-Dokument zu erstellen.

Konvertierung mit Adobe Acrobat

Beachten Sie bitte, dass sich diese Art der Konvertierung nur für einfachere Dokumente eignet, weniger für Plakate mit qualitativ hochwertigen Farbfotos. Für solche Zwecke sollten Sie sich das Programm Adobe Acrobat besorgen. Nach der Installation enthält das Word-Menüband ein neues Register mit dem Namen *Acrobat.* Hier klicken Sie zunächst auf *Grundeinstellungen* und wählen *Druckausgabequalität.* Anschließend erstellen Sie das PDF-Dokument über die Schaltfläche *PDF erstellen.*

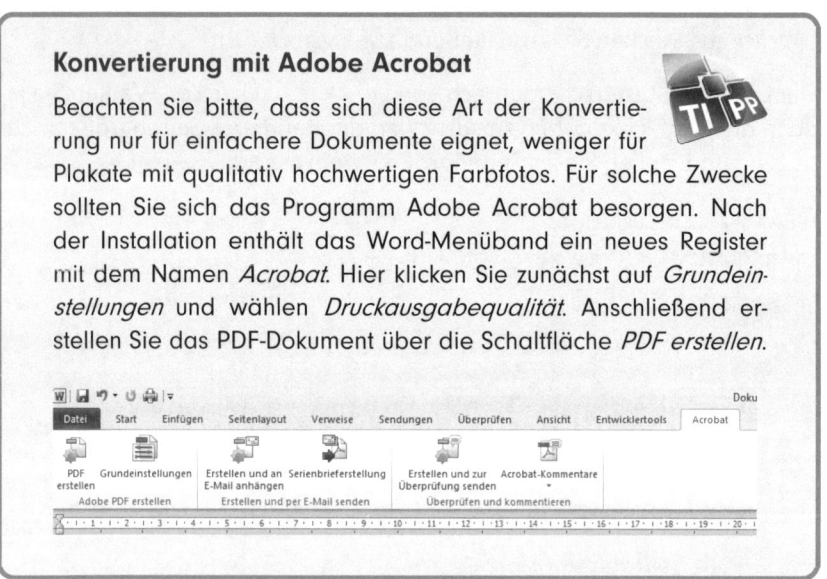

Anzeigen gestalten und als PDF an die Zeitung liefern

Trotz der modernen Medien sind Zeitungsanzeigen nach wie vor äußerst beliebt. Damit Zeitungsanzeigen funktionieren, sollten sie als eigenständige Medienform betrachtet werden und keine verkleinerte Wiedergabe von Broschüreninhalten oder Plakaten darstellen. Am besten ist es, wenn Sie eine PDF-Datei aus Ihrer in Word erstellten Anzeigenvorlage erzeugen und diese dem Zeitungsverlag liefern.

Überlegungen vor der Gestaltung der Anzeige

Um späteren Schwierigkeiten von vornherein aus dem Wege zu gehen, sollten Sie vor dem Gestalten Ihrer Anzeige zunächst einige wichtige Informationen einholen: Informieren Sie sich bei der Zeitung, welche Formate vorausgesetzt werden und welche Preise für Fläche und Position abgerechnet werden. Viele Zeitungen bieten besonders günstige Preise für Standard-Anzeigenformate an.

Wichtig ist auch zu erfragen, welche Papiersorte beim Druck verwendet wird, vor allem wenn Sie Ihre Anzeige mit einem Foto versehen möchten.

Berücksichtigen Sie, dass glänzendes Papier die Lesbarkeit verringert. Für eine bessere Lesbarkeit sorgt eher mattes Papier, das sehr leicht getönt ist, mit schwarzer Schrift.

Die Größe der Anzeige

Vergewissern Sie sich, wie breit die Anzeigenspalte der Zeitung ist. Die Anzeigenbreite kann sich entweder über eine oder auch über mehrere Spalten erstrecken. Diese Breite sollten Sie bereits in Ihrem Entwurf einplanen, vor allem, um die Schriftgröße genau festlegen zu können.

Die Abmessungen in Word festlegen

Es empfiehlt sich, Ihre Anzeigen in ein Textfeld zu setzen.

1   Klicken Sie im Register *Einfügen* auf das Symbol *Formen* und wählen Sie *Textfeld*. Der Mauszeiger verwandelt sich in ein Fadenkreuz.

Formen

2   Ziehen Sie mit gedrückter Maustaste das Textfeld im Dokument auf. Die Größe ist momentan noch nicht wichtig.

3   Im Register *Zeichentools/Format* geben Sie in der Gruppe *Größe* in die Felder *Höhe* und *Breite* die richtigen Maße ein (In der Regel sind einspaltige Anzeigen circa 4 bis 5 cm breit).

7,6 cm

4,5 cm

Größe

Nachdem Sie die Begrenzungen festgelegt haben, können Sie damit beginnen, den Rahmen mit der eigentlichen Anzeige zu füllen.

Gestaltungstipps

Bei der Gestaltung von typischen Zeitungsanzeigen steht nur eine recht geringe Fläche zur Verfügung. Für die gute Gestaltung und Lesbarkeit einer Anzeige sollten Sie trotzdem – oder gerade deshalb – bestimmte Richtlinien beachten.

Es ist nicht notwendig, einen enormen gestalterischen Aufwand zu betreiben, damit die Anzeige in der Spalte auffällt. Je leichter lesbar eine Anzeige ist, desto besser „funktioniert" sie.

Es zugegebenermaßen nicht ganz einfach, die Anzeigenfläche gut zu gliedern und sinnvoll zu füllen. Mit einigen Faustregeln lassen sich aber manche Darstellungsprobleme lösen:

- Suchen Sie sich für Ihre Anzeige ein einziges dominierendes Element heraus – zwei wären bereits zu viel.

- Auch bei der Bildauswahl sollten Sie sich auf ein einziges Bildelement beschränken. Das gilt übrigens auch für große Anzeigen.

- Füllen Sie nicht die gesamte Fläche mit Gestaltungselementen. Bieten Sie dem Auge des Lesers vielmehr genügend Leerfläche.

Genügend Leerflächen bieten

Auch wenn Anzeigenplatz nicht gerade billig ist, sollten Sie, wie gesagt, immer genügend Leerraum einkalkulieren, anstatt die Fläche bis auf den letzten Millimeter mit Informationen zu füllen. In der überfüllten Anzeigenspalte einer Tageszeitung fällt Leerfläche besonders auf und zahlt sich dadurch immer aus. Sparen Sie also nicht am falschen Ende.

Die in der folgenden Abbildung gezeigte einspaltige Anzeige ist einfach gestaltet und sicherlich nicht allzu teuer. Die Anzeige besteht ausschließlich aus einfachen geometrischen Formen und Text mit viel Leerraum, sodass sie gute Chancen hat, in der überfüllten Spalte der Stellengesuche als erste wahrgenommen zu werden.

sucht
neuen Wirkungskreis.

Tel. 07141-81220

So einfach kann eine wirksam kommunizierende, in Word gestaltete Anzeige aussehen – hier wurde mit Leerfläche nicht gespart.

Ränder

Die erste Maßnahme zur Schaffung von Leerfläche in Ihrer Anzeige sind Ränder. Stellen Sie dazu im Textfeld den Satzspiegel schmaler ein.

Dazu gehen Sie folgendermaßen vor:

1 Klicken Sie mit der rechten Maustaste auf den Rand des Textfeldes und wählen Sie aus dem jetzt angezeigten Kontextmenü den Befehl *Form formatieren*.

2 Aktivieren Sie die Kategorie *Textfeld*.

3 Dort stellen Sie den inneren Seitenrand des Textfeldes ein.

Ränder für ein ausgewogenes Erscheinungsbild

Beachten Sie dabei, dass der Rand unten ein wenig größer sein sollte als oben. Dadurch erhält Ihre Anzeige ein ausgewogeneres Erscheinungsbild.

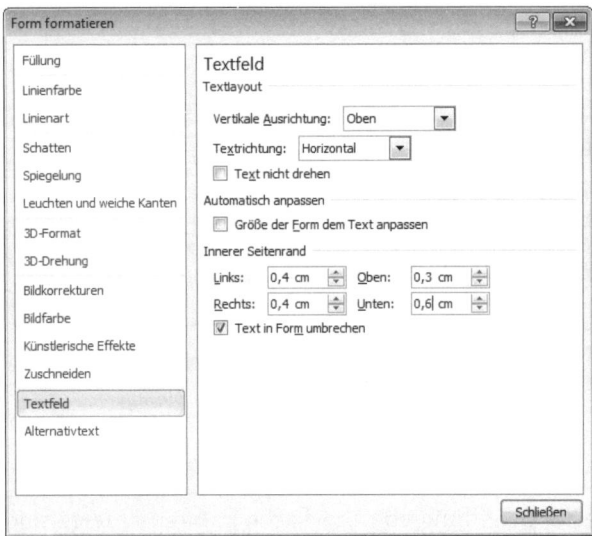

Den inneren Seitenrand des Textfeldes einrichten.

Die Schriftart auswählen

Nachdem Sie den inneren Seitenrand definiert haben, können Sie das Textfeld mit Inhalten versehen.

Wählen Sie zunächst eine geeignete Schriftart aus und setzen Sie diese in der richtigen Größe ein.

In der Regel wird für alle Fließtextanzeigen eines Presseerzeugnisses eine einheitliche Schriftart als Grundschrift verwendet. Anzeigen, die in einer davon abweichenden Schriftart gesetzt sind, fallen demnach besonders in Auge. Überprüfen Sie diesbezüglich den Anzeigenteil der Zeitung oder Zeitschrift, in der Sie Ihre Anzeige schalten möchten. Wählen Sie für Ihre Anzeige eine Schriftart, die sich von der allgemeinen Anzeigenschrift der Zeitung gut abhebt und dennoch mit ihr harmoniert.

Die Lesbarkeit der Anzeigenschrift

Sehr wichtig ist, dass die Anzeigenschrift auch in kleinem Schriftgrad gut lesbar ist.

Um eine gut lesbare Schrift zu finden, betrachten Sie die obere Hälfte der Buchstaben genau, besonders die Oberlängen.

Oberlänge

Mittellänge

Oberlängen und Mittellängen.

An deren Höhe können Sie einiges über die Lesbarkeit einer Schrift herausfinden: Schriften mit hohen Oberlängen haben im Allgemeinen niedrigere Mittellängen und sind dadurch in kleineren Graden schlechter lesbar als Schriften mit hohen Mittellängen und niedrigen Oberlängen.

Georgia hat ausgeprägte Mittellängen bei eher niedrigen Oberlängen. Sie ist auch in kleinen Schriftgraden gut lesbar.

Garamond hat hohe Oberlängen und eher niedrige Mittellängen, weshalb ihre Lesbarkeit in kleinen Schriftgraden eingeschränkt ist.

Georgia und Garamond zum Vergleich im gleichen Schriftgrad.

Die folgende Abbildung zeigt Ihnen eine kleine Auswahl von Schriften, die sich recht gut für die Darstellung in kleineren Graden eignen, somit auch als Anzeigenschriften bestens geeignet sind:

Arial

Bookman Old Style

Book Antiqua

Comic Sans

Eras Medium	Maiandra
Franklin Gothic	Rockwell
Georgia	Tahoma
Lucida Sans	Verdana

In kleineren Graden gut lesbare Schriftarten (auch als Anzeigenschriften geeignet).

- Für Anzeigen sollten Sie sich auf ein bis zwei deutliche, gut geschnittene Schriftarten entscheiden und dabei auch nicht mehr als zwei unterschiedliche Schriftgrößen einsetzen.

- Für Hervorhebungen sollten Sie Fett- oder Kursivschrift und Unterstreichungen nur ganz sparsam einsetzen, um den Textfluss nicht zu stören.

- Zierschriften im Anzeigentext sind meist unangebracht. Denkbar wäre eine solche Schriftform eventuell geschickt eingesetzt als Blickfang oder als Schlagzeile. Auch in diesem Fall müssen Sie aber eine Schriftart auswählen, die zum allgemeinen Schriftbild passt. Ein bekanntes Schriftbild erleichtert das Lesen von Texten, während eine Schriftart mit nicht geläufigen Figuren dies eher erschwert.

- Word bietet in der Gruppe *Schriftart* des Menüs *Start* viele Möglichkeiten, Schriften zu formatieren, wie z. B. kursiv, fett, Kapitälchen, Konturschrift oder Großbuchstaben. Solche Formatierungen können die Lesbarkeit der Texte beeinträchtigen. Häufig fliegt das Auge des Zeitungslesers nur über die Anzeigenspalten hinweg – alles schlecht Lesbare wird dabei einfach nicht wahrgenommen.

Die richtige Schriftgröße auswählen

Nachdem Sie sich für eine Schriftart entschieden haben, folgt die Auswahl der richtigen Schriftgröße. Üblich ist bei Anzeigentexten eine Schriftgröße von 7 pt, was vielleicht zunächst klein erscheint, aber durchaus ausreichend ist. Wichtig ist vor allem, dass der Zeilenabstand ausreichend groß ist. Ein Text mit 7 pt und genügend Zeilenabstand lässt sich besser lesen als ein Text mit 9 pt, der nur einen geringen Zeilenabstand erhält.

Wichtig ist vor allem, dass der Zeilenabstand ausreichend groß ist. Ein Text mit 7 pt und genügend Zeilenabstand lässt sich besser lesen als ein Text mit 9 pt, der nur einen geringen Zeilenabstand erhält.

Wichtig ist vor allem, dass der Zeilenabstand ausreichend groß ist. Ein Text mit 7 pt und genügend Zeilenabstand lässt sich besser lesen als ein Text mit 9 pt, der nur einen geringen Zeilenabstand erhält.

Wenn Sie Platzprobleme haben, sollten Sie eher an der Schriftgröße sparen als am Zeilenabstand.

Bevor Sie die Schriftgröße erhöhen, können Sie daher versuchen, den Zeilenabstand des Textes zu erhöhen. Nur sollte der Zeilenabstand so festgelegt werden, dass die Zeilenbänder noch deutlich zu erkennen sind und der Text als geschlossenes Bild erkannt wird. Üblich sind circa 120 Prozent der eingestellte Schriftgröße.

1 Den Zeilenabstand vergrößern Sie in Word, indem Sie in den entsprechenden Absatz klicken, das Register *Start* wählen und in der Gruppe *Absatz* das Symbol *Zeilen- und Absatzabstand* anklicken.

2 Jetzt wählen Sie entweder eine der vordefinierten Optionen oder Sie klicken auf Zeilenabstandsoptionen, um das Dialogfeld *Absatz* zu öffnen. In der Gruppe *Abstand* wählen Sie aus dem Listenfeld *Zeilenabstand* den Eintrag *Mindestens* und geben in das Feld *Maß* den gewünschten Abstand ein.

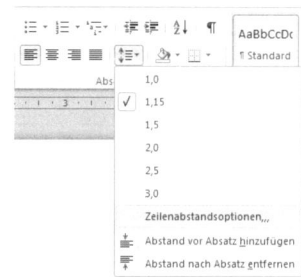

So vergrößern Sie den Zeilenabstand

Den Anzeigentext ausrichten

Auch die Ausrichtung des Anzeigentextes, die Sie über die vier Symbole der Gruppe *Absatz* im Register *Start* des Menübands einstellen, wirkt sich auf die Lesbarkeit aus. Dazu sind folgende Punkte zu nennen:

■ Der traditionelle Blocksatz ist in der Regel für schmale Anzeigenspalten sehr ungeeignet, da die Wortabstände zu unregelmäßig sind, Löcher im Text entstehen und zu viele Trennungen nötig sind.

■ Der linksbündige Flattersatz wirkt moderner und bewirkt gleichmäßige Wortabstände. Da die meisten Zeitungen auch heute noch im Blocksatz gesetzt werden, heben sich linksbündige Anzeigen besser hervor.

■ Die rechtsbündige Ausrichtung von Anzeigentexten ist eher unangebracht. Das Auge des Lesers hat Schwierigkeiten, die Zeilenanfänge zu finden. Verwenden Sie die rechtsbündige Textausrichtung nur für kurze, einzeilige Absätze.

■ Die zentrierte Ausrichtung ist für Anzeigentexte ebenfalls ungeeignet. Setzen Sie sie nur für Überschriften oder feierliche Anzeigen ein.

Silbentrennung

Die meisten Zeitungsspalten sind relativ schmal. Daher ist es wichtig, dass Sie beim Erstellen des Anzeigentextes zunächst die Silbentrennung aktivieren.

1 Aktivieren Sie das Register *Seitenlayout* und klicken   bc⁻ Silbentrennung ▾
Sie auf das Symbol *Silbentrennung*. Wählen Sie *Silbentrennungsoptionen*.

2 Im folgenden Dialogfeld aktivieren Sie das Kontrollkästchen *Automatische Silbentrennung*.

3 Darunter stellen Sie die Silbentrennzone niedriger ein. Dadurch erreichen Sie, dass der Satz in der schmalen Spalte nicht zu zerrissen aussieht.

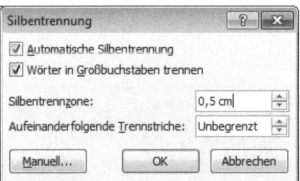

Die automatische Silbentrennung für den Anzeigentext aktivieren.

Automatische Silbentrennung kontrollieren

Auch wenn Sie die automatische Silbentrennung aktiviert haben, sollten Sie sich nicht hundertprozentig auf diese verlassen. Überprüfen Sie die Texte, die Sie mit automatischer Silbentrennung versehen haben, stets. Es kann vorkommen, dass Word bei unbekannten Worten und Wortverbindungen falsche Silbentrennungen vornimmt.

Bilder in Anzeigen

Wenn Sie in Anzeigen Bilder oder Grafiken einfügen möchten, sollten Sie einige Punkte beachten. Während Bilder im Farb-Offsetdruck gestochen scharf wiedergegeben (reproduziert) werden können, müssen Bilder für Tages- und andere Zeitungen mit ihrem groben Raster bestimmte Anforderungen erfüllen, damit sie im Druck gut aussehen.

Hintergrundinfo: Zeitungsraster

Vor dem Druck werden die Fotos gerastert. Die Fein-
heit der verwendeten Autotypie-Raster bemisst sich an
der Rasterweite, die in Linienzahl pro cm-Strecke angegeben
wird. Beispielsweise hat ein 60er-Raster 60 Linien auf einem Zen-
timeter. Welche Rasterweite verwendet wird, hängt maßgeblich
vom Druckpapier ab. In der Regel wird für grobes Zeitungspapier
ein 20er- bis 30er-Raster eingesetzt, bei Kunstdruckpapier als anderes Extrem ein feines Raster zwischen 54 und 70.

Deshalb sollten Sie beim Auswählen von Fotos (vor allem bei kleinen Anzeigen) folgende Punkte beachten: Das Foto darf nicht zu
detailreich sein, es muss kontraststark sein und es sollte nicht zu
viele Töne enthalten.

Anstelle eines Fotos können Sie in Ihrer Anzeige auch eine Vektorgrafik
verwenden. Der Vorteil dieses Grafiktyps ist, dass er sich drucktechnisch
einfacher und häufig sauberer darstellen lässt.

Grafiken in der Anzeige platzieren

Wenn Sie Grafikelemente in eine schmale Anzeige einfügen, sollten Sie
im Register *Textfluss* des Dialogfeldes zum Formatieren des Textfeldes immer die Option *Oben und Unten* einstellen.

Die PDF-Datei für die Druckerei erstellen

Um aus Ihrem Word-Dokument eine drucktaugliche PDF-Datei zu erstellen, gehen Sie so vor, wie im Abschnitt „Ein Plakat im A2-Format" auf
Seite 171 beschrieben.

Nachdem Adobe Acrobat das PDF-Dokument erstellt hat, sollten Sie die
Datei vor der Abgabe an die Druckerei begutachten – sicher ist sicher, ein
kurzer Blick auf die Datei schadet nie.

Für die einfachsten Prüfungen einer PDF-Datei auf Drucktauglichkeit benötigen Sie keine besonderen Tools oder Features: Wenn Ihre Datei auf

Ihrem leistungsfähigen Rechner nur langsam aufgebaut wird und/oder wenn durch fehlende Schriftzeichen Lücken im Text sichtbar sind, haben Sie es vermutlich mit einer defekten PDF-Datei zu tun.

Nachdem Sie sich vergewissert haben, dass Ihre PDF-Datei korrekt aussieht, geben Sie sie an Ihre Druckerei weiter. Diese Datei kann die Druckerei für die Ausgabe verwenden.

2.7 Tabellen erstellen geht ganz einfach

Mit Tabellen können Sie tabellarische Daten, Auflistungen etc. in Ihrem Dokument darstellen. Word bietet Ihnen dazu eine sehr leistungsfähige Tabellenfunktion. In eine Tabelle können Sie sämtliche Elemente, die auch im Text verwendet werden können, einfügen – Bilder, Aufzählungen etc. – und diese frei formatieren. Andererseits können Sie auch vordefinierte Layouts verwenden, um Ihre Tabellen schnell und professionell zu formatieren.

So einfach geht's: automatisch Tabellen erzeugen

Word bietet Ihnen mehrere Möglichkeiten, die so wichtigen Tabellen in Ihr Dokument einzufügen. Am schnellsten – aber auch mit den wenigsten Optionen ausgestattet – ist der Weg über das Symbol *Tabelle* im Register *Einfügen*.

Ein Klick auf dieses Symbol gibt eine Palette frei, aus der Sie mit gedrückter Maustaste die gewünschte Zeilen- und Spaltenanzahl wählen und dann die Maustaste loslassen, damit Word die Tabelle im Dokument erstellt.

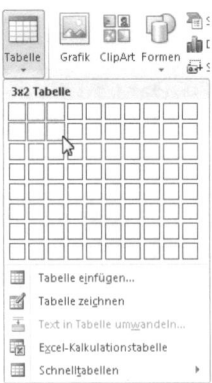

Eine Tabelle mit drei Spalten und einer Zeile erzeugen.

Eine Tabelle über das Dialogfeld einfügen

Nur wenig aufwendiger, dafür aber mit mehr Optionen ausgestattet, ist die folgende Alternative:

1 Klicken Sie auf den Pfeil unter der Schaltfläche *Tabelle* und wählen Sie den Befehl *Tabelle einfügen*.

2 Geben Sie im angezeigten Dialogfeld in der
  Optionsgruppe *Tabellengröße* die gewünschte Spalten- und Zeilenanzahl an.

3 Darunter – in der Optionsgruppe *Einstellungen für optimale Breite* – bestimmen Sie
  die Spaltenbreite:

  – Mit der Option *Feste Spaltenbreite* legen
    Sie über das danebenliegende Feld für
    alle Spalten dieselbe feste Breite in Pixeln fest.

  – Auch mit der Option *Optimale Breite: Fenster* werden alle Spalten
    gleich breit; die Tabelle erstreckt sich allerdings stets vom linken
    bis zum rechten Seitenrand.

  – Mit der Option *Optimale Breite: Inhalt* sorgen Sie dafür, dass sich die
    Spaltenbreite während der Texteingabe ändert und sich der jeweili-
    gen Textlänge anpasst. Die erste Abbildung zeigt die Tabelle mit
    optimaler Breite nach dem Erstellen und die zweite während der
    Texteingabe.

4 Falls die so vorbereitete Tabelle zukünftig als Standard für alle neu zu
  erstellenden Tabellen dienen soll, aktivieren Sie das Kontrollkästchen
  Abmessungen für neue Tabellen speichern.

5 Bestätigen Sie mit *OK*, und Word erstellt die Tabelle an der Stelle der
  Einfügemarke.

Eine Tabelle zeichnen

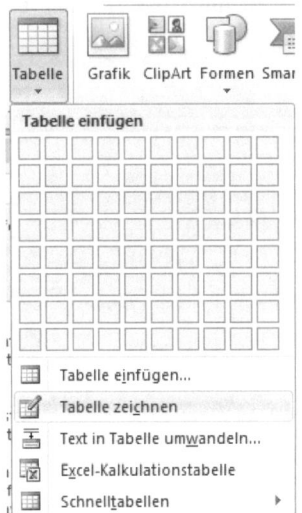

Die letzte Möglichkeit ist der Befehl *Tabelle zeichnen* der Schaltfläche *Tabelle*.

Word schaltet nach der Auswahl dieses Befehls in die Layoutansicht um. Der Mauszeiger wird zu einem Stift. Ziehen Sie den Umriss der Tabelle in der gewünschten Größe auf. Sie können den Mauszeiger nach unten rechts bzw. links oder nach oben rechts bzw. links bewegen.

Die Linie muss lang genug sein

Ist die Linie nicht lang genug, wird sie nicht erstellt.

Positionieren Sie den Zeiger dort, wo Sie die erste Zeilen- oder Spaltenbegrenzung zeichnen möchten. Ziehen Sie die punktierte Linie, bis sie eine ausreichende Länge hat.

Tabellen in eine Tabelle einfügen

Übrigens können Sie Tabellen auch verschachteln, mit anderen Worten: eine neue Tabelle in eine vorhandene Tabelle einfügen.

Tabellen schnell in Form bringen

Es kann eine aufwendige Sache sein, eine Tabelle attraktiv zu formatieren. Dank der professionellen in Word integrierten Tabellenformatvorlagen können Sie diesen Vorgang aber auf wenige Mausklicks abkürzen. Denn diese Funktion weist einer markierten Tabelle automatisch ein bereits fertig gestaltetes Format zu. Dieses Format enthält Rahmen, Schattierung, Schriftart, Farben etc.

1 Klicken Sie an beliebiger Stelle in die Tabelle.

2 Aktivieren Sie das Register *Tabellentools*.

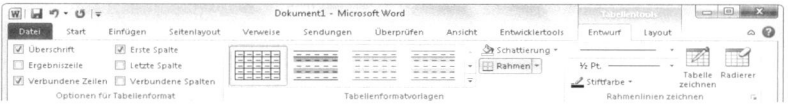

Das Register Tabellentools.

3 Zeigen Sie in der Liste *Tabellenformatvorlagen* auf eines der Vorschaubilder. Die Vorlage wird Ihrer Tabelle vorübergehend zugewiesen. Sobald Sie eine Formatvorlage gefunden haben, die Ihnen zusagt, klicken Sie darauf. Sie wird der Tabelle dann dauerhaft zugewiesen.

Die auf eine dieser Arten formatierte Tabelle können Sie nachträglich auch per Hand formatieren. Ziehen Sie einfach die Maus über die Zeile oder Spalte, die Sie abweichend formatieren möchten, und verwenden Sie die Schaltflächen *Schattierung* und *Rahmen*, um die Umriss- bzw. Füllfarbe zu ändern.

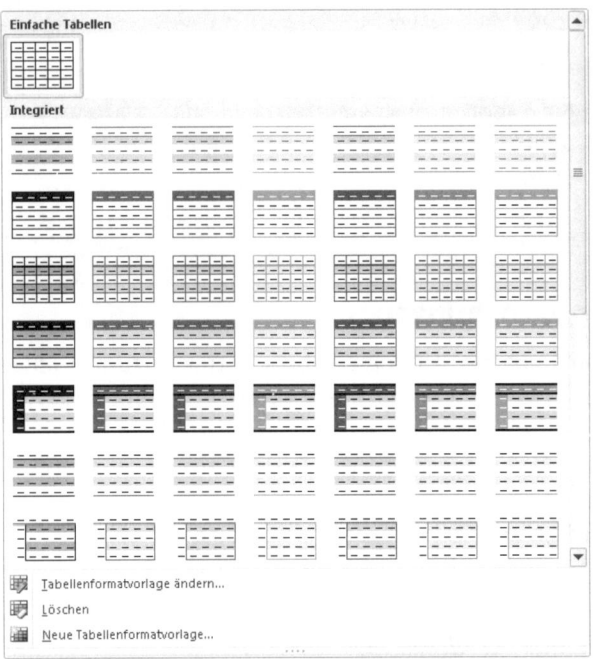

Word enthält eine Fülle von vordefinierten Tabellenformatvorlagen, die Sie Ihrer Tabelle mit einem Klick zuweisen können.

Die Tabelle skalieren und frei auf der Seite platzieren

In der Grundeinstellung wird Ihre Tabelle an der Stelle der Einfügemarke eingefügt und mit dem Text verschoben, wenn Sie beispielsweise darüber neue Zeilen einfügen. Allerdings können Sie sie ebenfalls – gleich einem Textfeld oder einer Grafik – aus dem Textfluss herausnehmen und frei auf der Seite positionieren. Der Text kann auch um sie herumfließen.

1 Zeigen Sie mit der Maus auf die erstellte Tabelle.

2 Betrachten Sie die beiden Symbole in ihrer linken oberen und ihrer rechten unteren Ecke.

– Das Symbol links oben dient dem freien Positionieren der Tabelle – halten Sie die Maustaste darauf gedrückt und ziehen Sie die Tabelle an eine andere Stelle.

– Das Symbol rechts unten dient dem Ändern der Tabellengrö- □
ße – klicken Sie darauf und ziehen Sie in die gewünschte Richtung, um die Tabelle zu vergrößern bzw. zu verkleinern.

Klicken Sie auf eines der beiden Symbole und wählen Sie   🔲 Eigenschaften
das Register *Tabellentools*. Klicken Sie auf die Schaltfläche
Eigenschaften.

Nun legen Sie bei Bedarf genau fest, wie die Tabelle gegenüber dem umge-
benden Text platziert werden soll – zum Beispiel links vom Text, rechts davon oder auch zentriert. Wenn der Text die Tabelle umgeben soll, klicken
Sie zuerst – wie in der folgenden Abbildung gezeigt – rechts unten auf das
Schaubild *Umgebend* und wählen dann darüber das Gewünschte aus.

Ein Klick auf die Schaltfläche *Positionierung* bringt Sie in das Dialogfeld *Tabel-
lenposition*. Dieses gleicht dem zum Positionieren von Textfeldern oder Grafiken: Sie können die Tabelle hier relativ zur Seite und zum Text platzieren.

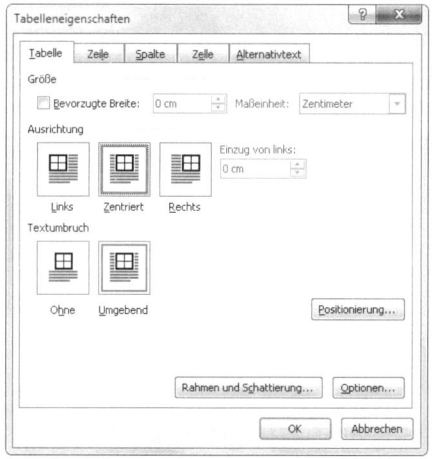

Bestimmen Sie im Register Tabelle,
wie sich die Tabelle gegenüber dem
umliegenden Text verhalten soll.

In der Tabelle navigieren und Tabellenteile markieren

Wenn Sie eine neue Tabelle erstellt haben, befindet sich die Einfügemarke standardmäßig in der ersten Zelle. Sie können nun einfach mit der
Texteingabe beginnen. Der Text wird – genau wie Sie es von der Doku-
mentbearbeitung her kennen – automatisch in die nächste Zeile der
Zelle umbrochen, wenn er zu lang ist. In diesem Fall erweitert sich die ge-

samte Zellenreihe nach unten. Dasselbe geschieht, wenn Sie in einer Zelle die (Enter)-Taste drücken. Die Einfügemarke wird in die nächste Zeile gestellt, die Zeile wird dadurch höher. Jede Zelle verhält sich wie eine winzige Dokumentseite.

Um sich durch die Zellen der Tabelle zu bewegen, verwenden Sie die (Tab)-Taste. Drücken Sie (Umschalt)+(Tab), um sich rückwärts zu bewegen. Wenn Sie die (Tab)-Taste drücken, um zu einer Zelle zu gelangen, markieren Sie den gesamten Text in dieser Zelle. Möchten Sie mit der Maus arbeiten, klicken Sie an die Stelle in einer Zelle, an der die Einfügemarke stehen soll.

Wenn Sie die letzte Zelle einer Tabelle (rechts unten) erreichen und dann die (Tab)-Taste drücken, erzeugen Sie eine neue Zeile am Ende der Tabelle und setzen die Einfügemarke in die erste Zelle dieser Zeile. Um die Tabelle zu verlassen, drücken Sie eine Pfeiltaste oder setzen die Einfügemarke mit der Maus an eine Stelle außerhalb der Tabelle. Mit den Pfeiltasten können Sie sich auch in der Tabelle bewegen.

Zellen, Zeilen und Spalten markieren

Bevor Sie die Befehle zum Bearbeiten von Tabellen verwenden, müssen Sie die entsprechenden Zellen, Zeilen oder Spalten markieren. Mithilfe von Menübefehlen können Sie Zellen, Zeilen, Spalten oder die gesamte Tabelle markieren.

Klicken Sie dazu in eine Zelle innerhalb der Zeile oder Spalte, die Sie markieren möchten. Klicken Sie in die Tabelle und wählen Sie das Register *Tabellentools*. Klicken Sie hier auf die Schaltfläche *Auswählen* und wählen Sie den gewünschten Eintrag.

Sie können aber auch die Maus verwenden, um Zellinhalte zu markieren. Ziehen Sie einfach über den entsprechenden Text innerhalb der Tabelle. Sobald die auf diese Weise erstellte Auswahl den Rand einer Zelle erreicht, markieren Sie keine Zeichen mehr, sondern ganze Zellen. Außerdem können Sie eine ganze Zeile markieren, indem Sie den Mauszeiger an ihrem Anfang platzieren, bis dieser zu einem Pfeil wird, und dann klicken. Analog können Sie eine ganze Spalte markieren (indem Sie über ihr klicken). Die folgende Tabelle gibt Ihnen einen Überblick über die Markierung von Tabellenelementen mit der Maus.

Tabellenelement	Mausaktion
Zelle	Klicken Sie an der linken inneren Kante der Zelle, wenn sich das Maussymbol zu einem weißen Pfeil verändert.
Zellbereich	Markieren Sie von der ersten Zelle bis zur letzten Zelle oder markieren Sie die erste Zelle, halten Sie dann die Umschalt-Taste gedrückt und klicken Sie auf die letzte Zelle.
Zeile(n)	Klicken Sie im Bereich links vor der Zeile. Sie haben hier einen weißen Pfeil als Maussymbol. Ziehen Sie nach unten, um mehrere Zeilen zu markieren.
Spalte(n)	Zeigen Sie auf die Oberkante der ersten Zeile in der Spalte. Wenn der Mauszeiger richtig positioniert ist, erscheint er als schwarzer Pfeil nach unten. Nun klicken oder ziehen Sie nach beiden Seiten, um mehrere Spalten auszuwählen.
Tabelle	Setzen Sie die Maus links vor die Tabelle, als wollten Sie eine Zeile markieren. Drücken Sie die Taste Alt und führen Sie einen Doppelklick aus.

Auch mit der Tastatur lassen sich Tabellenbereiche markieren:

Taste(n)	Markierter Bereich in der Tabelle
Tab	die nächste Zelle
Umschalt+Tab	die vorherige Zelle
Umschalt+Pfeiltasten bzw. Umschalt+Bewegen des Cursors	zeichen-/zeilenweise in der aktuellen Zelle und dann die gesamten folgenden Zellen, je nach Richtung
F8, ↑	Aktuelle Zelle und je nach Richtung die folgenden Zellen. Drücken Sie die Esc-Taste, um den Markierungsmodus aufzuheben.
Alt+Umschalt+5	gesamte Tabelle

In einer neuen Tabelle (beispielsweise mit *Tabelle/Einfügen/Tabelle*) haben alle Spalten zunächst die gleiche Breite. Sie teilen sich gleichmäßig den Raum zwischen dem linken und dem rechten Rand. Spalten- und einzelne Zellenbreiten lassen sich auf unterschiedliche Weise ändern:

■ Ziehen Sie am rechten Zellenrand der Spalte.

■ Ziehen Sie die Spaltenmarke auf dem Lineal.

Normalerweise wird die gesamte Spalte auf die neue Breite eingestellt. Haben Sie jedoch einen Zellbereich markiert, wird nur dieser Bereich auf die neue Breite eingestellt.

Sie können die Folgespalten und die gesamte Tabellenbreite beim Ziehen einer Spaltenbreite mit der Maus durch Drücken verschiedener Tasten unterschiedlich beeinflussen:

■ Beim Ziehen ohne Zusatztasten verändern Sie die Breite der rechten Nachbarspalte. Die Breitenänderung geht also auf Kosten dieser Spalte.

■ Mit gedrückter Umschalt-Taste ändern Sie nur die Breite der betreffenden Spalte. Die Folgespalten rücken mit gleich bleibender Breite weiter oder nach. Die Gesamtbreite der Tabelle erhöht oder verringert sich um Ihre Änderung.

■ Mit gedrückter Strg-Taste passen Sie alle Folgespalten mit der gleichen Breite an. Die Änderung geht also gleichmäßig verteilt auf Kosten der Folgespalten. Die Tabellengesamtbreite ändert sich nicht.

■ Mit der Tastenkombination Strg+Umschalt beim Ziehen bringen Sie die Folgespalten alle auf die gleiche Breite. Sie teilen sich den verbleibenden Rest der Tabellenbreite gleichmäßig. Die Tabellengesamtbreite ändert sich nicht.

Nachträglich neue Zeilen und Spalten einfügen

Um eine neue Zeile an beliebiger Stelle in Ihre Tabelle einzufügen, gehen Sie folgendermaßen vor:

Mehrere Zeilen einfügen

Bei Bedarf können Sie auch mehrere Zeilen auf einmal einfügen. In diesem Fall markieren Sie im ersten Schritt die gewünschte Anzahl Zeilen und fahren dann mit Schritt 2 fort.

---

1 Markieren Sie die Zeile, über oder unter der Sie eine neue Zeile einfügen möchten.

2 Zeigen Sie das Register *Tabellentools* an und klicken Sie auf die Schaltfläche *Darüber einfügen* bzw. *Darunter einfügen*.

Eine neue Zeile anhängen

Möchten Sie am Tabellenende eine neue Zeile anfügen, klicken Sie einfach in die letzte Zelle der letzten Zeile und drücken die ⌈Tab⌋-Taste. Word fügt automatisch eine neue Zeile am Tabellenende an. Beachten Sie, dass diese genauso formatiert ist wie die nun vorletzte Zeile.

Analog fügen Sie neue Spalten ein (Spalte markieren und Schaltfläche *Links einfügen* oder *Rechts einfügen* wählen).

Tabellenelemente löschen

Durch einen einfachen Druck auf die ⌈Entf⌋-Taste lassen sich Tabellenbestandteile wie Zellen, Zeilen oder Spalten nicht ohne Weiteres löschen. Denn diese Taste entfernt nur den Inhalt des markierten Tabellenelements, nicht aber das Element selbst.

Möchten Sie eine Zeile, Spalte, Zelle oder auch die gesamte Tabelle löschen, markieren Sie dieses Element, wählen im Register
Tabellentools die Schaltfläche *Löschen* und dann den entsprechenden Unterbefehl.

Löschen

Ein Beispiel: einen Stundenplan erstellen

In der Praxis könnten Sie das Tabellen-Feature beispielsweise gut für die
Erzeugung eines Stundenplans für Schule oder Uni verwenden.

1 Klicken Sie auf das Register *Datei* und wählen Sie *Neu*. Erzeugen Sie
ein leeres Dokument.

2 Speichern Sie das Dokument unter dem Namen *Stundenplan*.

3 Aktivieren Sie im Menüband das Register *Seitenlayout*.

4 Klicken Sie auf die Schaltfläche *Ausrichtung* und wählen Sie *Querformat*.

Damit Sie einen guten Überblick
über das Dokument erhalten, klicken
Sie am rechten unteren Seitenrand
links neben dem Ansichtsregler auf
die aktuelle Ansichtsprozentzahl.
Wählen Sie im angezeigten Dialogfeld die Option *Ganze Seite*.

1 Aktivieren Sie im Menüband das
Register *Einfügen*.

2 Klicken Sie auf die Schaltfläche *Tabelle* und wählen Sie *Tabelle einfügen*.

3 Da die Schulwoche fünf Tage und jeder Tag maximal acht Stunden hat, geben Sie in das Feld *Spaltenanzahl* eine 6 und in das Feld *Zeilenanzahl* eine 10 ein.

Nehmen Sie die erste Grobformatierung der Tabelle vor, damit sie einen übersichtlichen Anblick bietet:

1 Aktivieren Sie im Menüband das Register *Tabellentools*.

2 Klicken Sie auf den Pfeil *Weitere* am Feld *Tabellenformatvorlagen*.

3 Wählen Sie eine der Vorlagen *Mittlere Schattierung – Akzent*.

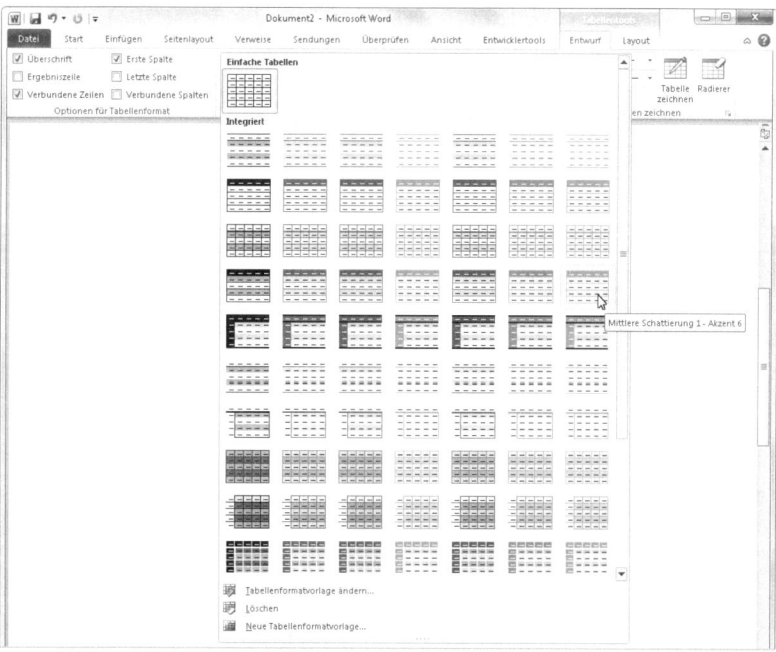

Die Stundenplantabelle soll eine feste Größe bekommen.

1 Zeigen Sie auf die Tabelle und klicken Sie anschließend auf das Symbol links oben an der Tabelle, um sie komplett zu markieren.

2 Aktivieren Sie das Register *Tabellentools*.

3 Geben Sie in das Feld *Tabellenzeilenhöhe 1,5 cm* ein.

Tragen Sie in die linke obere Zelle *Stundenplan* ein. Dieser Text soll sich über die gesamte Tabellenbreite erstrecken.

1 Zeigen Sie deshalb neben die erste Zeile und klicken Sie. Damit haben Sie die gesamte Zeile markiert.

2 Klicken Sie im Register *Tabellentools* auf die Schaltfläche *Zellen verbinden*.

Aus den sechs Zellen der Zeile ist damit eine einzige Zelle geworden.

Wechseln Sie in das Register *Start* und formatieren Sie das Wort *Stundenplan*. Richten Sie es außerdem zentriert in der Zelle aus, indem Sie in der Gruppe *Absatz* auf das Symbol *Zentriert* klicken.

Der Text Stundenplan wurde zentriert ausgerichtet und entsprechend formatiert.

Geben Sie die übrigen Texte so ein, wie in der folgenden Abbildung gezeigt.

Stundenplan					
	Montag	Dienstag	Mittwoch	Donnerstag	Freitag
1					
2					
3					
4					
5					
6					
7					
8					

Die Zeile mit den Wochentagen soll besonders hervorgehoben werden.

1   Klicken Sie links neben die Zeile mit den Wochentagen, um sie zu markieren.

2   Aktivieren Sie im Menüband das Register *Tabellentools*.

3   Klicken Sie auf den Text der Schaltfläche *Schattierung*.

4   Wählen Sie die gewünschte Zellenfarbe aus.

Abschließend sollen alle Texte – auch die noch einzugebenden für die Fächer – sowohl vertikal als auch horizontal in den Tabellenzellen ausgerichtet werden.

1   Markieren Sie die gesamte Tabelle, indem Sie auf das Markierungssymbol links oben an der Tabelle klicken.

2   Aktivieren Sie das Register *Tabellentools*.

3   Klicken Sie in der Gruppe *Ausrichtung* auf das Symbol *Mitte ausrichten*. Der Text wird in jeder Tabellenzelle horizontal und vertikal zentriert.

Ihr Stundenplan ist damit bereit, von Ihnen mit den entsprechenden Fächern gefüllt zu werden.

Für ein besonders professionelles Ergebnis, das Sie immer wieder verwenden können, arbeiten Sie mit der Onlineformularfunktion.

Ein Onlineformular ist eine Dokumentvorlage oder ein Dokument mit leeren Bereichen zum Sammeln und Organisieren von Informationen. Es kann Textfelder enthalten, die ausgefüllt, Kontrollkästchen, die aktiviert oder deaktiviert werden müssen, und Drop-down-Felder mit einer Liste von Elementen, aus denen eine Antwort ausgewählt werden kann. Sie können das fertige Formular natürlich auch ausdrucken. Wenn Sie das Formular als Dokumentvorlage speichern und ein neues Dokument auf der Grundlage dieser Dokumentvorlage erzeugen, können Sie am Bildschirm die Textfelder ausfüllen, Kontrollkästchen ankreuzen und Elemente aus Listenfeldern auswählen. Gedruckt werden in der Regel nur die Daten und der festgelegte Text.

Für die folgenden Arbeiten benötigen Sie im Menüband das Register *Entwicklungstools*. Falls dieses noch nicht vorhanden ist, müssen Sie es zunächst aktivieren:

1 Klicken Sie auf das Register *Datei* und dann auf *Word-Optionen*.

2 In der Kategorie *Menüband anpassen* aktivieren Sie das Kontrollkästchen *Entwicklertools in der Liste Hauptregisterkarten*.

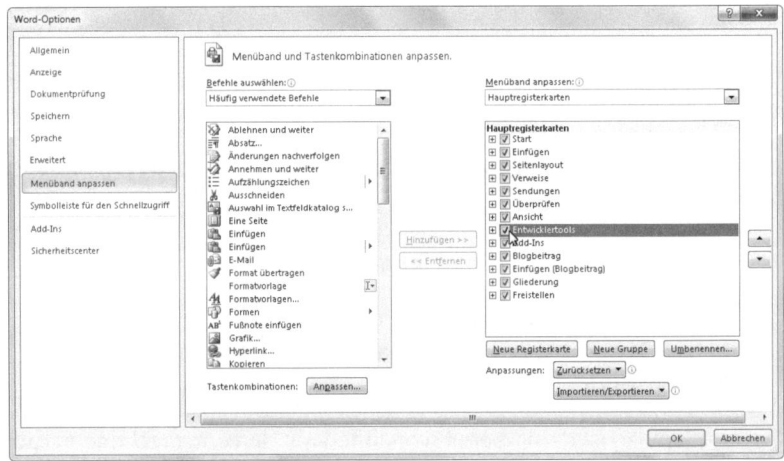

Aktivieren Sie das Kontrollkästchen Entwicklertools in der Liste Hauptregisterkarten.

Das Register Entwicklertools wird nun im Menüband angezeigt.

Zurück zu Ihrem Stundenplan:

1 Klicken Sie in die erste der Zellen, in die die Fächer eingetragen werden sollen.

2 Aktivieren Sie das Register *Entwicklertools*.

3 In der Gruppe *Steuerelemente* klicken Sie auf das Symbol *Vorversionstools*.

4 In der angezeigten Palette klicken Sie auf *Textfeld (Formularsteuerelement)*. In das dadurch erzeugte Textsteuerelement wird später der Verteiler eingegeben.

5 Fügen Sie auf die beschriebene Weise in jede leere Zelle ein Texteingabefeld ein.

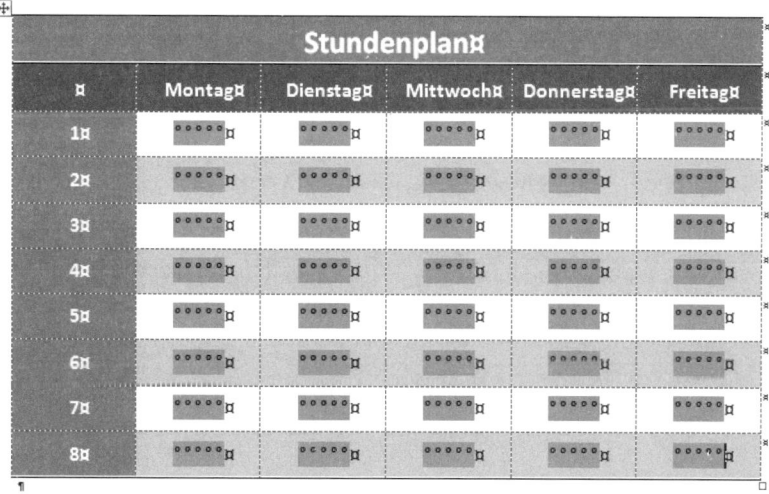

Damit das Ganze funktioniert, müssen Sie abschließend noch den Dokumentschutz für die Formulareingabe aktivieren.

1 Klicken Sie im Register *Entwicklertools* auf die Schaltfläche *Bearbeitung einschränken* im Bereich *Schützen*.

Bearbeitung
einschränken

2 Klicken Sie auf *Formatierung und Bearbeitung einschränken*.

3 Aktivieren Sie das Kontrollkästchen *Nur diese Bearbeitungen im Dokument zulassen* und wählen Sie *Ausfüllen von Formularen*.

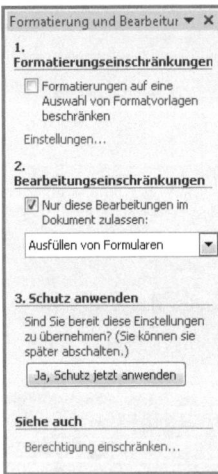

Erst wenn Sie auf die Schaltfläche Ja, Schutz jetzt anwenden geklickt haben, funktioniert das Onlineformular.

4 Klicken Sie auf die Schaltfläche *Ja, Schutz jetzt anwenden*. Vergeben Sie bei Bedarf ein Kennwort – das ist aber nicht unbedingt notwendig.

Damit ist Ihr Formular funktionsfähig: Navigieren Sie mit der ⟮Tab⟯-Taste zwischen den Formularfeldern. Wie Sie feststellen werden, können Sie keine Tabellenelemente mehr versehentlich löschen oder verändern – nur noch in die Textformularfelder kann etwas eingetragen werden.

Im Druck werden die Formularfelder nicht angezeigt – nur die Formulardaten erscheinen ordnungsgemäß im Ausdruck.

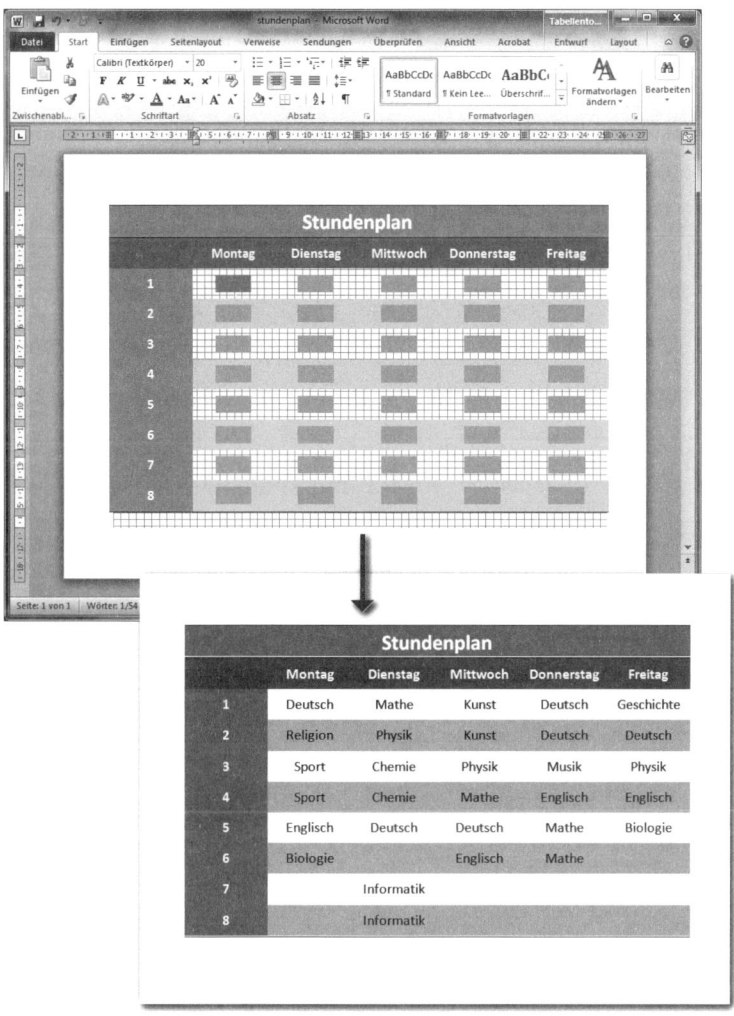

Die Textformularfelder erscheinen nur im Word-Dokument; im Ausdruck sieht das Dokument ganz normal aus.

Praktisch: eine fertig formatierte Tabelle als Schnellbaustein speichern

Müssen Sie denselben Tabellentyp mit immer der gleichen Spaltenzahl und Formatierung wiederholt in unterschiedliche Dokumente einfügen? Dann erleichtern Sie sich die Arbeit mit der folgenden Vorgehensweise:

1 Versehen Sie die Tabelle mit allen gewünschten Formatierungen – beispielsweise Zellenrahmen, -schattierungen, Schriftarten etc. Dieses Muster legen Sie nun als Vorlage für künftige Tabellen fest.

2 Klicken Sie in die Tabelle und aktivieren Sie das Register *Tabellentools*.

3 Klicken Sie auf die Schaltfläche *Auswählen* und wählen Sie *Tabelle auswählen*.

4 Aktivieren Sie das Register *Einfügen* und klicken Sie auf *Schnellbausteine*.

5 Wählen Sie *Auswahl im Schnellbaustein-Katalog speichern*. Vergeben Sie einen aussagekräftigen Namen. Im Feld *Kategorie* klicken Sie gegebenenfalls auf *Neue Kategorie erstellen* und geben eine neue Kategorie an.

6 Bestätigen Sie mit *OK*.

Definieren Sie die Tabelle als neuen Schnellbaustein.

Wenn Sie nun den angegebenen Schnellbausteinnamen eingeben und F3 drücken, wird die formatierte Tabelle eingefügt.

Eine Tabelle in Text umwandeln

Sie können die Inhalte einer Tabellenzelle in durch Semikola, Tabstopps oder andere einzelne Zeichen getrennten Text umwandeln. Die Inhalte jeder Zelle können in einen oder mehrere Absätze konvertiert werden.

1 Klicken Sie zuerst in die Tabelle, die Sie in Text umwandeln möchten.

2 Zeigen Sie das Register *Tabellentools* an und kli-   cken Sie im Bereich Daten auf die Schaltfläche *In Text konvertieren*.

3 Wählen Sie dann eine Option aus der Optionsgruppe *Text trennen durch*. Sie können alle Zellinhalte durch Absatzmarken, Tabulatoren, Semikola oder andere einzelne Zeichen trennen.

4 Klicken Sie auf *OK*.

Text in eine Tabelle konvertieren

Auch der umgekehrte Weg ist möglich – Sie wandeln normalen Text in eine Tabelle um:

1 Markieren Sie die Zeilen des Textes oder Absatzes, die Sie in eine Tabelle umwandeln möchten, und aktivieren Sie das Register *Einfügen*. Hier klicken Sie auf die Schaltfläche *Tabelle*.

2 Wählen Sie *Text in Tabelle umwandeln*.

3 Word schlägt auf der Grundlage des markierten Textes die Anzahl der Spalten und Reihen, die Spaltenreihe und das Trennzeichen für die Erstellung der Spalten vor. Sie können diese Einstellungen ändern, um sie Ihren eigenen Bedürfnissen anzupassen.

4 Geben Sie in das Feld *Spaltenanzahl* eine andere Zahl ein, um eine andere Spaltenanzahl festzulegen.

5 Geben Sie die Anzahl der Zeilen im Feld *Zeilenanzahl* an, um eine andere Zeilenanzahl festzulegen.

6 Stellen Sie auch eine genaue Spaltenbreite im Feld *Breite der ersten Spalte* ein, wenn Sie nicht die automatische Einstellung verwenden möchten.

Option	Ergebnis
Absatzmarken	Jeder Absatz erhält eine eigene Zelle.
Tabstopps	Jeder durch einen Tabstopp abgetrennte Text erhält eine eigene Zelle. Word wandelt jeden Absatz und jedes Zeilenende mit einem Zeilenumbruch (der erstellt wird, wenn Sie Umschalt+Enter drücken) in eine Zeile um. Die Anzahl der Spalten wird von der größten Anzahl Tabstopps in einem Absatz oder einer Zeile bestimmt.
Semikola	Jeder durch ein Semikolon abgetrennte Text erhält eine eigene Zelle. Word wandelt jeden Absatz und jedes Zeilenende mit einem harten Zeilenumbruch (der erstellt wird, indem Sie Umschalt+Enter drücken) in eine Zeile um. Die Anzahl der Spalten wird von der größten Anzahl von Tabstopps in einem Absatz oder einer Zeile bestimmt.
Andere	Auch einige andere Zeichen können verwendet werden, um die Daten in einzelne Zellen zu trennen. Word wandelt jeden Absatz und jedes Zeilenende mit einem Zeilenumbruch (der erstellt wird, indem Sie Umschalt+Enter drücken) in eine Zeile um. Die Anzahl der Spalten wird von der größten Anzahl der festgelegten Zeichen in einem Absatz oder einer Zeile bestimmt.

So geht's: Rechnen in Word-Tabellen

Nicht nur in Excel können Sie rechnen, sondern auch in Word-Tabellen. Wenn Sie sowieso schon in Word arbeiten, ist dies häufig praktischer als die Verwendung von Excel.

1 Für Berechnungen aller Art schreiben Sie die Daten in eine Word-Tabelle. Die Eingabe erfolgt wie in Excel; dabei ist jedoch zu beachten,
dass keine Zeilen- und Spaltenköpfe vorhanden sind und deshalb die
Zellen manuell, jedoch nach dem gleichen System wie in Excel, abge-
zählt werden müssen. Die abgebildete Tabelle reicht demnach von A1
(*Menge*) bis hin zu D4 (*Gesamtpreis*).

Menge¤	Artikel¤	Einzelpreis¤	Gesamtpreis¤
5¤	Rosenkerrie×	6,89×	×
9¤	Forsythie×	0,99×	×
6¤	Brautspiere×	2,95×	×

2 Möchten Sie den Gesamtpreis für die erste Zeile errechnen, klicken Sie in die letzte Zelle der zweiten Zeile und aktivieren das Register *Tabellentools*.

f_x Formel

3 Klicken Sie im Bereich *Daten* auf die Schaltfläche *Formel*.

4 In das Feld *Formel* geben Sie =a2*c2 ein und klicken auf *OK*.

5 Für die nächste Zeile lautet die Formel =a3*c3, für die übernächste
=a4*c4.

Geben Sie in die Spalten *Menge* und *Einzelpreis* nun neue Zahlen ein, ändert sich
der Gesamtpreis nicht automatisch. Sie
müssen ihn erst markieren und die Taste
[F9] drücken.

Auf dieselbe Weise setzen Sie auch Additionen und Subtraktionen ein.
Möchten Sie eine Spalte zusammenrechnen, verwenden Sie in der letzten Zelle die Formel =SUM(ABOVE).

Menge¤	Artikel¤	Einzelpreis¤	Gesamtpreis¤
5¤	Rosenkerrie×	6,89×	34,45×
9¤	Forsythie×	0,99×	8,91×
6¤	Brautspiere×	2,95×	17,70×

Eine Excel-Tabelle einfügen

Manchmal ist es entschieden praktischer, eine Tabelle – etwa mit komplizierteren Berechnungen – in Excel zu erzeugen. Sie können eine solche Excel-Tabelle direkt aus Word heraus erzeugen. Gehen Sie hierfür folgendermaßen vor:

1 Aktivieren Sie in Word das Register *Einfügen* und klicken Sie auf die Schaltfläche *Tabelle*.

Tabelle

2 Wählen Sie *Excel-Kalkulationstabelle*.

3 Das Word-Menüband wird durch die Register des Excel-Menübands ersetzt. Gleichzeitig erscheint eine leere Excel-Tabelle in Ihrem Dokument.

4 Erzeugen Sie die gewünschte Tabelle und klicken Sie anschließend außerhalb der Tabelle in das Word-Dokument, um die Excel-Ansicht zu schließen.

Mit einem Doppelklick in die Tabelle öffnen Sie den Excel-Bearbeitungsmodus erneut, falls Sie noch nachträgliche Änderungen an der Tabelle vornehmen möchten.

Verknüpfung mit Werten aus Excel-Tabellen erstellen

Aber auch eine schon fertige Excel-Tabelle können Sie dynamisch in Ihr Dokument einfügen. Auch in diesem Fall genügt ein Doppelklick auf die eingefügte Tabelle, damit Excel ausgeführt wird und Sie den Inhalt des Tabellenblatts bearbeiten können.

1 Aktivieren Sie im Menüband das Register *Einfügen* und klicken Sie auf die Schaltfläche *Objekt*.

Objekt

2 Aktivieren Sie das Register *Aus Datei erstellen*.

3 Klicken Sie auf die Schaltfläche *Durchsuchen* und wählen Sie die Tabelle aus, die Sie einfügen möchten.

Entscheiden Sie sich für die Verknüpfung, wird das Word-Dokument automatisch aktualisiert, wenn Sie die Excel-Quelltabelle ändern und speichern.

4 Soll die Tabelle im Word-Dokument automatisch aktualisiert werden, wenn Sie in Excel etwas an der zugrunde liegenden Tabelle ändern, aktivieren Sie das Kontrollkästchen *Verknüpfen*. Lassen Sie es deaktiviert, ist die Tabelle in Word unabhängig von der Excel-Quelldatei. Im ersten Fall spricht man von einem verknüpften, im zweiten Fall von einem eingebetteten Objekt.

5 Bestätigen Sie mit *OK*.

Auch bei dieser Vorgehensweise genügt ein Doppelklick auf die eingefügte Tabelle, damit die Excel-Umgebung im Word-Arbeitsfenster erscheint und Sie das Objekt bearbeiten können.

2.8 Dokumente schnell und einfach drucken, faxen, mailen & bloggen

Drucken ohne Überraschungen

Zum Drucken eines Textdokuments klicken Sie auf das Register *Datei* und wählen im Menü *Datei* den Befehl *Drucken* oder drücken die Tastenkombination Strg+P.

■ Wählen Sie im angezeigten Dialogfeld zuerst den gewünschten Drucker aus der Liste *Name*. Hier werden alle von Ihnen unter Windows installierten Drucker aufgeführt.

Praktischer Nutzen

Sie können diese Funktion hervorragend verwenden, um Visitenkarten etc. zu drucken.

- In der Optionsgruppe *Zoom* stellen Sie ein, in welcher Skalierung das Dokument gedruckt werden soll. Sie können hier beispielsweise einstellen, dass vier Exemplare des Dokuments auf ein Blatt passen sollen – dann wird das Dokument entsprechend kleiner skaliert.

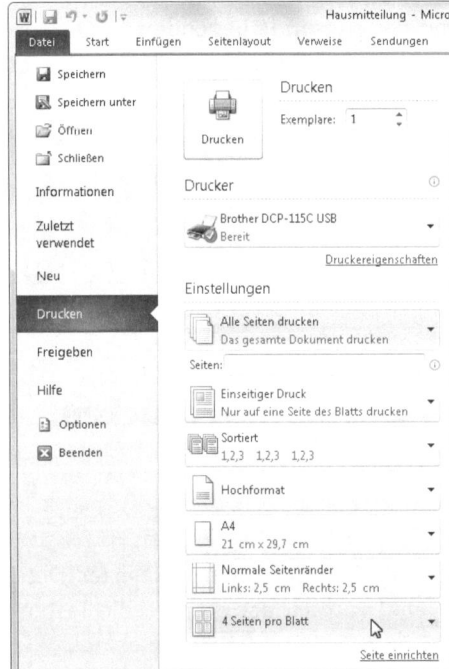

Hier verkleinern Sie Ihr Dokument im Ausdruck so, dass vier Exemplare davon auf ein Blatt passen.

Ein Word-Dokument besteht nicht nur aus dem, was unmittelbar am Bildschirm sichtbar ist. Oder anders ausgedrückt: Alle Formatierungen, aber auch sonstige Informationen, werden ebenfalls in der Word-Datei abgelegt. Viele dieser Informationen können Sie ausdrucken, falls Sie sie schwarz auf weiß benötigen.

Im Listenfeld *Drucken* können Sie auswählen, welche Dateiinformationen Sie drucken wollen.

Ein typischer Fall ist das Ausdrucken aller Textbausteine, um im Bedarfsfall zu sehen, welche Textbausteine existieren und unter welchem Kürzel sie abrufbar sind. Ein anderer Fall ist, zu einem Bericht nur die Überarbeitungen und Kommentare (Markups genannt) auszudrucken.

Die übrigen Funktionen dieses Dialogfeldes sind eigentlich selbsterklärend – so legen Sie beispielsweise in der Gruppe *Seitenbereich* fest, ob Sie *Alles*, nur die *Aktuelle Seite* oder bestimmte *Seiten* drucken möchten. Auch das Drucken einer vorher festgelegten *Markierung* ist möglich.

Typische Druckprobleme beheben

Bei der täglichen Arbeit kommt es hin und wieder mal vor, dass der Drucker Probleme bereitet. Das kann verschiedene Gründe haben, z. B. veraltete oder falsche Treiber, defekte Drucker, Papierstaus etc. Soll der Fehler behoben werden, beginnt die Fehlersuche, die meist nicht so einfach ist, da es oft mehrere mögliche Fehlerquellen gibt. Im Folgenden zeigen wir Ihnen zwei typische Druckprobleme und wie sie gelöst werden können. Das erste Problem betrifft die Druckgeschwindigkeit, das zweite häufig vorkommende Problem besteht in dem Unterschied zwischen der Bildschirmansicht und dem Druckergebnis.

Die Druckgeschwindigkeit erhöhen

Sie können die Druckgeschwindigkeit auf verschiedene Arten erhöhen:

- Als Erstes setzen Sie im Druck-Manager unter Windows die Druckpriorität auf das Maximum herauf. Dazu wählen Sie *Start/Einstellungen/Drucker*. Anschließend klicken Sie mit der rechten Maustaste auf das entsprechende Druckersymbol, um die Eigenschaften des Druckers anzuzeigen. Aktivieren Sie hier je nach Typ des Druckers die für die Druckgeschwindigkeit zuständigen Optionen.

- Schließen Sie alle im Augenblick nicht benötigten Programme, um den Arbeitsspeicher zu entlasten. Ebenso sollten Sie alle momentan nicht benötigten speicherresidenten Programme wie den Bildschirmschoner oder den Virenscanner etc. ausschalten. Welches die spei-

213

cherresidenten Programme sind, erkennen Sie in der Taskleiste, diese befindet sich ganz unten auf Ihrem Bildschirm. Um ein Programm zu schließen, klicken Sie mit der rechten Maustaste auf das entsprechende Symbol und wählen den entsprechenden Befehl aus. Sie brauchen sich keine Sorgen zu machen, beim nächsten Windows-Start werden alle Programme wieder verfügbar sein.

■ Die Druckqualität kann herabgesetzt werden, wenn es nicht so auf die Auflösung des Dokuments ankommt. Zum Ausdrucken von E-Mails ist zum Beispiel eine hohe Auflösung nicht erforderlich, es genügen 150 dpi. Moderne Tintenstrahldrucker bieten zu diesem Zweck eine Einstellung wie z. B. EconoFast, sie ermöglicht einen schnellen Druck und verbraucht dabei weniger Tinte.

Das Ergebnis zwischen Bildschirm und Druck

Beim Ausdrucken kann es auch vorkommen, dass das Druckresultat nicht der Ansicht auf dem Bildschirm entspricht. Dieses kann folgende Ursachen haben:

Beim überwiegenden Teil der modernen Tintenstrahl- und Laserdrucker wird jede zu druckende Seite als Grafik verarbeitet. Leider arbeiten nicht alle Drucker exakt identisch. Haben Sie Ihr Word-Dokument formatiert, während Ihr Tintenstrahldrucker ausgewählt war, kann es sein, dass beim Ausdruck auf einem Laserdrucker oder auf einem Tintenstrahldrucker anderen Typs beispielsweise der Seitenumbruch nicht mehr stimmt.

Das kann daran liegen, dass die unterschiedlichen Druckertypen mit den Seitenrändern anders umgehen. Darüber hinaus druckt nicht unbedingt jeder Drucker jede Schriftart ganz exakt gleich.

Abweichungen zwischen Bildschirmanzeige und Druckausgabe gibt es auch, wenn Sie Ihr Dokument aus der Weblayoutansicht heraus drucken. Wechseln Sie also immer zuerst in die Entwurfsansicht, bevor Sie etwas ausdrucken. In diesem Fall können Sie sich darauf verlassen, dass Sie im Druck das Ergebnis erhalten, das Sie auf dem Bildschirm gesehen haben.

Mehrseitige Dokumente auf Firmenpapier drucken

Häufig wird die erste Seite eines Geschäftsbriefes auf einem anderen Papier gedruckt als die folgenden. Falls Sie einen Drucker mit mehreren Papierschächten zur Verfügung haben, können Sie sich hier die Möglichkeiten des Dialogfeldes *Seite einrichten* zunutze machen, um die gewünschte Zweiteilung der Papierzufuhr zu automatisieren:

1   Legen Sie das Papier für die erste Seite in den einen Papierschacht ein, das für die Folgeseiten in den anderen.

2   Aktivieren Sie das Register *Seitenlayout* und klicken Sie auf *Seitenränder/Benutzerdefinierte Seitenränder*.

3   Wechseln Sie zur Registerkarte *Format*. Diese Registerkarte sieht – je nach aktuell ausgewähltem Druckertreiber – immer etwas anders aus.

4   Hier legen Sie in der Gruppe *Zufuhr* fest, aus welchem Schacht die erste Seite und aus welchem die übrigen Seiten genommen werden sollen.

In den meisten Fällen wird wohl für die erste Seite der manuelle Einzug und ab der zweiten Seite der Standardpapierschacht die benötigte Einstellung sein. Am effizientesten ist es, wenn Sie für Ihre Korrespondenz eine Dokumentvorlage erstellen, die unter anderem auch die Einstellungen für die Papierzufuhr beim Drucken enthält.

Faxen mit zwei Klicks

Auch Faxdokumente können Sie direkt aus Word heraus senden. Dazu benötigen Sie lediglich eine Onlineverbindung sowie eine Faxsoftware wie Microsoft Fax. Zum Versenden Ihres aktuellen Word-Dokuments wählen Sie im *Datei*-Register den Befehl *Senden an/Internetfax*.

Der Fax-Assistent wird geöffnet. Folgen Sie anschließend den Schritten des Assistenten.

Word-Dokumente direkt mailen

Ähnlich komfortabel und einfach verläuft das Mailen von Dokumenten direkt aus Word heraus. Wählen Sie dazu im *Datei*-Register den Befehl *Senden/E-Mail*.

Word-Dokumente in PDF-Dateien konvertieren

Adobe PDF ist eines der wichtigsten und vielseitigsten Dateiformate. Die meisten Anwender kommen mit PDF-Dokumenten zum ersten Mal in Berührung, wenn sie ein elektronisches Handbuch für ein Softwareprogramm zurate ziehen müssen. Das PDF-Format hat aber mehr zu bieten: Es eignet sich als Medium für webbasierte Publikationen, downloadbare E-Books, Bildschirmpräsentationen, für die Teamarbeit im Büro, den Austausch von Dokumenten, die professionelle Druckvorstufe und für die elektronische Archivierung. Das liegt unter anderem daran, dass PDF plattformunabhängig ist, was bedeutet, dass PostScript-Dateien sowohl auf Macintosh- und UNIX- als auch auf Windows-Rechnern funktionieren. Dazu benötigen Sie nur den frei erhältlichen Adobe Reader (der in früheren Versionen noch Acrobat Reader hieß). Mit diesem können Sie PDF-Dateien betrachten und auf jedem beliebigen Drucker ausgeben.

Erst durch Adobe Acrobat wurde es möglich, in beliebigen Anwendungsprogrammen und auf beliebigen Plattformen erstellte Dokumente auszutauschen und dabei sicher zu sein, dass das Layout auf jedem Bildschirm und auf jedem Drucker identisch aussieht. Durch das Reader-Browser-Plug-in lassen sich PDF-Dokumente auch im Browser öffnen und ausdrucken.

Die Erzeugung von PDF-Dokumenten ist ein recht einfacher Vorgang: In der neuen Version können Sie jedes Word-Dokument als PDF-Datei speichern.

Nun können Sie Ihre Word-Dokumente als PDF speichern:

1   Klicken Sie auf das Register *Datei* und zeigen Sie auf den Befehl *Speichern und senden*.

2   Wählen Sie *PDF/XPS-Dokument erstellen*. Klicken Sie erneut auf *PDF/XPS-Dokument erstellen*.

3   Geben Sie einen geeigneten Dateinamen ein und wählen Sie als Dateityp *PDF*.

4   Unter *Optimieren für* wählen Sie *Standard*, wenn das Dokument für den Ausdruck bestimmt ist. Ist das Dokument eher für die Betrachtung am Bildschirm gedacht und ist eine möglichst geringe Dateigröße wichtig, wählen Sie *Minimale Größe (nur Veröffentlichung)*.

5   Starten Sie die Konvertierung mit *Veröffentlichen*.

Texte direkt als Blogbeiträge posten

Seit Word 2007 können Sie auch direkt aus Word heraus Blogbeiträge posten. Voraussetzung ist, dass Sie sich bei einem Bloganbieter, zum Beispiel

■ *http://www.twoday.net/*

■ *http://www.blog.de*

■ *http://www.blogger.de*

■ *http://spaces.live.com*

■ *http://www.communityserver.org*

bereits ein Konto eingerichtet haben.

Damit Sie Ihr aktuelles Dokument in ein Weblog posten können, richten Sie das Programm zuerst zum Bloggen ein:

1   Öffnen Sie das Dokument, das Sie als Blogeintrag posten möchten.

2   Klicken Sie auf das Register *Datei* und zeigen Sie auf den Befehl *Freigeben*.

3   Klicken Sie auf *Als Blogeintrag veröffentlichen*.

4   Im Fenster *Blogkonto registrieren* klicken Sie auf *Jetzt registrieren*.

5   Wählen Sie den gewünschten Bloganbieter aus und klicken Sie auf *Weiter*.

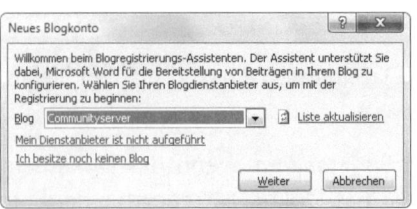

6   Im folgenden Fenster geben Sie die Account-Einstellungen ein. Diese unterscheiden sich je nach gewähltem Anbieter.

7   Im letzten Schritt legen Sie fest, ob Sie Bilder auf den Webspace hochladen möchten oder nicht.

8   Klicken Sie auf *OK*.

9   Das aktuelle Dokument ist in einen Blogbeitrag konvertiert worden. Sie können es nun noch bearbeiten und schließlich über die Schaltfläche *Veröffentlichen* des Registers *Blogbeitrag* im Menüband hochladen.

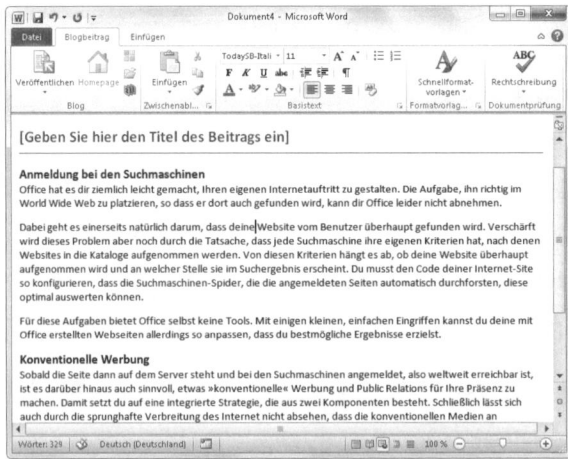

Ihr aktuelles Dokument ist in einen Blogbeitrag konvertiert worden. Es kann nun noch bearbeitet werden.

3. Excel – Daten übersichtlich aufbereiten & überzeugend präsentieren

Die Tabellenfunktion von Microsoft hat in der Version 2010 im Vergleich zu ihren Vorgängern wieder um einiges zugelegt.

Auch hat sich die Menüführung seit der Version 2003 dramatisch verändert. Ein Umsteiger aus einer früheren Version mag sich an diesem oder jenen Punkt fragen, was sich Microsoft dabei gedacht hat, gerade diesen Befehl an die entsprechende Stelle zu setzen. Aber solche Fragen werden seit der ersten Excel-Version gestellt, und konnten bis heute noch nicht zufriedenstellend beantwortet werden, und deshalb ist es müßig, sich weiter Gedanken darüber zu machen.

Zwar hat sich die Menüführung im Vergleich zur Version 2007 nicht grundlegend geändert, aber wir denken, es macht trotzdem Sinn, zuerst einmal die grundlegenden Elemente von Excel kennenzulernen. Die „alten Hasen" unter den Lesern mögen deshalb vielleicht die ersten Kapitel überblättern wollen, aber wir möchten trotzdem dafür plädieren, sie zumindest querzulesen, um zu erfahren, wohin Microsoft bestimmte Elemente platziert hat. Besonders Umsteiger von den Versionen 2003 und früher können in diesen Kapiteln sehen, was sich an den Menüs grundlegend geändert hat.

Ich werde im Folgenden hauptsächlich die Menüleisten verwenden. Sollten Sie sich eher für Tastenkombinationen begeistern, finden Sie im Anhang auf Seite 703 eine Fülle von anwendbaren Tastenkombinationen.

3.1 Die ersten erfolgreichen Schritte für Ein- und Umsteiger

Die neue Oberfläche kennenlernen

Wie in jeder neuen Office-Version versucht Microsoft auch diesmal, die Oberfläche immer besser dem Arbeitsablauf des Benutzers anzupassen. Mal gelingt es, mal gelingt es weniger, und jeder Nutzer muss für sich selbst entscheiden, ob ihm die neue Oberfläche besser gefällt.

An der Oberfläche hat sich seit der Version 2007 nicht viel verändert, im Vergleich zu den Versionen 2003 und früher jedoch schon. Besonders die neuen Symbolleisten sind anfangs ein wenig gewöhnungsbedürftig.

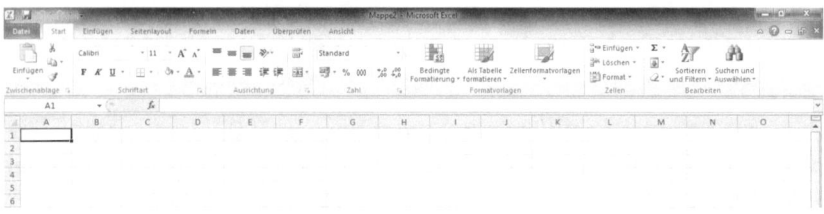

Sie ähneln nun mehr den Registerkarten, die Sie von Ihrem alten Karteikasten kennen. Jede Registerkarte trägt einen bestimmten Titel, und auf jeder Registerkarte finden Sie zu diesem Titel sinnvoll einsetzbare Elemente.

In der obigen Abbildung ist die Registerkarte *Start* im Vordergrund, d. h., Sie sehen Schaltflächen, die Sie sehr häufig benutzen werden. Diese Schaltflächen sind wiederum zu sogenannten Gruppen zusammengefasst.

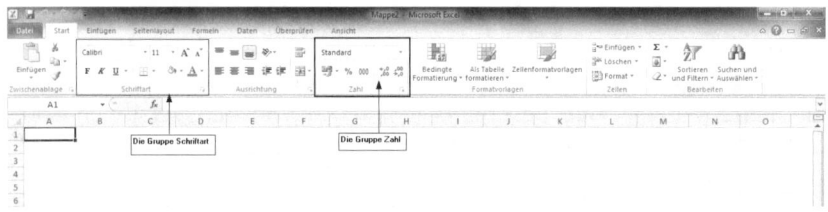

So befinden sich z. B. in der Gruppe *Schriftart* alle Schaltflächen, die für die Gestaltung der Schrift zuständig sind, in der Gruppe *Zahl* finden Sie alle Möglichkeiten zum Formatieren von Zahlen.

So finden Sie auf der Registerkarte *Einfügen* nun endlich alles, was Sie in eine Tabelle einfügen können.

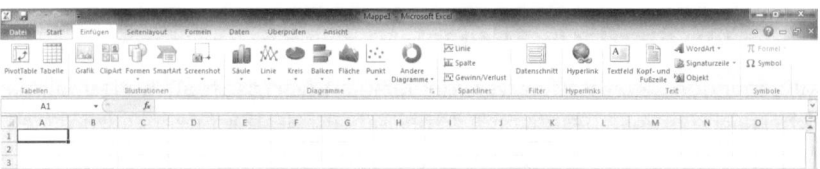

Das *Datei*-Menü ist gegenüber der Version 2007 wieder hinzugekommen. In ihm befinden sich ganz wichtige Excel-Elemente, die wir etwa später genauer besprechen werden. Dass die *Datei*-Registerkarte einen anderen Status hat als die anderen Registerkarten, erkennen Sie daran, dass diese Registerkarte stets grün ist.

Im Laufe der nächsten Kapitel werden wir uns sehr intensiv mit der Oberfläche beschäftigen, und deshalb bietet es sich an, dass wir uns sofort an das Eingeben und Bearbeiten von Tabellen machen.

Zuvor möchten wir Ihnen aber einige Tabellen an die Hand geben, die Sie immer wieder zum Nachschlagen benutzen können.

Eine Übersichtstabelle über die wichtigsten Aufgaben

Markieren mit der Maus

Ich möchte ... markieren	Das müssen Sie tun
eine Zelle	Klicken Sie einfach auf diese Zelle.
eine ganze Spalte	Klicken Sie auf den Spaltenbuchstaben.
eine ganze Zeile	Klicken Sie auf die Zeilennummer.
mehrere Spalten nebeneinander	Klicken Sie auf den Buchstaben der ersten Spalte, die Sie markieren wollen, linke Maustaste gedrückt halten und über die weiteren Spaltenbuchstaben ziehen.
mehrere Zeilen nebeneinander	Klicken Sie auf die Zeilennummer der ersten Zeile, die Sie markieren wollen, linke Maustaste gedrückt halten und über die weiteren Zeilennummern ziehen.
mehrere Zellen nebeneinander (Bereiche)	Klicken Sie mit der Maus auf die erste Zelle, die Sie markieren wollen, halten die Maustaste gedrückt und ziehen dann über die anderen Zellen. Solange Sie die Maustaste gedrückt halten, können Sie Ihre Markierung noch verändern.

Ich möchte ... markieren	Das müssen Sie tun
mehrere Zellen, nicht nebeneinander	Klicken Sie mit der Maus auf die erste Zelle, die Sie markieren wollen. Drücken und halten Sie dann die [Strg]-Taste gedrückt. Klicken Sie dann auf alle weiteren Zellen, die markiert werden sollen.
Bereiche markieren bei großen Tabellen	Klicken Sie mit der Maus auf die erste Zelle, die Sie markieren wollen, drücken und halten Sie dann die [Umschalt]-Taste gedrückt. Klicken Sie dann auf die letzte Zelle des Bereichs, der markiert werden soll.
die gesamte Tabelle	 Klicken Sie auf die namenlose Zelle vor der Spalte A.

Wichtig: Denken Sie beim Markieren daran

Alle Markierungen funktionieren nur, wenn Ihr Mauszeiger ein weißes Kreuz ist. Wenn Sie Markierungen wieder aufheben möchten, klicken Sie einfach in eine beliebige Zelle.

Hinzufügen und löschen

Das will ich tun	So geht es
Zeile in Tabelle einfügen	Klicken Sie mit der **rechten** Maustaste auf die Zeile, **oberhalb der Sie eine neue Zeile** haben wollen. Im Fenster wählen Sie mit der linken Maustaste *Zellen einfügen*.

Das will ich tun	So geht es
Spalte in Tabelle einfügen	Klicken Sie mit der **rechten** Maustaste auf die Spalte, **links von der Sie eine neue Spalte** haben möchten, und wählen Sie erneut *Zellen einfügen*.
Löschen einer Zeile oder Spalte in einer Tabelle	Klicken Sie mit der **rechten** Maustaste auf die Zeile oder Spalte, die gelöscht werden soll, und wählen Sie im geöffneten Menü *Zellen löschen*.
Blatt (Tabelle) verschieben/kopieren	Registerkarte S*tart/Zellen/Format*
Ein Diagramm löschen	Klicken Sie das Diagramm an und drücken Sie dann die [Entf]-Taste.

Wo finde ich wichtige Befehle aus früheren Office-Versionen?

Befehl in Excel 2003	Register-karte	Gruppe (Ribbon)	Befehl	Abbildung
Formate löschen: *Bearbeiten/ Löschen/For-mate*	*Start*	*Bearbeiten/ Löschen*	*Formate löschen*	
Formeln anzeigen: *Extras/ Optionen/ Formeln*	*Formeln*	*Formelüber-wachung*	*Formeln anzeigen*	

Befehl in Excel 2003	Register-karte	Gruppe (Ribbon)	Befehl	Abbildung
Bearbeiten/ Blatt verschieben/ kopieren	Start	Zellen	Format	
Kopfzeile/ Fußzeile	Seiten-layout	Seite einrichten	Klick auf den klei-nen Pfeil rechts unten	

Fehlermeldungen und ihre Ursachen

Fehlerwert	Was ist passiert?	Beispiel
#NULL!	Wenn z. B. zwei Bereiche summiert werden sollen, verwenden Sie den Vereinigungsoperator, das Semiko-lon (;). Wenn eine Formel beispiels-weise die Summe von zwei Berei-chen ermitteln soll, müssen diese beiden Bereiche durch ein Semiko-lon getrennt sein. Beispielsweise *SUMME(A1:C1; A2:C2)*. Wird das Se-mikolon nicht angegeben, geben Sie also z. B dafür ein Leerzeichen ein, versucht Excel, die Summe für die Zellen zu ermitteln, die beiden Bereichen angehören. Die Bereiche A1:C1 und A2:C2 weisen jedoch keine gemeinsamen Zellen auf, da sie sich nicht überschneiden.	

Fehlerwert	Was ist passiert?	Beispiel
#DIV/0!	Sie dividieren eine Zahl durch 0 (*NULL*).	C1 f_x =A1/B1 — A B C D; 1: 2, 0, #DIV/0!
#WERT!	Sie haben Text an einer Stelle der Formel eingegeben, an der eine Zahl oder ein Wahrheitswert erforderlich ist, z. B. *WAHR* oder *FALSCH*, oder Sie versuchen eine Zahl mit einem Text beispielsweise zu addieren. Enthält zum Beispiel die Zelle A1 eine Zahl und die Zelle B1 den Text *ungültiger Wert*, gibt die Formel *=A1+B1* den Fehlerwert *#WERT!* zurück.	C1 f_x =A1+B1 — A B C; 1: 5, ungültiger Wert, #WERT!
#BEZUG!	Sie haben Zellen gelöscht, auf die sich andere Formeln beziehen, oder Sie haben beim Verschieben einige Zellen in Zellen eingefügt, auf die sich andere Formeln beziehen. In D1 stand die Formel *=A1+B1*. Diese Formel haben Sie nach C1 kopiert.	C1 f_x =#BEZUG!+A1 — A B C D; 1: 5, 6, #BEZUG!
#NAME?	Sie haben den Namen einer Funktion falsch eingegeben.	D1 f_x =summme(A1:C1) — A B C D; 1: 5, 6, 7, #NAME?
#ZAHL!	Sie haben ein unzulässiges Argument in einer Funktion verwendet, die ein numerisches Argument erfordert. Oder Sie haben eine Formel eingegeben, deren Ergebnis zu groß oder zu klein ist, um in Excel dargestellt werden zu können. z. B.: 200^{400} ergibt eine Zahl, die in Excel nicht mehr darstellbar ist. siehe auch das Kapitel über Potenzen	C1 f_x =A1^B1 — A B C D; 1: 200, 400, #ZAHL!

Fehlerwert	Was ist passiert?	Beispiel
#NV	Sie haben in den Tabellenfunktionen *WVERWEIS, VERWEIS, VERGLEICH* oder *SVERWEIS* einen ungeeigneten Wert als Argument für das Suchkriterium eingegeben, oder ein Suchbegriff wurde nicht gefunden. Genaueres dazu lesen Sie im Kapitel über den *SVERWEIS*.	
######	Der Fehlerwert ##### tritt auf, wenn die Zelle eine Zahl, ein Datum oder eine Uhrzeit enthält, die oder das breiter als die Zelle ist, oder wenn die Zelle eine Datums- und/oder Uhrzeitformel enthält, die ein negatives Ergebnis liefert. Lösung: Vergrößern Sie die Spalte.	
Zirkel-bezugs-warnung	Sie geben in eine bestimmte Zelle eine Formel ein und benutzen die gleiche Zelle zum Rechnen in der Formel. Beispiel: Sie befinden sich in der Zelle A5 und möchten die Zahlen von A1 bis A5 summieren.	

Die Basisfunktionen von Excel kennenlernen

Was Sie über Zellen wissen sollten

Jede Tabelle besteht aus Zeilen und Spalten. Spalten werden beschriftet mit Buchstaben und Zeilen mit lateinischen Ziffern. Sie können über 16.300 Spalten und über 1 Million Zeilen benutzen. Excel wird die Beschriftung der Spalten nach Z mit AA, AB, AC ... usw. bis XFD fortsetzen.

Den Schnittpunkt einer Zeile mit einer Spalte nennt man Zelle. Damit später in solche Zellen Formeln richtig eingegeben werden können, besitzt jede Zelle eine eindeutige Koordinate, auch Adresse genannt. Diese Koordinate setzt sich einfach zusammen aus dem Buchstaben der entsprechenden Spalte und der Nummer der entsprechenden Zeile, also beispielsweise A9. Damit ist die Zelle gemeint, die am Schnittpunkt der Spalte A mit der Zeile 9 steht.

> **Reihenfolge bei Koordinatenangaben ist wichtig**
>
> Koordinatenangaben beginnen immer zuerst mit dem Spaltenbuchstaben, gefolgt von der Zeilennummer, also A9, X25, BB3. Falsch hingegen sind die Koordinatenangaben 8B oder 25F. Richtig hingegen B8 oder F25. Also immer zuerst den Spaltenbuchstaben eingeben und dann erst die Zeilennummer.

Eingabe von Zahlen

Sie markieren die Zelle, in die Sie eine Zahl eintragen wollen, und tippen die Zahl ein. Sobald Sie die erste Zahl eingegeben haben, wird die Bearbeitungszeile geöffnet. Sie erkennen das an dem kleinen Häkchen und dem Kreuz links neben der Bearbeitungszeile.

Jede fertige Eingabe muss bei Excel bestätigt werden, da Excel ja nicht ahnen kann, welche Zahlen Sie in die Zelle eingeben möchten.

Möchten Sie Ihre Eingabe beenden, klicken Sie auf das Häkchen. Alternativ können Sie auch die Enter-Taste benutzen.

Das Positive an der Benutzung der Enter-Taste ist, dass Sie dadurch Excel veranlassen, sofort nach Übergabe der Daten in die Zelle darunter zu springen.

Eingabe von Text

Die Eingabe von Text geschieht ähnlich der Eingabe von Zahlen. Bei der Eingabe von Text unterscheiden Sie lediglich, wie immer bei Text, zwischen Groß- und Kleinschreibung.

Die Darstellung am Bildschirm ist jedoch unterschiedlich. Zahlen werden standardmäßig rechtsbündig und Texte linksbündig in die Zelle geschrieben. Daran können Sie auch erkennen, ob Excel eine Eingabe als Text oder Zahl erkannt hat.

Diese Art der Darstellung, Zahlen rechts- und Text linksbündig, ist aber in den seltensten Fällen erwünscht – deshalb werden wir später ausführlich über Formatierungen sprechen, und Sie werden erfahren, wo Sie so etwas ändern können.

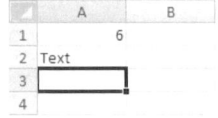

Achtung: Text und Zahlen in einer einzigen Zelle

Text und Zahlen dürfen in der Regel nicht in einer gemeinsamen Zelle stehen, wenn mit dieser Zelle einmal gerechnet werden soll. Es gibt jedoch Ausnahmen von dieser Regel. Dazu im Kapitel über Formatierungen mehr. Dort werden wir eigene Formate erstellen, mit denen Sie Zahlen und Text in eine Zelle geben und trotzdem rechnen können. Im Augenblick sollten Sie aber, wenn Sie z. B. 5 km eintragen wollen, die *5* in eine Zelle und *km* in die Zelle nebenan schreiben.

Eingabe eines Datums

Ein Datum besteht aus *Tag.Monat.Jahr (TT.MM.JJ)*, getrennt durch einen Punkt. Und so wird es auch eingegeben.

Sollte Excel bei Ihnen, nachdem Sie die Eingabe bestätigt haben, das Datum in einem anderen Format in die Zelle schreiben, z. B. 01.01.07, dann sollten Sie das jetzt zunächst einmal hinnehmen.

Im Kapitel über Formatierungen werden wir dann alle nötigen Anpassungen besprechen.

Natürlich können Sie auch nur den Tag und den Monat eingeben ohne eine Jahreszahl. Excel übernimmt dann allerdings standardmäßig das aktuelle Jahr und ergänzt Ihre Eingabe entsprechend durch die Jahreszahl, d. h., sofern Sie schreiben *1.01*, wird Excel die aktuelle Jahreszahl anfügen. Schreiben Sie hingegen *1.01.* (mit Punkt hinter der letzten Zahl), wird Excel Ihre Eingabe standardmäßig als Text interpretieren.

Ich empfehle deshalb, bei der Eingabe eines Datums immer auch die entsprechende Jahreszahl mit einzugeben. Das erspart Ihnen unnötige Irritationen.

Vorsicht bei der Eingabe von Zahlen mit Dezimaltrennung

Bei der Eingabe von Zahlen mit Dezimaltrennung kann es vorkommen, dass Sie, anstelle des üblichen Kommas, als Dezimaltrennzeichen fälschlicherweise einen Punkt benutzen.

A1	▾	× ✓ *fx*	15.12	
	A	B	C	D
1	15.12			
2				

Excel interpretiert solche Eingaben dann als Datum. Sie erhalten also im obigen Beispiel den 15. Dezember. Das Hinterhältige ist nun aber, dass Excel jeden weiteren Versuch, in die **gleiche Zelle** nun die richtige Zahl einzugeben, diese brutal immer als Datum interpretiert.

Lösung: Löschen Sie den Inhalt und die Formatierung der Zelle über *Start/Bearbeiten/Alle löschen.*

Löschen von Eingaben

Sie markieren die Zelle oder die Zellen, deren Inhalt Sie löschen möchten und drücken die (Entf)-
Taste. Denken Sie aber daran, dass dadurch nur der
Inhalt, nicht aber Formatierungen gelöscht werden. Das hat ganz unangenehme Konsequenzen
beim Löschen eines Datums (siehe obiges Kapitel
über die Eingabe eines Datums).

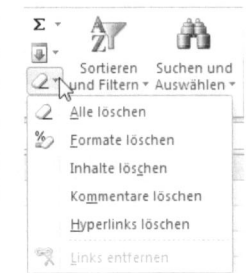

Wenn Sie nun alles in den markierten Zellen löschen möchten, also nicht nur den Inhalt, sondern
auch die Formatierungen, dann wählen Sie die Registerkarte *Start/Bear-
beiten* und darin den Befehl *Alle löschen*.

Die Grundrechenarten

Geben Sie in die Zellen A1 und B1 einer leeren Tabelle zwei Zahlen ein,
beispielsweise die Zahlen 5 und 6. In der Zelle C1 soll anschließend die
Addition der beiden Zahlen in A1 und B1 durchgeführt werden.

Dazu brauchen Sie nun die erste Formel. Formeln geben Sie in Excel im-
mer in die Zelle ein, in der auch das Ergebnis einer Rechnung stehen soll.
In unserem Fall soll in C1 das Ergebnis sein. Die Formel wird also in die
Zelle C1 geschrieben.

Wichtig!

Es ist nicht möglich, in eine Zelle eine Formel einzugeben und zu sagen, dass das Ergebnis aber in eine andere Zelle geschrieben werden soll. Formel und Ergebnis stehen
immer in der gleichen Zelle.

Jede Formel in Excel beginnt mit einem Gleichheitszeichen (=). Nur
wenn dieses das erste Zeichen in einer Formel ist, wird Excel auch rechnen. Die restliche Formel könnte natürlich lauten =5+6, was aber wenig
Sinn macht, denn sobald Sie eine Zahl in A1 oder B1 verändern, müssten
Sie in diesem Fall auch die Formel verändern. Dann aber könnte man
gleich einen Taschenrechner nehmen.

Um die Formel also richtig einzusetzen, brauchen Sie Zelladressen, denn nur sie werden Excel mitteilen, dass eine Zahl in der Zelle A1 mit einer

MDET		▾	✕ ✓ *fx*	=a1+b1
	A	B	C	D
1		5	6 =a1+b1	
2				

Zahl in Zelle B1 addiert werden soll. Sie werden nur in sehr seltenen Fällen Zahlen in eine Formel schreiben. In der überwiegenden Mehrzahl aller Fälle benutzen Sie Zelladressen. Die Formel sieht also so aus:

Groß- oder Kleinschreibung spielt hier keine Rolle, wichtig ist nur, dass zwischen den einzelnen Teilen der Formel kein Leerzeichen sein darf. Nachdem Sie die Eingabe bestätigt haben, sollte das richtige Ergebnis 11 in der Zelle C1 stehen. Ihre Zellmarkierung steht nun wahrscheinlich in einer anderen Zelle. Wenn Sie noch einmal Ihre Formel anschauen möchten, gehen Sie einfach zurück zu C1, indem Sie auf C1 klicken.

Sie sehen nun auch, dass eine Zelle eigentlich aus zwei Teilen besteht. Der erste Teil ist das, was man als Ergebnis erhält und was man in der Zelle sieht. Der zweite Teil ist die Formel, die zu diesem Ergebnis führt und die im Hintergrund der Zelle liegt. Sie sehen die Formel jederzeit in der Bearbeitungszeile, sofern Sie die entsprechende Zelle markiert haben.

Es gibt aber noch einen dritten Teil, aus dem eine Zelle besteht: die Formatierung. Aber die schauen wir uns etwas später an.

Versuchen Sie als Übung nun, die richtigen Formeln für die anderen Grundrechenarten zu entwickeln. Es sollen immer die beiden Zahlen in A1 und B1 für die Rechnung genommen werden.

Rechenart	Formelzeichen	Zelle, in der das Ergebnis stehen soll
Multiplikation	*	D1
Division	/	E1
Subtraktion	-	F1

Die Lösung der kleinen Aufgabe könnte aussehen wie die folgende Abbildung:

E1		▾	*fx*	a1/b1	
	A	B	C	D	E	F
1	5	6	11	30	a1/b1	-1
2						

Achtung: Was ist das richtige Divisionszeichen?

Das richtige Divisionszeichen ist **nicht** der Doppelpunkt :, sondern /. Zwar können Sie auch auf dem numerischen Tastenfeld das Divisionszeichen ÷ benutzen, Excel wird aber trotzdem ein / in die Formel einsetzen.

Bei dieser Lösung ist aber in E1 anscheinend ein Fehler passiert, denn Excel rechnet hier nicht. Was ist geschehen?

Beim Eingeben wurde vergessen, das Gleichheitszeichen = als erstes Zeichen einzugeben. Die Folge dieses Fehlers ist, dass Excel die Eingabe nun als normalen Text interpretiert und ihn auch so behandelt. Er steht linksbündig und wird nicht berechnet. Um das Problem zu lösen, klicken Sie in der Bearbeitungszeile vor die Zelladresse A1, geben das Gleichheitszeichen ein und bestätigen wieder. Und schon hat Excel auch diese Formel berechnet. Um die eventuell auftretenden Nachkommastellen kümmern wir uns im Kapitel über Formatierungen.

Spätestens jetzt sollte Ihnen eine weitere Eigenart von Excel auffallen. Excel wird automatisch in jeder Formel Zelladressen großschreiben, gleichgültig, wie sie eingegeben wurden.

Kopieren einer Formel in darunter- oder danebenliegende Zellen

	C1	▾	f_x	=A1+B1		
	A	B	C	D	E	F
1	5	6	11	30	0,83333333	-1
2	23	56				
3	19	12				
4	37	26				

In der Zelle C1 steht die Addition der Zellen A1 und B1. Nun sollen auch die Zellen A2 und B2 addiert werden, und das Ergebnis soll in C2 stehen. Als Formel müsste in C2 stehen: *=A2+B2*. Möchten Sie auch noch in C3 die Addition von A3 und B3, käme in C3 die Formel *=A3+B3* usw. Es wären also folgende Eingaben zu machen:

	A	B	C
1	5	6	=A1+B1
2	23	56	=A2+B2
3	19	12	=A3+B3
4	37	26	=A4+B4

Das wäre aber höchst umständlich. Glücklicherweise hilft Ihnen Excel hierbei. Sie brauchen lediglich die Formel in der Zelle C1 zu kopieren, und Excel wird während des Kopierens die kopierten Formeln automatisch den neuen Gegebenheiten anpassen.

Zum Kopieren gehen Sie folgendermaßen vor:

1   Klicken Sie auf die Zelle, deren Formel kopiert werden soll.

2   Unten rechts in der Zelle ist ein kleines schwarzes Rechteck zu sehen (siehe Abbildung unten).

3   Gehen Sie mit der Maus auf die-
    ses Rechteck (das große weiße
    Kreuz wird zu einem kleinen
    schwarzen Kreuz), halten Sie nun
    die linke Maustaste gedrückt und
    ziehen Sie das Ganze so weit nach unten, wie Sie möchten.

	A	B	C	D
1	5	6	11	30
2	23	56		
3	19	12		
4	37	26		

Excel kopiert nun in jede Zelle die Formel und wird sie auch entsprechend anpassen. Kontrollieren Sie es, indem Sie einfach die Zellen C1 bis C4 nacheinander kurz anklicken und die Formel in der Bearbeitungszeile anschauen.

Wichtig für das Kopieren:

Drücken Sie erst dann die linke Maustaste zum Kopieren, wenn das schwarze Kreuz zu sehen ist.

Brauchen Sie die Formeln in sehr vielen Zellen untereinander, kann es hilfreich sein, einfach einen Doppelklick auf das Rechteck zu machen, anstatt das schwarze Rechteck zu ziehen. Excel kopiert dann die Formeln so weit, wie die Zellen der angrenzenden Spalte Daten enthalten. In unserem Fall also bis C4, da die linke Spalte bis einschließlich B4 mit Zahlen gefüllt ist. Diese Art des Kopierens ist zwar manchmal recht nützlich, wird aber unbrauchbar, wenn in der angrenzenden Spalte noch keine Werte stehen.

Kopieren funktioniert in jede beliebige Richtung.

Achtung: Hier gibt es Probleme beim Kopieren

In folgendem Fall gibt es Probleme beim Kopieren nach links:

Wenn Sie hier die Formel in Zelle D1 nach C1 kopieren, wird Excel das mit der Fehlermeldung *#BEZUG!* quittieren. Gleichzeitig erscheint in diesem Beispiel in der Zelle B1 ein kleines gelbes Ausrufezeichen, das Ihnen anzeigen soll, dass während es Kopierens ein Problem aufgetaucht ist. Was ist geschehen?

Excel versucht natürlich, wie immer beim Kopieren die Zelladresse anzupassen. In Zelle D1 steht die Formel *=A1*B1*. Beim Kopieren nach links wird nun aus B1 ein A1. Und aus dem ursprünglichen A1 müsste .... ja, was eigentlich werden? Etwas, das vor der Spalte A steht, aber da gibt es nichts, und Excel quittiert ratlos den Dienst und sagt lapidar, dass kein Formelbezug zu finden ist.

Sie können natürlich nicht nur Formeln kopieren. Auch Texte sind möglich. Wir möchten Ihnen hier eine Möglichkeit zeigen, die Sie recht gut einsetzen können, wenn Sie mit Excel ein Haushaltsbuch führen wollen. Nehmen wir an, Sie planen in Ihrem Haushaltsbuch die Posten der Abbildung rechts. Markieren Sie nun diese Posten und kopieren Sie sie, wie gerade besprochen, nach unten.

Excel wird Ihnen nun alle Begriffe kopieren und zwar in der Reihenfolge, wie Sie sie vorher eingegeben hatten.

Verschieben einer Formel

Nun kann es auch passieren, dass Sie in eine Zelle etwas eingegeben haben und erst dann merken, dass Sie es hätten in eine andere Zelle eingeben sollen. In solch einem Fall ist das Verschieben hilfreich. Gehen Sie mit der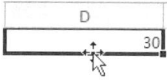
Maus auf den Rahmen (**nicht auf das schwarze Rechteck**) der Zelle, die verschoben werden soll. Haben Sie den Rahmen richtig getroffen, wird aus dem weißen Kreuz ein weißer Pfeil. Klicken Sie nun mit der linken Maustaste, halten Sie sie gedrückt und schieben Sie den Inhalt in eine andere Zelle.

Wann klicken?

Klicken Sie erst, wenn der weiße Pfeil zu sehen ist. Sehen Sie das schwarze Kreuz, stehen Sie auf dem kleinen Quadrat rechts unten und zeigen Excel damit an, dass Sie kopieren möchten.

Natürlich funktioniert das Kopieren und Verschieben nicht nur für Formeln. Auch Texte kann man damit vervielfältigen oder verschieben. Kopieren und Verschieben funktioniert in jede beliebige Richtung.

Spaltenbreite ändern

Die untere Abbildung zeigt eine Tabelle, in der die Spalte E offensichtlich zu klein ist, um die vollständigen Namen der Firmen darzustellen. Das ist ein sehr häufig auftretendes Problem. In solch einem Fall müssen sie die Standardbreite der Spalte verändern.

Um also die Spalte E zu vergrößern, gehen Sie mit der Maus auf den Strich zwischen den Buchstaben der Spalten E und F. Ihr Mauszeiger wird jetzt zu einem schwarzen Strich mit zwei Pfeilen nach links und rechts. Halten Sie nun die linke Maustaste gedrückt und ziehen Sie die Spalte in die gewünschte Breite.

D	E ╂ F	G H
NACHNAME	FIRMA STRASSE	PLZ STADT
Emmermann	Emmermann Schreibw Tatenberger Deich 112	21037 Hamburg
Meyer	Übersetzungsbüro H. M Erich-Kästner-Ring 86	22175 Hamburg
Adams	UMS Hausverwaltunge Prinzregentenplatz 8	81675 München
Rosenstengel	Katzenpension Sanfte I Gutleutstraße 80	60329 Frankfurt

Alternativ können Sie auch einen Doppelklick machen. In diesem Fall wählt Excel automatisch die optimale Breite für die Spalte.

Sie werden später bei den Formatierungen noch eine andere Möglichkeit kennenlernen, wie man lange Texte in einer Zelle darstellen kann.

Einfügen und löschen einer Zeile oder Spalte

Es wird beim Entwickeln einer Mappe immer einmal vorkommen, dass man Zeilen oder Spalten zwischen schon gefüllte Zeilen oder Spalten packen muss. Das ist aber nicht weiter tragisch.

Klicken Sie mit der **rechten** Maustaste auf die Zeilennummer, **oberhalb** der eine neue Zeile eingefügt werden soll.

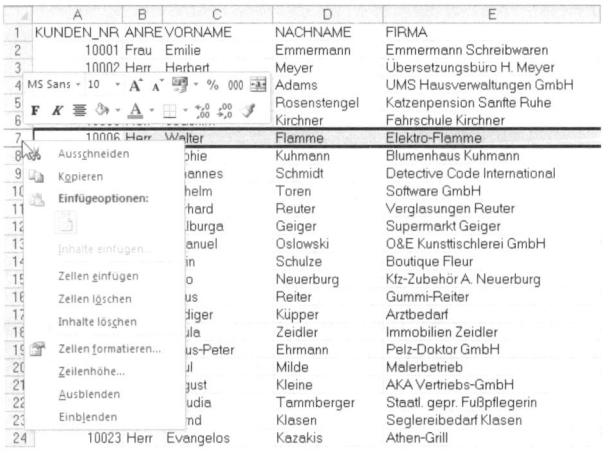

Und schon geht bei Office 2010 eine wahrer Fensterreigen auf. Das obere Formatierungsfenster werden wir später besprechen. Im Moment wichtig ist das untere Fenster.

Wählen Sie in diesem Fenster mit der linken Maustaste *Zellen einfügen*. Und schon haben Sie eine neue Zeile. Excel wird dabei automatisch alle

Formeln entsprechend verändern. Die neue Zeile wird in diesem Fall zwischen die Zeilen 6 und 7 platziert.

Das Einfügen einer Spalte verläuft ähnlich. Klicken Sie mit der **rechten** Maustaste auf die Spalte, **links von der Sie eine neue Spalte** haben möchten, und wählen Sie erneut *Zellen einfügen*.

Zum Löschen klicken Sie mit der **rechten** Maustaste auf die Zeile oder Spalte, die gelöscht werden soll, und wählen im geöffneten Menü *Zellen löschen*.

Bonussysteme – erste einfache Formeln

Um Ihnen die ersten Schritte bei der Eingabe von Formeln zu erleichtern, möchten wir mit Ihnen ein, zugegeben, recht einfaches Beispiel besprechen.

Viele Firmen haben ihre Bonussysteme. Dabei gibt es für einen bestimmten Betrag, den Sie im Geschäft ausgeben, Bonuspunkte.

Sie haben im vergangenen Monat in einer Boutique verschiedene Artikel gekauft, für die es Bonuspunkte gibt:

Ausgabe	Betrag €
Hemd	30
Jacke	120
Schuhe	80
Mantel	190

Für jeden Euro erhalten Sie zwei Bonuspunkte. Errechnen Sie für jede Ausgabe die Punkte, die Sie erhalten.

Ihre Excel Tabelle könnte folgendermaßen aussehen:

	A	B	C
1		Betrag	Bonuspunkte
2	Hemd	30	60
3	Jacke	120	240
4	Schuhe	80	160
5	Mantel	190	380

Die benötigten Formeln sehen Sie in der Abbildung:

	A	B	C
1		Betrag	Bonuspunkte
2	Hemd	30	=B2*2
3	Jacke	120	=B3*2
4	Schuhe	80	=B4*2
5	Mantel	190	=B5*2

Excel Formeln – wozu braucht man Klammern?

Im letzten Beispiel haben wir Bonuspunkte für gekaufte Waren berechnet. Dabei sind wir davon ausgegangen, dass Sie bei jedem Produkt nur ein Stück gekauft haben. Nun soll es ein wenig realistischer zugehen, denn nun kaufen Sie mehrere Stücke, aber der Supermarkt, bei dem Sie einkaufen, gibt Ihnen nur für je 2 € einen Bonuspunkt.

Folgende Produkte haben Sie gekauft:

Auch bei diesem Beispiel wollen wir uns um Schönheit, also Formatierungen, noch nicht kümmern. Das kommt erst später.

	A	B	C
1		Menge	Einzelpreis
2	Butter	2	1,29
3	Wein	6	5,8
4	Joghurt	5	0,9
5	Käse	3	2,3
6	Schokolade	4	1,15

Den Gesamtpreis können Sie nun in Spalte D berechnen. Er ergibt sich aus der Multiplikation der Werte der Spalte B mit den Werten von Spalte C.

D2		f_x	=B2*C2	
	A	B	C	D
1		Menge	Einzelpreis	Gesamtpreis
2	Butter	2	1,29	2,58
3	Wein	6	5,8	34,8
4	Joghurt	5	0,9	4,5
5	Käse	3	2,3	6,9
6	Schokolade	4	1,15	4,6

Die richtige Formel geben Sie zunächst in die Zelle D2 ein. Sie sehen sie in der Abbildung oben. Diese Formel kopieren Sie sich dann nach unten.

Da es nun für je 2 € und je 2 Cent nur einen Bonuspunkt gibt, müssen nun die Werte in Spalte D durch 2 dividiert werden. Das könnte dann so aussehen:

E2		f_x	=D2/2		
	A	B	C	D	E
1		Menge	Einzelpreis	Gesamtpreis	Bonuspunkte
2	Butter	2	1,29	2,58	1,29
3	Wein	6	5,8	34,8	17,4
4	Joghurt	5	0,9	4,5	2,25
5	Käse	3	2,3	6,9	3,45
6	Schokolade	4	1,15	4,6	2,3

Man könnte die Errechnung der Bonuspunkte aber auch in „einem Durchgang" ausrechnen, also ohne das Zwischenergebnis *Gesamtpreis* in Spalte D separat auszugeben. Das würde dann zu folgenden Formeln führen:

D2		▼	*fx*	=B2*C2/2
◢	A	B	C	D
1		Menge	Einzelpreis	Bonuspunkte
2	Butter	2	1,29	1,29
3	Wein	6	5,8	17,4
4	Joghurt	5	0,9	2,25
5	Käse	3	2,3	3,45
6	Schokolade	4	1,15	2,3

Da es in diesem speziellen Fall mathematisch völlig gleichgültig ist, ob man zuerst multipliziert und dann dividiert oder es umgekehrt macht, müssen hier auch keine Klammern gesetzt werden.

Anders sieht es aber aus, wenn in einer Formel Additionen oder Subtraktionen gleichzeitig mit Divisionen oder Multi-

D1		▼	*fx*	=A1+B1/C1	
◢	A	B	C	D	E
1	2	3	4	2,75	=A1+B1/C1
2	2	3	4	1,25	=(A2+B2)/C2

plikationen benutzt werden. Hier geht, wie mathematisch üblich, Punkt-vor Strichrechnung. Excel wird also zuerst die Divisionen und Multiplikationen durchführen und dann erst die Additionen und Subtraktionen. Hier kann eine richtige Klammersetzung durchaus lebenswichtig sein, denn Klammern werden zuerst aufgelöst.

In Spalte E sehen Sie die Formeln, die sich in Spalte D befinden. In Zeile 2 wird zuerst die Klammer aufgelöst, also zuerst A2 und B2 addiert, und dann wird dieses Ergebnis durch C1 dividiert. In Zeile 1 wird zuerst B1/C1 durchgeführt und dann dieses Ergebnis mit A1 addiert.

Inhalt einer Zelle in eine andere Tabelle übernehmen: Verknüpfungen von Tabellen

Oft hat man in einer Zelle mit einer aufwendigen Formel ein Ergebnis erhalten, das man dann in einer anderen Tabelle für weitere Berechnungen auch benötigt. Die gleiche Rechnung in dieser anderen Tabelle noch einmal durchzuführen ist zwar möglich, aber ziemlich unsinnig. Besser ist es, wenn Excel diesen Wert automatisch in die andere Tabelle übernimmt.

Ich möchte Ihnen die Vorgehensweise zunächst an einem einfachen
Beispiel erläutern. Nehmen Sie an,

	A	B	C	D
C1			f_x =A1+B1	
1	5	6	11	

Sie haben eine sehr umfangreiche
Tabelle geschaffen mit ganz tollen und wahnwitzigen Formeln. Excel
rechnet die Zellen Ihrer Tabelle auch richtig und schnell aus, und Sie können so richtig stolz sein.

Ihr wichtiges Ergebnis steht in der Abbildung oben in C1. Nun ist es, aus
irgendwelchen Gründen, nötig, dass das Ergebnis sowohl in C1 als auch
in A6 steht. Natürlich könnten Sie einfach die Zelle C1 nach A6 kopieren.
In diesem Fall bekommen Sie aber die bekannte Fehlermeldung *#BE-
ZUG!*. Wissen Sie noch, warum? Richtig, weil Excel beim Kopieren die
Zelladressen wieder anzupassen versucht. Und für beide Teile der Formel, sowohl für A1 als auch für B1, gäbe es nach dem Kopieren keine Ent-
sprechungen mehr.

Wir müssen es also anders machen.

Sie könnten in A6 die gleiche Formel noch einmal eingeben, denn was
sollte Sie davon abhalten, auch in A5 die Formel *=A1+B1* zu schreiben?
Damit wäre im Grunde das Problem gelöst.

Es wäre auch eine durchaus legitime Möglichkeit. Aber gehen wir einmal
davon aus, Sie haben wirklich eine sehr große Tabelle mit vielen Formeln
vor sich und nicht nur eine kleine, lächerlich einfache Formel wie in der
Abbildung. Es wäre dann sehr unvernünftig, wenn Excel die exakt gleichen Formeln mehrmals berechnen müsste, nur weil sie an verschiedenen Plätzen stehen. Besser ist es deshalb, Excel zu veranlassen, den Wert
aus C1 nach A6 zu übertragen. Und das geschieht mit einer kleinen und
sehr einfachen Formel.

	A	B	C	D
SUMME		X ✓ f_x	=c1	
1	5	6	11	
2				
3				
4				
5				
6	=c1			
7				

Sie tragen in A6 einfach die Formel =C1 ein. Für Excel heißt das, schaue in die Zelle C1 hinein und trage den darin befindlichen Wert in die Zelle ein, in der Sie jetzt stehen, also in A6. Nachdem Sie diese Formel bestätigt haben, steht der Wert von C1 augenblicklich auch in A6.

Zellinhalte mithilfe dieser Methode zu übertragen ist ein sehr mächtiges und hilfreiches Werkzeug. Denn damit lassen sich auch Zellinhalte von einer Tabelle in eine andere übertragen. Sobald dann in der einen Tabelle der Wert verändert wird, verändert sich auch der Wert in der anderen Tabelle.

Schauen wir uns auch das einmal an einem Beispiel an. Sie haben in Ihrem Schachclub eine Excel-Tabelle mit den Vornamen der Mitglieder in der Spalte A der *Tabelle1*. Nun brauchen Sie aber die gleichen Namen auch in der *Tabelle2*. Was also müssen Sie tun?

1   Klicken Sie auf die *Tabelle2* und dort auf die Zelle A1.

2   Tragen Sie nun dort das Gleichheitszeichen = ein.

Klicken Sie dann auf *Tabelle1* und dort in die Zelle A1. Nun sollte in der Bearbeitungszeile Folgendes zu lesen sein:

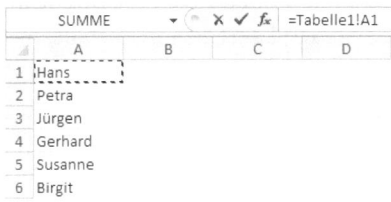

1   Denken Sie daran, dass Sie ja noch in Zelle A1 der Tabelle2 stehen. Für Excel heißt das nun: Schau in der Tabelle1 in das Feld A1 und übertrage es in die Zelle A2 der *Tabelle2*, da Sie in dieser Zelle noch stehen und die Formel dort eingeben.

2   Nachdem Sie das Ganze nun bestätigt haben, hat Excel den Wert übertragen.

Wenn sich nun der Wert A1 in *Tabelle1* ändert, ändert sich auch automatisch der Wert A1 in *Tabelle2*. Probieren Sie es aus!

Kopieren Sie nun die Formel in *Tabelle2* nach unten, haben Sie schnell die Namen der Mitglieder des Vereins auch in *Tabelle2*.

> **Achtung!**
>
> Bestätigen Sie hier immer mit der Enter-Taste und klicken Sie **niemals** zum Bestätigen in eine andere Zelle!

Wie können Sie für Tabellen sinnvollere Namen vergeben?

Natürlich ist es möglich und sogar sehr sinnvoll, statt mit den Standardnamen  *Tabelle1*, *Tabelle2* usw. zu arbeiten, eigene Namen für diese Tabellen zu vergeben. Der einfachste Weg, den Namen einer Tabelle zu verändern, ist, einen Doppelklick auf den Namen der Tabelle zu machen, die Sie umtaufen wollen.

Der Name *Tabelle1* wird nun schwarz unterlegt, und Sie brauchen nur noch den neuen Namen einzutragen. Der Name kann sehr lang sein und darf auch Leerzeichen enthalten. Nachdem Sie den neuen Namen eingegeben haben, bestätigen Sie ihn mit der Enter-Taste

Alternativ: Klicken mit der rechten Maustaste auf den Tabellenname, der geändert werden soll, und klicken Sie dann auf *umbenennen*.

> **Verknüpfungen und Tabellennamen**
>
> Sollten Sie, nachdem Sie Verknüpfungen vorgenommen haben, auf die Idee kommen, die Namen der Tabellen zu ändern, brauchen Sie keine Angst zu haben, dass Sie nun alle diese Formeln auch wieder ändern müssen. Excel macht das alles für Sie. Sie brauchen sich um nichts zu kümmern.

Immer wiederkehrende Listen – AutoAusfüllen

Müssen Sie häufig die Monatsnamen in eine Tabelle eintragen? Oder müssen Sie ständig die Wochentage eintragen? Excel hilft Ihnen dabei – mit der Funktion *AutoAusfüllen*.

Nehmen wir an, Sie benötigen in den Zellen A1, B1, C1 usw. die Monatsnamen. Sie müssen die Monate aber jetzt nicht in jede einzelne Zelle schreiben. Das erledigt Excel für Sie.

Tragen Sie nur den ersten Monatsnamen, mit dem Sie beginnen möchten, in A1 (oder jede andere beliebige Zelle) ein. Nun kopieren Sie die Zelle mit dem bekannten kleinen schwarzen Rechteck in alle Zellen rechts daneben. Excel wird Ihnen automatisch die anderen Monatsnamen in die Zellen schreiben.

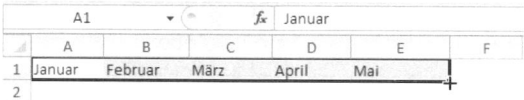

Dies funktioniert natürlich ebenfalls in jede beliebige Richtung.

Testen Sie bitte die folgenden Werte, indem Sie den Wert in die entsprechende Zelle eintragen und dann nach rechts kopieren.

Zelle	Wert
A2	Montag
A3	25. Feb 2004
A4	Jan
A5	Mo
A6	1. Quartal

Was fällt Ihnen in Zeile 3 beim Datum *25. Feb 2004* auf? Excel kennt auch Schaltjahre! 2004 war ein Schaltjahr, entsprechend erhalten Sie auch den 29. Feb 2004.

Im Beispiel für das 1. Quartal ist es wichtig, dass zwischen dem Punkt und dem Wort *Quartal* ein Leerzeichen steht. Nur dann wird Excel automatisch ein 2., 3. und 4. Quartal erzeugen. Und sofern Sie das Wort Quartal richtig geschrieben haben, wird Excel auch kein 5. Quartal erzeugen, denn aufgrund des Wortes Quartal erkannt Excel, dass es davon nur vier geben kann.

Allgemein können Sie jede Zahl mit jedem beliebigen Wort versehen und hochzählen lassen. Geben Sie z. B. das Wort *Urlaub*, gefolgt von einer Jahreszahl, ein und kopieren Sie die Zelle. Vergessen Sie aber nicht das Leerzeichen zwischen *Urlaub* und Jahreszahl.

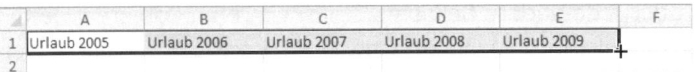

Wie kann man Zahlen hochzählen lassen?

Auch hier kann die Funktion *AutoAusfüllen* sehr hilfreich sein. Doch bei Zahlen reicht es nicht aus, nur den Startwert in eine Zelle zu schreiben. Vielmehr müssen Sie Excel auch mitteilen, mit welcher Schrittweite weitergezählt werden soll.

Soll Excel beginnend mit der Zahl 1 bis zur Zahl 10 hochzählen, geben Sie die *1* in z. B. die Zelle A1 ein, die 2 in die Zelle B1 etc.

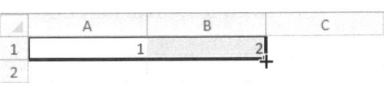

Nun markieren Sie beide Zellen gemeinsam und kopieren sie nach rechts mit dem bekannten Kopiersymbol. Hierbei wird Excel nun automatisch die Schrittweite 1 benutzen.

Möchten Sie aber in 2er-Schritten laufen, geben Sie in die Zelle B2 einfach die Zahl 3 ein. Der Rest verläuft wie gerade besprochen, Sie markieren die beiden Zellen und kopieren sie.

Allgemein heißt das nun, dass Sie bei Zahlen die beiden ersten Werte eintragen, diese beiden Werte markieren und gemeinsam kopieren. Damit kennt Excel automatisch die Schrittweite.

Eigene Ausfülllisten

Der interessanteste Teil der Funktion *AutoAusfüllen* ist aber sicher die Möglichkeit, beliebige eigene Listen zu erstellen. Brauchen Sie z. B. sehr häufig die Fachbereiche an der Uni oder die Abteilungen Ihrer Firma in verschiedenen Tabellen, kann es sehr umständlich sein, diese Namen jedes Mal aus einer schon erstellen Tabelle zu kopieren. Hier würde es sich anbieten, einmalig eine eigene Liste zu erzeugen und die Funktion *AutoAusfüllen* zu benutzen.

Was müssen Sie tun?

1 Klicken Sie auf das *Datei*-Menü und darin in der linken Spalte auf *Optionen*. Klicken Sie dann auf den Bereich *Erweitert* in der linken Spalte.

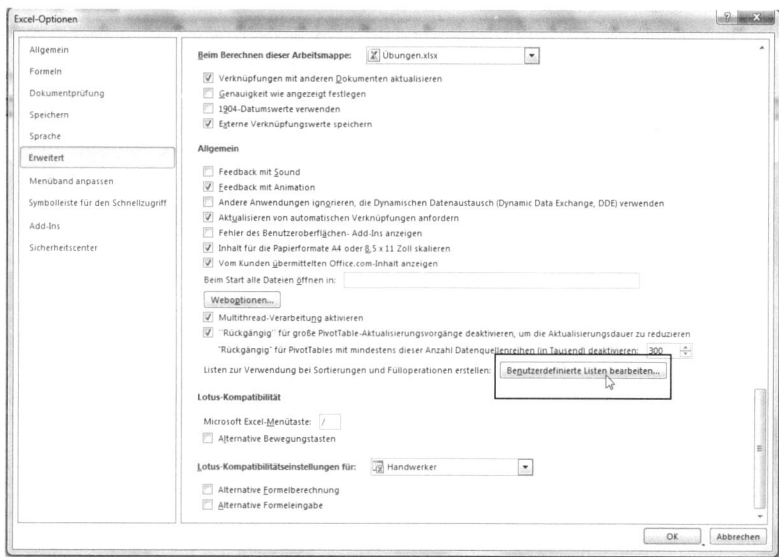

2 Nun sehen Sie recht weit unten in diesem Fenster *Benutzerdefinierte Listen bearbeiten...* Klicken Sie darauf.

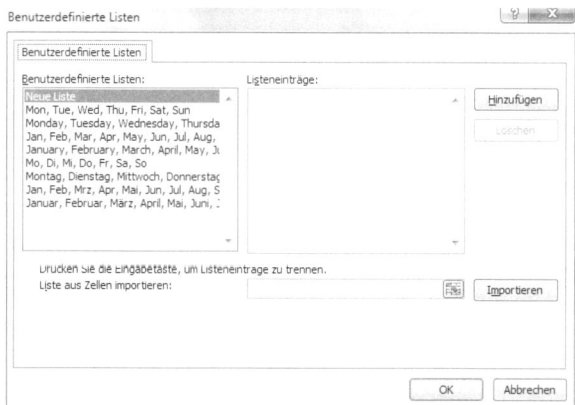

3 Hier finden Sie die Listen, mit denen Sie bisher auch schon gearbeitet haben. Sie sehen aber auch den Befehl *Neue Liste,* mit dem Sie nun eine eigene Ausfüllliste erstellen können. Klicken Sie also auf *Neue Liste.*

4 Nun klicken Sie in den Bereich *Listeneinträge.* Hier können Sie jetzt Ihre neuen Einträge eingeben. Sobald Sie einen Eintrag fertig gestellt haben, bestätigen Sie ihn mit der [Enter]-Taste.

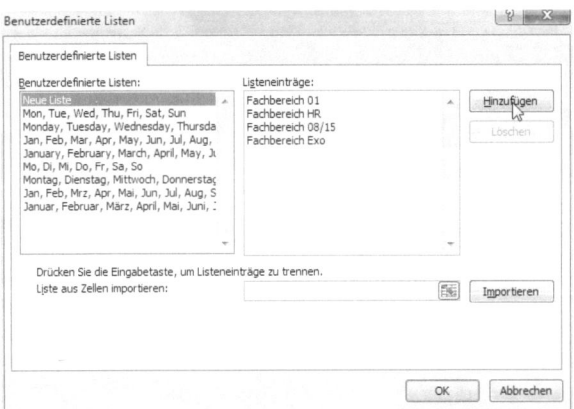

5 Haben Sie alle Fachbereiche eingegeben, bestätigen Sie Ihre neue Liste durch Klick auf *Hinzufügen.*

6 Wollen Sie eine weitere neue Liste eintragen, führen Sie die Schritte 3 und 4 erneut durch.

7 Wenn Sie fertig sind, beenden Sie das Fenster durch Klick auf *OK* und schließen die *Excel-Optionen* ebenfalls durch *OK.*

Von nun an können Sie diese Liste genauso benutzen wie Monatsnamen oder die Tagesnamen. Sie tragen in eine Excel-Tabelle einfach einen der Namen Ihrer Liste ein (es muss nicht unbedingt der erste Name der Liste sein) und kopieren dann nach unten oder an eine beliebige andere Stelle. Zum Kopieren benutzen Sie dazu das kleine schwarze Rechteck rechts unten in der Zelle, in der Sie den Namen eingetragen haben.

Denken Sie aber daran: Der Startwert, den Sie in die Tabelle eingeben, muss richtig geschrieben sein. Wenn Sie *Fachbereich 1* als ersten Begriff eingeben und dann kopieren, wird die Funktion *AutoAusfüllen* zwar in Gang gesetzt, aber Sie erhalten dann nur Fachbereich 1, Fachbereich 2, Fachbereich 3 usw., denn der erste Fachbereich wurde als *Fachbereich 01* eingegeben. Natürlich können Sie auch als Startwert *Fachbereich 08/15* eingeben.

Auch eine Namensliste können Sie auf diese Weise erstellen:

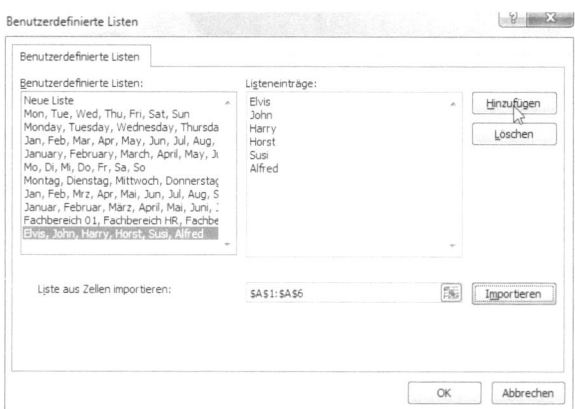

Was aber, wenn Sie diese Namensliste sortiert haben wollen?

Für Excel kein Problem.

1 Schreiben Sie die Namen zunächst einmal untereinander in eine ganz normale Tabelle. Jeder Name kommt in eine Zelle.

2 Markieren Sie anschließend die Namen und wählen Sie dann die Registerkarte *Daten*. Hier finden Sie im Bereich *Sortieren und Filtern* die Schaltfläche zum Sortieren. A→Z sortiert absteigend, also A oben und Z unten. Der andere Button sortiert aufsteigend.

3 Lassen Sie Ihre sortierte Liste markiert und wählen Sie das *Datei*-Menü aus. Hier gehen Sie wieder zu den *Optionen* und im Bereich *Erweitert* wählen Sie *Benutzerdefinierte Listen bearbeiten...*

4 Nun steht unten im Feld *Liste aus Zellen importieren* schon ein Zellbereich, nämlich der, den Sie markiert haben.

5 Klicken Sie auf *Importieren* und schon haben Sie Ihre sortierte Liste.

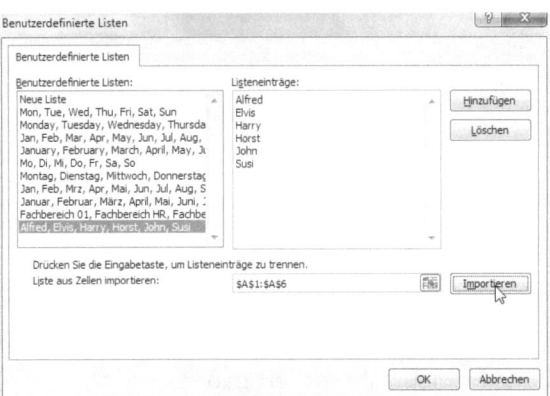

6 Bestätigen Sie nun sämtliche Fenster mit *OK* und gehen Sie damit zu Ihrer Excel-Tabelle zurück.

Sortieren von Datenlisten

Manchmal kommt es vor, dass eine Werteliste sortiert sein muss, oder Sie wollen sie aus Gründen der Übersichtlichkeit sortiert haben. Hier bietet sich natürlich zunächst die vorhin besprochene Art der Sortierung an.

Sie können aber auch über *Start* in die Gruppe *Bearbeiten* gehen und dort *Benutzerdefiniertes Sortieren* auswählen:

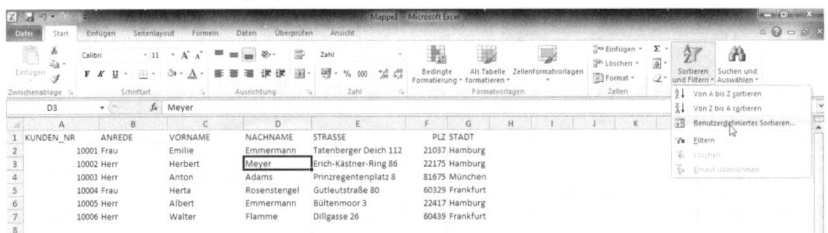

Oder Sie klicken auf *Daten* und dort auf *Sortieren*.

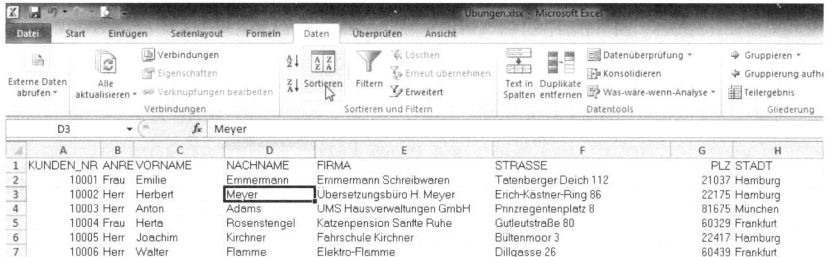

In jedem Fall erhalten Sie folgendes Fenster:

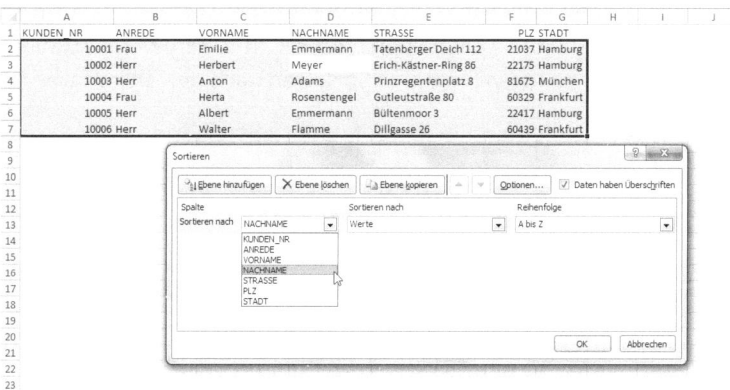

Hier sagen Sie nun, nach welcher Spalte sortiert werden soll (im Beispiel könnte es die Spalte *Nachname* sein).

Im Bereich *Sortieren nach* können Sie entscheiden, ob Sie nach irgendwelchen Zellfarben oder Werten sortieren wollen:

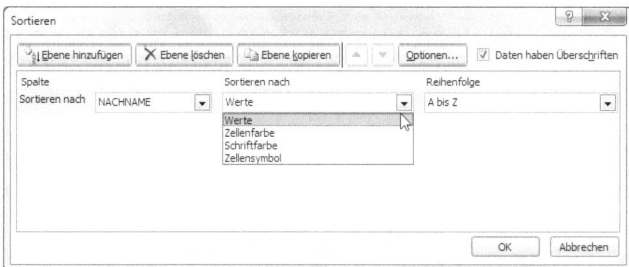

Der Sinn eines Sortierens nach Werten dürfte Ihnen sicher spontan klar sein, denn Werte können z. B Zahlenwerte sein. Aber auch Vor- und Nachnamen fallen in die Kategorie Werte. Aber wahrscheinlich werden Sie sich fragen, welchen Sinn es machen soll, z. B nach der Zellfarbe zu sortieren.

Sie werden im Kapitel über bedingte Formatierung sehen, wie Sie aufgrund von Bedingungen Zellen mit einer Farbe einfärben können, um sie so besser und schneller sehen zu können. Sie haben z. B 10.000 Messwerte und suchen einen bestimmten Zahlenwert, der Ihnen vielleicht einmal den Nobelpreis einbringen könnte. Also lassen Sie Excel den Wert suchen und farblich darstellen, z. B rot. Nun taucht bei einer Messreihe dieser Wert in der Zelle 8.295 auf. Und Sie müssen nun erst 8.294 Zellen anschauen, um die rote Zelle zu finden in der dieser tolle Wert steht. Da wäre es doch sicher viel besser, sich alle die Zellen zuerst zeigen zu lassen, deren Zahlenwert rot ist. Und das erreichen Sie durch Sortieren nach der Zellenfarbe.

Und zum Schluss entscheiden Sie, ob auf- oder absteigend sortiert werden soll.

Relative und absolute Adressen

Diese beiden sehr wichtigen Begriffe lassen sich am besten an einem Beispiel erläutern. Nehmen wir an, Sie lassen Ihr Haus grundlegend sanieren. Der Maurer hat zu tun, auch der Elektriker, der Installateur und der Fliesenleger wurden

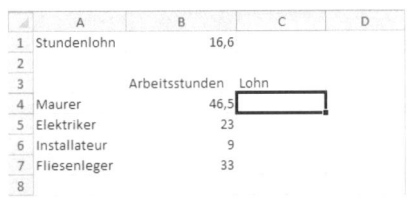

von Ihnen beauftragt. Sie haben mit allen den gleichen Stundenlohn von 16,60 Euro vereinbart. Lediglich die Arbeitsstunden sind verschieden. Ihre Tabelle könnte so aussehen:

In der Zeile 1 haben Sie den Stundenlohn eingetragen. Da wir uns erst später um Formatierungen kümmern, lassen Sie in diesem Beispiel auch erst einmal jeglichen Bezug zu einer Währung weg.

In die Zellen A4 bis A7 wurden die verschiedenen Handwerker eingetragen, für die Sie den Lohn errechnen wollen. In den Zellen B4 bis B7 sind die von den Handwerkern abgeleisteten Arbeitsstunden aufgeführt.

Jetzt brauchen Sie nur noch in C4 die entsprechende Formel zur Lohnberechnung zu schreiben und nach unten zu kopieren. Dabei soll es auch nicht um die Frage nach Brutto- oder Nettolohn gehen. So etwas machen wir erst später.

Schreiben Sie in C4 die richtige Formel zum Errechnen des Lohns. Das sollte eigentlich nicht schwer sein und ist mit den besprochenen Grundrechenarten problemlos zu machen. Denken Sie aber daran, dass Sie mit Zelladressen und nicht mit festen Zahlen arbeiten sollen. Haben Sie die richtige Formel eingegeben, dann kopieren Sie sie in die anderen Zellen nach unten.

Kommen Sie auch zu diesem Ergebnis?

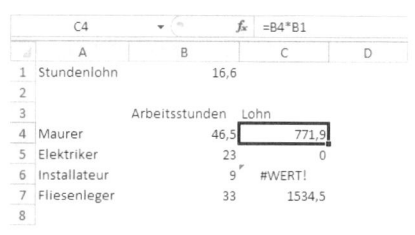

Dann haben Sie bisher alles richtig gemacht. Sie glauben es nicht?

In Wirklichkeit ist es natürlich nicht ganz richtig, denn die Ergebnisse sind alles andere als in Ordnung. Das sehen Sie spätestens bei der Fehlermeldung in Zelle C6. Zwar ist in C4 die richtige Formel eingegeben (das sehen Sie in der Bearbeitungszeile), aber bei den anderen Formeln scheint etwas schiefgelaufen zu sein. Was ist geschehen? Denken Sie kurz nach, bevor Sie weiterlesen, und versuchen Sie, eine Antwort zu finden.

Um einer Antwort näher zu kommen, klicken Sie in die Zelle C5. Dort finden Sie die Formel =B5*B2. Hier sollte bei Ihnen der erste Verdacht aufkommen. B5 in der Formel ist ja noch richtig, völlig unsinnig hingegen aber ist B2. Das müsste doch eigentlich auch B1 heißen. Schauen Sie sich in dieser Weise die anderen Formeln in den Zellen C4 bis C7 an.

	A	B	C
1	Stundenlohn	16,6	
2			
3		Arbeitsstunden	Lohn
4	Maurer	46,5	=B4*B1
5	Elektriker	23	=B5*B2
6	Installateur	9	=B6*B3
7	Fliesenleger	33	=B7*B4
8			

Ich hoffe, Sie haben inzwischen eine Erklärung für das seltsame Verhalten von Excel gefunden.

Bisher war es sehr segensreich, dass Excel beim Kopieren die Zelladressen verändert hat. Hier haben wir ein Beispiel, bei dem diese schöne Eigenschaft zu unsinnigen Ergebnissen führt. Dass Excel die Zelladressen der B-Spalte, also die Arbeitsstunden, verändert, ist ja noch völlig in Ordnung, aber die Zelle, in der der Stundenlohn steht, darf Excel nicht verändern. Dort müsste **immer** B1 stehen, denn der Stundenlohn steht nun mal immer in B1.

Hier haben wir also ein Beispiel vor uns, bei dem verschiedene Zelladresstypen in einer Formel unterschieden werden müssen. Wir haben es einmal mit sogenannten relativen Adressen zu tun, also Adressen, die Excel beim Kopieren verändern darf. Hier sind es die Zellen B4 bis B7 der Formel. Aber wir haben es in diesem Beispiel auch mit absoluten Zellen zu tun, also Zellen, die Excel beim Kopieren **nicht** verändern darf. Das ist in unserem Fall die Zelle B1. Diese Zelle darf in unserem Beispiel beim Kopieren nicht verändert werden, sie muss in jeder Formel B1 bleiben.

Bisher haben Sie Zelladressen in der Form A1, B5 oder C8 verwendet. Diese Zellen hat Excel beim Kopieren verändert. Das sind also relative Zelladressen. Um nun eine relative Adresse zu einer absoluten zu machen, müssen Sie lediglich beim Eingeben der Formel vor die einzelnen Bestandteile der Zelle ein Dollar-Zeichen ($) schreiben.

Relative Adresse	B1
Absolute Adresse	$B$1

Denken Sie aber daran, dass das Dollar-Zeichen bei einer absoluten Zelle **vor jedem** Teil der Zelladresse stehen muss. **Folgendes ist falsch: $B1$.**

Das Dollar-Zeichen vor den einzelnen Bestandteilen der Zelladresse gibt also an, dass diese Teile beim Kopieren nicht verändert werden dürfen.

Sind die Formeln des Beispiels nun richtig, können Sie als Stundenlohn einen vielleicht etwas realistischeren Wert einsetzen, und Excel wird sofort alles neu berechnen.

> **Schnelles Ändern einer relativen Zelle zu einer absoluten**
>
> Sie können ganz schnell eine relative Zelle zu einer absoluten machen. Schreiben Sie in der Formel zunächst die entsprechende Zelle relativ, also z. B. B3, und drücken dann sofort auf die F4-Taste. Nun werden automatisch die Dollar-Zeichen an die richtigen Stellen geschrieben.
>
> Geben Sie nun in die Zelle B5 die richtige Formel ein und kopieren Sie sie erneut. Jetzt sollte alles richtig funktionieren. Eventuell hat Excel nun ein paar Dezimalstellen zu wenig. Das werden wir im Kapitel über Formatierungen ändern.

Einfaches Modell mit relativen und absoluten Adressen

Ein sehr einfaches Beispiel: Sie haben einen kleinen Teeladen und möchten nun die Gewinne für nur eine Teesorte in den ersten sechs Monaten des Jahres berechnen. 1 kg des Tees verkaufen Sie für 28,20 €. Die Einkaufskosten belaufen sich auf 16,90 € pro Kilogramm Tee. In den Zellen B6 bis B12 sind die verkauften Mengen Tee in Kilogramm eingetragen, und Sie möchten nun wissen, welchen Gewinn Sie in den verschiedenen Monaten erzielt haben. In den Spalten C, D und E müssen nun entsprechende Formeln eingetragen werden.

Ihre Tabelle könnte also folgendermaßen aussehen:

	A	B	C	D	E
1	Verkaufspreis/kg	28,2			
2	Einkaufspreis/kg	16,9			
3					
4					
5	Monat	Menge (kg)	Umsatz	Kosten	Gewinn
6	Januar	26	733,2	439,4	293,8
7	Februar	24	676,8	405,6	271,2
8	März	28	789,6	473,2	316,4
9	April	15	423	253,5	169,5
10	Mai	10	282	169	113
11	Juni	16	451,2	270,4	180,8
12	Juli	20	564	338	226

Die richtigen Formeln sehen Sie in folgender Abbildung:

	A	B	C	D	E
1	Verkaufspreis/kg	28,2			
2	Einkaufspreis/kg	16,9			
3					
4					
5	Monat	Menge	Umsatz	Kosten	Gewinn
6	Januar	26	=$B$1*B6	=$B$2*B6	=C6-D6
7	Februar	24	=$B$1*B7	=$B$2*B7	=C7-D7
8	März	28	=$B$1*B8	=$B$2*B8	=C8-D8
9	April	15	=$B$1*B9	=$B$2*B9	=C9-D9
10	Mai	10	=$B$1*B10	=$B$2*B10	=C10-D10
11	Juni	16	=$B$1*B11	=$B$2*B11	=C11-D11
12	Juli	20	=$B$1*B12	=$B$2*B12	=C12-D12
13					

Sie sehen, wie wichtig die richtige Unterscheidung zwischen relativen und absoluten Zelladressen ist.

Sollten Sie diese Tabelle nachvollzogen haben, haben Sie auch daran gedacht, die Monatsnamen mit der Funktion *AutoAusfüllen* zu erzeugen? Sie schreiben den ersten Monat in die Zelle und kopieren dann den Inhalt der Zelle nach unten.

Zinsen für ein Guthaben

Diese Aufgabe ist schon eine der komplizierteren. Zunächst sollten Sie sich folgende Tabelle erstellen:

	A	B	C
1	Guthaben	5000	
2	Zinssatz	2,5	
3	Beginn	2010	
4			
5		Zinsen	Guthaben
6	2010		
7	2011		
8	2012		
9	2013		
10	2014		
11	2015		
12	2016		
13	2017		
14	2018		
15	2019		
16	2020		

Als Erstes versuchen Sie, die richtige Formel für die Zinsen und das Guthaben des Jahres 2010 zu entwickeln.

Rein mathematisch würde man so etwas mit dem normalen Dreisatz berechnen.

$$Zinsen = \frac{Zinssatz * Guthaben}{100}$$

In die Zelle B6 gehört also die folgende Formel:

- =B2*B1/100

Das Guthaben selbst ist nur eine Addition des Guthabens mit den gerade errechneten Zinsen. In C6 steht also die Formel:

    =B1+B6

Da es ja Zinseszinsen gibt, müssen die Formeln für das nächste Jahr, also 2011, noch einmal eingegeben werden, und erst dann können Sie kopieren.

Für das Jahr 2011 brauchen Sie nämlich zunächst das Guthaben des Jahres 2010 und nicht mehr das Anfangsguthaben. Das führt in Zelle B7 zu folgender Formel:

    =C6*B2/100

Doch Achtung, diese Formel soll nun nach unten kopiert werden und da darf sich die Zelle B2 nicht ändern, denn der Zinssatz steht immer in B2. C6 hingegen darf sich von Jahr zu Jahr ändern. Die richtige Formel in B7 lautet also:

    =C6*$B$2/100

In C7 steht:

    = C6+B7

Nun erst können Sie sich die Formel in B7 und C7 nach unten kopieren.

	A	B	C
1	Guthaben	5000	
2	Zinssatz	2,5	
3	Beginn	2010	
4			
5		Zinsen	Guthaben
6	=B3	=B2*B1/100	=B1+B6
7	=A6+1	=C6*$B$2/100	=C6+B7
8	=A7+1	=C7*$B$2/100	=C7+B8
9	=A8+1	=C8*$B$2/100	=C8+B9
10	=A9+1	=C9*$B$2/100	=C9+B10
11	=A10+1	=C10*$B$2/100	=C10+B11
12	=A11+1	=C11*$B$2/100	=C11+B12
13	=A12+1	=C12*$B$2/100	=C12+B13
14	=A13+1	=C13*$B$2/100	=C13+B14
15	=A14+1	=C14*$B$2/100	=C14+B15
16	=A15+1	=C15*$B$2/100	=C15+B16

Das alles führt zu den entsprechenden Formeln.

Warum aber, so könnten Sie fragen, muss in der Zelle B6 nicht zwischen relativen und absoluten Zellen unterschieden werden?

255

Die Antwort ist einfach: weil diese Formel nicht kopiert werden musste. Relative und absolute Zellen werden nur dann wirklich wichtig, wenn eine Formel kopiert wird, denn nur dann wird Excel sie beim kopieren auch verändern.

Es wäre aber keinesfalls falsch gewesen, wenn Sie auch in Zelle B5 den Teil B2 absolut gesetzt hätten.

Sicher ist Ihnen aufgefallen, dass in Spalte A nicht die *AutoAusfüllen*-Funktion benutzt wurde. Das wäre zwar auch richtig gewesen, wäre aber keine wirklich gute Lösung, denn bei Eingabe einer neuen Jahreszahl in B3 müssten Sie die Zellen A6 bis A16 erneut mit *AutoAusfüllen* erstellen.

Ich habe mich deshalb auch hier für Formeln entschieden, um Ihnen eine weitere Möglichkeit zu zeigen, wie man Zahlen, in diesem Fall Jahreszahlen, hochzählen kann. Das Vorgehen ist denkbar einfach. Excel wird in allen Formeln nur die Anweisung erteilt, zum jeweils vergangenen Jahr einfach die Zahl 1 dazuzuaddieren.

Der Vorteil dieses Vorgehens ist, dass Sie jetzt nur noch in Zelle B3 ein anderes Jahr eintragen müssen – und Excel rechnet die Folgejahre automatisch aus.

Im Jahre 2020 erhalten Sie von Ihrer Bank ein Guthaben von 6560,433289 € zurück.

Das Speichern von Tabellen und Mappen

Was ist der Unterschied zwischen Speichern und Speichern unter?

Es gibt zwei Befehle, um Dokumente, Arbeitsmappen oder PowerPoint-Präsentationen zu speichern. Das ist zum einen *Speichern* und zum anderen *Speichern unter*. Um zu den beiden Befehlen zu kommen, klicken Sie auf das *Datei*-Symbol:

Mit diesem Symbol öffnen Sie das aus früheren Office-Versionen bekannte *Datei*-Menü:

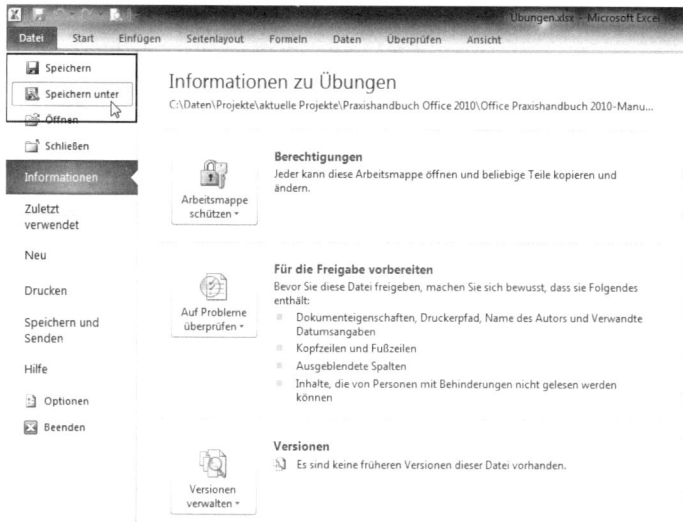

Verglichen mit den früheren Versionen, hat sich dieses Menü jedoch erheblich verändert. Im Augenblick wollen wir uns aber nur um die Befehle *Speichern* und *Speichen unter* kümmern, denn damit können Sie Ihre Arbeitsmappen speichern.

Wählen Sie zunächst *Speichern unter.*

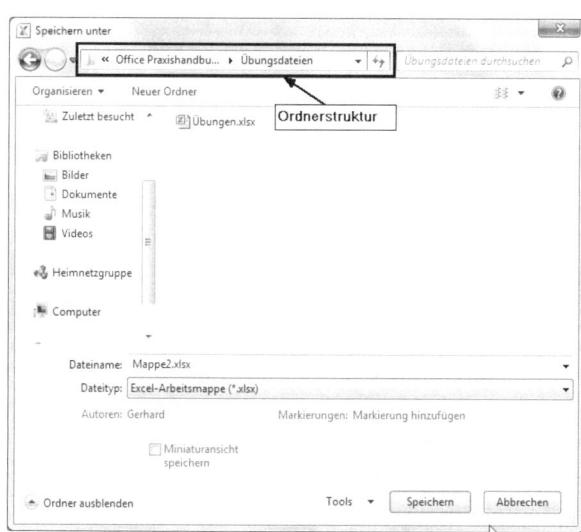

In der Ordnerstruktur können Sie zunächst den richtigen Ordner auf Ihrer Festplatte auswählen, auf dem die Datei gespeichert werden soll. In der oberen Abbildung würde die Datei im Ordner *Office Praxishandbuch* und dort im Ordner *Übungsdateien* gespeichert.

Klicken Sie in der Ordnerstruktur auf den linken Ordnernamen (hier: *Office Praxishandbuch*), wird der untergeordnete Ordner (hier: *Übungsdateien*) geschlossen. Sie kommen in Ihrer Ordnerstruktur also eine Ebene nach oben.

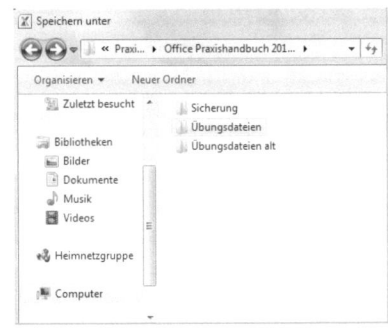

Klicken Sie hingegen auf die << in der Ordnerstruktur, können Sie von hier aus jeden beliebigen anderen Ordner auf Ihrer Festplatte erreichen.

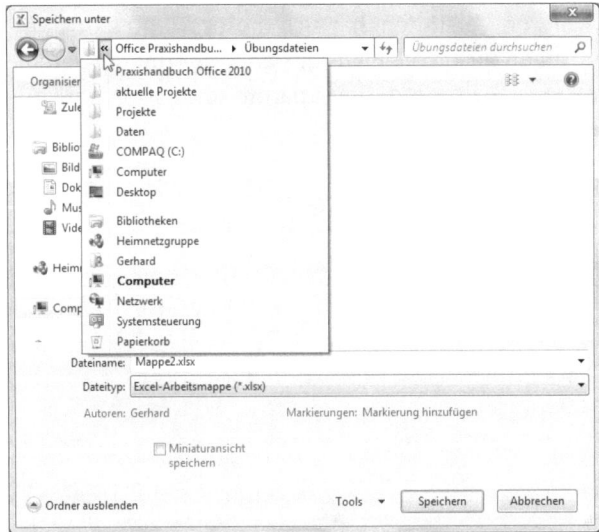

Bei *Dateiname*: vergeben Sie einen sinnvollen Dateinamen. Den Dateityp, im Feld darunter, wird Excel zunächst selbsttätig, aus der entsprechenden Anwendung heraus, auswählen. In der obigen Abbildung wird eine Excel Tabelle gespeichert, deshalb die Erweiterung *.xlsx*. Bei Word würde hier *.docx*, bei PowerPoint *.pptx* stehen.

Für Umsteiger aus früheren Office-Versionen

Vielleicht wundern Sie sich, dass sich die Dateina-
menserweiterung für Excel von *.xls* zu *.xlsx* im neuen
Office 2010 geändert hat. Auch haben sich die anderen Dateinamenserweiterungen in Word von *.doc* zu *.docx* und PowerPoint
von *.ppt* zu *.pptx* geändert.

Das sollte Sie zunächst aber nicht grämen, denn Sie können natürlich weiterhin Ihre alten Office-Dateien in Office 2007 bzw. Office
2010 problemlos öffnen und bearbeiten. Lediglich Benutzer frühe-
rer Office-Version (früher als Office 2007) können Dateien mit der
neuen Endung nicht öffnen.

Wählen Sie also den richtigen Ordner und vergeben Sie dann einen sinnvollen Namen. Excel wird standardmäßig immer die gesamte Mappe mit
allen darin enthaltenen Tabellen speichern, PowerPoint alle Folien und
Word das gesamte Dokument.

Der Name, den Sie für die Datei wählen, sollte natürlich so gewählt werden, dass Sie sofort sehen, was sich hinter der Datei verbirgt, ohne sie erst
öffnen zu müssen. Der Dateiname selbst kann dabei bis zu 64 Zeichen lang
sein, Sie müssen also nicht unbedingt irgendwelche kryptischen Kürzel benutzen. Aber Sie sollen auch nicht bedenkenlos immer alle 64 möglichen
Zeichen nutzen, denn das könnte sich vielleicht einmal ei der Menge der
Dateien pro Ordner rächen, denn lange Dateinamen benötigen im Inhaltsverzeichnis der Festplatte viel Platz.

Welche Dateinamen Sie wählen, ist Ihnen überlassen, Sie sollten aber
versuchen, immer Namen zu wählen, die auf den Inhalt der Datei schließen lassen. Ein Dateiname *xyzuvp.xlsx* ist nur zu empfehlen, wenn Sie sich
selbst im Laufe der Zeit das Leben schwer machen wollen.

Haben Sie also einen Speicherplatz ausgesucht und einen Dateinamen
gewählt, genügt im Fenster *Speichern unter* ein Klick auf *Speichern*, um die
Datei nun endgültig auf der Festplatte abzulegen.

Nun haben Sie einen Namen vergeben. Damit genügt zukünftig nur ein Klick auf *Speichern* oder die kleine Diskette, um Ihre Datei zu speichern.

Man kann also sagen, *Speichern unter* ist immer richtig, *Speichern* kann unter Umständen falsch sein.

Achtung: Wichtiges zu Speichern/speichern unter

Sie haben eine Datei mit allen Inhalten und Formatierungen erstellt. Diese speichern Sie jetzt unter dem Namen *Vorlage* ab. Nun öffnen Sie diese Datei und verändern sie. Wenn Sie nun auf die Diskette klicken oder *Speichern* wählen, benutzt Excel den Namen *Vorlage* zum Speichern. Ihre ursprüngliche Vorlage, die ohne Ihre Änderungen, ist damit überschrieben. Wenn Sie aber Ihre ursprüngliche Datei behalten möchten, speichern Sie die geänderte Datei mit *Speichern unter.*

Ein paar Bemerkungen noch zu den neuen Dateinamenserweiterungen. Wenn Sie Ihre Word-/Excel-/PowerPoint-Dateien mit den neuen Dateinamenserweiterungen abspeichern, können Benutzer einer älteren Office-Version (älter als Office 2007) diese Dateien nicht lesen. Was Sie tun können, damit auch ältere Office-Versionen Ihre Dateien lesen können, erfahren Sie im folgenden Abschnitt.

Wichtige grundlegende Einstellungsmöglichkeiten vornehmen

Was früher unter *Extras/Optionen* zu finden war, finden Sie in Office 2010 über das *Datei*-Symbol. Ein Klick darauf führt Sie zu folgendem Fenster.

Hier finden Sie die Word- bzw. Excel- oder PowerPoint-Optionen mit denen Sie grundlegende wichtige Einstellungen vornehmen können.

Eine dieser sinnvollen Einstellungen wäre z. B., einen Standardspeicherort festzulegen, damit Sie beim Speichern immer zunächst in diesem Standardordner landen, um von dort eventuell in weitere Unterordner zu verzweigen.

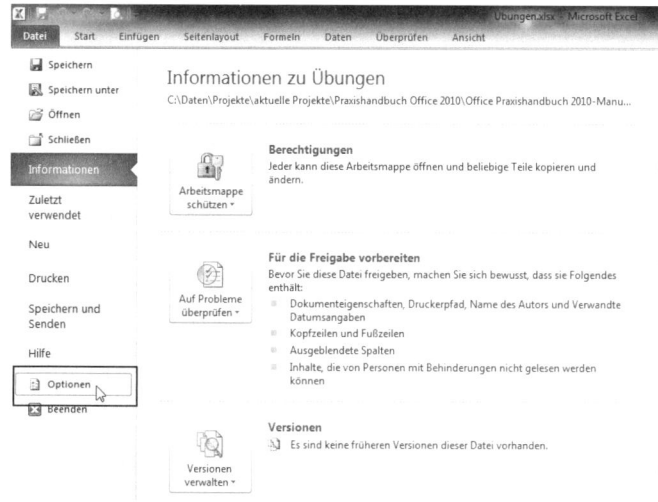

Klicken Sie also zunächst im linken Bereich auf *Optionen*. Dann wählen Sie erneut im linken Bereich den Befehl *Speichern*:

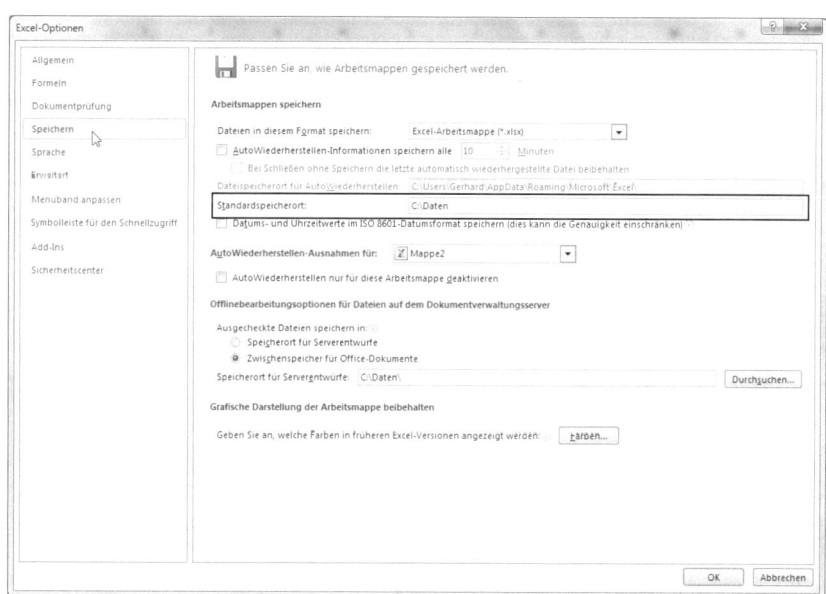

Wenn Sie also nicht mit dem von Office 2010 vorgegebenen Standardspeicherort arbeiten möchten, geben Sie im Bereich *Standardspeicherort:* den exakten Pfad zu Ihrem gewünschten Standardordner ein.

Hier können Sie auch eine Zeitdauer wählen, in der AutoWiederherstellen-Informationen gespeichert werden sollen. In der Abbildung sind zehn Minuten vorgegeben, das heißt also, wenn Sie das Häkchen davor setzen, wird Office 2010 alle zehn Minuten Informationen speichern, damit ihre Excel-Mappe bei einem eventuellen Programmabsturz wiederhergestellt werden kann. Sollte Ihre Anwendung also einmal abstürzen, verlieren Sie schlimmstenfalls (?!) nur das, an dem Sie in den letzten zehn Minuten seit der letzten Speicherung gearbeitet haben.

Vorsicht: Setzen Sie den Wert nicht auf eine Minute

Gehören Sie zu den ängstlichen Computerbenutzern und möchten am liebsten jede Minute eine Speicherung, damit ja nichts verloren geht, möchten wir Sie trotzdem davor warnen, so etwas zu tun. Denn bei jedem Speichern können Sie für Augenblicke nicht weiterarbeiten, was zwar bei kleinen Tabellen oder Dokumenten nicht besonders auffällt, bei großen aber erhebliche Wartezeiten zur Folge haben könnte.

Aus dem letzten Abschnitt wissen Sie, dass Office 2010 seine Dateien in einem neuen Speicherformat abspeichert.

Leider sind diese neuen Dateiendungen wie *.xlsx* nicht mehr abwärtskompatibel, d. h., Excel-Tabellen, die Sie mit Office 2007 erstellt und mit der Dateiendung *.xlsx* abgespeichert haben, lassen sich z. B. von Excel 2003 und älteren Versionen nicht lesen (das gilt leider auch für Word-Dokumente und PowerPoint-Präsentationen).

Natürlich können Sie beim Abspeichern sagen, dass Excel (bzw. Word oder PowerPoint) Ihr Werk in einer alten Version abspeichern soll. Klicken Sie beim Speichern in den Bereich *Dateityp:* und wählen Sie hier die richtige Erweiterung:

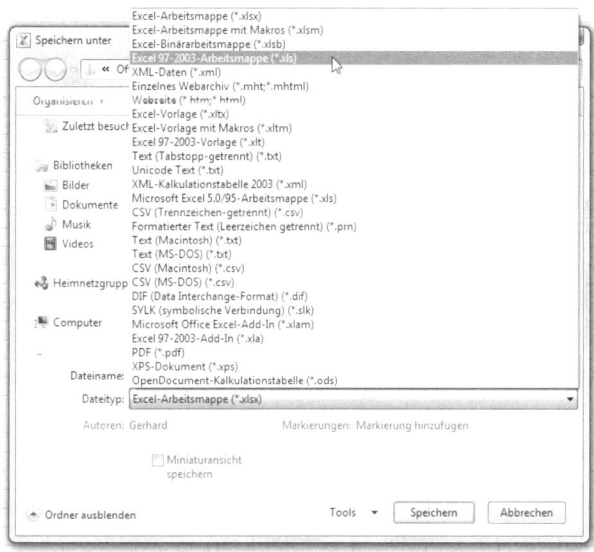

Das müssen Sie aber jedes Mal machen, wenn Sie speichern möchten. Wenn Excel aber jedes Mal automatisch im Format der alten Versionen speichern soll, gehen Sie über das *Datei*-Menü in die Excel-Optionen.

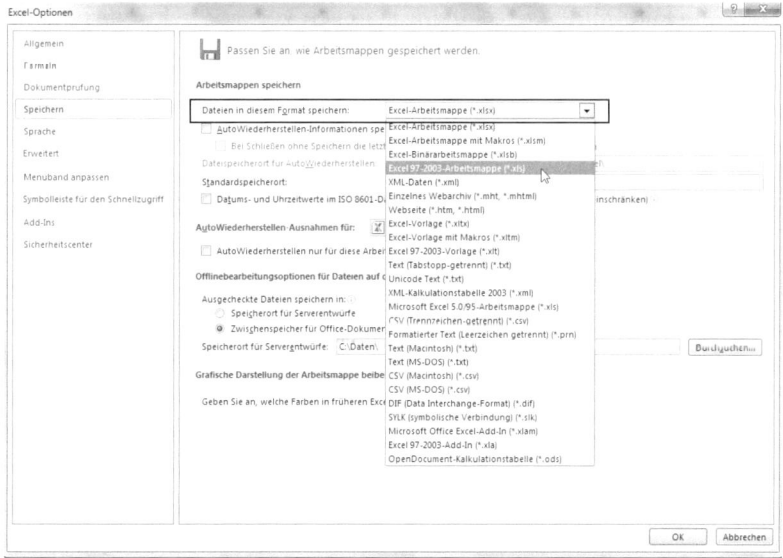

Wählen Sie in den Kategorien links *Speichern* und bei *Dateien in diesem Format speichern* die *Excel 97-2003-Arbeitsmappe* aus. Bestätigen Sie mit *OK*.

Von nun an wird Excel standardmäßig alle Ihre Tabellen im alten Format abspeichern, sodass sie auch von älteren Excel-Versionen gelesen werden können.

Natürlich hat das Speichern im alten Format auch seine Nachteile. So kann Office 2010 beispielsweise neue Formate dann nicht abspeichern. Und auch andere neue Office-Elemente werden nicht gespeichert. Gespeichert wird nur das, was auch die früheren Office-Versionen hatten.

3.2 Schnelle Ergebnisse: neue Tabellen im Schnellformat erstellen

Geben Sie sich keiner Illusion hin, dass man Excel-Tabellen mit einigermaßen komplexem Inhalt einfach mal so aus dem Ärmel schütteln kann, auch wenn Microsoft Sie das gerne glauben machen möchte. Gerade wenn Sie mit schwierigen mathematischen Formeln oder Funktion zu rechnen haben, sollten Sie sich lieber Zeit lassen, denn wichtiger als jede Formatierung sind richtige Ergebnisse.

Und deshalb kann Ihnen Excel beim Erstellen von Formeln nur bedingt helfen, aber das Formatieren einer Excel-Tabelle kriegen Sie mit wenigen Mausklicks hin.

Tabellen mit zwei Klicks in Form bringen

Excel 2010 erleichtert die Formatierung einer Tabelle ganz erheblich. Wir werden uns zwar später sehr ausführlich den Formatierungen im Einzelnen zuwenden, aber wenn es einmal sehr schnell gehen soll, können Sie mit Zellformatvorlagen mit wenigen Klicks Ihrer Tabelle ein ganz ansprechendes Aussehen verleihen.

Schauen Sie sich dazu einmal folgende Tabelle an:

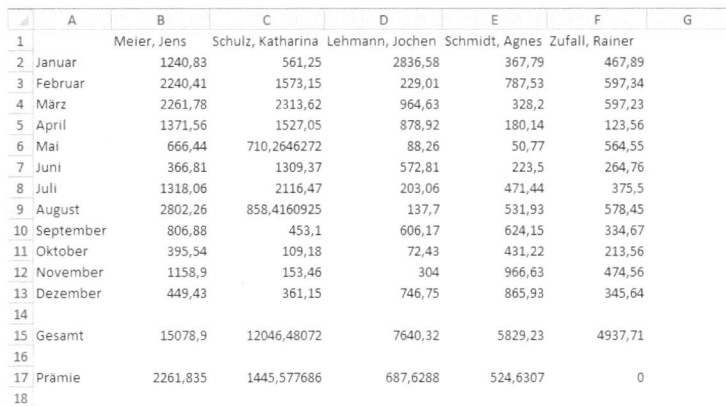

	A	B	C	D	E	F	G
1		Meier, Jens	Schulz, Katharina	Lehmann, Jochen	Schmidt, Agnes	Zufall, Rainer	
2	Januar	1240,83	561,25	2836,58	367,79	467,89	
3	Februar	2240,41	1573,15	229,01	787,53	597,34	
4	März	2261,78	2313,62	964,63	328,2	597,23	
5	April	1371,56	1527,05	878,92	180,14	123,56	
6	Mai	666,44	710,2646272	88,26	50,77	564,55	
7	Juni	366,81	1309,37	572,81	223,5	264,76	
8	Juli	1318,06	2116,47	203,06	471,44	375,5	
9	August	2802,26	858,4160925	137,7	531,93	578,45	
10	September	806,88	453,1	606,17	624,15	334,67	
11	Oktober	395,54	109,18	72,43	431,22	213,56	
12	November	1158,9	153,46	304	966,63	474,56	
13	Dezember	449,43	361,15	746,75	865,93	345,64	
14							
15	Gesamt	15078,9	12046,48072	7640,32	5829,23	4937,71	
16							
17	Prämie	2261,835	1445,577686	687,6288	524,6307	0	
18							

Markieren Sie die Zellen Ihrer Tabelle, die Sie schnell formatieren möchten. Auf der Registerkarte *Start* klicken Sie in der Gruppe *Formatvorlagen* auf das Symbol *Zellenformatvorlagen*.

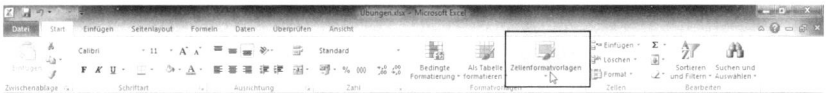

Hier haben Sie nun verschiedene Bereiche wie z. B. unten *Zahlenformate*. Das Schöne an Excel 2010 ist nun, dass Sie nicht erst einige der Formate bestätigen müssen, um zu sehen, wie sie wirken, sondern Sie brauchen lediglich mit der Maus auf eines der Formate zu zeigen, und Excel formatiert Ihre Zellen temporär, d. h., es wird nur zur kurzen Ansicht formatiert.

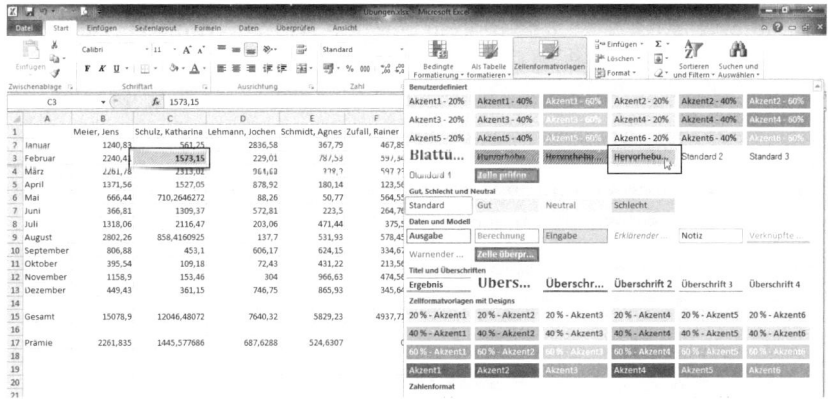

Ziehen Sie mit der Maus auf ein anderes Format, werden die markierten Zellen mit diesem Format temporär formatiert. Erst wenn Sie wirklich auf das gewünschte Format klicken, wird Excel das Format übernehmen.

Natürlich müssen Sie nicht immer alle Zellen markieren. So können Sie auch zunächst nur die Überschriften markieren und dann bei *Zellenformatvorlagen* im Bereich *Titel und Überschriften* erst einmal ein Format für die markierten Überschriften auswählen.

Als Nächstes könnten Sie dann die Zahlen markieren, die ein Währungssymbol erhalten sollen. Diese Art zu formatieren geht wirklich blitzschnell. Möchten Sie das Ganze aber viel eigenständiger, müssen Sie eben selbst Hand an Ihre Tabelle legen. Mehr dazu lesen Sie im nächsten Kapitel.

3.3 Die besten Tipps für übersichtliche Tabellen

Die Zahlenformate richtig zuordnen

Wir haben uns bisher nicht besonders um das Aussehen unserer Tabellen gekümmert. Das soll sich nun ändern. Excel bietet eine überwältigende Fülle an Möglichkeiten, und wir möchten hier gleich vorausschicken, dass wir uns nicht jede dieser Möglichkeiten anschauen werden, denn getreu der praxisorientierten Ausrichtung dieses Buches werden wir nur die Elemente betrachten, die Sie auch sinnvoll für die in diesem Buch besprochenen Tabellen verwenden können.

Zunächst müssen wir uns aber um etwas mehr Genauigkeit bei der Begriffsbildung bemühen. Jede Excel-Zelle beinhaltet in Wirklichkeit drei Elemente: die Formel, das Ergebnis und die Formatierung. Das sind die Bestandteile jeder Zelle und sie sind damit auch für jede Zelle einzeln wählbar. Formeln kennen Sie inzwischen, gerechnet hat Excel auch schon, was fehlt, ist also das dritte Element, die Formatierung.

Da viele Formatierungen über die Registerkarte *Start* zu erreichen sind, wenden wir uns deshalb zunächst kurz dieser Leiste zu.

Markieren kommt vor dem Formatieren

Damit Sie sich das Leben mit Formaten erleichtern und auch das Formatieren schnell erledigt werden kann, sollten Sie vorher alle Zellen markieren, die das gleiche Format erhalten sollen. Welche Markierungsmöglichkeiten es gibt, lesen Sie weiter vorne auf Seite 221.

Die Formatierungsleiste

Die typische Formatierungsleiste könnte folgendermaßen aussehen:

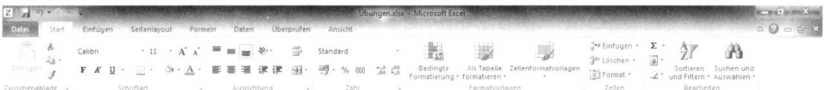

Sie ist unterteilt in mehrere Gruppen wie *Zwischenablage, Schriftart, Ausrichtung* usw. Schauen wir uns zunächst die einzelnen Punkte der Gruppe *Ausrichtung* in einer kurzen Übersicht an.

☰ ☰ ☰	Standardmäßig setzt Excel Texte linksbündig und Zahlen rechtsbündig in die Zelle. Mit dem linken Symbol können Sie alles Markierte linksbündig **in die Zelle** setzen. Mit dem mittleren Symbol setzen Sie den Inhalt zentriert, mit dem rechten Symbol setzen Sie es rechtsbündig **in die Zelle**.
☰ ☰ ☰	Mit diesen Schaltfläche können Sie die Zellinhalte nun auch schnell vertikal ausrichten.
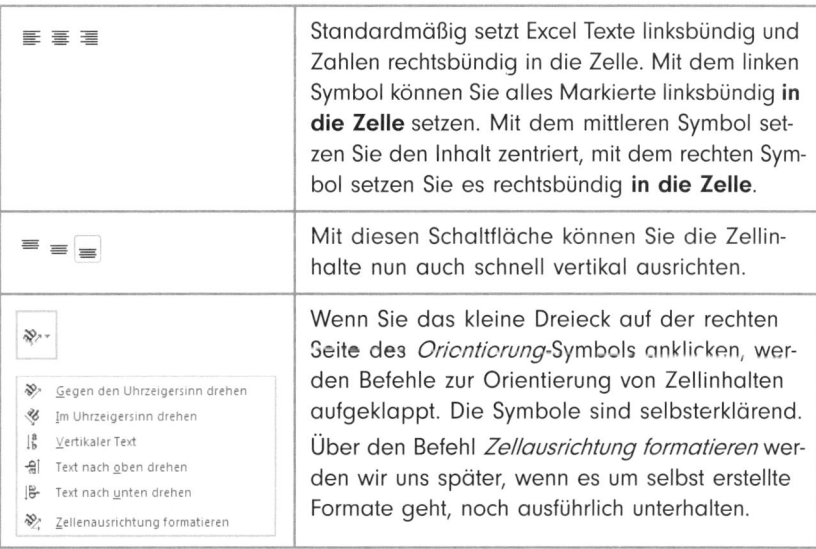	Wenn Sie das kleine Dreieck auf der rechten Seite des *Orientierung*-Symbols anklicken, werden Befehle zur Orientierung von Zellinhalten aufgeklappt. Die Symbole sind selbsterklärend. Über den Befehl *Zellausrichtung formatieren* werden wir uns später, wenn es um selbst erstellte Formate geht, noch ausführlich unterhalten.

Zentrierung über mehrere Zellen

Nehmen wir an, Sie haben folgende Tabelle:

Ein großes Problem bei solchen Tabellen ist es, eine Überschrift zentriert über alle Spalten der Tabelle zu setzen.

	A	B	C	D	E	F
1						
2						
3	Datum	Ausgang 1	Ausgang St	Eingang 1	Eingang St	Kalibrierung
4	01.01.2010	4	2	4	5	9
5	02.01.2010	1	3	2	6	9
6	03.01.2010	4	3	8	4	2
7	04.01.2010	8	2	5	8	8
8	05.01.2010	5	1	4	4	3
9	06.01.2010	9	8	3	6	1

In unserem Beispiel möchten Sie die Überschrift *Messwerte Januar 2010* zentriert über die Spalten A bis F setzen. Es reicht leider nicht, die Überschrift einfach in irgendeine der Spalten setzen, denn sie müsste, damit sie tatsächlich zentriert wird, genau zwischen zwei Spalten stehen. Auch ein Klick auf die gerade besprochene Schaltfläche zum Zentrieren innerhalb einer Zelle würde nicht zum gewünschten Ergebnis führen, denn dieses Symbol zentriert tatsächlich nur innerhalb von Zellen. Für das obigen Beispiel brauchen Sie aber eine Zentrierung über mehrere Zellen.

Ein Klick auf das Symbol *Verbinden und zentrieren* hilft in diesem Fall weiter. Sie finden es in der Registerkarte *Start* in der Gruppe *Ausrichtung*.

Wie müssen Sie vorgehen? Schreiben Sie den Text in Zelle A1 und bestätigen Sie ihn. Markieren Sie dann alle Zellen, innerhalb derer das Wort zentriert werden soll. In unserem Beispiel also die Zellen A1 bis F1. Nun klicken Sie auf die Schalfläche *Verbinden und zentrieren*, und sofort wird die Überschrift in den markierten Zellen zentriert. Ein erneutes Klicken würde die Zellen wieder auflösen.

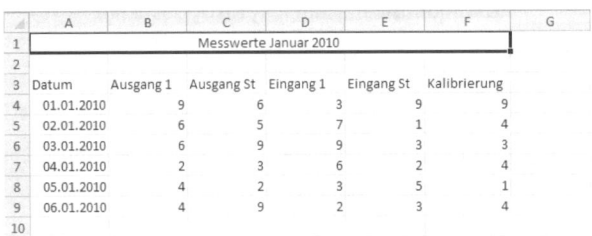

Sie brauchen mehr/weniger Dezimalstellen

Die Tabelle mit den Zinsen krankt u. a. noch an viel zu vielen Dezimalstellen und dem Fehlen des Währungssymbols.

Die Zellen B6 bis C16 und die Zelle B1 könnten das Euro-Symbol bekommen, und es wäre sicher sinnvoll, die Zellen B6 bis C16 auf zwei Dezimalstellen zu begrenzen.

Die Möglichkeiten der Begrenzung von Dezimalstellen finden Sie auf der Registerkarte *Start* in der Gruppe *Zahl*.

	A	B	C
1	Guthaben	5000	
2	Zinssatz	2,5	
3	Beginn	2010	
4			
5		Zinsen	Guthaben
6	2010	125	5125
7	2011	128,125	5253,125
8	2012	131,328125	5384,453125
9	2013	134,6113281	5519,064453
10	2014	137,9766113	5657,041064
11	2015	141,4260266	5798,467091
12	2016	144,9616773	5943,428768
13	2017	148,5857192	6092,014488
14	2018	152,3003622	6244,31485
15	2019	156,1078712	6400,422721
16	2020	160,010568	6560,433289

	Jeder Klick auf diese Schaltfläche fügt eine weitere Dezimalstelle an eine Zahl an. Aus 5,67 wird durch einen Klick 5,670 usw.
	Jeder Klick auf diese Schaltfläche entfernt eine Dezimalstelle an einer Zahl. Aber es wird nicht nur einfach abgeschnitten, sondern Excel wird auch die verbleibenden Zahlen kaufmännisch runden. Aus 5,678 wird durch einen Klick 5,68 usw.

Wir möchten Ihnen an dieser Stelle schon verraten, dass das Auf- bzw. Abrunden einer Zahl durch Formatierung nur für die Bildschirmausgabe durchgeführt wird. Die Zahl selbst bleibt jedoch in ganzer Pracht, mit allen Dezimalstellen, weiter in der Zelle stehen und Excel wird auch weiter mit der nicht gerundeten Zahl rechnen. Excel benutzt also nicht die durch die Formatierung gerundete Zahl.

Muss Ihre Zahl wirklich gerundet werden, müssen Sie die Funktion *RUNDEN* benutzen, die wir im Kapitel über Funktionen besprechen werden.

Währungen – das Euro-Symbol in Zellen

Zum Erzeugen des Euro-Symbols finden Sie in der Registerkarte *Start* in der Gruppe *Zahl* dieses Symbol.

Das Währungssymbol setzt aber nicht nur das Euro-Zeichen hinter die Zahl, sondern die Zahl wird auch auf zwei Nachkommastellen begrenzt. Zusätzlich werden, wenn nötig, Tausenderpunkte gesetzt. 1234,5678 wird so zu 1.234,57 €.

Außerdem wird die Zahl, sofern sie mehr als zwei Stellen nach dem Komma hat, kaufmännisch gerundet, d. h., ab 5 wird auf-, sonst abgerundet.

Diese Zahl ...	wird zu ...
5,67895	5,68 €
5,673438	5,67 €

Das Prozentzeichen als Formatierung in einer Zelle

Sie finden das Prozentzeichen auf der Registerkarte *Start* in der Gruppe *Zahl*.

Bei der letzten Klausur an der Uni haben im vergangenen Semester von 238 Studenten nur 116 die Klausur bestanden. Wie viel Prozent der Studenten sind also durchgefallen?

Mit dem Taschenrechner und mit Excel ist das ganz einfach auszurechnen. Sie dividieren 116 durch 238 und erhalten 0,48739496. Das sind natürlich noch keine Prozente. Sie müssen dieses Ergebnis noch mit 100 multiplizieren und sinnvollerweise auf wenige Nachkommastellen begrenzen.

Da hilft das Prozentzeichen. Es multipliziert mit 100 und begrenzt die Nachkommastellen. Aus 0,48739496 wird somit 49 %.

Sie tragen also in eine Excel-Zelle nur die Formel

■ =116/238

ein, bestätigen sie und klicken dann auf das Prozentzeichen. Sollten Sie mehr Dezimalstellen benötigen, als Excel Ihnen hier zugesteht, können Sie mit den Schaltflächen, die wir weiter oben besprochen haben, weitere Dezimalstellen hinzufügen.

Achtung: Beim Formatieren wird nicht wirklich gerundet

Beim Formatieren wird die Zahl aber nicht wirklich gerundet. Sie wird nur am Bildschirm gerundet dargestellt. Klicken Sie z. B. auf eine mit dem Währungssymbol gerundete Zahl und schauen Sie in die Bearbeitungszeile. Dort steht die ursprüngliche Zahl mit allen Nachkommastellen. Unangenehm wird diese Eigenart von Excel dann, wenn Sie solche mit dem Währungssymbol gerundeten Zahlen addieren und ein Kollege, der nur den Ausdruck Ihrer Tabelle in Händen hat, diese Zahlen mit dem Taschenrechner überprüfen will. Der Kollege kann dann durchaus zu etwas anderen Ergebnissen kommen.

Wie unterstreicht man Zellen richtig?

Wenn Sie das Symbol zum Unterstreichen benutzen, wird nur den Inhalt der Zelle unterstreichen, niemals aber die ganze Zelle. Es ist also absolut ungeeignet, eine ganze Zelle zu unterstreichen. Wenn nämlich in einer Zelle nichts steht, würde auch nichts unterstrichen, auch wenn das Symbol angeklickt wurde.

U

Soll aber eine Zelle, unabhängig von ihrem Inhalt, wirklich unterstrichen werden, verwenden Sie die Schaltfläche *Rahmen*. Sie finden es auf der Registerkarte *Start* im Bereich *Schriftart*.

Ein Klick auf das kleine Dreieck neben dem Symbol, und Sie erhalten eine Auswahl an möglichen Strichen und Rahmen für eine Zelle.

Hierbei müssen Sie sich aber klarmachen, dass Sie über dieses Symbol keine zwei Linien in einem Arbeitsgang machen können. Wenn Sie also einen senkrechten Strich links und einen weiteren Strich rechts in der Zelle haben möchten, müssen Sie zweimal in dieses Menü gehen.

Unter *Weitere Rahmenlinien* kommen Sie zu einem weiteren Fenster mit Linien, das der eine oder andere schon aus früheren Office-Versionen kennt. Und hier heben Sie auch die Beschränkung auf, dass Sie nur eine Linie pro Arbeitsgang machen können.

Das Fenster *Weitere Rahmenlinien* bekommen Sie auch, wenn Sie das Rahmen-Symbol anklicken, also nicht das Dreieck an der Seite.

Klicken Sie also einmal auf *Weitere Rahmenlinien* und Sie sollten folgendes Fenster erhalten:

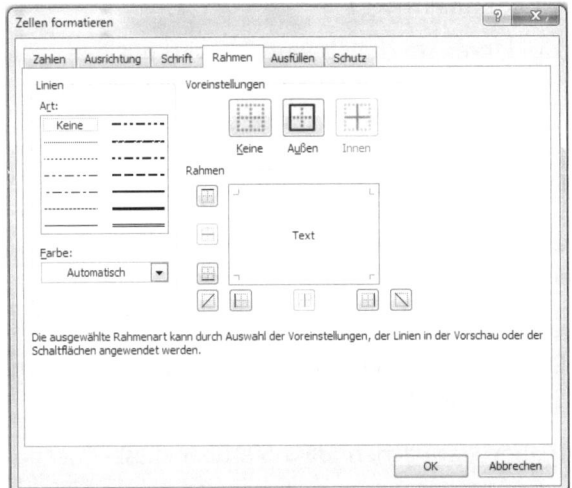

Bei *Art:* können Sie sich die Linienart, die Ihre Zelle haben soll, aussuchen. Dann klicken Sie bei *Rahmen* auf die entsprechenden Rahmen-Symbole. Alternativ können Sie auch auf die entsprechenden Bereiche bei *Text* klicken.

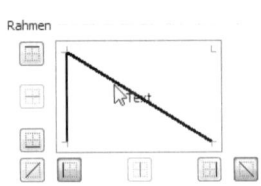

Bringen Sie mehr Farbe in Ihre Tabellen – Farbe für Schrift und Zellhintergrund

Auf der Registerkarte *Start* in der Gruppe *Schriftart* finden Sie einmal den Farbeimer, mithilfe dessen Sie Ihre Zellen mit Farbe versehen können. Und es gibt es hier auch die Schaltfläche, mit der Sie den Inhalt der Zelle, also Texte oder Zahlen, farbig machen können.

Mithilfe des Farbeimers können Sie Ihre Zellen einfärben. Ein Klick auf das kleine Dreieck neben dem Farbtopf, und Sie können eine beliebige Farbe wählen. Mit dieser Farbe wird Ihr Zellenhintergrund formatiert. Der Farbtopf ergibt also die Farbe für Ihre markierten Zellen.

Das Schöne an Excel 2010 ist nun, dass Sie nur über die entsprechende Farbe wandern müssen, um die Farbe in der Zelle beurteilen zu können. Erst wenn Sie die Farbe wirklich anklicken, wird sie in die Zelle übertragen.

Hier möchten wir Sie auch auf einen sehr beliebten Fehler beim Arbeiten mit Farben aufmerksam machen. Sollten Sie mit Ihren Zellen und Farben ein wenig experimentieren und am Ende zu der Entscheidung kommen, die Farbe Weiß wäre doch besser, wählen Sie bitte niemals die Farbe Weiß, um Ihre Zelle in den Urzustand zurückzuversetzen. Die Farbe, die Sie hier auswählen, gilt nämlich sowohl für den Zellinhalt wie auch wie auch für die Gitternetzlinien.

In der Abbildung wurde Weiß als Farbe für die Zelle B3 gewählt. Sie sehen, auch die Gitternetzlinien werden dann weiß. Möchten Sie also Ihre Zelle, wie Sie von Excel als Standard verwendet wird, wählen Sie *Keine Füllung*.

Das A-Symbol rechts neben dem Farbeimer erzeugt die Farbe für den Zellinhalt. Die Handhabung dieses Symbols entspricht der Handhabung für den Zellhintergrund. Denken Sie aber bitte daran: Rote Schrift auf rotem Grund ist sehr schwer auszumachen.

Was gibt es noch für Formatierungen?
Schutz von Zellen und mehr

Neben diesen einfachen und schnell durchzuführenden Formatierungen bietet Excel noch einiges Wichtige mehr. Zu diesen weiteren Formatierungen gelangen Sie, wenn Sie den kleinen Pfeil rechts unten bei den Kategorien anklicken.

In welcher Kategorie Sie den kleinen Pfeil anklicken, spielt keine große Rolle, Sie öffnen immer das gleiche Fenster, das auch schon in früheren Office-Versionen vorhanden war. Sie müssen eventuell nur noch die richtige Registerkarte auswählen.

Ein Klick auf den Pfeil in der Gruppe *Zahl* führt Sie zu folgendem Fenster:

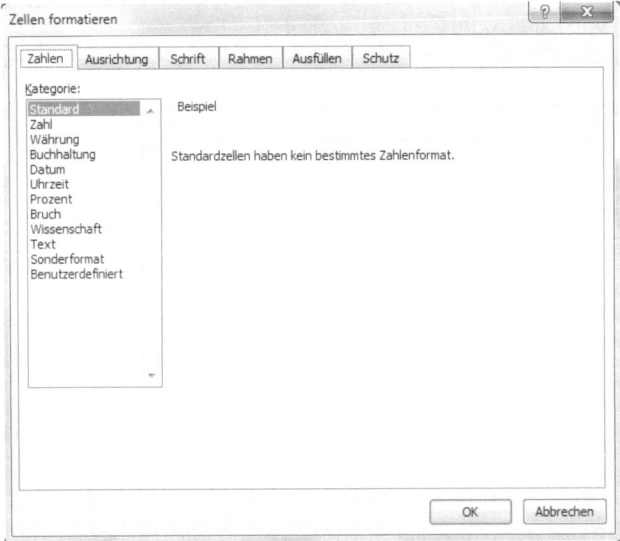

Hier sehen Sie sechs Registerkarten. Vieles auf diesen Registerkarten haben wir schon besprochen. Sie sind über *Start* ganz einfach zu erreichen. Aber trotzdem bieten diese Registerkarten noch einige weitere, teilweise ganz gehaltvolle Schmankerl. Fangen wir aber zunächst mit den einfachen Teilen an.

Wie können Sie Zellen vor unbeabsichtigten Eingaben schützen?

Mit der Registerkarte *Schutz* haben Sie die Möglichkeit, die Zellen Ihrer Mappe vor Veränderungen zu schützen.

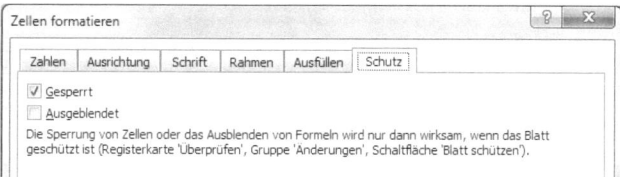

Dabei ist das Kontrollkästchen *Gesperrt* schon standardmäßig ausgewählt. Weshalb aber konnten Sie bisher die Zellen trotzdem verändern, wenn sie doch anscheinend gesperrt sind? Nun, Sie haben bisher noch kein Passwort eingegeben.

Wie müssen Sie also vorgehen, um Zellen zu schützen?

Wie Sie sehen, ist *Gesperrt* schon vorgegeben. Wenn Sie also jetzt ein Passwort vergeben würden, wären alle Zellen gesperrt. Das ist aber in den wenigsten Fällen wirklich sinnvoll, denn dadurch könnten Sie keine der Zellen ändern, also auch keine neuen Zahlen eintragen. Besser ist es deshalb, Excel vorher mitzuteilen, welche Zellen nicht gesperrt werden sollen. Dazu gehen Sie folgendermaßen vor:

1 Sie markieren zunächst alle Zellen, die nicht gesperrt werden sollen. In unserem Teeladen-Beispiel wären das die Zellen B1 und B2, denn diese Werte sollen jederzeit geändert werden können. Auch die Zellen B6 bis B12, die Zellen mit der verkauften Teemenge, sollten nicht gesperrt werden, denn sonst wären keine neuen Einträge möglich.

	A	B	C	D	E
1	Verkaufspreis/kg	28,20 €			
2	Einkaufspreis/kg	16,00 €			
3					
4					
5	Monat	Menge	Umsatz	Kosten	Gewinn
6	Januar	26	733,20 €	439,40 €	293,80 €
7	Februar	24	676,80 €	405,60 €	271,20 €
8	März	28	789,60 €	473,20 €	316,40 €
9	April	15	423,00 €	253,50 €	169,50 €
10	Mai	10	282,00 €	169,00 €	113,00 €
11	Juni	16	451,20 €	270,40 €	180,80 €
12	Juli	20	564,00 €	338,00 €	226,00 €

2 Klicken Sie dann in der Registerkarte *Start* in der Kategorie *Zahl* auf den kleinen Pfeil rechts unten. Im Fenster *Zellen formatieren* und wählen Sie nun die Registerkarte *Schutz* aus.

3 Hier deaktivieren Sie das Kontrollkästchen *Gesperrt*.

4 Bestätigen und schließen Sie nun das Fenster durch Klick auf *OK*.

5 Nun fehlt nur noch, das Passwort zu vergeben. Das geschieht in der Registerkarte *Start* in der Gruppe *Zellen* durch Klick auf das kleine Dreieck bei *Format*.

6 Ein Klick darauf führt Sie zu diesem Fenster:

7 Nun haben Sie die Möglichkeit, bestimmte Elemente einer Tabelle zu schützen, oder, besser gesagt, hier können Sie angeben, was man mit der Tabelle trotz des Schutzes noch machen darf. In der Regel brauchen Sie hier keine weitere Auswahl zu treffen, sondern können sofort Ihr persönliches Kennwort eingeben. Haben Sie Ihr Kennwort mit *OK* bestätigt, wird Excel in einem weiteren Fenster zur Sicherheit das Kennwort noch einmal wissen wollen.

8 Sind beide Kennworte identisch, werden Sie von Excel akzeptiert. Von nun an können Sie nur in den nicht gesperrten Zellen die Inhalte ändern. Gerechnet wird aber wie bisher.

Soll der Schutz wieder aufgehoben werden, gehen Sie wieder zu Schritt 5. Sie erhalten nun *Blattschutz aufheben*. Ein Klick darauf, und Excel erwartet von Ihnen das Passwort. Stimmt Ihre Passworteingabe, wird der Blattschutz aufgehoben, und Sie können die Tabelle wieder normal benutzen.

Formeln sollen nicht sichtbar sein

Es gibt viele Gründe, weshalb es manchmal ratsam erscheint, Formeln nicht in der Bearbeitungszeile sichtbar zu machen. Bei einem Gespräch mit einem Kunden beispielsweise wäre es nicht gut, ihm zu zeigen, mit welcher Formel in Ihrer Firma die Gewinnmarge berechnet wird. Deshalb bietet Excel die Möglichkeit, Formeln unsichtbar zu machen.

Hierbei müssen Sie aber einige Dinge beachten. Formeln unsichtbar zu machen macht keinen Sinn, wenn Sie sie nicht wieder sichtbar machen können. Natürlich sollen nur Sie die Formeln wieder sichtbar machen können und deshalb müssen Sie für Ihre Tabelle ein Passwort vergeben.

Wenn Sie aber ein Passwort vergeben, gilt dieses Passwort nicht nur für das Ausblenden der Formeln, sondern auch alle Zellen werden dadurch mit diesem Passwort geschützt. Haben Sie aber vor der Passwortvergabe keine Zelle aus dem Schutz herausgenommen, können Sie in Ihrer Tabelle absolut nichts mehr eingeben. Was natürlich wenig Sinn macht. Sofern Sie also Ihre Formeln ausblenden möchten, sollten sie als Erstes bestimmte Zellen aus dem Zellschutz herausnehmen. Nämlich jene Zellen, die auch nach der Passwortvergabe noch veränderbar sein sollen. Wie das geht, wurde im vorherigen Kapitel beschrieben.

Nachdem Sie also einige Zellen aus dem Zellschutz herausgenommen haben, ist der nächste Schritt, die Zellen zu markieren, deren Formeln Sie unsichtbar machen möchten.

1 Wenn alle Formeln der Tabelle unsichtbar gemacht werden sollen, markieren Sie die gesamte Tabelle durch Klick auf den Bereich links vor der Spalte A. Wenn

	A	B
1	Verkaufspreis/kg	28,20 €
2	Einkaufspreis/kg	16,90 €
3		

Sie nur einzelne Formeln verbergen möchten, dann markieren Sie die entsprechenden Zellen.

2 Gehen Sie über die Registerkarte *Start* und öffnen Sie in der Gruppe *Zahl* durch Klick auf den Pfeil unten rechts das Fenster *Zellen formatieren*.

3 Wählen Sie nun die Registerkarte *Schutz*.

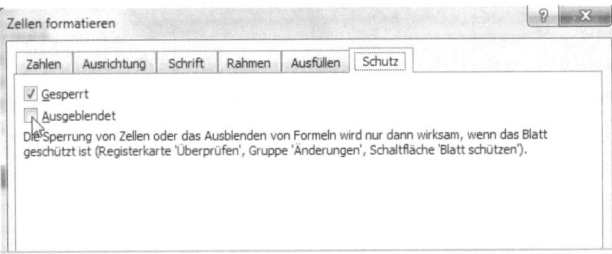

4 Hier setzen Sie durch Klick auf *Ausgeblendet* das Häkchen davor und geben Excel damit zu verstehen, dass Sie die Formeln in den ausgewählten Zellen verbergen wollen, sobald Sie das Passwort eingeben.

5 Nun müssen Sie nur noch das Passwort vergeben. Dieser Vorgang entspricht exakt der Vergabe eines Passwortes, wenn Sie Ihre Zellen schützen möchten, und ist mit den Schritten 5 bis 8 des vorangegangenen Abschnitts identisch.

Die Registerkarten Muster und Rahmen

Die Registerkarte *Muster* bietet für den eigenen Gebrauch nichts wirklich Weltbewegendes. Sie können dort, außer den Farben für die Zellen, die wir jedoch schon an anderer Stelle besprochen haben, noch Muster für Zellen vergeben. Probieren Sie einfach einige Muster aus und entscheiden Sie, was für Sie sinnvoll ist.

Etwas interessanter ist die Registerkarte *Rahmen*.

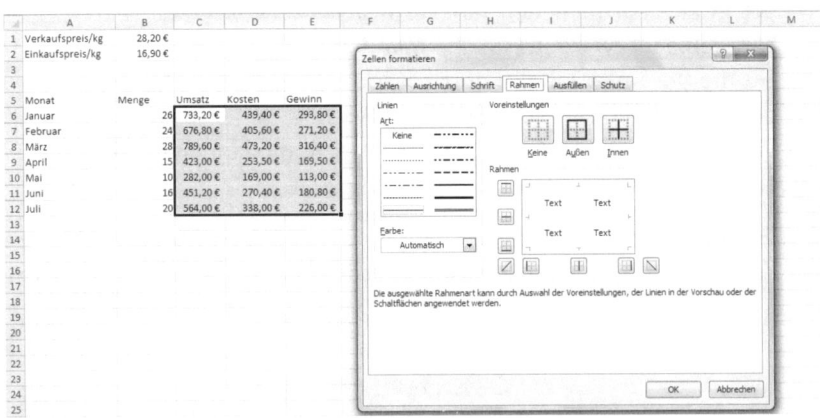

Hier wählen Sie nicht nur die schon bekannten Linien aus, sondern können auch Diagonallinien in den Zellen erzeugen. Und Sie haben die Möglichkeit, auch unterschiedliche Stricharten und eine Farbe zu wählen, die sich von der Farbe des Zellenhintergrundes abhebt.

In der Abbildung wurden mehrere Zellen markiert, deshalb sieht das Fenster etwas anders aus als jenes, das wir auf Seite 272 kurz besprochen haben. Jetzt können Sie nämlich nicht nur einen äußeren Rahmen setzen, sondern auch zwischen den Zeilen und Spalten Striche ziehen.

Wichtig an dieser Stelle ist, dass Sie möglichst zuerst eine Farbe für den Rahmen wählen, dann die Strichart und erst zum Schluss die Position, an der der Strich erscheinen soll.

Denken Sie auch bei Experimenten daran: Wenn Sie alles wieder im ursprünglichen Zustand haben wollen, löschen Sie am besten die Formate in der Registerkarte *Start* in der Gruppe *Bearbeiten*.

Potenzen und Indizes in Zellen – oder wie kann man c^2 und k_i in Zellen schreiben?

Schreiben Sie zunächst ganz normal *c2* in die Zelle, aber bestätigen Sie noch nicht.

Markieren Sie anschließend die *2* mit der Maus oder der Tastatur und wählen Sie danach *Start*. Bei *Schriftart* klicken Sie dann auf den kleinen Pfeil rechts.

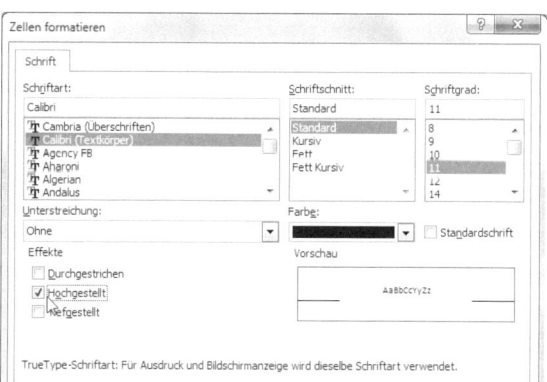

Ein kurzer Klick auf *Hochgestellt*, und $c2$ wird zu c^2. Danach bestätigen Sie die Zelle.

In gleicher Weise machen Sie aus ki durch *Tiefgestellt* k_i.

Texte mehrzeilig in einer Zelle

Excel ist keine Textverarbeitung, man sollte deshalb auch vermeiden, das Programm dazu zu missbrauchen. Ebenso wie man Word nicht veranlassen kann, hochkomplexe und große Tabellen zu berechnen, sollten Sie auch Excel nur für Dinge benutzen, für die es programmiert wurde.

Aber natürlich kann es trotzdem sein, dass Sie in einer Tabelle Inhalte haben, bei denen Sie mehr als nur ein oder zwei Worte in eine Zelle schreiben wollen.

Denken Sie an Klassenarbeiten, bei denen Sie vielleicht die Überschriften der einzelnen Aufgaben auch in Ihrer Excel-Tabelle haben möchten. Oder vielleicht planen Sie eine Klassenfahrt und wollen für die besonders vergesslichen Schüler eine Packliste zusammenstellen, bei der diese ankreuzen können, was sie schon alles eingepackt haben. Oder vielleicht wollen Sie für die eigene Wanderung eine Packliste zusammenstellen, denn im Eifer des Gefechts wird auch der erfahrenste Wanderer ein paar Dinge vergessen. Solche Listen wären zwar in Word besser anzulegen, aber wahrscheinlich können Sie sich nun vorstellen, weshalb man einmal mehr als nur ein oder zwei Worte in einer Zelle benötigen könnte.

Nehmen wir also anstelle von Packlisten Messwerte und Messinstrumente als Beispiel.

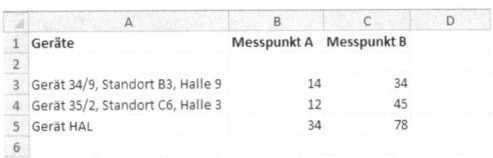

	A	B	C	D
1	Geräte	Messpunkt A	Messpunkt B	
2				
3	Gerät 34/9, Standort B3, Halle 9	14	34	
4	Gerät 35/2, Standort C6, Halle 3	12	45	
5	Gerät HAL	34	78	
6				

In Spalte A sind Messgeräte und ihre Standorte innerhalb des Instituts aufgelistet, in den Spalten B und C sind die Messwerte an den Punkten A bzw. B eingegeben.

Nun ist aber die Spalte A wegen der genauen Ortsangabe der Messgeräte recht unübersichtlich breit. Die Sache wird noch weit unübersichtlicher, wenn nicht nur die beiden Messpunkte A und B, sondern vielleicht 200 Messpunkte gemessen werden müssen. Es wäre also gut, wenn die Spalte A kleiner wäre, zumal die Standorte der Geräte für die Auswertung nicht ganz so wichtig sind.

Besser wäre es allemal, wenn die Inhalte der Zellen A3 bis A5 in mehreren Zeilen untergebracht werden könnten.

1 Markieren Sie die Zellen A3 bis A5.

2 Gehen Sie auf die Registerkarte *Start* und klicken Sie in der Gruppe *Ausrichtung* auf das kleine Pfeilchen unten rechts.

3 Nun wird das Fenster *Zellen formatieren* geöffnet, und Sie befinden sich bereits auf der Registerkarte *Ausrichtung*.

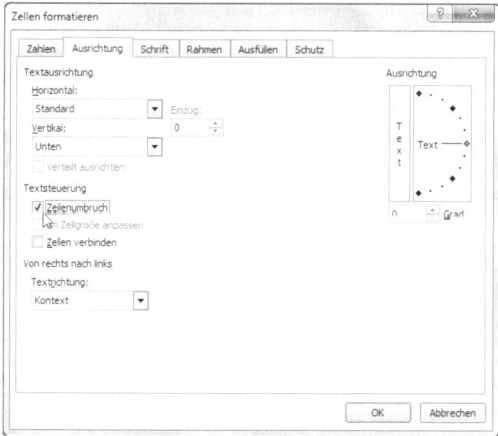

4 Hier aktivieren Sie bei *Zeilenumbruch* das Kontrollkästchen. Damit werden nun Texte auch mehrzeilig in die markierten Zellen geschrieben. Wie viele Zeilen Excel im Einzelnen benutzt, hängt von der Breite der Spalte ab, d. h., machen Sie die entsprechende Spalte sehr klein, wird Excel mehrere Zeilen zur Darstellung des Textes benötigen.

Eigene Zahlenformate erstellen

Bisher haben wir Zahlen und Texte streng getrennt in verschiedene Zellen geschrieben. Von Ausnahmen abgesehen, gab es bisher keine Möglichkeit, beides in eine einzige Zelle einzugeben. Zumindest musste es bisher vermieden werden, wenn mit dieser Zelle weitergerechnet werden sollte.

In Zelle B1 steht der aktuelle Preis für ein Liter Superbenzin (Stand: 2010). In den Zellen A4 und A5 wurde die verkaufte Menge eingetragen, und in B4 bis B5 wurde der Preis berechnet. Doch in B4 taucht die Fehlermeldung *#Wert* auf.

B4		*fx*	=A4*$B$1
	A	B	C	D
1	Preis/Liter	1,40 €		
2				
3	Menge	Preis		
4	5,00 Liter	#WERT!		
5	5,00 Liter	7,00 €		
6				

Schauen Sie auf Seite 224 nach, was diese Meldung bedeutet. Die benötigten Formeln dürften für Sie kein Problem mehr sein.

Als aufmerksamer Leser dieses Buches wissen Sie natürlich sofort, dass der Inhalt von Zelle A4 als Text angesehen wird, (er steht linksbündig!) und dass deshalb mit der Zahl in der Zelle nicht mehr gerechnet werden kann, obwohl die Formel in der Bearbeitungszeile korrekt ist. In Zelle A5 hat Excel den Inhalt anscheinend als Zahl erkannt (obwohl das Wort *Liter* in der gleichen Zelle wie die Zahl steht).

Was Sie tun müssen, um Zahlen und Texte in die gleiche Zelle einzugeben, erfahren Sie in diesem Abschnitt.

Das Zauberwort heißt „eigene Zahlenformate". Um aber eigene Zahlenformate erstellen zu können, müssen wir vorher noch einige Grundlagen besprechen.

In der Gruppe *Zahl* auf der Registerkarte *Start* finden Sie unten rechts das kleine Pfeilchen, mit dem Sie in ein weiteres Fenster gelangen.

Wählen Sie zunächst im Bereich Kategorie *Währung* aus.

Hier haben sie eine nahezu unerschöpfliche Menge an verschiedenen Währungssymbolen. Sie haben doch sicher schon immer wissen wollen, welche Währungseinheit das Volk der Mapuche in Südamerika hat. Sicher erinnern Sie sich auch, wie verzweifelt Sie nach der Währungseinheit der

Paschto sprechenden Bevölkerung Pakistans gesucht haben. Das alles finden Sie hier.

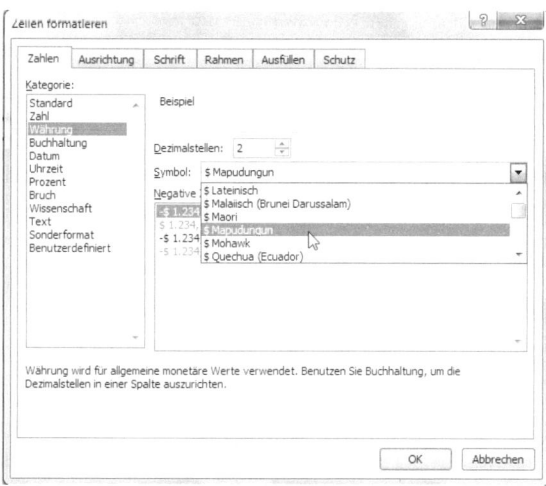

Auch können Sie hier die Anzahl der Dezimalstellen Ihrer ausgewählten Währung begrenzen.

Sicher um einiges interessanter dürfte im Bereich Kategorie *Benutzerdefiniert* sein. Diese Kategorie wollen wir uns nun sehr ausführlich anschauen.

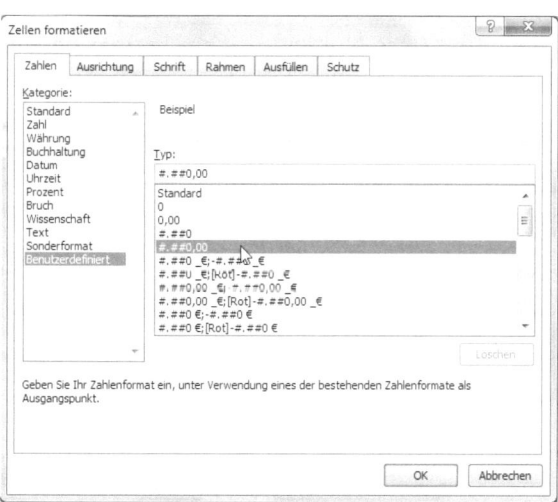

Ein erster Blick darauf zeigt, dass viele Formate aus den Platzhaltern 0 oder # zusammengesetzt sind. Da Sie mit diesen Symbolen eigene Formate erstellen werden, müssen wir zunächst die Bedeutung dieser beiden Zeichen klären.

Das kann man am einfachsten, ohne viele Worte zu verlieren, mit einer kleinen Tabelle.

Schauen Sie sich einmal kurz die Formatdarstellungen in der Abbildung oder in Excel selbst an. Sie werden sicher dieses Format im Fenster sofort finden: #.##0,00. Nehmen Sie an, es gäbe auch noch dieses Format: 0.000,00. Gibt es zwar nicht, aber Sie können das gleich erstellen, wenn Sie möchten. Anhand dieser beiden Formate lässt sich die Wirkung der Zeichen 0 und # recht gut erklären.

Sie geben diese Zahl in eine Zelle ein ...	... und erhalten bei diesem Format: #.##0,00	... und erhalten bei diesem Format: 0.000,00
1234,56	1.234,56	1.234,56
1234,567	1.234,57	1.234,57
234,56	234,56	0.234,56
1,25	1,25	0.001,25

Sie sehen, wo das Ganze hinführt? Die Nullen in einem Format bedeuten: Gib so viele Stellen aus, wie 0 im Format vorhanden ist. Hat die Zahl weniger Stellen, als Nullen vorhanden sind, fülle den Rest mit 0 auf. Das heißt, mit der 0 können Sie ein Format erzeugen, das immer exakt die gleiche Anzahl Stellen hat.

Anders beim Nummernsymbol # (dieses wird oftmals auch als „Gartenzaun" bezeichnet). Hier wird der Rest nicht mit etwas aufgefüllt, auch wenn weniger Stellen vorhanden sind

Doch der „Gartenzaun" hat noch eine recht unangenehme Eigenschaft:

Sie geben diese Zahl in eine Zelle ein ...	... und erhalten bei diesem Format #,00	... und erhalten bei diesem Format 0,00
0,56	,56	0,56

Wenn Sie also ein Format haben, das vor dem Komma nur aus dem Platzhalter # besteht, wird Excel bei Werten kleiner als 1 die führende Null ganz weglassen. Excel wird zwar weiterhin richtig rechnen, aber diese Zahlendarstellung dürfte für viele sehr unübersichtlich sein. Aus diesem Grund sollten Sie bei eigenen Formaten stets mindestens eine 0 vor dem Komma haben.

Zu fragen wäre an dieser Stelle auch, was mit der Zahl 154,56 geschieht, wenn das Zahlenformat 0,00 ausgewählt wurde. Sie teilen Excel damit mit, dass Sie vor dem Dezimalkomma nur eine einstellige Zahl haben wollen. Damit haben Sie vor dem Komma aber zu wenige Stellen im Format, um die Zahl 154,56 auszugeben.

Keine Angst, Excel wird nichts abschneiden oder sonst ein seltsames Verhalten an den Tag legen. Excel gibt in einem solchen Fall die eingegebene Zahl vollständig aus, Sie erhalten also tatsächlich 154,56, auch wenn im Format zu wenige Stellen vorhanden sind. Das gilt aber natürlich nur für die Stellen vor dem Komma. Zu wenige Stellen nach dem Komma werden zu Rundungen der Zahl führen.

Wenn man die Rolle der Platzhalter kennt, ist das Erstellen eigener Formate eine einfache Sache. Versuchen wir uns zur Übung an der Erstellung eines Formats, das einen Tausenderpunkt ausgibt und die Dezimalstellen auf zwei Stellen beschränkt. Zusätzlich soll an die Zahl automatisch *Liter* gesetzt werden.

Geben Sie im Bereich *Typ* einfach die entsprechenden Platzhalter ein. Da wir die Dezimalstellen auf drei und nicht, wie vorgegeben, auf zwei Stellen beschränken wollen, tragen Sie zunächst eine weitere Null am Ende des Formats ein.

Damit nun auch das Wort *Liter* in die Zelle geschrieben wird und Sie mit dieser Zelle dann auch noch rechnen können, schreiben Sie am Ende des Formates das Wort *Liter* (mit den Anführungszeichen) hinein.

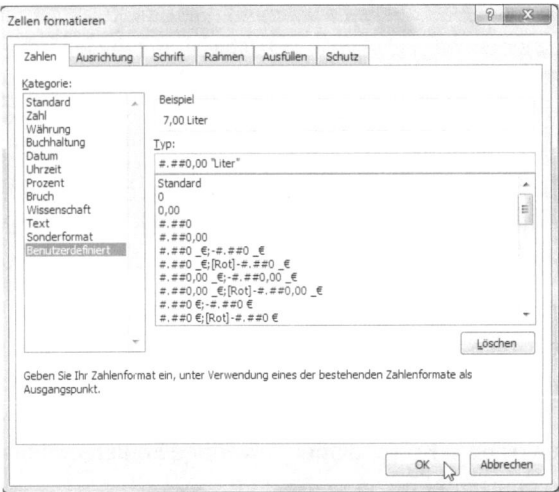

Sobald Sie das neue Format durch Klick auf *OK* bestätigt haben, können Sie nun in die Zelle, die Sie mit diesem Format formatiert haben, eine Zahl schreiben, und Excel wird automatisch *Liter* anfügen.

In der gleichen Art und Weise können Sie auch andere Formate erzeugen. Sie brauchen lediglich den Text, der bei der Zahl stehen soll, in Anführungszeichen hinter das Format zu setzen.

Excel setzt jedes selbst erstellte Format ans Ende seiner Liste, sodass Sie es dort in jeder weiteren Tabelle benutzen können. Selbst erstellte Formate sind aber nur in der Mappe gültig, in der sie erstellt wurden. Sie gelten also nicht für neue oder alte Mappen.

Der Wochentag zu einem gegebenen Datum

Sie möchten ein Datum eingeben und automatisch den richtigen Wochentag dazu von Excel erhalten. Dieses Problem können Sie auch mit einer Formatierung lösen.

1 Wählen Sie die Registerkarte *Start* und darin die Gruppe *Zahl*.

2 Nun öffnen Sie durch Klick auf den kleinen Pfeil unten rechts neben dem Wort *Zahl* das Fenster *Zellen formatieren*.

3 Hier haben Sie nun einerseits die Möglichkeit, in der Kategorie *Datum* ein anderes Datumsformat herauszusuchen. Sie haben hier aber keine Möglichkeit, das Format zu ändern. Das geht nur in der Kategorie *Benutzerdefiniert*.

4 Wählen Sie also *Benutzerdefiniert* aus.

Hier wird ein Datum durch die Platzhalter T, M und J ausgedrückt. Die Abkürzungen stehen für Tag, Monat und Jahr.

Mit diesen Platzhaltern definieren Sie nun ein neues Datumsformat, denn ein M ergibt etwas anderes als MM. Dazu eine kleine Tabelle, die Ihnen die Platzhalter mit der entsprechenden Ausgabe auflistet.

T	Der Tag wird als einfache Zahl angegeben. Ohne führende Nullen, also 0–31.
TT	Der Tag wird als Zahl angegeben. Mit führenden Nullen, also 01–31.
TTT	Der Tag wird als Wochentag in abgekürzter Weise dargestellt. Montag wird zu Mo, Dienstag zu Di.
TTTT	Der Wochentag wird ausgeschrieben.
M	Der Monat wird als Zahl ohne führende Nullen dargestellt, also 1–12.
MM	Der Monat wird als Zahl mit führenden Nullen dargestellt, also 01–12.
MMM	Der Monatsname wird abgekürzt. Januar wird zu Jan, Februar zu Feb usw.
MMMM	Der Monatsname wird ausgeschrieben.
JJ	Das Jahr wird immer mit zwei Ziffern dargestellt. 2005 wird zu 05, 1999 wird zu 99 usw.
JJJJ	Das Jahr wird mit vier Ziffern dargestellt.

Was war der 21.07.1969 für ein Wochentag? Tragen Sie in A1 einer Tabelle das Datum ein. Dann erstellen Sie ein benutzerdefiniertes Format mit folgenden Platzhaltern:

TTTT, TT.MMMM JJJJ

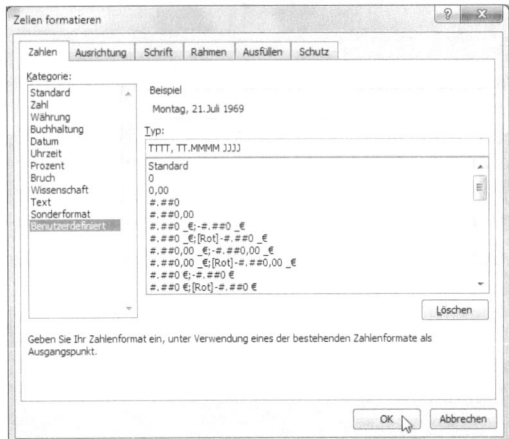

Nach einem Klick auf *OK* sollte Ihre Zelle folgenden Inhalt haben:

◢	A
1	Montag, 21.Juli 1969
2	

Es könnte aber auch sein, dass Sie die „Gartenzäune" erhalten. Wissen Sie, warum?

◢	A
1	###############
2	

Weil Ihre Zelle zu klein ist, um Ihre Eingabe darzustellen. Vergrößern Sie einfach die Spalte.

Vielleicht möchten Sie den Wochentag aber auch in einer anderen Zelle allein stehen haben. Kein Problem! Übergeben Sie das Datum mit der Formel *=A1* in die Zelle B1 und formatieren Sie die Zelle B1 mit dem Format TTTT.

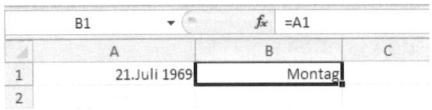

Das ist alles.

Negative Zahlen sollen rot, positive Zahlen aber schwarz werden

Das ist eigentlich recht einfach hinzubekommen.

1 Wählen Sie die Registerkarte *Start* und darin die Gruppe *Zahl*.

2 Nun öffnen Sie durch Klick auf den kleinen Pfeil unten rechts neben dem Wort *Zahl* das Fenster *Zellen formatieren*.

3 Hier wählen Sie in *Kategorie Benutzerdefiniert* aus.

4 Gehen Sie im Fenster mit den Formaten nach unten und wählen Sie das Format *#.##0,00;[Rot]-#.##0,00*.

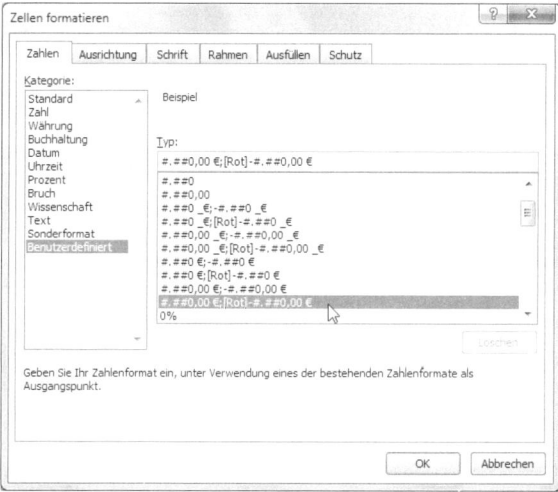

5 Bestätigen Sie die Auswahl durch Klick auf *OK*.

Woher weiß Excel nun, dass hierbei positive Zahlen schwarz, negative aber rot werden sollen? Wenn Sie sich das obige Format genauer anschauen, sehen Sie, dass hier eigentlich zwei Formate vorhanden sind. Diese beiden Formate sind durch ein Semikolon getrennt. Für Excel bedeutet das: Wenn die Zahl positiv ist, wähle das Format vor dem Semikolon, ist sie negativ, wähle das Format nach dem Semikolon.

Sie können also für positive und negative Zahlen verschiedene Formate erzeugen. Sie müssen sie lediglich durch ein Semikolon voneinander trennen, damit Excel die Unterscheidung machen kann. Das Format vor dem Semikolon gilt dabei immer für positive Zahlen, das Format nach dem Semikolon für negative.

Selbstverständlich können Sie auch diese Formate Ihren Wünschen entsprechend anpassen. Möchten Sie vielleicht positive Zahlen in Blau und negative Zahlen in Grün anzeigen lassen, ist auch das kein Problem. Sie brauchen nur eines der Standardformate zu ändern oder selbst ein völlig Neues einzutragen.

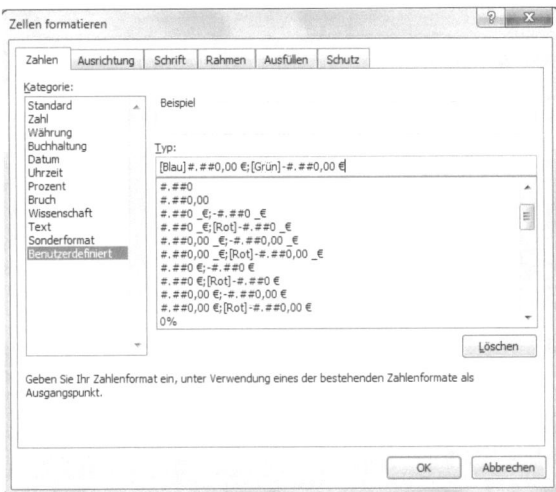

Wählen Sie zunächst irgendein beliebiges Zahlenformat aus. Wichtig ist jetzt nur, dass Sie die gewünschten Farben vor das jeweilige Zahlenformat schreiben. Und wichtig ist außerdem, dass Sie die Farbe in eckigen Klammern davor setzen.

Es geht noch weiter. Auch das folgende Format ist möglich:

Typ:

[Blau] #.##0,00 €;[Rot] -#.##0,00 €;[Gelb] #.##0,00

Wie bekomme ich diese eckigen Klammern?

Bei den Zahlen 8 und 9 finden Sie jeweils eine öffnende und eine schließende eckige Klammer. Drücken Sie zunächst die Taste (AltGr), halten Sie sie fest und tippen Sie dann auf die Zahl 8, um eine öffnende eckige Klammer zu erhalten. Analog verfahren Sie, um die schließende Klammer zu bekommen.

Sie haben hier drei verschiedene Formate, jeweils durch ein Semikolon getrennt. Das erste Format ergibt das Aussehen der positiven Zahlen, das zweite das der negativen. Aber wofür könnte der dritte Teil, das Gelb, stehen? Der dritte Teil steht für die Null, die ja bekanntlich weder positiv noch negativ ist.

Noch sind wir nicht am Ende. Es gibt noch einen vierten Teil, dieser ist aber ohne die Platzhalter für das Zahlenformat.

Typ:

```
[Schwarz]#.##0,00 €;[Rot]-#.##0,00 €;[Gelb]#.##0,00;[Blau]|
```

Der vierte Teil ergibt die Farbe, wenn Text in der Zelle steht.

Zahlen größer als x sollen rot werden – bedingte Formatierung

Bei der Auswertung von Klausuren kann es recht sinnvoll sein, Ergebnisse, die schlechter als eine bestimmte Punktzahl sind, sofort zu sehen. Da Sie aber vorher nicht wissen können, welche Studenten wieder einmal nicht ausreichend gelernt haben, können Sie natürlich die Zellen vorher auch nicht mit roter Schrift versehen. Das muss Excel automatisch aufgrund der Punktzahl machen.

Das erreichen Sie mit der bedingten Formatierung. Sie wird deshalb bedingte Formatierung genannt, weil Sie Formate aufgrund von Bedingungen vergeben. Dabei können Sie Excel mitteilen, all jene Gesamtpunktzahlen z. B. rot zu formatieren, die weniger als beispielsweise 50 % der möglichen Punkte haben.

Schauen Sie sich dazu einmal folgendes Beispiel an.

	A	B	C	D	E	F	G	H
1	Vorname	Nachname	Aufgabe 1	Aufgabe 2	Aufgabe 3	Aufgabe 4	Aufgabe 5	Gesamt
2	Lena	Adams	13	19	17	20	20	89
3	Sylvia	Ehrmann	12	8	7	3	18	48
4	Torben	Emmermann	3	9	18	4	8	42
5	Matthias	Flamme	7	8	2	3	4	24
6	Natascha	Geiger	6	9	16	1	12	44
7	Sascha	Kirchner	8	1	15	8	15	47
8	Andreas	Kleine	7	18	4	1	4	34
9	Uwe	Kuhmann	4	10	3	17	18	52
10	Marcel	Küpper	6	4	13	19	20	62
11	Anna	Meyer	16	19	6	5	11	57
12	Arndt	Milde	16	6	12	15	12	61
13	Olga	Oslowski	13	8	10	3	12	46
14	Daniel	Reiter	2	9	4	5	11	31
15	Svenja	Reuter	11	2	15	3	11	42
16	Lisa	Rosenstengel	20	9	6	2	14	51
17	Holger	Schmidt	12	14	20	19	8	73
18	Petra	Schulze	18	10	4	10	18	60
19	Monika	Toren	3	13	9	8	2	35
20	Marcel	Zeidler	15	10	10	19	9	63
21	Rainer	Zufall	3	4	14	14	2	37

Die maximal erreichbare Punktzahl für alle Aufgaben beträgt 100. 50 Punkte müssen mindestens erreicht werden, um die Klausur bestanden zu haben. Schön wäre es nun, wenn wir diese Studenten sofort sehen würden, indem ihre Ergebnisse rot kenntlich gemacht werden.

1 Markieren Sie zunächst alle Zellen, die Sie mit der gleichen bedingten Formatierung versehen möchten. Also beispielsweise in der Abbildung oben die Zellen H2 bis H21.

2 Wählen Sie dann *Start/Formatvorlagen/ Bedingte Formatierung.*

3 Jetzt müssen Sie zunächst weitere wichtige Entscheidungen treffen, denn die bedingte Formatierung in Excel 2010 ist im Vergleich zu ihren Vorgängern um einiges mächtiger geworden.

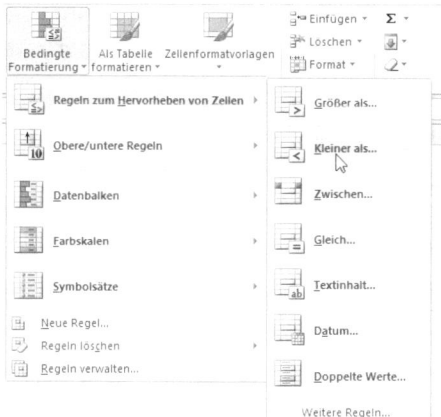

4 Da wir alle Ergebnisse kleiner als 50 hervorheben wollen, wählen Sie die in der Abbildung ausgewählten Elemente. Sie erhalten ein neues Fenster.

5 Tragen Sie dort die Werte der obigen Abbildung ein. Sobald Sie die Zahl 50 eingetragen haben, hat Excel schon eine Voransicht der zu erwartenden Formatierung durchgeführt.

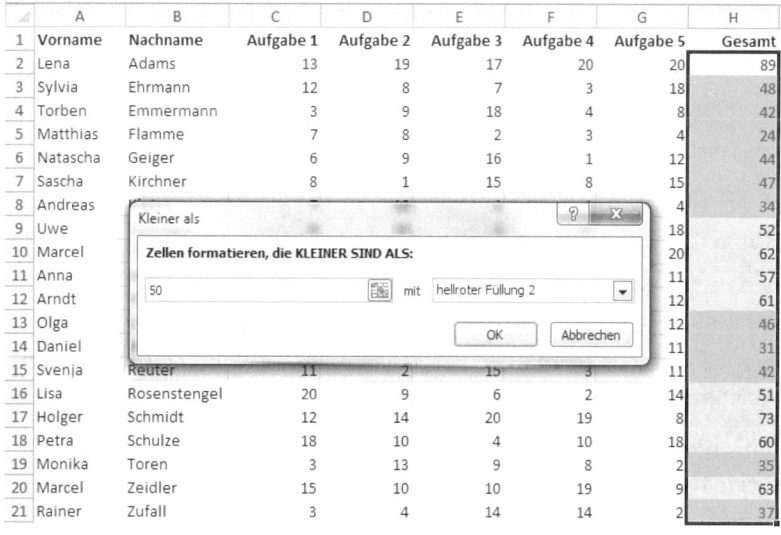

	A	B	C	D	E	F	G	H
1	Vorname	Nachname	Aufgabe 1	Aufgabe 2	Aufgabe 3	Aufgabe 4	Aufgabe 5	Gesamt
2	Lena	Adams	13	19	17	20	20	89
3	Sylvia	Ehrmann	12	8	7	3	18	48
4	Torben	Emmermann	3	9	18	4	8	42
5	Matthias	Flamme	7	8	2	3	4	24
6	Natascha	Geiger	6	9	16	1	12	44
7	Sascha	Kirchner	8	1	15	8	15	47
8	Andreas						4	34
9	Uwe						18	52
10	Marcel						20	62
11	Anna						11	57
12	Arndt						12	61
13	Olga						12	46
14	Daniel						11	31
15	Svenja	Reuter	11	2	15	3	11	42
16	Lisa	Rosenstengel	20	9	6	2	14	51
17	Holger	Schmidt	12	14	20	19	8	73
18	Petra	Schulze	18	10	4	10	18	60
19	Monika	Toren	3	13	9	8	2	35
20	Marcel	Zeidler	15	10	10	19	9	63
21	Rainer	Zufall	3	4	14	14	2	37

Kleiner als

Zellen formatieren, die KLEINER SIND ALS:

50   mit   hellroter Füllung 2

OK   Abbrechen

6 Wenn Ihnen die *hellrote Füllung 2* nicht zusagt, klicken Sie im Feld neben dem Wort *mit* auf das Dreieck, um das Listenfeld herunterzuklappen. Wenn Ihnen hier auch keines der vorgegebenen Formate gefällt, wählen Sie ganz unten *benutzerdefiniertes Format*. Das folgende Fenster kennen Sie sicher schon von Word. Hier wählen Sie im Bereich *Farbe* die gewünschte Farbe aus.

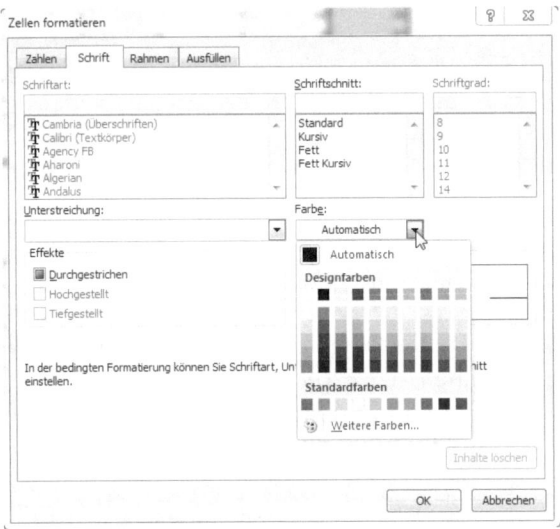

7 Excel wird nun bei allen Studenten, die weniger als 50 Punkte erreicht haben, diese Punkte in roter Farbe kennzeichnen.

In der obigen Abbildung wurde für Punkte kleiner als 50 die Schriftfarbe Rot vergeben. Möchten Sie auch eine Farbe für die anderen Punkte vergeben, gehen Sie analog vor.

Sie sehen also, Ihren gestalterischen Ideen sind fast keine Grenzen gesetzt. Wenn Sie solche Formate in der Tabelle vergeben, werden Sie sofort sehen, welche Studenten in den Leistungen irgendwelche Auffälligkeiten zeigen.

Ein anderes Beispiel: Nehmen wir an, Sie haben die folgenden Messwerte bei einem wichtigen Experiment erhalten:

	A	B	C	D	E	F
1			Messwerte			
2						
3	37	33	7	11	37	6
4	30	31	11	14	15	4
5	24	9	44	34	28	48
6	24	26	20	23	42	29
7	40	47	10	9	25	44
8	29	48	40	50	33	46
9	42	14	32	13	11	13
10	29	22	10	21	17	33
11	43	8	34	35	35	24
12	29	38	2	7	22	1
13	7	13	15	23	3	39
14	47	35	49	19	23	10
15	9	47	47	34	46	8
16	9	39	8	34	36	15
17	11	42	32	8	11	1
18	34	24	7	29	46	25
19	29	35	22	18	36	28
20	6	39	23	49	23	10
21	48	7	8	30	16	24
22	25	35	20	17	44	14

Besonders interessant sind hier Werte, die sich zwischen 20 und 35 bewegen. Um einen groben Überblick zu bekommen, wie viele Werte in diesen Bereich fallen, können Sie die bedingte Formatierung benutzen. Wir werden uns diese Sache im Kapitel über Häufigkeitsverteilungen etwas genauer anschauen.

Markieren Sie die Zellen von A3 bis F22 und gehen Sie dann über *Start* in die Gruppe *Formatvorlagen* und wählen hier *Bedingte Formatierung*.

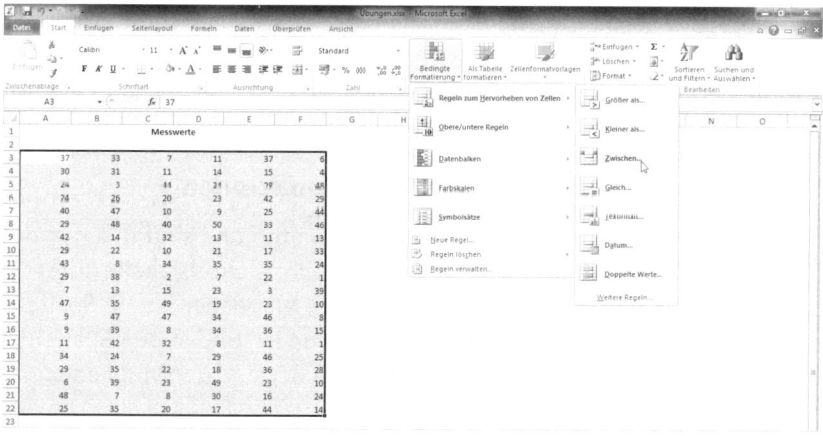

Bei *Regeln zum Hervorheben von Zellen* wählen Sie *Zwischen...*

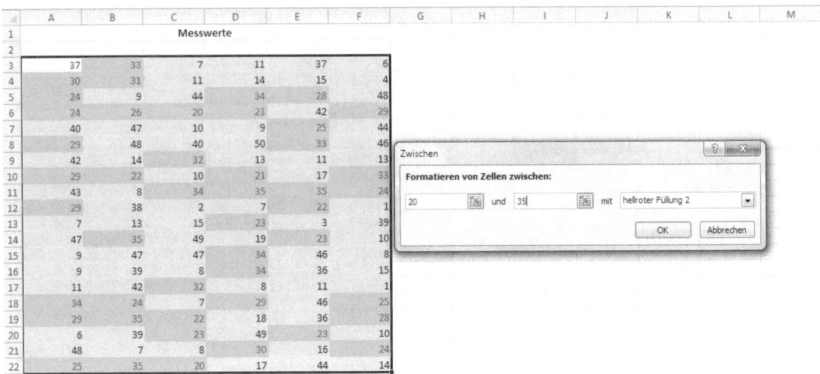

Wenn Sie nun in das Fenster einen Bereich, hier 20 bis 35, eintragen, wird Excel sofort die entsprechenden Zahlen in Ihrer markierten Liste in dem gewählten Farbton anzeigen. Beachten Sie, dass die beiden Grenzen, also 20 und 35, ebenfalls in dem ausgewählten Farbton kenntlich gemacht werden. *Zwischen* bedeutet also einschließlich der Grenzen.

3.4 Wichtige Excel-Funktionen an Beispielen erklärt

Excel bietet eine große Anzahl an sehr mächtigen Funktionen, die in der Lage sind, sehr komplexe Rechnungen durchzuführen. Im Rahmen dieses Kapitels ist es aber nicht möglich, alle diese Funktionen mit der gebührenden Tiefe und Komplexität zu besprechen. Wir werden uns deshalb auf die gebräuchlichsten und für die meisten Leser nützlichen Funktionen beschränken und diese anhand von Beispielen erläutern.

Summe und Mittelwert – einfache Funktionen

Sie haben die Kasse in Ihrem Verein zu verwalten und sind u. a. für das Zahlen des Vereinsbeitrags verantwortlich. Ihre Excel-Tabelle listet in Spalte A und B die Vor- und Nachnamen der Mitglieder auf, in Spalte C steht der Beitrag, der im halben Jahr zu zahlen ist, und in den Spalten D bis J haben Sie die tatsächlichen monatlichen Beträge der Mitglieder.

	A	B	C	D	E	F	G	H	I	J
	Vorname	Nachname	Halbjahres-beitrag	Januar	Februar	März	April	Mai	Juni	Juli
2	Uwe	Oslowski	60	10	10	10	10			
3	Torben	Zeidler	60		20	10	10	10	10	10
4	Sylvia	Toren	60	10	10	10	10	10	10	
5	Svenja	Schulze	60	10		10	10	20	10	
6	Sascha	Küpper	60	10	20	10	10	10	10	
7	Rainer	Zufall	60	10	20	10	10	10	10	
8	Petra	Reuter	60	10	20		10	10	10	
9	Olga	Reiter	60	10		20	10	10	10	10
10	Natascha	Schmidt	60	10		20		10	40	10
11	Monika	Milde	60	10	10	20		10	20	10
12	Matthias	Meyer	60	10	10	20	10	10	20	10
13	Marcel	Rosenstengel	60	10				20	20	10
14	Marcel	Kuhmann	60	10		10	10	10	20	10
15	Lisa	Kleine	60		30			10	20	10
16	Lena	Kirchner	60		30	10	10		20	10
17	Holger	Geiger	60	10		10	10	20	10	10
18	Daniel	Flamme	60		10	10	10	20	10	10
19	Arndt	Emmermann	60		20	10	20	20	10	10
20	Anna	Ehrmann	60	10	10	10	20	30	10	10
21	Andreas	Adams	60		10	10	10	10	10	20

Ihre Aufgabe ist es nun, zu ermitteln, bei welchem Mitglied noch Beiträge ausstehen. Dazu müssen Sie zunächst die geleisteten Beiträge der Spalten D bis J für jedes Mitglied einzeln addieren.

Um nun diese Werte zu summieren, könnten Sie in der Zelle K2 folgende Formel eingeben

```
= D2+E2+F2+G2+H2+I2+J2
```

und diese dann nach unten kopieren, damit sie für jedes Mitglied berechnet wird.

Aber spätestens, wenn Sie so etwas für die 365 Tage eines Jahres machen müssen, werden Sie sehen, dass diese Formel nicht sehr günstig ist.

Besser dafür geeignet ist eine spezielle Excel-Funktion: die Funktion *SUMME*. Gehen Sie zunächst in die Zelle, in der das Ergebnis der Summation stehen soll. In unserem Beispiel ist das die Zelle K2. Dann wählen Sie die Registerkarte *Start*. In der Gruppe *Bearbeiten* klicken Sie auf das Σ-Symbol.

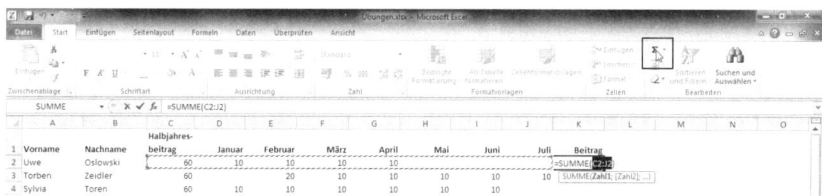

Excel schreibt Ihnen nun

▪ =SUMME(C2:J2)

in die Zelle, wobei die beiden Zelladressen C2 und J2 markiert sind. Was heißt das nun aber?

Aufgrund des Funktionsnamens *SUMME* weiß Excel, dass etwas zu summieren ist, und durch die Adressangaben *C2:J2* weiß Excel, welche Zelle summiert werden sollen. Der Doppelpunkt in der Formel steht einfach für das deutsche Wort „bis". Excel wird damit aufgefordert, alle Werte zu summieren, die sich in den Zellen C2 bis J2 befinden, einschließlich C2 und J2.

Wie Sie aber im Beispiel sehen, stimmt der Vorschlag von Excel nicht, denn in der Zelle C2 wurde der gesamte Halbjahresbeitrag eingegeben, also das, was jedes Mitglied im halben Jahr zu zahlen hat. Diese Zelle darf bei der Summation der tatsächlich geleisteten Zahlungen natürlich nicht mit addiert werden.

Sollte also der Vorschlag von Excel einmal nicht richtig sein, so markieren Sie die richtigen Zellen, wie wir es bisher besprochen haben. Erst wenn die Zelladressen richtig sind, bestätigen Sie die Formel.

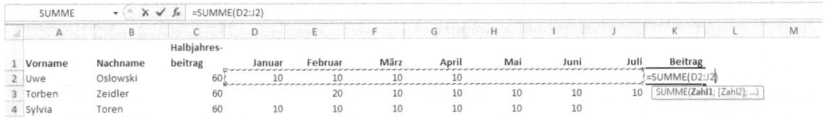

Damit hat Excel die Werte der zweiten Zeile addiert. Und da Sie in der Formel keine absoluten Zelladressen benutzt haben, können Sie diese Formel nun nach unten kopieren.

In der gleichen Art und Weise können Sie auch die Werte der Spalten summieren, um zu ermitteln, welche Beiträge Sie pro Monat eingenommen haben. Klicken Sie dazu z. B. in die Zelle C23 und wählen Sie wieder das Σ-Symbol. Excel schlägt Ihnen auch hier Zelladressen vor. Sofern es die richtigen sind, bestätigen Sie die Formel, wenn nicht, markieren Sie zunächst die richtigen Zelladressen.

Kopieren Sie sich nun die Formel nach rechts und schon haben Sie alle möglichen Summen der Tabelle gebildet.

| C23 | ▾ | *fx* | =SUMME(C2:C21) | | | | | | | |

	A	B	C	D	E	F	G	H	I	J	K
			Halbjahres-								
1	Vorname	Nachname	beitrag	Januar	Februar	März	April	Mai	Juni	Juli	Beitrag
2	Uwe	Oslowski	60	10	10	10	10				40
3	Torben	Zeidler	60		20	10	10	10	10	10	70
4	Sylvia	Toren	60	10	10	10	10	10	10		60
5	Svenja	Schulze	60	10		10	10	20	10		60
6	Sascha	Küpper	60	10	20	10	10	10	10		70
7	Rainer	Zufall	60	10	20	10	10	10	10		70
8	Petra	Reuter	60	10	20		10	10	10		60
9	Olga	Reiter	60	10		20	10	10	10	10	70
10	Natascha	Schmidt	60	10		20		10	40	10	90
11	Monika	Milde	60	10	10	20		10	20	10	80
12	Matthias	Meyer	60	10	10	20	10	10	20	10	90
13	Marcel	Rosenstengel	60	10				20	20	10	60
14	Marcel	Kuhmann	60	10		10	10	10	20	10	70
15	Lisa	Kleine	60		30	10		10	20	10	80
16	Lena	Kirchner	60		30	10	10		20	10	80
17	Holger	Geiger	60	10		10	10	20	10	10	70
18	Daniel	Flamme	60		10	10	10	20	10	10	70
19	Arndt	Emmermann	60		20	10	20	20	10	10	90
20	Anna	Ehrmann	60	10	10	10	20	30	10	10	100
21	Andreas	Adams	60		10	10	10	10	10	20	70
22											
23		gesamt	1200	140	230	220	180	250	280	150	1450

Wie Sie sofort sehen, sollte der Verein eigentlich nur 1.200 € im ersten halben Jahr an Beiträgen eingenommen haben, aber durch die Zahlungsfreude Ihrer Mitglieder sind es tatsächlich 1.450 € geworden. Und Sie sehen auch, dass Herr Oslowski (Zeile 2) seinen Halbjahresbeitrag noch nicht vollständig bezahlt hat.

> **Wenn Sie nur zwei oder drei Zahlen zu summieren haben**
>
> Wenn Sie nur zwei oder drei Zahlen zu summieren haben, dann sollten Sie diese einfach mit einem +-Zeichen addieren. Die *SUMME*-Funktion ist eine ziemlich umfangreiche Funktion und bei sehr großen Tabellen kann das ein gehöriger Zeitfaktor werden.

Wenn Sie statt auf das Σ-Symbol auf das Dreieck rechts neben dem Σ-Symbol klicken, erhalten Sie eine Auswahl weiterer, sehr einfacher Funktionen.

So lässt sich die Funktion *MITTELWERT* sehr einfach bei der Auswertung von Messwerten einsetzen.

Nehmen wir an, Sie haben fünf Messreihen mit jeweils zehn Messwerten und möchten nun wissen, wie der durchschnittliche Messwert pro Reihe aussieht.

Klicken Sie dazu auf das Dreieck neben dem Σ-Symbol und wählen Sie die Funktion *MITTELWERT*. Auch hier schlägt Ihnen Excel mögliche Koordinaten vor. Sind das die richtigen, brauchen Sie nur noch mit [Enter] zu bestätigen. Sind sie es nicht, markieren Sie die richtigen Zellen.

SUMME	▾	✕ ✓ *fx*	=MITTELWERT(A3:A12)		
	A	B	C	D	E	F
1	Messreihe 1	Messreihe 2	Messreihe 3	Messreihe 4	Messreihe 5
2					
3	4	8	4	5	3
4	3	3	8	4	3
5	9	6	8	6	1
6	1	5	7	6	6
7	2	10	3	9	9
8	6	7	3	9	8
9	10	3	9	10	2
10	2	8	4	8	3
11	5	7	5	10	10
12	2	3	7	3	3
13	=MITTELWERT(A3:A12)				
14	MITTELWERT(**Zahl1**; [Zahl2]; ...)				
15					

In der gleichen Art und Weise können Sie verfahren, wenn Sie den maximalen oder minimalen Wert einer Zahlenreihe benötigen. Hierzu dienen die Funktionen *MAX* und *MIN*. Das weitere Vorgehen mit diesen beiden Funktionen ist identisch mit dem bisher besprochenen Verfahren.

Textfunktionen

In eine Excel-Zelle kann man sowohl Zahlen als auch Texte eingeben. Auch beides in eine Zelle einzugeben, ist möglich. Excel wird Sie nicht hindern, in einer Adressverwaltung die Postleitzahl und die Stadt in eine Zelle zu schreiben.

	A	B	C	D
1	Vorname	Nachname	Straße	Stadt
2	Herta	Rosenstengel	Gutleutstraße 80	60329 Frankfurt
3	Walter	Flamme	Dillgasse 26	60439 Frankfurt
4	Wilhelm	Toren	Gonzenheimer Str. 86	60437 Frankfurt
5	Gerhard	Reuter	Bischofsweg 9	60598 Frankfurt
6	Walburga	Geiger	Gucksbergweg	01139 Dresden
7	Emanuel	Oslowski	Van-Gogh-Str. 69	01326 Dresden
8	Klaus-Peter	Ehrmann	Langheckenweg 66	60433 Frankfurt
9	Paul	Milde	Im Bruch 8	65933 Frankfurt
10	August	Kleine	Wartburgstr. 73	01309 Dresden
11	Claudia	Tammberger	Zweiter Steinweg 5	01326 Dresden
12	Maria	Megge	Kronengasse 4	65929 Frankfurt
13	Günther	Braun	Luisenplatz 66	60316 Frankfurt
14	Dieter	Bielefelder	Windmühlenstr. 78	01257 Dresden
15	Ingrid	Koppenbach	Quandstr. 23	01139 Dresden
16	Johanna	Strauß	Weinleite 19	01326 Dresden
17	Erich	Stempel	Röntgenstr. 34	01239 Dresden
18	Helmut	Sturm	Kupferhammer 8	60439 Frankfurt
19	Reinhold	Günzel	Löwengasse 96	60385 Frankfurt
20	Friedrich	Lorenzen	Kleiner Hirschgraben 13	60311 Frankfurt
21	Wolf	Wacker	Hebelstr. 89	60318 Frankfurt
22	Werner	Spatz	Berger Weg 9	60389 Frankfurt
23	Theo	Wagner	Zwickauer Platz 54	01187 Dresden

So etwas sollte man natürlich vermeiden, denn wenn Sie diese Liste für einen Word-Serienbrief benutzen möchten und nun einen Brief nur an die Dresdner Mitglieder Ihres Vereins schicken wollen, haben Sie ernste Probleme. Mit dem Erstellen solcher Listen werden wir uns später in diesem Buch noch ausführlich beschäftigen.

Nehmen wir also an, jemand hätte Ihnen eine solche Liste geschickt und Sie möchten nun die Postleitzahl vom Namen der Stadt trennen. Hier bietet Excel die Funktionen *LINKS*, *RECHTS* und *TEIL*.

Die Funktionen haben die Syntax

- =LINKS(Zelle;Anzahl_Zeichen)
- =RECHTS(Zelle;Anzahl_Zeichen)
- =TEIL(Zelle;Frstes_Zeichen;Anzahl_Zeichen)

LINKS schneidet in der *Zelle* die *Anzahl_Zeichen* von der linken Seite ab. *RECHTS* macht das Gleiche, aber von der rechten Seite. *TEIL* schneidet beginnend von *Erstes_Zeichen* die Menge an Zeichen ab, die *Anzahl_Zeichen* entspricht.

Stadt	LINKS	RECHTS	TEIL
60329 Frankfurt	=LINKS(D2;5)	=RECHTS(D2;5)	=TEIL(D2;4;5)
60439 Frankfurt	=LINKS(D3;5)	=RECHTS(D3;5)	=TEIL(D3;4;5)
60437 Frankfurt	=LINKS(D4;5)	=RECHTS(D4;5)	=TEIL(D4;4;5)
60598 Frankfurt	=LINKS(D5;5)	=RECHTS(D5;5)	=TEIL(D5;4;5)
01139 Dresden	=LINKS(D6;5)	=RECHTS(D6;5)	=TEIL(D6;4;5)
01326 Dresden	=LINKS(D7;5)	=RECHTS(D7;5)	=TEIL(D7;4;5)

Das Ergebnis sähe so aus:

Stadt	LINKS	RECHTS	TEIL
60329 Frankfurt	60329	kfurt	29 Fr
60439 Frankfurt	60439	kfurt	39 Fr
60437 Frankfurt	60437	kfurt	37 Fr
60598 Frankfurt	60598	kfurt	98 Fr
01139 Dresden	01139	esden	39 Dr
01326 Dresden	01326	esden	26 Dr

Befriedigend für unser Problem ist eigentlich nur die *LINKS*-Funktion. Mit ihr können wir die Postleitzahl abschneiden, da diese in Deutschland immer fünfstellig ist. Aber den Städtenamen kann man so einfach anscheinend mit keiner der drei Funktionen abschneiden, da die Namen der Städte nun einmal unterschiedlich lang sind.

Wenn es aber gelingt, die Anzahl der Zeichen in Spalte D zu bestimmen, können wir davon die Anzahl der Stellen der Postleitzahl subtrahieren und haben damit die Länge des Städtenamens. Zur Ermittlung der Länge der Zeichenkette gibt es die Funktion *LÄNGE(Zelle)*. Dabei ist *Zelle* die Zelladresse, von deren Inhalt wir die Anzahl der Zeichen kennen möchten. Diese Funktion, mit der Funktion *RECHTS* sinnvoll kombiniert, führt zu folgender Abbildung:

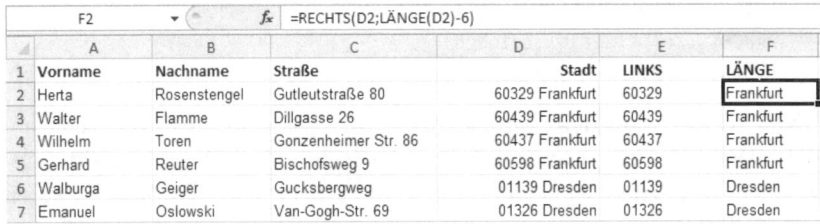

	F2	▼	f_x	=RECHTS(D2;LÄNGE(D2)-6)		
	A	B	C	D	E	F
1	Vorname	Nachname	Straße	Stadt	LINKS	LÄNGE
2	Herta	Rosenstengel	Gutleutstraße 80	60329 Frankfurt	60329	Frankfurt
3	Walter	Flamme	Dillgasse 26	60439 Frankfurt	60439	Frankfurt
4	Wilhelm	Toren	Gonzenheimer Str. 86	60437 Frankfurt	60437	Frankfurt
5	Gerhard	Reuter	Bischofsweg 9	60598 Frankfurt	60598	Frankfurt
6	Walburga	Geiger	Gucksbergweg	01139 Dresden	01139	Dresden
7	Emanuel	Oslowski	Van-Gogh-Str. 69	01326 Dresden	01326	Dresden

Damit haben Sie in den Spalten E und F erfolgreich die Inhalte der Spalte D separiert.

Aber warum steht in der Funktion *RECHTS* als *Anzahl_Stellen* die Subtraktion *LÄNGE(D2)-6*?

Sie wissen, dass die Funktion *LÄNGE(D2)* die Anzahl der Zeichen in Zelle D2 bestimmt. Von dieser Gesamtanzahl soll Excel aber die Postleitzahl nicht mit abschneiden. Postleitzahlen haben in Deutschland fünf Stellen. Dazu kommt noch die Leerstelle zwischen der Postleitzahl und der Stadt. Dies macht zusammen sechs Stellen, die nicht abgeschnitten werden sollen.

Nun kann es aber auch einmal nötig sein, dass Sie zwei Textzellen zusammenführen möchten. Das wird besonders bei Serienbriefen nötig, wenn man unsinnige Leerzeichen zwischen dem Vor- und Nachnamen vermeiden möchte. Um Texte zusammenzufassen, gibt es den Verknüpfungsoperator &. Am einfachsten lässt sich die Wirkungsweise in der folgenden Abbildung erklären:

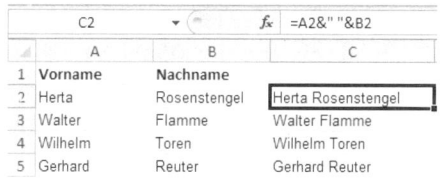

In der Bearbeitungszeile der Zelle C2 steht der folgende Befehl:

    =A2&" "&B2

Nimm den Inhalt der Zelle A2 und verknüpfe (&) diesen mit einem Leerzeichen (" "). Das Ganze verknüpfe (&) dann mit der Zelle B2.

Die unterschiedliche Wirkungsweise des Additionsoperators + und des Verknüpfungsoperators & lässt sich an folgender Abbildung sehen:

	A	B	C	D
1	5	3		8	=A1+B1
2	5	3	53	=A1&B1

In Spalte A und B wurden einfach Zahlen eingegeben. In Spalte D sehen Sie die Formeln, die zu den Ergebnissen in Spalte C führen.

Datum- und Zeitfunktionen

Das Berechnen der Kalenderwoche eines gegebenen Datums – der einfache Umgang mit Datum & Zeit

Zunächst einige allgemeine Bemerkungen, wie Excel ein Datum behandelt, und hier gleich die vielleicht überraschende Erkenntnis, dass Excel ein Datum gar nicht kennt.

Excel rechnet im Grunde nur mit Tagen, d. h., Excel hat keine Ahnung von einem 15. 08. 2007, sondern weiß nur, dass bis zu diesem Tag 39.309 Tage vergangen sind seit dem 01.01.1900, dem ersten Datum, das die Programmierer Excel mitgegeben haben.

Wir müssen also die Anzahl der Tage nur in Jahre und Wochen umrechnen. Das hört sich jetzt kompliziert an, ist es aber nicht, denn Excel kennt dafür gute Funktionen, die das für Sie erledigen.

Eine dieser Funktionen ist die *KALENDERWOCHE*. Nehmen wir einmal an, Sie möchten wissen, in welche Kalenderwoche der 05.04.2011 fällt bzw. gefallen ist. Schreiben Sie das Datum in die Zelle A1 einer Tabelle und gehen Sie dann in die Zelle, in der das Ergebnis stehen soll. Dann wählen Sie in der Registerkarte *Start* in der Gruppe *Bearbeiten* das kleine Dreieck beim Σ-Symbol. Hier wählen Sie *Weitere Funktionen*.

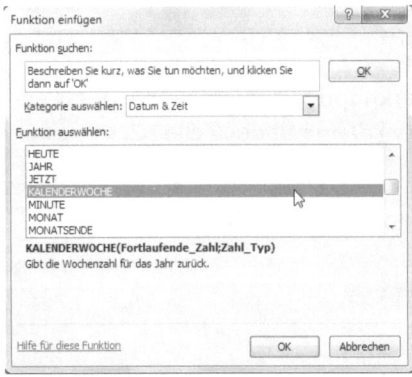

Sie erhalten nun ein Fenster mit allen Funktionen, die Excel Ihnen bietet. Wählen Sie bei *Kategorie auswählen* hier *Datum & Zeit*.

Nun wählen Sie *KALENDERWOCHE* und bestätigen die Auswahl mit *OK*.

In dem nun folgenden Fenster erwartet Excel von Ihnen die fortlaufende Zahl seit dem 01.01.1900. Keine Angst, Sie müssen jetzt nicht die Tage vom 01.01.1900 bis zum 05.04.2011 zählen. Das macht ja Excel automatisch. Sie brauchen nur durch Klick die Zelle auszuwählen, in der Ihr Datum steht.

Bestätigen Sie zunächst einmal das Ganze mit *OK*. Sie sollten nun die Zahl *15* bekommen haben, denn der 05.04.2011 liegt in der 15. Kalenderwoche des Jahres 2011.

Im Fenster der *KALENDERWOCHE*-Funktion gab es noch eine weitere Möglichkeit zur Eingabe, nämlich *Zahl_Typ*. Und *Zahl_Typ* kann nur die Werte 1 und 2 annehmen.

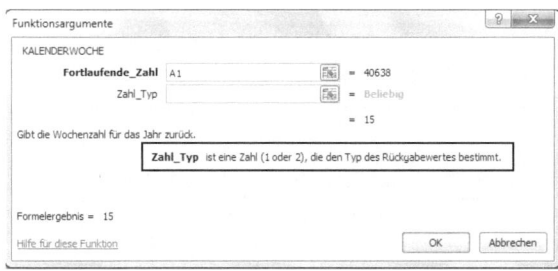

Was hat es damit auf sich?

Geben Sie dazu einmal in die Zelle A1 das Datum *17.04.2011* ein. Excel sollte Ihnen nun sofort die Zahl *17* anzeigen, denn es ist die 17. Kalenderwoche. Nun doppelklicken Sie als Nächstes auf die Zelle B2, um die *KA-LENDERWOCHE*-Funktion zum nachträglichen Bearbeiten zu öffnen.

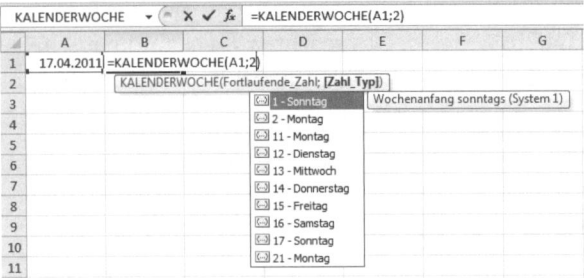

Klicken Sie nun zwischen der Zelladresse A1 und der schließenden Klammer und geben Sie dort *;2* ein, sodass Sie obige Abbildung erhalten.

Wenn Sie die Funktion nun bestätigen, erhalten Sie plötzlich die 16. Kalenderwoche. Was soll das? Um die Kalenderwoche auszurechnen, muss man natürlich wissen, mit welchem Wochentag die Woche beginnt. So kann eine neue Woche mit dem Sonntag beginnen (1) oder mit dem Montag (2).

In der Kategorie *Datum & Zeit* kennt Excel noch einige wirklich brauchbare Funktionen. Da diese recht einfach in der Handhabung sind, möchten wir sie Ihnen nur in einer Tabelle vorstellen.

Wenn in Zelle A1 das Datum 13.05.2007 steht, führt die Funktion ...	... zu folgendem Ergebnis
=TAG(A1)	13
=MONAT(A1)	5
=JAHR(A1)	2007
=WOCHENTAG(A1)	1
=HEUTE()	aktuelles Datum

Die Funktion *WOCHENTAG* gibt Ihnen aber nicht den Wochentag als Wort aus, sondern als Zahl, d. h., ein Sonntag ergibt die Zahl *1*, Montag *2*, Dienstag *3* usw.

Im Kalender sollen die Wochenenden rot eingefärbt werden

Nehmen wir an, Sie haben in Excel eine Tabelle mit einem Tagesdatum angelegt und möchten nun die Wochenenden deutlicher hervorheben. Mithilfe der bedingten Formatierung, die wir in einem früheren Kapitel besprochen haben, können Sie nun Excel veranlassen, die Wochenenden nahezu beliebig einzufärben, um sie sofort kenntlich zu machen.

Schauen wir uns das am Beispiel eines kleinen Terminkalenders an. In der Spalte A wurde der Anfangswert 17. *April 2011* eingetragen und nach unten kopiert. Da Sie natürlich nicht nur das Datum wissen möchten, sondern auch den Wochentag, wurde die Spalte A mit folgendem selbst erstellten Format versehen:

```
TTTT, TT.MMMM JJJJ
```

Sollten Sie nicht mehr genau wissen, wie man solche Formate erstellt, lesen Sie dies bitte im Abschnitt über Formatierungen noch einmal nach.

In Zeile 1 sind dann einfach einmal drei Uhrzeiten eingetragen.

Ziel ist es nun, dass für alle Samstage und Sonntage die Zellen der Spalten A bis D rot eingefärbt werden. Hierzu brauchen Sie die Möglichkeiten der bedingten Formatierung. Lesen Sie dies gegebenenfalls im Abschnitt über bedingte Formatierungen noch einmal nach.

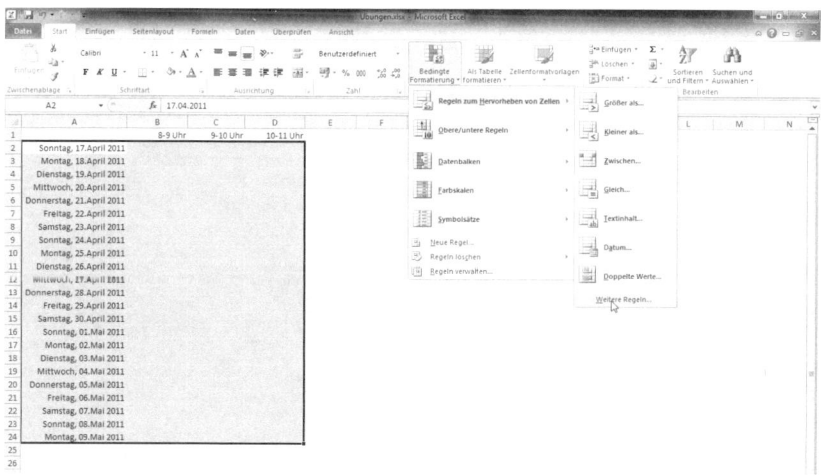

Markieren Sie die Zellen A2 bis D24 (wie in der Abbildung zu sehen), gehen Sie über die Registerkarte *Start* in die Gruppe *Formatvorlage* und wählen Sie *Bedingte Formatierung*. Darin wählen Sie nun *Regeln zum Hervorheben von Zellen* und dann *Weitere Regeln*.

Im Fenster wählen Sie als Regeltyp *Formel zur Ermittlung der zu formatierenden Zellen verwenden*. Nun tragen Sie in das entsprechende Feld folgende Formel ein:

- =WOCHENTAG($A2)=7

und legen über *Formatieren* eine Farbe fest.

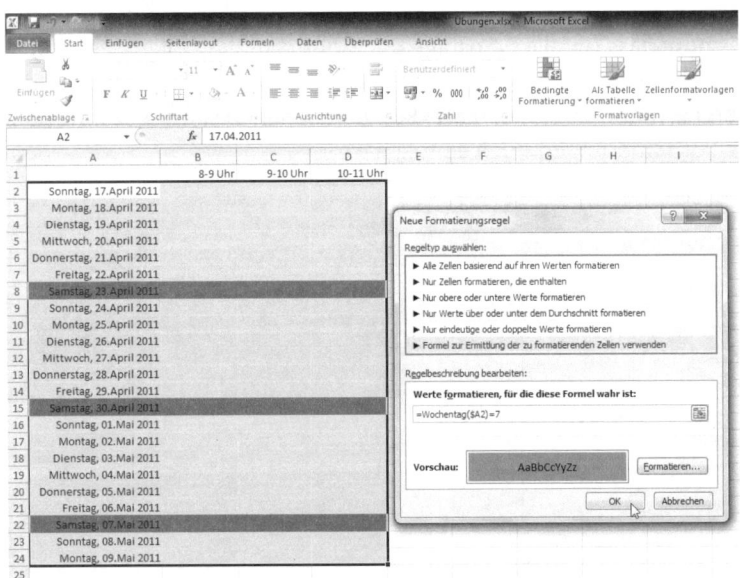

Nachdem Sie das Fenster *Formatierung* mit *OK* bestätigt haben, können Sie im Fenster *Vorschau* das Ergebnis einmal anschauen. Wenn Sie nun bestätigen, sind alle Samstage rot hervorgehoben.

Was aber macht die Formel *=WOCHENTAG($A3)=7*?

Sie wissen sicher, dass die Funktion *WOCHENTAG* aus einem Datum den Wochentag ermittelt (siehe Tabelle im letzten Abschnitt), diesen aber nicht als Wort, sondern als Zahl ausgibt. Und durch die Zahl *7* sagen Sie Excel, dass Sie einen Samstag suchen und die entsprechenden Zellen rot färben wollen.

Wochentag	Zahl
Sonntag	1
Montag	2
Dienstag	3
Mittwoch	4
Donnerstag	5
Freitag	6
Samstag	7

Möchten Sie nun auch die Sonntage rot einfärben, so wählen Sie in einem zweiten Durchlauf die Formel

```
=WOCHENTAG($A2)=1
```

denn bei Excel beginnt die Woche mit dem Sonntag (=1).

Das Ganze lässt sich aber auch in nur einem Schritt ausführen. Hierbei müssen Sie allerdings Excel mitteilen, dass nun zwei Bedingungen zutreffen müssen, nämlich *WOCHENTAG($A2)=7* oder *WOCHENTAG($A2)=1*. Und Sie müssen Excel mitteilen, ob diese beiden Bedingungen mit einem *ODER* oder mit einem *UND* verbunden werden sollen, also ob beide Bedingungen gleichzeitig zutreffen müssen (*UND*) oder ob eine Bedingung genügt (*ODER*), um die Zellen rot zu färben. In unserem Beispiel können nicht beide Bedingungen gleichzeitig zutreffen, denn in besagter Zelle A2 steht entweder Samstag oder Sonntag, beide Tage in Zelle A2 sind so nicht möglich.

Die Formel, die Sie benutzen müssen, sehen Sie in dieser Abbildung:

Der logische Verknüpfungsoperator *ODER* hat allgemein folgendes Aussehen:

▪ =ODER(Bedingung_1;Bedingung_2;......;Bedingung_n)

Wir werden uns den logischen Operatoren *UND* und *ODER* noch sehr ausführlich im Abschnitt über logische Funktionen auf Seite 379 zuwenden.

In der Datenreihe sollen die Wochenenden aber gar nicht erst auftauchen

Wenn Sie die Wochenenden erst gar nicht sehen wollen, bietet Excel die Möglichkeit, diese gleich ganz aus der Datenliste zu entfernen.

Geben Sie in eine Zelle das Anfangsdatum ein und kopieren Sie alles ganz klassisch nach unten.

Klicken Sie nun auf die Tabelle unten rechts neben dem Kopiersymbol und wählen Sie dort *Wochentage ausfüllen*.

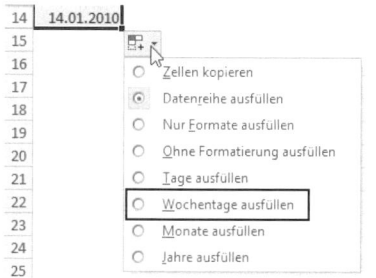

Damit entfernt Excel alle Wochenenden aus Ihrer Liste.

Wie lassen sich in einem Datum die Monate hochzählen?

Sollten Sie Ihre Abrechnungen immer am gleichen Tag im Monat machen, also z. B. am 15.03.2010, 15.04.2010, 15.05.2010 usw., haben Sie in Excel das kleine Problem, immer nur den Monat hochzählen zu lassen, nicht aber den Tag und das Jahr. Das liegt daran, dass Excel intern nur mit Tagen arbeitet und jedes Mal, wenn es benötigt wird, eine Zahl wie 39.237 in ein uns geläufiges Datumsformat umrechnet.

Zur Lösung dieses Problems gibt es mehrere Möglichkeiten. Eine davon wäre, mithilfe der Funktionen *TAG*, *MONAT* und *JAHR* die einzelnen Teile des Datums zu separieren, dann den Monat um 1 zu erhöhen, um anschließend alles wieder zu einem Datum zusammenzusetzen. Das alles kann man mit einer Formel schaffen.

Besser ist es aber, eine spezielle Excel-Funktion zu nehmen. Diese Funktion heißt *EDATUM*.

Wenn die Funktion EDATUM bei Ihnen nicht vorhanden ist

Diese Funktion ist leider keine die Standardfunktionen von Excel, sondern sie gehört zur großen Gruppe der Analysefunktionen. Wenn Sie die Funktion also noch nicht haben, so lesen Sie auf Seite 477 nach, wie Sie mithilfe des Add-In-Managers diese Funktion nachinstallieren können.

EDATUM hat im Allgemeinen folgende Syntax:

▪ =EDATUM(Ausgangsdatum;Monate)

Wenn also in der Zelle A1 das Datum 15.03.2010 steht, so gehört in Zelle A2 folgende Formel:

▪ =EDATUM(A1;1)

wenn immer nur einen Monat weiter gezählt werden soll.

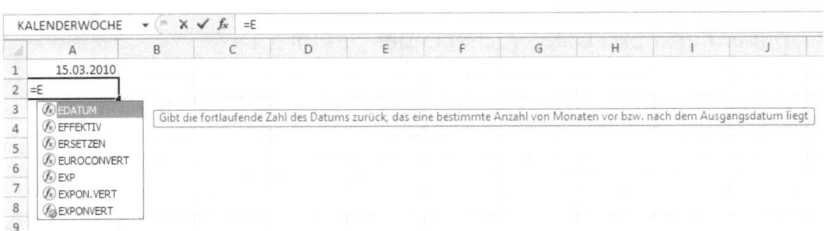

Sobald Sie den Anfangsbuchstaben der Funktion eintippen, erscheint ein Auswahlfeld, in dem Sie den Rest des Funktionsnamens durch einen Klick markieren können. Nachdem Sie den Funktionsnamen markiert haben, drücken Sie die Tab-Taste und der gesamte Funktionsname erscheint in der Zelle. Gleichzeitig erhalten Sie Informationen, welche Angaben Excel zum Berechnen braucht.

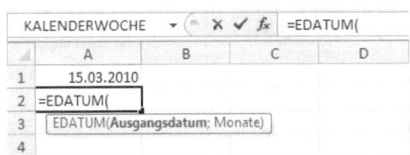

Sobald Sie Ihre Eingaben bestätigt haben, erhalten Sie folgendes Ergebnis:

Was soll das? Nun, Sie wissen inzwischen, dass Excel nur mit Tagen arbeiten kann – auch bei dieser Funktion. Sie brauchen also nur noch das gewünschte Datumsformat zu wählen und die Formel nach unten zu kopieren und schon werden die Monate hochgezählt.

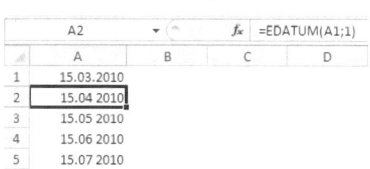

Natürlich können Sie das Ganze auch in Zweimonatsschritten machen. Bei Eingabe der Formel

 = EDATUM(A1;2)

erhalten Sie den 15.03.2010, 15.05.2010, 15.07.2010 usw.

Bei Excel 2010 gibt es dazu noch einen einfacheren Weg. Schreiben Sie in eine Zelle ein Anfangsdatum und kopieren Sie dieses nach unten.

Nun klicken Sie auf die kleine Tabelle rechts neben dem Kopiersymbol und wählen die Option *Monate ausfüllen*.

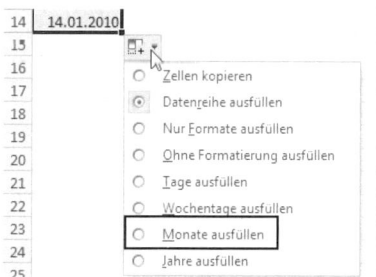

Rechnen mit Uhrzeiten – Teil 1

Kommen wir nun zu ein paar ganz interessanten Zeitproblemen. Sie haben Ihrem Onkel beim Lesen der Trauben in seinem Weinberg geholfen. Da er Ihnen einen kleinen Stundenlohn versprochen hat, möchten Sie natürlich wissen, wie lange Sie insgesamt im Weinberg mitgearbeitet haben. Sie haben sich folgende Stunden in einer Excel-Tabelle notiert.

	A	B	C	D
1	Datum	Beginn	Ende	Arbeitszeit
2	28.10.2009	08:00	17:00	
3	29.10.2009	08:00	13:00	
4	30.10.2009	07:00	15:00	
5	14.11.2009	09:00	14:00	
6	15.11.2009	10:00	16:00	
7	16.11.2009	08:00	17:00	
8	30.11.2009	09:00	15:00	
9	01.12.2009	14:00	16:00	
10	02.12.2009	11:00	17:00	

Um es zunächst einfach zu halten, sind hier erst einmal nur volle Stunden berücksichtigt. Dass es auch anders geht, sehen Sie etwas später.

In der Excel-Tabelle haben Sie in Spalte A das Datum eingetragen, in Spalte B den Beginn der Arbeit und in Spalte C das Arbeitsende. In Spalte D hätten Sie nun gerne Ihre geleisteten Arbeitsstunden im Weinberg ausgerechnet bekommen.

Nichts leichter als das, denn Sie müssen nur in Zelle D2 die beiden Zeiten voneinander abziehen:

- =C2-B2

Der Rest ist ein Kopieren nach unten. Nun möchten Sie aber noch ausgerechnet bekommen, wie viele Arbeitsstunden Sie insgesamt im Weinberg Ihres Onkels abgeleistet haben. Das sollte doch eigentlich mit einer *SUMME*-Funktion einfach zu berechnen sein.

D12			f_x	=SUMME(D2:D10)	
	A	B	C	D	E
1	Datum	Beginn	Ende	Arbeitszeit	
2	28.10.2009	08:00	17:00	09:00	
3	29.10.2009	08:00	13:00	05:00	
4	30.10.2009	07:00	15:00	08:00	
5	14.11.2009	09:00	14:00	05:00	
6	15.11.2009	10:00	16:00	06:00	
7	16.11.2009	08:00	17:00	09:00	
8	30.11.2009	09:00	15:00	06:00	
9	01.12.2009	14:00	16:00	02:00	
10	02.12.2009	11:00	17:00	06:00	
11					
12				08:00	
13					

Doch Sie sehen sicher mit einem Blick, dass Excel hier etwas falsch macht. Oder? Nun, der Grund dieses seltsamen Verhaltens ist darin zu finden, dass Excel tatsächlich mit Uhrzeiten rechnet, Sie aber mit Stunden rechnen müssen. Und eine Uhrzeit, die größer als 24 Uhr ist, gibt es nun einmal nicht, also beginnt Excel mit dem Rechnen dann wieder von vorne.

Was können Sie tun, damit Excel die Arbeitsstunden richtig addiert? Sie müssen nur für die Ergebniszelle, also Zelle D12, das Format ändern.

1 Klicken Sie auf die Zelle, deren Formatierung Sie ändern möchten, im Beispiel ist das die Zelle D12.

2 Gehen Sie in der Registerkarte *Start* in den Bereich *Zahl* und klicken Sie auf den kleinen Pfeil unten rechts.

3 Im Fenster *Zellen formatieren* wählen Sie die Kategorie *Uhrzeit*.

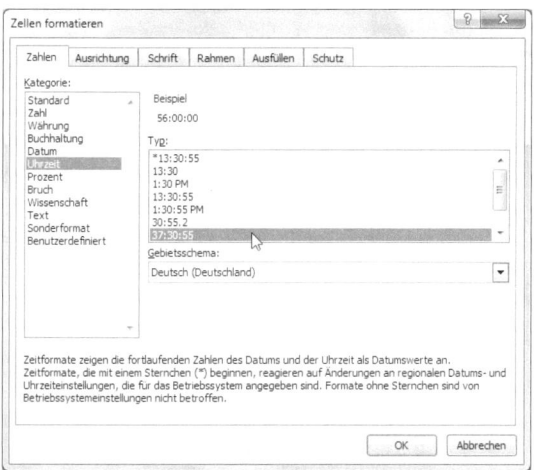

4 Hier entscheiden Sie sich für das Format *37:30:55*. Wundern Sie sich nicht über die seltsamen Zahlen, die Microsoft für das Format benutzt. Die Zahlen sollen lediglich ausdrücken, dass dieses Format Excel veranlasst, bei Uhrzeiten über die 24 Uhr hinaus zu zählen, diese Zahlen sind also als Stundenangabe anzusehen.

Sollten Sie nun zu dem Ergebnis gekommen sein, dass Sie 56 Stunden im Weinberg gearbeitet haben ... Glückwunsch.

Doch eigentlich besagt das Ergebnis, dass Sie 56 Stunden, 0 Minuten und 0 Sekunden gearbeitet haben. Die Minutenangaben sind dabei noch ganz brauchbar, aber ich denke, Sie

	D12	▾	f_x	=SUMME(D2:D10)	
	A	B	C	D	E
1	Datum	Beginn	Ende	Arbeitszeit	
2	28.10.2009	08:00	17:00	09:00	
3	29.10.2009	08:00	13:00	05:00	
4	30.10.2009	07:00	15:00	08:00	
5	14.11.2009	09:00	14:00	05:00	
6	15.11.2009	10:00	16:00	06:00	
7	16.11.2009	08:00	17:00	09:00	
8	30.11.2009	09:00	15:00	06:00	
9	01.12.2009	14:00	16:00	02:00	
10	02.12.2009	11:00	17:00	06:00	
11					
12				56:00:00	
13					

werden mit Ihrem Onkel nicht um Sekunden feilschen. Es wäre deshalb gut, wenn die Sekundenbruchteile in Zelle D12 gar nicht erst angezeigt werden.

1 Klicken Sie auf die Zelle, deren Formatierung Sie ändern möchten, im Beispiel ist das die Zelle D12.

2 Gehen Sie in der Registerkarte *Start* in den Bereich *Zahl* und klicken Sie auf den kleinen Pfeil unten rechts.

3 Gehen Sie nun in den Bereich *Benutzerdefiniert*. Ändern Sie bei *Typ* das Zahlenformat wie in der Abbildung und bestätigen Sie dann alles.

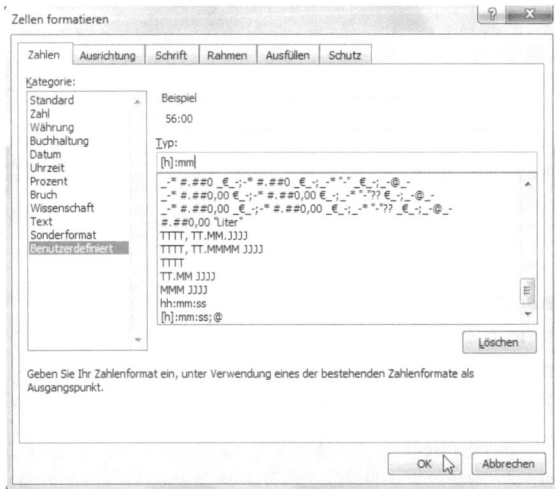

Manchmal kann es wichtig sein, die Stunden und die Minutenangabe in separaten Zellen zu haben. Warum? Weil Excel leider nicht in der Lage ist, mit diesem Format weiterzurechnen.

Nun gibt es zwei ganz einfache Funktionen, die aus einer gegebenen Uhrzeit die Stunden und die Minuten separieren können.

Mithilfe der Funktion *STUNDE* separieren Sie die Stunden. Wir möchten Ihnen aber nicht verschweigen, dass die Funktionen *STUNDE* und *MINUTE* bei einer Stundenangabe größer als 24 nicht funktionieren.

Schauen wir uns das auch an einem Beispiel an:

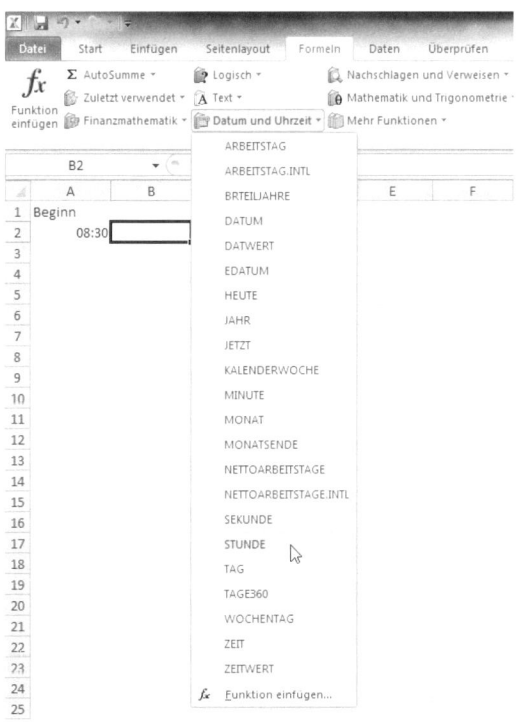

Sie haben Ihre Arbeit um 8:30 Uhr begonnen. Nun können Sie die Funktion *STUNDE* über *Datum und Uhrzeit* in der Registerkarte *Formeln* auswählen.

Wenn Sie aber den Funktionsnamen bereits kennen, genügt es, in der Zelle, in der das Ergebnis stehen soll, ein Gleichheitszeichen zu setzen und ein *s* einzugeben. Dann können Sie aus dem aufgeklappten Fenster die Funktion *STUNDE* auswählen.

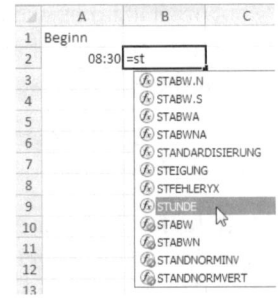

Sie können aber auch das gesamte Wort *STUNDE* mit der nötigen Zelladresse eingeben. Wie auch immer, geben Sie in die Zelle B2 folgende Formel ein:

- =STUNDE(A2)

Nach der Bestätigung mit Enter sollte in der Zelle B2 nun die Zahl *8* stehen. In der gleichen Art und Weise können Sie mit der Funktion *MINUTE* die Minuten abtrennen.

Berechnungen mit Zeitangaben

> **Wichtig für dieses Beispiel**
>
> Die Funktionen *STUNDE* und *MINUTE* werden in diesem Beispiel verwendet. Dazu sollten Sie bereits das Kapitel über relative und absolute Zellen durchgelesen haben.

Im Weinberg Ihres Onkels haben Sie folgende Arbeitsstunden geleistet:

	A	B	C	D
1	Datum	Beginn	Ende	Arbeitszeit
2	28.10.2009	08:30	17:00	08:30
3	29.10.2009	08:00	13:00	05:00
4	30.10.2009	07:00	15:45	08:45
5	14.11.2009	09:30	14:00	04:30
6	15.11.2009	10:00	16:00	06:00
7	16.11.2009	08:15	17:00	08:45
8	30.11.2009	09:00	15:00	06:00
9	01.12.2009	14:00	16:00	02:00
10	02.12.2009	11:00	17:00	06:00

Ihr Onkel versprach Ihnen einen Stundenlohn von 12,70 €. Wir wollen nun ausrechnen, was Sie im Weinberg verdient haben, dabei sollen aber Steuern und andere Abgaben nicht berücksichtigt werden.

Zuerst rechnen wir in Spalte D durch einfache Subtraktion die Arbeitszeit aus. Das haben wir im vorherigen Abschnitt bereits ausführlich besprochen. Damit haben Sie nun Ihre Arbeitszeit pro Tag errechnet. Mithilfe der Funktionen *STUNDE* und *MINUTE* werden dann in den Spalten E bzw. F die Stunden von den Minuten separiert.

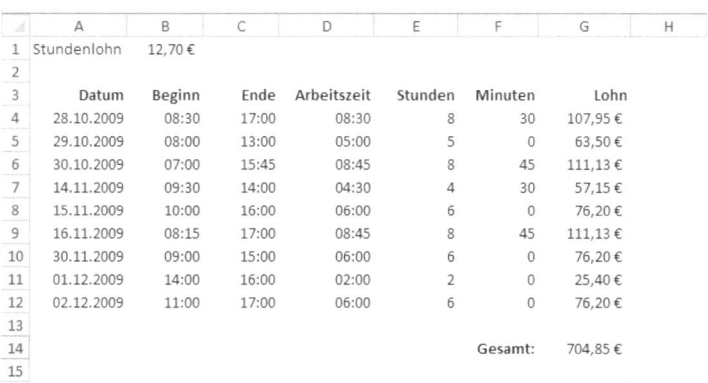

	A	B	C	D	E	F	G	H
1	Stundenlohn	12,70 €						
2								
3	Datum	Beginn	Ende	Arbeitszeit	Stunden	Minuten	Lohn	
4	28.10.2009	08:30	17:00	08:30	8	30	107,95 €	
5	29.10.2009	08:00	13:00	05:00	5	0	63,50 €	
6	30.10.2009	07:00	15:45	08:45	8	45	111,13 €	
7	14.11.2009	09:30	14:00	04:30	4	30	57,15 €	
8	15.11.2009	10:00	16:00	06:00	6	0	76,20 €	
9	16.11.2009	08:15	17:00	08:45	8	45	111,13 €	
10	30.11.2009	09:00	15:00	06:00	6	0	76,20 €	
11	01.12.2009	14:00	16:00	02:00	2	0	25,40 €	
12	02.12.2009	11:00	17:00	06:00	6	0	76,20 €	
13								
14						Gesamt:	704,85 €	
15								

Die vollständigen Formeln sehen Sie in der folgenden Abbildung:

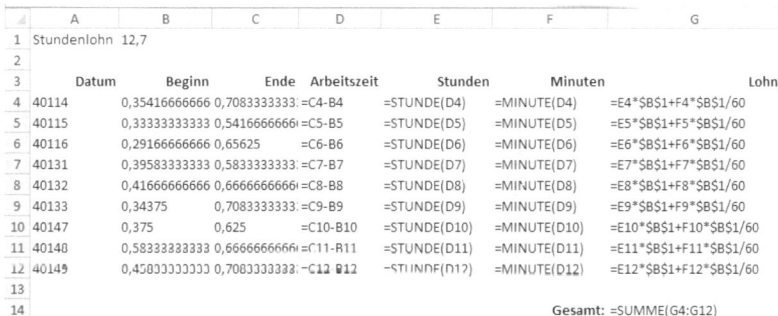

	A	B	C	D	E	F	G
1	Stundenlohn	12,7					
2							
3	Datum	Beginn	Ende	Arbeitszeit	Stunden	Minuten	Lohn
4	40114	0,35416666666	0,7083333333	=C4-B4	=STUNDE(D4)	=MINUTE(D4)	=E4*$B$1+F4*$B$1/60
5	40115	0,33333333333	0,5416666666	=C5-B5	=STUNDE(D5)	=MINUTE(D5)	=E5*$B$1+F5*$B$1/60
6	40116	0,29166666666	0,65625	=C6-B6	=STUNDE(D6)	=MINUTE(D6)	=E6*$B$1+F6*$B$1/60
7	40131	0,39583333333	0,5833333333	=C7-B7	=STUNDE(D7)	=MINUTE(D7)	=E7*$B$1+F7*$B$1/60
8	40132	0,41666666666	0,6666666666	=C8-B8	=STUNDE(D8)	=MINUTE(D8)	=E8*$B$1+F8*$B$1/60
9	40133	0,34375	0,7083333333	=C9-B9	=STUNDE(D9)	=MINUTE(D9)	=E9*$B$1+F9*$B$1/60
10	40147	0,375	0,625	=C10-B10	=STUNDE(D10)	=MINUTE(D10)	=E10*$B$1+F10*$B$1/60
11	40148	0,58333333333	0,6666666666	=C11-B11	=STUNDE(D11)	=MINUTE(D11)	=E11*$B$1+F11*$B$1/60
12	40149	0,45833333333	0,7083333333	=C12-B12	=STUNDE(D12)	=MINUTE(D12)	=E12*$B$1+F12*$B$1/60
13							
14						Gesamt:	=SUMME(G4:G12)

In Spalte G wurde dann der entsprechende Lohn ausgerechnet. Dabei gibt es aber das Problem, dass man die Stunden und die Minuten separat ausrechnen muss.

Dabei ist der Teil

- E4*$E$1

in der Zelle G4 nur die Multiplikation des Stundenlohns 12,70 € (in Zelle B1) mit den Arbeitsstunden (in Zelle E4). Warum die Zelle B1 mit $-Zeichen versehen wurde, sollte klar sein. Wenn nicht, lesen Sie den Abschnitt über relative und absolute Zelladressen noch einmal.

Im zweiten Teil der Formel in G4 wurde dann mittels Dreisatz der Lohn für die geleisteten Minuten ausgerechnet. Der Rest ist Kopieren und eine Summenbildung in G14.

Natürlich können Sie sich die Spalten E und F im Grunde auch sparen und alles in eine einzige Formel packen. Das würde dann so aussehen:

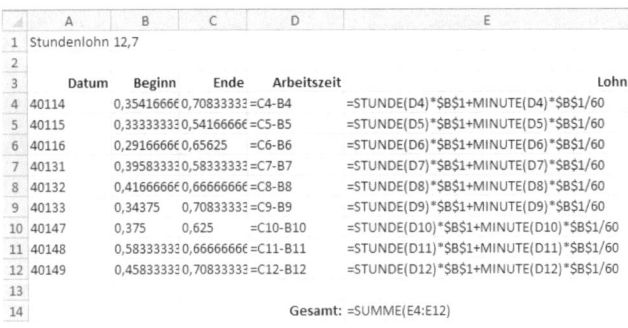

Für all das gibt es noch eine andere, die eleganteste Lösung. Die Arbeitszeiten in Spalte D sind ja Stunden- und Minutenangaben. Sie können diese Angaben durch Multiplikation mit 24 sofort in Dezimalzahlen umwandeln und dann das Ergebnis gleich mit dem Stundenlohn multiplizieren:

Finanzmathematik

Rückzahlungsraten und Zinsen schnell errechnen

Eine neue Küche im Haus oder in Ihrer Wohnung wäre mal wieder fällig und da Sie gerne kochen, soll es eine Küche sein, die keine Wünsche offenlässt. Leider hat die einen Preis von 20.000 € und soll von der Bank finanziert werden. 6 % Zinsen will die Bank jährlich von Ihnen und macht dazu noch die Auflage, dass das Darlehen innerhalb von 24 Monaten zurückgezahlt wird. Sie möchten nun ausrechnen, wie hoch Ihre monatliche Belastung ist?

Das ist mit einer der Standardfunktionen von Excel recht schnell und problemlos zu errechnen. Sie Benötigen die Funktion *RMZ* (= **R**egelmäßige **Z**ahlung).

Die allgemeine Syntax der Funktion ist:

- RMZ(**Zins**;**Zzr**;**Bw**;Zw;F)

Zins: Der Zinssatz pro Periode. In unserem Beispiel wären das 6 %. Da aber die Laufzeit in Monaten, der Zinssatz jedoch pro Jahr angegeben ist, müssen Sie diese 6 % noch durch 12 teilen, um auf den Zins pro Monat zu kommen.

Zzr: Die Anzahl der Zahlungszeiträume. In unserem Beispiel soll alles nach 24 Monaten zurückgezahlt sein, *Zzr* ist also 24.

Bw: Der Barwert der Anschaffung, in unserem Beispiel also der Preis der neuen Küche von 20.000 €.

Zw: Der zukünftige **W**ert (= Endwert). Bei einem Darlehen, das am Ende der Laufzeit zurückgezahlt werden soll, ist das also der Wert Null und kann dann auch in der Formel weggelassen werden. Wir werden etwas später noch einmal darauf zurückkommen.

F: Die Fälligkeit. Dieser Wert kann nur 0 oder 1 sein und drückt aus, wann eine Zahlung erfolgen soll. Am Ende einer Periode (= 0) oder am Anfang einer Periode (= 1). Lassen Sie diesen Wert weg, nimmt Excel automatisch 0.

Die in der Formel **fett** gedruckten Elemente sind Pflichtteile, müssen also angegeben werden, die anderen sind optional. Unser Beispiel würde also folgendermaßen aussehen:

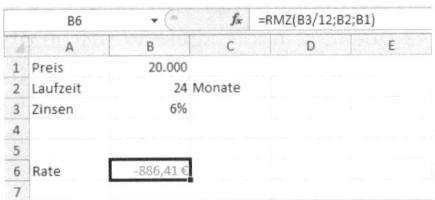

Sie müssten für Ihre schöne neue Küche also pro Monat 886,41 € für die Dauer von 24 Monaten zahlen.

Mit der *RMZ*-Funktion ist aber nicht nur die Errechnung regelmäßiger Rückzahlungen möglich, die Funktion ist weit mächtiger.

In zehn Jahren möchten Sie mit Ihrem Partner eine große Reise antreten. Sie planen, drei Jahre unterwegs zu sein. Für diese Reise haben Sie Kosten in Höhe von 30.000 € veranschlagt und dieser Betrag soll angespart werden. Die Bank gibt Ihnen für die festgelegten zehn Jahre einen Zinssatz von 3,5 % und Sie fragen sich, wie viel Sie monatlich sparen müssen, um nach zehn Jahren die benötigten 30.000 € für die Reise ausgezahlt zu bekommen Auch hierbei kann die *RMZ*-Funktion helfen.

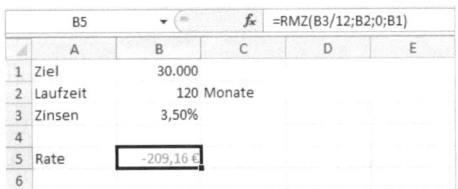

Sie müssten also 209,16 € jeden Monat einzahlen, um nach zehn Jahren 30.000 € zu erhalten. Hierbei sind natürlich Inflationsverluste, etwaige Bankgebühren und vor allem irgendwelche neuen, kreativen Ideen der Regierung, Steuern zu kassieren, nicht berücksichtigt. Auch sind wir davon ausgegangen, dass sich der Zinssatz während der Laufzeit nicht verändert.

Wenn Sie sich die Formel in der Abbildung anschauen, so erkennen Sie sicher sofort, dass in diesem Beispiel vier Angaben gemacht wurden. Der

Barwert (= *Bw*) ist jetzt natürlich 0, denn Sie fangen Ihr Sparbuch ja bei 0 an. Der zukünftige Wert, also das, was Sie nach Ablauf der Laufzeit haben wollen, ist jetzt 50.000 (= *Zw*).

Achten Sie bei Zins und Zzr auf passende Zeiteinheiten

Wenn es heißt, Sie zahlen pro Jahr Zinsen, möchten aber das Ergebnis als Wert pro Monat haben, so müssen Sie die Zinsen natürlich auch pro Monat berechnen. Achten Sie also streng auf gleiche Zeitangaben!

Auch die folgende Fragestellung ist mit der *RMZ*-Funktion recht schnell lösbar. Ihre Lebensversicherung in Höhe von 30.000 € wurde ausgezahlt. Sie legen diesen Betrag sofort wieder mit 3 % Zinsen an, wollen aber trotzdem monatlich einen gewissen Betrag abheben. Dieser Betrag soll so angemessen sein, dass Ihr Guthaben erst nach 20 Jahren aufgebraucht ist. Wie viel können Sie monatlich abheben?

Die fertige Formel sehen Sie in der Bearbeitungszeile der folgenden Abbildung:

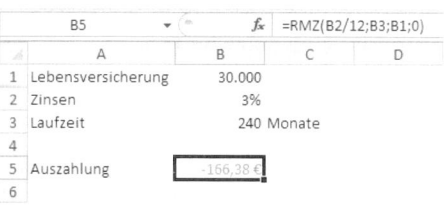

Sie können also monatlich nicht mehr als 166,38 € von Ihrem Sparbuch abheben, damit es erst nach 20 Jahren leer ist.

Nach welcher Zeit habe ich einen Kredit abbezahlt?

Bleiben wir bei unserem Beispiel mit der neuen Küche aus dem letzten Abschnitt. Sie kostet noch immer 20.000 €, die Bank verlangt noch immer 6 % Zinsen. Aber Ihr Gehalt gestattet Ihnen eine monatliche Rate von 1.000 € zu zahlen. Wie lange müssten Sie bei der Bank zahlen, bis die Küche Ihnen gehört?

Dazu kann man die Funktion *ZZR* benutzen. Sie hat die allgemeine Syntax:

■ ZZR(**Zins**;**Rmz**;**Bw**;Zw;F)

Die einzelnen Angaben entsprechen den Elementen der *RMZ*-Funktion.

Rmz ist in dieser Funktion der Betrag, den Sie in einer Periode zurückzahlen können, in unserem Beispiel also 1.000 €.

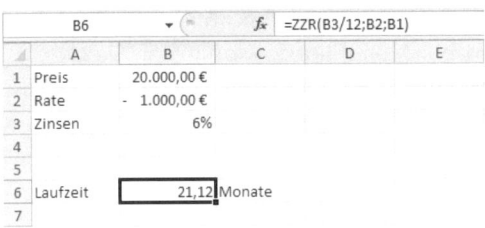

B6			ƒx	=ZZR(B3/12;B2;B1)	
	A	B	C	D	E
1	Preis	20.000,00 €			
2	Rate	- 1.000,00 €			
3	Zinsen	6%			
4					
5					
6	Laufzeit	21,12 Monate			
7					

Die Küche gehört nach rund 21 Monaten Ihnen, wenn Sie pro Monat 1.000 € zurückzahlen. Da die Rate zurückgezahlt wird, muss der Wert in B2 negativ genommen werden.

Setzen Sie nun zur Probe den Betrag von 886,41 €, den wir im letzten Abschnitt mit der *RMZ*-Funktion ausgerechnet hatten, so erhalten Sie für die Laufzeit 24 Monate – die gleiche Laufzeit, die wir bei der *RMZ*-Funktion angesetzt hatten.

Auch andere Fragestellungen können Sie mit der *ZZR*-Funktion bearbeiten. Nehmen wir einmal folgendes Szenario an: Sie möchten Ihren Teeladen erweitern. 40.000 € ist Ihnen das Ganze wert. 30.000 € müssen Sie aber als Kredit mit 7 % Zinsen von der Bank leihen. Da Ihr bisheriger Umsatz eine Rückzahlung von höchstens 700 € pro Monat gestattet, fragen Sie sich, ob Sie nach vier Jahren den Kredit abbezahlt haben.

Auch hierfür ist die *ZZR*-Funktion gut einsetzbar.

B6			ƒx	=ZZR(B3/12;B2;B1)/12	
	A	B	C	D	E
1	Preis	30.000,00 €			
2	Rate	- 700,00 €			
3	Zinsen	7%			
4					
5					
6	Laufzeit	4,12 Jahre			
7					

Da Ihnen die Funktion, so wie wir sie benutzen, die Anzahl der Monate ausgibt, müssen Sie B6 noch durch 12 teilen, um auf die Jahre zu kommen. Und wie Sie sehen, brauchen Sie etwas mehr als vier Jahre, bis der Kredit vollständig zurückgezahlt ist.

Geometrisch-degressive Abschreibung

Ihr kleines Teegeschäft floriert und nun möchten Sie groß ins Teegeschäft einsteigen und wollen zusätzlich noch getrocknetes Obst verkaufen. Dazu brauchen Sie eine Maschine zum Trocknen von Obst. Sie investieren also! Diese Investition kann steuerlich geltend gemacht werden. An dieser Stelle sollen nun aber keine steuerlichen Tipps und Tricks erscheinen, das können Steuerberater besser. Aber wir möchten Ihnen an diesem Problem zeigen, wie Sie Excel auch für solche Rechnungen nutzen können. Dazu brauchen Sie nicht einmal komplizierte Funktionen.

Es gibt verschiedene Abschreibungsmöglichkeiten. Bei der geometrisch-degressiven Abschreibung wird anhand der Nutzungsdauer der Anschaffung ein bestimmter Prozentsatz festgelegt, der dann von den Anschaffungskosten abgeschrieben werden kann. In den darauffolgenden Jahren wird dieser Prozentsatz von dem noch verbliebenen Restbuchwert abgeschrieben. Bei dieser Methode wird der Abschreibungsbetrag zwar immer kleiner, aber die Anschaffung ist am Ende der geplanten Nutzungsdauer nicht vollständig abgeschrieben.

Der Abschreibungsprozentsatz ist meist der zwei- oder dreifache Wert der linearen Abschreibung. Genaueres darüber erfahren Sie von Ihrem Steuerberater oder Wirtschaftsprüfer.

Schauen wir uns das Ganze am besten an einem Beispiel an. Im Jahr 2010 schaffen Sie sich eine Trocknungsmaschine zum Preis von 10.000 € an.

Bei einer gewöhnlichen Nutzungsdauer dieser Maschine von sieben Jahren ergibt sich ein Abschreibungssatz von 2/7 (– 28,57 %), wenn der lineare Satz verdoppelt wird. Unter Anwendung der degressiven Abschreibung werden also sieben Jahre lang pro Jahr 2/7 des bilanzierten Wertes als Abschreibung abgezogen.

Die Excel-Tabelle könnte somit folgendermaßen aussehen:

Der Abschreibungssatz steht als 2/7 in Zelle B3. In Zelle B18 wurden die gesamten Abschreibungswerte addiert und Sie sehen, dass Ihre Maschine nach sieben Jahren tatsächlich nicht vollständig abgeschrieben ist. Hier wird deshalb im letzten Jahr eine Sonderabschreibung in Höhe des Restwertes notwendig.

B3		fx	=2/7
	A	B	C
1	Neupreis	10.000,00 €	
2	Nutzungsdauer	7	Jahre
3	Abschreibungssatz	0,285714286	
4			
5			
6			
7	Jahre	AB-Betrag	Buchwert
8			
9	0	- €	10.000,00 €
10	1	2.857,14 €	7.142,86 €
11	2	2.040,82 €	5.102,04 €
12	3	1.457,73 €	3.644,31 €
13	4	1.041,23 €	2.603,08 €
14	5	743,74 €	1.859,34 €
15	6	531,24 €	1.328,10 €
16	7	379,46 €	948,65 €
17			
18	Abschreibung gesamt	9.051,35 €	
19			

Die Formeln, die in diesem Modell benutzt wurden, sehen Sie in folgender Abbildung:

	A	B	C
1	Neupreis	10000	
2	Nutzungsdauer	7	Jahre
3	Abschreibungssatz	=2/7	
4			
5			
6			
7	Jahre	AB-Betrag	Buchwert
8			
9	0	0	=B1
10	=A9+1	=C9*$B$3	=C9-B10
11	=A10+1	=C10*$B$3	=C10-B11
12	=A11+1	=C11*$B$3	=C11-B12
13	=A12+1	=C12*$B$3	=C12-B13
14	=A13+1	=C13*$B$3	=C13-B14
15	=A14+1	=C14*$B$3	=C14-B15
16	=A15+1	=C15*$B$3	=C15-B16
17			
18	Abschreibung gesamt	=SUMME(B9:B16)	

Um den Abschreibungsbetrag für ein Jahr zu erhalten, wird nur der Abschreibungssatz in Zelle B3 mit dem Buchwert des vorherigen Jahres multipliziert. Der neue Buchwert ergibt sich dann aus der Subtraktion des alten Buchwertes und des neuen Abschreibungsbetrags.

Der prozentuale Abschreibungssatz der Zelle B3 kann mit der Formel:

$$p = 100 * (1 - \sqrt[n]{\frac{R}{B}})$$

berechnet werden.

Dabei ist

- p = Abschreibungssatz (%)

- n = geschätzte Nutzungsdauer

- B = Basiswert oder Neupreis (€)

- R = Restwert (€)

Der Unterschied zu einer linearen Abschreibung ist nun, dass bei einer degressiven Abschreibung in den ersten Jahren nach der Anschaffung höhere Abschreibungen möglich sind. Bei einer linearen Abschreibung würde jedes Jahr der gleiche Betrag abgeschrieben. Da bei der degressiven Abschreibung die Anschaffung nach Ablauf der Abschreibungsdauer nicht vollständig abgeschrieben ist (siehe Zelle B18), haben Sie die Möglichkeit, einmal zur linearen Abschreibung zu wechseln. Spannend ist es nun, sich auszurechnen, in welchem Jahr ein solcher Wechsel am sinnvollsten ist.

Dazu kann man folgende Formel benutzen:

$$i = n - \frac{100}{p} + 1$$

Hierbei ist i das Jahr des günstigsten Wechsels, n die Nutzungsdauer der Anschaffung und p der degressive Abschreibungssatz. Da wir in unserem Modell aber nicht mit dem Prozentwert des Abschreibungssatzes gearbeitet haben (28,57 %), sondern mit dem Wert 0,2857, verändert sich die Formel zu:

$$i = n - \frac{1}{p} + 1$$

Geben Sie die Formel in eine Zelle Ihres Modells ein.

Bei unserem Beispiel ist also ein Wechsel zur linearen Abschreibung am Ende des vierten Jahres sinnvoll.

Für die geometrisch-degressive Abschreibung gibt es aber auch, wie sollte es anders sein, eine fertige Excel-Funktion.

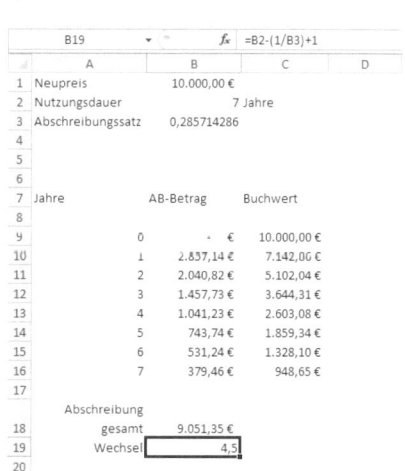

Mit ihr lässt sich der bisherige Rechengang erheblich erleichtern. Die Funktion hat folgendes Aussehen:

- =GDA(Basiswert;Restwert;Nutzungsdauer;Periode,Faktor)

Die Funktion liefert den Abschreibungsbetrag einer Investition in Höhe von *Basiswert* für die *Nutzungsdauer* pro *Periode*. Mit *Restwert* ist der Wert nach Beendigung der Abschreibungsdauer gemeint. Der Restwert kann auch Null betragen.

Für das in diesem Abschnitt durchgerechnete Beispiel mit der Maschine zum Trocknen von Obst ergäben sich mit der *GDA*-Funktion folgende Werte:

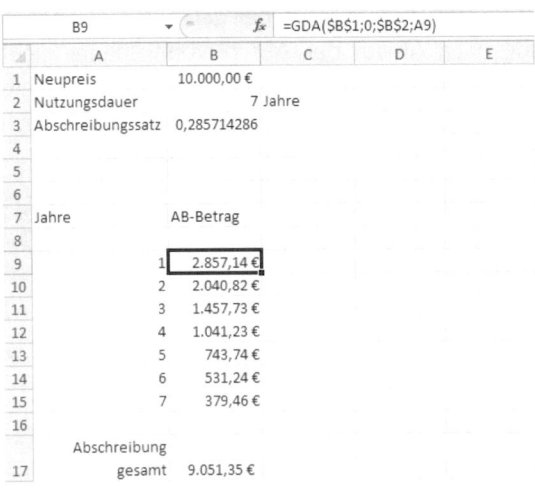

	B9			f_x	=GDA($B$1;0;$B$2;A9)	
	A	B	C	D	E	
1	Neupreis	10.000,00 €				
2	Nutzungsdauer	7 Jahre				
3	Abschreibungssatz	0,285714286				
4						
5						
6						
7	Jahre	AB-Betrag				
8						
9		1	2.857,14 €			
10		2	2.040,82 €			
11		3	1.457,73 €			
12		4	1.041,23 €			
13		5	743,74 €			
14		6	531,24 €			
15		7	379,46 €			
16						
17	Abschreibung gesamt	9.051,35 €				

Die benutzte Formel sehen Sie in der Bearbeitungszeile der Abbildung. Sie sehen, die Werte sind identisch mit unserer etwas längeren Rechnung.

Der Nachteil der *GDA*-Funktion ist jedoch, dass der Abschreibungsbetrag für das erste Jahr der Abschreibung nie höher als das Doppelte des investierten Betrags und der Nutzungsdauer sein kann.

Mathematische und trigonometrische Funktionen

In diesen Funktionsbereich gehören die trigonometrischen Funktionen wie auch die entsprechenden Umkehr- und Hyperbelfunktionen. Auch möchten wir Ihnen in diesem Abschnitt Potenzieren und das Ziehen von Wurzeln erläutern. Einige Funktionen werden aber erst im Abschnitt über die grafische Darstellung eingeführt, da sie, ohne eine entsprechende Grafik, langweilig werden könnten. Sie werden in diesem Abschnitt auch erfahren, wie Sie Zahlen in die verschiedenen anderen Zahlensysteme umwandeln können, also wie Excel z. B. hilft, die arabische Zahl 123 in eine römische Zahl umzuwandeln.

Potenzen und Wurzeln

Excel ist nicht nur für die vier Grundrechenarten geschaffen, sondern Sie können auch potenzieren und Wurzeln ziehen. Nehmen wir an, Sie möchten 2^6 ausrechnen lassen. Tragen Sie die 2 z. B. in die Zelle A1 einer Tabelle ein. In die Zelle B1 kommt dann die Formel:

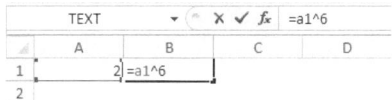

Das ⌃ finden Sie auf der Tastatur links über der [Tab]-Taste bzw. links neben der [1].

Um die quadratische Wurzel der Zahl 2 zu berechnen, benutzen Sie die Funktion *WURZEL*. Schreiben Sie in C1 die Formel

□ =WURZEL(A1)

und bestätigen Sie sie.

Natürlich können Sie nicht nur die quadratische Wurzel einer Zahl bilden sondern auch n-te Wurzeln. Aber wenn Sie andere Wurzeln ziehen wollen als die Quadratwurzel, müssen Sie auf die allgemeine mathematische Umformung zurückgreifen:

$$\sqrt[n]{x} = x^{\frac{1}{n}}$$

Ein Beispiel:

$$\sqrt[5]{3125} = 3125^{\frac{1}{5}}$$

> **Achtung: Achten Sie auf die richtige Klammersetzung**
>
> Beim Eingeben solcher Formeln achten Sie bitte peinlich genau auf das richtige Setzen der Klammern, denn es gilt:
>
> $A1\char`^1/B1$ ist nicht gleich $A1\char`^(1/B1)$

Schwingungen – sin, cos und andere Funktionen

Excel beherrscht natürlich auch trigonometrische Funktionen wie sin, cos u. a. Bei der Eingabe dieser Funktionen ist nur zu beachten, dass alle Winkelfunktionen den Winkel im Bogenmaß benötigen. So lässt sich der Sinus des Winkels in der Zelle A1 mit der Funktion

▪ =SIN(A1)

berechnen. Sollten Sie aber die Winkelangaben im Gradmaß haben oder mit dem Gradmaß rechnen müssen, so kennt Excel eine Funktion, das Gradmaß in Bogenmaß umzurechnen:

▪ =BOGENMASS(A1)

Selbstverständlich lassen sich beide Funktionen zusammenfügen:

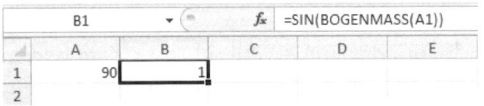

Sie können also auch die trigonometrischen Funktionen mit Gradmaßangaben versehen. Sie müssen diese Angaben jedoch vorher von Excel umrechnen lassen. Und natürlich ist klar, dass die beiden Formeln

▪ = SIN(BOGENMASS(A1))
▪ = BOGENMASS(SIN(A1))

nicht gleich sind, also zu unterschiedlichen Ergebnissen führen.

Natürlich gibt es viele Anwendungen, bei denen es einfach besser ist, Winkelangaben wirklich im Bogenmaß einzugeben, also in Bruchteilen oder

Vielfachen von π. Dabei wäre es natürlich sehr ineffektiv, jedes Mal, wenn Sie π brauchen, die Zahl 3,1415926 eintippen zu müssen. Auch dafür kennt Excel eine Funktion. Sie heißt verständlicherweise *PI* und hat diese Syntax:

- `=PI()`

Dabei darf in den beiden Klammern kein Wert stehen. Um also den Zahlenwert der Zahl π zu erhalten, tragen Sie einfach die Funktion *=PI()* in eine Zelle ein und bestätigen sie.

Wir werden im Kapitel über die grafische Darstellung von Tabellen noch einmal auf die trigonometrischen Funktionen zurückkommen und sie dort auch grafisch darstellen.

Excel rechnet im Bogenmaß

Vergessen Sie bei allen Winkelfunktionen nicht, dass Excel standardmäßig die Winkeleingabe im Bogen- maß erwartet. Auch die Ergebnisausgabe erfolgt im Bogenmaß. Sie müssen also gegebenenfalls umrechnen. Sollten Sie der Meinung sein, dass bei einer Rechnung das Ergebnis falsch ist, so prüfen Sie zuerst, ob die Winkel tatsächlich im Bogenmaß einge- geben oder zumindest richtig umgerechnet wurden.

Umwandeln einer arabischen Zahl in eine römische Zahl

Für diesen Fall gibt es in Excel schon eine vorgefertigte Funktion. Sie hat allgemein folgende Syntax:

- `=RÖMISCH(Zahl;Typ)`

Hierbei ist *Zahl* die Zahl, die umgewandelt werden soll. Der *Typ* gibt die verschiedenen Schreibweisen römischer Zahlen an. Lässt man *Typ* weg, so wird die bekannte klassische Schreibweise benutzt. Die folgende Abbildung soll *Typ* et-

	A	B	C	D
1	499	CDXCIX	klassisch	
2	499	LDVLIV	Typ=1	
3	499	XDIX	Typ=2	
4	499	VDIV	Typ=3	
5	499	ID	Typ=4	
6				

was verdeutlichen. Dabei wir jeweils die Zahl in Spalte A umgewandelt.

Die Formeln dazu sähen folgendermaßen aus:

⁄	A	B	C	D
1	499	=RÖMISCH(A1)	klassisch	
2	499	=RÖMISCH(A2;1)	Typ=1	
3	499	=RÖMISCH(A3;2)	Typ=2	
4	499	=RÖMISCH(A4;3)	Typ=3	
5	499	=RÖMISCH(A5;4)	Typ=4	
6				

Leider sind mit dieser Funktion nicht beliebig große Zahlen möglich, die in römische Ziffern umgewandelt werden sollen. So erhalten Sie bei Zahlen größer als 3.999 wie auch bei negativen Zahlen den Fehlerwert *#WERT!* als Ergebnis in der Zelle.

Umwandlung einer Dezimalzahl in binäre und hexadezimale Ziffern – und umgekehrt

Sehr hilfreich sind einige Funktionen, die Zahlen von einem Zahlensystem in ein anderes übertragen können. Folgende Tabelle zeigt Ihnen nur einige Möglichkeiten:

Umwandlung von → nach	Funktion
dezimal → binär (Dualzahl)	=DEZINBIN(Zahl;Stellen)
dezimal → hexadezimal	=DEZINHEX(Zahl;Stellen)
dezimal → oktal	=DEZINOKT(Zahl;Stellen)
binär (Dualzahl) → dezimal	=BININDEZ(Zahl)
hexadezimal → dezimal	=HEXINDEZ(Zahl)
oktal → dezimal	=OKTINDEZ(Zahl)

Der Bereich *Stellen* in den Funktionen gibt an, wie viele Stellen ausgegeben werden sollen. Lässt man *Stellen* weg, so gibt Excel nicht mehr als die zur richtigen Darstellung der Zahl benötigten Ziffern aus. *Stellen* ist besonders dann wichtig, wenn man den Rückgabewert mit führenden Nullen haben möchte.

Am besten lässt sich das an kleinen Beispielen zeigen:

⊿	A	B	C	D	E	F
1	Zahl	beliebige Stellen	8 Stellen		Umrechnung	
2	123	1111011	01111011		dez -> bin	
3	123	7B	0000007B		dez -> hex	
4	123	173	00000173		dez > okt	
5						
6						
7						
8	01111011	123			bin -> dez	
9	0000007B	123			hex -> dez	
10	00000173	123			okt -> dez	
11						

Denken Sie bei der Umrechnung von dezimal in binär daran, dass Sie umso mehr binäre Stellen benötigen, je größer die umzurechnende Zahl ist. So ist 255 in binärer Schreibweise 11111111, braucht also 8 binäre Ziffern. Die Umrechnung der Zahl 256 ist deshalb nur mit neun binären Stellen möglich.

Bei der Umwandlung eines Zahlensystems in das dezimale Zahlensystem (Zeilen 8 bis 10 in der Abbildung) ist die Angabe einer festen Stellenanzahl nicht möglich. Benötigen Sie trotzdem eine feste Stellenanzahl, so ist das nur mit den bekannten Formatierungen möglich. Siehe dazu den Abschnitt über eigene Zahlenformate auf Seite 282.

Zufallszahlen

Zufallszahlen sind Zahlen, die zufällig erzeugt werden und nicht durch irgendein mathematisches Gesetz vorhergesagt werden können. Sie sind in der Statistik sehr wichtig.

So haben Zufallszahlen eine gleichmäßige Häufigkeitsverteilung und eine geringe Korrelation. Die beste Möglichkeit, wirklich Zufallszahlen zu erzeugen, ist, zu würfeln. Aber wenn Sie doch einmal 1.000 Zufallszahlen brauchen, wäre dieses Verfahren sehr langwierig. Excel kennt deshalb eine Funktion, mit der Zufallszahlen erzeugt werden können:

■ =ZUFALLSZAHL()

Geben Sie diese Funktion in eine Zelle ein, so erzeugen Sie damit immer Zufallszahlen zwischen 0 und 1. In den beiden Klammern dürfen keine Parameter stehen, die Klammern müssen aber gleichwohl angegeben werden.

Sie können diese Funktion natürlich noch mit konstanten Werten multipliziere, um auch Zufallszahlen in anderen Zahlenbereichen zu erhalten.

Wann immer Sie nun an Ihrer Tabelle etwas ändern, werden jedes Mal neue Zufallszahlen erzeugt.

Wenn Sie das Beispiel nachvollziehen, bekommen Sie natürlich andere Werte.

Wollen Sie aber mit Ihren Zahlenwerten weiterarbeiten, ohne dass sie sich verändern, so kopieren Sie sich die Werte einfach in eine andere

A2	▾	fx	=ZUFALLSZAHL()	
A	B	C	D	E
1				
2	0,69658621	0,00971484	0,55285771	0,91983964	0,67032028
3	0,53309831	0,6921367	0,37679999	0,59412631	0,99555558
4	0,65368367	0,50005792	0,27756041	0,75589036	0,06097885
5	0,33584223	0,11373982	0,18321377	0,48341496	0,88778806
6	0,4974676	0,44459833	0,81212443	0,59851539	0,18465278
7	0,42766573	0,98965458	0,61923168	0,12915221	0,99886212
8	0,11598975	0,05930582	0,63712389	0,77368151	0,40284381
9	0,07015969	0,17036735	0,24571007	0,69173381	0,38460482
10	0,92719941	0,90779851	0,08897542	0,24599605	0,2180645
11	0,40981037	0,18060757	0,40070223	0,57729188	0,50095352
12	0,15506728	0,46058482	0,56782918	0,92744958	0,27155592
13	0,47005092	0,03122954	0,89411151	0,98812132	0,82404282
14	0,34693563	0,80443415	0,40838156	0,66280094	0,15423683
15	0,65678506	0,54067766	0,2047953	0,11295894	0,8039142

Tabelle. Markieren Sie die Zellen A2 bis E13, drücken Sie ⌈Strg⌉+⌈C⌉ (zum Kopieren) und gehen Sie nun in eine andere Tabelle. Klicken Sie dort in eine Zelle mit der rechten Maustaste. Es wird ein Fenster geöffnet, in dem Sie den Befehl *Inhalte einfügen* mit der linken Maustaste anklicken.

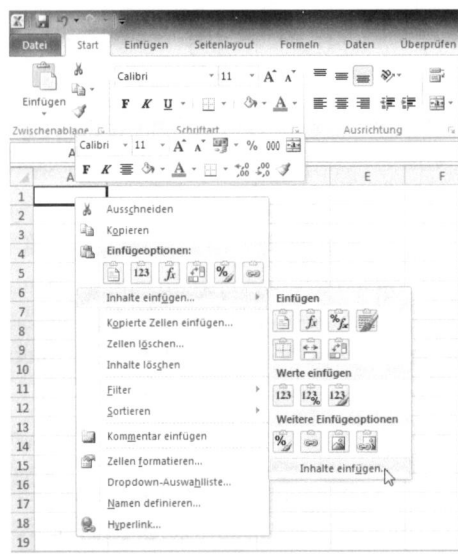

Nun erhalten Sie folgendes Fenster:

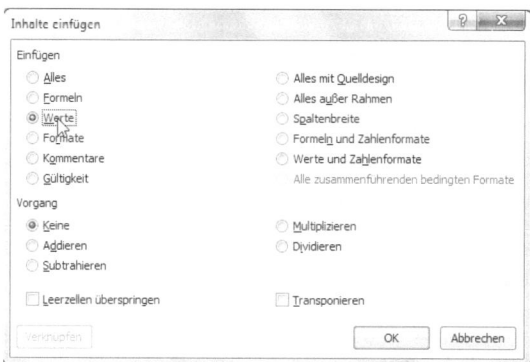

Dort wählen Sie *Werte* und bestätigen das Ganze mit *OK*. Nun haben Sie Ihre Zufallszahlen unabhängig von der Funktion kopiert. Die kopierten Zahlen werden sich also nicht mehr ändern.

Achtung!

Wenn Sie das Fenster mit *OK* bestätigt haben, so bestätigen Sie unter keinen Umständen mehr mit der Enter-Taste, denn dadurch würden Sie die Formel der Zufallszahlen mit kopieren. Verlassen Sie den Kopiermodus mit Esc.

Der Nachteil von *ZUFALLS-ZAHL* ist, dass man ohne weitere mathematische Verfahren nur Zahlen zwischen 0 und 1 bekommt. So könnten wir beispielsweise das Ergebnis von *ZUFALLSZAHL* mit 10 multiplizieren und uns von diesem Ergebnis nur den ganzzahligen Teil ausgeben lassen:

	A2		f_x	=GANZZAHL(ZUFALLSZAHL()*10)	
	A	B	C	D	E
1					
2	3	6	8	6	0
3	1	4	2	0	1
4	7	8	6	7	9
5	1	7	5	8	8
6	9	6	3	1	7
7	6	8	1	1	0
8	2	3	9	2	0
9	2	3	5	3	2
10	7	6	8	5	3
11	7	9	0	9	0
12	4	7	8	3	9
13	8	2	7	9	2
14	9	8	0	4	3
15	9	3	2	8	0

Die Funktion *GANZZAHL* hat die Syntax

▪ =GANZZAHL(Zahl)

und gibt nur den ganzzahligen Anteil von *Zahl* aus. *Zahl* kann dabei natürlich auch eine Zelladresse sein, in der sich die umzuwandelnde Zahl befindet.

In der obigen Abbildung erhalten wir also Zufallszahlen zwischen 0 und 9. Warum aber von 0 bis 9 und nicht bis 10?

Weil die Funktion *GANZZAHL* immer abrundet und dann die überflüssigen Ziffern abschneidet. Die Zahl 9,999 wird also durch *GANZZAHL* zu 9 abgerundet.

Je mehr mathematische Verfahren Sie aber an einer Zufallszahl anwenden, desto weniger zufällig wird das Ergebnis. Wenn Sie also Zufallszahlen zwischen 100 und 1.000 brauchen, so müssen Sie schon einen größeren rechentechnischen Aufwand betreiben.

Dieser Aufwand wird Ihnen aber durch eine weitere Zufallsfunktion, die Funktion *ZUFALLSBEREICH*, abgenommen. Die Funktion hat folgende allgemeine Syntax:

▪ =ZUFALLSBEREICH(Untere_Zahl;Obere_Zahl)

Bei der Zufallszahl musste man keine weiteren Parameter angeben, hier bekam man immer Zahlen zwischen 0 und 1. Bei der Funktion *ZUFALLSBEREICH* können Sie zwei beliebige Zahlen angeben, zwischen denen Zufallszahlen erzeugt werden sollen.

In der Abbildung werden also Zufallszahlen zwischen 100 und 1.000 ausgegeben.

	A1			*fx*	=ZUFALLSBEREICH(100;1000)
	A	B	C	D	E
1	262	577	641	230	879
2	426	265	523	169	432
3	710	211	978	416	576
4	963	370	414	411	344
5	735	479	825	365	534
6	580	174	558	811	893
7	591	556	613	594	590
8	577	327	511	982	968
9	503	300	204	233	442
10	419	854	457	727	357
11	272	407	563	640	481
12	947	774	137	658	239
13	654	109	390	177	209
14	369	160	459	700	281
15	496	752	402	976	175
16					

Nun möchten wir an dieser Stelle nicht verschweigen, dass die von Excel erzeugten Zufallszahlen auch nicht wirklich der genauen Statistik entsprechende Zufallszahlen sind. Aber sie sind zumindest so gut, dass man sie doch recht brauchbar benutzen kann, wobei man sich immer wieder an den Ausspruch von Winston Churchill erinnern sollte: „Traue nur der Statistik, die du selbst gefälscht hast."

Vektoren, Determinanten und Matrizen

Excel kennt sehr mächtige Funktionen zum Multiplizieren von Vektoren sowie zum Berechnen von Determinanten und Matrizen. Da dieses Buch kein Werk über mathematische Berechnungen in Excel ist, setzen wir im Folgenden die mathematischen Begriffe als bekannt voraus.

Vektoren sind mathematische Größen, die nicht nur einen bestimmten Zahlenwert, sondern immer auch eine bestimmte Richtung haben. Deshalb gibt man Vektoren immer als Koordinaten in den drei Raumrichtungen an.

$$\vec{a} = (a_x, a_y, a_z) = \begin{pmatrix} a_x \\ a_y \\ a_z \end{pmatrix}$$

Die Länge oder der Betrag des Vektors ist definiert als:

$$|\vec{a}| = \sqrt{a_x^2 + a_y^2 + a_z^2}$$

Mit Excel lässt sich das so realisieren:

	C3	▼	f_x	=WURZEL(A2^2+A3^2+A4^2)	
	A	B	C	D	E
1	Vektor				
2	1		Betrag		
3	3		6,78232998		
4	6				

Das Skalarprodukt zweier Vektoren ist z. B. geeignet, um zu entscheiden, ob die beiden Vektoren senkrecht aufeinanderstehen. Sie haben die beiden Vektoren a und b. Das Skalarprodukt ist dann definiert als:

$$\vec{a} \cdot \vec{b} = a_x b_x + a_y b_y + a_z b_z = |\vec{a}| \cdot |\vec{b}| \cdot \cos(\varphi)$$

Folgendes Beispiel soll das etwas verdeutlichen:

◢	A	B	C	D	E	F
1		Vektoren				
2		a	b			
3						
4		3	8		Skalarprodukt	30
5		4	1		Winkel	44,9041875
6		1	2			
7						
8	Betrag	5,09901951	8,30662386			

In B4 bis B6 stehen die Komponenten des Vektors a. In den entsprechenden Zellen der Spalte C stehen die Komponenten des Vektors b. In B8
und C8 wurde der Betrag für den jeweiligen Vektor ausgerechnet. Das
Skalarprodukt steht dann in F4 und wurde mit der oben angegebenen
Formel ausgerechnet. Der Winkel φ zwischen den beiden Vektoren lässt
sich durch Umstellen der obigen Formel errechnen:

$$\cos(\varphi) = \frac{|\vec{a}| \cdot |\vec{b}|}{\vec{a} \cdot \vec{b}}$$

In Formeln sieht das Ganze so aus:

◢	A	B	C	D	E	F
1		Vektoren				
2		a	b			
3						
4		3	8		Skalarprodukt	=B4*C4+B5*C5+B6*C6
5		4	1		Winkel	=GRAD(ARCCOS((F4/(B8*C8))))
6		1	2			
7						
8	Betrag	=WURZEL(B4^2+B5^2+B6^2)	=WURZEL(C4^2+C5^2+C6^2)			

Die Formel in F5 bedarf vielleicht noch einer Erklärung. ARCCOS ist die
Umkehrfunktion von COS. Da Excel Winkelangaben im Bogenmaß berechnet ausgibt, man selbst aber lieber den Winkel als Gradmaß haben
möchte, muss dann noch das Ergebnis mit der Funktion GRAD in das
Gradmaß umgerechnet werden.

Stehen die beiden Vektoren a und b senkrecht aufeinander?

$$\vec{a} = \begin{pmatrix} 2 \\ 2 \\ 3 \end{pmatrix}, \vec{b} = \begin{pmatrix} -2 \\ 2 \\ 0 \end{pmatrix}$$

Das Eingeben in unser Tabellenblatt ergibt:

⊿	A	B	C	D	E	F
1		Vektoren				
2		a	b			
3						
4		2	-2		Skalarprodukt	0
5		2	2		Winkel	90
6		3	0			
7						
8	Betrag	4,123105626	2,828427125			

In F5 haben wir den Winkel von 90 Grad und das heißt, die beiden Vektoren stehen senkrecht aufeinander.

Besonders interessant wird Excel aber, wenn man das Vektorprodukt zweier Vektoren bilden möchte. Das Vektorprodukt ist definiert als:

$$\vec{a} \times \vec{b} = \begin{pmatrix} a_y b_z - a_z b_y \\ a_z b_x - a_x b_z \\ a_x b_y - a_y b_x \end{pmatrix}$$

Dabei sind die einzelnen Komponenten der rechten Seite der Gleichung die Determinanten der beiden Vektoren für die x-, y- und z-Richtung:

$$\left(\vec{a} \times \vec{b}\right)_x = \begin{vmatrix} a_y & a_z \\ b_y & b_z \end{vmatrix} = a_y b_z - a_z b_y$$

$$\left(\vec{a} \times \vec{b}\right)_y = \begin{vmatrix} a_z & a_x \\ b_z & b_x \end{vmatrix} = a_z b_x - a_x b_z$$

$$\left(\vec{a} \times \vec{b}\right)_z = \begin{vmatrix} a_x & a_y \\ b_x & b_y \end{vmatrix} = a_x b_y - a_y b_x$$

Das Vektorprodukt zweier Vektoren ist wieder ein Vektor. Excel kennt nun eine Funktion zum Ausrechnen der benötigten Determinanten. Schauen wir uns das am besten an einem Beispiel an.

	A	B	C	D	E	F	G	H
1	Vektor						Vektorprodukt	
2	a	b					a x b	
3				Richtung				
4				x:	4	1	7	
5					1	2		
6	3	8						
7	4	1		y:	1	3	2	
8	1	2			2	8		
9								
10				z:	3	4	-29	
11					8	1		
12								

In den Zellen A6 bis B8 sind die Komponenten der beiden Vektoren a und b eingetragen. In den Zellen E4 bis F11 wurden die einzelnen Komponenten der benötigten Determinanten automatisch aus den Vektoren herauskopiert. In Spalte G nun wurden die einzelnen Determinanten mit der Funktion *MDET* ausgerechnet.

Die Funktion *MDET* hat folgende Syntax:

- `=MDET(Bereich)`

wobei *Bereich* die Zellen sind, von denen die Determinante ausgerechnet werden soll. Und so sehen die Formeln aus:

	A	B	C	D	E	F	G
1	Vektor						Vektorprodukt
2	a	b					a x b
3				Richtung			
4				x:	=A7	=A8	
5					=B7	=B8	=MDET(E4:F5)
6	3	8					
7	4	1		y:	=A8	=A6	
8	1	2			=B8	=B6	=MDET(E7:F8)
9							
10				z:	=A6	=A7	
11					=B6	=B7	=MDET(E10:F11)
12							

Die Funktion *MDET* ist natürlich nicht auf nur zweidimensionale Determinanten beschränkt.

Auch für das Berechnen von Matrizen bietet Excel vielfältige Hilfsmittel. Matrizen sind wichtige Objekte der linearen Algebra und werden zum Lösen linearer Gleichungssysteme gebraucht. Die Multiplikation zweier

Matrizen a und b kann schon recht unangenehm werden, denn sie multiplizieren sich nach der Definition:

$$c_{ij} = \sum_{l=1}^{n} a_{il} b_{lj}$$

Zwei Matrizen lassen sich nur multiplizieren, wenn die Spaltenzahl der ersten gleich der Zeilenzahl der zweiten Matrix ist. Glücklicherweise verfügt Excel über eine Funktion, die zwei Matrizen schnell multiplizieren kann. Es ist die Funktion MMULT.

Ein Beispiel soll wieder helfen. Gegeben seien die folgenden beiden Matrizen:

Diese beiden sollen nun miteinander multipliziert werden. Das Ergebnis wird eine 2x2-Matrix sein.

	A	B	C	D	E	F	G
1							
2		Matrix 1				Matrix 2	
3							
4		5	4	-3		3	2
5		-2	0	4		0	-5
6						2	-4

Um die Funktion MMULT sinnvoll benutzen zu können, müssen Sie lediglich wissen, aus wie viel Zeilen und Spalten die Ergebnismatrix besteht. Diese Anzahl von Zellen markieren Sie und geben mit einem Gleichheitszeichen die Funktion MMULT ein:

MDET	▼	✕ ✓ f_x	=MMULT(

	A	B	C	D	E	F	G	H	I	J
1										
2		Matrix 1				Matrix 2		Ergebnismatrix		
3										
4		5	4	-3		3	2	=MMULT(		
5		-2	0	4		0	-5	MMULT(**Array1**; Array2)		
6						2	-4			

Nun markieren Sie die beiden Bereiche A4 bis B5 und E4 bis F6.

MDET	▼	✕ ✓ f_x	=MMULT(A4:C5;E4:F6)

	A	B	C	D	E	F	G	H	I
1									
2		Matrix 1				Matrix 2		Ergebnismatrix	
3									
4		5	4	-3		3	2	=MMULT(A4:C5;E4:F6)	
5		-2	0	4		0	-5		
6						2	-4		
7									

Zum Schluss bestätigen Sie das Ganze mit der Tastenkombination [Umschalt]+ [Strg]+[Enter]. Damit trägt Excel die einzelnen Matrixkomponenten in die markierten Zellen ein. Hätten Sie diese Funktion nur mit [Enter] bestätigt, hätten Sie nur die erste Komponente erhalten.

	H4			fx	{=MMULT(A4:C5;E4:F6)}				
	A	B	C	D	E	F	G	H	I
1									
2		Matrix 1				Matrix 2		Ergebnismatrix	
3									
4	5	4	-3		3	2		9	2
5	-2	0	4		0	-5		2	-20
6					2	-4			

Statistik

Das Zählen von Werten

Es gibt hier drei ganz nette Funktionen. Nehmen wir an, Sie haben nebenstehende Tabelle und möchten wissen, in wie vielen Zellen Zahlen enthalten sind. Dazu dient die Funktion *ANZAHL* mit folgender Syntax:

	A
1	3
2	
3	5
4	7
5	Text
6	3
7	Text
8	
9	6
10	5

▪ =ANZAHL(Bereich)

Dabei ist *Bereich* der Bereich, der durchsucht und gezählt werden soll, in unserem Beispiel also A1 bis A10.

Interessiert es Sie aber, wie viele Zellen nicht leer sind? Dann benötigen Sie die Funktion *ANZAHL2* mit der gleichen Syntax wie *ANZAHL*.

	A	B	C	D	E	F
1	3					
2						
3	5					
4	7		Anzahl	6		=ANZAHL(A1:A10)
5	Text		Anzahl2	8		=ANZAHL2(A1:A10)
6	3					
7	Text					
8						
9	6					
10	5					

Nun kann es aber sein, dass Sie nicht nur leere Zellen oder Zellen mit einem beliebigen Inhalt zählen wollen, sondern Sie brauchen die Anzahl von Werten in Abhängigkeit von einer Bedingung. Betrachten wir dazu ein einfaches Beispiel:

⊿	A	B	C	D	E	F	G	H	I	J	K	L
1		Noten										
2	2	6	2									
3	4	3	5		Note	1	2	3	4	5	6	
4	6	3	2		Anzahl							
5	4	5	3									
6	3	6	3									
7	5	1	2									
8												

In den Zellen A2 bis C7 sind einzelne Noten eingetragen. Zwecks Notenspiegel soll Excel nun in den Zellen F4 bis K4 die Anzahl pro Note ermitteln. Es soll also beispielsweise ermittelt werden, wie oft die Note 1 vergeben wurde. Dazu dient die Funktion *ZÄHLENWENN* mit der folgenden Syntax:

- =ZÄHLENWENN(Bereich;Suchkriterium)

Bereich wäre im Beispiel der Bereich, in dem die Noten stehen, also A2 bis C7. *Suchkriterium* ist die Zelle mit der zu suchenden Note. Schreiben Sie also in die Zelle F4 folgende Formel:

- =ZÄHLENWENN(A2:C7;F3)

und bestätigen Sie das Ganze. Excel sollte Ihnen augenblicklich die Zahl 1 in die Zelle schreiben, denn es gibt diese Note nur ein Mal.

Die Formel müsste nun auch in die Zellen G4 bis K4. Der Bereich, der durchsucht werden soll, ist aber immer der gleiche, nur das Kriterium ändert sich. Insofern müssen Sie also zunächst den *Bereich* als absolute Zelladressen festlegen. Die richtige Formel in Zelle F4 lautet deshalb:

- =ZÄHLENWENN($A$2:$C$7;F3)

	F4	▼	f_x	=ZÄHLENWENN($A$2:$C$7;F3)							
⊿	A	B	C	D	E	F	G	H	I	J	K
1		Noten									
2	2	6	2								
3	4	3	5		Note	1	2	3	4	5	6
4	6	3	2		Anzahl	1	4	5	2	3	3
5	4	5	3								
6	3	6	3								
7	5	1	2								

Damit haben Sie nun recht schnell einen Notenspiegel. Sobald in A2 bis C7 die Noten verändert werden, werden auch die Zellen F4 bis K4 neu berechnet.

Wie viele Schüler/Studenten haben welche Punkte erreicht? – Häufigkeitsverteilungen

Wir möchten mit Ihnen in diesem Abschnitt eine Tabelle erstellen, die Ihnen die Häufigkeit bestimmter Werte in einer großen Liste zählt. Dabei werden wir aber zunächst einen umständlicheren Weg gehen, denn wir möchten Ihnen dabei weitere Funktionen zeigen. Bei diesem Beispiel werden Sie aber auch erfahren, wie man Probleme durch das geschickte Zusammenwirken mehrerer Funktionen lösen kann, denn bei der Lösung komplexer Probleme werden Sie oft mehrere Funktionen gemeinsam benutzen müssen. Wir wollen also auch ein wenig das „Querdenken" üben, denn zum Lösen gerade von mathematischen Problemen ist das Querdenken oft unabdingbar. Denn nur damit kann man bekannte Funktionen „kreativ" für das Lösen großer Probleme einsetzen. Am Schluss dieses Abschnitts zeigen wir Ihnen natürlich auch noch den einfachen Weg.

Sie haben folgendes Szenario: 100 Studenten haben sich an der letzten Klausur beteiligt. Es gab maximal 100 Punkte zu erreichen. Die Ergebnisse liegen vor und sehen so aus:

	A	B	C	D	E
1					
2			Punkte der Klausur		
3	68	73	67	62	74
4	73	75	60	88	79
5	61	78	76	59	65
6	66	71	62	78	76
7	96	75	88	74	75
8	79	74	59	79	76
9	65	77	78	65	85
10	86	76	88	76	63
11	84	73	72	75	68
12	79	82	90	76	83
13	65	73	93	85	71
14	78	87	62	63	53
15	78	75	77	68	85
16	62	61	96	83	93
17	80	97	85	71	75
18	67	57	78	53	72
19	88	75	82	89	75
20	94	74	60	68	81
21	69	62	60	75	85
22	95	71	63	72	93

Punkte	Strichliste
97	I
96	I
95	II
94	I
93	III
92	
91	
90	I
89	I
88	IIII
87	I
86	I
85	̶I̶I̶I̶I̶
84	I
83	II
82	II
81	I
80	I
79	IIII
78	̶I̶I̶I̶I̶ I
77	III
76	̶I̶I̶I̶I̶ I
75	̶I̶I̶I̶I̶ ̶I̶I̶I̶I̶ I

Um die richtigen Noten vergeben zu können, müssen Sie zunächst wissen, wie viele Studenten wie viele Punkte erreicht haben. Klassisch würden Sie sich wahrscheinlich eine Tabelle mit den Punktzahlen erstellen und jeden erreichten Punktwert mit einem Strich versehen. Das aber kann Ihnen Excel auch mehr oder weniger automatisch machen, sofern Sie sich einmal eine solche Tabelle entwickelt haben.

Fangen wir also an! Als Erstes müssen wir in Erfahrung bringen, wie hoch die maximal und minimal erreichte Punktzahl ist, denn wir können nicht davon ausgehen, dass ein Student die höchstmögliche Punktzahl erreicht hat, obwohl Sie das vielleicht hoffen.

Natürlich soll uns Excel diese Arbeit abnehmen. Für den maximalen Wert können Sie z. B. die Funktion *MAX* benutzen. Gehen Sie in die Zelle G1 und schreiben dort das Wort *Maximum* hinein. In der Zelle H1 folgt dann die entsprechende Funktion:

- =MAX(A3:E22)

	H1	▾	fx	=MAX(A3:E22)					
	A	B	C	D	E	F	G	H	I
1							Maximum	97	
2			Punkte der Klausur				Minimum	53	
3	68	73	67	62	74		Anzahl	100	
4	73	75	60	88	79				
5	61	78	76	59	65				

Dabei ist *A3:E23* der Bereich, in dem der maximale Wert gesucht werden soll. In der gleichen Art und Weise können Sie eine Zeile darunter mit der Funktion *MIN* den kleinsten Wert der Wertetabelle ausgeben lassen:

- =MIN(A3:E22)

Nun kennen Sie in H1 bzw. H2 die maximal bzw. minimal erreichten Punkte. In H4 wurde mit der Funktion *ANZAHL* zunächst einmal ermittelt, wie viele Studenten nun tatsächlich die Klausur mitgeschrieben haben:

- =ANZAHL(A3:E22)

Nun macht es wenig Sinn, die Anzahl jedes der Einzelwerte zu ermitteln, sondern Sie vergeben die Noten für bestimmte Gruppen. Beispielsweise erhalten alle Studenten mit Punktwerten zwischen 100 und 91 die Note 1. Wir müssen also die Anzahl der Punktewerte in diesen Gruppen bestimmen.

Solche Gruppen werden in der Statistik auch Klassen genannt. Die Klassenbreite (oder auch das Klassenintervall) ist der Anfangs- und Endwert einer Gruppe. Wenn Sie also sagen, Sie möchten für alle Punkte zwischen 100 und 91 die Note 1 vergeben, hat diese Klasse die Klassenbreite 10, denn es gibt zehn Zahlen zwischen 100 und 91 (wir gehen hier natürlich von ganzen Zahlen aus).

Die Klassenbreite legen wir auf 5 fest, d. h., Sie tragen in die Zelle H4 den Wert 5 für die Klassenbreite ein. Excel soll die Klassen also in 5er-Schritten zusammenfassen, also z. B.

100-96   95-91   90-86

Natürlich soll Excel das zukünftig auch allein machen und deshalb müssten wir nun in den Zellen G9 bis H18 Formeln eingeben, damit Excel diese Klassen mit der Klassenbreite in H4 ausrechnet.

	A	B	C	D	E	F	G	H
1							Maximum	=MAX(A3:E22)
2		Punkte der Klausur					Minimum	=MIN(A3:E22)
3	68	73	67	62	74		Anzahl	=ANZAHL(A3:E22)
4	73	75	60	88	79		Klassenbreite	5
5	61	78	76	59	65			
6	66	71	62	78	76			
7	96	75	88	74	75			
8	79	74	59	79	76		Obergrenze	Untergrenze
9	65	77	78	65	85		=H1	=G9-H4+1
10	86	76	88	76	63		=H9-1	=G10-$H$4+1
11	84	73	72	75	68		=H10-1	=G11-$H$4+1
12	79	82	90	76	83		=H11-1	=G12-$H$4+1
13	65	73	93	85	71		=H12-1	=G13-$H$4+1
14	78	87	62	63	53		=H13-1	=G14-$H$4+1
15	78	75	77	68	85		=H14-1	=G15-$H$4+1
16	62	61	96	83	93		=H15-1	=G16-$H$4+1
17	80	97	85	71	75		=H16-1	=G17-$H$4+1
18	67	57	78	53	72		=H17-1	=G18-$H$4+1
19	88	75	82	89	75			
20	94	74	60	68	81			
21	69	62	60	75	85			
22	95	71	63	72	93			
23								

Die Formeln in der Abbildung sind eigentlich recht einfach und bedürfen sicher keiner eingehenden Erläuterung. Sie sollten sich nur noch einmal klarmachen, weshalb in den Zellen H10 bis H18 die Zelle H3 als $H$3 eingetragen ist. Sollte Ihnen das nicht mehr spontan einleuchten, so lesen Sie den Abschnitt über relative und absolute Zellen noch einmal durch.

Nun haben wir alle Vorarbeiten geleistet und können Excel mit einer Funktion veranlassen, die Anzahl der Punkte innerhalb der Klassen zu zählen. Dazu dient die Funktion *ZÄHLENWENN*.

Die Funktion hat die allgemeine Syntax:

▪ =ZÄHLENWENN(Bereich;Kriterium)

und wurde schon besprochen.

In dem jetzigen Beispiel liegt die Sache aber etwas komplizierter, denn wir haben hier nicht ein Kriterium, sondern im Grunde einen Kriterienbereich.

	A	B	C	D	E	F	G	H	I
1							Maximum	97	
2			Punkte der Klausur				Minimum	53	
3	68	73	67	62	74		Anzahl	100	
4	73	75	60	88	79		Klassenbreite	5	
5	61	78	76	59	65				
6	66	71	62	78	76				
7	96	75	88	74	75				
8	79	74	59	79	76		Obergrenze	Untergrenze	
9	65	77	78	65	85		97	93	
10	86	76	88	76	63		92	88	
11	84	73	72	75	68		87	83	
12	79	82	90	76	83		82	78	
13	65	73	93	85	71		77	73	
14	78	87	62	63	53		72	68	
15	78	75	77	68	85		67	63	
16	62	61	96	83	93		62	58	
17	80	97	85	71	75		57	53	
18	67	57	78	53	72		52	48	
19	88	75	82	89	75				
20	94	74	60	68	81				
21	69	62	60	75	85				
22	95	71	63	72	93				
23									

Wir müssten der Funktion nämlich mitteilen, dass z. B. alle Werte zwischen den Punkten 97 und 93 gezählt werden sollen. Aber leider versteht die *ZÄHLENWENN*-Funktion keine Mehrfachkriterien. Aber glücklicherweise können wir die >- und <- Zeichen in der Funktion einsetzen. Gehen Sie dazu in die Zelle I9 und schreiben Sie dort folgende Funktion hinein:

▪ =ZÄHLENWENN(A3:E22;">="&H9)

Bestätigen Sie sie. Sofort sollten Sie als Ergebnis eine 8 erhalten, denn es gibt acht Klausuren mit Punkten zwischen 97 und 93 (beide Werte mit eingeschlossen!).

Was aber besagt die Formel, die Sie gerade in I9 eingetragen haben? Der erste Teil, der *Bereich*, sollte klar sein. Als *Kriterium* haben Sie nun gesagt, Excel soll alles zählen, was größer oder gleich (>=) 93 (H9) ist. Solche mathematischen Symbole müssen Sie in der Formel als Text eingeben und deshalb mit Anführungszeichen ">=" umschließen.

In der Formel machen Sie im Kriterienbereich aber im Grunde zwei Angaben. Die Symbole >= bedeuten, etwas soll größer oder mindestens gleich sein. Das klappt aber nur, wenn Sie beide Angaben mit dem Verknüpfungsoperator *&* zusammenfügen.

Nun können Sie eine ähnliche Formel auch in der Zelle I10 benutzen:

■ =ZÄHLENWENN(A3:E22;">="&H10)

Hier sollten Sie aber stutzig werden, denn Sie erhalten den Wert *14*. Was Excel hier aber macht, ist klar. Excel zählt alle Werte >= 88 und dazu zählen nun auch die Werte im Bereich der Punkte 97 bis 93. Wir müssen diese Punkte also noch abziehen, um zum richtigen Ergebnis zu kommen:

■ =ZÄHLENWENN(A3:E22;">="&H10)-I9

Und schon haben Sie die richtige Anzahl, nämlich 6. Schauen wir uns noch die Formel in der Zelle I11 an:

■ =ZÄHLENWENN(A3:E22;">="&H11)-(I9+I10)

Hier müssen nun die beiden oberen Werte aus I9 und I10 abgezogen werden. Da wir diese Formel aber jetzt kopieren wollen, ersetzen Sie *I9+I10* durch *SUMME($I$9:I10)*:

■ =ZÄHLENWENN($A$3:$E$22;">="&H11)-SUMME($I$9:I10)

Machen Sie den *Bereich* zu absoluten Zelladressen. Warum aber wurde in der *SUMME*-Funktion nur ein Bereich als absolut gekennzeichnet?

Diese Formel soll kopiert werden. Beim Kopieren ändert Excel natürlich die Adressen, aber bei der Summe muss Excel immer bei I9 mit der Summation beginnen, die letzte Zelladresse des *SUMME*-Bereichs muss sich aber ändern können. Deshalb wurde nur dieser Teil des Bereichs in *SUMME* als absolut gekennzeichnet.

Das gesamte Modell sieht, was die Formeln betrifft, also folgendermaßen aus:

	A	B	C	D	E	F	G	H	I	J
1							Maximum	=MAX(A3:E22)		
2	Punkte der Klausu						Minimum	=MIN(A3:E22)		
3	68	73	67	62	74		Anzahl	=ANZAHL(A3:E22)		
4	73	75	60	88	79		Klassenbreite	5		
5	61	78	76	59	65					
6	66	71	62	78	76					
7	96	75	88	74	75					
8	79	74	59	79	76		Obergrenze	Untergrenze		Häufigkeit
9	65	77	78	65	85		=H1	=G9-H4+1	=ZÄHLENWENN($A$3:$E$22;">="&H9)	
10	86	76	88	76	63		=H9-1	=G10-$H$4+1	=ZÄHLENWENN($A$3:$E$22;">="&H10)-I9	
11	84	73	72	75	68		=H10-1	=G11-$H$4+1	=ZÄHLENWENN($A$3:$E$22;">="&H11)-SUMME($I$9:I10)	
12	79	82	90	76	83		=H11-1	=G12-$H$4+1	=ZÄHLENWENN($A$3:$E$22;">="&H12)-SUMME($I$9:I11)	
13	65	73	93	85	71		=H12-1	=G13-$H$4+1	=ZÄHLENWENN($A$3:$E$22;">="&H13)-SUMME($I$9:I12)	
14	78	87	62	63	53		=H13-1	=G14-$H$4+1	=ZÄHLENWENN($A$3:$E$22;">="&H14)-SUMME($I$9:I13)	
15	78	75	77	68	85		=H14-1	=G15-$H$4+1	=ZÄHLENWENN($A$3:$E$22;">="&H15)-SUMME($I$9:I14)	
16	62	61	96	83	93		=H15-1	=G16-$H$4+1	=ZÄHLENWENN($A$3:$E$22;">="&H16)-SUMME($I$9:I15)	
17	80	97	85	71	75		=H16-1	=G17-$H$4+1	=ZÄHLENWENN($A$3:$E$22;">="&H17)-SUMME($I$9:I16)	
18	67	57	78	53	72		=H17-1	=G18-$H$4+1	=ZÄHLENWENN($A$3:$E$22;">="&H18)-SUMME($I$9:I17)	
19	88	75	82	89	75					
20	94	74	60	68	81					
21	69	62	60	75	85					
22	95	71	63	72	93					
23										

Vielleicht wird es Sie wundern, weshalb in der unteren Abbildung auch die Klasse von 52 bis 48 Punkten auftaucht, obwohl Excel in Zelle H3 eine minimale Punktzahl von 53 ermittelt hat. Nun, zum einen sehen Sie dadurch, dass Sie die Formeln problemlos weiter kopieren können, Excel findet halt dann vielleicht keinen passenden Wert und liefert Ihnen Null. Zum anderen zeigt das aber auch, dass die Formeln stimmen.

	A	B	C	D	E	F	G	H	I	J
1							Maximum	97		
2			Punkte der Klausur				Minimum	53		
3	68	73	67	62	74		Anzahl	100		
4	73	75	60	88	79		Klassenbreite	5		
5	61	78	76	59	65					
6	66	71	62	78	76					
7	96	75	88	74	75					
8	79	74	59	79	76		Obergrenze	Untergrenze	Häufigkeit	
9	65	77	78	65	85		97	93	8	
10	86	76	88	76	63		92	88	6	
11	84	73	72	75	68		87	83	10	
12	79	82	90	76	83		82	78	14	
13	65	73	93	85	71		77	73	25	
14	78	87	62	63	53		72	68	12	
15	78	75	77	68	85		67	63	10	
16	62	61	96	83	93		62	58	12	
17	80	97	85	71	75		57	53	3	
18	67	57	78	53	72		52	48	0	
19	88	75	82	89	75					
20	94	74	60	68	81					
21	69	62	60	75	85					
22	95	71	63	72	93					
23										

Zukünftig brauchen Sie jetzt nur noch die Werte im Bereich A3 bis E23 zu verändern, um automatisch eine neue Häufigkeitsverteilung zu erhalten. Im Kapitel über die grafische Darstellung von Zahlenwerten werden wir dieses Beispiel dann auch einmal grafisch auswerten.

Damit wäre der umständlichere Teil beendet. Es ging in diesem Beispiel nur darum, Ihnen möglichst viele weitere Funktionen und ihre Handhabung zu zeigen und Ihnen das „Querdenken" näherzubringen. Denn nur wenn Sie vorgefertigte Bahnen verlassen und die einzelnen Funktionen bis zum Äußersten ausnutzen, werden Sie diese Funktionen dann auch wirklich kreativ einsetzen können.

Kommen wir also jetzt zur einfachen Lösung der Häufigkeitsverteilung. Es wird Sie sicher nicht erstaunen, dass Excel dafür eine vorgefertigte Funktion kennt. Die Funktion *HÄUFIGKEIT* hat folgende Syntax:

▪ =HÄUFIGKEIT(Daten;Klassen)

Hierbei sind *Daten* die Zelladressen, in denen die Werte zu finden sind. In unserem Beispiel wäre das der Bereich A3 bis E22.

Klassen sind hierbei die Zelladressen, in denen sich die Werte der oberen Klassengrenzen befinden, in unserem Fall wären das die Zellen G9 bis G18.

Wichtig: Sie müssen die oberen Grenzwerte der Klassen benutzen

Sollten Sie die unteren Grenzen nehmen, so werden Sie falsche Ergebnisse bekommen.

Wenn Sie die Funktion *HÄUFIGKEIT* benutzen, müssen Sie also immer die oberen Klassengrenzen nehmen.

Die Funktion *HÄUFIGKEIT* ist eine sogenannte Matrixformel.

Matrixformeln stehen physisch nur in einer Zelle, können aber, im Gegensatz zu normalen Formeln, mehrere Berechnungen durchführen und dann entweder ein einzelnes Ergebnis oder auch mehrere Ergebnisse liefern.

Diese Formelart ist nicht ganz einfach zu verstehen, da Sie damit eine ganze Gruppe von Zellen gleichzeitig bearbeiten können. Deshalb müssen Matrixfunktionen etwas anders eingegeben werden.

1 Markieren Sie die Zellen, in denen die Ergebnisse stehen sollen. In unserem Beispiel könnten das die Zellen K9 bis K18 sein.

2 Drücken Sie dann die [F2]-Taste, um die erste Zelle des markierten Bereichs zum Bearbeiten zu öffnen. Schreiben sie *H* in die Zelle. Sogleich öffnet sich das Fenster aller Excel-Funktionen.

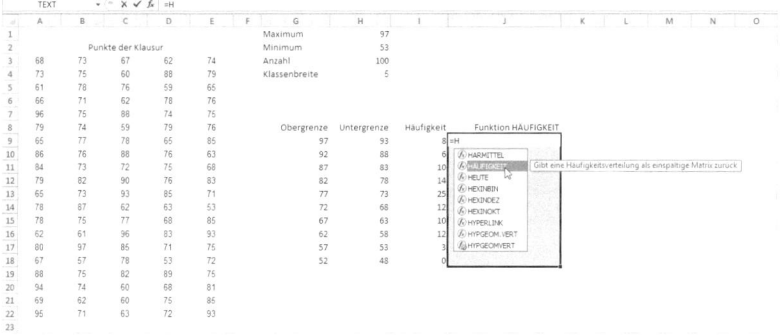

3 Klicken Sie *HÄUFIGKEIT* an und drücken Sie dann die [Tab]-Taste.

4 Nun erwartet Excel als Erstes den Bereich, in dem Ihre Daten stehen. Markieren Sie also A3 bis E22. Geben Sie dann ein *;* (Semikolon) ein, um den Datenbereich von den Klassen zu trennen.

5 Markieren Sie nun die Obergrenzen der Klassen. Im Beispiel wären das die Zellen G9 bis G18. Schließen Sie die Klammer, **aber bestätigen Sie noch nicht mit** [Enter].

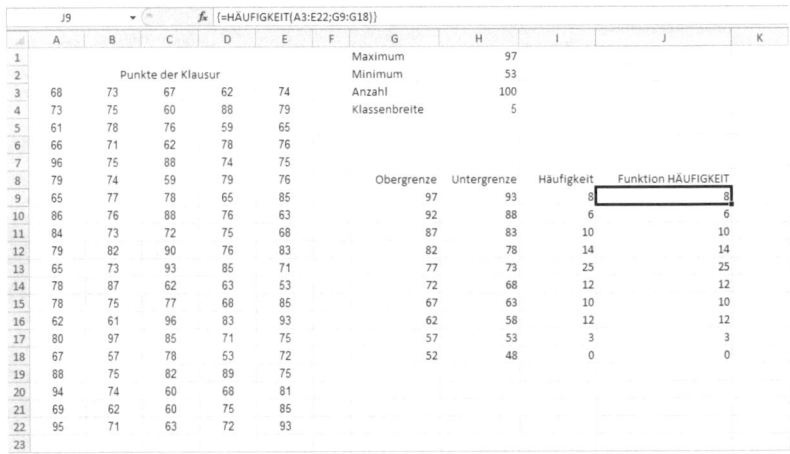

6 Denn Sie müssen Excel mitteilen, dass Sie das Ganze als Matrixfunktion wollen (sonst würden Sie nur ein einziges Ergebnis erhalten).

7 Matrixfunktionen bestätigen Sie immer mit (Umschalt)+(Strg)+(Enter). Drücken Sie also jetzt die Tasten (Umschalt) und (Strg) gemeinsam, halten Sie sie gedrückt und drücken Sie nun (Enter).

8 Sie sehen, die Werte sind gleich und wir haben über den komplizierteren Weg alles richtig gemacht.

Was unterscheidet aber eine Matrixformel von einer anderen und woher kennt die Formel die unteren und oberen Klassengrenzen, wo Sie doch nur die oberen Grenzen eingegeben haben?

Um den ersten Teil der Frage zunächst zu beantworten: Eine Matrixformel benötigt intern weniger Speicherplatz, da sie, anders als andere Formeln, nur in einer Zelle zu finden ist, die Ergebnisse aber auch in andere Zellen geschrieben werden können. Für wirklich große Tabellen können Sie hierdurch ganz gehörig Rechenzeit und Arbeitsspeicher sparen.

Sie können deshalb auch „normale" Formeln als Matrixformeln eingeben. Betrachten wir dazu folgendes Beispiel:

TEXT	▾	✕ ✓ f_x	=A1:A4*B1:B4
⟋	A	B	C	D
1		5	8 =A1:A4*B1:B4	
2	8	3		
3	9	9		
4	9	4		
5				

In die Spalten A und B wurden Zahlen eingegeben. In Spalte C sollen diese Zahlen miteinander multipliziert werden, und zwar derart, dass in C1 die Rechnung *A1*B1* durchgeführt wird. In C2 soll *A2*B2* berechnet werden usw. Wenn Sie nun zunächst die vier Zellen, in denen das Ergebnis stehen soll, markieren und dann mit einem Gleichheitszeichen (=) eine Zelle zur Eingabe öffnen, so können Sie nun die beiden Bereiche *A1:A4* und *B1:B4* markieren. Da Sie diese Bereiche multiplizieren wollen, fügen Sie zwischen den beiden Bereichen das Multiplikationszeichen ein. Um die Formel nun abzuschließen, bestätigen Sie sie nicht mit (Enter), sondern mit (Umschalt)+(Strg)+(Enter). Dadurch macht Excel aus der Formel eine Matrixformel.

Sie werden wahrscheinlich seltener mit Matrixformeln arbeiten, da sie nicht so flexibel wie normale Formeln sind. Sie können beispielsweise einen Teil einer Matrixformel nicht einzeln bearbeiten, sondern nur die gesamte Matrixformel. Sie müssen also immer die gesamte Matrix markieren, bevor Sie sie bearbeiten können.

Der zweite Teil der Frage, woher die Matrixformel die oberen und unteren Klassengrenzen kennt, obwohl nur die oberen Grenzen eingegeben wurden, ist auch recht einfach zu beantworten.

Betrachten Sie dazu noch einmal unser Beispiel mit den Klausurergebnissen. Hier steht in Zelle G9 die Obergrenze und in G10 die Untergrenze. Für die Matrixformel heißt das: Zähle alle Werte zwischen 96 und 92. Mathematisch bedeutet das nun: Zähle alle Werte <97 und >=92 (also einschließlich der unteren, nicht aber der oberen Grenze).

	G
7	
8	Obergrenze
9	97
10	92
11	87
12	82
13	77
14	72
15	67
16	62
17	57
18	52

Natürlich sollten Sie zukünftig bei ähnlichen Aufgaben immer den einfacheren Weg mit der Funktion *HÄUFIGKEIT* beschreiten, aber denken Sie auch daran, welch schwierige Probleme Sie durch den raffinierten Einsatz von Funktionen lösen können.

Schauen wir uns dazu noch ein weiteres Beispiel zu den Häufigkeitsverteilungen an.

Der Gemeine Regenwurm (Lumbricus terrestris) hat eine Länge zwischen 9 und 30 cm. Im Komposthaufen des Schulgartens haben die Schüler im Laufe mehrerer Tage die Regenwürmer aussortiert und gemessen. Dabei sind folgende Längen gemessen worden:

	A	B	C	D	E	F
1						
2			Länge Regenwurm			
3	9	25	10	17	24	25
4	12	27	9	8	30	30
5	16	15	20	16	24	16
6	21	23	21	24	16	30
7	24	15	18	11	15	8
8	18	17	30	12	20	13
9	13	15	20	19	24	26
10	8	15	21	11	20	10
11	16	11	14	27	26	14
12	16	16	29	15	11	18
13	24	28	12	25	27	15
14	9	29	23	27	16	24
15	21	9	14	14	30	15
16	24	11	20	18	19	16
17	10	16	9	22	30	18
18	9	10	12	13	9	25
19	8	29	11	22	17	10
20	10	11	19	29	8	18
21	20	12	19	18	18	20
22	25	19	11	22	22	18

Die Aufgabe an die Schüler ist nun, herauszufinden, wie groß die Regenwürmer im Komposthaufen aufgrund der Häufigkeitsverteilung sind.

Dazu können Sie das gerade besprochene Modell benutzen.

	A	B	C	D	E	F	G	H	I	J
1								Maximum	30	
2			Länge Regenwurm					Minimum	8	
3	9	25	10	17	24	25		Anzahl	120	
4	12	27	9	8	30	30		Klassenbreite	5	
5	16	15	20	16	24	16				
6	21	23	21	24	16	30				
7	24	15	18	11	15	8				
8	18	17	30	12	20	13		Obergrenze	Untergrenze	
9	13	15	20	19	24	26		30	26	
10	8	15	21	11	20	10		25	21	
11	16	11	14	27	26	14		20	16	
12	16	16	29	15	11	18		15	11	
13	24	28	12	25	27	15		10	6	
14	9	29	23	27	16	24				
15	21	9	14	14	30	15				
16	24	11	20	18	19	16				
17	10	16	9	22	30	18				
18	9	10	12	13	9	25				
19	8	29	11	22	17	10				
20	10	11	19	29	8	18				
21	20	12	19	18	18	20				
22	25	19	11	22	22	18				
23										

Sie sollten von nun an solche Probleme mit der Funktion *HÄUFIGKEIT* lösen. Dazu markieren Sie sich die Zellen J9 bis J13.

1 Drücken Sie die [F2]-Taste oder geben Sie ein Gleichheitszeichen ein, um die erste Zelle zum Bearbeiten zu öffnen.

2 Geben Sie die Funktion =*HÄUFIGKEIT(* ein.

3 Für den Datenbereich markieren Sie die Zellen A3 bis F22, für den Klassenbereich die Zellen H9 bis H13. Schließen Sie die Klammer.

4 Bestätigen Sie die Eingabe diesmal mit [Umschalt]+[Strg]+[Enter], um Excel zu sagen, dass Sie eine Matrixformel eingeben. Sie sollten nun zu den gleichen Ergebnissen kommen.

	J9		▾	fx	{=HÄUFIGKEIT(A3:F22;H9:H13)}						
	A	B	C	D	E	F	G	H	I	J	K
1								Maximum	30		
2			Länge Regenwurm					Minimum	8		
3	9	25	10	17	24	25		Anzahl	120		
4	12	27	9	8	30	30		Klassenbreite	5		
5	16	15	20	16	24	16					
6	21	23	21	24	16	30					
7	24	15	18	11	15	8					
8	18	17	30	12	20	13		Obergrenze	Untergrenze	HÄUFIGKEIT	
9	13	15	20	19	24	26		30	26	17	
10	8	15	21	11	20	10		25	21	23	
11	16	11	14	27	26	14		20	16	34	
12	16	16	29	15	11	18		15	11	28	
13	24	28	12	25	27	15		10	6	18	
14	9	29	23	27	16	24					
15	21	9	14	14	30	15					
16	24	11	20	18	19	16					
17	10	16	9	22	30	18					
18	9	10	12	13	9	25					
19	8	29	11	22	17	10					
20	10	11	19	29	8	18					
21	20	12	19	18	18	20					
22	25	19	11	22	22	18					
23											

Wie kann man viele Zahlen um einen konstanten Faktor verkleinern?

Ihr Praktikant hat in mühevoller Arbeit eine Entfernungstabelle für Deutschland erstellt.

	A	B	C	D	E	F	G	H	I	J	K	L	M
1		Aachen	Augsburg	Berlin	Dresden	Frankfurt	Hamburg	Köln	Leipzig	München	Nürnberg	Saarbrücken	Stuttgart
2	Aachen		5700	6370	6510	2400	4750	600	5730	6500	4720	0	4080
3	Augsburg	5700		5930	4720	3650	7200	5380	4310	610	1800	3560	1490
4	Berlin	6370	5930		2140	5640	2790	5530	1840	5960	4260	7450	6310
5	Dresden	6510	4720	2140		4850	4920	5830	1400	4960	3250	6680	5310
6	Frankfurt/Main	2400	3650	5640	4850		5090	1850	4070	4120	2350	1880	2000
7	Hamburg	4750	7200	2790	4920	5090		3810	3870	7720	6160	6900	6680
8	Köln	600	5380	5530	5830	1850	3810		4880	5780	4150	2830	3670
9	Leipzig	5730	4310	1840	1400	4070	3870	4880		4360	2660	5850	4710
10	München	6500	810	5960	4960	4120	7720	5780	4360		1620	4130	2100
11	Nürnberg	4720	1800	4260	3250	2350	6160	4150	2660	1620		3560	2130
12	Saarbrücken	3210	3560	7450	6680	1880	6900	2830	5850	4130	3560		2100
13	Stuttgart	4080	1490	6310	5310	2000	6680	3670	4710	2100	2130	2100	

Erst zum Schluss merken Sie, dass die Werte um den Faktor 10 zu groß eingegeben wurden. Wie können Sie nun die Zahlen in der Tabelle um den Faktor 10 verkleinern, ohne jeden einzelnen Wert ändern zu müssen?

Geben Sie dazu in eine beliebige Zelle den Faktor ein, um den Sie die Zahlen verkleinern wollen. Nehmen wir an, Sie schreiben den Faktor in die Zelle B17 (siehe folgende Abbildung).

1 Kopieren Sie die Zelle B17 mit der rechten Maustaste oder mit Strg+C.

2 Markieren Sie die Zellen, deren Werte Sie verkleinern wollen. In unserem Beispiel sind das die Zellen B2 bis M13.

3 Drücken Sie die rechte Maustaste und wählen Sie *Inhalte einfügen*.

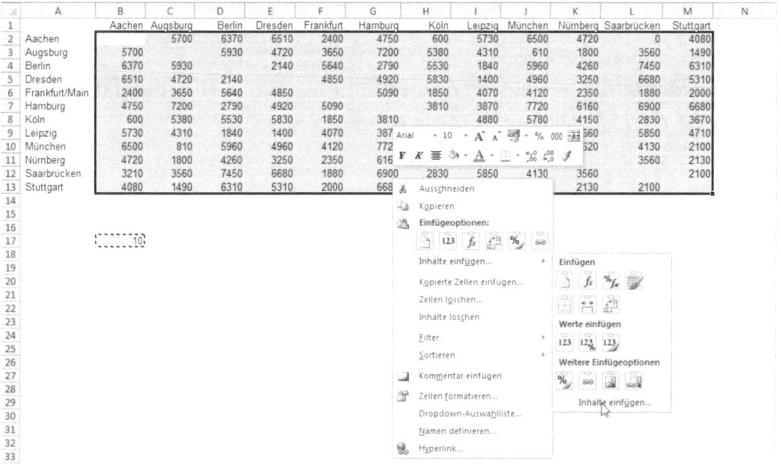

4 Im geöffneten Fenster wählen Sie *Dividieren*.

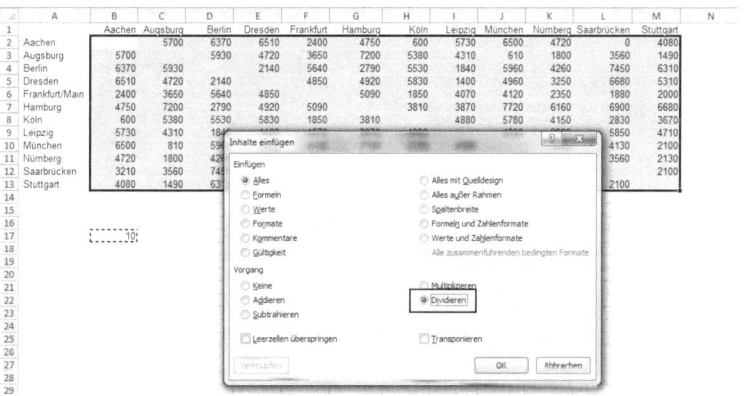

5 Bestätigen Sie nun mit *OK*.

6 **Wichtig!** Drücken Sie zum Schluss die ⌜Esc⌝-Taste, **nicht** ⌜Enter⌝.

Nun sind alle Werte um den Faktor 10 verkleinert und die Werte stimmen nun sehr viel besser mit den tatsächlichen Entfernungen überein.

**Streuung von Zahlen um einen Mittelwert –
die Standardabweichung**

Schauen Sie sich einmal folgende Zahlenreihen an:

1   2   4   5
2,7   3,0   3,1   3,2

Wenn Sie für diese beiden Zahlenreihen jeweils mit der Funktion *MIT-TELWERT* den Mittelwert bilden, erhalten Sie 3.

E2			f_x	=MITTELWERT(A2:D2)	
	A	B	C	D	E	F
1					Mittelwert	
2	1	2	4	5	3	
3	2,7	3	3,1	3,2	3	

Das ist bemerkenswert, denn die Zahlen der ersten Reihe liegen viel weiter auseinander als die Zahlen der zweiten Reihe. Wenn aber die Aussage über einen Mittelwert sinnvoll sein soll, müssen diese Unterschiede erfasst und dargestellt werden können. Sie brauchen also eine Zahl, die die Abweichung der Zahlenwerte vom Mittelwert misst.

Diese Maßzahl nennt man Varianz. Sie wird mit s^2 bezeichnet und lässt sich mit folgender Formel berechnen:

$$s^2 = \frac{1}{n-1}\sum_{i=1}^{n}(x_i - \bar{x})^2$$

X_i	Werte der Stichprobe
$\bar{X}$	Mittelwert
n	Anzahl der Werte in der Stichprobe

Wir wollen diese Gleichung hier nicht herleiten. Wer es genau wissen will, den müssen wir deshalb auf die Standardwerke der Statistik verweisen.

Die positive Wurzel aus dieser Varianz nennt man Standardabweichung s. Sie ist ein um 1860 von Francis Galton eingeführter Begriff und ein Maß für die Streuung der Werte einer Stichprobe um ihren Mittelwert.

Diese wilde Formel brauchen Sie aber nicht in Excel einzutippen, um den Wert für die Standardabweichung zu erhalten. Dafür gibt es eine fertige Funktion: *STABW.S*.

Die Funktion hat folgende einfache Syntax:

- =STABW.S(Bereich)

wobei *Bereich* die Zelladressen sind, für die die Standardabweichung berechnet werden soll.

	F2		f_x	=STABW.S(A2:D2)		
	A	B	C	D	E	F
1					Mittelwert	Standardabweichung
2	1	2	4	5	3	1,83
3	2,7	3	3,1	3,2	3	0,22

Die Standardabweichung der zweiten Stichprobe ist sehr viel kleiner als die der ersten Probe und so können Sie daraus schließen, dass die Werte der zweiten Probe viel enger beieinanderliegen.

In Excel 2007 und früheren Versionen hieß diese Funktion noch *STABW* und diese ist aus Kompatibilitätsgründen in Excel 2010 ebenfalls noch vorhanden und kann auch noch benutzt werden. Warum aber heißt die Funktion jetzt *STABW.S*?

Das *S* steht für **S**tichprobe, das heißt, dass hier aufgrund einer Stichprobe die Standardabweichung berechnet wird.

Ein Beispiel mag das verdeutlichen: Sie holen aus 100 Schraubenschlüsseln 10 Stück heraus, um bei diesen 10 die Bruchfestigkeit zu messen und so auf die Bruchfestigkeit der restlichen 90 schließen zu können. Sie wählen aus der Grundgesamtheit der Schraubenschlüssel (100) also nur eine Stichprobe von 10 Schraubenschlüsseln heraus und benutzen die *STABW.S*-Funktion zur Berechnung der Standardabweichung dieser Stichprobe.

Es gibt in Excel 2010 eine weitere Funktion zur Errechnung einer Standardabweichung. Die Funktion *STABW.N* benutzt aber die Grundgesamtheit aller Messwerte und nicht nur eine Stichprobe davon. Die dahinterstehende Formel sieht auch etwas anders aus, aber die Syntax der Funktion ist identisch mit der Standardabweichung einer Stichprobe. Bei sehr großen Stichproben liefern beide Funktionen sehr ähnliche Ergebnisse.

Mit der Standardabweichung zu arbeiten, ist natürlich sehr einfach und Sie sollten dies auch in Zukunft tun. Aber es macht durchaus auch einmal Sinn, die mathematische Formel der Standardabweichung zur Berechnung zu benutzen – zum einen, um sich selbst einmal zu trainieren, denn oft gibt es für komplexe Probleme keine einfache Funktion, und zum anderen, um einfach auch noch ein wenig das „Querdenken" zu üben.

Aus diesen Gründen möchten wir mit Ihnen für die Zahlen 5,6; 7,9; 6,5; 7,2 die Standardabweichung berechnen, aber, aus „übungstaktischen" Gründen, werden wir **nicht** die Funktion *STABW.S*, sondern die mathematische Formel benutzen.

Wir benutzen die bekannte mathematische Gleichung für die Standardabweichung:

$$s^2 = \frac{1}{n-1} \sum_{i=1}^{n} (x_i - \bar{x})^2$$

So ähnlich könnte Ihre Tabelle dann aussehen:

	A	B	C	D	E	F	G
1		Stichprobe	(Wert-Mittelwert)^2		Standardabweichung	0,98319208	
2		5,6	1,44				
3		7,9	1,21		STABW.S	0,98319208	
4		6,5	0,09				
5		7,2	0,16				
6							
7	Summe		2,9				
8	Mittelwert	6,8					
9	Anzahl	4					
10							

Die Werte der Stichprobe stehen in den Zellen B2 bis B5. Die Formeln sehen Sie in folgender Abbildung:

	A	B	C	D	E	F
1		Stichprobe	(Wert-Mittelwert)^2		Standardabweichung	=WURZEL(C7/(B9-1))
2		5,6	=(B2-$B$8)^2			
3		7,9	=(B3-$B$8)^2		STABW.S	=STABW.S(B2:B5)
4		6,5	=(B4-$B$8)^2			
5		7,2	=(B5-$B$8)^2			
6						
7	Summe		=SUMME(C2:C5)			
8	Mittelwert	=MITTELWERT(B2:B5)				
9	Anzahl	=ANZAHL(B2:B5)				
10						

In den Zellen C2 bis C5 wurde jeder Wert in Spalte B vom Mittelwert (B8) abgezogen und das Quadrat gebildet.

Das entspricht dem Teil der Formel:

$$(x_i - \bar{x})^2$$

Die Funktion *ANZAHL* in der Zelle B9 der Abbildung ermittelt die Anzahl nicht leerer Zellen in einem Bereich und hat folgende allgemeine Syntax:

- `=ANZAHL(Bereich)`

In der Zelle F3 wurde dann, für Kontrollzwecke, die Funktion *STABW.S* benutzt und Sie sehen, sowohl die Funktion wie auch das „Rechnen zu Fuß" führen zum gleichen Ergebnis.

Korrelationen

Eine Korrelation ist eine Beziehung zwischen zwei oder mehr statistischen Variablen. „Je länger ich am Strand in der Sonne liege, desto brauner werde ich." Hier ist die Beziehung, die Korrelation also, offensichtlich. Der eine Wert bedingt den anderen.

Wenn aber zwischen zwei Werten eine Korrelation besteht, heißt das noch lange nicht, dass die eine Größe die andere kausal beeinflusst. Es ist noch nicht einmal gesagt, ob beide Größen nicht vielleicht von einer dritten Größe abhängen oder ob überhaupt irgendein kausaler Zusammenhang besteht. Aber trotzdem ist das Berechnen eines Korrelationskoeffizienten durchaus sinnvoll.

Es gibt positive und negative Korrelationen. „Je mehr ich lerne, desto mehr Wissen habe ich" ist ein Beispiel für eine positive Korrelation. „Je länger es regnet, desto weniger Sonnencreme wird verkauft" ist ein Beispiel für eine negative Korrelation.

Sie wissen aus dem vorigen Abschnitt, dass sich die Standardabweichung einer Stichprobe mit der Formel

$$s = \sqrt{\frac{1}{n-1} \sum_{i=1}^{n} (x_i - \bar{x})^2}$$

errechnen lässt. Und Sie haben schon eine Funktion kennengelernt, mit der Sie diesen Wert schnell von Excel ausrechnen lassen können.

Nun haben Sie bei einer Korrelation zwei Stichproben, deren Elemente wir mit x und y bezeichnen wollen, und somit auch zwei Standardabweichungen:

$$s_1 = \sqrt{\frac{1}{n-1}\sum_{i=1}^{n}(x_i - \bar{x})^2} \qquad s_2 = \sqrt{\frac{1}{n-1}\sum_{i=1}^{n}(x_i - \bar{x})^2}$$

Die Formel

$$s_{xy} = \sqrt{\frac{1}{n-1}\sum_{i=1}^{n}(x_i - \bar{x})^2 * (y_i - \bar{y})^2}$$

die die beiden Stichproben in einen Zusammenhang bringt, nennt man Kovarianz der Stichproben x und y.

Aus diesen drei Formeln lässt sich der Korrelationskoeffizient r berechnen:

$$r = \frac{s_{xs}}{s_1 * s_2}$$

Dieses r ist nun eine Maßzahl, die zeigt, ob die beiden Stichproben x und y wirklich miteinander korreliert sind. Sind zwei Stichproben vollständig miteinander korreliert, so gilt $r = 1$. Bei einer perfekten positiven Korrelation gilt $r = +1$, wenn die Merkmale perfekt negativ miteinander korreliert sind gilt $r = -1$.

Je kleiner r ist, desto kleiner der lineare Zusammenhang. Für $r = 0$ kann man sagen, dass die beiden Stichproben keinerlei Korrelation haben. Wenn die Stichproben also statistisch völlig unabhängig sind, nimmt der Korrelationskoeffizient den Wert 0 an.

Schauen wir uns dazu ein Beispiel an.

	A	B
1	Geburtslänge	Kopfumfang
2		
3	52	36
4	48	34
5	50	34
6	51	34
7	47	35
8	51	35
9	52	36
10	52	36
11	53	37
12	48	34
13	50	34
14	52	37
15	52	36
16	50	35
17	50	34
18	49	34
19	48	34
20	48	33
21	50	35
22	50	35

In der Abbildung sehen Sie in Spalte A die Geburtslängen von Säuglingen und in Spalte B deren Kopfumfang bei der Geburt. Kann man nun sagen: „Je größer das Baby, desto größer der Kopf"? Dazu brauchen wir den Korrelationskoeffizienten r.

Sie müssen natürlich nicht die fürchterlichen Formeln eintippen (obwohl dies eine sicher schöne Übung wäre). Excel kennt für solch einen Fall eine fertige Funktion, die diese Formeln, ohne dass Sie es merken, zur Rechnung benutzt.

Die Funktion heißt *KORREL* und hat folgende allgemeine Syntax:

- `=KORREL(Matrix1,Matrix2)`

Sie sehen, Sie brauchen also nur die beiden Bereiche *A3:A22* für *Matrix1* und *B3:B22* für *Matrix2* in die Funktion zu schreiben und Excel tut den Rest.

Schreiben Sie also in die Zelle, in der der Korrelationskoeffizient ausgerechnet werden soll, folgende Formel hinein:

- `=KORREL(A3:A22; B3:B22)`

Nach Öffnen der Klammer können Sie die Bereiche natürlich markieren und durch ein Semikolon voneinander trennen. Sie müssen die Bereiche *Matrix1* und *Matrix2* also nicht eintippen.

Nachdem Sie bestätigt haben, sollte der Wert 0,7714 ausgerechnet worden sein. Dieser Wert liegt recht nahe an 1 und wir können daher sagen, dass zwischen den beiden Stichproben eine Korrelation vorhanden ist.

Ein guter Korrelationskoeffizient heißt aber noch lange nicht, dass zwischen den beiden Stichproben auch wirklich ein ursächlicher Zusammenhang besteht. So darf man über die Tatsache, dass man Feuerwehren oft bei Bränden findet, nicht folgern, dass Feuerwehren die Ursache für Brände seien, obwohl wir hier sicher einen fantastischen Korrelationskoeffizient ausrechnen würden.

Der Korrelationsbegriff ist aber von großer Bedeutung bei Kapitalanlagen. So kann man durchaus sagen, dass das Risiko des gesamten Portfolios umso geringer ist, je geringer die einzelnen Anlagen miteinander korrelieren.

Besteht ein Portfolio nur aus einzelnen Aktien, so kann der Kursrückgang von Aktie 1 auch zum Wertverlust von Aktie 2, Aktie 3 usw. führen. Besteht das Portfolio aber aus Aktien und Renten, so ist der Verlust geringer, da nur eine geringfügige Korrelation zwischen Aktien und Renten besteht.

Ein Korrelationskoeffizient nahe bei 1 besagt aber noch lange nicht, dass tatsächlich eine Korrelation zwischen den Werten vorhanden ist. Dazu ein Beispiel, das vor vielen Jahren für einigen Wirbel sorgte.

In den Jahren 1965 bis 1980 wurden Stichproben genommen. Besteht zwischen den Werten in Spalte B und C eine mathematische Korrelation?

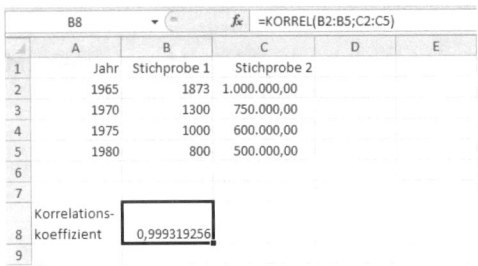

Mit der Funktion *KORREL* kann man das ganz schnell ausrechnen. Und Sie sehen, dieser Wert ist wirklich sehr nahe bei 1, es besteht also anscheinend eine sehr große Korrelation zwischen den beiden Stichproben.

Glückwunsch! Sie haben gerade festgestellt, dass die Anzahl der geborenen Kinder (Spalte C) von der Anzahl brütender Storchenpärchen (Spalte B) abhängt. Der Storch bringt also doch die Kinder.

Logische Funktionen: WENN ... DANN ... SONST

In diesem Abschnitt widmen wir uns den logischen Funktionen. Das sind Funktionen, die in der Lage sind, Entscheidungen zu treffen und die dann, je nachdem welche Entscheidung getroffen wurde, Berechnungen durchführen können. Diese logischen Funktionen sind eine sehr mächtige und komplexe Funktionengruppe und deshalb werden wir uns sehr ausführlich damit beschäftigen.

Überprüfung einer Falscheingabe: WENN ... DANN ... SONST

Wir treffen täglich Entscheidungen, die von irgendwelchen Bedingungen abhängen. Wenn die Sonne scheint, gehen Sie ins Schwimmbad, wenn sie nicht scheint, bleiben Sie zu Hause.

Um das nun mathematisch exakter zu formulieren, betrachten wir zunächst ein – zugegeben – sehr einfaches Beispiel. Sie haben die Handwerker im Haus und haben mit diesen einen Stundenlohn von 16,60 € vereinbart. Folgende Tabelle könnte sich nun ergeben:

	A	B	C	D
	C4	▼	f_x =B4*$B$1	
1	Stundenlohn	16,60 €		
2				
3		Arbeitsstunden	Lohn	
4	Maurer	46,50	771,90 €	
5	Elektriker	23,00	381,80 €	
6	Installateur	9,00	149,40 €	
7	Fliesenleger	33,00	547,80 €	
8				

Was aber, wenn Sie aus Versehen 166,0 € als Stundenlohn eintragen? Die Handwerker hätten mit einem solchen Stundenlohn sicher keine Probleme. Excel wird so etwas nicht automatisch mit einer Fehlermeldung quittieren, deshalb müssen Sie dafür sorgen, dass Excel bei Falscheingaben entsprechend reagiert.

Sie müssen also dafür Sorge tragen, dass Excel Eingaben überprüft. Hierzu gibt es mehrere Möglichkeiten. Wir wollen uns zunächst die Überprüfung mit einer Funktion anschauen.

Excel soll also überprüfen, ob der Wert in Zelle B1 unter 20 € liegt und gegebenenfalls in Zelle C1 eine Fehlermeldung ausgeben.

Da die Fehlermeldung in C1 erscheinen soll, muss die entsprechende WENN-Funktion auch in dieser Zelle stehen.

Die WENN-Funktion hat allgemein folgendes Aussehen:

▪ `=WENN(Bedingung;Dann_Zweig;Sonst_Zweig)`

Mit Worten ließe sich die Tätigkeit der Funktion so beschreiben: Wenn irgendeine *Bedingung* zutrifft (die Sonne scheint ...), dann nehme den *Dann_Zweig* (... dann gehe ins Schwimmbad), sonst nehme den *Sonst_Zweig* (... sonst bleib zu Hause).

Excel erwartet also drei Angaben von Ihnen, die durch Semikola voneinander getrennt sind. Bei diesen drei Angaben sind die *Bedingung* und der *Dann_Zweig* zwingend. Der *Sonst_Zweig* kann bei manchen Fällen auch weggelassen werden. Dazu jedoch später mehr.

Im Bereich *Bedingung* geben Sie eine Bedingung in mathematischer Form ein. Sie geben die Formel in die Zelle C1 ein und somit könnte in unserem Beispiel die Bedingung *B1>20* lauten, was in Prosa bedeuten würde: Wenn in der Zelle B1 ein Wert steht, der größer als 20 ist, dann tue das, was nach dem ersten Semikolon, also im *Dann_Zweig*, steht.

Eine Bedingung kennt aber nur zwei „Zustände", entweder ist sie wahr oder falsch. Entweder trifft sie zu oder nicht. Entweder regnet es oder es regnet nicht. Es gibt kein entschiedenes Vielleicht und auch kein „Sowohl ... als auch". Es gibt nur ja oder nein, schwarz oder weiß. Trifft eine Bedingung zu, so wird das durchgeführt, was im *Dann_Zweig* steht, andernfalls wird Excel den *Sonst_Zweig* ausführen. Der *Sonst_Zweig* wird sofort ausgeführt, sobald die Bedingung als nicht zutreffend erkannt wird. Eine eigene Abfrage für diesen Zweig ist nicht nötig.

In unserem Beispiel heißt die Bedingung: „Wenn in der Zelle B1 ein Wert steht, der größer als 20 ist". Mathematisch drückt man solch eine Bedingung so aus: *B1>20*.

Der *Dann_Zweig* erhält die Information, was zu tun ist, wenn die Bedingung zutrifft. In unserem Beispiel heißt das: *"falsche Eingabe"*.

Der *Sonst_Zweig* enthält die Information, was Excel tun soll, wenn die Bedingung nicht zutrifft. In unserem Fall heißt das: *"richtige Eingabe"*.

Konkret gehört also in die Zelle C1 die folgende Formel:

```
=WENN(B1>20;"falsche Eingabe";"richtige Eingabe")
```

	C1	▼	*fx*	=WENN(B1>20;"falsche Eingabe";"richtigeEingabe")		
	A	B	C	D	E	F
1	Stundenlohn	16,60 €	richtigeEingabe			
2						
3		Arbeitsstunden	Lohn			
4	Maurer	46,50	771,90 €			
5	Elektriker	23,00	381,80 €			
6	Installateur	9,00	149,40 €			
7	Fliesenleger	33,00	547,80 €			
8						

Tragen Sie nun in Zelle B1 einen Wert größer als 10 ein, so wird Excel automatisch *falsche Eingabe* in die Zelle C1 schreiben.

Die Inhalte vom *Dann_Zweig* und vom *Sonst_Zweig* sind, da es sich um Texte handelt, in Anführungszeichen geschrieben. Wann immer Sie also Texte in einem der Zweige ausgeben lassen wollen, müssen diese in Anführungszeichen stehen.

Natürlich hätte die Bedingung auch anders formuliert werden können. Betrachten Sie dazu folgende Abbildung:

C1			f_x	=WENN(B1<20;"richtige Eingabe";"falsche Eingabe")		
	A	B	C	D	E	F
1	Stundenlohn	16,60 €	richtige Eingabe			
2						
3		Arbeitsstunden	Lohn			
4	Maurer	46,50	771,90 €			
5	Elektriker	23,00	381,80 €			
6	Installateur	9,00	149,40 €			
7	Fliesenleger	33,00	547,80 €			

Erkennen Sie den Unterschied? In der ersten Abbildung war die Bedingung *B1>20* und nun ist die Bedingung *B1<20*. Wie Sie die Bedingung formulieren, ist unerheblich, Sie müssen gegebenenfalls die Inhalte der beiden Zweige vertauschen.

Aber so ganz optimal ist die Lösung noch nicht, egal wie wir die Bedingung formulieren, denn es ist sicher übersichtlicher, nur bei einer falschen Eingabe eine Fehlermeldung zu bekommen, bei einer korrekten Eingabe jedoch sollte die Zelle C1 besser leer bleiben.

Nehmen wir das Beispiel mit der Bedingung *B1>20*. Sie können erreichen, dass die Zelle C1 leer bleibt, indem Sie den *Sonst_Zweig* dahingehend ändern, dass Excel, sofern die Bedingung nicht zutrifft, auch keine Tätigkeit durchführt. Mit einer Formel sieht das dann so aus:

C1			f_x	=WENN(B1>20;"falsche Eingabe";"")	
	A	B	C	D	E
1	Stundenlohn	16,60 €			
2					
3		Arbeitsstunden	Lohn		
4	Maurer	46,50	771,90 €		
5	Elektriker	23,00	381,80 €		
6	Installateur	9,00	149,40 €		
7	Fliesenleger	33,00	547,80 €		

Im *Sonst_Zweig* stehen nur zwei Anführungszeichen. Das heißt für Excel so viel wie „tu nichts".

Achtung: „größer als" ist nicht gleich „größer gleich"

Was aber geschieht, wenn Sie in die Zelle B1 exakt einen Betrag von 20 € eingeben? Sie haben ja gefragt nach größer als 20 (>). Da die Zahl 20 aber nicht größer als 20 ist, sondern gleich 20, wird der Wert von exakt 20 noch akzeptiert und es wird keine Fehlermeldung ausgegeben.

Wir haben bisher nach „größer als" gefragt. Für den Bereich *Bedingung* gibt es aber noch viele andere Abfrageoperatoren. Diese sollen in der folgenden Tabelle einmal aufgelistet werden.

Symbol	Funktion	Beispiel
>	Größer	C1>10 Excel wird den Dann_Zweig nur dann benutzen, wenn C1 **größer** als 10 ist. In allen anderen Fällen, auch wenn C1=10 ist, wird der *Sonst_Zweig* benutzt.
<	Kleiner	C1<10 Excel wird den *Dann_Zweig* nur dann benutzen, wenn C1 **kleiner** als 10 ist. In allen anderen Fällen, auch wenn C1=10 ist, wird der *Sonst_Zweig* benutzt.
=	Ist gleich	C1=10 Excel wird den *Dann_Zweig* nur dann benutzen, wenn C1 exakt gleich 10 ist. In allen anderen Fällen wird der *Sonst_Zweig* benutzt.
>=	Größer oder mindestens gleich	C1>=10 Excel wird den *Dann_Zweig* nur dann benutzen, wenn C1 gleich 10 oder größer ist. Bis 9,9999 und kleiner wird der *Sonst_Zweig* benutzt.

Symbol	Funktion	Beispiel
<=	Kleiner oder mindestens gleich	C1<=10 Excel wird den *Dann_Zweig* nur dann benutzen, wenn C1 gleich 10 oder kleiner ist. Ab 10,0001 und größer wird der *Sonst_Zweig* benutzt.
<>	Nicht gleich	C1<>10 Excel wird den *Dann_Zweig* nur dann benutzen, wenn C1 nicht gleich 10 ist.

Im gerade besprochenen Beispiel haben wir in beiden Zweigen jeweils einen Text ausgeben lassen. Die *WENN*-Funktion ist aber um einiges komplexer und so wollen wir uns ein weiteres Beispiel anschauen, wo in den beiden Zweigen jeweils Formeln zu finden sind.

Berechnungen mit Abhängigkeiten

In Ihrem Verein steht das Weihnachtsfest mit einem großen Essen an. Sie haben nun errechnet, dass jedes Mitglied 100 € Eintritt zahlen muss. Aber Mitglieder, die mindestens oder länger als 20 Jahre dem Verein angehören, erhalten pro Jahr der Mitgliedschaft 2 € Nachlass auf den Eintrittspreis. Mitglieder, die weniger als 20 Jahre dabei sind, müssen den normalen Eintritt von 100 € zahlen. Ihre Aufgabe ist es nun, eine Excel-Tabelle zu erstellen, die die Höhe des Eintrittspreises für alle Mitglieder errechnet.

	A	B	C	D	E	F
1	Stichtag	01.01.2010				
2						
3						
4	Vorname	Nachname	Eintritt	Vereinszuge-hörigkeit	Rabatt	Eintrittspreis
5	Lena	Adams	01.01.1970			
6	Sylvia	Ehrmann	01.01.1980			
7	Torben	Emmermann	01.01.1990			
8	Matthias	Flamme	01.01.2000			
9	Natascha	Geiger	01.01.2005			
10	Sascha	Kirchner	01.01.2005			
11	Andreas	Kleine	01.01.2007			
12	Uwe	Kuhmann	01.01.2001			
13	Marcel	Küpper	01.01.1993			
14	Anna	Meyer	01.01.1975			

Da es in diesem Beispiel zunächst einmal nur um das Prinzipielle geht, gehen wir davon aus, dass alle Mitglieder am 1. Januar eines Jahres in den Verein eingetreten sind. Der Stichtag zur Berechnung der Zugehörigkeit wurde auf den 01.01. 2010 festgesetzt.

Als Erstes müssten Sie die Dauer der Vereinszugehörigkeit ausrechnen lassen. Das geschieht mit der Funktion *JAHR* und in der Spalte D.

	D5		▼	f_x	=JAHR($B$1)-JAHR(C5)	
⊿	A	B	C	D	E	F
1	Stichtag	01.01.2010				
2						
3						
4	Vorname	Nachname	Eintritt	Vereinszuge-hörigkeit	Rabatt	Eintrittspreis
5	Lena	Adams	01.01.1970	40		
6	Sylvia	Ehrmann	01.01.1980	30		
7	Torben	Emmermann	01.01.1990	20		
8	Matthias	Flamme	01.01.2000	10		
9	Natascha	Geiger	01.01.2005	5		
10	Sascha	Kirchner	01.01.2005	5		
11	Andreas	Kleine	01.01.2007	3		
12	Uwe	Kuhmann	01.01.2001	9		
13	Marcel	Küpper	01.01.1993	17		
14	Anna	Meyer	01.01.1975	35		

Ich hoffe, Sie wissen, weshalb in der Formel die Zelle B1 absolut gesetzt wurde. Das liegt daran, dass Sie die Formel in D5 kopieren wollen, und der Stichtag ist für alle Mitglieder der gleiche und steht immer in B1. Beim Kopieren darf sich B1 also nicht ändern. Sollte Ihnen das doch noch unklar sein, lesen Sie den Abschnitt über relative und absolute Zellen noch einmal.

Wenn Sie die richtige Formel in die Zelle eingegeben und kopiert haben, müssen Sie vielleicht noch das Format der Zellen D5 bis D14 ändern. Am einfachsten ist es, wenn Sie das von Excel automatisch benutzte Format löschen. Nun hat Excel Ihnen die Dauer der Mitgliedschaft ausgerechnet.

Kommen wir nun zur Ausrechnung des Rabatts für das Weihnachtsfest. Natascha Geiger ist weniger als 20 Jahre dabei, sie muss also den vollen Eintrittspreis bezahlen. Mit Formeln in den Zellen E5 bis E14 soll Excel nun entscheiden, wer welchen Rabatt bekommt.

E5		▼	f_x	=WENN(D5>=20;D5*2;0)	
	A	B	C	D	E	F
1	Stichtag	01.01.2010			
2					
3					
4	Vorname	Nachname	Eintritt	Vereinszuge-hörigkeit	Rabatt	Eintrittspreis
5	Lena	Adams	01.01.1970	40	80
6	Sylvia	Ehrmann	01.01.1980	30	60
7	Torben	Emmermann	01.01.1990	20	40
8	Matthias	Flamme	01.01.2000	10	0
9	Natascha	Geiger	01.01.2005	5	0
10	Sascha	Kirchner	01.01.2005	5	0
11	Andreas	Kleine	01.01.2007	3	0
12	Uwe	Kuhmann	01.01.2001	9	0
13	Marcel	Küpper	01.01.1993	17	0
14	Anna	Meyer	01.01.1975	35	70

Die benötigte *WENN*-Funktion sehen Sie in der Abbildung. Die Bedingung ist klar, wenn *D5* >= *20*. Im *Dann_Zweig* steht nun das, was Excel rechnen soll, wenn die Bedingung zutrifft. Für jedes Jahr der Mitgliedschaft gibt es 2 € Rabatt (*D5*2*).

Im *Sonst_Zweig* taucht nur der Betrag *0* auf, denn trifft die Bedingung nicht zu, so ist das Mitglied weniger als 20 Jahre dabei und dann gibt keinen Rabatt auf den Eintrittspreis.

Achtung: Wann gehören Anführungszeichen in die beiden Zweige?

Sie sehen, Formeln dürfen nicht in Anführungszeichen gesetzt werden, sonst wird Excel nicht rechnen. Texte aber müssen in Anführungszeichen gesetzt werden.

Der letzte Schritt ist nun, in der Spalte F den Eintrittspreis zu berechnen. Dieser errechnet sich aus regulärem Eintrittspreis von 100 € minus Rabatt.

F5	▼		f_x	=100-E5		
	A	B	C	D	E	F
1	Stichtag	01.01.2010				
2						
3						
4	Vorname	Nachname	Eintritt	Vereinszuge-hörigkeit	Rabatt	Eintrittspreis
5	Lena	Adams	01.01.1970	40	80	20
6	Sylvia	Ehrmann	01.01.1980	30	60	40
7	Torben	Emmermann	01.01.1990	20	40	60
8	Matthias	Flamme	01.01.2000	10	0	100
9	Natascha	Geiger	01.01.2005	5	0	100
10	Sascha	Kirchner	01.01.2005	5	0	100
11	Andreas	Kleine	01.01.2007	3	0	100
12	Uwe	Kuhmann	01.01.2001	9	0	100
13	Marcel	Küpper	01.01.1993	17	0	100
14	Anna	Meyer	01.01.1975	35	70	30

In den Zweigen einer *WENN*-Funktion können ungeheuer komplexe Bedingungen und Formeln stehen.

■ =WENN(SUMME(A1:A10)>MITTELWERT(B1:B10)/SUM-
ME(C1:C10);Dann_Zweig;Sonst_Zweig)

Diese Formel hat zwar im Augenblick keinen praktischen Bezug, sie soll nur demonstrieren, welche Möglichkeiten die *WENN*-Funktion bietet.

Aber die *WENN*-Funktion bietet auch Stoff für unendliches Leid bei den Benutzern und stundenlanges Suchen nach Fehlern. Dabei sind einige Fehler recht einfach zu vermeiden, wie z. B. Fehler, die durch das Runden und Formatieren entstehen.

Die *WENN*-Funktion ist ja eine Funktion und entsprechend gibt es dafür auch einen Assistenten, mit dem Sie die Funktion eingeben können.

Wählen Sie dazu in der Registerkarte *Start* die Gruppe *Bearbeiten*. Dort klicken Sie auf das Dreieck neben dem Σ-Symbol.

Σ Summe
Mittelwert
Anzahl
Max
Min
Weitere Funktionen...

Achtung: Runden und Formatieren

Schauen Sie sich bitte zunächst einmal folgendes Beispiel an:

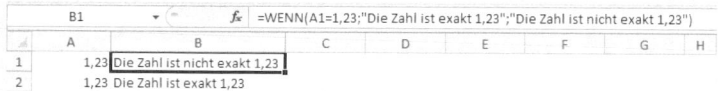

	A	B	C	D	E	F	G	H
1	1,23	Die Zahl ist nicht exakt 1,23						
2	1,23	Die Zahl ist exakt 1,23						

B1 ▾ f_x =WENN(A1=1,23;"Die Zahl ist exakt 1,23";"Die Zahl ist nicht exakt 1,23")

Was ist hier geschehen? In den Zellen A1 und A2 stehen doch offensichtlich die gleichen Zahlen. Warum reagiert aber die *WENN*-Funktion, die in B1 und B2 gleich ist, so unterschiedlich?

Erklärung: In Zelle A1 wurde die Zahl 1,2345678 mit sieben Dezimalstellen angegeben, aber auf zwei Stellen nach dem Komma formatiert. In Zelle A2 wurde die *RUNDEN*-Funktion benutzt, um die Zahl auf zwei Stellen nach dem Komma zu begrenzen. Das heißt also, in Zelle A1 steht noch die Originalzahl mit sieben Dezimalstellen und die ist nun einmal größer als 1,23.

Hier wählen Sie dann *Weitere Funktionen* und Sie erhalten folgendes Fenster:

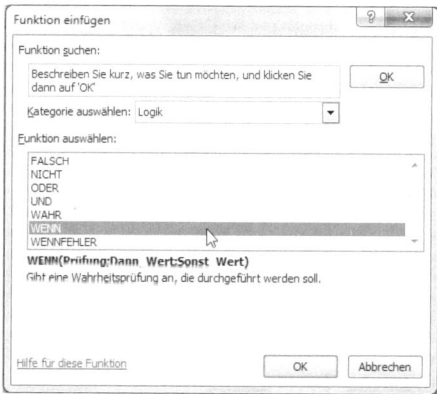

Nun wählen Sie die Kategorie *Logik* und dort die *WENN*-Funktion und Sie erhalten folgendes Fenster:

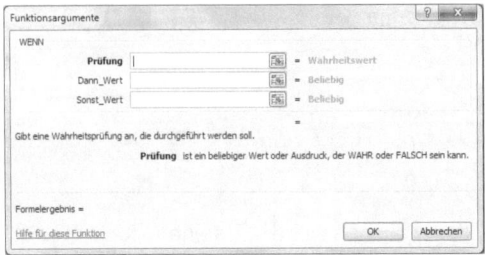

Was Sie wie in welche Felder schreiben, sollte nach dem bisher Gesagten eigentlich klar sein.

Ob Sie künftig diesen Assistenten für die Funktion benutzen oder die Funktion mit allen Parametern selbst in eine Zelle schreiben, so wie wir es bisher getan haben, überlassen wir Ihnen. Aber spätestens wenn Sie verschachtelte *WENN*-Funktionen brauchen, so wie wir sie im nächsten Abschnitt besprechen, wird der Assistent eher hinderlich sein.

Verschachtelte WENN-Funktionen – jetzt wird es komplexer

Sie sind mit der Korrektur der Klassenarbeiten fertig und möchten, dass Excel Ihnen automatisch aufgrund der Punktezahl die entsprechende Note ausgibt. Um die Sache erst einmal einfach zu halten, gehen wir davon aus, dass Sie nur drei Noten vergeben: 1, 3 und 6. Ihre Tabelle könnte so aussehen:

	A	B	C	D	E	F	G	H
1	Vorname	Nachname	Aufgabe 1	Aufgabe 2	Aufgabe 3	Aufgabe 4	Aufgabe 5	Gesamt
2	Lena	Adams	13	19	20	20	20	92
3	Sylvia	Ehrmann	12	8	7	3	18	48
4	Torben	Emmermann	3	9	18	4	8	42
5	Matthias	Flamme	7	8	2	3	4	24
6	Natascha	Geiger	6	9	16	1	12	44
7	Sascha	Kirchner	8	1	15	8	15	47
8	Andreas	Kleine	7	18	4	1	4	34
9	Uwe	Kuhmann	4	10	20	17	18	69
10	Marcel	Küpper	6	4	13	19	20	62
11	Anna	Meyer	16	19	6	5	11	57
12	Arndt	Milde	16	6	12	15	12	61
13	Olga	Oslowski	13	8	10	3	12	46
14	Daniel	Reiter	2	9	4	5	11	31
15	Svenja	Reuter	11	2	15	3	11	42
16	Lisa	Rosenstenge	20	9	6	2	14	51
17	Holger	Schmidt	12	14	20	19	8	73

Mithilfe der Funktionen *MIN* und *MAX* haben Sie die größte (92) und kleinste Punktzahl (24) herausgefunden. 100 Punkte waren maximal zu erreichen. Ihr Bewertungsschema sieht nun so aus:

Punkte	Note
>= 80	1
>= 50 aber kleiner als 80	3
<50	6

Wenn die Punktezahl größer oder gleich 80 Punkte beträgt, dann erhält der Schüler eine 1. Hat der Schüler mindestens 50 Punkte, aber weniger als 80, so erhält er eine 3, ansonsten bekommt er eine 6. Denken Sie daran: Wir vergeben erst einmal nur drei Noten!

Sie sehen an diesem Text, dass es mit einer *WENN*-Funktion nicht getan ist. Wir brauchen, um das Problem zu lösen, noch eine weitere *WENN*-Funktion innerhalb einer *WENN*-Funktion. Das klingt womöglich etwas verwirrend, deshalb nehmen wir gleich das Beispiel konkret zur Hand.

Die allgemeine Syntax der *WENN*-Funktionen lautet:

`=WENN(Bedingung;Dann_Zweig;Sonst_Zweig)`

Bei den bisherigen Beispielen haben wir in den beiden Zweige jeweils Formeln ausrechnen oder Texte ausgeben lassen. Nun ist aber, wie das Wort schon sagt, eine *WENN*-Funktion auch eine Funktion, kann also auch in den jeweiligen Zweigen eingegeben werden. Das würde dann so aussehen:

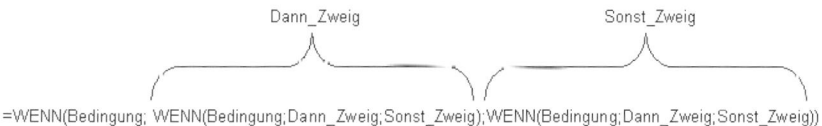

`=WENN(Bedingung; WENN(Bedingung;Dann_Zweig;Sonst_Zweig);WENN(Bedingung;Dann_Zweig;Sonst_Zweig))`

Mehrere Gleichheitszeichen in einer Formel

Bei verschachtelten *WENN*-Funktionen darf nur am Anfang der Formel ein Gleichheitszeichen stehen, niemals vor weiteren *WENNs* innerhalb der Formel. Folgendes ist also falsch:

- `=WENN(C3>4,5;C3*10+20;=WENN(C3>4;C3*10+5;C3*10))`

Achten Sie bitte auch bei verschachtelten *WENN*-Funktionen auf die richtige Klammersetzung. Es müssen immer gleich viele öffnende Klammern wie schließende Klammern existieren. Das kann bei sehr komplexen Formeln erhebliches Kopfzerbrechen bereiten.

Schauen wir uns das aber jetzt an dem konkreten Problem an.

Wir betrachten zunächst wieder erst einmal den ersten Schüler und erstellen dafür eine Formel, die wir dann nach unten kopieren.

Das erste *WENN* in der Zelle sollte abfragen, ob die Punkte größer oder gleich 80 sind. Das lässt sich so schreiben:

- `=WENN(H2>=80;`

Wenn das zutrifft, gibt es die Note 1. Nun könnten Sie in dem entsprechenden *Dann_Zweig* die Note als Zahl eintragen. Da Sie nun aber eine Zahl ausgeben lassen, brauchen Sie diese nicht in Anführungszeichen einzuschließen. Anführungszeichen brauchen Sie nur, wenn Sie einen Text ausgeben.

- `=WENN(H2>=80;1;Sonst_Zweig)`

Als Nächstes müssten Sie nun im *Sonst_Zweig* fragen, ob die Punktzahl wenigstens größer oder gleich 50 ist:

- `=WENN(H2>=80;1;WENN(H2>=50;`

Trifft das zu, gibt es die Note 3. Trifft das aber nicht zu, so kann dann nur noch die Note 6 vergeben werden. Die fertige Formel sehen Sie in der Abbildung:

I2			f_x	=WENN(H2>=80;1;WENN(H2>=50;3;6))				
	A	B	C	D	E	F	G	H	I
1	Vorname	Nachname	Aufgabe 1	Aufgabe 2	Aufgabe 3	Aufgabe 4	Aufgabe 5	Gesamt	Note
2	Lena	Adams	13	19	20	20	20	92	1
3	Sylvia	Ehrmann	12	8	7	3	18	48	6
4	Torben	Emmermann	3	9	18	4	8	42	6
5	Matthias	Flamme	7	8	2	3	4	24	6
6	Natascha	Geiger	6	9	16	1	12	44	6
7	Sascha	Kirchner	8	1	15	8	15	47	6
8	Andreas	Kleine	7	18	4	1	4	34	6
9	Uwe	Kuhmann	4	10	20	17	18	69	3
10	Marcel	Küpper	6	4	13	19	20	62	3
11	Anna	Meyer	16	19	6	5	11	57	3
12	Arndt	Milde	16	6	12	15	12	61	3
13	Olga	Oslowski	13	8	10	3	12	46	6
14	Daniel	Reiter	2	9	4	5	11	31	6
15	Svenja	Reuter	11	2	15	3	11	42	6
16	Lisa	Rosenstengel	20	9	6	2	14	51	3
17	Holger	Schmidt	12	14	20	19	8	73	3
18	Petra	Schulze	18	10	4	10	18	60	3
19	Monika	Toren	3	13	9	8	2	35	6
20	Marcel	Zeidler	15	10	10	19	9	63	3
21	Rainer	Zufall	3	4	14	14	2	37	6

Sie können bis zu sieben WENN-Funktionen verschachteln

Sollten Sie einmal mehr Verschachtelungen brauchen, so müssen Sie gegebenenfalls auf andere Funktionen umsteigen. So können die später zu besprechenden *SVERWEIS-* oder *WVER-WEIS-*Funktionen vielleicht gute Dienste leisten.

Praxisbeispiel: Jetzt machen wir die Noten richtig

Wir bleiben bei unseren 20 Schülern und ihren Klassenarbeiten. Diesmal wollen wir aber die Vergabe der Noten an die Wirklichkeit anpassen. Es sollen nun also alle Noten von 1 bis 6 von Excel vergeben werden.

Dabei soll folgendes Notenschema gelten:

Punkte	Note
>=90	1
>=80	2
>=60	3
>=50	4
>=20	5
>=0	6

Die Formel, die wir nun brauchen, entspricht vom Aufbau her dem, was wir bisher besprochen hatten. Wir brauchen nun aber wesentlich mehr verschachtelte *WENN*-Funktionen.

Eine Lösung des Problems sehen Sie in der folgenden Abbildung:

	I2	▾	*fx*	=WENN(H2>=90;1;WENN(H2>=80;2;WENN(H2>=60;3;WENN(H2>=50;4;WENN(H2>=20;5;6)))))					

	A	B	C	D	E	F	G	H	I	J
1	Vorname	Nachname	Aufgabe 1	Aufgabe 2	Aufgabe 3	Aufgabe 4	Aufgabe 5	Gesamt	Note	
2	Lena	Adams	13	19	20	20	20	92	1	
3	Sylvia	Ehrmann	12	8	7	3	18	48	5	
4	Torben	Emmermann	3	9	18	4	8	42	5	
5	Matthias	Flamme	7	8	2	3	4	24	5	
6	Natascha	Geiger	6	9	16	1	12	44	5	
7	Sascha	Kirchner	8	1	15	8	15	47	5	
8	Andreas	Kleine	7	18	4	1	4	34	5	
9	Uwe	Kuhmann	4	10	20	17	18	69	3	
10	Marcel	Küpper	6	4	13	19	20	62	3	
11	Anna	Meyer	16	19	6	5	11	57	4	
12	Arndt	Milde	16	6	12	15	12	61	3	
13	Olga	Oslowski	13	8	10	3	12	46	5	
14	Daniel	Reiter	2	9	4	5	11	31	5	
15	Svenja	Reuter	11	2	15	3	11	42	5	
16	Lisa	Rosenstengel	20	9	6	2	14	51	4	
17	Holger	Schmidt	12	14	20	19	8	73	3	
18	Petra	Schulze	18	10	4	10	18	60	3	
19	Monika	Toren	3	13	9	8	2	35	5	
20	Marcel	Zeidler	15	10	10	19	9	63	3	
21	Rainer	Zufall	3	4	14	14	2	37	5	
22										

An dieser Stelle bietet es sich an, noch einmal das Thema Notenspiegel kurz anzusprechen. Wenn Sie also noch automatisch einen Notenspiegel haben möchten, können Sie die *ZÄHLENWENN*-Funktion benutzen:

	C26	▾ (ˣ	fx	=ZÄHLENWENN($I$2:$I$21;C25)				
	A	B	C	D	E	F	G	H	I
16	Lisa	Rosenstengel	20	9	6	2	14	51	4
17	Holger	Schmidt	12	14	20	19	8	73	3
18	Petra	Schulze	18	10	4	10	18	60	3
19	Monika	Toren	3	13	9	8	2	35	5
20	Marcel	Zeidler	15	10	10	19	9	63	3
21	Rainer	Zufall	3	4	14	14	2	37	5
22									
23									
24									
25		Note	1	2	3	4	5	6	
26		Anzahl	1	0	6	2	11	0	

Mehrere Bedingungen – UND/ODER

Die Jugendgruppe des Sportvereins geht für eine Woche ins Trainingslager. Ihre Aufgabe ist es, die Jugendlichen, Jungen und Mädchen im Alter von 7 bis 16 Jahren, auf die vier Häuser des Trainingslagers aufzuteilen. Die Mädchen sollen in die Häuser 1 und 2, die Jungen in 3 und 4. Natürlich möchten Sie auch, dass ähnlich alte Kinder im selben Haus untergebracht werden, also beispielsweise sollen die Mädchen unter 10 Jahre in Haus 1, die Mädchen über 10 Jahre in Haus 2 untergebracht werden, die Jungen entsprechend in den beiden anderen Häusern.

Ihre Tabelle könnte so aussehen:

	A	B	C	D
1	Name	Vorname	Geschlecht	Geburtstag
2				
3	Adams	Lena	w	13.02.2000
4	Ehrmann	Sylvia	w	05.01.1994
5	Emmermann	Torben	m	27.07.1994
6	Flamme	Matthias	m	16.01.1995
7	Geiger	Natascha	w	02.12.1996
8	Kirchner	Sascha	m	30.10.2001
9	Kleine	Andreas	m	21.11.1995
10	Kuhmann	Uwe	m	08.08.2001
11	Küpper	Marcel	m	23.09.1995
12	Meyer	Anna	w	01.10.1994
13	Milde	Arndt	m	02.06.2001
14	Oslowski	Olga	w	19.07.1994
15	Reiter	Daniel	m	09.04.2002
16	Reuter	Svenja	w	11.05.2002
17	Rosenstengel	Lisa	w	26.02.2001
18	Schmidt	Holger	m	01.08.1994
19	Schulze	Petra	w	31.01.2000
20	Toren	Monika	w	16.12.1995
21	Zeidler	Marcel	m	28.04.2001
22	Zufall	Rainer	m	04.12.1995

Das Geschlecht der Kinder wurde in Spalte C als *w* (= weiblich) und *m* (= männlich) eingetragen.

Stichtag für das Alter ist der 01.01. 2010. Welches Mädchen also am 01.01.2010 jünger oder gleich 10 Jahre alt ist, wird in Haus 1 untergebracht. Mädchen über 10 Jahre kommen in Haus 2.

Das Alter für das erste Kind in der Zelle E3 auszurechnen, sollte klar sein:

▪ `=2010-Jahr(D3)`

Damit wissen Sie nun das Alter. Nun muss Excel dieses Alter noch in Bezug zum Geschlecht setzen. Damit ein Kind einem Haus zugeordnet werden kann, müssen also zwei Bedingungen gültig sein, das Alter und das Geschlecht.

Wir bräuchten die *WENN*-Funktion also mit zwei Bedingungen:

▪ `=WENN(E3<=10;C3="w"; Dann_Zweig;Sonst_Zweig)`

Diese *WENN*-Funktion fragt, ob die Zelle E3 kleiner oder gleich 10 ist, und möchte nun noch fragen, ob in der Zelle C3 ein *w* enthalten ist. Da *w* ein Text ist, muss das „*w*" in Anführungszeichen gesetzt werden.

Aber diese *WENN*-Syntax wird Excel nicht akzeptieren, denn Sie müssen Excel noch mitteilen, ob beide Bedingungen zutreffen müssen, damit Excel in den *Dann-Zweig* geht, oder ob eine dieser beiden Bedingungen genügt, um den *Dann_Zweig* abzuarbeiten. In unserem Fall müssen beide Bedingungen zutreffen, es muss sich um ein Mädchen handeln und dieses darf höchstens 10 Jahre alt sein. Müssen beide Bedingungen zutreffen, so gibt es dafür den Operator *UND*.

Die richtige Formel ist also:

▪ `=WENN(UND(E3<=10;C3="w"); Dann_Zweig;Sonst_Zweig)`

Dabei wird der Operator *UND* vor die beiden Bedingungen geschrieben und die beiden Bedingungen werden durch eine Klammer umschlossen.

Wenn also beide Bedingungen zutreffen, so wird das Kind in Haus 1 untergebracht, im *Dann_Zweig* steht also eine *1*:

▪ `=WENN(UND(E3<=10;C3="w");1;Sonst_Zweig)`

Treffen beide Bedingungen nicht zu, so müssen Sie im *Sonst-Zweig* mit einer weiteren *WENN-UND*-Funktion die Mädchen über 10 Jahre abfragen, die dann ins Haus 2 kommen.

```
=WENN(UND(E3<=10;C3="w");1;WENN(UND(E3>10;C3="w");2;Sonst_Zweig))
```

Treffen nun auch im zweiten *WENN* beide Bedingungen nicht zu, kann es sich nur um einen Jungen handeln und Sie müssen im *Sonst_Zweig* mit einem weiteren *WENN* nur das Alter abfragen.

Die gesamte Formel sehen Sie in der Abbildung:

	F3	▼	*fx*	=WENN(UND(E3<=10;C3="w");1;WENN(UND(E3>10;C3="w");2;WENN(E3<=10;3;4)))				
	A	B	C	D	E	F	G	H	I
1	Name	Vorname	Geschlecht	Geburtstag	Alter	Haus			
2									
3	Adams	Lena	w	13.02.2000	10	1			
4	Ehrmann	Sylvia	w	05.01.1994	16	2			
5	Emmermann	Torben	m	27.07.1994	16	4			
6	Flamme	Matthias	m	16.01.1995	15	4			
7	Geiger	Natascha	w	02.12.1996	14	2			
8	Kirchner	Sascha	m	30.10.2001	9	3			
9	Kleine	Andreas	m	21.11.1995	15	4			
10	Kuhmann	Uwe	m	08.08.2001	9	3			
11	Küpper	Marcel	m	23.09.1995	15	4			
12	Meyer	Anna	w	01.10.1994	16	2			
13	Milde	Arndt	m	02.06.2001	9	3			
14	Oslowski	Olga	w	19.07.1994	16	2			
15	Reiter	Daniel	m	09.04.2002	8	3			
16	Reuter	Svenja	w	11.05.2002	8	1			
17	Rosenstengel	Lisa	w	26.02.2001	9	1			
18	Schmidt	Holger	m	01.08.1994	16	4			
19	Schulze	Petra	w	31.01.2000	10	1			
20	Toren	Monika	w	16.12.1995	15	2			
21	Zeidler	Marcel	m	28.04.2001	9	3			
22	Zufall	Rainer	m	04.12.1995	15	4			
23									

Der Rest in ein schlichtes Kopieren nach unten.

Natürlich gibt es nicht nur den *UND*-, sondern auch einen *ODER*-Operator. Die Syntax des *ODER*-Operators ist aber ganz identisch. Der Unterschied ist nur, dass bei *ODER* nur eine der Bedingungen zutreffen muss, um den *Dann_Zweig* abzuarbeiten.

Natürlich sind Sie bei den *UND*- und *ODER*-Operatoren nicht nur auf zwei Bedingungen beschränkt:

```
UND(Bedingung_1;Bedingung_2 ... ;Bedingung_n)
```

Die einzelnen Bedingungen müssen Sie nur durch Semikola trennen und mit einer Klammer umschließen, bei der der Operator davor gesetzt wird.

Häufigkeitsverteilungen mit einer Bedingung

Nehmen wir einmal an, Sie haben drei Messgeräte. In einer bestimmten Zeit wurden auf allen drei Geräten Messungen durchgeführt und in einer Excel-Tabelle gespeichert. Für eine bestimmte Auswertung brauchen Sie die Häufigkeitsverteilung aber nur von einem der Messgeräte, sagen wir von Gerät 3.

	A	B
1	Messgerät	Messwert
2	1	2
3	2	4
4	3	6
5	1	7
6	2	7
7	3	8
8	1	1
9	2	6
10	3	6
11	1	8
12	2	3
13	3	5
14	1	2
15	2	2
16	3	7
17	1	1
18	2	2
19	3	4

Wie Sie schnell feststellen werden, funktioniert eine Formel im Sinne von

- =Wenn(Häufigkeit)

nicht. Aber andersherum geht es:

- =Häufigkeit(Wenn)

Schauen wir es uns einmal konkret an.

Erweitern Sie Ihre Tabelle durch die von Ihnen gewünschten Klassen. In der Abbildung stehen diese Klassen in der Spalte D. Die Messgeräte liefern nur Werte zwischen 1 und 9 und deshalb haben wir auch diese Klassen.

E2			f_x	{=HÄUFIGKEIT(WENN(A2:A19=3;B2:B19);D2:D10)}		
	A	B	C	D	E	F	G
1	Messgerät	Messwert		Klasse	Verteilung		
2	1	2		1	0		
3	2	4		2	0		
4	3	6		3	0		
5	1	7		4	1		
6	2	7		5	1		
7	3	8		6	2		
8	1	1		7	1		
9	2	6		8	1		
10	3	6		9	0		
11	1	8					
12	2	3					
13	3	5					
14	1	2					
15	2	2					
16	3	7					
17	1	1					
18	2	2					
19	3	4					

Die Formel für die Häufigkeitsverteilung mit einer Bedingung sehen Sie in der Bearbeitungszeile der Abbildung. Vergessen Sie nicht, die Formel mit [Umschalt]+[Strg]+[Enter] zu beenden, denn Sie wissen inzwischen, dass die Funktion *HÄUFIGKEIT* eine Matrixformel ist.

Das Ergebnis besagt nun, dass beispielsweise der Messwert 6 (Klasse) am Messgerät 3 insgesamt zweimal gemessen wurde.

Mehr über das Thema Häufigkeit lesen im Abschnitt über statistische Funktionen.

Wie kann man aus sehr vielen Messwerten nur jeden n-ten heraussuchen lassen?

Sie haben also ein Messgerät, das Ihnen in einer bestimmten Zeit sagen wir 10.000 Messwerte in eine Excel-Tabelle einträgt.

Für die Auswertung dieser Messergebnisse brauchen Sie aber nur jedes 200ste Ergebnis, die anderen sollen gar nicht berücksichtigt werden.

Für dieses Problem gibt es zwei Lösungen. Die eine: Sie programmieren sich ein kleines Makro, das Ihnen jeden 200sten Wert aus der Tabelle herauskopiert. Aber da wir uns in diesem Buch nicht mit der Makroprogrammierung auseinandersetzen wollen, möchten wir Ihnen die zweite Lösung vorschlagen.

Dazu brauchen wir eine weitere Funktion: *INDIREKT*. Sie hat allgemein folgende Syntax:

```
=INDIREKT(Zell_Verweis;Bezug)
```

Die *INDIREKT*-Funktion ist in der Lage, in einer langen Liste von Werten einen bestimmten zu finden und in die Zelle zu schreiben, in der die Funktion steht. *Zell_Verweis* gibt darin an, aus welcher Zelle Excel den Wert holen soll, und *Bezug* gibt an, in welcher Form der *Zell_Verweis* vorliegt. Alles klar?

Am besten ist es, wir schauen uns das Ganze erst einmal an einem einfacheren Beispiel an.

	C1		▾	f_x	=INDIREKT("A3";WAHR)	
	A	B	C	D	E	
1	2		6			
2	4					
3	6					

In Spalte A der Abbildung stehen Messwerte und Sie möchten den Messwert in der Zelle A3 in Spalte C1 haben. Natürlich wäre das am einfachsten zu lösen, indem Sie in Zelle C1 die Formel =A3 eintippen und bestätigen. Aber da die *INDIREKT*-Funktion noch einiges mehr zu bieten hat, nehmen wir diese Funktion, um das Problem zu lösen. Sie sollen schließlich die Wirkung der Funktion kennenlernen, um sie für große Projekte einsetzen zu können.

In der Abbildung sehen Sie die Formel. Wichtig ist an dieser Stelle, dass bei der *INDIREKT*-Funktion die Zelladresse in Anführungszeichen stehen muss.

Nun aber zum ominösen *Bezug*-Teil der Formel. In der Abbildung steht das Wort *WAHR*.

Bezug kann nur die beiden Werte *WAHR* oder *FALSCH* annehmen. Steht *WAHR* in der Formel, erwartet Excel die Zelladresse in der Form A1. In Excel gibt es nämlich auch die Möglichkeit, Zelladressen in einer anderen Schreibweise einzugeben, nämlich als Zeilen- und Spaltennummer. Die Zelle A1 würde in dieser anderen Schreibweise dann Z1S1 lauten, was so viel bedeutet wie: Zeile 1, Spalte 1. B3 wäre in dieser Schreibweise Z3S2. Es wird also immer zuerst die Nummer der Zeile genannt, dann die Nummer der Spalte.

In der Zelle C2 der Abbildung wurde einmal diese Schreibweise benutzt, um auf die Zelle A3 Bezug zu nehmen:

	A	B	C
1	2		=INDIREKT("A3";WAHR)
2	4		=INDIREKT("Z3S1";FALSCH)
3	6		
4	7		

WAHR im Bereich *Bezug* heißt also, dass die Zelladresse in der Funktion in der Form A1 angegeben ist, *FALSCH* bedeutet, die Zelladresse ist in der Schreibweise Z1S1 angegeben. Lassen Sie *Bezug* weg, so nimmt Excel automatisch an, es würde dort *WAHR* stehen.

Wenden wir uns jetzt wieder den 10.000 Messwerten zu. Wir zeigen Ihnen davon aber nur die ersten 20 in der Abbildung. Von diesen Messwerten möchten Sie nur jedes zweite Messergebnis in Ihrer Auswertung haben. Wie aber kann Ihnen Excel nun jedes zweite Messergebnis in andere Zellen kopieren?

Die *INDIREKT*-Funktion macht's möglich, in Tateinheit mit der Z1S1- Schreibweise.

	A
1	2
2	4
3	6
4	7
5	9
6	8
7	1
8	6
9	7
10	8
11	3
12	5
13	2
14	1
15	7
16	1
17	2
18	4
19	7
20	6

Schauen Sie sich zunächst die folgende Abbildung an. In Spalte A stehen wieder die Messwerte, in Spalte B die benötigte *INDIREKT*-Funktion.

B1			f_x	=INDIREKT("Z"&ZEILE(A1)*2+ZEILE($A$2)-2&"S"&SPALTE($A$2);FALSCH)					
	A	B	C	D	E	F	G	H	I
1	2	4							
2	4	7							
3	6	8							

Die Funktion sieht fürchterlich aus.

```
=INDIREKT("Z"&ZEILE(A1)*2+ZEILE($A$2)-2&"S"&SPALTE($A$2);FALSCH)
```

Aber im Grunde ist es gar nicht mal so schlimm. *"Z"&ZEILE(A1)* heißt nichts anderes als Z1, denn *ZEILE(A1)* gibt die Zeilennummer der Zelle A1 aus.

"S"&SPALTE($A$2) ergibt die Nummer der Spalte.

385

Da Sie nur jeden zweiten Messwert haben wollen, kopieren Sie sich die Formel zehnmal nach unten:

B1		f_x	=INDIREKT("Z"&ZEILE(A1)*2+ZEILE($A$2)-2&"S"&SPALTE($A$2);FALSCH)						
	A	B	C	D	E	F	G	H	I
1	2	4							
2	4	7							
3	6	8							
4	7	6							
5	9	8							
6	8	5							
7	1	1							
8	6	1							
9	7	4							
10	8	6							
11	3								
12	5								
13	2								
14	1								
15	7								
16	1								
17	2								
18	4								
19	7								
20	6								

Und schon holt Excel aus den Messwerten der Spalte A nur jeden zweiten Wert. Zur besseren Überprüfung haben wir in der Abbildung jeden zweiten Wert in Spalte A grau unterlegt. Das macht Excel natürlich nicht von selbst.

Wie ist das aber nun, wenn aus den 10.000 Messwerten nur jeder 100ste gebraucht wird? Die Formel ist annähernd die gleiche:

▪ `=INDIREKT("Z"&ZEILE(A1)*n+ZEILE($A$2)-2&"S"&SPALTE($A$2);FALSCH)`

n gibt in der Formel an, die wievielten Messwerte ausgegeben werden sollen. Wenn Sie also jeden 100sten haben wollen, so ist *n = 100*.

Rechnen mit Uhrzeiten – Teil 2

Sie wissen aus dem früheren Abschnitt über Uhrzeiten, dass Sie Uhrzeiten problemlos addieren und subtrahieren können. Sie erinnern sich sicher an folgende Abbildung:

D2		f_x	=C2-B2	

	A	B	C	D	E
1	Datum	Beginn	Ende	Arbeitszeit	
2	28.10.2009	08:30	17:00	08:30	
3	29.10.2009	08:00	13:00	05:00	
4	30.10.2009	07:00	15:45	08:45	
5	14.11.2009	09:30	14:00	04:30	
6	15.11.2009	10:00	16:00	06:00	
7	16.11.2009	08:15	17:00	08:45	
8	30.11.2009	09:00	15:00	06:00	
9	01.12.2009	14:00	16:00	02:00	
10	02.12.2009	11:00	17:00	06:00	

Sie hatten da bei Ihrem Onkel im Weinberg bei der Weinlese geholfen. In Spalte D wurden einfach die Werte in Spalte C von den Werten in Spalte B subtrahiert. In D2 steht also beispielsweise die Formel:

- =C2-B2

Damit kommen Sie aber spätestens dann in Schwierigkeiten, wenn Sie über Mitternacht hinaus im Weinberg die Trauben abgeschnitten haben. Sehen Sie sich dazu folgende Abbildung an:

D3		f_x	=C3-B3	

	A	B	C	D
1	Datum	Beginn	Ende	Arbeitszeit
2	28.10.2009	08:30	17:00	08:30
3	29.10.2009	22:00	06:00	###########
4				

Obwohl in der Zelle D3 die richtige Formel steht, erhalten Sie nur die „Gartenzäune". Das liegt daran, dass Sie um 22 Uhr Ihre Traubenernte begonnen und erst um 6 Uhr früh aufgehört haben. 6 ist aber kleiner als 23 und so käme Excel bei einer normalen Zahl auf einen negativen Wert. Aber was passiert bei Uhrzeiten? Haben Sie schon einmal negative Uhrzeiten erlebt? Hat es bei Ihnen schon einmal −17 Uhr geschlagen? Da es offensichtlich keine negativen Uhrzeiten geben kann, „rastet Excel völlig aus".

Es gibt mehrere Möglichkeiten, dieses Problem zu lösen. So könnten Sie mit der Funktion *ABS* Excel veranlassen, alles nur positiv zu sehen, Ihnen also nur positive Werte auszugeben.

D3	▾		f_x	=ABS(C3-B3)	
	A	B	C	D	E
1	Datum	Beginn	Ende	Arbeitszeit	
2	28.10.2009	08:30	17:00	08:30	
3	29.10.2009	22:00	06:00	16:00	
4					

Das neue Problem, das hierbei jedoch entsteht, sehen Sie in der Abbildung. Zwar rechnet Excel jetzt endlich, aber anscheinend völlig falsch. Die Differenz zwischen der Zahl 22 und der Zahl 6 ist halt 16. Und nur das zählt für Excel. Dass Sie das Ganze als Stundenangabe und nicht als Uhrzeit haben wollen, interessiert Excel an dieser Stelle nicht.

Die mit Abstand beste Möglichkeit besteht darin, in die Zellen zusätzlich zur Uhrzeit auch noch das Datum einzugeben. Dann rechnet Excel sauber und problemlos:

C2	▾		f_x	=B2-A2	
	A	B	C	D
1	Beginn	Ende	Arbeitszeit	
2	28.10.2009 08:30	28.10.2009 17:00	08:30	
3	28.10.2009 22:00	29.10.2009 06:00	08:00	
4				

Aber es gibt noch eine andere Lösung. Eine Lösung, die nur selten in der Literatur zu finden ist. Sie können die Subtraktion mit logischen Operatoren durchführen. Schauen Sie sich dazu folgende Abbildung an:

D2	▾		f_x	=C2-B2+(C2<B2)	
	A	B	C	D	E
1	Datum	Beginn	Ende	Arbeitszeit	
2	28.10.2009	08:30	17:00	08:30	
3	29.10.2009	22:00	06:00	08:00	
4					

Was macht Excel hier? Um auch Zeiten zu berücksichtigen, die über Mitternacht hinausgehen, geben Sie die Formeln der Subtraktion nach folgendem Prinzip ein:

■ =C2-B2+(C2<B2)

Hier ziehen Sie nicht nur die Anfangszeit von der Endzeit ab, sondern Sie prüfen auch, ob die Endzeit kleiner als die Anfangszeit ist. Sollte das der Fall sein, so addiert Excel den logischen Wert *WAHR*, was dem mathematischen Wert *1* entspricht. Gleichzeitig „weiß" Excel dadurch aber auch, dass ein neuer Tag angebrochen ist und von B2 bis Mitternacht (= 24 Uhr) gezählt werden soll und danach von 0 bis 6 Uhr.

Abfangen von Falscheingaben

Wenn Sie in eine Zelle etwas Falsches eingeben, so kann das schon sehr unangenehm sein. Besonders wenn Sie es nicht sofort merken. Mit der *WENN*-Funktion können Sie solche Falscheingaben abfangen. Die *WENN*-Funktion hat aber den Nachteil, dass sie damit nur andere Zellen abfragen können und niemals die Zelle, in der Sie einen Wert eintragen.

Doch Excel kennt noch andere Möglichkeiten. Und diese wollen wir uns jetzt anschauen.

Sie möchten auf dem nächsten Wochenmarkt Obst aus eigener Produktion verkaufen. Für die Preisschilder hatten Sie sich schon vor einiger Zeit eine kleine Excel-Tabelle erstellt, in der Sie den Verkaufspreis pro kg (Spalte C), die Mengeneinheiten, in der Sie das Obst verkaufen (Spalte D), und den für diese Einheit gültigen Verkaufspreis (Spalte E) eingetragen haben.

	E2		f_x	=C2*D2	
	A	B	C	D	E	F
1	Obst	Sorte	VK-Preis/kg	VK-Einheit	Preis/Einheit	
2	Äpfel	Sorte 1	2,80 €	3,00 kg	8,40 €	
3		Sorte 2	3,60 €	3,00 kg	10,80 €	
4		Sorte 3	1,20 €	2,00 kg	2,40 €	
5						
6	Birnen	Sorte 1	2,50 €	1,00 kg	2,50 €	
7		Sorte 2	3,20 €	2,50 kg	8,00 €	
8		Sorte 3	4,00 €	3,00 kg	12,00 €	
9						
10	Erbeeren		1,70 €	0,50 kg	0,85 €	
11						

Spalte E lassen Sie sich aus den Spalten C und D errechnen. Sollte Ihnen nicht bekannt sein, wie man *kg* in dieselbe Spalte wie eine Zahl schreiben kann, um mit dieser Zelle weiterrechnen zu können, so lesen Sie den Abschnitt über Formatierungen in diesem Buch.

Wenn Sie nun irgendwann einmal Ihre Preise verändern müssen, wäre es doch höchst unangenehm, wenn Sie aus Versehen z. B. für die Äpfel der

Sorte 1 anstatt vielleicht 3,00 € den Betrag von 30,00 € pro kg eingeben und das erst merken, wenn Sie auf dem Wochenmarkt Ihren Stand aufgebaut haben. Solche Falscheingaben können Sie ganz einfach von Excel abfangen lassen.

1 Klicken Sie in die Zelle, die Sie während der Eingabe überprüfen möchten. Sie können für jede Zelle einzeln festlegen, was eine Falscheingabe ist.

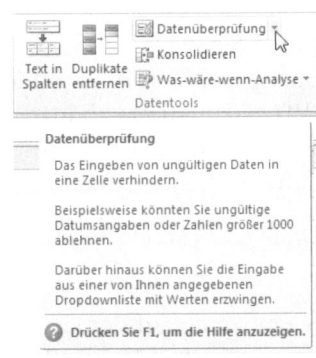

2 Klicken Sie dann in der Registerkarte *Daten* in der Gruppe *Datentools* auf das Dreieck neben *Datenüberprüfung*.

3 Wählen Sie nun *Datenüberprüfung*.

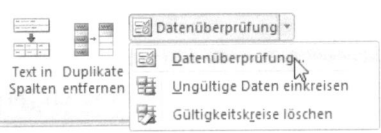

4 Im folgenden Fenster müssen Sie sich zunächst entscheiden, für welche Werte die Eingabedaten überprüft werden sollen. Da in unserem Beispiel auch Dezimalzahlen zugelassen und überprüft werden sollen, wählen Sie hier *Dezimal*.

5 Nun erwartet Excel die Angabe, ob nach größer, kleiner usw. gefragt werden soll. Für unser Beispiel soll der Wert für die Zelle C3 auf jeden Fall kleiner als 4,00 € sein, denn diese Sorte Äpfel werden Sie auch in den nächsten Wochen noch für unter 4,00 € pro kg verkaufen. Also wählen Sie *kleiner als*.

6 Tragen Sie also folgende Werte in die einzelnen Felder ein:

7 Gehen Sie nun auf die Registerkarte *Fehlermeldung*. Hier geben Sie die Meldung ein, die Excel Ihnen zeigen soll, wenn der Wert von 4,00 € überschritten wird.

8 Wenn Sie das alles nun mit *OK* bestätigen, wird Excel jedes Mal, wenn Sie in die Zelle C3 etwas eingeben, überprüfen, ob der Wert kleiner als 4 ist.

Wie Sie sehen, überprüft Excel den Wert und gibt die Meldung aus.

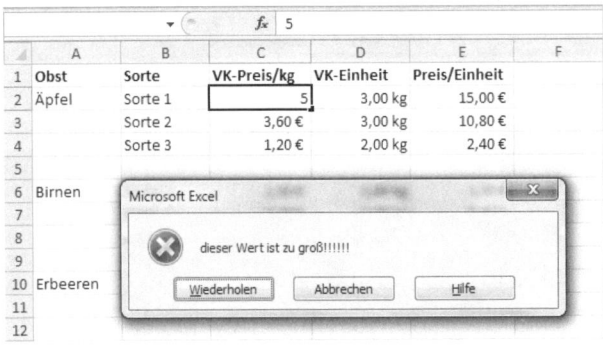

So können Sie nun auch für die anderen Zellen die Eingaben überprüfen lassen.

Wenn Sie sich nachträglich dafür entscheiden, dass nicht nur die Zelle C3, sondern auch C4 immer kleiner als 4 sein soll, so brauchen Sie nur die Zellen C2 bis C4 zu markieren und erneut in das Fenster für die Datenüberprüfung zu gehen. Sie müssen also auch die Zelle markieren, für die Sie eine Datenüberprüfung schon festgelegt haben!

Sie erhalten dann automatisch folgende Frage:

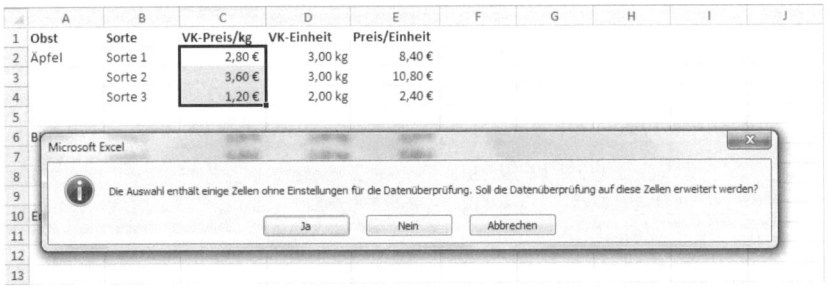

Wenn Excel also die Datenüberprüfungselemente der Zelle C2 auch auf die markierten Zellen C3 bis C4 übertragen soll, so müssen Sie nun nur auf *Ja* klicken. Es erscheint das Fenster des Schritts 7 wieder, das Sie nun nur noch bestätigen müssen.

So können Sie also auch nachträglich eine Datenüberprüfung auf andere Zellen quasi „kopieren".

Wir haben für die entsprechende Meldung einen *Stopp* gewählt, d. h., Excel wird den eingegebenen Wert nicht akzeptieren und erst dann weitermachen, wenn ein richtiger Wert eingetragen wurde. Das ist aber in vielen Fällen vielleicht nicht ganz so glücklich. Vielleicht ist die Ernte doch einmal schlechter ausgefallen, sodass Sie für eine Apfelsorte doch einen Wert größer als 4 brauchen.

In solch einem Fall sollten Sie keinen *Stopp*, sondern nur *Warnung* wählen.

Excel wird Ihnen in diesem Fall zwar auch eine Meldung ausgeben, diese können Sie aber durch einen Klick auf *Ja* übergehen, sodass doch der „falsche" Wert genommen wird.

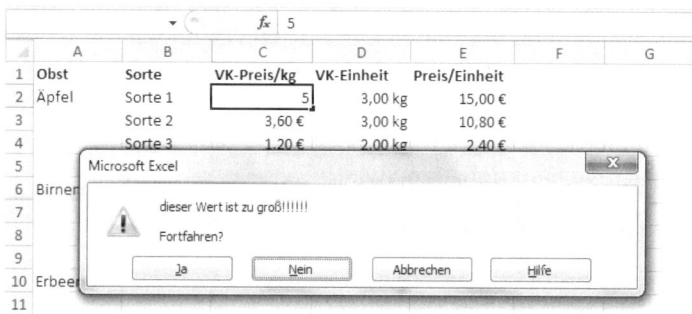

Wir suchen in Tabellen – die VERWEIS-Funktionen

Mit diesen Funktionen bietet Excel Ihnen die Möglichkeit, bestimmte Werte in einer Tabelle zu suchen und korrespondierende Werte dazu auszugeben. So könnten Sie beispielsweise eine bestimmte Produktnummer suchen und Excel liefert Ihnen automatisch dazu den Produktnamen und den Preis. Mit diesen Funktionen ist beispielsweise die Erstellung von Rechnungen sehr einfach.

Suchen nach Nummern – die SVERWEIS-Funktion

Bleiben wir als Beispiel bei Ihrem Obstverkauf. Da Sie durch den Verkauf nur auf dem Wochenmarkt nicht überleben können, verkaufen Sie das Obst auch an Händler der Gegend. Diese erwarten aber eine ordentliche Rechnung.

	A	B	C	D	E
1	Nummer	Obst	VK-Preis/kg	VK-Einheit	Preis/Einheit
2	1	Äpfel, Sorte 1	2,80 €	3,00 kg	8,40 €
3	2	Äpfel, Sorte 2	3,60 €	3,00 kg	10,80 €
4	3	Äpfel, Sorte 3	1,20 €	2,00 kg	2,40 €
5	4	Birnen, Sorte 1	2,50 €	1,00 kg	2,50 €
6	5	Birnen, Sorte 2	3,20 €	2,50 kg	8,00 €
7	6	Birnen, Sorte 3	4,00 €	3,00 kg	12,00 €
8	7	Erbeeren	1,70 €	0,50 kg	0,85 €

Sie möchten nun in eine Zelle Ihrer Excel-Tabelle nur die Nummer der Obstsorte eingeben und Excel soll automatisch den Sortennamen und den VK-Preis pro kg in eine andere Zelle schreiben.

Man könnte zur Lösung dieses Problems durchaus mit der *WENN*-Funktion arbeiten. Ein paar Verschachtelungen und die Sache wäre erledigt. Was aber, wenn Sie mehr als nur sieben Obstsorten vertreiben, zusätzlich noch verschiedene Gemüse und vielleicht auch noch Kräuter? Da Sie nur sieben *WENN*-Funktionen ineinander verschachteln können, wären Sie hier schnell am Ende. Und deshalb kennt Excel für solche Zwecke eine weitere, sehr mächtige Funktion, den *SVERWEIS*.

Die allgemeine Syntax der Funktion ist:

- `=SVERWEIS(Suchbegriff;Suchbereich;Spaltenindex)`

Der *Suchbegriff* ist das, was Excel suchen soll. In unserem Fall wäre das die Produktnummer.

Der *Suchbereich* gibt an, wo Excel diese Nummer suchen soll, denn mit dieser Funktion ist Excel leider nicht in der Lage, sämtliche Tabellen einer Arbeitsmappe zu durchsuchen. Man muss Excel also schon einen ungefähren Hinweis geben, wo gesucht werden soll. In unserem Beispiel wäre der Suchbereich die Zellen A2 bis E8, also die gesamte Tabelle.

Der *Spaltenindex* gibt nun die Spalte an, die Excel ausgeben soll, wenn der *Suchbegriff* gefunden wurde.

Das Ganze hört sich wieder ganz kompliziert an, ist aber eigentlich recht einfach. Schauen wir es uns wieder konkret an.

Damit nicht gleich eine Fehlermeldung erscheint, wenn Sie die Formel eintippen, schreiben Sie zunächst in die Zelle A11 eine beliebige Produktnummer zwischen 1 und 7 hinein. In der Zelle B11 soll uns Excel nun mit der *SVERWEIS*-Funktion den Namen der Obstsorte ausgeben.

Da das Ergebnis in B11 stehen soll, müssen Sie die Funktion auch in diese Zelle schreiben.

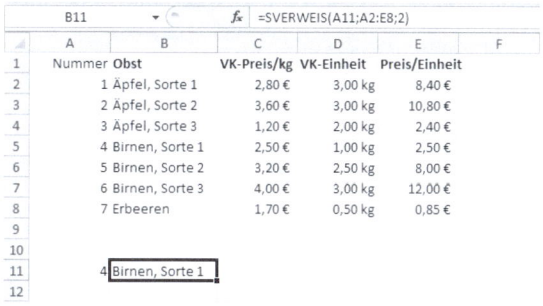

Als Erstes verlangt die Funktion die Adresse, wo der *Suchbegriff* zu finden ist. In unserem Fall ist das die Zelle A11, denn dort haben Sie die Produktnummer der Obstsorte eingetragen.

Die nächste benötigte Angabe ist der Suchbereich, also der Bereich, den Excel nach der Nummer der Obstsorte durchsuchen soll. In unserem Beispiel ist das der Bereich von A2 bis E8.

Die dritte Angabe ist der *Spaltenindex*. Wenn also Excel den Suchbegriff (im Beispiel die Zahl 4) gefunden hat, bleibt Excel in der entsprechenden Spalte stehen und soll nun den Inhalt der Zelle rechts daneben, also die Obstsorte, ausgeben. Leider kann Excel aber mit einem B für den *Spaltenindex* nichts anfangen. Excel erwartet im dritten Bereich den Index der Spalte.

Das klingt dramatischer, als es ist. Die Spalte A ist die erste Spalte im Suchbereich, also hat sie den Index 1. Entsprechend hat die Spalte B den Index 2, Spalte C den Index 3 etc.

Für den *Spaltenindex* schreiben Sie also kein *B*, sondern eine schlichte *2*. Schreiben Sie also in B11 die Formel in der Abbildung hinein und bestätigen Sie sie.

Sie können die Formel einfach per Tastatur in die Zelle schreiben oder den Assistenten benutzen. Wählen Sie dazu in der Registerkarte *Start* die Gruppe *Bearbeiten*. Dort klicken Sie auf das kleine Dreieck neben und wählen *Weitere Funktionen*. Wählen Sie in *Kategorie* den Eintrag *Matrix* an, dort finden Sie die *SVERWEIS*-Funktion:

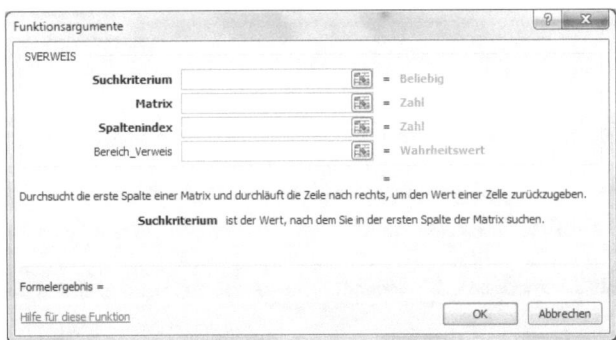

Dass, was Microsoft in diesem Assistenten *Matrix* nennt, haben wir *Suchbereich* getauft, ein, wie uns scheint, treffenderes Wort. Den *Bereich_Verweis* werden wir etwas später besprechen, deshalb lassen Sie, wenn Sie den Assistenten benutzen, diese Eingabe zunächst frei.

Die fett gedruckten Elemente sind, wie immer beim Assistenten, Pflichtfelder, müssen also ausgefüllt werden, alles andere ist optional und kann leer bleiben.

Worauf bezieht sich der Spaltenindex?

Dieser Index bezieht sich, wie das Wort sagt, auf bestimmte Spalten, und zwar nur auf die Spalten des zu durchsuchenden Bereichs. Nehmen wir an, Sie hätten folgende Tabellenstruktur:

	A	B	C	D	E	F	G	H	I
1									
2									
3									
4									
5									
6									
7									
8									
9				Nummer	Obst	VK-Preis/kg	VK-Einheit	Preis/Einheit	
10				1	Äpfel, Sorte 1	2,80 €	3,00 kg	8,40 €	
11				2	Äpfel, Sorte 2	3,60 €	3,00 kg	10,80 €	
12				3	Äpfel, Sorte 3	1,20 €	2,00 kg	2,40 €	
13				4	Birnen, Sorte	2,50 €	1,00 kg	2,50 €	
14				5	Birnen, Sorte	3,20 €	2,50 kg	8,00 €	
15				6	Birnen, Sorte	4,00 €	3,00 kg	12,00 €	
16				7	Erbeeren	1,70 €	0,50 kg	0,85 €	
17									

Welchen Spaltenindex im *SVERWEIS* hat nun die Spalte F?

Nicht 6! Der Index ist 3, denn es zählt nur der zu durchsuchende Bereich, nicht das gesamte Tabellenblatt. Und der zu durchsuchende Bereich sind die Zellen D9 bis H16.

Um sich jetzt auch noch den VK-Preis/kg der jeweiligen Obstsorte ausgeben zu lassen, brauchen Sie einen weiteren *SVERWEIS*, diesmal in Zelle C11. Bei diesem *SVER-WEIS* muss lediglich der Spaltenindex geändert werden.

C11		f_x	=SVERWEIS(A11;A2:E8;3)	
	A	B	C	D	E
1	Nummer	Obst	VK-Preis/kg	VK-Einheit	Preis/Einheit
2	1	Äpfel, Sorte 1	2,80 €	3,00 kg	8,40 €
3	2	Äpfel, Sorte 2	3,60 €	3,00 kg	10,80 €
4	3	Äpfel, Sorte 3	1,20 €	2,00 kg	2,40 €
5	4	Birnen, Sorte 1	2,50 €	1,00 kg	2,50 €
6	5	Birnen, Sorte 2	3,20 €	2,50 kg	8,00 €
7	6	Birnen, Sorte 3	4,00 €	3,00 kg	12,00 €
8	7	Erbeeren	1,70 €	0,50 kg	0,85 €
9					
10					
11	4	Birnen, Sorte 1	2,50 €		
12					

Geben Sie nun in die Zellen A12 und A13 noch weitere Suchbegriffe zwischen 1 und 7 ein.

Wenn Sie jetzt, vielleicht für eine Rechnung, diese Formeln nach unten kopieren, könnte Folgendes geschehen:

C12		f_x	=SVERWEIS(A12;A3:E9;3)			
	A	B	C	D	E	F	G
1	Nummer	Obst	VK-Preis/kg	VK-Einheit	Preis/Einheit		
2	1	Äpfel, Sorte 1	2,80 €	3,00 kg	8,40 €		
3	2	Äpfel, Sorte 2	3,60 €	3,00 kg	10,80 €		
4	3	Äpfel, Sorte 3	1,20 €	2,00 kg	2,40 €		
5	4	Birnen, Sorte 1	2,50 €	1,00 kg	2,50 €		
6	5	Birnen, Sorte 2	3,20 €	2,50 kg	8,00 €		
7	6	Birnen, Sorte 3	4,00 €	3,00 kg	12,00 €		
8	7	Erbeeren	1,70 €	0,50 kg	0,85 €		
9							
10							
11	4	Birnen, Sorte 1	2,50 €				
12	1	#NV		#NV			
13	2	#NV		#NV			
14				Ein Wert ist für die Formel oder Funktion nicht verfügbar.			

Was ist passiert? Schauen Sie einmal in die Bearbeitungszeile. Dort ist der *Suchbereich* plötzlich *A3:E9*, was natürlich nicht stimmt. Der Bereich muss von A2 bis E8 gehen. Excel hat hier also wieder beim Kopieren eigenmächtig die Zelladressen geändert. Da aber der zu durchsuchende Bereich in unserem Beispiel immer A2 bis E8 ist, muss dieser Bereich also als absolute Zelladressen eingegeben werden.

B11		f_x	=SVERWEIS(A11;$A$2:$E$8;2)			
	A	B	C	D	E	F
1	Nummer	Obst	VK-Preis/kg	VK-Einheit	Preis/Einheit	
2	1	Äpfel, Sorte 1	2,80 €	3,00 kg	8,40 €	
3	2	Äpfel, Sorte 2	3,60 €	3,00 kg	10,80 €	
4	3	Äpfel, Sorte 3	1,20 €	2,00 kg	2,40 €	
5	4	Birnen, Sorte 1	2,50 €	1,00 kg	2,50 €	
6	5	Birnen, Sorte 2	3,20 €	2,50 kg	8,00 €	
7	6	Birnen, Sorte 3	4,00 €	3,00 kg	12,00 €	
8	7	Erbeeren	1,70 €	0,50 kg	0,85 €	
9						
10						
11	4	Birnen, Sorte 1	2,50 €			
12	1	Äpfel, Sorte 1	2,80 €			
13	2	Äpfel, Sorte 2	3,60 €			
14						

Nun ist es an der Zeit, sich einmal zu fragen, was der *SVERWEIS* eigentlich wirklich macht? Er sucht, das ist klar. Er sucht in einem Bereich? Das stimmt nicht ganz. Obwohl Sie einen Bereich angegeben haben, sucht Excel nicht den ganzen Bereich ab, sondern nur die erste Spalte. Der

SVERWEIS sucht also in der ersten Spalte des zu durchsuchenden Bereichs nach unten. Und zwar nur in der ersten Spalte. Findet Excel den Suchbegriff hier nicht, wird nicht in den anderen Spalten weitergesucht.

Was aber passiert, wenn der Suchbegriff dort nicht gefunden wird? Probieren Sie es aus! Geben Sie einfach in die Zelle A13 eine andere Nummer außerhalb des Bereichs 1 bis 7 ein.

	A	B	C	D	E
1	Nummer	Obst	VK-Preis/kg	VK-Einheit	Preis/Einheit
2	1	Äpfel, Sorte 1	2,80 €	3,00 kg	8,40 €
3	2	Äpfel, Sorte 2	3,60 €	3,00 kg	10,80 €
4	3	Äpfel, Sorte 3	1,20 €	2,00 kg	2,40 €
5	4	Birnen, Sorte 1	2,50 €	1,00 kg	2,50 €
6	5	Birnen, Sorte 2	3,20 €	2,50 kg	8,00 €
7	6	Birnen, Sorte 3	4,00 €	3,00 kg	12,00 €
8	7	Erbeeren	1,70 €	0,50 kg	0,85 €
9					
10					
11	55	Erbeeren	1,70 €		
12	69	Erbeeren	1,70 €		
13	6868	Erbeeren	1,70 €		

Gleichgültig, welche Zahl >7 Sie in A11 bis A13 eingeben, Sie erhalten immer die Erdbeeren und den entsprechenden Preis dafür. Excel wird nämlich, wenn der exakte Suchbegriff nicht gefunden wird, den zu diesem Suchbegriff nächstniedrigeren Wert nehmen. Und da 55 im Suchbereich nicht vorkommt, wird Excel den im Suchbereich zu 55 niedrigsten Wert, nämlich 7, nehmen.

Diese Vorgehensweise ist für unser Beispiel also schlecht. Sie werden später aber ein Beispiel kennenlernen, wo das durchaus erwünscht ist.

Gibt es eine Möglichkeit, zu verhindern, dass Excel den nächstniedrigeren Wert nimmt? Ja! Dazu taugt der vierte Bereich in der allgemeinen Syntax, jener Bereich, den wir bisher weggelassen haben:

```
=SVERWEIS(Suchbegriff;Suchbereich;Spaltenindex;Bereich_Verweis)
```

Der Bereich_Verweis ist auch ein recht unglücklich gewähltes Wort, denn der Bereich kann nur zwei Zustände annehmen: WAHR oder FALSCH. Lassen Sie den Bereich_Verweis leer, was ja möglich ist, geht Excel davon aus, dass hier eigentlich WAHR steht. Und WAHR heißt für Excel: Wenn der Begriff nicht gefunden wird, nimm den nächstniedrigeren Wert.

Schreiben Sie aber *FALSCH* hinein, sucht Excel nach dem exakten Begriff. Wenn dieser nicht gefunden wird, meldet Excel *#NV*, was so viel heißt wie: Der Begriff ist nicht vorhanden.

B11		f_x	=SVERWEIS(A11;$A$2:$E$8;2;FALSCH)		
	A	B	C	D	E	F
1	Nummer	Obst	VK-Preis/kg	VK-Einheit	Preis/Einheit	
2	1	Äpfel, Sorte 1	2,80 €	3,00 kg	8,40 €	
3	2	Äpfel, Sorte 2	3,60 €	3,00 kg	10,80 €	
4	3	Äpfel, Sorte 3	1,20 €	2,00 kg	2,40 €	
5	4	Birnen, Sorte 1	2,50 €	1,00 kg	2,50 €	
6	5	Birnen, Sorte 2	3,20 €	2,50 kg	8,00 €	
7	6	Birnen, Sorte 3	4,00 €	3,00 kg	12,00 €	
8	7	Erbeeren	1,70 €	0,50 kg	0,85 €	
9						
10						
11		#NV	1,70 €			
12		Erbeeren	1,70 €			
13		Erbeeren				
14						

Ein Wert ist für die Formel oder Funktion nicht verfügbar.

An dieser Stelle wäre nun die Frage berechtigt, warum man in unserem Beispiel den ganzen Bereich A2 bis E8 angeben muss, wenn Excel doch nur in der ersten Spalte sucht. Sie müssen das machen, weil Sie in *Spaltenindex* nur eine Zahl eingeben können, also nur den Index der Spalte. Und in einer Tabelle können mehrere kleine Bereiche enthalten sein, die mit dem *SVERWEIS* zu durchsuchen sind. Und dazu braucht Excel nun einmal einen eindeutigen Bezug zum richtigen Bereich.

Dies sollten Sie beim Umgang mit SVERWEIS beachten

Die Spalte, die durchsucht werden soll!, muss aufsteigend sortiert sein. Sollte die Spalte aber nicht sortiert sein, so wird Excel keine Fehlermeldung ausgeben, sondern nur falsche Ergebnisse produzieren.

Und denken Sie daran, den Suchbereich als absolute Zelladresse einzugeben.

Notenschreiben einmal anders – ein großes Beispiel

Die *SVERWEIS*-Funktion ist auch für Noten von Zeugnissen oder Klausuren sehr brauchbar. Man kann sich als Lehrer damit das Leben ungemein erleichtern. Ich möchte Ihnen hier zeigen, wie Sie folgende Tabelle erstellen, sodass Sie künftig nur noch die einzelnen Punkte der Aufgaben eintragen müssen und den Rest von Excel machen lassen.

	A	B	C	D	E	F	G	H	I
1	Vorname	Nachname	Aufgabe 1	Aufgabe 2	Aufgabe 3	Aufgabe 4	Aufgabe 5	Gesamt	Note
2		Max. Punkte	20	20	20	20	20	20	
3									
4	Lena	Adams	13	19	17	20	20	89	1
5	Sylvia	Ehrmann	12	8	7	3	18	48	3
6	Torben	Emmermann	3	9	18	4	8	42	4
7	Matthias	Flamme	7	8	3	3	4	25	5
8	Natascha	Geiger	6	9	16	1	12	44	4
9	Sascha	Kirchner	8	1	15	8	15	47	3
10	Andreas	Kleine	7	18	4	1	4	34	4
11	Uwe	Kuhmann	4	10	3	17	18	52	3
12	Marcel	Küpper	6	4	13	19	20	62	3
13	Anna	Meyer	16	19	6	5	11	57	3
14	Arndt	Milde	16	6	12	15	12	61	3
15	Olga	Oslowski	13	8	10	2	12	45	4
16	Daniel	Reiter	2	9	4	5	11	31	4
17	Svenja	Reuter	11	2	15	3	11	42	4
18	Lisa	Rosenstengel	20	9	6	2	14	51	3
19	Holger	Schmidt	12	14	20	19	8	73	3
20	Petra	Schulze	18	10	4	10	18	60	3
21	Monika	Toren	3	3	9	8	3	26	4
22	Marcel	Zeidler	15	10	10	19	9	63	3
23	Rainer	Zufall	3	0	5	2	2	12	6
24									
25									
26		Max	89						
27		Min	12						
28		Klassenbreite	13						
29									
30	Obergrenze	Häufigkeit	Note						
31	89	1	1						
32	85	0	2						
33	73	10	3						
34	45	7	4						
35	25	1	5						
36	12	1	6						

Dazu brauchen wir verschachtelte *WENN*-Funktionen, *SVERWEIS*, *HÄUFIGKEIT*, die *Datenüberprüfung* und die Funktionen *RUNDEN*, *SUMME*, *MIN* und *MAX*.

Nehmen wir an, in den Spalten A bis G haben Sie die Namen und die einzelnen Aufgaben mit den entsprechenden Punkten eingegeben. Mit der Funktion *SUMME* haben Sie dann in Spalte G für jeden Schüler seine Punkte addiert. Das sollte nicht allzu schwer sein.

In Zeile 2 haben Sie für jede Aufgabe die maximal erreichbare Punktzahl eingegeben. Hier sollten Sie mit *Datenüberprüfung* Ihre Eingabe überprüfen lassen, denn es kann ja wohl nicht sein, dass Sie in eine Zelle aus Versehen eine größere Punktzahl eingeben, als maximal möglich ist.

Markieren Sie also die Zellen C4 bis C23, gehen Sie über *Daten* in *Datentools* und wählen Sie dort *Datenüberprüfung*.

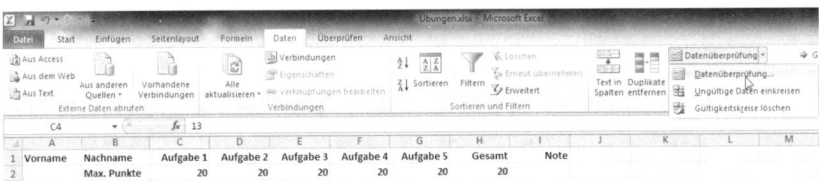

Im Fenster *Datenüberprüfung* lassen Sie Dezimalzahlen zu, da Sie vielleicht einmal auch halbe Punkte vergeben wollen. Die *Daten* selbst sollen kleiner oder gleich der Zahl in der Zelle C2 sein, also der maximal möglichen Punktzahl.

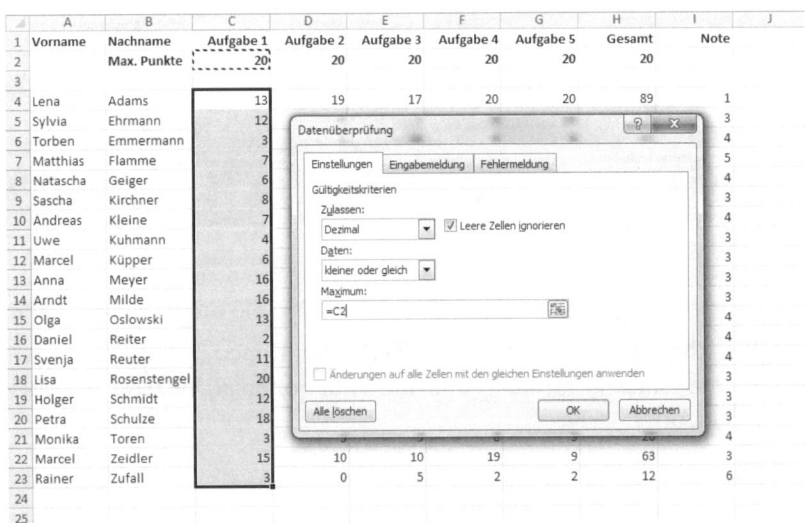

Nun tragen Sie in der Registerkarte *Fehlermeldung* noch eine nette Fehlermeldung für sich ein und bestätigen mit *OK*. Von nun an akzeptiert Excel in diesen markierten Zellen keine Eingaben mehr, die größer als die Punktzahl in C2 sind.

Da Sie eventuell Aufgaben haben, bei denen andere maximale Punktzahlen zu erreichen sind, müssen Sie diese Datenüberprüfung für jede Spalte einzeln eingeben und bei *Maximum* die jeweils richtige Zelladresse eintragen.

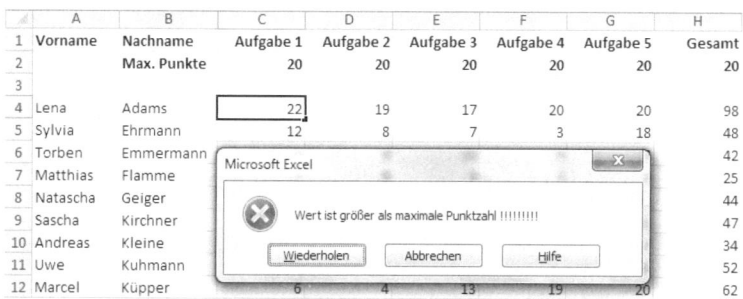

Als Nächstes kümmern wir uns um die maximal und minimal erreichten Punktzahlen. Das kann man mit den Funktionen *MAX* und *MIN* tun.

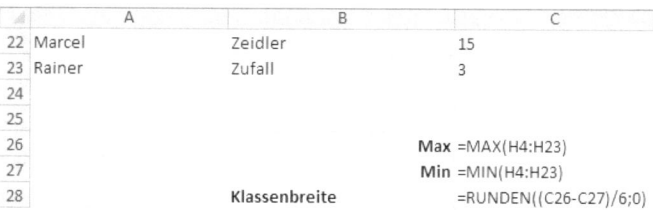

Die *Klassenbreite* ergibt sich durch Subtraktion der maximalen von der minimalen Punktzahl geteilt durch 6, da Sie sechs Noten zu vergeben haben. Die Funktion *RUNDEN* rundet das Ergebnis auf null Dezimalstellen.

Die Klassenbreite gibt einen Wert von 13 vor, d .h., Sie mussten die Punkte in gleichen Schritten von 13 Einheiten auf die sechs Noten verteilen. Meist wird man aber bei den hohen Punktzahlen die Zwischenräume etwas kleiner machen, um bei den niedrigeren Punkten noch etwas „Luft" zu haben. Deshalb werden Sie die Obergrenze der Punkte wahrscheinlich jedes Mal selbst eintragen und nicht von Excel ausrechnen lassen.

In den Zellen C31 bis C36 wurden dann die Noten ganz klassisch eingetragen.

Als Nächstes werden nun von Excel die Noten vergeben. Das erreicht man mit einer mehrfach verschachtelten *WENN*-Funktion.

	A	B	C	D	E	F	G	H	I	J	K
				fx	=WENN(H4>$A$32;1;WENN(H4>$A$33;2;WENN(H4>$A$34;3;WENN(H4>$A$35;4;WENN(H4>$A$36;5;6)))))					
1	Vorname	Nachname	Aufgabe 1	Aufgabe 2	Aufgabe 3	Aufgabe 4	Aufgabe 5	Gesamt	Note		
2		Max. Punkte	20	20	20	20	20	20			
3											
4	Lena	Adams	13	19	17	20	20	89	1		
5	Sylvia	Ehrmann	12	8	7	3	18	48	3		
6	Torben	Emmermann	3	9	18	4	8	42	4		

Was steht in dieser Formel?

=WENN(H4>$A$32;1;WENN(H4>$A$33;2;WENN(H4>$A$34;3;WENN(H4>$A$35;4;WENN(H4>$A$36;5;6)))))

Die Liste A31 bis A36 wird von oben nach unten abgearbeitet.

■ =WENN(H4>$A$32;1 ....

bedeutet, wenn es mehr als 85 Punkte sind, erhält der Teilnehmer eine 1, sind es aber exakt 85 Punkte, gibt es die Note 2. Die Note 2 wird aber mit dem nächsten Teil der Funktion abgefragt:

■ =WENN(H4>$A$32;1;WENN(H4>$A$33;2 ...

Für nähere Informationen zu solchen *WENN*-Verschachtelungen lesen Sie den entsprechenden Abschnitt in diesem Buch.

Sie können, wenn Ihnen das leichter fällt, natürlich auch mit Ober- und Untergrenzen bei den Punktzahlen arbeiten. Wenn die Punkte größer oder gleich 85,5 und gleichzeitig kleiner oder gleich 89 sind, dann gibt es eine 1. Hier müssen Sie also mit dem *UND*-Operator in der *WENN*-Funktion arbeiten. Bei diesem Beispiel wurde auch berücksichtigt, dass Sie vielleicht auch halbe Punkte vergeben.

⊿	A	B	C	D	E	F	G	H	I
19	Holger	Schmidt	12	14	20	19	8	73	3
20	Petra	Schulze	18	10	4	10	18	60	3
21	Monika	Toren	3	3	9	8	3	26	4
22	Marcel	Zeidler	15	10	10	19	9	63	3
23	Rainer	Zufall	3	0	5	2	2	12	6
24									
25									
26		Max	89						
27		Min	12						
28		Klassenbreite	13						
29									
30	Obergrenze	Untergrenze	Häufigkeit		Note				
31	89	85,5	1		1				
32	85	73,5	0		2				
33	73	45,5	10		3				
34	45	25,5	7		4				
35	25	12,5	1		5				
36	12	0	1		6				

Die entsprechende *WENN*-Funktion für dieses Beispiel sehen Sie nun. Bitte nicht erschrecken:

▪ =WENN(UND(H4>=$B$31;H4<=$A$31);1;WENN(UND(H4>=$B$32;H4<=$A$32);2;WENN(UND(H4>=$B$33;H4<=$A$33);3;WENN(UND(H4>$B$34;H4<=$A$34);4;WENN(UND(H4>=$B$35;H4<=$A$35);5;6)))))

Zum Schluss können Sie nun noch mit der *ZÄHLENWENN*- oder der *HÄUFIGKEIT*-Funktion den Notenspiegel erstellen lassen.

	B31	▾	*fx* {=HÄUFIGKEIT(I4:I23;C31:C36)}			
⊿	A	B	C	D	E	F
22	Marcel	Zeidler	15	10	10	19
23	Rainer	Zufall	3	0	5	2
24						
25						
26		Max	89			
27		Min	12			
28		Klassenbreite	13			
29						
30	Obergrenze	Häufigkeit	Note			
31	89	1	1			
32	85	0	2			
33	73	10	3			
34	45	7	4			
35	25	1	5			
36	12	1	6			
37						

Wenn Sie es lieber mit der *ZÄHLENWENN*-Funktion möchten:

	C31	▾	f_x	=ZÄHLENWENN($I$4:$I$23;D31)	
	A	B	C	D	E	F

	A	B	C	D	E	F
22	Marcel	Zeidler	15	10	10	19
23	Rainer	Zufall	3	0	5	2
24						
25						
26		Max	89			
27		Min	12			
28		Klassenbreite	13			
29						
30	Obergrenze	Untergrenze	Zählenwenn		Note	
31	89	85,5	1		1	
32	85	73,5	0		2	
33	73	45,5	10		3	
34	45	25,5	7		4	
35	25	12,5	1		5	
36	12	0	1		6	

Nehmen wir nun an, Sie haben, wie in unserem Beispiel, die Noten Ihrer Schüler als Zahlen eintragen lassen. Das ist natürlich immer sinnvoll, denn nur dann können Sie Notendurchschnitte und Zeugnisnoten von Excel ausrechnen lassen. Doch in einigen Abschlusszeugnissen dürfen diese Noten nicht als Zahlen auftauchen, sondern müssen als Text geschrieben werden.

Bei drei Klassen mit jeweils 30 Schülern hätten Sie viel zu tun, sämtliche Noten per Hand zu ändern. Dabei kann Ihnen die *SVERWEIS*-Funktion sehr nützlich sein.

Schauen wir uns das einmal konkret an. Sie haben die folgenden Schüler in Ihrer Klasse:

In Spalte C sind die Noten für das Zeugnis als Zahlen eingetragen. Im Zeugnis dürfen aber keine Zahlen stehen, sondern nur Texte. Aus der Note 1 soll Excel *sehr gut* machen, aus der Note 2 *gut* usw. In den Zellen A15 bis B20 wurden zusätzlich die Noten in Zahlen und als ausgeschriebener Text eingetragen.

	A	B	C	D
1	Vorname	Nachname	Note	Note (Text)
2				
3	Lena	Adams	1	
4	Sylvia	Ehrmann	3	
5	Torben	Emmermann	4	
6	Matthias	Flamme	5	
7	Natascha	Geiger	2	
8	Sascha	Kirchner	3	
9	Andreas	Kleine	4	
10	Uwe	Kuhmann	6	
11	Marcel	Küpper	3	
12				
13				
14		Note	Text	
15		1	sehr gut	
16		2	gut	
17		3	befriedigend	
18		4	ausreichend	
19		5	ungenügend	
20		6	mangelhaft	

In Zelle D3 gehört nun der richtige *SVERWEIS*, der Rest ist dann ein einfaches Kopieren nach unten. Die richtige Formel ersehen Sie aus der Abbildung:

Wichtig ist dabei wieder einmal das richtige Setzen von relativen und absoluten Zelladressen.

Wir suchen waagerecht – die WVERWEIS-Funktion

Eine ähnliche Funktion wie *SVERWEIS* ist *WVERWEIS*. Auch die Syntax ist sehr ähnlich:

◌ `=WVERWEIS(Suchbegriff;Suchbereich;Zeilenindex;Bereich_Verweis)`

Doch während *SVERWEIS* (das S steht für senkrecht) in der ersten Spalte des Suchbereichs sucht und den Wert der Spalte des *Spaltenindex* ausgibt, sucht *WVERWEIS* (das W steht für waagerecht) in der ersten Zeile des Suchbereichs und gibt die Zeile mit dem *Zeilenindex* aus. Ein kleines Beispiel dazu:

B8	▼ (	f_x	=WVERWEIS(A8;$B$1:$E$4;3)	
	A	B	C	D	E
1		Bienenstich	Frankfurter Kranz	Kastenkuchen	Kirschkuchen
2	VK-Preis	2,10 €	1,90 €	1,80 €	2,40 €
3	Sonderpreis	16,00 €	12,00 €	13,00 €	18,00 €
4	EK-Preis	1,40 €	1,20 €	1,30 €	1,50 €
5					
6					
7		Sonderpreis			
8	Frankfurter Kranz	12,00 €			
9	Bienenstich	16,00 €			
10					

Mit der *WVERWEIS*-Funktion suchen Sie jetzt nach der Kuchenart und lassen sich den Sonderpreis ausgeben.

Interessieren Sie sich aber für den EK-Preis der Kuchen, so gehört in die Zelle B8 folgende Funktion:

▪ =WVERWEIS(A8;$B$1:$E$4;4)

Natürlich können Sie mit *WVERWEIS* auch nach Zahlen suchen lassen.

Senkrechte und waagerechte Suche gleichzeitig – die INDEX-Funktion

Sie vertreiben die folgenden Weine:

	A	B	C	D	E
1		Hutzelreuther Engerling	Lehnfelder	Merowinger Teufelszeug	Moosfelder Zaubertrank
2					
3	1999	8,50 €	4,50 €	12,50 €	22,00 €
4	2000	9,60 €	5,00 €	14,50 €	22,50 €
5	2001	12,00 €	6,00 €	14,50 €	23,00 €
6	2002	12,50 €	6,00 €	17,00 €	25,00 €
7	2003	14,00 €	7,00 €	19,00 €	25,00 €
8	2004	14,00 €	8,00 €	20,00 €	26,00 €
9	2005	15,00 €	9,00 €	20,50 €	28,00 €
10					
11	Merowinger Teufelszeug	2002			
12					

Sie möchten nun in die entsprechenden Zellen die Weinsorte und den Jahrgang schreiben und Excel soll Ihnen automatisch den Preis pro Flasche ausgeben. Im Beispiel steht in Zelle A11 der Wein und in Zelle B11 der Jahrgang des Weines, dessen Preis Sie aus der Tabelle A1 bis E8 haben möchten.

Dazu müssen Sie Excel nun veranlassen, in zwei Richtungen zu suchen, einmal senkrecht, um den Jahrgang zu ermitteln, und einmal waagerecht, um die richtige Weinsorte ausfindig zu machen.

Die im vorigen Abschnitt besprochenen *SVERWEIS-* und *WVERWEIS-*Funktionen suchen zwar in beide Richtungen, aber leider lassen sich beide Funktionen nicht so zusammenfassen, wie Sie es für die Lösung des Beispiels brauchen.

Hierfür bieten sich zwei neue Funktionen an: die *INDEX-* und die *VERGLEICH-* Funktion. Man kann die beiden Funktionen zwar auch getrennt einsetzen, aber nur zusammen leisten sie das, was Sie jetzt brauchen.

Die *INDEX-*Funktion hat allgemein folgende Syntax:

- `=INDEX(Matrix;Zeile;Spalte)`

Sie können diese Funktion auch einmal mit dem Assistenten einfügen. Wählen Sie dazu die Registerkarte *Formeln* und darin *Funktion einfügen*. Sie erhalten folgendes Fenster:

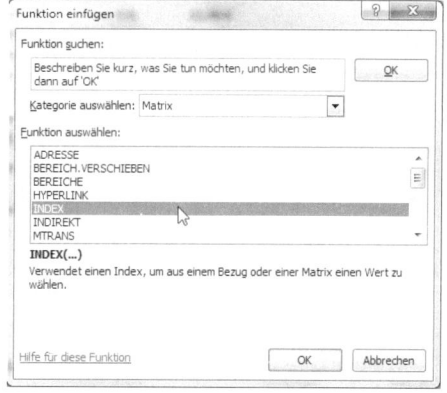

Wählen Sie bei *Kategorie auswählen* den Eintrag *Matrix* und dann *INDEX*. Nun möchte Excel wissen, in welcher Syntaxversion Sie die *INDEX-*Funktion haben möchten.

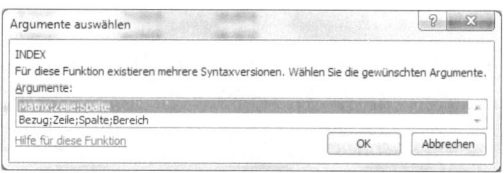

Wählen Sie *Matrix;Zeile;Spalte*. Danach kommt dann das Fenster zum Eintragen der richtigen Parameter:

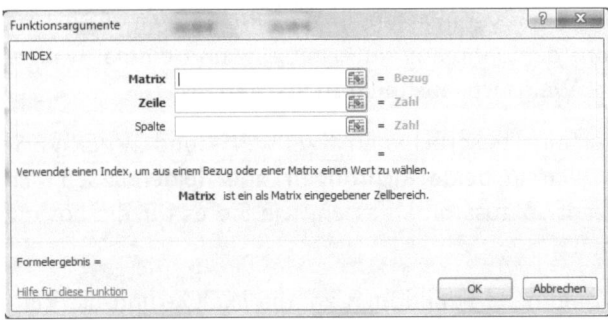

Die *Matrix* bezeichnet den Bereich, in dem sich der gesuchte Wert befindet, in unserem Beispiel ist das der Bereich B3 bis E9. In *Zeile* und *Spalte* erwartet Excel nun den Zeilen- und Spaltenindex des Wertes.

Konkret hieße das für unser Beispiel:

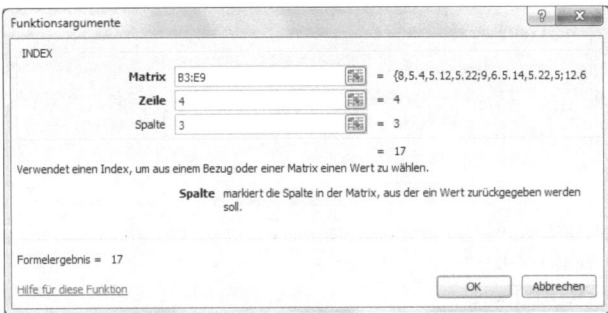

In der Zelle A11 steht der Wein, der gesucht wird, und in Zelle B11 der Jahrgang. Die *INDEX*-Funktion in Zelle C11 würde dann lauten:

- =INDEX(B3:E9;4;3)

denn der gesuchte Wert steht im Schnittpunkt der vierten Zeile und der dritten Spalte in der durchgesuchten Matrix B3 bis E9.

Spätestens hier könnte nun Ihr zaghafter Einwand kommen, was dieser ganze Blödsinn soll, wenn Sie selbst nach der Zeile und Spalte suchen müssen. Dann könnten Sie den Wert auch gleich ohne Funktion eintippen.

Sie haben recht. So ist die *INDEX*-Funktion für das Beispiel wenig sinnvoll, aber zusammen mit einer Funktion, die diesen Zeilen- und Spaltenindex sucht, wird die *INDEX*-Funktion sehr mächtig.

Sie brauchen also noch die Funktion *VERGLEICH*. Diese Funktion sucht sowohl in senkrechter als auch in waagerechter Richtung nach dem entsprechenden Index. Allgemein hat *VERGLEICH* folgende Syntax:

▫ =VERGLEICH(Suchkriterium;Suchbereich;Vergleichtyp)

Suchkriterium ist, wie bei *SVERWEIS*, die Zelladresse, in der der zu suchende Wert steht, *Suchbereich* gibt den Zellbereich an, in dem der Begriff zu finden ist. Der *Vergleichstyp* ist optional, kann also auch weggelassen werden, deshalb soll er im Moment auch nicht interessieren.

Allgemein setzt sich die gesamte Formel, die Sie brauchen, wie folgt zusammen:

▫ =INDEX(Matrix;VERGLEICH_für_Zeile; VERGLEICH_für_Spalte)

Konkret sieht das so aus:

C11	▼		f_x	=INDEX($B$3:$E$9;VERGLEICH(B11;$A$3:$A$9);VERGLEICH(A11;$B$1:$E$1))			
	A	B	C	D	E	F	G	H
1		Hutzelreuther Engerling	Lehnfelder	Merowinger Teufelszeug	Moosfelder Zaubertrank			
2								
3	1999	8,50 €	4,50 €	12,50 €	22,00 €			
4	2000	9,60 €	5,00 €	14,50 €	22,50 €			
5	2001	12,00 €	6,00 €	14,50 €	23,00 €			
6	2002	12,50 €	6,00 €	17,00 €	25,00 €			
7	2003	14,00 €	7,00 €	19,00 €	25,00 €			
8	2004	14,00 €	8,00 €	20,00 €	26,00 €			
9	2005	15,00 €	9,00 €	20,50 €	28,00 €			
10								
11	Merowinger Teufelszeug	2002	17,00 €					
12								

Dass in der Formel einige Zelladressen absolut genommen wurden, ergibt sich aus der Tatsache, dass Sie diese Formel eventuell kopieren wollen.

Bleiben wir noch ein wenig beim Suchen in zwei Richtungen. Bisher haben wir beim Suchen immer in derselben Tabelle gesucht, nun soll einmal in einer anderen Tabelle nach Werten gesucht werden.

Anmerkungen zur INDEX- und VERGLEICH-Funktion

Damit die beiden Funktionen richtig arbeiten, müssen sowohl die Werte in der Suchspalte der *VERGLEICH*-Funktion (im Beispiel die Spalte A) als auch die Werte in der Suchzeile (im Beispiel die erste Zeile) jeweils aufsteigend sortiert sein.

Findet Excel einen Wert nicht, wird, wie bei *SVERWEIS*, der zum Suchbegriff nächstniedrige Wert genommen.

Wenn Sie nach Texten suchen, wie es im Beispiel der Fall ist, achten Sie auf die richtige Schreibweise. Sollte Ihr Wein „Merowinger Teufelszeug" heißen, Sie aber nach „Meerowinger Teufelszeug" suchen, wird Excel nichts finden und deshalb den Preis für den „Lehnfelder" ausgeben, da das der nächstniedrige Wert ist.

Sie müssen immer zuerst den *VERGLEICH* für die Zeile und dann erst für die Spalte machen.

Ihr Brötchenbringservice liefert die folgenden Brötchen aus:

	A	B	C	D	E	F	G	H	I
1						Rabatt			
2	Nummer	Produkt	Einzelpreis	1	3	5	10	20	
3									
4	1	Roggenbrötchen	0,90 €	0	1	2	3	5	
5	2	Mohnbrötchen	1,00 €	0	1	2	3	5	
6	3	Milchbrötchen	0,60 €	0	1	2	3	5	
7	4	Pizzabrötchen	1,30 €	0	2	3	4	6	
8	5	Käsestangen	1,40 €	0	2	3	4	6	
9	6	Zwiebelbrötchen	1,10 €	0	2	3	4	6	
10	7	Kräuterbrötchen	1,30 €	0	2	3	4	6	
11	8	Baguette	0,90 €	0	1	2	3	5	
12	9	Milchbrötchen mit Käse	1,20 €	0	1	2	3	5	
13	10	Milchbrötchen mit Schinken	1,50 €	0	1	2	3	5	
14	11	Roggenbrötchen mit Käse	1,60 €	0	2	3	4	6	
15	12	Roggenbrötchen mit Schinken	1,80 €	0	2	3	4	6	
16	13	Jumbobrötchen mit Pilzfüllung	2,50 €	0	3	4	5	7	
17	14	Jumbobrötchen mit Putenstreifen	2,80 €	0	3	4	5	7	
18									

In Spalte A und B finden Sie die Brötchennummer und den dazugehörenden Namen, in Spalte C den Grundpreis. Nun gewähren Sie Rabatte. Diese Rabatte finden Sie in den Spalten D bis H. Je mehr Brötchen ein Kunde kauft, desto höher fällt der Rabatt aus. Wir nennen diese Tabelle *Brötchen*.

Aufgabe ist es nun, eine separate Excel-Tabelle zu erstellen, in der Sie nur die Brötchennummer und die Menge eintippen und den Rest der Rechnung soll Excel erledigen. Diese Tabelle soll den Namen *Rechnung Brötchen* bekommen.

Zur Lösung des Problems könnten Sie die *INDEX*-Funktion nutzen. Aber zur Ermittlung des Produktnamens und des Einzelpreises wäre der Aufwand zu groß. Dafür ist die *SVERWEIS*-Funktion besser geeignet. Da Sie diesmal aber in einer anderen Tabelle suchen müssen, schauen wir uns *SVERWEIS* etwas ausführlicher an. Wer es noch genauer wissen möchte, sollte noch im entsprechenden Abschnitt dieses Buches nachschlagen.

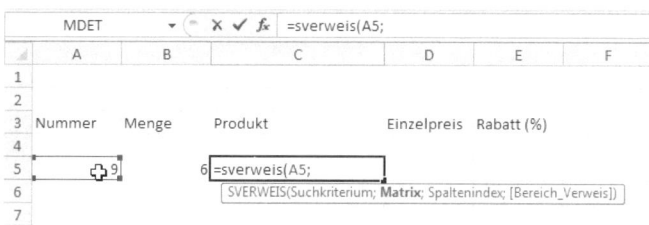

Das Suchkriterium ist die Brötchennummer, und die steht in unserer Tabelle in Zelle A5. Bis hierhin sollte es klar sein. Nun kommt der Suchbereich, von Excel *Matrix* genannt. Da die verschiedenen Brötchen aber in einer anderen Tabelle stehen, müssen wir nun eine Verknüpfung zu dieser Tabelle herstellen. Das erreichen Sie aber ganz einfach, indem Sie nach dem Semikolon (siehe Abbildung) in die Tabelle klicken, in der die verschiedenen Brötchen stehen. Dort markieren Sie die entsprechenden Zellen.

MDET	▾	✕ ✓ ƒx	=sverweis(A5;Brötchen!A4:H17					
			SVERWEIS(Suchkriterium; **Matrix**; Spaltenindex; [Bereich_Verweis])				H	I
	A	B						

					Rabatt			
2	Nummer	Produkt	Einzelpreis	1	3	5	10	20
3								
4	1	Roggenbrötchen	0,90 €	0	1	2	3	5
5	2	Mohnbrötchen	1,00 €	0	1	2	3	5
6	3	Milchbrötchen	0,60 €	0	1	2	3	5
7	4	Pizzabrötchen	1,30 €	0	2	3	4	6
8	5	Käsestangen	1,40 €	0	2	3	4	6
9	6	Zwiebelbrötchen	1,10 €	0	2	3	4	6
10	7	Kräuterbrötchen	1,30 €	0	2	3	4	6
11	8	Baguette	0,90 €	0	1	2	3	5
12	9	Milchbrötchen mit Käse	1,20 €	0	1	2	3	5
13	10	Milchbrötchen mit Schinken	1,50 €	0	1	2	3	5
14	11	Roggenbrötchen mit Käse	1,60 €	0	2	3	4	6
15	12	Roggenbrötchen mit Schinken	1,80 €	0	2	3	4	6
16	13	Jumbobrötchen mit Pilzfüllung	2,50 €	0	3	4	5	7
17	14	Jumbobrötchen mit Putenstreifen	2,80 €	0	3	4	5	7
18								

In der Bearbeitungszeile steht nun *Brötchen!A4:H17*. Das heißt nun für Excel: Schau in die Tabelle *Brötchen* und dort in die Zellen A4 bis H17. Damit weiß Excel also, in welcher Tabelle die gesuchten Werte stehen. Nun müssen Sie die Zellen A4 bis H17 noch festsetzen, also mit $-Zeichen versehen, und als Spaltenindex die 2 eintragen. Genaueres dazu steht im Abschnitt über *SVERWEIS* in diesem Buch.

Die vollständige Formel sieht so aus:

C5	▾	ƒx	=SVERWEIS(A5;Brötchen!$A$4:$H$17;2)		
	A	B	C	D	E
1					
2					
3	Nummer	Menge	Produkt	Einzelpreis	Rabatt (%)
4					
5	9		6 Milchbrötchen mit Käse		
6					

Natürlich müssen Sie um das Ganze noch alle wunderschönen *WENN*-Funktionen setzen, um unliebsame Überraschungen zu vermeiden. Aber das wurde schon an anderer Stelle ausführlich erklärt.

Auch für den Einzelpreis in Zelle D5 benutzen Sie am besten die *SVER-WEIS*-Funktion. An der Formel ändert sich gegenüber der Formel in der Zelle C5 nur der Spaltenindex.

Viel interessanter ist aber die Sache mit dem Rabatt, denn hier müssen Sie in zwei Richtungen suchen: einmal um über die Produktnummer auf das Produkt zu kommen und dann über die Menge, um zum richtigen Rabatt zu gelangen.

Sie erinnern sich an die Syntax der *INDEX*-Funktion?

- `=INDEX(Matrix;Zeile;Spalte)`

Matrix sind im Beispielfall die Zellen D4 bis H17. Für die *Zeile* und *Spalte* benutzen Sie wieder die *VERGLEICH*-Funktion. Die vollständige Formel lautet:

- `=INDEX(Brötchen!$D$4:$H$17;VERGLEICH('Rechnung Brötchen'!A5;Brötchen'! A4:A17);VERGLEICH('Rechnung Brötchen'!B5;Brötchen!D2:H2))`

Wie Sie sicher wissen, bedeutet *'Rechnung Brötchen'!A5*, dass Excel die Zelle A5 in der Tabelle *Rechnung Brötchen* nehmen soll. Entsprechend gilt für *Brötchen!A4:A17*, dass Excel in der Tabelle *Brötchen* den Bereich A4 bis A17 zu nehmen hat. Denken Sie auch immer daran, das Ausrufezeichen *!* in diesen Formeln nicht zu löschen, denn aufgrund des Ausrufezeichens erkennt Excel, dass das Wort davor ein Tabellenname ist.

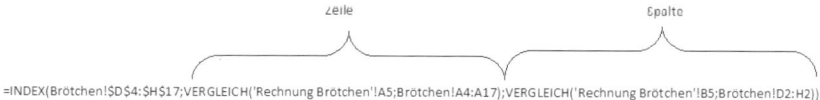

Die folgende Abbildung zeigt die Funktion in der Tabelle:

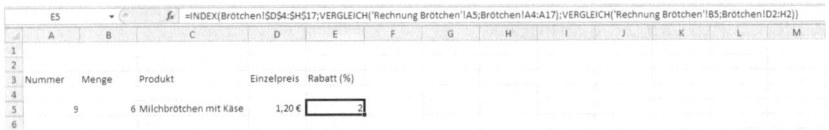

Sollten Sie nun noch darüber rätseln, weshalb Excel bei einer verkauften Menge von drei den Rabattsatz von zwei verkauften Produkten nimmt, so sollten Sie sich noch einmal den Abschnitt über *SVERWEIS* durchlesen.

Nun fehlen nur noch die kleinen, bescheidenen *WENN*-Funktionen, falls in der Spalte A oder B noch kein Wert steht und wenn jemand eine Produktnummer kleiner 1 oder größer 14 eingegeben hat. Genaueres darüber lesen Sie im Abschnitt über die *SVERWEIS*- und *WENN*-Funktion.

Möchten Sie nun in F5 noch den Gesamtbetrag, ist das mit folgender Formel zu realisieren:

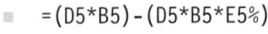

■   =(D5*B5)-(D5*B5*E5%)

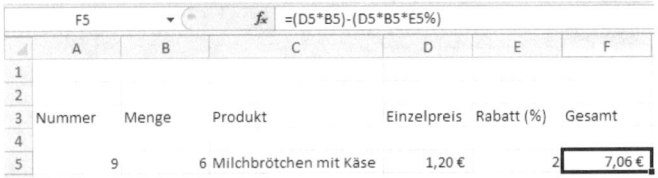

Der Rest ist dann kopieren, Summen bilden, Mehrwertsteuer hinzurechnen und formatieren.

Möchten Sie jetzt nicht, dass der Kunde den Prozentsatz des Rabatts sieht, oder muss der Rabatt als errechneter Zahlenwert ausgegeben werden, so können Sie die Zelle E5 entsprechend anpassen:

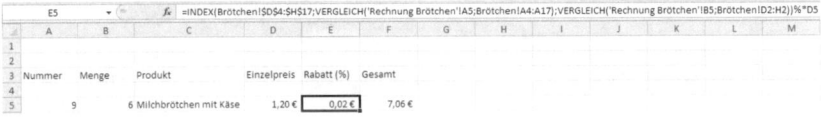

Selbstredend müssen Sie nun die Formel in der Zelle F5 natürlich entsprechend verändern.

Interessant an der Formel in der Abbildung ist das % nach der *INDEX*-Funktion:

▪ `=INDEX(.......)%*D5`

Diese Schreibweise sagt Excel, dass der Wert, der mit der *INDEX*-Funktion ermittelt wurde, nicht als Prozent-, sondern als normale Dezimalzahl zu nehmen ist, also durch 100 geteilt werden muss, bevor er mit der Zelle D5 multipliziert wird. Natürlich hätten Sie auch schreiben können:

▪ `=INDEX(......)*D5/100`

3.5 Aus Zahlenkolonnen beeindruckende Diagramme erstellen

Ein ganz wichtiges Element innerhalb von Excel ist die Möglichkeit, Zahlenkolonnen in sehr beeindruckenden Diagrammen darzustellen. Hierbei beschränkt sich Excel nicht nur auf Balken- oder Kuchendiagramme, sondern komplizierte mathematische Gleichungen lassen sich auch recht einfach und komfortabel zu Liniendiagrammen machen. In diesem Kapitel möchten wir mit Ihnen diesen faszinierenden Bereich von Office 2010 besprechen.

Wir werden uns aber nicht alle Moglichkeiten, die Office 2010 bietet, anschauen können. Vieles ist nämlich auch intiutiv erfassbar und wir möchten mit Ihnen hauptsächlich Elemente besprechen, die nicht ganz so offensichtlich sind.

Linien in eine Zelle einfügen: Sparklines

Um den Verlauf von Zahlen schnell verfolgen zu können, können Sie in Excel 2010 auch kleine Liniendiagramme, die den Zahlenverlauf darstellen, in Zellen einfügen.

Nehmen wir an, Sie haben folgende Tabelle:

	A	B	C	D	E	F
1		Meier, Jens	Schulz, Katharina	Lehmann, Jochen	Schmidt, Agnes	Zufall, Rainer
2	Januar	1240,83	561,25	2836,58	367,79	467,89
3	Februar	2240,41	1573,15	229,01	787,53	597,34
4	März	2261,78	2313,62	964,63	328,2	597,23
5	April	1371,56	1527,05	878,92	180,14	123,56
6	Mai	666,44	710,2646272	88,26	50,77	564,55
7	Juni	366,81	1309,37	572,81	223,5	264,76
8	Juli	1318,06	2116,47	203,06	471,44	375,5
9	August	2802,26	858,4160925	137,7	531,93	578,45
10	September	806,88	453,1	606,17	624,15	334,67
11	Oktober	395,54	109,18	72,43	431,22	213,56
12	November	1158,9	153,46	304	966,63	474,56
13	Dezember	449,43	361,15	746,75	865,93	345,64

Sie möchten in einem kleinen Linienverlauf den Verlauf der Umsätze aller Mitarbeiter im Januar sehen.

1 Gehen Sie zunächst in die Zelle G2, denn dort soll die kleine Linie hinein.

2 Klicken Sie nun auf die Registerkarte *Einfügen* und wählen Sie dann *Linie*.

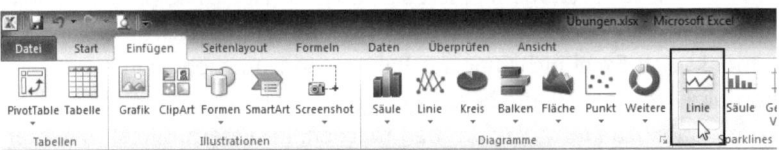

3 Nun markieren Sie den Datenbereich mit den Werten, die zu einer Linie gemacht werden sollen, und bestätigen mit *OK*.

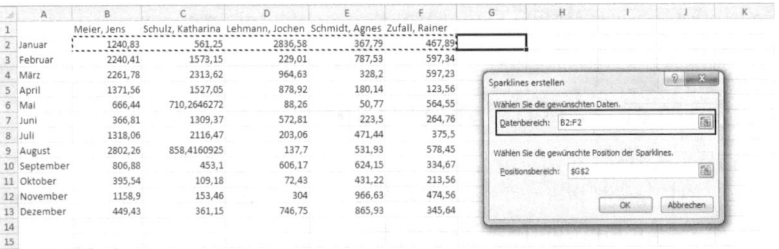

4 Excel hat Ihnen jetzt einen Linienverlauf in die Zelle eingefügt, den Sie mit einem Klick auf *Markierungen* noch mit den entsprechenden Datenmarkierungen versehen können.

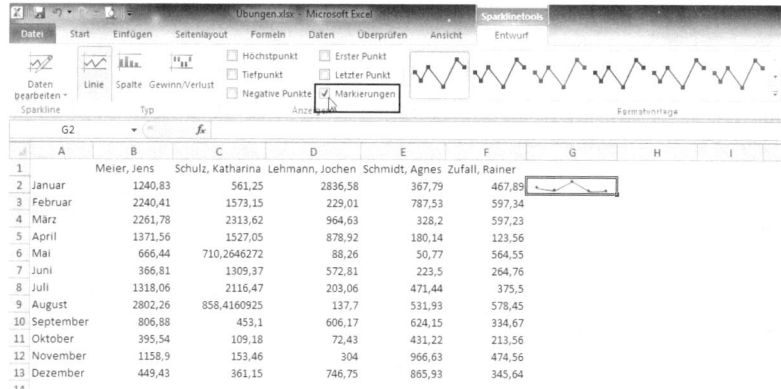

5 Dieser Linienverlauf ist, wie eine Formel, Bestandteil der Zelle und kann nun genauso nach unten kopiert werden.

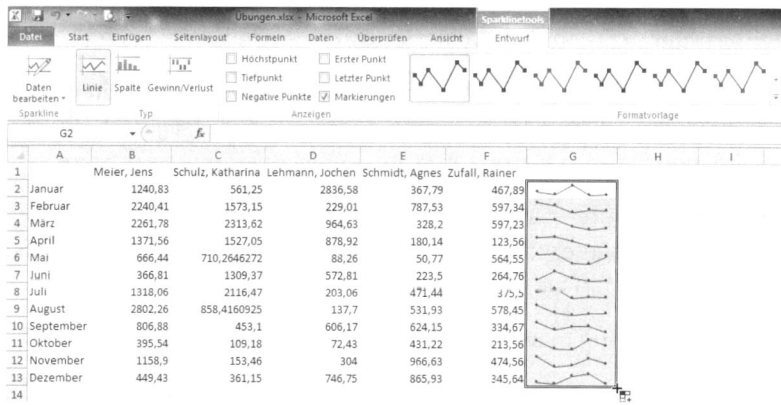

Ein einfaches Balkendiagramm erstellen

Am Anfang des Excel-Kapitels haben wir eine kleine Umsatz-tabelle für Tee besprochen:

Wir wollen nun Umsatz, Kosten und Gewinn in Balken darstel-len lassen, die Monatsnamen jedoch sollen als Achsenbe-schriftungen für die x-Achse dienen.

	A	B	C	D	E
1	Verkaufspreis/kg	28,20 €			
2	Einkaufspreis/kg	16,90 €			
3					
4					
5	Monat	Menge (kg)	Umsatz	Kosten	Gewinn
6	Januar	26	733,20 €	439,40 €	293,80 €
7	Februar	24	676,80 €	405,60 €	271,20 €
8	März	28	789,60 €	473,20 €	316,40 €
9	April	15	423,00 €	253,50 €	169,50 €
10	Mai	10	282,00 €	169,00 €	113,00 €
11	Juni	16	451,20 €	270,40 €	180,80 €
12	Juli	20	564,00 €	338,00 €	226,00 €

Dazu markieren Sie sich alle die Zellen, die Sie in Ihrer Grafik haben möchten. In unserem Beispiel wären das die Zellen A6 bis A12 und C5 bis E12. Die Werte in Spalte B interessieren im Moment nicht. Die Überschriften in C5 bis E5 müssen ebenfalls markiert sein, denn die brauchen Sie für die Legende Ihres Diagramms.

Wie aber markieren Sie Bereiche, die nicht zusammengehören?

1 Markieren Sie zunächst ganz klassisch die Zellen A6 bis A12.

2 Drücken Sie nun die ⌈Strg⌉-Taste und halten Sie sie fest, während Sie nun die Zellen C5 bis E12 markieren. Solange Sie die ⌈Strg⌉-Taste festhalten, können Sie noch Korrekturen an Ihrer Markierung durchführen.

3 Ist alles zu Ihrer Zufriedenheit erledigt, lassen Sie alles los. Sollten Sie erst jetzt bemerken, dass Ihre Markierung nicht so ist, wie Sie es möchten, markieren Sie am besten alles noch einmal neu.

4 Ist alles richtig markiert, sollte Ihre Tabelle nun so aussehen:

	A	B	C	D	E	F
1	Verkaufspreis/kg	28,20 €				
2	Einkaufspreis/kg	16,90 €				
3						
4						
5	Monat	Menge (kg)	Umsatz	Kosten	Gewinn	
6	Januar	26	733,20 €	439,40 €	293,80 €	
7	Februar	24	676,80 €	405,60 €	271,20 €	
8	März	28	789,60 €	473,20 €	316,40 €	
9	April	15	423,00 €	253,50 €	169,50 €	
10	Mai	10	282,00 €	169,00 €	113,00 €	
11	Juni	16	451,20 €	270,40 €	180,80 €	
12	Juli	20	564,00 €	338,00 €	226,00 €	
13						

5 Wählen Sie nun die Registerkarte *Einfügen* und klicken Sie darin auf die Gruppe *Säule*.

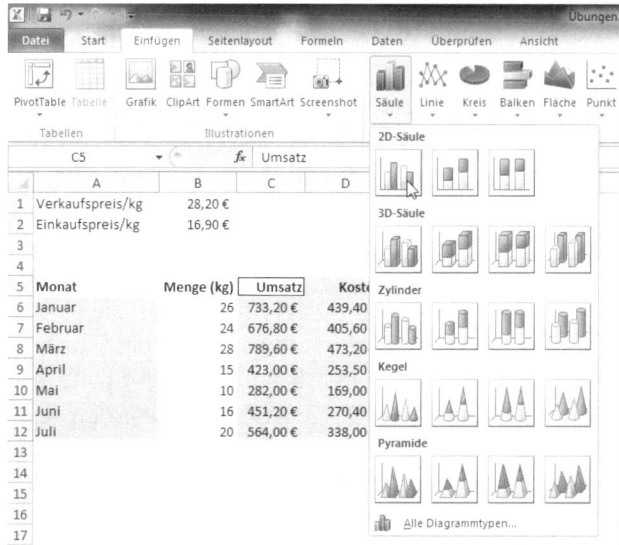

6 Es öffnet sich eine große Gruppe mit unterschiedlichen Säulendarstellungen. Klicken Sie zunächst einmal auf die 3D-Säule in der ersten Reihe links.

7 Nachdem Sie sich für eine Säulendarstellung entschieden haben, sollten Sie folgendes Diagramm erhalten:

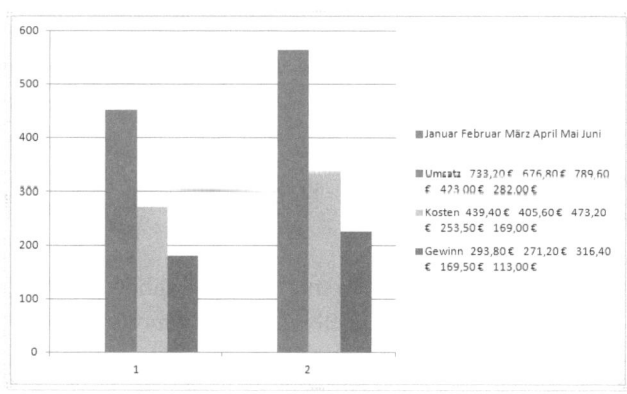

Das sieht ja schon mal gar nicht schlecht aus, nur irgendwie scheint es aber nicht so ganz das zu sein, was wir wollten. Zum einen fehlen die Monatsnamen in der x-Achse, zum anderen stehen in der Legende auch noch Zahlenwerte. Nein, so wollten wir das nicht. Was ist schiefgelaufen?

Sehen Sie sich unter Punkt 4 einmal den markierten Bereich an. Markiert wurden hier die Zellen A6 bis A12, dann begann die Markierung aber schon bei C5 (da wir die Überschriften als Legende haben wollten). In der Spalte A wurden also nur sieben Zellen markiert, in den anderen Spalten aber acht. Damit hat Excel auch in dieser Version noch so seine Probleme. Sie müssen also anders markieren.

Entfernen Sie dazu zunächst einmal das Diagramm, indem Sie es kurz anklicken und dann die Entf-Taste drücken. Nun gehen Sie die Schritte 1 bis 7 noch einmal durch. Diesmal markieren Sie aber in der Spalte A nicht nur A6 bis A12, sondern A5 bis A12. Die Zelle A5 hat zwar den Text *Monat* als Inhalt, das macht aber nichts, denn Excel erkennt später selbst, dass diese Zelle eigentlich nicht gebraucht wird.

Nun sollte alles schon sehr viel besser aussehen. Excel hat nun nicht nur die Balken richtig gezeichnet, auch die x-Achse wurde richtig beschriftet und selbst die Legende hat jetzt ein Aussehen, mit dem man leben kann.

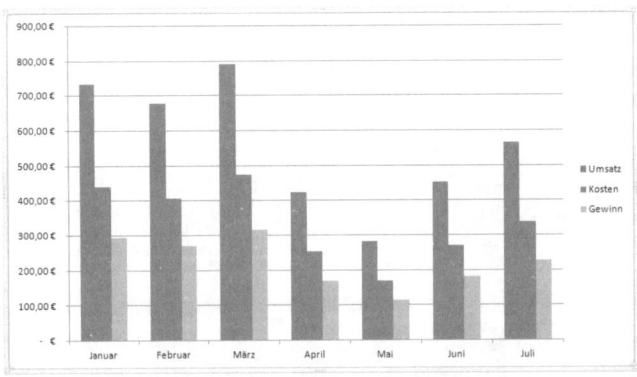

Und Sie sehen, obwohl Sie die Zelle A5 mit markiert haben, hat Excel im Laufe der Arbeit bemerkt, dass diese Zelle gar nicht gebraucht wird.

Wenn Sie Ihr Diagramm an eine andere Position auf Ihrem Bildschirm schieben wollen, so gehen Sie mit der Maus auf den Rand des Diagramms (aber nicht auf die drei Punkte!). Dort verändert sich der Mauszeigen zu Richtungspfeilen. Mit gedrückter linker Maustaste können Sie das Diagramm nun an eine andere Position schieben.

Möchten Sie hingegen das Diagrammfenster vergrößern oder verkleinern, so gehen Sie mit dem Mauspfeil auf die drei Punkte an den jeweiligen Seiten.

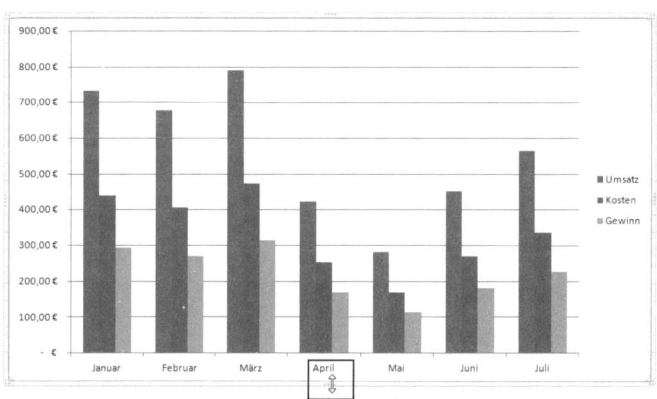

Mit gedrückter linker Maustaste können Sie nun das Fenster in der entsprechenden Richtung vergrößern oder verkleinern.

Die Registerkarte Entwurf – einfaches Ändern von Diagrammen

Für die schnelle farbliche Veränderung des Diagramms nutzen Sie die Formatvorlagen, die Sie in der Registerkarte *Entwurf* sehen, wenn das Diagramm vorher angeklickt wurde.

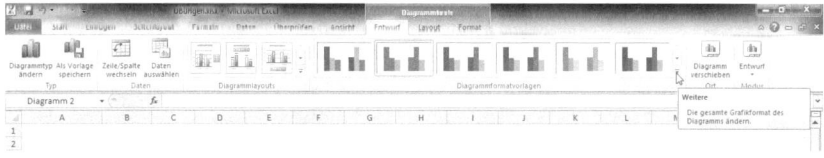

Durch einen Klick auf das Dreieck rechts in der Gruppe *Schnellformatvorlagen* werden Sie von weiteren Formatvorlagen förmlich erschlagen.

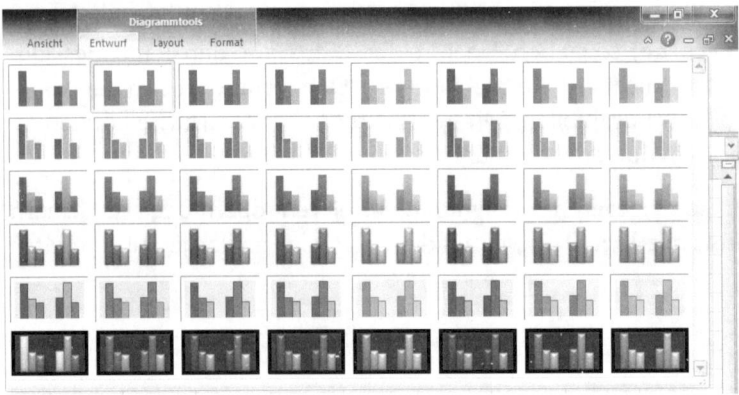

Wählen Sie durch einen Klick einfach eine dieser Vorlagen aus und spielen Sie etwas mit den vielen Möglichkeiten.

Sollten aber die vorgegebenen Vorlagen nicht Ihren Vorstellungen entsprechen, so können Sie jede einzelne Balkengruppe selbst mit einer Farbe belegen.

Dazu klicken Sie einen Balken an, dessen Gruppe Sie ändern möchten. Durch diesen Klick sind alle anderen Balken derselben Gruppe ebenfalls markiert.

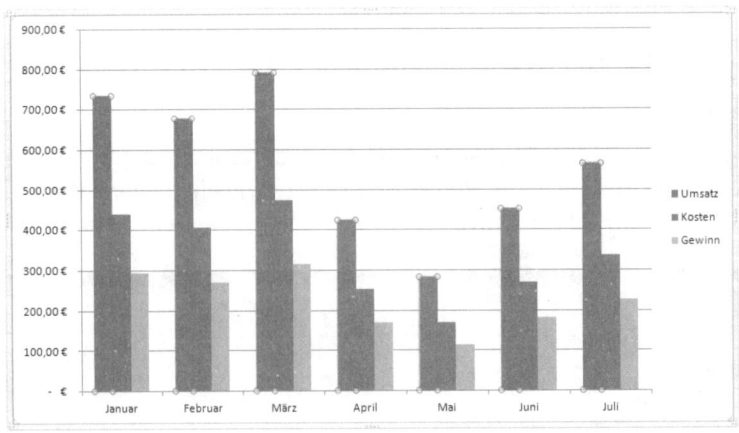

Klicken Sie nun mit der rechten Maustaste auf einen der markierten Balken. Nun öffnet sich ein Fenster. Darin klicken Sie mit der linken Maustaste auf *Datenreihen formatieren*:

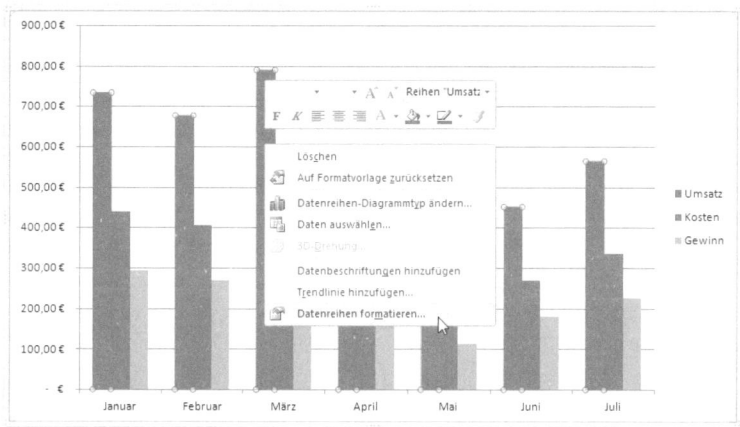

Nun öffnet sich ein weiteres Fenster, bei dem Sie Ihrer Kreativität freien Lauf lassen können:

Alle Elemente in diesem Fenster zu besprechen, würde langweilen. Spielen Sie einfach etwas. Sofern Sie mit einem noch nicht ganz so wichtigen Diagramm spielen und es geht etwas schief, ist das dann kein Beinbruch.

Achtung beim Markieren der Balken

Wenn Sie einen der Balken in Ihrem Diagramm anklicken, markieren Sie damit zunächst einmal alle anderen Balken derselben Gruppe. Das ist in der Regel auch erwünscht. Klicken Sie aber dann, nachdem alle Balken der Gruppe markiert sind, einen der Balken noch einmal kurz an, so ist nur dieser Balken allein markiert.

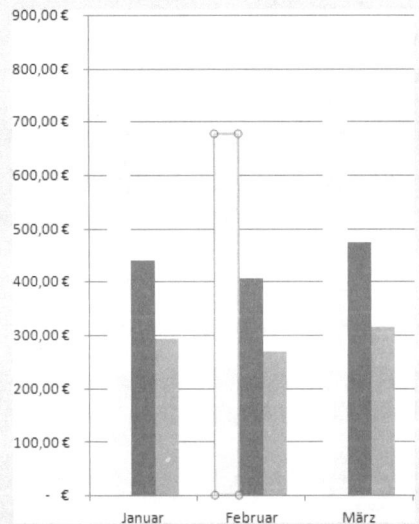

Formatierungen gelten dann nur für diesen einen Balken.

Auf diese Weise können Sie also für jeden einzelnen Balken Ihrer Grafik z. B. die Farbe ändern. Aber übertreiben Sie es nicht. Weniger ist sehr oft mehr! Ihr Diagramm sollte nicht bunt sein, sondern aussagekräftig.

Sollten Sie sich, nachdem die Farben nun so einigermaßen aussehen, entschließen, den Diagrammstil zu ändern, so ist das durch einen Klick auf *Diagrammtyp ändern* ganz schnell zu machen.

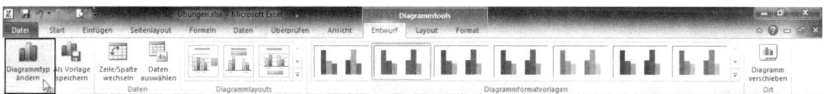

Wieder erhalten Sie eine schier überwältigende Fülle von Möglichkeiten:

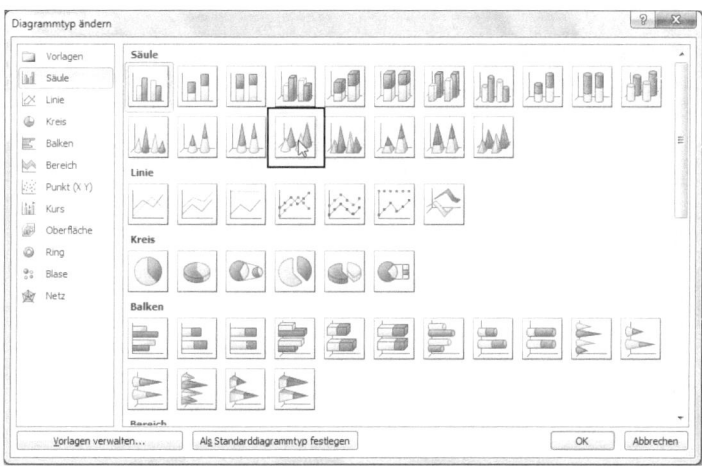

Nehmen Sie einmal spaßeshalber die 3-D-Kegel, die in der Abbildung markiert wurden.

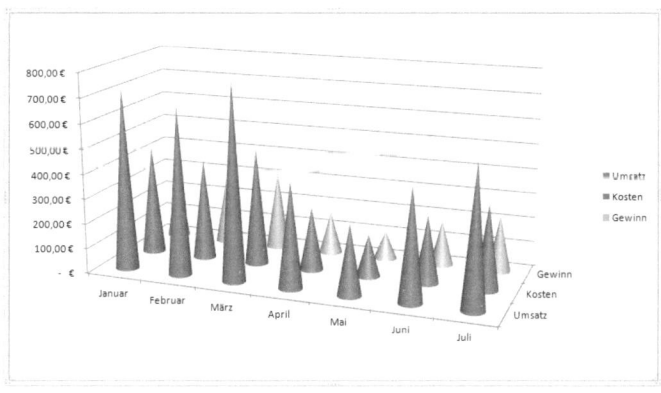

Dummerweise ist nun der Gewinn, der gegenüber Umsatz und Kosten natürlich geringer ausfällt, in den Hintergrund getreten. Kein Problem! Klicken Sie mit der rechten Maustaste das Diagramm an und wählen Sie *3D-Drehung*.

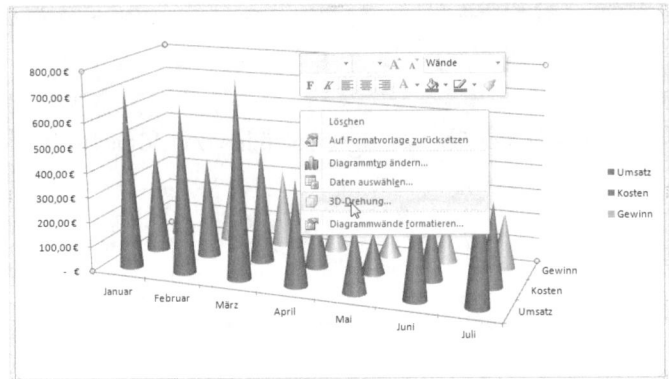

Hier können Sie das Diagramm nun drehen und kippen, wie Sie möchten:

Geben Sie bei *Drehung* im Bereich *X* einfach einmal *160* ein:

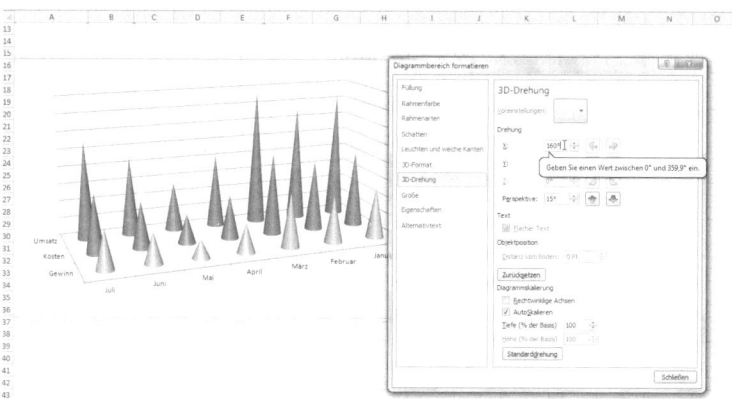

Und schon ist der Gewinn nach vorne gerutscht.

Die Registerkarte Layout

Die Registerkarte *Layout* ermöglicht Ihnen, das weitere Aussehen Ihres Diagramms zu ändern. So können Sie z. B. die Legende an eine andere Position des Diagrammfensters setzen.

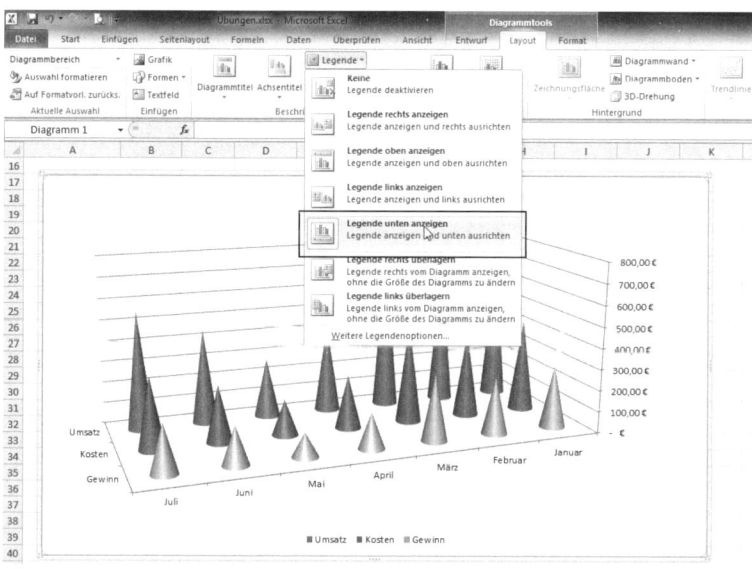

Auch einen Titel für Ihr Diagramm können Sie hier nachträglich vergeben:

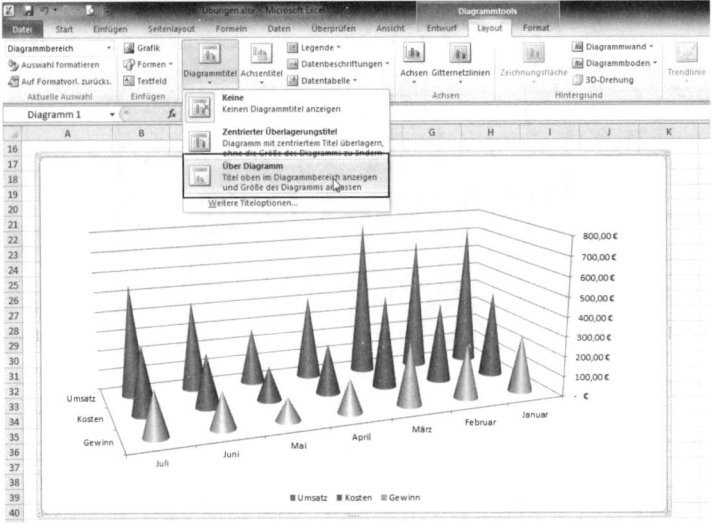

Wählen Sie eine der Diagrammtiteloptionen und geben Sie im entsprechenden Bereich des Diagramms den Titel ein. Alternativ können Sie den Titel auch in die Bearbeitungszeile schreiben.

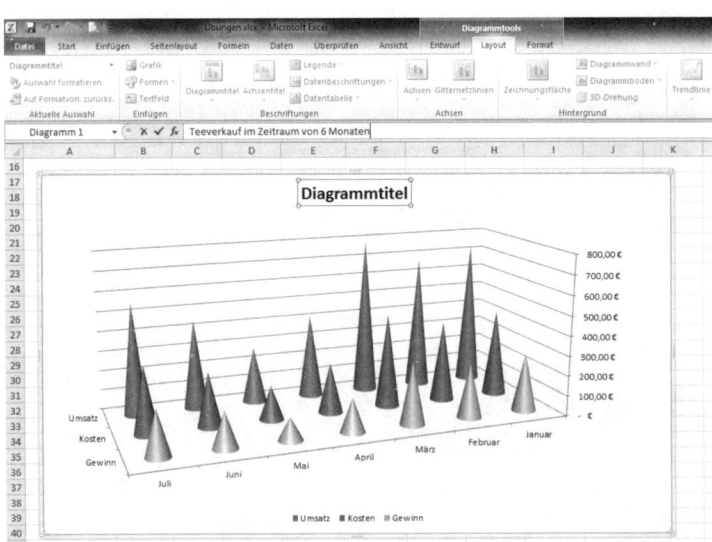

Bestätigen Sie mit ⟨Enter⟩ und schon steht der Titel über Ihrem Diagramm.

Die Registerkarte Format

Eine weitere Möglichkeit, Einfluss auf das Aussehen eines Diagramms zu nehmen, ist die Registerkarte *Format*.

Hier ändern Sie nun das Aussehen des Diagrammfensters an sich. Möchten Sie beispielsweise einen dunkel eingefärbten Hintergrund für Ihr Diagrammfenster, so ist das in der Registerkarte *Format* in der Gruppe *Formenarten* beim Befehl *Fülleffekt* zu erreichen.

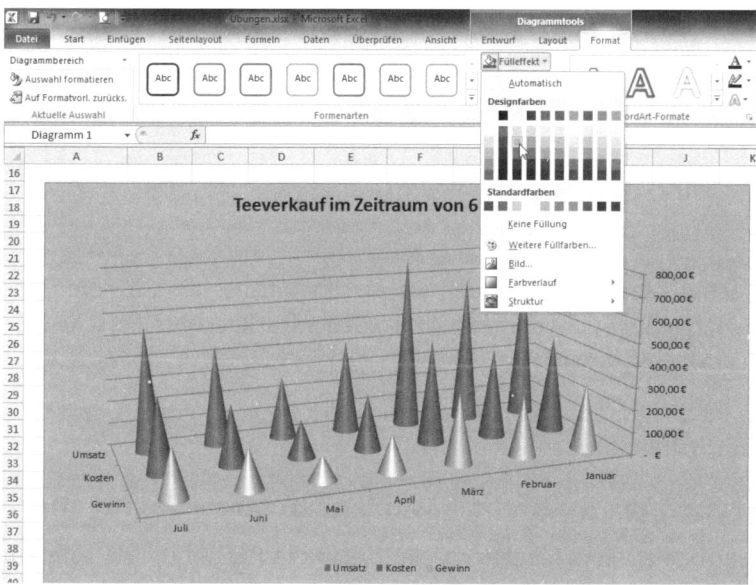

Hier hat Excel 2010 aber ein nettes kleines Feature von Microsoft mit auf den Weg bekommen. So müssen Sie nun nicht mehr wie früher Ihre Auswahl erst einmal bestätigen, wenn Sie sehen wollen, wie es wirkt. Jetzt genügt es, einfach nur auf das entsprechende Elemente zu deuten (nicht einmal zu klicken), um die Wirkung zu sehen. Gefällt Ihnen nicht, was Sie sehen, ziehen Sie einfach weiter zum nächsten Element. Erst wenn Sie zufrieden sind, klicken Sie darauf und Excel wird das Element übernehmen.

Auch können Sie den Rand des Diagrammfensters weicher und leuchtender erscheinen lassen. Dies ist ein ganz nettes Element, wenn Sie z. B. Ihr Diagramm in einer PowerPoint-Präsentation weiterverarbeiten möchten.

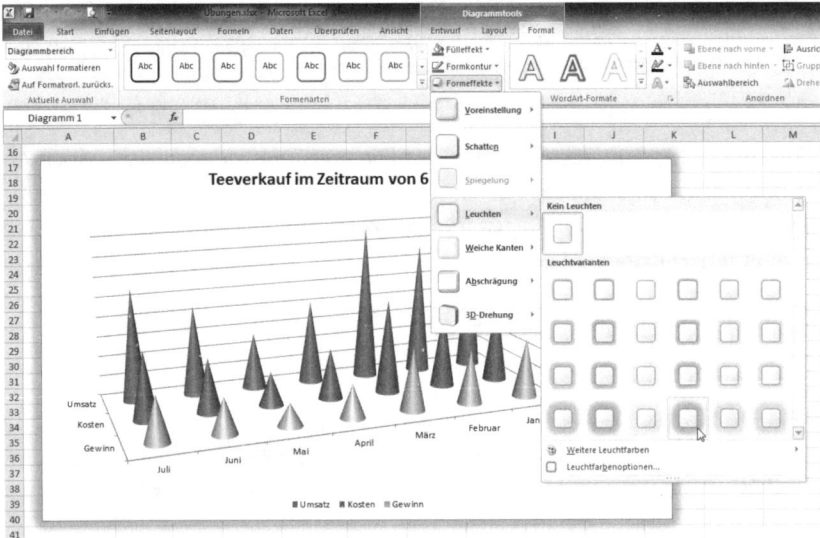

Nun leuchtet der Rand. Schauen Sie es sich am besten auf dem Bildschirm an, hier im Buch sieht es nicht so beeindruckend aus. Forschen Sie einfach ein wenig damit.

Wie Sie Ihr Diagramm dann nach PowerPoint kopieren, um es dort weiterzuverarbeiten, werden wir uns etwas später anschauen.

Das Kreuz mit dem Kreuz – Wahlen und Kreisdiagramme

Nicht nur Balken- und Säulendiagramme sind in Excel möglich, sondern auch die bei Wahlen sehr beliebten Kreisdiagramme, um die Verteilung der Wählerstimmen auf die entsprechenden Parteien zu illustrieren.

Die Bundestagswahl 2009 brachte das Ergebnis der folgenden Abbildung. Sie sollen nun für einen Vortrag diese Zahlen in einem ansprechenden Diagramm darstellen.

Ergebnisse der Bundestagswahl 2009	
CDU	27,3 %
SPD	23,0 %
FDP	14,6 %
Die Linke	11,9 %
Grüne	10,7 %
CSU	6,5 %

Stehen diese Werte bei Ihnen z. B. in den Zellen A1 bis B7, markieren Sie sie nun. Denken Sie daran, die Überschriften in der ersten Zeile ebenfalls zu markieren, denn dann haben Sie auch gleich eine Titelüberschrift über Ihrem Diagramm.

	A	B
		Wählerstimmen
1	Partei	(%)
2	CDU	27,30
3	SPD	23,00
4	FDP	14,60
5	Die Linke	11,90
6	Grüne	10,70
7	CSU	6,50

Wählen Sie dann die Registerkarte *Einfügen* und dort in der Gruppe *Diagramme* das Kreisdiagramm aus. Nun klicken Sie zunächst auf den linken Kreis in der ersten Zeile, wie die folgende Abbildung zeigt.

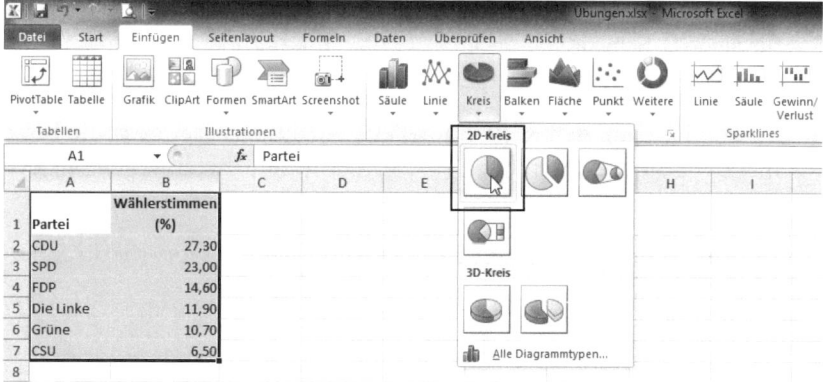

Sofort haben Sie das Ergebnis der Bundestagswahl 2009 in ein Kreisdiagramm umgewandelt bekommen.

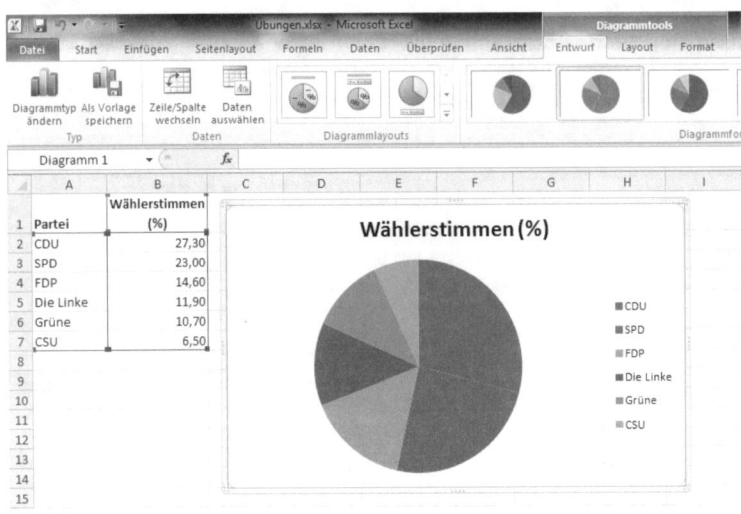

Jede Partei hat ihre eigene Farbe bekommen. Das hat natürlich den Nachteil, dass beim Ausdrucken auf einem Schwarz-Weiß-Drucker alles zu Grauschattierungen wird. Aber mit den Befehlen der Schnellformatvorlagen können Sie das, wie das Wort sagt, schnell ändern. Spielen Sie einfach einmal etwas mit diesen Schnellformatvorlagen.

Doch beim Benutzen dieser Vorlagen fällt schnell auf, dass Excel die einzelnen Werte zwar nun in verschiedenen Farben darstellt, aber leider erhalten die Parteien nicht die Farbe zugeordnet, die wir Ihnen normalerweise zuordnen: Rot für die SPD, Schwarz für die CDU, Grün für die Grünen usw. Hier müssen Sie also wieder selbst Hand anlegen.

1 Klicken Sie dazu den Kreis einmal kurz an. Nun ist der gesamte Kreis markiert. Sie möchten aber einer bestimmten Partei, sagen wir der SPD, eine andere Farbe zuordnen.

2 Klicken Sie deshalb nun auf das Segment mit dem Wert für die SPD.

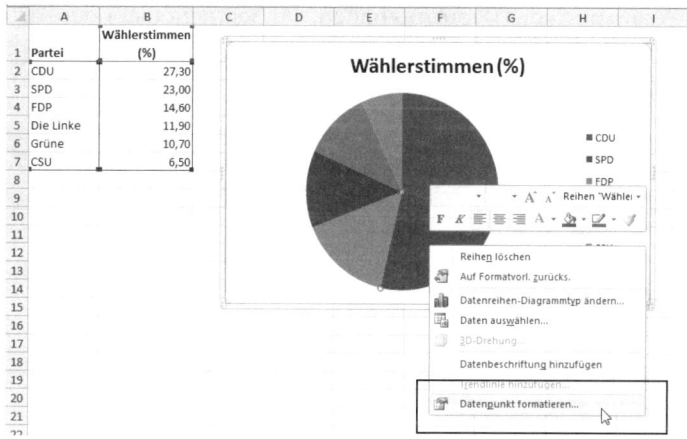

3 Jetzt ist genau dieser eine Wert markiert. Nun klicken Sie mit der rechten Maustaste auf den Datenpunkt und wählen mit der linken Maustaste *Datenpunkt formatieren* oder Sie öffnen mit einem Doppelklick auf das Segment das Fenster *Datenpunkt formatieren*.

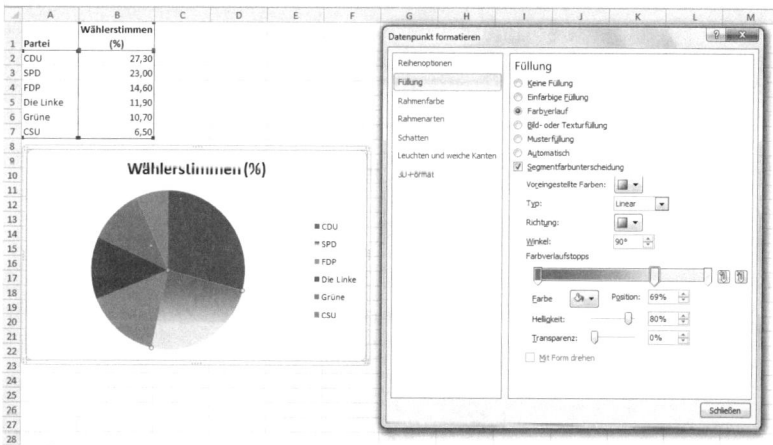

4 In der Kategorie *Füllung* können Sie nun Ihrer Kreativität freien Lauf lassen. Bei *Farbverlauf* könnten Sie beispielsweise die Farbe des Segments beginnend von einem tiefen Rot im oberen Teil zu einem blassen Rosa im unteren Teil verlaufen lassen. Probieren Sie es einfach einmal.

Sollten Sie dann noch das Bedürfnis haben, das Segment einer der Parteien ein wenig von den anderen Segmenten abzuheben, können Sie dieses Segment mit der linken Maustaste einfach etwas nach außen ziehen.

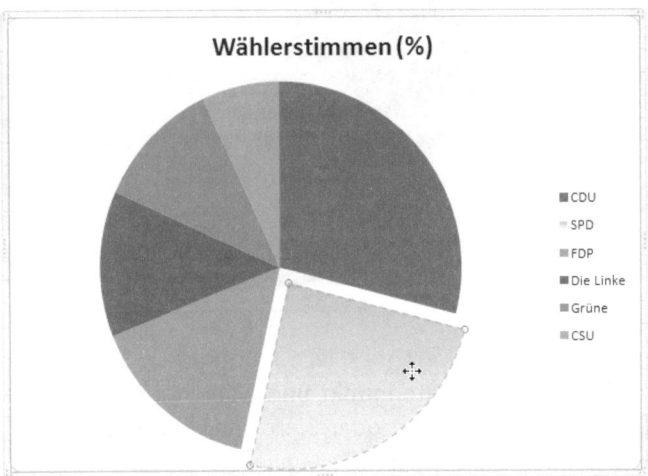

Achten Sie dabei aber darauf, dass das richtige Segment markiert wurde.

Wenn Ihnen das ganze Diagramm etwas eindimensional erscheint, so können Sie es auch mit wenigen Klicks etwas plastischer machen.

1 Klicken Sie mit der rechten Maustaste auf das Diagramm.

2 Wählen Sie *Diagrammtyp ändern.*

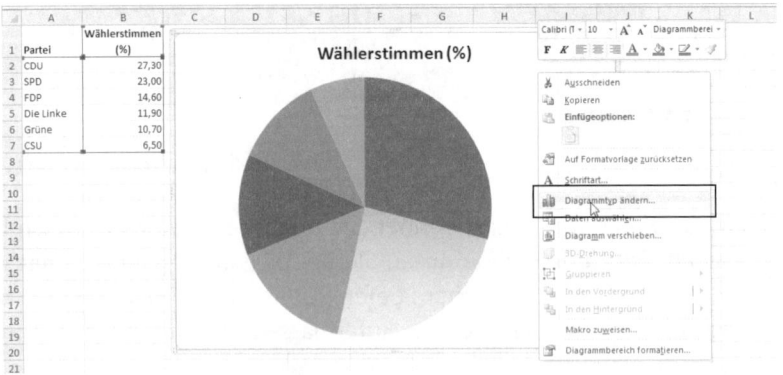

3 Klicken Sie nun auf den 3-D-Kreis.

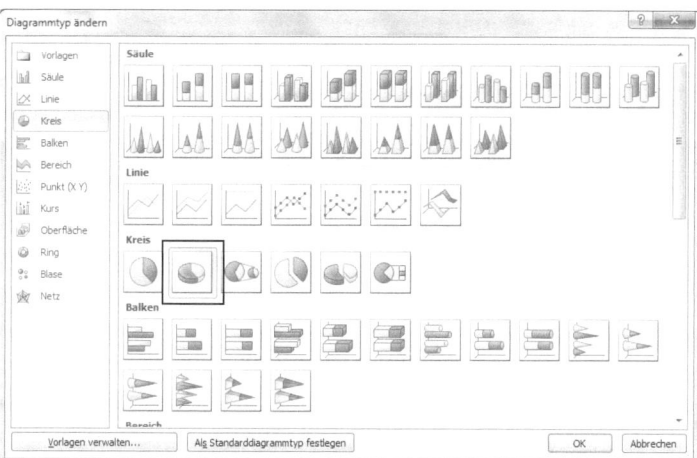

4 Ihr Kreis ist nun zwar etwas plastischer geworden, aber so richtig begeistert werden Sie wahrscheinlich noch nicht sein, denn Sie schauen quasi von oben darauf.

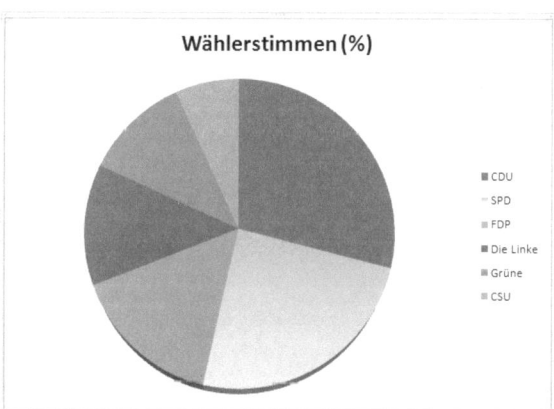

5 Sie müssen den Kuchen noch etwas kippen. Klicken Sie mit der rechten Maustaste auf das Diagramm und wählen Sie *3D-Drehung*.

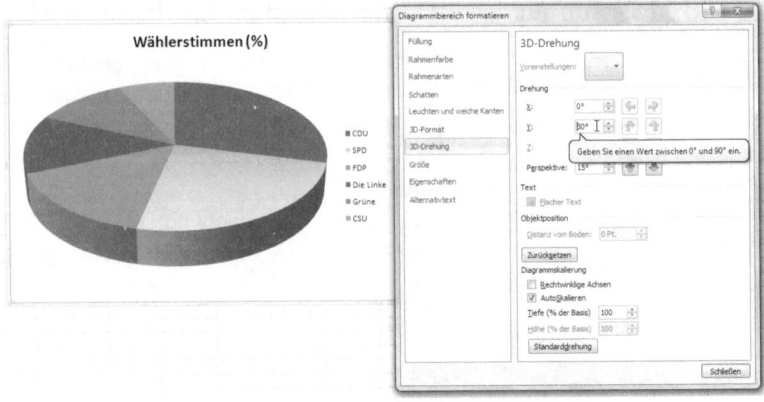

6 In der Kategorie *3D-Drehung* können Sie nun das Diagramm in die y-Richtung kippen, indem Sie bei *Y* beispielsweise der Wert *30* eintragen.

Grafische Darstellung von Häufigkeitsverteilungen

Sie erinnern sich an unser Beispiel, wo wir aus Längenmessungen des Gemeinen Regenwurms mithilfe der Häufigkeitsverteilung einen durchschnittlichen Wert der Länge ermittelt haben? Nun möchten Sie diese wichtigen Daten für einen Vortrag in ein Diagramm umsetzen.

	A	B	C	D	E	F	G	H	I	J	K
1								Maximum	30		
2			Länge Regenwurm					Minimum	8		
3	9	25	10	17	24	25		Anzahl	120		
4	12	27	9	8	30	30		Klassenbreite	5		
5	16	15	20	16	24	16					
6	21	23	21	24	16	30					
7	24	15	18	11	15	8					
8	18	17	30	12	20	13		Obergrenze	Untergrenze	HÄUFIGKEIT	
9	13	15	20	19	24	26		30	26	17	
10	8	15	21	11	20	10		25	21	23	
11	16	11	14	27	26	14		20	16	34	
12	16	16	29	15	11	18		15	11	28	
13	24	28	12	25	27	15		10	6	18	
14	9	29	23	27	16	24					
15	21	9	14	14	30	15					
16	24	11	20	18	19	16					
17	10	16	9	22	30	18					
18	9	10	12	13	9	25					
19	8	29	11	22	17	10					
20	10	11	19	29	8	18					
21	20	12	19	18	18	20					
22	25	19	11	22	22	18					

Balken-, Säulen- oder gar Tortendiagramme wären in diesem Fall nicht sehr aussagekräftig. Hier ist ein Liniendiagramm besser geeignet.

1 Markieren Sie dazu die Zellen der Obergrenze, also die Zellen H9 bis H13. Diese werden später die Beschriftung der x-Achse sein. Markieren Sie in diesem Fall die Zelle H8 aber nicht mit.

2 Markieren Sie dann die Wertezellen, also J9 bis J13. Da Sie in diesem Fall nur eine Kurve erhalten, brauchen Sie auch nicht unbedingt eine Legendenbeschriftung. Insofern erübrigt es sich, auch die Zelle G8 zu markieren. Haben Sie aber mehrere Spalten, die als Linien dargestellt werden sollen, so müssen Sie auch die Überschriften mit markieren, damit Excel eine Legende erstellen kann.

3 Wählen Sie nun die Registerkarte *Einfügen* und dann in der Gruppe *Diagramme* den Befehl *Linie*. Hier klicken Sie zunächst in der ersten Reihe auf den Befehl *Linie* (siehe Abbildung).

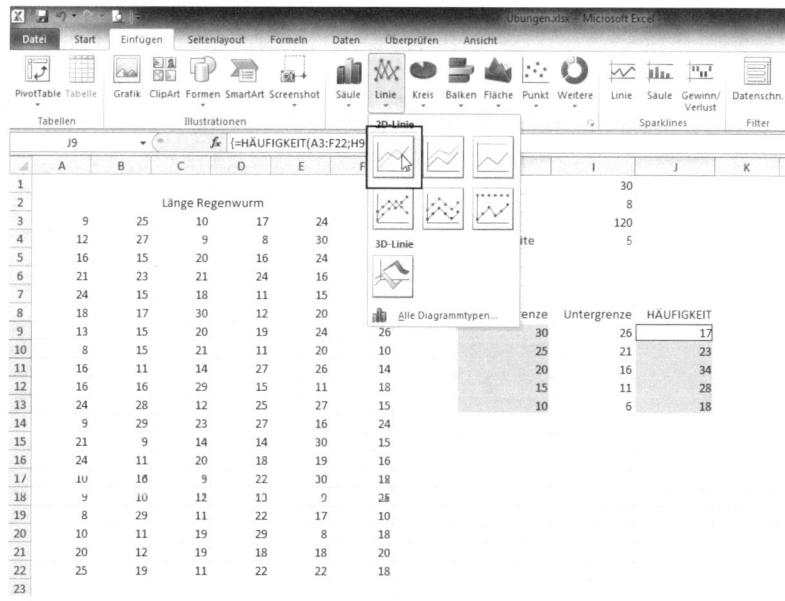

4 Nanu, was ist denn nun wieder passiert? Was soll der Strich im Bereich 10 bis 30? Das Rätsel ist leicht zu lösen. Excel hat zwei Wertereihen bekommen und so verarbeitet Excel auch beide Reihen zu Datenreihen. Aber eigentlich müsste die erste Datenreihe, nämlich die markierten Zellen H9 bis H13, als x-Achsenbeschriftung fungieren.

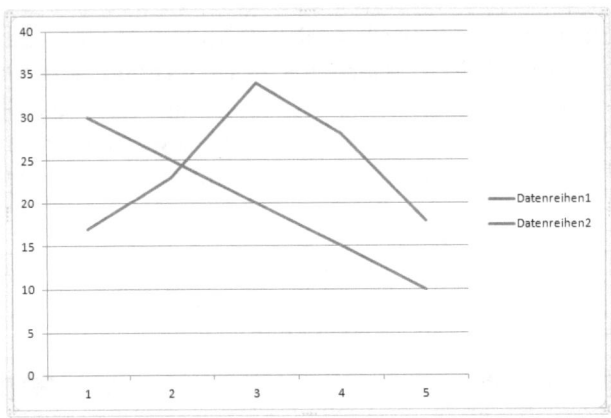

5 Um das Problem zu lösen, klicken Sie mit der rechten Maustaste auf das Diagramm und wählen mit der linken Maustaste *Daten auswählen*.

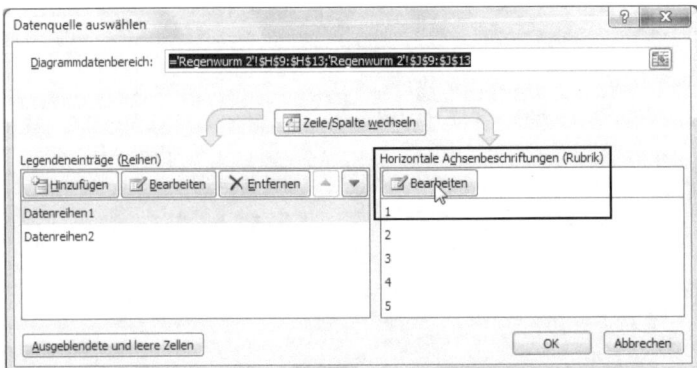

6 Klicken Sie auf der rechten Seite bei *Horizontale Achsenbeschriftungen(Rubrik)* auf *Bearbeiten*.

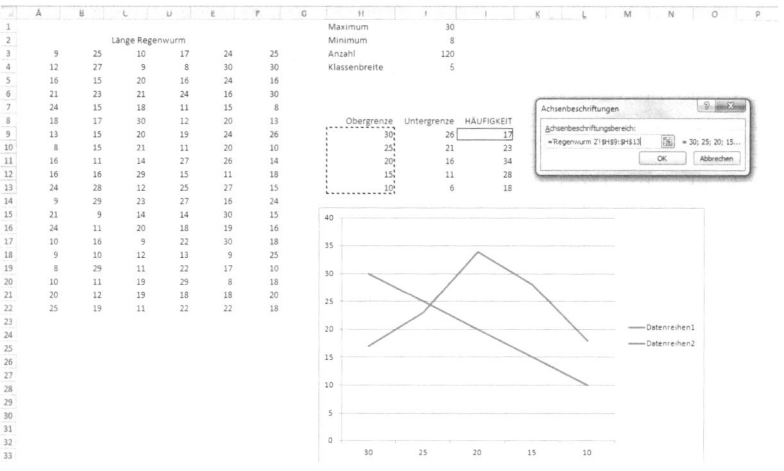

7 Nun markieren Sie die Achsenbeschriftung neu.

8 Als Nächstes entfernen Sie die *Datenreihe1*.

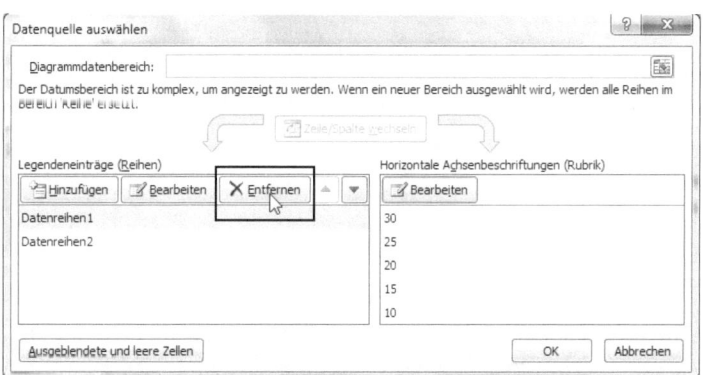

9 Nachdem Sie das nun mit *OK* bestätigt haben, dürfte das Diagramm schon sehr viel eher so aussehen, wie Sie es wollen.

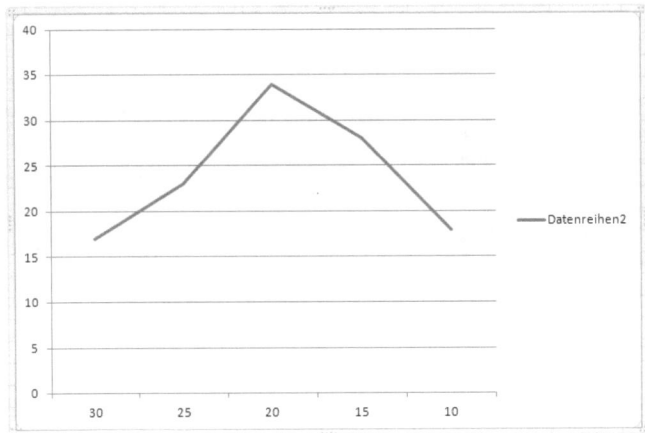

Es sieht halt nicht ganz so ästhetisch aus wie eine klassische Normalverteilung, aber der Regenwurm kümmert sich nun mal nicht um statistische Eleganz.

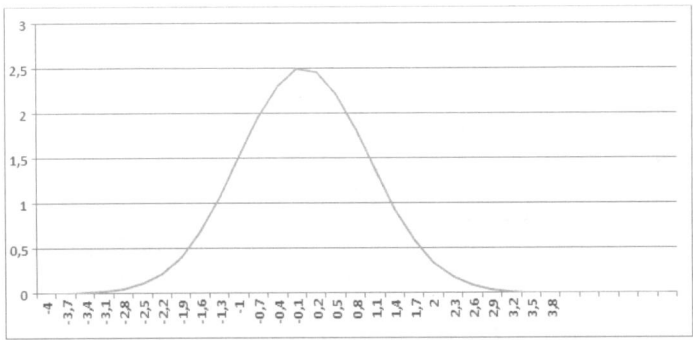

Grafische Darstellung mathematischer Funktionen

In der Schule oder an der Universität wird man mathematische Gleichungen in der Regel analytisch lösen müssen. Trotzdem kann es sinnvoll sein, sich einmal schnell über das Aussehen der entsprechenden Funktionen klar zu werden. Hierbei kann Excel exzellente Dienste leisten.

Sie haben die beiden folgenden Funktionen:

$$f_1(x) = x^3 - 30x + 8 \qquad und \qquad f_2(x) = -\frac{3}{5}x^3 + 2x$$

Sie möchten nun wissen, wie das Flächenstück aussieht, das durch diese beiden Kurven eingeschlossen wird. Oder sind es gar zwei Flächenstücke?

Dazu machen Sie sich zunächst einmal eine Wertetabelle. In Spalte A sind die x-Werte eingetragen. Das ist die unabhängige Variable, für die Sie beliebige Werte einsetzen können. Es genügt zunächst einmal, nur die Werte um den Nullpunkt herum zu betrachten.

	B3		f_x	=A3^3-30*A3+8	
	A	B	C	D	E
1					
2	x	$f_1(x)$	$f_2(x)$		
3	-5	33	65		
4	-4	64	30,4		
5	-3	71	10,2		
6	-2	60	0,8		
7	-1	37	-1,4		
8	0	8	0		
9	1	-21	1,4		
10	2	-44	-0,8		
11	3	-55	-10,2		
12	4	-48	-30,4		
13	5	-17	-65		
14	6	44	-117,6		
15	7	141	-191,8		
16					

In Spalte B sehen Sie die Funktion *f1(x)* und in Spalte C die Funktion *f2(x)*.

In der Bearbeitungszeile sehen Sie die eingegebene Formel der Funktion *f1(x)*. Die Funktion *f2(x)* in Spalte C einzutragen und nach unten zu kopieren, sollte eigentlich kein Problem sein.

Um nun daraus ein aussagekräftiges Diagramm zu machen, markieren Sie die Zellen A2 bis C15. Wählen Sie dann die Registerkarte *Einfügen* und nehmen Sie den Befehl *Linie*.

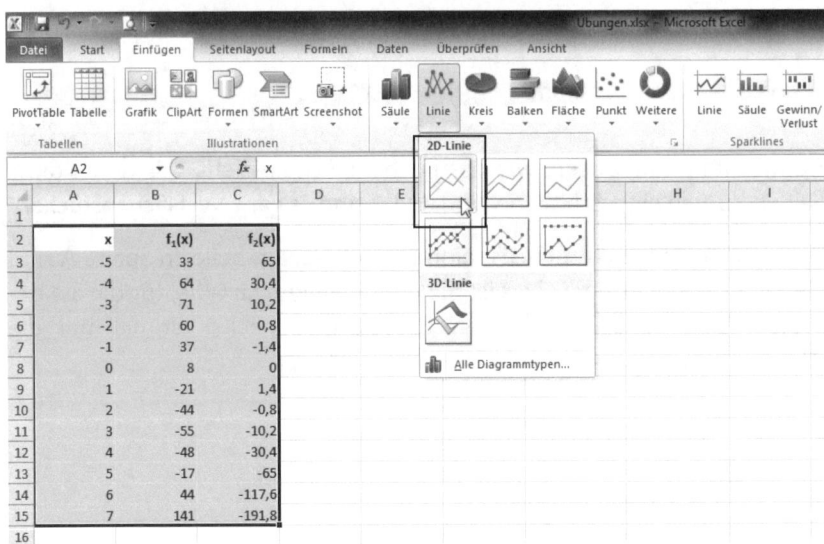

Wieder hat Excel auch die erste Spalte zu einer Linie gemacht, obwohl diese Werte eigentlich die x-Achsenbeschriftung darstellen sollen.

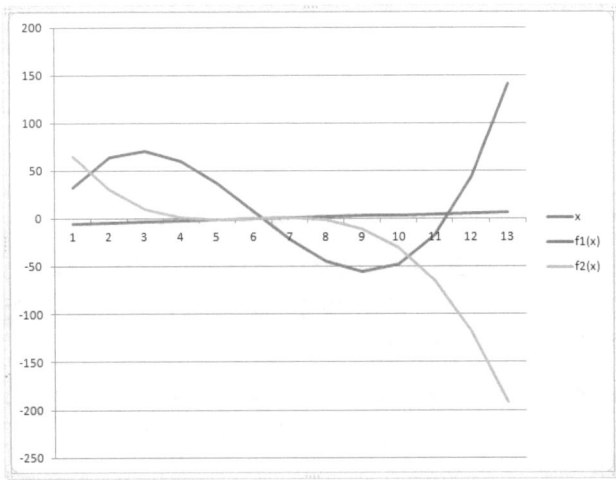

Dieses Problem und die entsprechende Lösung hatten wir im letzten Abschnitt über die grafische Darstellung von Häufigkeitsverteilungen schon besprochen.

Wenn Sie dieses Wissen nun anwenden, so erhalten Sie folgenden Funktionenverlauf:

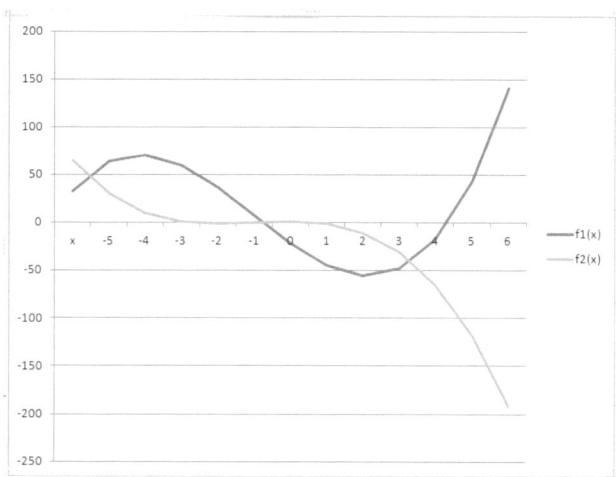

Was hier jedoch noch auffällt: Die Werte sind zwar richtig zugeordnet, die Teilstriche der x-Achse sind aber nicht bei den Werten zu finden, sondern dazwischen. Das sollten Sie jetzt auch noch ändern.

1   Klicken Sie dazu in die *Diagrammtools* und dort auf *Format*. Dort klicken Sie in der Gruppe *Aktuelle Auswahl* auf das kleine Dreieck neben *Diagrammbereich* und wählen *Horizontal (Kategorie) Achse*.

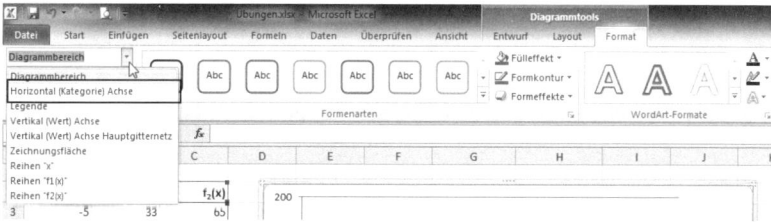

2   Nun klicken Sie auf *Auswahl formatieren*.

3   Hier wählen Sie in der Kategorie *Achsenoptionen* ganz unten bei *Achse positionieren* die Option *Auf Teilstrichen*.

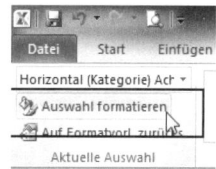

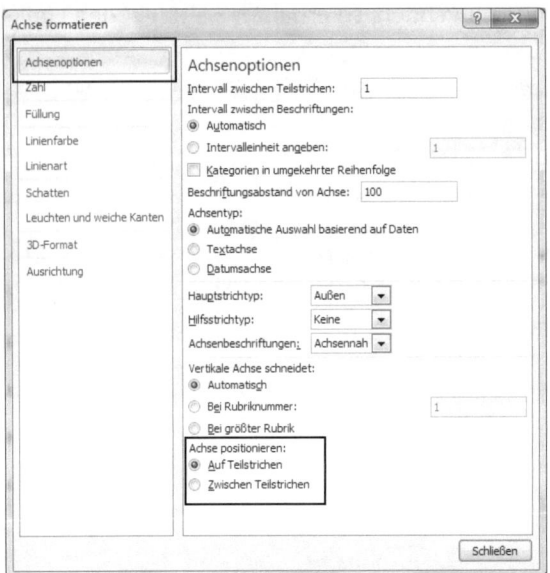

Nun sehen Sie, dass sich die Kurven an drei Punkten schneiden und dass es zwei Flächenstücke gibt, die die beiden Kurven einschließen.

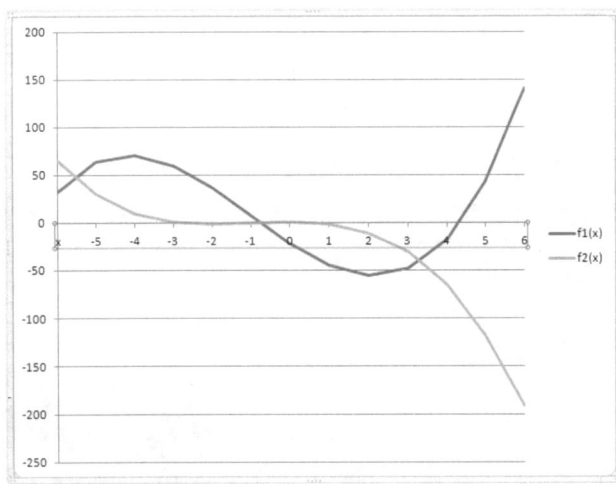

Gleichungen in Parameterdarstellung – Zykloide

Sie erhalten leider nicht immer mit dem Diagrammtyp *Linie* das von Ihnen gewünschte Ergebnis. Sehen wir uns dazu einmal ein etwas komplizierteres Beispiel an.

Sie haben die in Polarkoordinaten definierte Kurve:

$$r = \frac{\left(8\varphi + \sqrt{\varphi}\right)}{5} \quad mit \quad 0 \le \varphi \le \pi$$

Auch hier interessiert Sie das Aussehen der Kurve.

Mit dieser Polarkoordinatendarstellung können Sie in Excel zwar rechnen, aber zur Darstellung müssen die Polarkoordinaten in kartesische Koordinaten umgewandelt werden. Das geschieht mit den folgenden Gleichungen:

$$x = r \cos(\varphi) \quad und \quad y = r \sin(\varphi)$$

	B2		f_x	=(8*A2+WURZEL(A2))/5	
	A	B	C	D	E
1	phi	r	x	y	
2	0	0	0	0	
3	0,2	0,40944272	0,40128112	0,08134371	
4	0,4	0,76649111	0,70598506	0,2984857	
5	0,6	1,11491933	0,92018263	0,62953081	
6	0,8	1,45888544	1,01641527	1,04654036	
7	1	1,8	0,97254415	1,51464777	
8	1,2	2,13908902	0,7751155	1,99371458	
9	1,4	2,47664319	0,42094797	2,44060736	
10	1,6	2,81298221	-0,08213774	2,81178277	
11	1,8	3,14832816	-0,71530675	3,06599192	
12	2	3,48284271	-1,44937398	3,16693992	
13	2,2	3,81664794	-2,24610158	3,08574613	
14	2,4	4,14983867	-3,06006495	2,80306323	
15	2,6	4,48249031	-3,84099553	2,3107299	
16	2,8	4,81466401	-4,53648399	1,61285539	
17	3	5,14641016	-5,09490744	0,72626144	
18	3,2	5,47777088	-5,46843005	-0,31976018	
19	3,4	5,80878178	-5,61591972	-1,4843825	

Damit haben Sie nun alles beieinander, um wieder eine Wertetabelle in Excel anzulegen.

In Spalte A finden Sie die φ-Werte in Abständen von 0,2. Es sollte inzwischen klar sein, wie man so etwas macht.

In Spalte B wird nun für alle φ-Werte der Spalte A das zugehörige r mit der Formel

$$r = \frac{\left(8\varphi + \sqrt{\varphi}\right)}{5} \quad mit \quad 0 \le \varphi \le \pi$$

ausgerechnet. Die Grenze, dass φ kleiner oder gleich π sein soll, wurde zwar nicht ganz eingehalten, aber das soll uns in diesem Beispiel nicht stören. Natürlich können Sie die φ-Werte ganz exakt bis π laufen lassen.

In den Spalten C und D werden nun diese Koordinaten mit den obigen Formeln in kartesische Koordinaten umgewandelt.

Das sollte bis hierhin eigentlich nicht sonderlich schwer sein. Sie haben jetzt die nötigen kartesischen Koordinaten, können die Zellen C2 bis D19 markieren und in ähnlicher Weise, wie wir es bisher gemacht haben, ein Liniendiagramm erstellen.

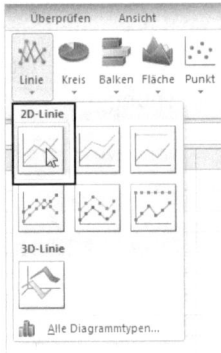

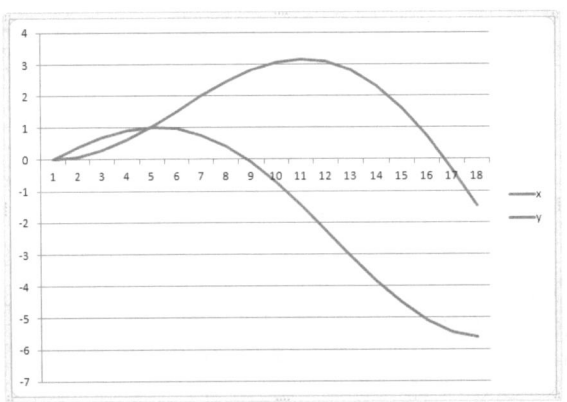

Das Ergebnis entspricht sicher nicht Ihren Erwartungen. Sollte bei Ihnen nun der Verdacht aufgekommen ist, dass Excel wieder einmal die Werte der x-Achse zu einer Diagrammlinie gemacht hat, obwohl es doch eigentlich eine Achsenbeschriftung sein sollte, so ist dieser Verdacht durchaus berechtigt, aber in diesem Fall leider nicht richtig.

Teilen Sie also Excel mit, dass die Werte in den Zellen C2 bis C19 die Werte zur Beschriftung der x-Achse sind, so wie wir das im letzten Abschnitt besprochen hatten. Sie müssten dann folgende Kurve bekommen:

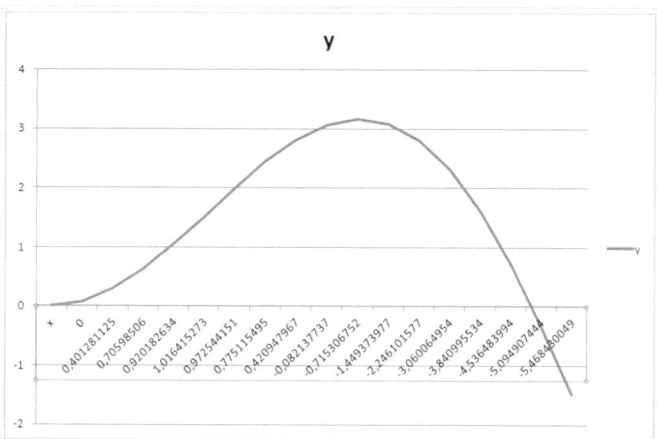

Das Ergebnis sieht zwar nun etwas schöner aus, aber das unbestimmte Gefühl, dass da immer noch etwas nicht stimmt, bleibt. Und Sie haben recht.

Das Problem, das Excel hier zu bewältigen hat, ist, dass Sie im Grunde nicht nur eine Größenachse haben, sondern zwei. Balken- und Liniendiagramme sind aber nur in der Lage, mit einer Größenachse zu arbeiten, d. h., die Werte der x-Achse werden kontinuierlich nebeneinander geschrieben und die y-Werte werden diesen x-Werten zugeordnet.

Excel darf, um unser Problem lösen zu können, eigentlich keine „lineare" Achse haben, sondern muss jeden x-Wert gegen jeden y-Wert einzeln eintragen. Und das geschieht mit dem Diagrammtyp *Punkt*.

Markieren Sie also erneut die Zellen C2 bis D19 und wählen Sie im Registerblatt *Einfügen* das Diagramm *Punkt*. Hier wählen Sie das in der Abbildung markierte Diagramm.

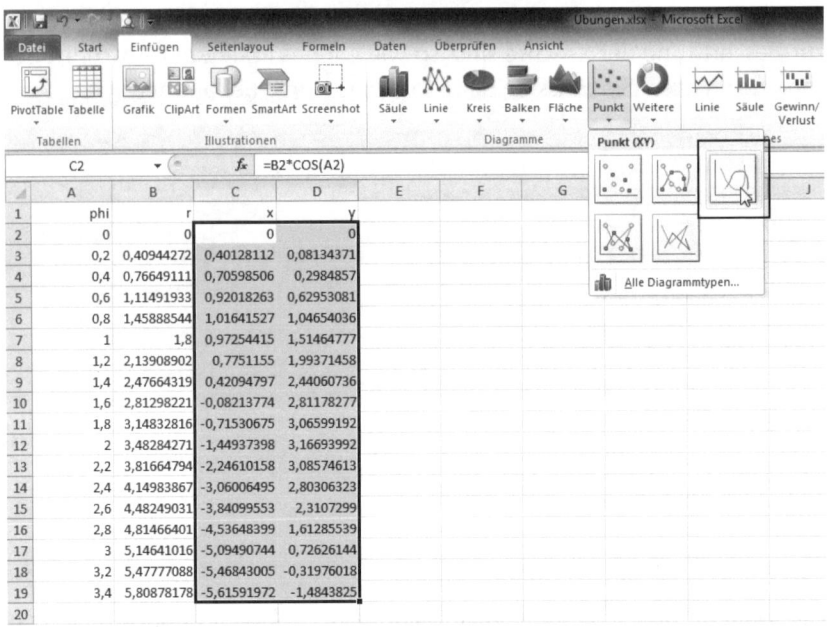

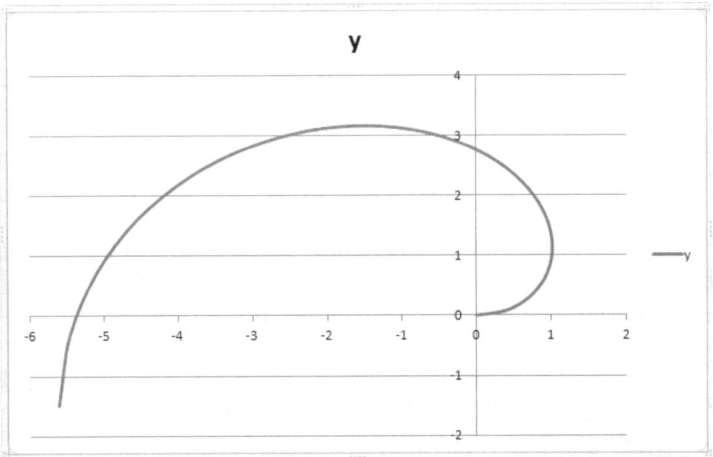

Dieses Diagramm sieht doch schon um einiges vertrauenserweckender aus.

Sie sehen also, selbst mathematische Funktionen in Parameterdarstellung lassen sich in Excel schnell und zuverlässig zu einem Diagramm machen. Schauen wir uns deshalb noch ein weiteres Beispiel an.

Gegeben seien die beiden Gleichungen:

$$x = a \cdot (t - \sin(t)) \quad und \quad y = a \cdot (1 - \cos(t))$$

wobei a eine beliebige konstante Zahl ist. Das ist die Parameterdarstellung einer Zykloiden.

Die x- und y- Werte hängen also von einer anderen Veränderlichen t ab. Zunächst macht es deshalb Sinn, diesen Wert t in einer Spalte der Excel-Tabelle von 0 bis, sagen wir, 19 in Schritten von 0,4 hochzählen zu lassen.

Damit auch der Einfluss der Schrittweite auf die Darstellung erforscht werden kann, wäre es gut, die Schrittweite zunächst in einer eigenen Zelle einzugeben.

In unserem Beispiel steht also die Schrittweite in B1. In B2 wurde die konstante Zahl, hier 0,1, eingetragen. In A7 steht die Formel:

- =A6+$B$1

Hier wird also der Wert der vorherigen Zelle A5 genommen und die Schrittweite addiert. Weshalb die $-Zeichen bei B1 stehen, sollte klar sein. Da die Schrittweite immer in B1 steht, darf diese Adresse bei der nun folgenden Kopiererei nicht verändert werden. Und deshalb wird dieser Teil der Formel als absolute Adresse behandelt und mit $-Zeichen versehen.

Steht die richtige Formel nun in A7, kopieren Sie sich diese Formel bis zur Zeile 54 nach unten.

In B6 befindet sich die Gleichung für den x-Wert:

▪ =$B$2*(A6-SIN(A6))

In C2 wird der entsprechende y-Wert ausgerechnet:

▪ =$B$2*(1-COS(A6)

In B2 befindet sich der konstante Faktor, der in den Gleichungen mit *a* bezeichnet wurde. Auch die Zelle B2 muss in den Formeln als absolute Zelladresse eingegeben werden.

Damit stehen jetzt die Formeln in den richtigen Zellen und brauchen nun nur noch nach unten kopiert zu werden.

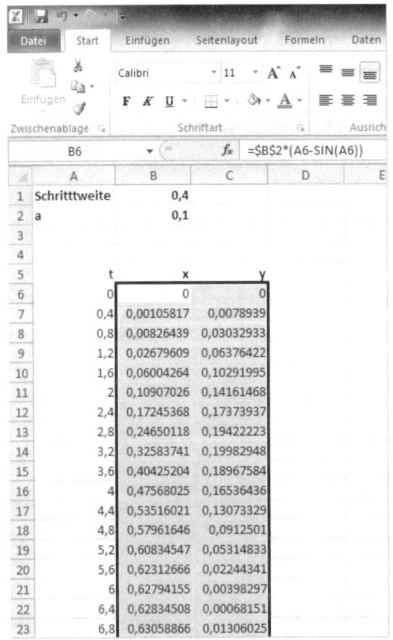

Wir haben damit die Wertetabelle für die grafische Darstellung der Zykloide fertig. Der Rest besteht nun daraus, aus diesen Werten eine anschauliche Grafik zu machen. Dazu markieren Sie die Werte der Spalte B und C, so wie in der Abbildung dargestellt.

Wählen Sie nun wieder in der Registerkarte *Einfügen* das Diagramm *Punkt*.

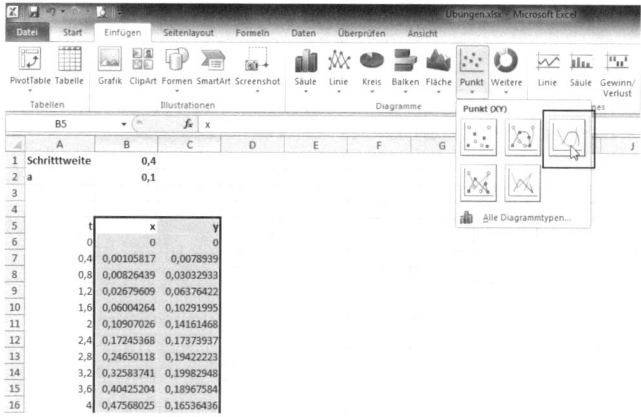

Nur der Diagrammtyp *Punkt* führt bei diesem Beispiel zu einer richtigen grafischen Darstellung.

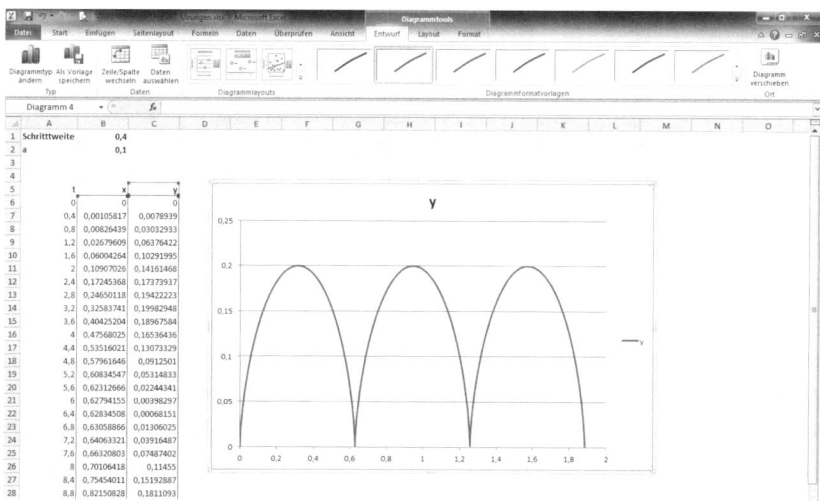

Nun lässt sich in B2 der konstante Faktor *a* noch verändern, um zu erforschen, welchen Einfluss er auf die Darstellung der Zykloide hat. Sie wissen ja, sobald Sie in B2 einen anderen Wert eintragen, rechnet Excel sämtliche Gleichungen noch einmal durch und passt auch automatisch die grafische Darstellung den neuen Werten an.

3.6 So können Sie Tabellen schnell und einfach weiterverarbeiten

Adressenliste für Word-Serienbrief erstellen

Vielfach ist es einfacher, eine Adressliste in Excel statt in Word zu verwalten. Gerade umfangreiche Datentabellen sind in Word umständlich zu verwalten. Nun werden Sie vielleicht fragen, ob Sie eine solche Adressenliste in Excel für einen Serienbrief in Word benutzen können. Selbstverständlich können Sie das tun. Wie das geht, zeigen wir Ihnen nun.

Ein Serienbrief ist ein Brief mit annähernd gleichem Inhalt, der jedoch an verschiedene Adressaten verschickt werden soll, und Word soll automatisch die verschiedenen Adresselemente an die richtigen Stellen im Brief setzen.

Damit eine solche Liste aber in einem Serienbrief erfolgreich und problemlos benutzt werden kann, müssen einige Vorüberlegungen angestellt werden.

	A	B	C	D	E	F	G	H	I	J	K
1	KUNDEN_NR	ANRE	VORNAME	NACHNAME	FIRMA	STRASSE	PLZ	STADT			
2	10001	Frau	Emilie	Emmermann	Emmermann Schreibwaren	Tatenberger Deich 112	21037	Hamburg			
3	10002	Herr	Herbert	Meyer	Übersetzungsbüro H. Meyer	Erich-Kästner-Ring 86	22175	Hamburg			
4	10003	Herr	Anton	Adams	UMS Hausverwaltungen GmbH	Prinzregentenplatz 8	81675	München			
5	10004	Frau	Herta	Rosenstengel	Katzenpension Sanfte Ruhe	Gutleutstraße 80	60329	Frankfurt			
6	10005	Herr	Joachim	Kirchner	Fahrschule Kirchner	Bultenmoor 3	22417	Hamburg			
7	10006	Herr	Walter	Flamme	Elektro-Flamme	Dillgasse 26	60439	Frankfurt			
8	10007	Frau	Sophie	Kuhmann	Blumenhaus Kuhmann	Franz-Josef-Str. 38	80801	München			
9	10008	Herr	Johannes	Schmidt	Detective Code International	Dachsteinstr. 56	81825	München			
10	10009	Herr	Wilhelm	Toren	Softwore GmbH	Gonzenheimer Str. 86	60437	Frankfurt			
11	10010	Herr	Gerhard	Reuter	Verglasungen Reuter	Bischofsweg 9	60598	Frankfurt			
12	10011	Frau	Walburga	Geiger	Supermarkt Geiger	Gucksbergweg	01139	Dresden			
13	10012	Herr	Emanuel	Oslowski	O&E Kunsttischlerei GmbH	Van-Gogh-Str. 69	01326	Dresden			
14	10013	Frau	Karin	Schulze	Boutique Fleur	Weidenallee 97	20357	Hamburg			
15	10014	Herr	Arno	Neuerburg	Kfz-Zubehör A. Neuerburg	Tönenweg 6	21039	Hamburg			
16	10015	Herr	Klaus	Reiter	Gummi-Reiter	Fischerweg 68	81669	München			

So müssen die Spalten einer Adressenliste, die Sie in Word benutzen möchten, zwingend Spaltenüberschriften besitzen, denn nur diese Spaltenüberschriften werden Sie dann in einem Word-Serienbrief benutzen. Zwingend heißt hier nicht, dass Sie eine Fehlermeldung bekommen, wenn Sie es nicht tun. Jedoch wird ein Word-Serienbrief sonst recht umständlich zu erstellen sein.

Jeder Brief, auch ein Serienbrief, sollte eine individuelle Anrede bekommen. Wenn möglich, sollte man ein „Sehr geehrte Damen und Herren" vermeiden und den Empfänger individuell mit seinem Namen ansprechen.

Hier taucht aber das Problem auf, dass bei einer Frau beispielsweise „Sehr geehrte Frau Müller", bei einem Mann jedoch „Sehr geehrter Herr Müller" geschrieben werden muss.

Gleichzeitig sollte dann aber auch im Anschriftenfeld für eine Frau „An Frau Maria Müller" und bei einem Mann „An Herrn Peter Müller" stehen.

Und was machen Sie gar, wenn Ihre Adressenliste für eine Einladung Ihrer Freunde fungieren muss? Gute Freunde wird man in der Regel mit „Du" ansprechen und in der Anrede würde dann stehen „Liebe Maria" oder „Lieber Peter".

Wenn Sie nun für all diese verschiedenen Anreden weitere Spalten in Ihrer Tabelle hinzufügen, so wird Ihre Liste recht bald aus allen Fugen platzen. Aber im Grunde brauchen Sie für alle diese Anreden nur eine einzige zusätzliche Spalte, nämlich die Spalte für das Geschlecht. In der Abbildung ist das die Spalte B. Und mithilfe einer, ich wage es kaum zu sagen, *WENN ... DANN ... SONST*-Struktur in Word können Sie dann schnell fragen „Wenn Frau, dann diese Anrede, ansonsten jene".

Sie sollten also immer für spezielle Anreden eine entsprechende Spalte vorsehen. Ob Sie dann, wie in der Abbildung, für eine Frau ein *w* und für einen Mann ein *m* eintragen, ist im Grunde unerheblich. Aber wenn Sie sich für eines entscheiden, müssen Sie dabei bleiben.

	A	B	C	D	E	F	G	H
1	KUNDEN_NR	ANRE	VORNAME	NACHNAME	FIRMA	STRASSE	PLZ	STADT
2	10001	Frau	Emilie	Emmermann	Emmermann Schreibwaren	Tatenberger Deich 112	21037	Hamburg
3	10002	Herr	Herbert	Meyer	Übersetzungsbüro H. Meyer	Erich-Kästner-Ring 86	22175	Hamburg
4	10003	Herr	Anton	Adams	UMS Hausverwaltungen GmbH	Prinzregentenplatz 8	81675	München
5	10004	Frau	Herta	Rosenstengel	Katzenpension Sanfte Ruhe	Gutleutstraße 80	60329	Frankfurt
6	10005	Herr	Joachim	Kirchner	Fahrschule Kirchner	Bültenmoor 3	22417	Hamburg
7	10006	Herr	Walter	Flamme	Elektro-Flamme	Dillgasse 26	60439	Frankfurt
8	10007	Frau	Sophie	Kuhmann	Blumenhaus Kuhmann	Franz-Josef-Str. 38	80801	München
9	10008	Herr	Johannes	Schmidt	Detective Code International	Dachsteinstr. 56	81825	München
10	10009	Herr	Wilhelm	Toren	Software GmbH	Gonzenheimer Str. 86	60437	Frankfurt
11	10010	Herr	Gerhard	Reuter	Verglasungen Reuter	Bischofsweg 9	60598	Frankfurt
12	10011	Frau	Walburga	Geiger	Supermarkt Geiger	Gucksbergweg	01139	Dresden
13	10012	Herr	Emanuel	Oslowski	O&E Kunsttischlerei GmbH	Van-Gogh-Str. 69	01326	Dresden
14	10013	Frau	Karin	Schulze	Boutique Fleur	Weidenallee 97	20357	Hamburg
15	10014	Herr	Arno	Neuerburg	Kfz-Zubehör A. Neuerburg	Tönerweg 6	21039	Hamburg
16	10015	Herr	Klaus	Reiter	Gummi-Reiter	Fischerweg 68	81669	München

Mit einer Adressenliste in der Sie beim Geschlecht mal ein *w*, ein anderes Mal aber *Frau* eintragen, werden Sie ganz schnell in Teufels Küche kommen.

Es ist eigentlich gleichgültig, ob Sie mit *w* und *m* arbeiten oder lieber *Herr* und *Frau* zur Unterscheidung der Geschlechter benutzen möchten, aber wenn Sie sich einmal entschieden haben, bleiben Sie auch dabei. Vermeiden Sie einen Mix der beiden.

Wie Sie Ihre Tabelle sortieren können, wurde schon erklärt. Wir möchten hier zum Schluss noch erwähnen, dass Sie natürlich auch berechnete Felder in einem Serienbrief verarbeiten können. Vielleicht müssen Sie ja einmal einen Brief verfassen, der die Namen der Mitarbeiter enthält, zusätzlich den jeweils erzielten Umsatz und die dafür auszuzahlende Prämie.

D2			f_x	=C2*5%	
	A	B	C	D	E
1	Vorname	Name	Umsatz	Prämie	
2	Emilie	Emmermann	50.000	2500	
3	Herbert	Meyer	60.000	3000	
4	Anton	Adams	65.000	3250	
5	Herta	Rosenstengel	30.000	1500	
6	Joachim	Kirchner	35.000	1750	
7					

Erstellen Sie einfach, wie wir es bisher getan haben, die Tabelle mit den Rechenoperationen. Denken Sie nur daran, über den Spalten tatsächlich Spaltenüberschriften zu setzen.

Tabellen und Diagramme in Word und PowerPoint einfügen

Zwar können Sie auch in PowerPoint und Word ganz nette Balken und Kuchendiagramme machen, doch meist wird es so sein, dass in Ihrer Tabelle viele Werte ausgerechnet werden müssen. Aber sobald Sie viele Rechnungen in der Tabelle haben, sollten Sie immer zu Excel greifen, denn die Rechenmöglichkeiten in Word und PowerPoint sind, um es milde auszudrücken, sehr beschränkt.

Nun kann es sein, dass Sie eine solche in Excel in mühevoller Arbeit erstellte Tabelle für eine Präsentation in PowerPoint brauchen. Oder vielleicht benötigen Sie ein aus diesen Zahlen erstelltes Diagramm für einen Bericht in Word. Es stellt sich also die Frage, wie Sie so etwas in die jeweiligen anderen Office-Komponenten integrieren.

Betrachten wir dazu als Beispiel das Diagramm, das wir auf Seite 442 ff. erstellt hatten. Das Diagramm benötigen Sie für eine schriftliche Hausarbeit in einem Word-Dokument.

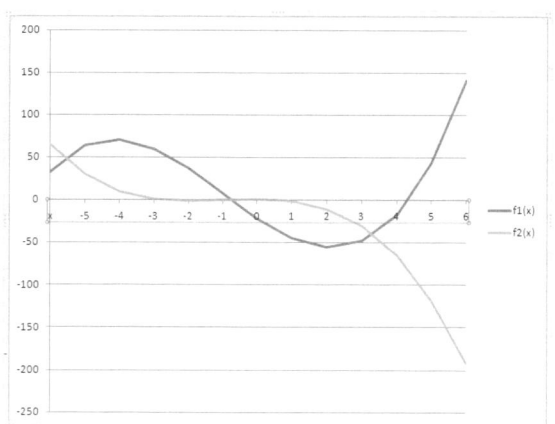

1 Klicken Sie mit der rechten Maustaste auf das Diagramm.

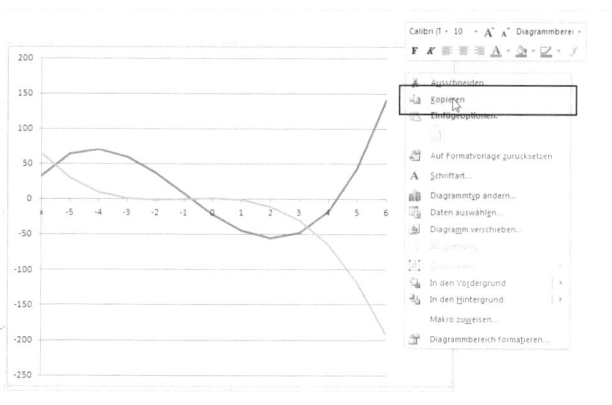

2 Nun klicken Sie mit der linken Maustaste auf *Kopieren*.

3 Gehen Sie nun in einem Word-Dokument an die Stelle, wo Sie das Diagramm haben möchten.

4 Wählen Sie in Word den *Einfügen*-Befehl in der Registerkarte *Start*.

5 Nun haben Sie das Diagramm in Word und können es dort mit den bekannten Möglichkeiten in Ihrem Text verarbeiten.

Das Kopieren geht auch anders

Natürlich sollten Sie nicht anfangen, nun jede mögliche Tastenkombination auswendig zu lernen. Aber einige erleichtern und beschleunigen das Leben mit Excel und dem Office-Paket ungemein.

So können Sie mit der Tastenkombination ⌈Strg⌉+⌈C⌉ das Kopieren einleiten. Dann gehen Sie in die entsprechende Anwendung und drücken dort ⌈Strg⌉+⌈V⌉, um das Kopierte dort einzufügen. Wenn Sie mit den Tastenkombinationen arbeiten möchten, so müssen Sie zuerst mit einem kurzen Klick das Diagramm markieren, bevor Sie es kopieren.

Das Diagramm wurde als sogenanntes Grafikobjekt eingefügt, d. h., Sie können es innerhalb von Word ebenfalls noch etwas bearbeiten. Klicken Sie mit der rechten Maustaste auf das Diagramm in Word und wählen Sie die Funktion, die Sie möchten:

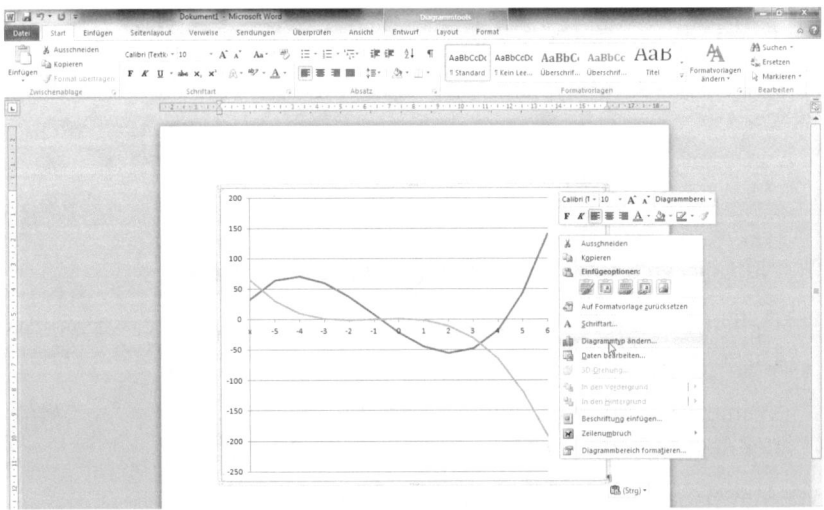

Wenn Sie Ihr Diagramm aber lieber als ganz normales Bild einfügen möchten, wählen Sie, nachdem Sie es mit [Strg]+[C] oder dem Befehl *Kopieren* in die Zwischen-ablage kopiert haben, das kleine Dreieck unterhalb des *Einfügen*-Befehls.

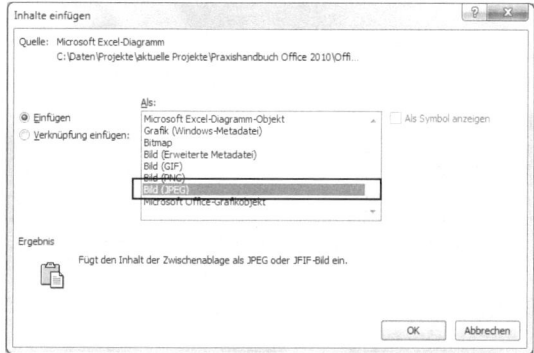

Klicken Sie nun auf *Inhalte einfügen*. Dann erhalten Sie ein Fenster, in dem Sie wählen können, als was Sie Ihr Diagramm eingefügt haben möchten:

Wenn Sie beispielsweise das Diagramm als JPG-Bild einfügen möchten, so wählen Sie *Bild (JPEG)*, wie in der Abbildung gezeigt.

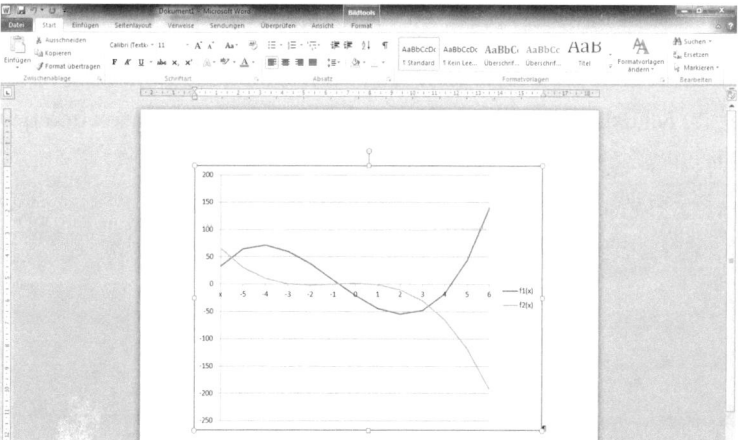

Jetzt können Sie das Bild noch nach Herzenslust in Ihrem Text herumschieben. Mehr dazu erfahren Sie im Word-Teil dieses Buches.

Es kann aber auch durchaus sein, dass Sie eine Tabelle zwar in Excel berechnet haben, diese Tabelle aber in einem Word-Dokument brauchen. Auch das ist mit dem *Kopieren*-Befehl zu machen. Die Schritte sind identisch wie bei einem Diagramm. Sie müssen lediglich die Werte, die Sie in Ihrem Word-Dokument haben wollen, richtig markieren.

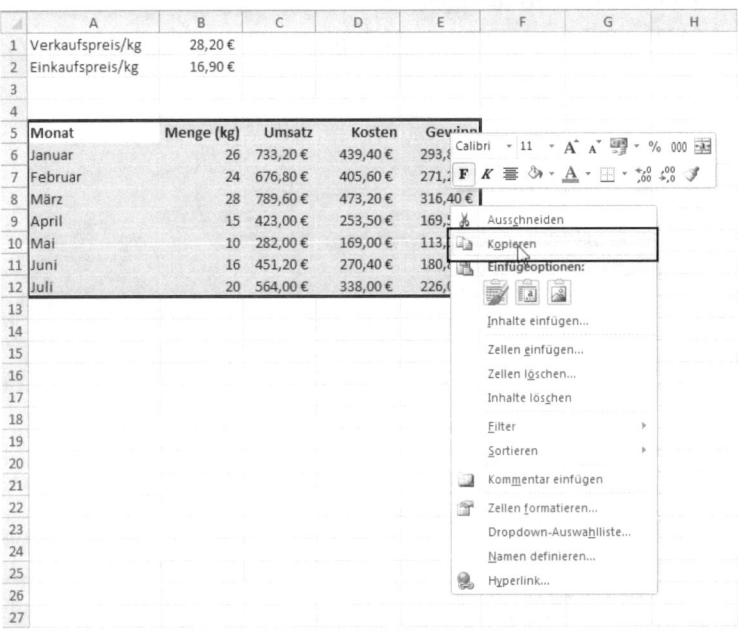

Dann rechte Maustaste und *Kopieren* wählen. Der Rest läuft wie eben besprochen.

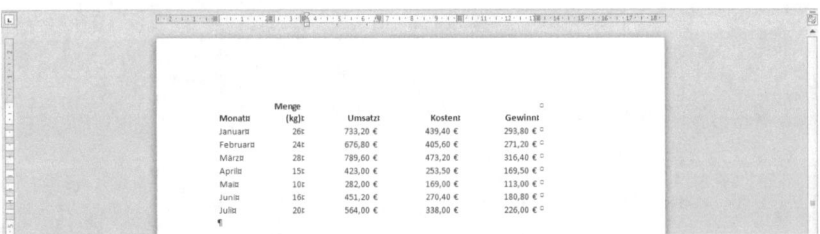

Wie Sie am Zeilenlineal von Word leicht erkennen, wurde Ihre Tabelle dadurch zu einer ganz normalen Word-Tabelle, mit allen Schikanen, die in Word möglich sind.

Achtung: Es wurden nur die Werte übertragen

Wenn Sie eine Tabelle mit (Strg)+(C) und (Strg)+(V) kopieren, werden nur die Werte übertragen, nicht aber die in Excel befindlichen Formeln. Wenn Sie also in Ihrem Dokument nun einen Wert ändern, wird nicht mehr automatisch alles neu berechnet.

Auch wenn Sie nun alles abspeichern und in Excel einen Wert verändern, wird zwar in Excel neu gerechnet, nicht aber in der Tabelle, die sich in Ihrem Word-Dokument befindet, denn das Word-Dokument kennt die in Excel hinterlegten Formeln nicht mehr.

Wenn es jedoch sein muss, dass die Tabelle in Ihrem Word-Dokument die Werte sofort ändert, sobald ein Wert in der Excel-Tabelle geändert wurde, so wählen Sie zum Einfügen nicht (Strg)+(V), sondern *Inhalte einfügen*.

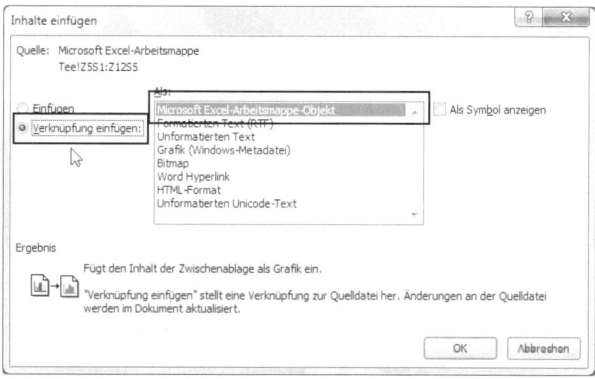

Hier wählen Sie das *Microsoft Excel-Arbeitsmappe-Objekt* und klicken ganz links auf *Verknüpfung einfügen*.

Wenn Sie nun in Ihrer Excel-Tabelle einen Wert verändern, wird damit auch der Wert in Ihrer Tabelle in Word geändert.

In gleicher Art und Weise können Sie auch Diagramme und Tabellen nach PowerPoint kopieren und dort weiterverarbeiten. Hierbei gilt analog das zu Word Gesagte.

Tabelle zum Drucken vorbereiten

Jedes Diagramm und jede Tabelle muss wahrscheinlich irgendwann einmal ausgedruckt werden. Ein vollkommen papierloses Büro wird es sicher in nächster Zukunft noch nicht geben, aber mit Unterstützung von Excel können Sie auf Probeausdrucke weitestgehend verzichten und zunächst erst einmal am Bildschirm sehen, wie Ihre Tabelle oder Ihr Diagramm dann später auf dem Papier aussehen wird. Dazu brauchen Sie zunächst einmal die Layoutansicht.

Die Layoutansicht

Die Layoutansicht zeigt Ihnen Ihre Excel-Tabelle oder Ihr Diagramm, wie sie dann wirklich auf dem Papier aussehen werden. Um diese Ansicht aufzurufen, wählen Sie in der Registerkarte *Ansicht* in der Gruppe *Arbeitsmappenansichten* den Befehl *Seitenlayout*.

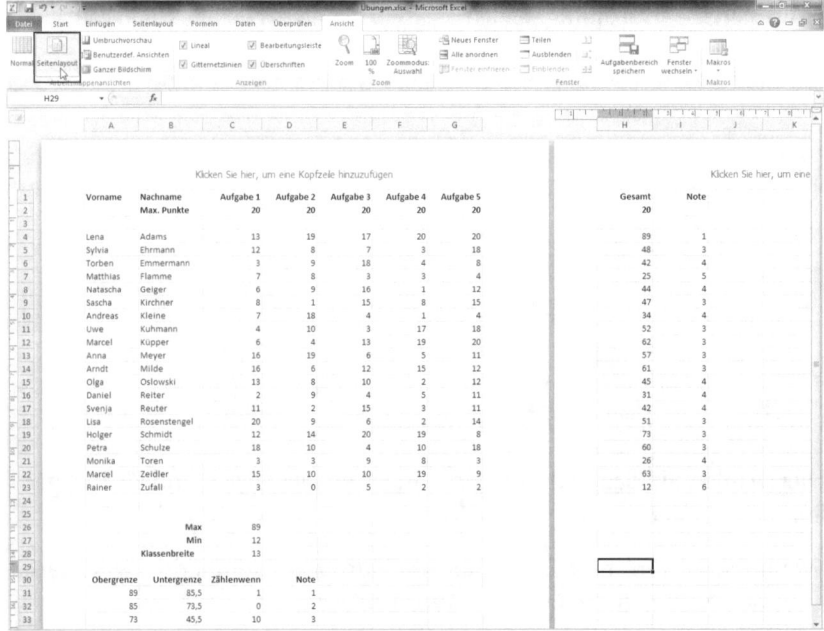

Und schon sehen Sie Ihre Tabelle, wie sie ausgedruckt aussehen würde, wenn Sie tatsächlich den Druckbefehl gegeben hätten. Diese Ansicht können Sie noch mit dem *Zoom*-Befehl verkleinern oder vergrößern, wie Sie möchten.

Je kleiner Sie die Prozentzahl wählen, desto kleiner wird natürlich die Abbildung, aber desto besser sehen Sie die allgemeine Wirkung Ihrer Tabelle.

Die folgende Abbildung zeigt Ihnen den Zoom-Faktor 50 %. Sie sehen, dass die Tabelle auf zwei Seiten ausgedruckt werden würde.

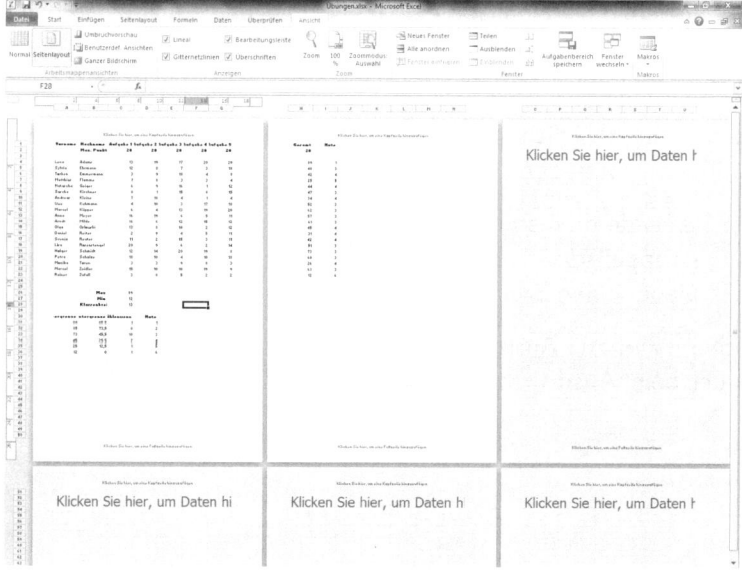

Verkleinerungen sind deshalb so interessant, weil man dabei also auch gleich mehrere Seiten einer Tabelle sehen kann. So wird es Ihnen sicher einige Male passieren, dass Sie in der Layoutansicht sehen, dass Ihre Tabelle über mehrere Seiten ausgedruckt wird, aber nur, weil vielleicht eine einzige Spalte zu groß ist.

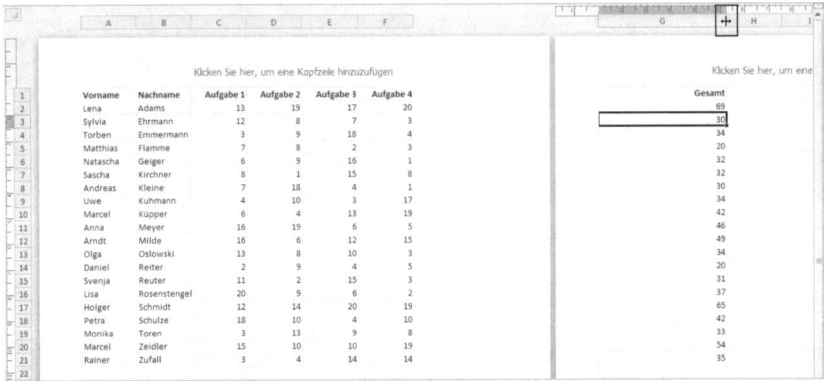

So etwas können Sie nun in der Layoutansicht korrigieren, indem Sie, wie die Abbildung zeigt, auf den Spaltenrand der zu groß geratenen Spalte gehen. Ihr Mauszeiger wird dann zu einem schwarzen Strich mit zwei Pfeilen. Nun ziehen Sie einfach die Spalte kleiner und sobald die Spalte so klein geworden ist, dass sie auf die andere Seite passt, wird Excel sie auch dorthin schieben.

So können Sie nachträglich in der Layoutansicht die Spalten Ihrer Tabelle noch verändern, damit doch alles auf eine einzige Seite passt.

Möchten Sie wieder in die normale Ansicht wechseln, so klicken Sie einfach in der Gruppe *Arbeitsmappenansichten* auf *Normal* und wählen gegebenenfalls wieder einen *Zoom* von 100 %.

Nun erscheint in dieser Ansicht eine gestrichelte Linie, die Ihnen den Seitenumbruch beim Ausdrucken anzeigt.

	A	B	C	D	E	F	G	H	I	J
1	Vorname	Nachname	Aufgabe 1	Aufgabe 2	Aufgabe 3	Aufgabe 4	Aufgabe 5	Gesamt		
2	Lena	Adams	13	19	17	20	20	89		
3	Sylvia	Ehrmann	12	8	7	3	18	48		
4	Torben	Emmermann	3	9	18	4	8	42		
5	Matthias	Flamme	7	8	2	3	4	24		
6	Natascha	Geiger	6	9	16	1	12	44		
7	Sascha	Kirchner	8	1	15	8	15	47		
8	Andreas	Kleine	7	18	4	1	4	34		
9	Uwe	Kuhmann	4	10	3	17	18	52		
10	Marcel	Küpper	6	4	13	19	20	62		
11	Anna	Meyer	16	19	6	5	11	57		
12	Arndt	Milde	16	6	12	15	12	61		
13	Olga	Oslowski	13	8	10	3	12	46		
14	Daniel	Reiter	2	9	4	5	11	31		
15	Svenja	Reuter	11	2	15	3	11	42		
16	Lisa	Rosenstengel	20	9	6	2	14	51		
17	Holger	Schmidt	12	14	20	19	8	73		
18	Petra	Schulze	18	10	4	10	18	60		
19	Monika	Toren	3	13	9	8	2	35		
20	Marcel	Zeidler	15	10	10	19	9	63		
21	Rainer	Zufall	3	4	14	14	2	37		
22										

Große Tabellen drucken

Bei großen Tabellen werden beim Ausdruck in der Regel mehrere Seiten benötigt. Damit aber dabei jederzeit ein eindeutiger Bezug zur entsprechenden Tabelle hergestellt werden kann, sollte man die einzelnen Seiten nicht nur mit einer Seitennummerierung, sondern auch mit einer Kopf- oder Fußzeile versehen.

In der Layoutansicht hat Ihnen Excel schon die Möglichkeit einer Kopfzeile vorgegeben:

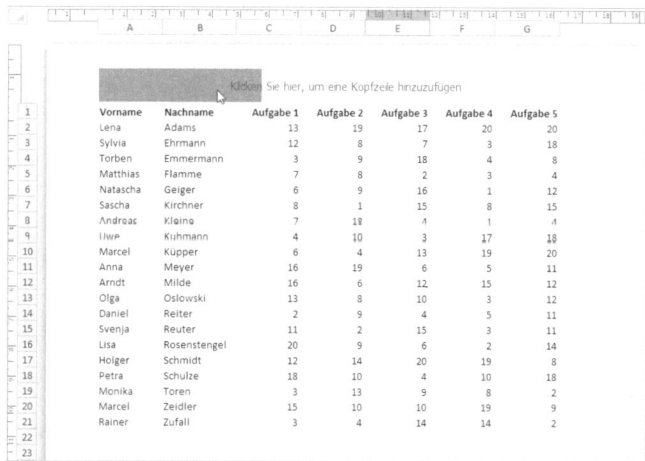

Wenn Sie zunächst die Maus nur auf diesen Kopfbereich schieben, sehen Sie, wie die zentrierte Position blau unterlegt wird. Wandern Sie in diesem Bereich nach links, so wird der linke Bereich der Kopfzeile blau unterlegt.

Nach rechts geht das natürlich ganz genauso. Sie haben also die Möglichkeit, einen Text oder die Seitennummerierung sowohl zentriert als auch links- oder rechtsbündig zu platzieren.

Zunächst soll einmal die Seitennummerierung rechtsbündig eingetragen werden. Klicken Sie dazu also in den rechten Teil der Kopfzeile.

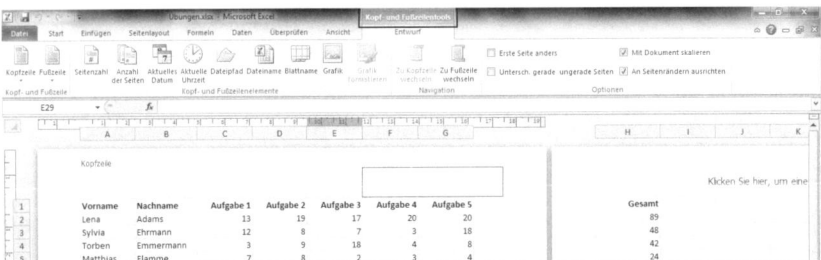

Nun erhalten Sie in der Zeile, in der der Name Ihrer Excel-Mappe steht, den Befehl *Kopf- und Fußzeilentools*. Ein kurzer Klick darauf und Sie erhalten weitere sinnvolle Befehle.

Einige Symbole und ihre Wirkung sind in folgender Tabelle zusammengefasst:

Schaltfläche	Funktion	Bemerkungen
# Seitenzahl	*&[Seite]*	Hiermit fügen Sie die Seitennummerierung für Ihre Tabelle ein. Excel wird nun bei Tabellen die einzelnen Seiten beim Ausdruck nummerieren.

Schaltfläche	Funktion	Bemerkungen
Anzahl der Seiten	&[Seiten]	Gibt beim Ausdrucken die Gesamtzahl aller Seiten Ihrer Tabelle an.
Aktuelles Datum Aktuelle Uhrzeit	&[Datum] &[Zeit]	Hiermit erhalten Sie beim Ausdrucken das aktuelle Datum bzw. die aktuelle Uhrzeit. Denken Sie daran, es ist das aktuelle Datum bzw. die aktuelle Uhrzeit und nicht das Datum oder die Uhrzeit, zu denen die Tabelle erstellt wurde.
Dateipfad	&[Pfad]&[Datei]	Mit dem Befehl *Dateipfad* fügen Sie in Ihre Kopf- oder Fußzeile den Pfad ein, wo sich auf der Festplatte diese Excel-Mappe befindet. Gleichzeitig wird auch der Dateiname mit eingefügt.
Dateiname	&[Datei]	Mit *Dateiname* wird nur der Dateiname eingefügt, nicht aber der Pfad. Der Dateiname ist der Name der Excel-Mappe. In der Abbildung oben wäre der Dateiname *Übungen.xlsx*.
Blattname	&[Register]	Hiermit wird der Name der Tabelle eingefügt.
Zu Kopfzeile wechseln Zu Fußzeile wechseln		Was bisher über die Kopfzeile gesagt wurde, gilt natürlich auch für die Fußzeile. Mit diesem Befehl wechseln Sie zwischen den Welten der Kopf- und Fußzeile hin und her.

Mit den beiden Funktionen *Seitenzahl* und *Anzahl der Seiten* können Sie z. B. so etwas machen wie *Seite 3 von insgesamt 12 Seiten*, auf der nächsten Seite *Seite 4 von insgesamt 12 Seiten* usw. Was müssen Sie dafür tun?

Die folgende Abbildung zeigt es Ihnen:

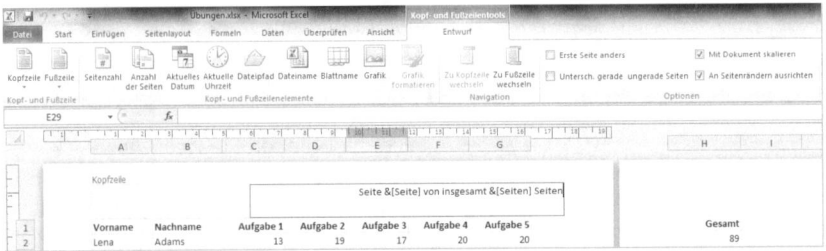

In einem Bereich Ihrer Kopfzeile geben Sie die in der Abbildung gezeigte Formel ein. Dabei klicken Sie, wenn Sie z. B. &[Seite] einfügen möchten, am besten auf das entsprechende Symbol. Genauso verfahren Sie bei &[Seiten]. Alles andere ist ganz normaler Text. Haben Sie alles eingegeben, klicken Sie irgendwo in Ihre Tabelle, um aus der Kopfzeile herauszukommen

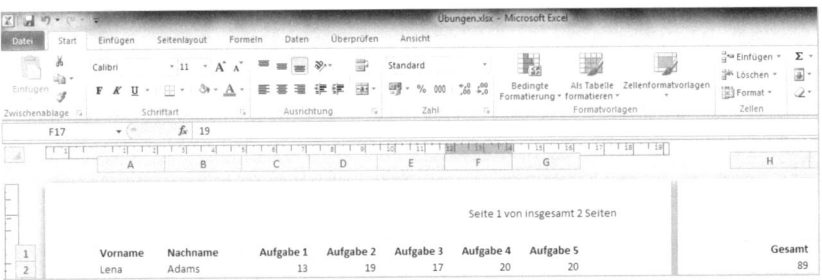

Vielleicht ist Ihnen aufgefallen, dass wir den Befehl *Grafik* stillschweigend übergangen haben. Das liegt daran, dass wir diesen Befehl nun etwas ausführlicher erläutern möchten.

In Office 2010 können Sie auch eine Grafik in eine Kopf- oder Fußzeile einfügen. Vielleicht möchten Sie, dass Ihr persönliches Logo auf jeder Seite der Tabelle ausgedruckt wird, sodass sofort jeder sieht, dass die Tabelle von Ihnen erstellt wurde.

Wenn Sie also Ihr persönliches Logo in der Kopfzeile haben möchten, so klicken Sie in den Kopfzeilentools auf *Grafik*. Excel öffnet daraufhin automatisch das Fenster *Grafik einfügen*.

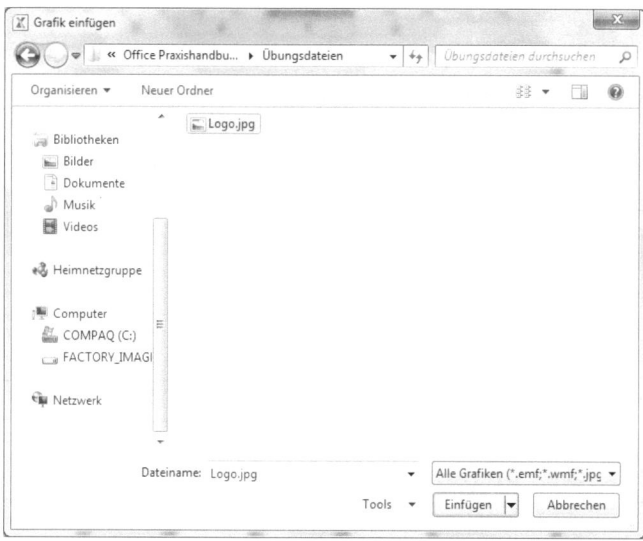

Hier gehen Sie in den Ordner auf Ihrer Festplatte, in dem sich Ihr Logo befindet. Ein kurzer Klick auf den Dateinamen der Grafik und ein Klick auf *Einfügen* und schon haben Sie Ihr Logo in der Kopf- oder Fußzeile. So- bald Sie die Kopf- bzw. Fußzeile durch einen Klick in die Tabelle verlassen, sehen Sie die Grafik.

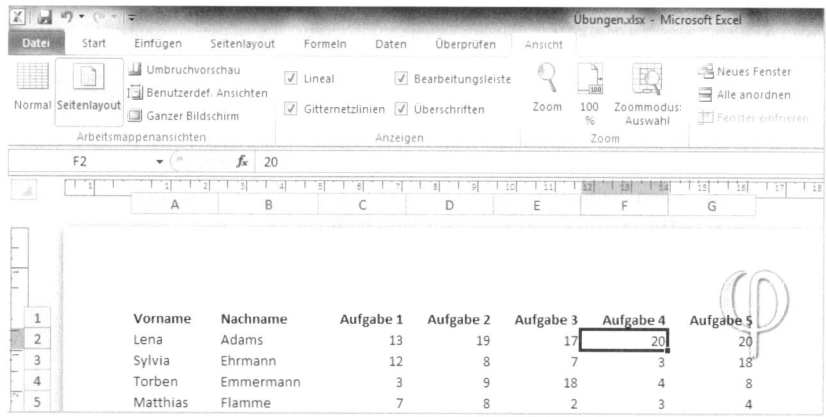

Ein kurzer Klick auf *Gitternetzlinien* und es werden die Zeilen- und Spal- tenlinien ausgeblendet und nicht mit gedruckt.

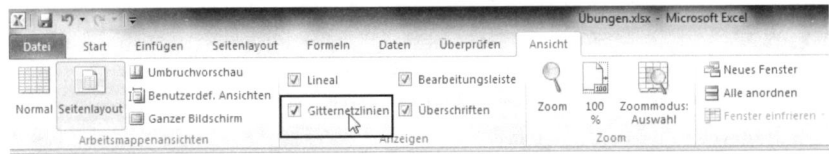

Sollte Ihnen das Logo zu groß sein und wie in der Abbildung in Zellen hinein-reichen, können Sie die Grafik innerhalb von Excel noch formatieren. Klicken Sie dazu im Seitenlayout auf das Logo. Ein weiterer Klick auf *Kopf- und Fuß-zeilentools* zeigt Ihnen *Grafik formatieren*.

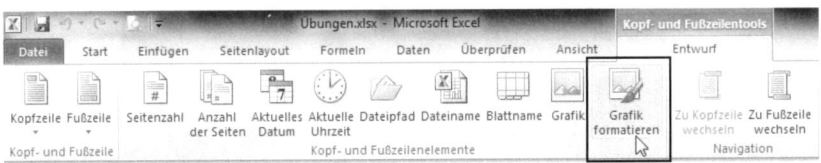

Hier können Sie beispielsweise die Skalierung der Grafik auf 50 % her-untersetzen.

Es gibt noch eine andere Möglichkeit der Seitenvorschau. Diese ist eher mit den früheren Versionen von Excel ver-gleichbar. Im Menü *Datei* klicken Sie auf *Drucken*.

Die Grafik ist nur im Seitenlayout zu sehen

Wenn Sie zur Normalansicht wechseln, so werden Sie das eingebundene Logo nicht mehr am Bildschirm se-hen, da Kopf- und Fußzeilen nur im Seitenlayout zu sehen sind. Beim Ausdrucken werden sie natürlich trotzdem mit ausgedruckt, auch wenn Sie in der Normalansicht sind.

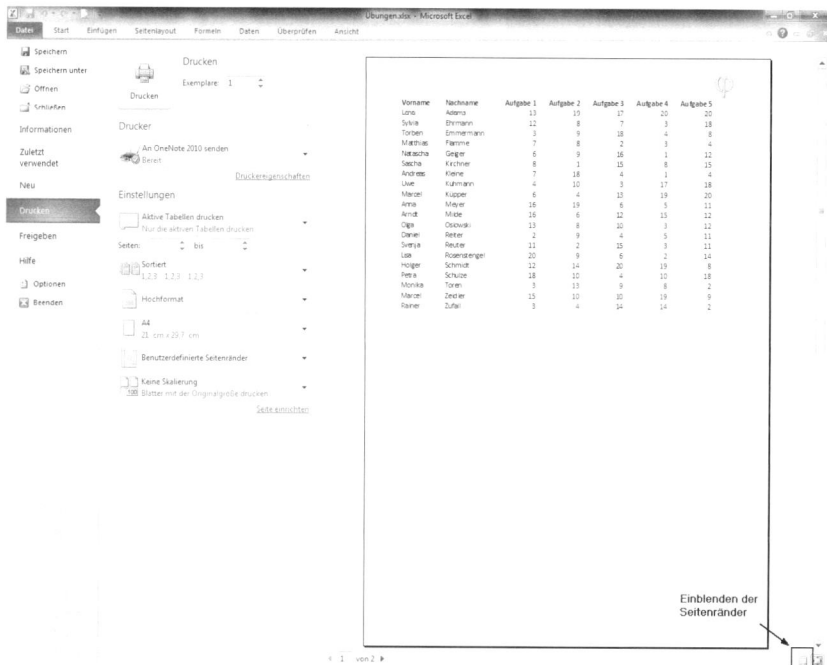

Nun haben Sie ebenfalls eine Seitenvorschau. Ein Klick auf das Symbol zum Einfügen der Seitenränder und Sie können diese mit der Maus verändern.

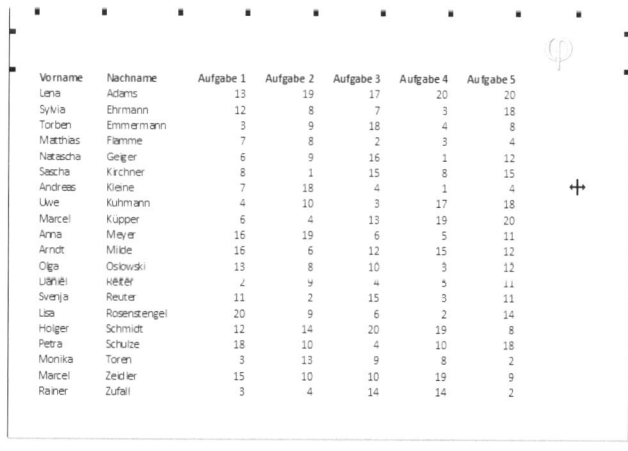

Gehen Sie dazu mit der Maus z. B. auf den rechten Seitenrand (siehe Abbildung) und ziehen Sie den Seitenrand mit gedrückter linker Maustaste an eine andere Position.

Sobald es genügend Platz für eine Spalte gibt, wird Excel automatisch diese Spalte von einer Folgeseite auf diese Seite schieben.

Eine bestimmte Tabelle soll gedruckt werden – Druckbereich festlegen

Nachdem Sie mit der Layoutansicht Ihre Tabelle kontrolliert und für gut befunden haben, ist es nun an der Zeit, mit dem Drucken zu beginnen. Drucken können Sie einmal über das Menü *Datei*. Wählen Sie darin *Drucken*.

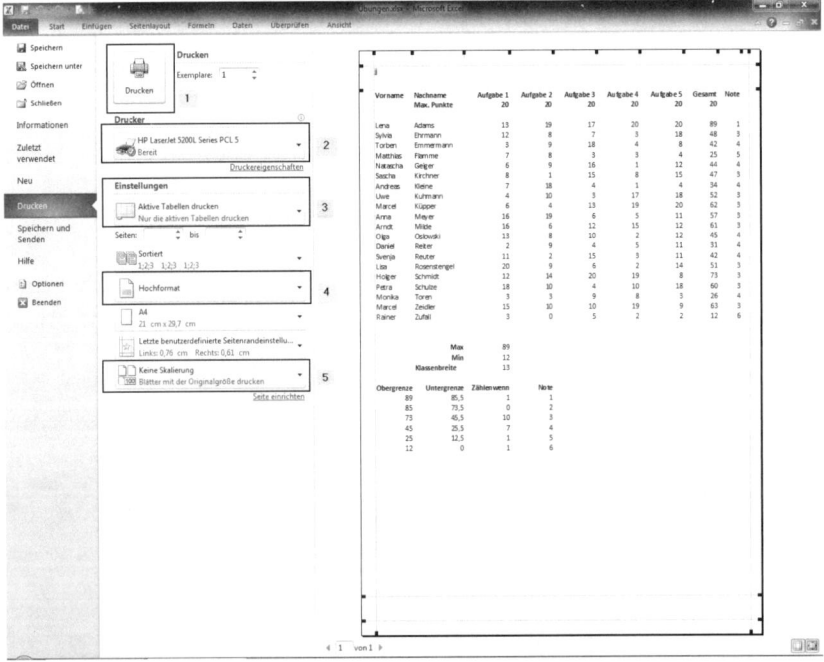

Hier sehen Sie das Seitenlayout. Wenn Sie damit zufrieden sind, klicken Sie auf *Drucken* im Fenster (1). Vorher sollten Sie aber einmal einen kurzen Blick auf den Bereich 2 in der Abbildung werfen. Haben Sie den richtigen Drucker ausgewählt?

Wenn nein, klicken Sie auf das Dreieck und wählen den richtigen Drucker aus.

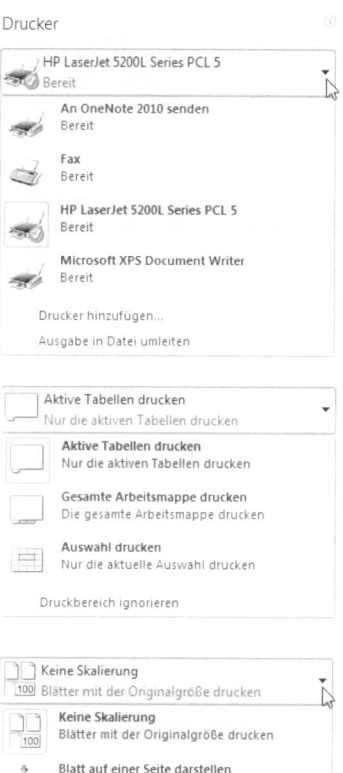

Hier können Sie auch nachträglich weitere Drucker und ihre Treiber hinzufügen.

Doch es gibt noch weitere interessante Einstellungen. Im Bereich 3 der Abbildung entscheiden Sie, was gedruckt werden soll.

So können Sie nicht nur die augenblicklich aktive Tabelle, sondern auch die gesamte Arbeitsmappe drucken. Selbst einzelne markierte Zellbereiche einer Tabelle lassen sich drucken (*Auswahl drucken*).

Im Bereich 4 der Abbildung wählen Sie, ob Sie die Ausgabe im Hoch- oder Querformat wollen.

Der Bereich 5 bietet Ihnen die Möglichkeit, das ganze Tabellenblatt so zu skalieren, dass es auf jeden Fall auf eine Seite passt.

Das ist besonders dann interessant, wenn Sie vergeblich versucht haben, eine einzige Spalte doch noch auf die Seite zu packen. Wenn Sie hier *Blatt auf einer Seite darstellen* wählen, so wird Excel Ihre Tabelle skalieren und exakt auf einer Seite darstellen. Aber Vorsicht: Bei sehr großen Tabellen können Sie dann die Schriftgröße 2 pt bekommen und müssten eine Lupe mitliefern, um Ihre Tabelle lesbar zu machen.

Haben Sie Ihre Auswahl getroffen, so genügt ein Klick auf *Drucken* und alles wird zu Ihrem Drucker geschickt und ausgedruckt.

Mehrere Tabellen gleichzeitig mit einer Kopf- und Fußzeile versehen und drucken

Nehmen wir einmal an, Sie haben in Ihrer Arbeitsmappe die folgenden Tabellen:

| I◄ ◄ ► ►I | Handwerker | Tee | Zinsen | Prämie | Messwerte | Standort | Zufallsbereich | Klausur |

Nun möchten Sie die Tabellen *Tee*, *Messwerte* und *Zufallsbereich* mit der gleichen Kopf- und Fußzeile versehen. Natürlich können Sie jede Tabelle aufsuchen und dort die Kopf- oder Fußzeile erzeugen. Komfortabler ist es aber allemal, wenn Sie vorher alle Tabellen, die die gleiche Kopf- oder Fußzeile erhalten sollen, markieren.

Sie können diese Tabellen markieren, indem Sie die (Strg)-Taste festhalten und auf die gewünschten Tabellen klicken.

Klicken Sie nun auf der Registerkarte *Ansicht* auf *Seitenlayout* und erstellen Sie, wie vorher beschrieben, Ihre Kopf- bzw. Fußzeile. Da Sie aber mehrere Tabellen markiert haben, gelten diese Kopf- und Fußzeilen für alle diese markierten Tabellen.

Wenn Sie nun über das *Datei*-Menü *Drucken* aufrufen, hat Excel wieder *Aktive Tabellen drucken* ausgewählt. Da Sie aber immer noch mehrere Tabellen markiert haben, sind das Ihre aktiven Tabellen, die ausgedruckt werden. Das können Sie sich auch in der Vorschau ansehen.

Durch einen Klick auf die beiden Dreiecke unten im Fenster können Sie nicht nur durch die einzelnen Seiten einer Tabelle gehen, sondern auch durch alle markierten, also aktiven Tabellen.

Möchten Sie die Markierungen wieder aufheben, klicken Sie einfach auf einen anderen Tabellennamen.

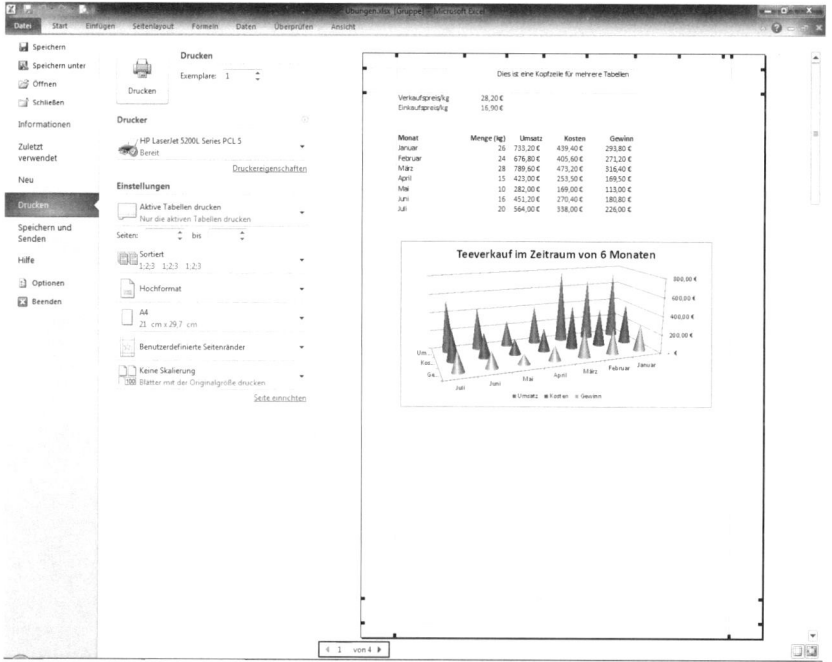

Es soll nur ein Teil der Tabelle gedruckt werden – Druckbereiche festlegen

Oft kommt es vor, dass man zur Berechnung von Formeln Hilfsspalten benutzen muss, die dann später beim Ausdruck natürlich nicht mit gedruckt werden sollen. Oder Sie haben vielleicht eine sehr große Tabelle, möchten davon aber nur einen kleinen Ausschnitt ausdrucken.

In all diesen Fällen müssen Sie vor dem Drucken einen Druckbereich festlegen, um Excel dadurch mitzuteilen, welche Zellen der Tabelle ausgedruckt werden sollen.

1 Markieren Sie die Zellen, die gedruckt werden sollen.

	A	B	C	D	E	F	G	H
1	Vorname	Nachname	Aufgabe 1	Aufgabe 2	Aufgabe 3	Aufgabe 4	Aufgabe 5	Gesamt
2	Lena	Adams	13	19	17	20	20	89
3	Sylvia	Ehrmann	12	8	7	3	18	48
4	Torben	Emmermann	3	9	18	4	8	42
5	Matthias	Flamme	7	8	2	3	4	24
6	Natascha	Geiger	6	9	16	1	12	44
7	Sascha	Kirchner	8	1	15	8	15	47
8	Andreas	Kleine	7	18	4	1	4	34
9	Uwe	Kuhmann	4	10	3	17	18	52
10	Marcel	Küpper	6	4	13	19	20	62
11	Anna	Meyer	16	19	6	5	11	57
12	Arndt	Milde	16	6	12	15	12	61
13	Olga	Oslowski	13	8	10	3	12	46
14	Daniel	Reiter	2	9	4	5	11	31
15	Svenja	Reuter	11	2	15	3	11	42

2 Wählen Sie dann die Registerkarte *Datei*. Darin klicken Sie auf *Drucken*. Sie erhalten nun zunächst die gesamte aktive Tabelle. Klicken Sie bei *Einstellungen* auf das Dreieck bei *Aktive Tabellen drucken*.

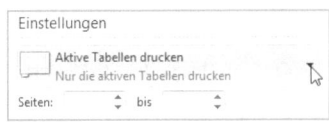

3 Wählen Sie nun *Auswahl drucken*.

4 Damit haben Sie Excel mitgeteilt, dass Sie nur einen kleinen Teil Ihrer Tabelle ausgedruckt haben möchten. Sofort sehen Sie das Ergebnis im Layout.

5 Wenn Sie nun den Druckbefehl erteilen, werden nur die im Layout sichtbaren Zellen gedruckt.

3.7 Der Add-In-Manager: So installieren Sie nachträglich Funktionen und Programme

Einige Funktionen, gerade Funktionen, von denen Microsoft annimmt, dass sie zwar sehr hilfreich sind, aber nicht täglich gebraucht werden, wurden bei Excel 2010 in sogenannte Add-ins integriert. Hat man nun sein Office-Paket standardmäßig und nicht benutzerdefiniert installiert, so werden diese Add-ins vorerst nicht mit installiert. Aber man kann sie sehr leicht nachträglich in Excel einbinden.

So wird beispielsweise der Solver, den wir uns im nächsten Kapitel ansehen wollen, bei der Standardinstallation nicht mit installiert. Was also müssen Sie tun, um solche Add-ins nachträglich einbinden zu können? Wir wollen es Ihnen anhand des Solvers einmal zeigen.

1 Gehen Sie in das *Datei*-Menü und wählen Sie dort *Optionen*.

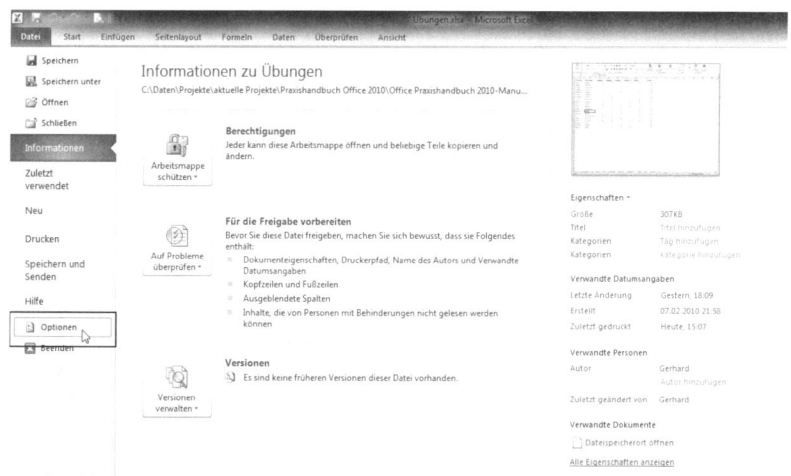

2 Im folgenden Fenster wählen Sie links die Kategorie *Add-Ins* (1). Dann wählen Sie (2) den Solver an, versichern sich im Bereich *Verwalten* (3), dass *Excel-Add-Ins* angewählt ist, und klicken dann auf *Gehe zu*.

477

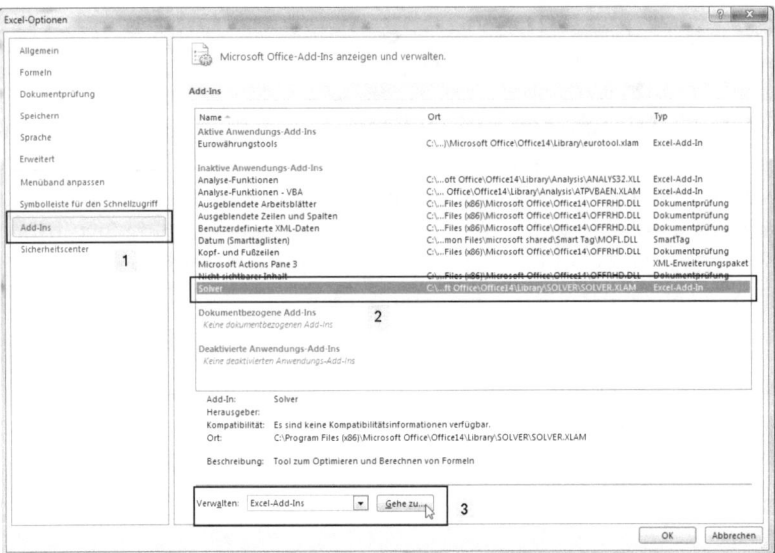

3 Nun erhalten Sie ein Fenster, um Excel mitzuteilen, was Sie zusätzlich installiert haben möchten. Wählen Sie hier *Analyse-Funktionen* und *Solver* und bestätigen Sie das Ganze mit *OK*.

4 Falls Sie nun aufgefordert werden, Ihre Office 2010-CD in Ihr CD-Laufwerk einzulegen, tun Sie es.

5 Nach wenigen Augenblicken haben Sie in der Registerkarte *Daten* einen neuen Bereich *Analyse* mit den ausgewählten neuen Funktionen bekommen.

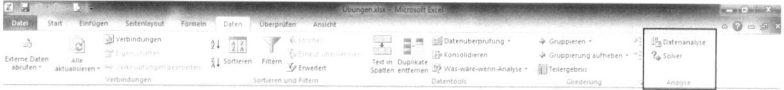

3.8 Minimierung oder Maximierung von Werten einer komplexen Tabelle mithilfe des Solvers

In Schule, Studium und Berufsleben finden sich sehr häufig Aufgaben, in denen bei komplexen Zusammenhängen bestimmte Werte minimiert oder maximiert werden sollen. In der Regel wird man solche Aufgaben natürlich analytisch zu lösen versuchen, aber nicht immer ist analytisches Lösen möglich. Dann kommt der Solver ins Spiel. Der Solver kann sich durch Näherungsrechnungen einer Lösung annähern.

Betrachten wir einmal folgendes Beispiel. Gegeben sind die beiden Funktionen:

1) $5y - 9x = -28$

2) $6y + 3x = 15$

Sie müssen nun ausrechnen, bei welchen Koordinaten sich die beiden Graphen schneiden.

Die grafische Lösung wäre, Sie machen sich eine Wertetabelle mit den beiden Gleichungen und stellen diese Werte durch ein Liniendiagramm dar. Damit man aus den Gleichungen eine Wertetabelle machen kann, müssen Gleichungen nach y aufgelöst werden:

1) $y = \dfrac{(-28 + 9x)}{5}$

2) $y = \dfrac{(15 - 3x)}{6}$

3. Excel – Daten übersichtlich aufbereiten & überzeugend präsentieren

Nun können Sie daraus eine Wertetabelle und ein Diagramm machen:

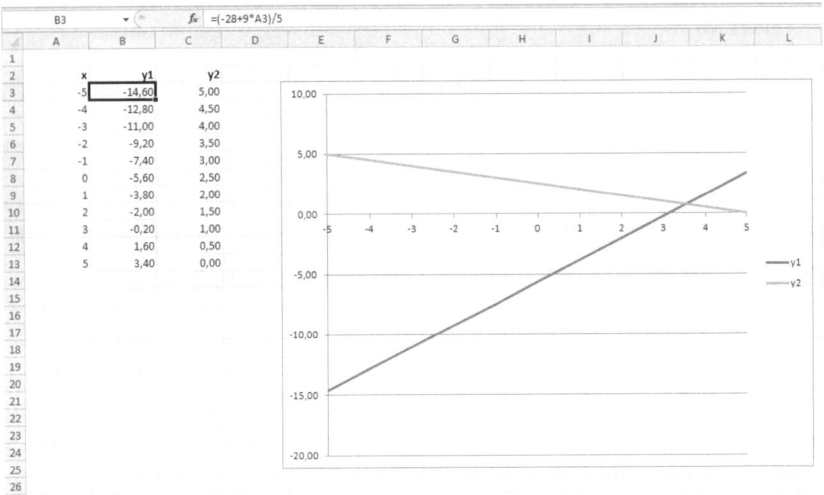

Wenn Sie damit Probleme haben, so schauen Sie sich die Abschnitte über die grafische Darstellung noch einmal an. Hier sehen Sie schnell, dass sich die beiden Graphen bei x = circa 3,5 schneiden. Der y-Wert ist aber in der grafischen Bearbeitung nicht so exakt ablesbar.

Solche Aufgaben können Sie recht schön mit dem Solver lösen. Dazu erweitern Sie Ihre Wertetabelle folgendermaßen:

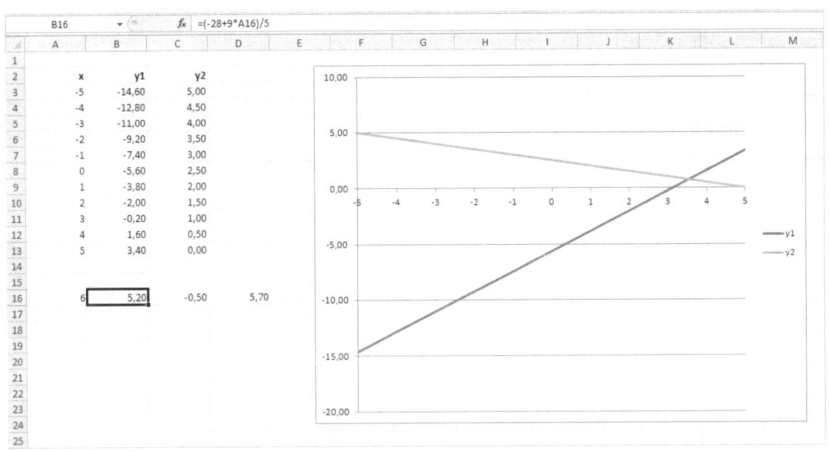

In den Zellen B16 und C16 stehen noch einmal die Gleichungen der beiden Geraden, in Zelle A16 befindet sich irgendein Startwert für *x*. Sie interessieren sich nun sowohl für den *x*- als auch für den *y*-Wert des Punktes, an dem sich die beiden Geraden schneiden. Wenn sich die beiden Geraden schneiden, haben sie den gleichen *x*- und den gleichen *y*-Wert.

Wenn Sie also in der Zelle D16 die Differenz der Zellen B16 und C16 bilden, so muss die Zelle D16 am Schnittpunkt der beiden Geraden Null werden.

Rufen Sie nun über die Registerkarte *Daten* in der Gruppe *Analyse* den Solver durch Klick auf. Sollte bei Ihnen der Solver nicht vorhanden sein, so installieren Sie ihn nachträglich über den Add-In-Manager wie auf Seite 477 beschrieben.

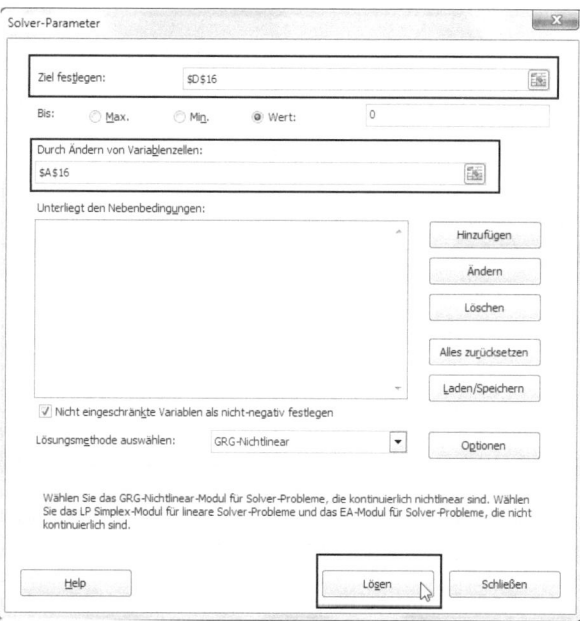

Die Zielzelle ist die Zelle, deren Wert einen bestimmten Betrag haben soll, in unserem Beispiel ist die Zielzelle die Zelle D16, denn sie soll den Zielwert Null erreichen. Dieser Wert soll erreicht werden, indem die Zelle A16, also der *x*-Wert, verändert wird, und zwar so lange, bis D16, also die Differenz der beiden Zellen B16 und C16, Null wird.

Klicken Sie nun auf *Lösen*.

Nach wenigen Sekunden zeigt Excel Ihnen die gefundene Lösung. Die beiden Geraden schneiden sich bei x = 3,52 und y = 0,74

Nun möchte Excel von Ihnen nur noch wissen, ob die gefundenen Werte in die Zellen übernommen werden sollen. Wenn Sie noch etwas ausprobieren wollen, klicken Sie auf *Abbrechen* und Excel wird die ursprünglichen Werte wiederherstellen.

Das gerade besprochene Beispiel war natürlich sehr einfach. Mit dem Solver können Sie aber auch ganz komplexe Gleichungen und Zusammenhänge lösen.

Ein Beispiel aus dem Bereich lineares Gleichungssystem wollen wir uns hier noch anschauen.

Sie haben die folgenden drei Gleichungen:

Gesucht sind die Unbekannten x, y und z. Auch dafür lässt sich der Solver sehr gut einsetzen.

$$4x + 2y - 3z = 5$$
$$7x - 2y + 3z = 28$$
$$x + y + 4z = 27$$

In den Zellen A2 bis C3 befinden sich irgendwelche Startwerte und die entsprechenden Überschriften. Diese Startwerte sind beliebig, es hätten auch andere vernünftige Zahlen sein können.

In den Zellen A5 bis A7 sind die drei Gleichungen als Text eingegeben. Das kann man sich im Grunde sparen, es hilft aber, damit Sie die wirklichen Gleichungen in die Zellen C5 bis C7 schreiben können.

In der Bearbeitungszeile der Zelle C5 sehen Sie die eingegebene Formel. Diese Formel steht als Text in A5.

In den Zellen C5 bis C7 sind die jeweils zu lösenden Gleichungen eingegeben. In C6 steht also:

- `=7*A3-2*B3+3*C3`

Und in der Zelle C7 steht:

- `=A3+B3+4*C3`

Nun müssen wir Excel nur noch veranlassen, die Werte in den Zellen A3 bis C3 so zu verändern, dass die Gleichungen in C5 bis C7 erfüllt sind.

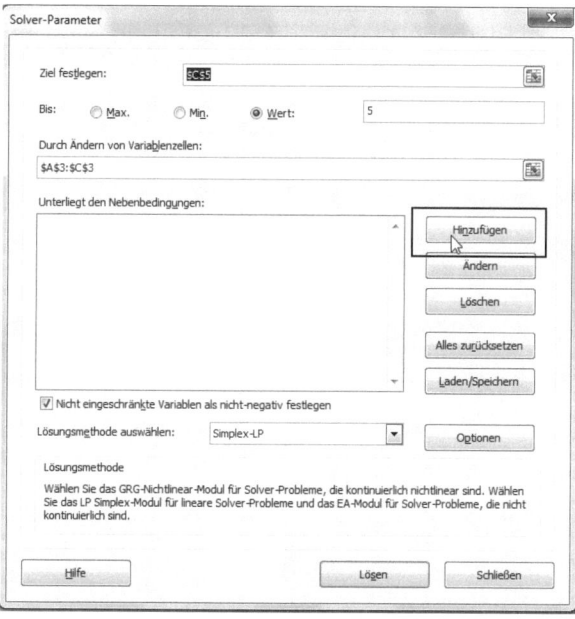

Die Zielzelle ist die Zelle C5 und diese soll den Wert 5 erhalten. Das entspricht der ersten Gleichung unseres Gleichungssystems: $4x + 2y - 3z = 5$

Dies soll erreicht werden, indem Excel die Zellen A3 bis C3 kontinuierlich verändert.

Natürlich müssen auch die beiden anderen Gleichungen berücksichtigt werden. In der Zelle C6 steht die zweite Gleichung: $7x - 2y + 3z = 28$

Der Wert für diese Gleichung beträgt aber *28*. Und diesen Wert geben Sie als Nebenbedingung ein. Klicken Sie also im Bereich *Nebenbedingungen* auf *Hinzufügen*.

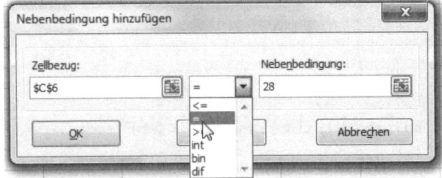

Geben Sie die Elemente in der Abbildung ein und bestätigen Sie dann mit *OK*. Das führt zu:

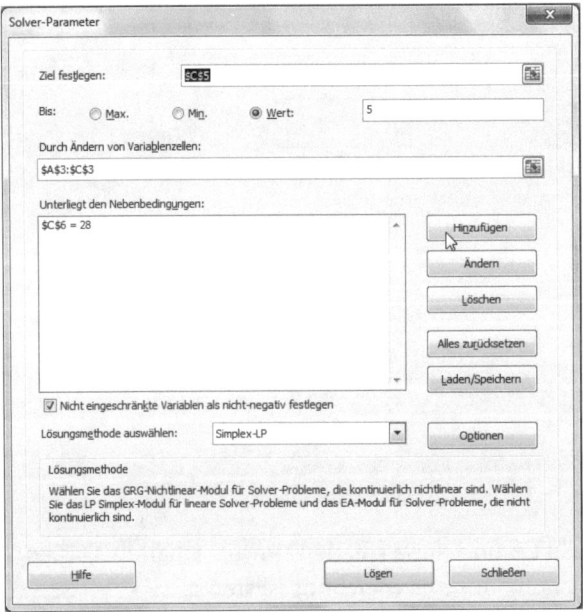

Auf die gleiche Weise geben Sie für die dritte Gleichung die Nebenbedingung an. Nun sollte Ihr Solver-Fenster so aussehen:

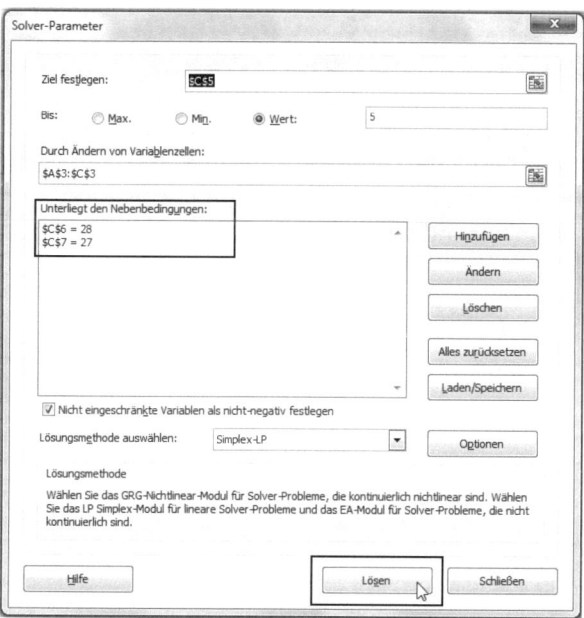

Und jetzt können Sie ans Lösen gehen. Klicken Sie also jetzt auf *Lösen*.

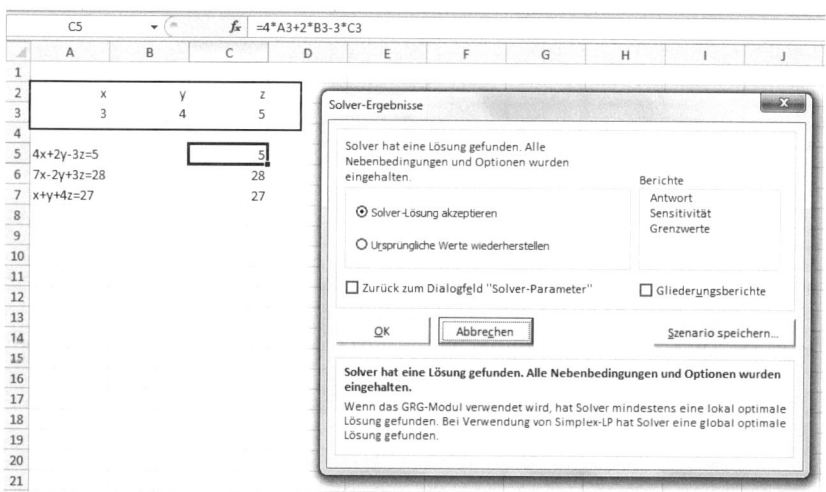

Nach wenigen Augenblicken erhalten Sie in den Zellen A3 bis C3 die Lösungen für die x-, y- und z-Werte. Und Sie sehen: x = 3, y = 4 und z = 5.

3.9 Komplexe Zusammenfassungen am Beispiel „Vereinskasse" mit Pivot-Tabellen

Ihr sozial engagierter Dackelzuchtverein „WauWau" hat Sie für zwei Jahre zum Kassenwart bestimmt. Ihre Aufgabe ist es, alle Einnahmen und Ausgaben fein säuberlich zu verbuchen und am Ende des Vereinsjahres den Mitgliedern eine entsprechende Auswertungstabelle vorzulegen.

	A	B	C	D	E	F
1	Datum	Text	Name	Einnahmen	Ausgaben	
2	01.01.2009	Beitrag	Zufall	10		
3	06.01.2009	Beitrag	Schmidt	20		
4	11.01.2009	Beitrag	Meier	10		
5	16.01.2009	Beitrag	Meier	20		
6	21.01.2009	Beitrag	Lehmann	30		
7	26.01.2009	Beitrag	Meier	10		
8	31.01.2009	Beitrag	Lehmann	10		
9	05.02.2009	Beitrag	Schmidt	10		
10	10.02.2009	Beitrag	Zufall	20		
11	15.02.2009	Spende	Kinderheim		600	
12	20.02.2009	Beitrag	Meier	10		
13	25.02.2009	Beitrag	Lehmann	10		
14	02.03.2009	Beitrag	Schmidt	10		
15	07.03.2009	Beitrag	Meier	10		
16	12.03.2009	Beitrag	Zufall	10		
17	17.03.2009	Fest			600	
18	22.03.2009	Beitrag	Lehmann	10		
19	27.03.2009	Beitrag	Zufall	30		
20	01.04.2009	Beitrag	Zufall	10		
21	06.04.2009	Beitrag	Zufall	10		
22	11.04.2009	Beitrag	Müller	40		
23	16.04.2009	Reinigung			100	
24	21.04.2009	Spende	Wichtel KG	500		
25	26.04.2009	Beitrag	Meier	20		
26	01.05.2009	Beitrag	Meier	10		
27	06.05.2009	Fest			400	
28	11.05.2009	Beitrag	Lehmann	10		
29	16.05.2009	Beitrag	Lehmann	10		
30	21.05.2009	Beitrag	Lehmann	40		
31	26.05.2009	Beitrag	Lehmann	10		
32	31.05.2009	Beitrag	Müller	30		
33	05.06.2009	Beitrag	Lehmann	10		
34	10.06.2009	Beitrag	Meier	10		
35	15.06.2009	Beitrag	Zufall	10		
36	20.06.2009	Vereinsabend			200	
37	25.06.2009	Beitrag	Lehmann	10		
38	30.06.2009	Vereinsabend			200	

In der Abbildung sehen Sie einen Ausschnitt Ihrer Excel-Tabelle, die Sie im Laufe des Jahres mit Werten gefüllt haben. In Spalte B sehen Sie, um was es sich bei dem Betrag in Spalte D bzw. E handelt. Die Spalte C enthält den zugehörigen Namen. So hat beispielsweise Herr Zufall am 01.01.2009 seinen Beitrag in Höhe von 10 € bezahlt. Am 15.02.2009 haben Sie an das örtliche Kinderheim eine Spende von 600 € überwiesen.

Nun möchten Sie zum 30.06.2009 einmal eine Zwischenbilanz ziehen und wissen, wie Ihr Verein finanziell dasteht. Dabei müssen Sie aber fein säuberlich zwischen Beiträgen, Spenden und Vereinsausgaben unterscheiden. Sie können also nicht einfach alles zusammenaddieren.

Die beste Lösung für ein solches Problem sind Pivot-Tabellen. Sie sind das ideale Werkzeug, um riesige Datenmengen aussagekräftig zusammenzufassen.

Als Erstes markieren Sie alle Werte der Tabelle, die Sie zu einer Pivot-Tabelle zusammenfassen möchten. In unserem Fall sind das die Zellen A1 bis E38. In manchen Fällen ist das Markieren nicht nötig. Haben Sie beispielsweise keine Leerzeilen in Ihrer Tabelle, genügt es, ein Feld der Tabelle anzuklicken, und Excel erkennt den Rest der Tabelle allein. Aber das Markieren der Tabelle ist immer richtig.

Als Nächstes wählen Sie die Registerkarte *Einfügen* und darin *PivotTable*.

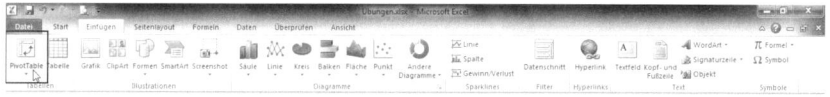

Im nun geöffneten Fenster müssen Sie Ihre ersten Entscheidungen treffen:

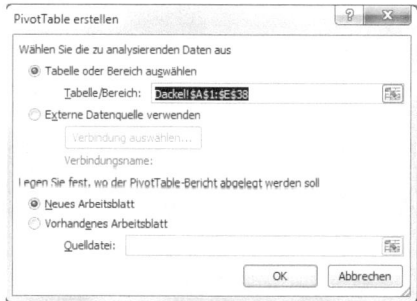

Da Sie den Bereich vorher schon markiert hatten, müssen Sie zunächst in diesem Fenster nichts mehr tun, denn die Pivot-Tabelle soll natürlich auf ein neues Arbeitsblatt und nicht in dasselbe gleiche Arbeitsblatt, in dem auch die Ausgangswerte stehen. Also bestätigen Sie das Ganze mit einem Klick auf *OK*.

Excel hat nun ein neues Tabellenblatt in Ihre Mappe eingefügt. Auf der rechten Seite des neuen Tabellenblatts sehen Sie die Liste der Felder Ihrer Ausgangstabelle.

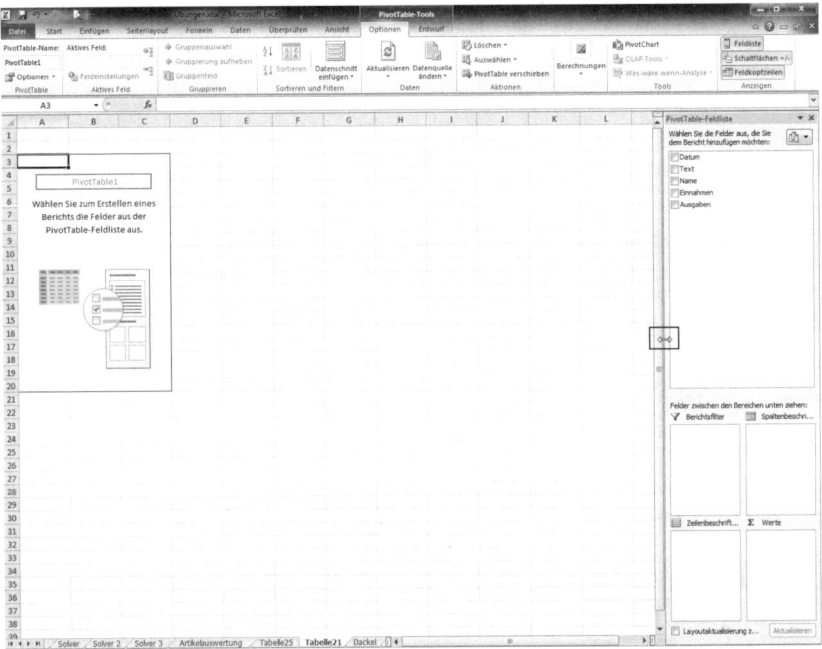

Excel benutzt immer die erste Zeile des markierten Bereichs als Überschriften. Sie sollten sich also angewöhnen, immer jede Spalte mit einer passenden Überschrift zu versehen. Wenn Sie zunächst einmal den Bereich mit der Feldliste größer machen wollen, um ihn besser bearbeiten zu können, so gehen Sie einfach auf den linken Rahmen dieses Teilfensters (wie in der Abbildung zu sehen) und ziehen diesen Rahmen nach links.

Im Bereich der Feldliste erwartet Excel nun von Ihnen eine Aufteilung dieser Felder in Zeilen und Spalten, damit Excel die gewünschte Zusammenfassung erstellen kann.

Sie möchten wissen, welche Einnahmen und Ausgaben Sie bisher erzielt haben. Diese müssen aber nach Art der Einnahme bzw. Ausgabe zusammengefasst werden. Dazu setzen Sie zunächst das Häkchen vor *Text*. Excel fügt nun dieses Feld in den Bereich *Zeilenbeschriftungen* ein.

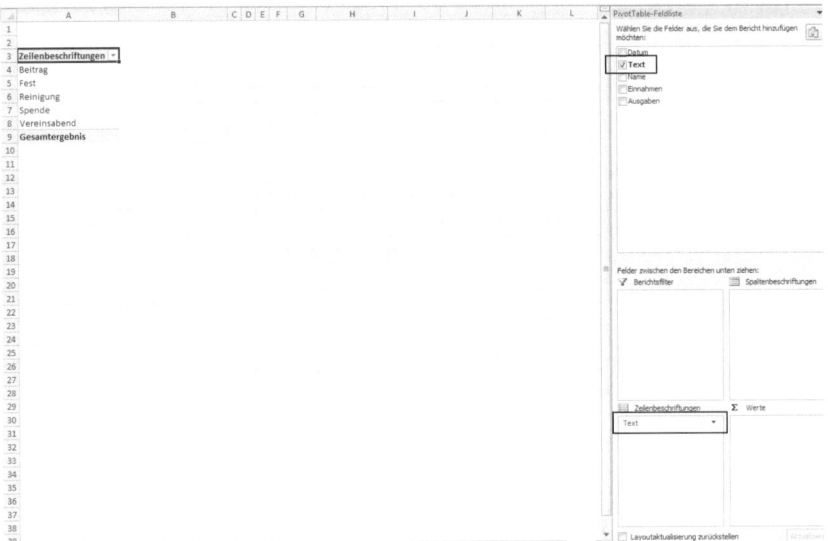

Wenn Sie nun die weiteren Felder *Einnahmen* und *Ausgaben* ebenfalls mit einem Häkchen versehen, werden diese ebenfalls zur Zeilenbeschriftung benutzt. Das aber ist hier nicht erwünscht.

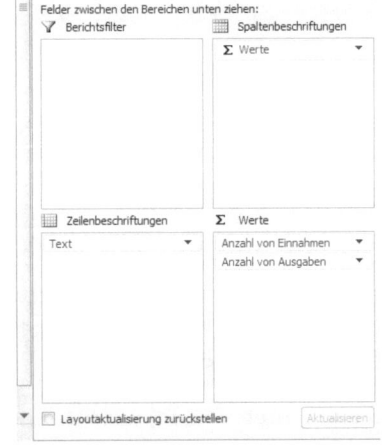

Ein- und Ausgaben sind aber die Werte, die Excel zusammenfassen soll. Deshalb ziehen Sie diese Felder mit der Maus einfach in den Bereich *Werte*.

Im Bereich *Werte* stehen die Elemente, die zusammengefasst werden sollen. Nun kann es aber sein, dass Excel bei bestimmten Werten zunächst keine Summe, sondern eine Anzahl bilden will. In der Abbildung würde Excel die Werte also nicht summieren, sondern nur die Anzahl der Werte zählen. Sie benötigen aber die Summe.

Feldplatzierungen in Pivot-Tabellen

Sie können die Felder einmal über die entsprechenden Häkchen im Fenster in den richtigen Bereich setzen, Sie können das aber auch über das Ziehen der Felder machen. Wir persönlich finden das Ziehen nachvollziehbarer, denn dann weiß man sofort, was „man erreicht hat".

Alles kein Problem. Klicken Sie im Bereich *Werte* auf das Dreieck bei *Anzahl von Einnahmen*.

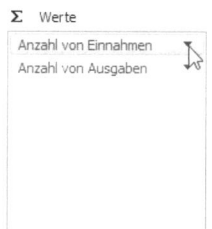

Nun klappt ein weiteres Menü auf, in dem Sie *Wertfeldeinstellungen* anklicken.

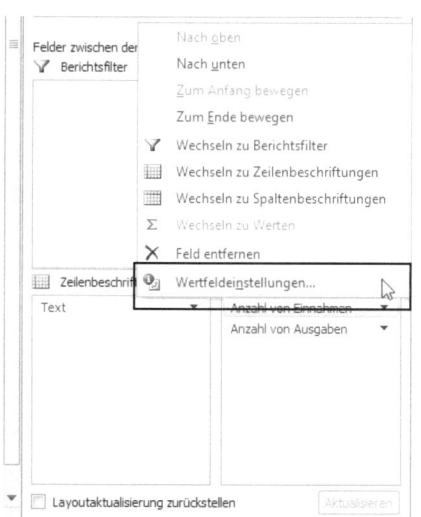

Nun brauchen Sie nur noch *Summe* auszuwählen und auf *OK* zu klicken.

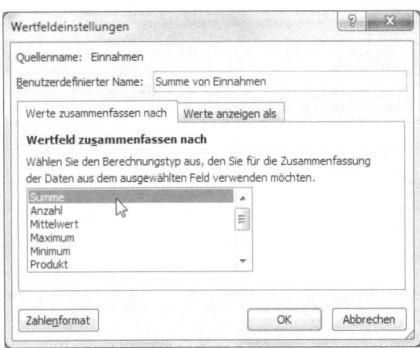

Für das Feld *Anzahl von Ausgaben* verfahren Sie genauso. Nun haben Sie schnell die Auswertung, die Sie haben wollen.

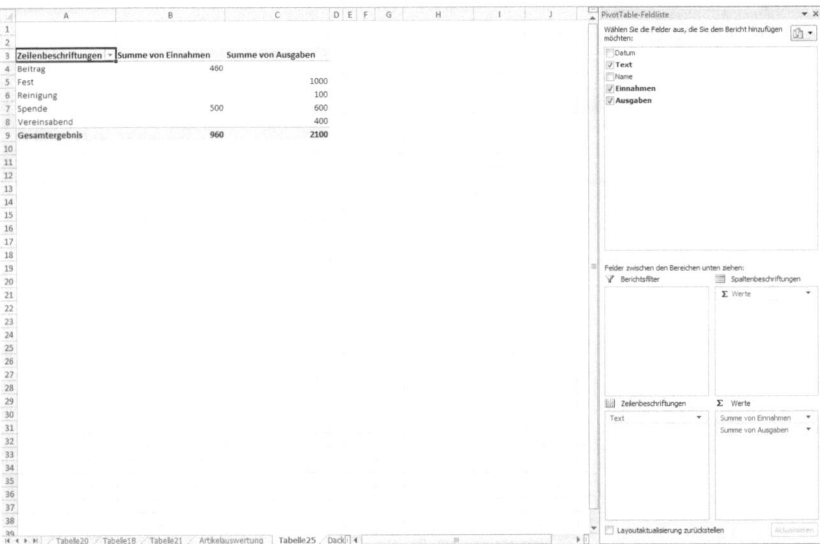

Mühelos sehen Sie, dass Sie im entsprechenden Zeitraum 960 € eingenommen, aber 2.100 € ausgegeben haben. Hier müssen Sie also im kommenden halben Jahr noch für etwas mehr Einnahmen sorgen.

Möchten Sie aber nun noch zusätzlich wissen, welches Mitglied wie viel Beitrag gezahlt hat, so machen Sie einfach im Feld *Name* ein Häkchen oder ziehen das Feld gleich in die Zeilenbeschriftung.

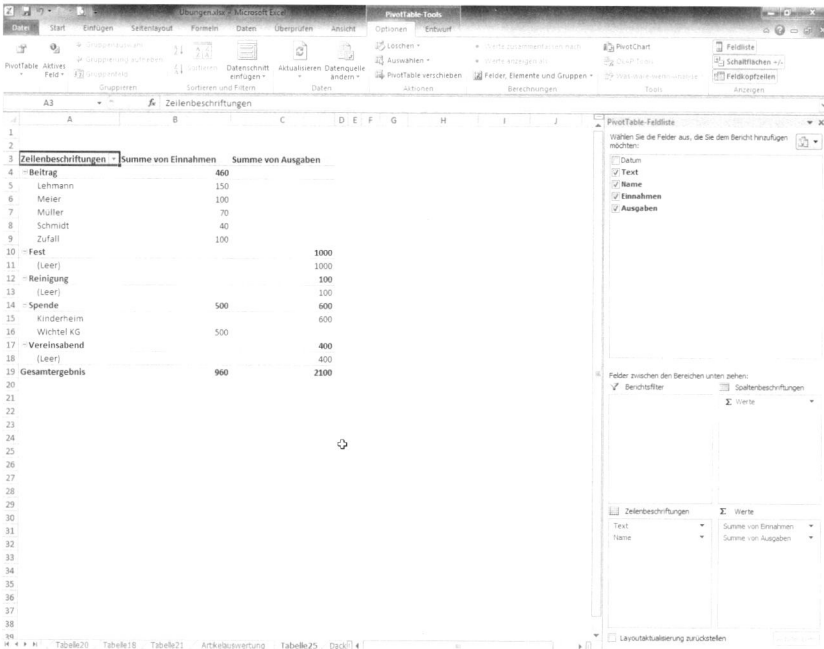

Und schon haben Sie die zusätzlichen Informationen.

Möchten Sie aber den *Text* lieber als Spaltenüberschrift, so schieben Sie ihn einfach in den entsprechenden Bereich hinein.

Das Aussehen Ihrer Pivot-Tabelle hat sich augenblicklich geändert.

Sie können nachträglich die Inhalte der drei Bereiche beliebig miteinander vertauschen. Excel wird sofort eine neue Zusammenfassung erstellen.

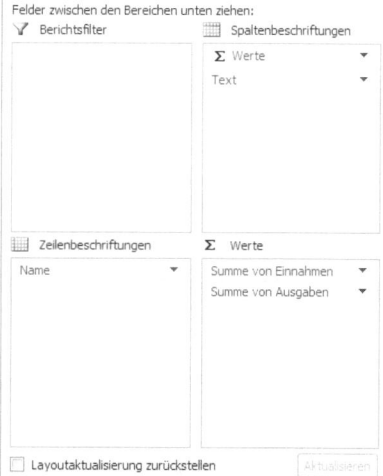

	A	B	C	D	E	F	G	H	I	J
1										
2										
3		Spaltenbeschriftungen [v]								
4		Summe von Einnahmen					Summe von Ausgaben			
5	Zeilenbeschriftungen [v]	Beitrag	Fest	Reinigung	Spende	Vereinsabend	Beitrag	Fest	Reinigung	Spende \
6	Kinderheim							600		
7	Lehmann	150								
8	Meier	100								
9	Müller	70								
10	Schmidt	40								
11	Wichtel KG				500					
12	Zufall	100								
13	(Leer)							1000	100	
14	Gesamtergebnis	460			500			1000	100	600

Hieran kann man nun auch sehen, woher der Name Pivot-Tabelle kommt und was das eigentlich zu bedeuten hat. Das Wort „Pivot" kommt aus dem Französischen (pivoter = sich drehen). Um einen Pivot-Punkt dreht sich also alles, wie in einer Pivot-Tabelle, wo sich die Feldelemente beliebig um die Werte herum anordnen lassen.

Das Interessante an Pivot-Tabellen ist auch, dass an Ihrer ursprünglichen Tabelle nichts geändert wurde. So können Sie dort jederzeit Werte verändern und Excel wird diese Werte in der Pivot-Tabelle neu zusammenfassen.

Nehmen wir an, Herr Zufall hat am 01.01.2009 einen freiwilligen Beitrag von 5.000 € geleistet. Diesen Wert geben Sie jedoch nachträglich ein.

	A	B	C	D	E
1	Datum	Text	Name	Einnahmen	Ausgaben
2	01.01.2009	Beitrag	Zufall	5.000	
3	06.01.2009	Beitrag	Schmidt	20	
4	11.01.2009	Beitrag	Meier	10	
5	16.01.2009	Beitrag	Meier	20	
6	21.01.2009	Beitrag	Lehmann	30	
7	26.01.2009	Beitrag	Meier	10	
8	31.01.2009	Beitrag	Lehmann	10	
9	05.02.2009	Beitrag	Schmidt	10	
10	10.02.2009	Beitrag	Zufall	20	
11	15.02.2009	Spende	Kinderheim		600

Ein Blick auf die Pivot-Tabelle wirkt ernüchternd. Dort hat sich nichts geändert. Hier findet also anscheinend keine automatische Neuberechnung statt, wie wir es bisher gewohnt waren.

Richtig! Das Erstellen einer Pivot-Tabelle mit wirklich sehr großen und unübersichtlichen Tabellen kann durchaus einige Zeit beanspruchen. Wenn nun aber nach jedem neuen Eintrag automatisch eine erneute Berechnung stattfinden würde, wären Pivot-Tabellen extrem langsam. Deshalb wird hier erst dann eine Aktualisierung stattfinden, wenn man auf einen entsprechenden Menüpunkt klickt.

Ändern Sie also erst einmal alle Werte. Gehen Sie dann in Ihre Pivot-Tabelle und klicken Sie in irgendein Feld dieser Pivot-Tabelle. Nun erhalten Sie *PivotTable-Tools*.

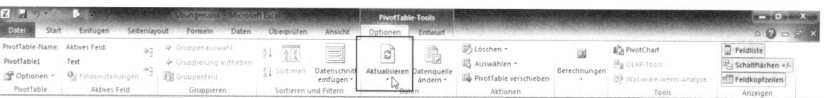

Klicken Sie auf *PivotTable-Tools* und wählen Sie *Aktualisieren*. Schon haben Sie die Auswertung mit den aktualisierten Werten.

Ihre Pivot-Tabelle ist bisher gänzlich unformatiert. Sie können sie aber jederzeit mit den bisher bereits besprochenen Elementen formatieren.

Im Fenster *Wertfeldeinstellungen* können Sie ebenfalls den Zahlen der Pivot-Tabelle Formate zuordnen:

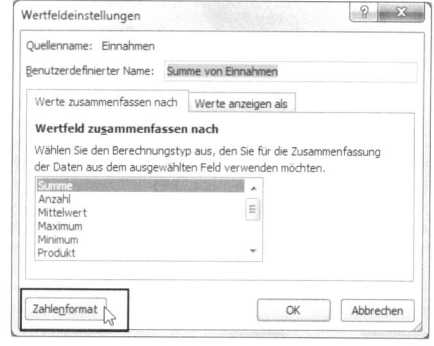

Durch Klick auf *Zahlenformat* kommen Sie in das schon sehr bekannte Fenster zum Formatieren von Zellen.

Eines darf an dieser Stelle aber nicht verschwiegen werden: Sie können mit Pivot-Tabellen irrsinnig komplexe Zusammenfassungen errechnen lassen. Doch je mehr Werte erfasst werden müssen und je komplexer Ihre Fragestellung ist, desto länger kann das Errechnen der Pivot-Tabelle dauern.

Wenn Sie dann noch fröhlich die Felder hin- und herschieben, kann es ganz schön lästig sein, wenn Excel nach jedem Austausch der Felder alles neu ausrechnet. Aus diesem Grunde gibt es in der Pivot-Tabellen-Feldliste ganz unten ein Kontrollkästchen, mit dem Sie Excel veranlassen, erst einmal nicht neu zu rechnen:

Durch einen Klick auf *Layoutaktualisierung zurückstellen* wird Excel so lange mit der Neuberechnung warten, bis Sie mit dem Verschieben der Felder fertig sind und auf den Button *Aktualisieren* geklickt haben. Dieses Aktualisieren hat aber nur etwas mit dem Layout zu tun. Zum Aktualisieren der Werte gilt dieses nicht.

4. PowerPoint – attraktive Präsentationen, die überzeugen

PowerPoint ist der Programmteil des Office-Pakets, mit dem Sie sehr professionell aussehende Präsentationen erzeugen können. Eine Präsentation ist im Grunde eine Anzahl von einzelnen Folien, die Sie zu einem Vortrag zusammenstellen und präsentieren können. Eine Präsentation besteht in der Regel aus mehreren Folien.

Um diese Präsentationen vor einem größeren Publikum vorzuführen, benötigen Sie dann noch einen Beamer. Beamer sind heute gar nicht mal mehr so teuer, aber die benötigten Projektionsbirnen können dann ein großes Loch ins Budget reißen. Sie verschlingen teilweise noch ein Drittel des Preises für das ganze Gerät.

Natürlich können Sie auch einzelne Seiten mit PowerPoint gestalten und diese auf Folie ausdrucken, um sie dann mit einem Overheadprojektor in einem Vortrag zu präsentieren. Overheadprojektoren sind vergleichsweise billiger und flächendeckender vorhanden als Beamer.

PowerPoint-Präsentationen sind auch auf Messen oder bei Ausstellungen gut einsetzbar. Man kann hier nämlich die Präsentation automatisch und endlos lange selbsttätig ablaufen lassen.

Eine Präsentation besteht aus mehreren einzelnen Folien, die – sinnvoll hintereinander gezeigt – einem Publikum etwas verdeutlichen sollen, sei es, dass es sich hierbei um einen Vortrag vor einem großen Auditorium handelt oder dass Sie Ihrer Schulklasse mit PowerPoint naturwissenschaftliche Ideen erklären wollen.

Wir werden im Folgenden hauptsächlich die Menüleisten benutzen. Sollten Sie eher ein Freund von Tastenkombinationen sein, so finden Sie im Anhang auf Seite 685 eine Fülle von anwendbaren Tastenkombinationen.

4.1 Die ersten wichtigen Schritte für Ein- und Umsteiger

Die neue Oberfläche kennenlernen

Das Gesicht von PowerPoint hat sich seit der Version 2007 grundlegend geändert. So sind auch hier alle Elemente zu Gruppen zusammengefasst worden und der Benutzer erhält nur die Informationen, die er gerade braucht.

Nach dem Start von PowerPoint präsentiert sich das Programm so:

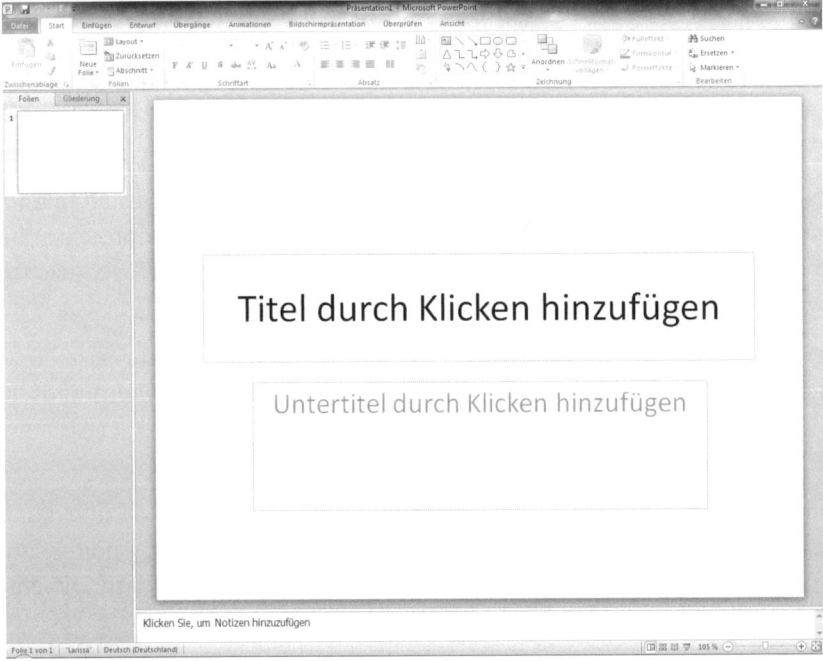

Den größten Teil des Bildschirms füllt die Folie aus, auf der Sie Text, Bilder, Videoclips und mehr platzieren können. Eine Folie ist dabei aber nichts anderes als ein normales Blatt Papier im Querformat. Standardmäßig hat diese Folie die Größe eines DIN-A4-Blatts.

Im unteren Teil des Fensters sehen Sie den Notizbereich. Hier können Sie Stichworte zu der jeweiligen Folie eingeben, damit Sie während des Vortrags nichts vergessen. Wir schauen uns diesen Teil etwas später genauer an.

Auf der linken Seite des Fensters sehen Sie alle Folien Ihrer Präsentation. Hier können Sie recht schön kontrollieren, ob Ihre Präsentation einen roten Faden hat und logisch aufgebaut ist oder nicht.

PowerPoint verfügt weiter über ein vertikales und ein horizontales Lineal. Damit lassen sich Objekte auf der Folie ganz exakt platzieren.

Sollten bei Ihnen die Lineale nicht eingeschaltet sein, so raten wir Ihnen, sie einzuschalten. Ohne Lineal können Sie kaum wirklich exakt arbeiten. Zum Einschalten des Lineals wählen Sie die Registerkarte *Ansicht* und dort in der Gruppe *Einblenden/Ausblenden* das *Lineal*.

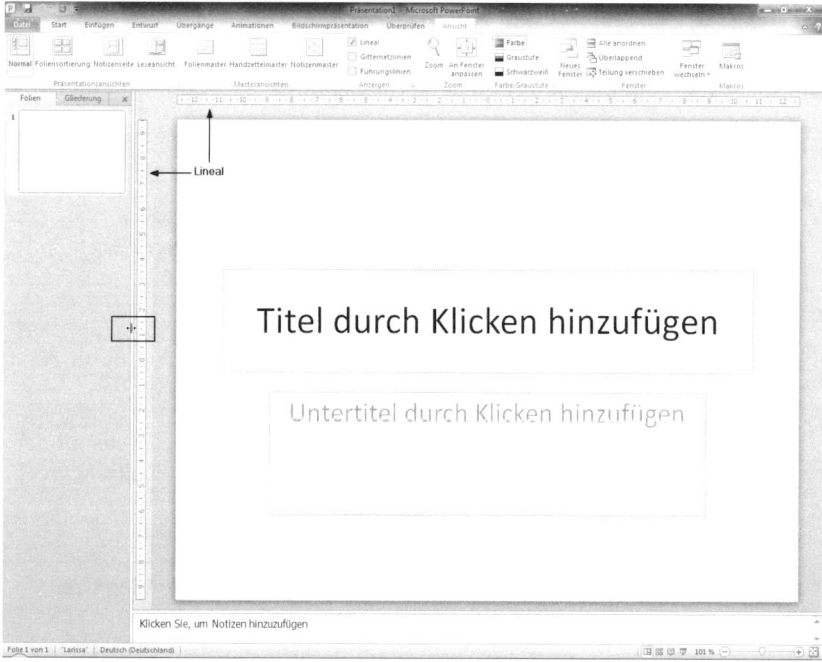

Sie können jedes der Fenster verkleinern, indem Sie auf den entsprechenden Rand des Fensters gehen. Sobald sich Ihr Mauszeiger, wie in der Abbildung zu sehen, verändert hat, schieben Sie das Fenster einfach kleiner. So sehen Sie mehr von Ihrer Folie.

Am besten eignet man sich PowerPoint-Kenntnisse an, indem man konkrete Projekte und Präsentationen erstellt. Zunächst aber möchten wir mit Ihnen, auch um erst einmal die grundlegenden Dinge von PowerPoint kennenzulernen, die Basisfunktionen besprechen. Umsteiger sollten dieses Kapitel trotzdem lesen, um zu wissen, wo Microsoft bestimmte Funktionen versteckt hat.

Eine Frage der Ansicht – die verschiedenen Ansichten von PowerPoint nutzen

Unten rechts im Fenster finden Sie verschiedene Symbole zum Verändern der Ansicht Ihrer Folien.

Die folgende Tabelle soll Ihnen zeigen, was diese Symbole im Einzelnen bedeuten:

Symbol	Wirkung
	Hiermit schalten Sie von jeder anderen Ansicht in die Normalansicht zurück.
	Dies ist die Foliensortierung. Damit erhalten Sie alle Folien Ihrer Präsentation und können sie durch Ziehen mit der Maus in der Reihenfolge ändern.
	Die Leseansicht kann man verwenden, wenn man die Präsentation nicht einem großen Publikum vorführen, sondern sie nur mit einigen Kollegen oder Freunden am Bildschirm anschauen will.
	Damit starten Sie die Bildschirmpräsentation von der ersten Folie an.
101 %	Hiermit können Sie die Folien am Bildschirm zoomen, also vergrößern oder verkleinern, um z. B. exakt positionieren zu können.
	Diese Schaltfläche passt die Foliengröße dem aktuellen Fenster an.

Die Basisfunktionen für Ein- und Umsteiger

Wenn Sie PowerPoint starten, geht das Programm davon aus, dass Sie wirklich eine Präsentation und nicht nur eine einzige Folie erstellen wollen, obwohl Ihre Präsentation natürlich auch aus nur einer einzigen Folie bestehen darf. PowerPoint schlägt Ihnen das Layout für die erste Folie vor, indem es die entsprechenden Bereiche anzeigt.

Da es jetzt zunächst einmal nur um die Basisfunktionen gehen soll, stören diese Vorgaben. Sie brauchen zunächst nur eine leere Folie. Das erreichen Sie am schnellsten, indem Sie die Layoutvorgaben löschen. Markieren Sie mit (Strg)+(A) alle Standardelemente auf dieser PowerPoint-Folie und löschen Sie sie mit der (Entf)-Taste.

Die Elemente zum Zeichnen hat Microsoft bei der Office 2010-Version in der Registerkarte *Einfügen* zusammengefasst. Auf dieser Registerkarte können Sie nun annähernd alles auswählen, was in eine Folie integriert werden kann.

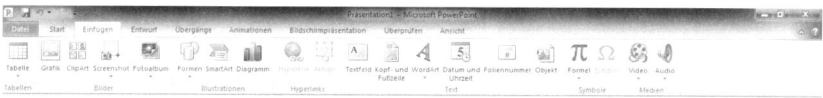

Zunächst schauen wir uns kurz in der Registerkarte *Einfügen* die Gruppe *Formen* an, mit der Sie Striche, Pfeile, Rechtecke und vieles mehr zeichnen können.

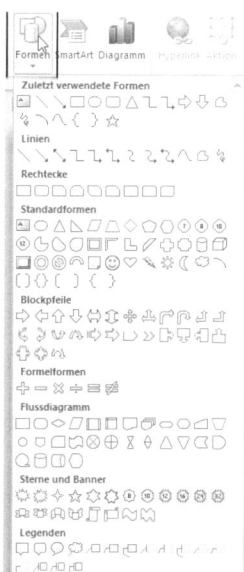

Einen Strich oder Pfeil zeichnen

1 Klicken Sie auf den Strich oder Pfeil im Bereich *Linien*.

2 Klicken Sie in der Folie auf die Stelle, an der Sie mit dem Zeichnen beginnen möchten, halten Sie die linke Maustaste fest und ziehen Sie den Strich.

Ihr Strich hat an beiden Enden kleine Kreise erhalten. Das bedeutet, dass Ihr Strich oder Pfeil markiert ist. Und solange Ihr Objekt markiert ist, können Sie es ändern.

Symbol	Das können Sie tun
	Halten Sie irgendwo auf dem Pfeil die Maus fest, erscheint ein Achsenkreuz. Damit können Sie das Objekt an eine andere Position schieben, indem Sie die linke Maustaste festhalten, während Sie das Objekt verschieben.
	Halten Sie die linke Maustaste jedoch auf einem der Kreise fest, können Sie Ihr Objekt vergrößern oder verkleinern oder auch die Richtung ändern.

Sobald Sie ein gezeichnetes Objekt markiert haben, erscheint eine weitere Gruppe mit Formatierungsmöglichkeiten, die *Zeichentools*.

Durch Anklicken erhalten Sie eine Formatierungsleiste mit der Gruppe *Formenarten*.

Sobald Sie einem dieser Elemente in der Gruppe auch nur nahe kommen, wird PowerPoint Ihnen die Wirkung dieses Elements am markierten Objekt zeigen. Aber keine Angst, sobald Sie das Formatierungsobjekt verlassen, sieht Ihr gezeichnetes Element wieder so aus wie vorher. Erst wenn Sie auf eine Formatierung wirklich klicken, wird diese übernommen.

Wenn Sie Elemente wieder entfernen möchten, so markieren Sie sie und drücken die (Entf)-Taste.

Soll die Art oder die Stärke des Pfeils verändert werden, klicken Sie Ihr Objekt an und wählen in der Registerkarte *Zeichentools* im Bereich *Formenarten* den Befehl *Formkontur* und dort bei *Stärke* eine Strichstärke.

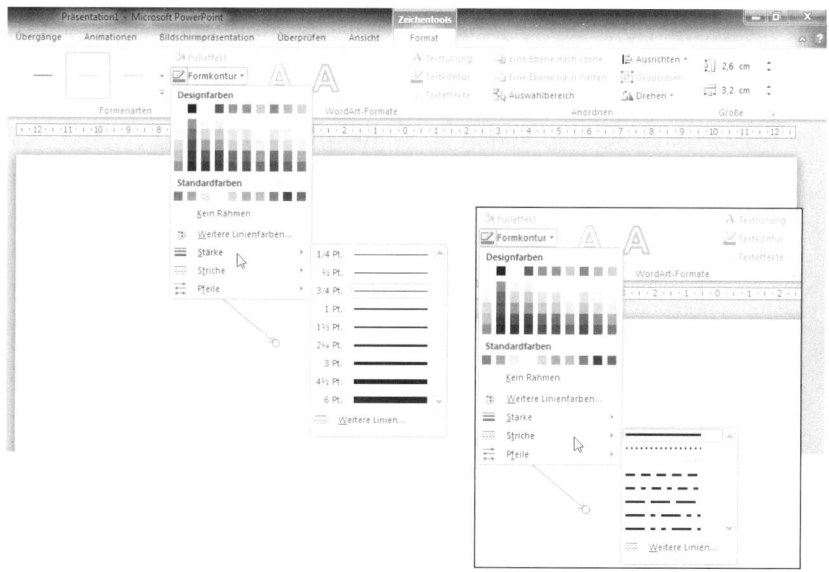

Soll aber auch das Aussehen des Strichs verändert werden, wollen Sie also vielleicht keine durchgezogene Linie, sondern Punkte, so hilft Ihnen bei *Formkontur* das Untermenü *Striche* weiter.

Kreis, Ellipse, Rechteck und Quadrat zeichnen

Um einen Kreis oder eine Ellipse zu zeichnen, benutzen Sie das Ellipsensymbol in der Gruppe *Formen einfügen* in den *Zeichentools*.

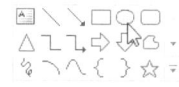

1   Klicken Sie zuerst auf das Symbol, das gezeichnet werden soll.

2 Klicken Sie dann auf der Folie auf den Punkt, an dem die Zeichnung beginnen soll, halten Sie die linke Maustaste fest und zeichnen Sie, indem Sie Ihre Maus diagonal ziehen.

Die Zeichentools erhalten Sie aber erst, wenn Sie schon ein Objekt auf der Folie haben und dieses angeklickt ist. Haben Sie noch kein Objekt auf der Folie, gehen Sie über die Registerkarte *Einfügen* in den Bereich *Formen* und wählen dort das gewünschte Objekt aus. Aber Sie finden solch einfache Zeichenobjekte auch in der Registerkarte *Start* im Bereich *Zeichnung*.

Unabhängig davon, über welchen Menüpunkt Sie beispielsweise eine Ellipse gezeichnet haben, erhalten Sie zunächst immer eine Ellipse, auch wenn Sie vielleicht lieber einen exakt runden Kreis gehabt hätten. Bemühen Sie sich nicht, aus dieser Ellipse einen Kreis zu zeichnen, selbst mit dem schärfsten Auge wird Ihnen das wahrscheinlich nicht gelingen.

Brauchen Sie aber einen wirklich exakten Kreis und keine Ellipse, so halten Sie beim Zeichnen die [Umschalt]-Taste fest.

Mit der [Umschalt]-Taste zeichnen Sie ein exaktes Objekt

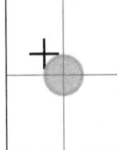

Halten Sie während des Zeichnens die [Umschalt]-Taste fest, bekommen Sie einen exakten Kreis. Aber aufgepasst, wenn Sie mit dem Kreis zufrieden sind, so lassen Sie zuerst die Maustaste los und dann erst die [Umschalt]-Taste.

Wenn Sie die [Umschalt]-Taste zuerst loslassen, bekommen Sie schnell wieder eine schöne Ellipse. Mit der [Umschalt]-Taste zeichnen Sie aber nicht nur Kreise, sondern auch exakte Quadrate.

Das Zeichnen von Objekten beginnt immer in der obersten linken Ecke und führt zur untersten rechten Ecke. Damit ist es aber kaum möglich, auf einem Achsenkreuz einen Kreis zu zeichnen, dessen Mittelpunkt mit dem Mittelpunkt des Achsenkreuzes übereinstimmt.

Um dieses Problem zu lösen, halten Sie, bevor Sie zu zeichnen beginnen, die Tasten (Strg)+(Umschalt) gleichzeitig fest. Damit veranlassen Sie Power-Point, Ihr Objekt von der Bildmitte aus zu zeichnen.

Für einen exakten Kreis müssen Sie also sowohl die (Umschalt)-Taste (um einen exakten Kreis zu bekommen) als auch die (Strg)-Taste (um das Objekt von seinem Mittelpunkt aus zeichnen zu lassen) festhalten.

Zum Zeichnen eines Rechtecks benutzen Sie das Rechtecksymbol. Der Rest verläuft so wie gerade besprochen. Die (Umschalt)- und die (Strg)-Taste haben hier die gleiche Bedeutung wie beim Kreis.

Haben Sie Ihr Objekt gezeichnet und markiert, erhalten Sie weitere Markierungselemente, mit denen Sie das Objekt nachträglich verändern können. Die folgende Tabelle fasst diese Elemente zusammen.

Symbol	Das können Sie damit tun	Wirkung
	Durch Ziehen an den kleinen Kreisen in der Mitte der linken und rechten Objektseite machen Sie Ihr Objekt dünner oder dicker. Ziehen Sie an den Kreisen oben und unten, so strecken oder stauchen Sie es.	
	Durch Ziehen dieser Elemente können Sie Ihr Objekt in beide Richtungen gleichzeitig verkleinern oder vergrößern. Soll es aber proportional verändert werden, so halten Sie die (Umschalt) -Taste gedrückt, während Sie ziehen.	

Symbol	Das können Sie damit tun	Wirkung
	Damit drehen Sie das gezeichnete Objekt.	
	Damit verschieben Sie das Objekt an eine andere Stelle auf der Folie.	

Andere Objekte zeichnen

PowerPoint 2010 bietet eine schier überwältigende Vielfalt an fertigen Objekten zum Zeichnen. Sie erhalten diese Formen durch einen Klick auf *Weitere*.

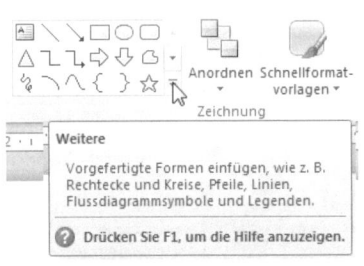

Die Handhabung ist die gleiche, wie wir es bei Kreisen und Ellipsen besprochen haben. Auf einige dieser Formen werden wir später noch ausführlich zurückkommen.

Wir möchten mit Ihnen einmal das Sechseck zeichnen, das Sie in einer chemischen Präsentation auch als Benzolring benutzen können. Dieses Sechseck soll auf einem Achsenkreuz sein und der Mittelpunkt des Sechsecks soll mit dem Mittelpunkt des Achsenkreuzes übereinstimmen.

1 Zeichnen Sie zunächst das Achsenkreuz mit zwei einfachen, senkrecht aufeinanderstehenden Linien.

2 Wählen Sie dann in der Registerkarte *Start* in der Gruppe *Zeichnung* bei *Weitere* das Sechseck aus.

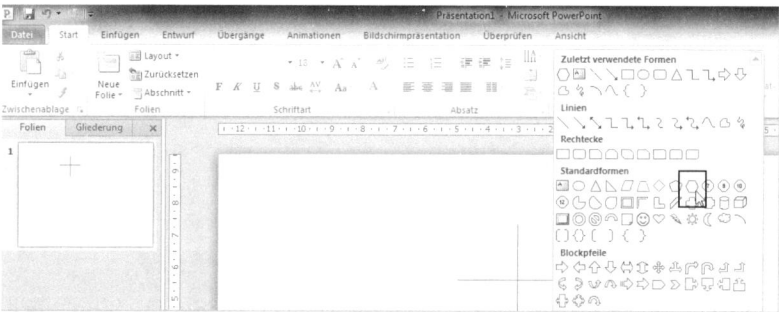

3 Halten Sie die [Umschalt]- und die [Strg]-Taste gleichzeitig fest.

4 Gehen Sie mit der Maus in die Mitte des Achsenkreuzes und ziehen Sie die Maus nach links oben oder rechts unten.

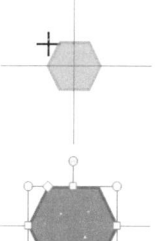

5 Hat Ihr Sechseck die gewünschte Größe, lassen Sie zuerst die Maus los, dann erst die [Umschalt]- und die [Strg]-Taste.

Objekte farblich ändern

Wir nehmen an, Ihr Sechseck wurde auch standardmäßig blau gezeichnet. Möchten Sie es in einer anderen Farbe oder gar farblos, können Sie es mit dem Echtzeitmenü sehr schnell ändern.

Markieren Sie Ihr Objekt, klicken Sie gegebenenfalls auf *Zeichentools* und nähern Sie sich in den *Formenarten* einer darin enthaltenen Farbe.

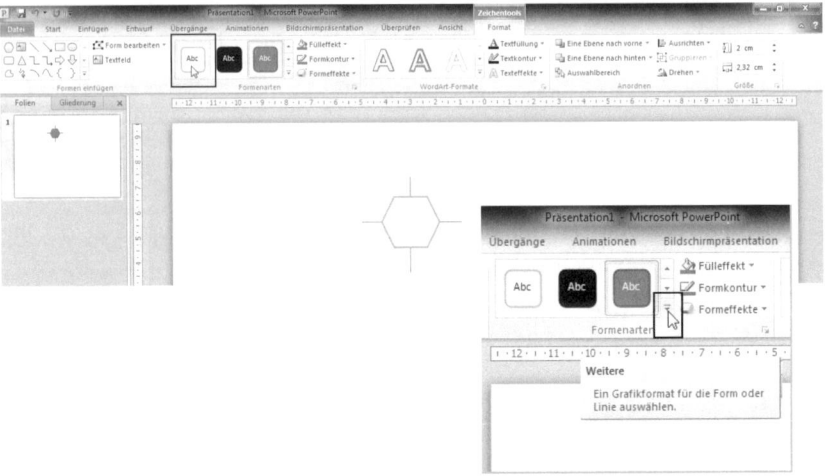

Alternativ können Sie auch über das kleine Dreieck weitere Designfüllungen einblenden lassen.

Nun werden Sie schier erschlagen von den vielen Möglichkeiten, die Ihnen bei der farblichen Gestaltung von solchen Objekten geboten werden.

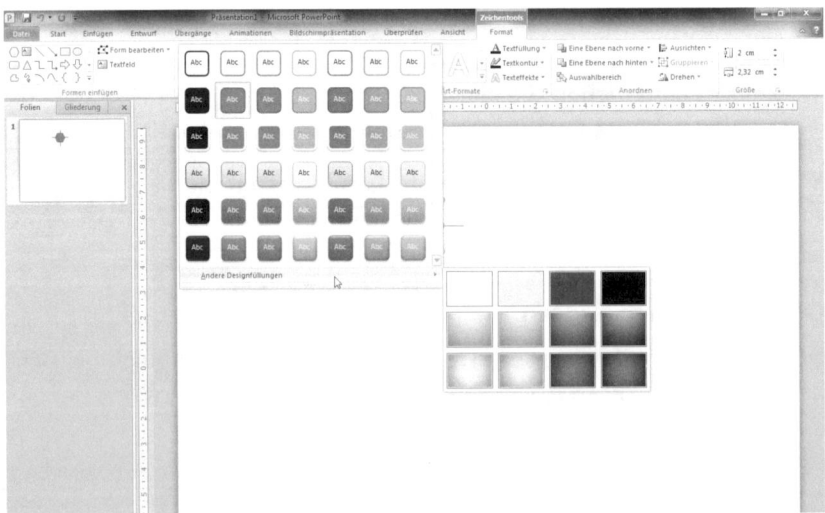

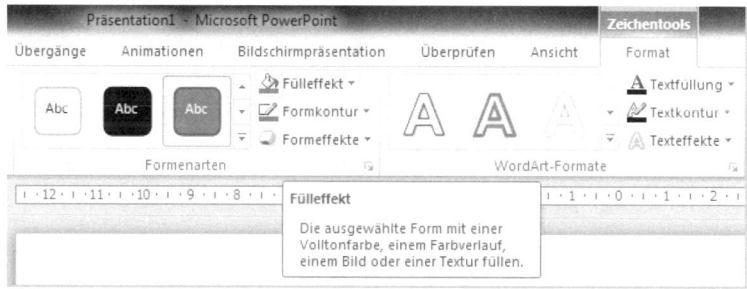

Sollte Ihnen das noch nicht reichen, können Sie auch individuelle Fülleffekte erzeugen. Markieren Sie dazu Ihr Objekt (nur so kommen Sie in die entsprechenden Menüs) und klicken Sie in der Gruppe *Formenarten* das kleine Dreieck bei *Fülleffekt* an.

Wählen Sie hier eine beliebige Farbe aus oder gehen Sie auf *Weitere Füllfarben*, um sich eine eigene Farbe zu kreieren.

Finden Sie aber ein Sechseck bestehend aus nur einer einzigen Farbe langweilig, so wählen Sie *Farbverlauf* und dann eine andere Farbe.

Hier ist es am besten, die verschiedenen Möglichkeiten am Bildschirm selbst einmal auszuprobieren.

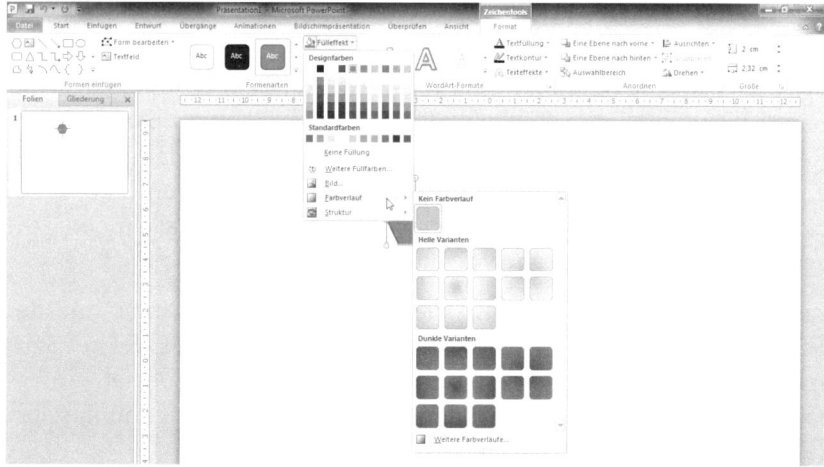

Und wenn Sie gar Ihr Sechseck mit einem Muster füllen möchten, so wählen Sie *Struktur*.

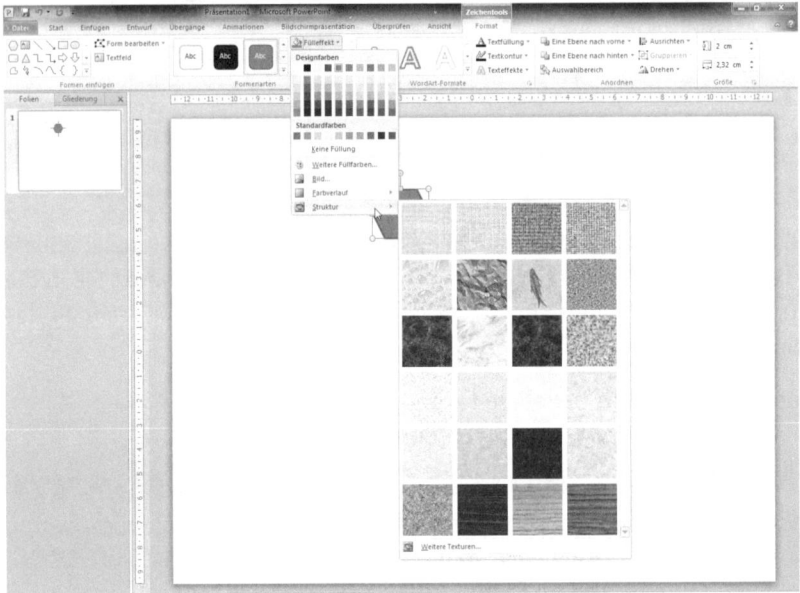

Die Frage der richtigen Schriftart

Nachdem gerade ein paar grundlegende Zeichen- und Arbeitselemente besprochen wurden, wollen wir uns nun dem Erstellen einer vollständigen Präsentation widmen.

Egal, ob Sie eine Präsentation für eine Firma oder für das nächste Seminar der Uni vorbereiten, sollten Sie sich vorher über ein paar wichtige Regeln zum Gestalten der einzelnen Folien Klarheit verschaffen. So ist es ein großer Unterschied, ob Sie die Präsentation vorführen und sie zusätzlich kommentieren wollen oder ob die Präsentation allein den ganzen Tag auf dem Messestand vorgeführt werden soll.

Ihre erste Entscheidung ist also die Frage nach der Schriftart und der Schriftgröße. Während Sie in Word und vielleicht auch in Excel mit Serifenschriften arbeiten, sollten Sie bei einer Präsentation besser serifenlose Schriften wählen. Diese sind in einem großen Vortragsraum, selbst für die hinteren Plätze, einfach besser lesbar.

Serifen nennt man die kleinen Abschlüsse an Buchstaben. In der Abbildung sehen Sie links die Serifenschrift Times New Roman und rechts die serifenlose Schrift Arial. Benutzen Sie für Ihre Präsentation also besser eine serifenlose Schrift.

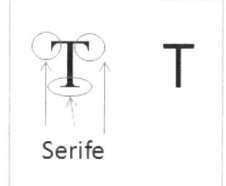

Serife

Hüten Sie sich auch vor den schönen Zierschriften. Sie mögen noch so schön aussehen und sie mögen noch so gut zum Geist Ihrer Präsentation passen, aber für einen Zuschauer sind sie kaum lesbar.

Diese Schrift ist für Zuschauer kaum lesbar!

Auch sollten Sie in der gesamten Präsentation die gleiche Schriftart benutzen. Es wirkt sehr unruhig und wenig professionell, wenn Sie auf jeder Folie eine andere Schriftart verwenden. Darüber hinaus sollten Sie die gleiche Schriftgröße für die verschiedenen Textarten der Folie nehmen. Auf einer Folie die Überschrift in der Größe 24 pt und auf der anderen Folie in Größe 32 pt, das wirkt einfach fürchterlich.

Welche Schriftgröße Sie wählen, hängt auch etwas von dem Raum, in dem der Vortrag stattfindet, ab. In der Allianz Arena in München dürfte eine Schriftgröße von 20 pt auf den hinteren Rängen kaum zu lesen sein, in einem Klassenraum wäre dies aber eine durchaus sinnvolle Größe.

Es gibt mehrere Möglichkeiten, die Schriftart und Schriftgröße zu ändern. Erstellen Sie zunächst einmal ein Textfeld auf der Folie.

1 Gehen Sie in die Registerkarte *Einfügen* und wählen Sie dort *Textfeld*.

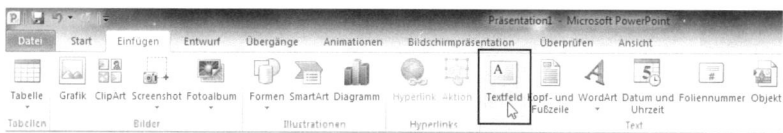

2 Nun klicken Sie kurz auf die Folie. PowerPoint hat nun ein Textfeld erzeugt, in das Sie jetzt einen kleinen Text eingeben können.

3 Klicken Sie den Rahmen des Textfeldes an, um den gesamten Text zu markieren.

4 Auf der Registerkarte *Start* können Sie nun in der Gruppe *Schriftart* sowohl die Schriftart als auch die Schriftgröße ändern.

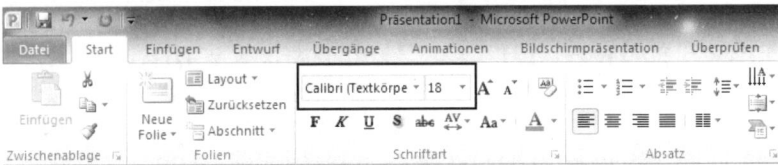

Die Schriftgröße ändern

Mit der Tastenkombination ⌈Strg⌉+⌈Umschalt⌉+⌈.⌉ können Sie die Schriftart um jeweils einen Schritt vergrößern. Mit der Kombination ⌈Strg⌉+⌈Umschalt⌉+⌈,⌉ können Sie sie wieder um jeweils einen Schritt verkleinern. Der Text muss aber vorher markiert sein.

Wir werden uns etwas später noch sehr viel intensiver mit Textfeldern auseinandersetzen.

Einzelne Objekte zu einem ganzen Objekt zusammenfassen

Nehmen wir an, Sie müssten die Bindung zwischen einem Natrium- und einem Chloratom mit dem Bohrschen Atommodell erklären. Die Folie hätte letztendlich folgendes Aussehen:

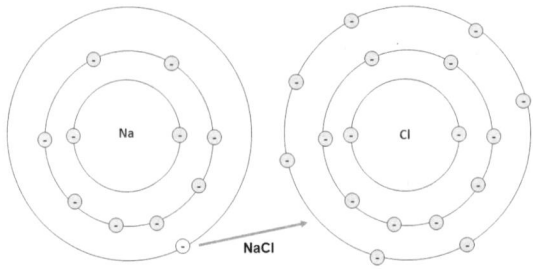

Natrium besitzt 11 Elektronen auf drei Schalen, Chlor hat 17 Elektronen auf ebenfalls drei Schalen. Sie brauchen also eine Menge kleiner Kreise. Um die negative Ladung eines Elektrons zu zeigen, sollten die kleinen Kreise auch mit einem Minuszeichen versehen werden.

Eigentlich sollte das Bild inzwischen keine großen Probleme mehr bereiten, denn Kreise haben wir schon ausführlich besprochen. Doch ein paar kleine Tipps und Tricks sind hier vielleicht doch hilfreich, um sich die Arbeit etwas zu erleichtern.

Zunächst sollten Sie die großen Kreise der Elektronenschalen zeichnen. Da die einzelnen Schalen und später auch die Elektronen immer gleich groß sind, ist es sinnvoll, sie mit ⌨Strg⌨+⌨C⌨ zu kopieren und mit ⌨Strg⌨+⌨V⌨ einzufügen. Das kennen Sie von Word und Excel aber sicher schon. Es ist hier nicht anders. Sie markieren das Objekt, das Sie kopieren möchten, indem Sie es kurz anklicken. Dann legen Sie das Objekt mit ⌨Strg⌨+⌨C⌨ in die Zwischenablage, gehen auf die Folie, auf der Sie das Objekt haben möchten, und drücken dort ⌨Strg⌨+⌨V⌨, um es aus der Zwischenablage herauszukopieren.

PowerPoint bietet hier aber noch eine andere Möglichkeit, um Elemente zu kopieren: das Duplizieren. Um etwas zu duplizieren, markieren Sie es wie gewohnt und duplizieren es mit der Tastenkombination ⌨Strg⌨+⌨D⌨.

Was ist ⌨Strg⌨+⌨D⌨?

Damit haben Sie das Objekt kopiert oder wir sollten besser sagen: dupliziert. Mit den Tastenkombinationen ⌨Strg⌨+⌨C⌨ (= Kopieren) und ⌨Strg⌨+⌨V⌨ (= Einfügen) haben Sie wahrscheinlich bisher kopiert. Und das war auch richtig. Das hätten Sie in diesem Fall auch machen können, aber es gibt einen Unterschied zwischen ⌨Strg⌨+⌨D⌨ und den beiden anderen Tastenkombinationen. ⌨Strg⌨+⌨D⌨ dupliziert nur innerhalb einer Folie. Damit können Sie aber keine Objekte auf eine andere Folie kopieren. Das müssen Sie mit den beiden anderen Tastenkombinationen machen.

Wenn also etwas auf derselben Folie verviel-fältigt werden soll, nehmen Sie die Tasten-kombination [Strg]+[D]. Soll das Objekt aber auf eine andere Folie kopiert werden, ver-wenden Sie die klassische Variante.

Nun aber zu den kleinen Elektronen. Ein kleiner Kreis mit der entsprechenden farbli-chen Füllung ist nur etwas Fummelarbeit, aber nicht wirklich kompliziert. Aber wie be-kommen Sie das Minuszeichen in den Kreis?

Klicken Sie dazu den Kreis mit der rechten Maustaste an. Es öffnet sich das Kontext-menü, in dem Sie *Text bearbeiten* mit der lin-ken Maustaste anwählen.

 Sofort sehen Sie einen blinkenden Cursor in der Mitte des Kreises.

 Nun schreiben Sie dort einfach ein Minuszeichen hinein und kli-cken zum Abschluss irgendwo auf die Folie.

Beenden Sie die Eingabe des Textes aber nicht mit der [Enter]-Taste, denn so würden Sie einen Zeilenumbruch erzeugen.

Nun duplizieren Sie den Kreis einige Male und schieben die einzelnen Duplikate an die Position auf der Elektronenschale, wo Sie sie haben möchten.

Für die Bezeichnung der Atome „Na" und „Cl" benutzen Sie ein norma-les Textfeld, bei dem Sie aber die Schriftgröße eventuell kleiner machen müssen.

Wir haben uns bei diesem Beispiel noch nicht um eine exakte Positionie-rung gekümmert, weil wir Ihnen zunächst noch etwas Handwerkszeug mitgeben wollten. Wir werden uns aber etwas später recht ausführlich um exakte Positionsangaben kümmern.

Haben Sie nun Ihre Natrium- und Chloratome fertig und stellen fest, dass alles doch etwas mehr in die Bildmitte gerückt werden sollte, müs-sen Sie zunächst alles markieren. Das können Sie in unserem Fall recht einfach mit der Tastenkombination [Strg]+[A] erreichen. Was aber, wenn Sie auf der Folie Objekte haben, die nicht mit markiert werden sollen?

Das Markieren einzelner Elemente kann bei sehr komplexen Objekten ziemlichen Aufwand bedeuten. Deshalb gibt es mehrere Wege zum Markieren.

So markieren Sie	
Sie markieren alle Objekte, indem Sie die [Umschalt]-Taste festhalten, während Sie alle zu markierenden Objekte anklicken. Die [Strg]-Taste leistet in diesem Fall den gleichen Dienst.	
Sie werfen eine Art Lasso um alle Objekte. Dazu gehen Sie an die linke obere Ecke Ihrer Objekte, halten die linke Maustaste fest und ziehen diagonal nach rechts unten. Wenn Sie nun die Maustaste loslassen, werden alle Objekte markiert, die innerhalb dieser grauen Fläche liegen.	
[Strg]+[A]	Damit markieren Sie alle Objekte auf Ihrer Folie.

Wie Sie zukünftig viele einzelne Objekte markieren, ist eine Entscheidung, die nur Sie allein treffen können. Es gibt keine Methode, die immer die beste ist. Aber wir vermuten einmal, dass Sie die Lasso-Methode häufiger einsetzen werden.

Bevor Sie aber nun verschieben, ist es sinnvoll, die markierten Elemente zu einem einzigen Objekt zusammenzufassen. Das Natriumatom brauchen Sie womöglich noch auf weiteren Folien, aber Sie möchten es nicht als Objekt aus einzelnen Elementen, sondern als ein ganzes Zeichenobjekt, sodass Sie das Objekt zukünftig nur ein Mal anklicken müssen, um es zu markieren.

1 Markieren Sie alle Objekte, die Sie zusammenfassen möchten, in unserem Beispiel also alles, was zum Natriumatom gehört.

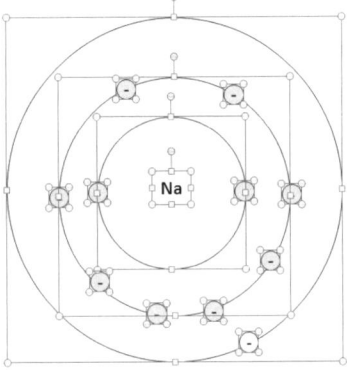

2 Klicken Sie dann auf eines der markierten Objekte mit der rechten Maustaste. ⁛ Klicken Sie aber erst, wenn Sie das Achsenkreuz sehen, deshalb gehen Sie auf den Rand eines Objekts, nicht aber auf einen der kleinen Markierungskreise.

3 Wählen Sie nun *Gruppieren* und noch einmal *Gruppieren*.

4 Nun wurden alle einzelnen Objekte Ihrer Zeichnung zu einem einzigen Objekt zusammengefasst. Sie sehen das, wenn Sie das Objekt nun kurz durch einen Klick markieren.

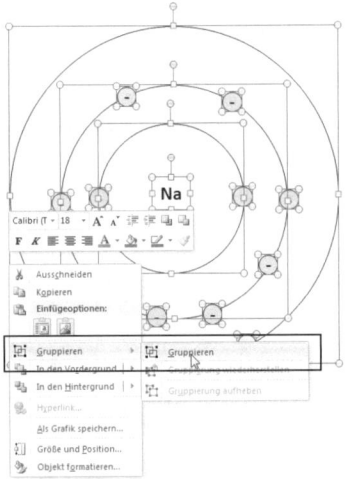

Ailes, was Sie nun mit diesem Objekt machen, hat Auswirkungen auf das gesamte Objekt. Wenn Sie also z. B. die Strichstärke ändern, so ändern Sie sämtliche Strichstärken. Für PowerPoint ist das nun ein einziges Objekt geworden. Möchten Sie aber trotzdem einzelne Teile des Objekts nachträglich ändern, müssen Sie die Gruppierung aufheben.

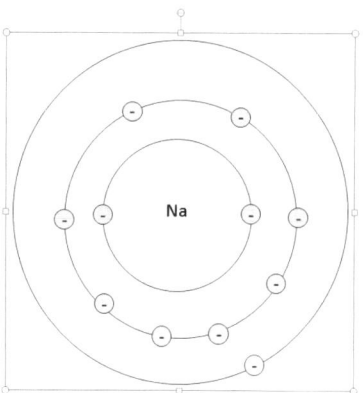

Klicken Sie dazu mit der rechten Maustaste auf das Objekt und wählen Sie *Gruppieren* und dann *Gruppierung aufheben*.

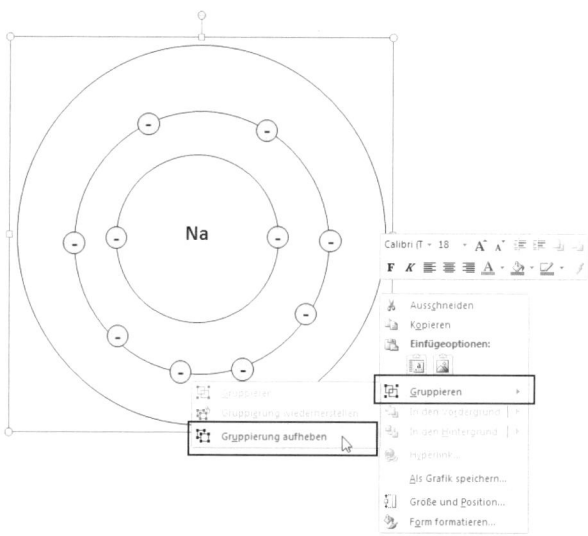

Die Reihenfolge der Objekte auf der Folie

Alles, was Sie auf eine Folie legen, liegt in einer bestimmten Ebene. Dadurch können sich Objekte überdecken und überlappen. Auch zwei gewöhnliche Striche liegen nicht in einer Ebene. Man kann sagen: Je älter das Objekt ist, das auf der Folie liegt, desto tiefer in den Ebenen ist es zu finden.

Für den Betrachter spielen diese Ebenen keine große Rolle, denn die Folie erscheint „wie aus einem Guss". Aber manchmal können diese verschiedenen Ebenen schon stören. Dazu ein einfaches Beispiel.

Schauen Sie sich das Natriumatom mit zwei seiner Elektronen an. Das eine Elektron ist auf dem Kreis der Schale, das andere scheint aber dahinter zu sein. So etwas sollten Sie auf jeden Fall vermeiden.

Die Abbildung zeigt drei Kreise. Drei Kreise? Sie sehen nur zwei? Das kommt daher, dass ein Kreis, weil er als Erstes gezeichnet wurde, hinter dem großen Kreis (3) liegt. Wir haben es hier mit drei Ebenen zu tun: mit der Ebene mit dem Kreis, den Sie im Augenblick nicht sehen (2), der Ebene mit dem großen Kreis (3) und als Letztes der Ebene mit dem kleinen, hellen Kreis (1).

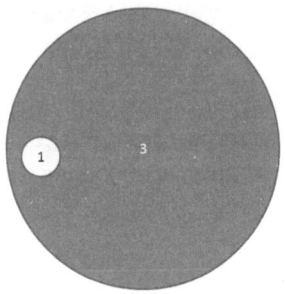

Nun kann es sein, dass Sie die Reihenfolge der Kreise verändern müssen.

1 Markieren Sie dazu den Kreis, den Sie in eine andere Ebene verschieben möchten. Nehmen wir also einmal den großen Kreis, um ihn in den Hintergrund zu legen.

2 Klicken Sie ihn mit der rechten Maustaste an.

3 Wählen Sie mit der linken Maustaste *In den Hintergrund* und dann noch einmal *In den Hintergrund*.

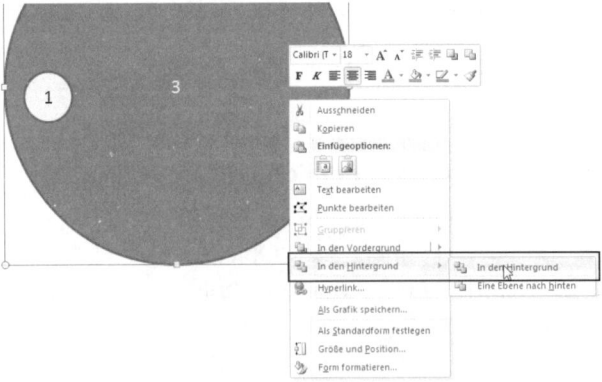

4 Nun sollten Sie auch den zweiten Kreis sehen.

5 Als Nächstes soll Kreis (2) noch vor Kreis (1). Das erreichen Sie, wenn Sie Kreis (2) mit der rechten Maustaste anklicken und ihn *In den Vordergrund* legen. Das gleiche Ergebnis erhalten Sie aber auch, wenn Sie Kreis (1) *In den Hintergrund* und dort *Eine Ebene nach hinten* legen.

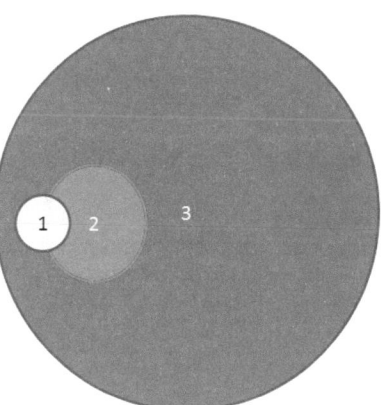

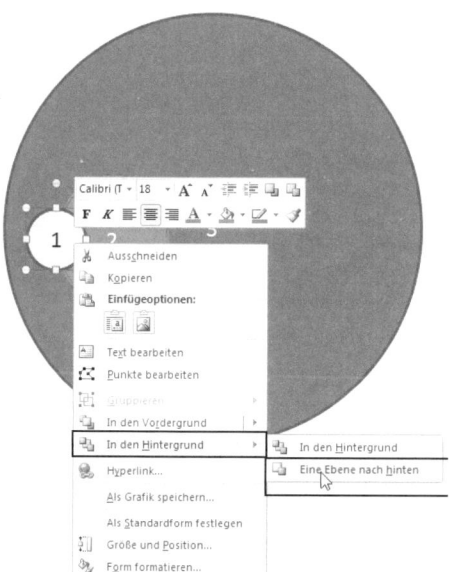

So können Sie Ihre Objekte beliebig in die verschiedenen Ebenen legen, was manchmal zur korrekten Darstellung auf der Folie wichtig ist. Und ja, wir geben es zu, Kreis (2) ist eigentlich eine Ellipse.

Weitere Folien für die Präsentation

Eine Präsentation besteht in der Regel aus vielen Folien. Sie können jederzeit weitere Folien einer bestehenden Präsentation hinzufügen.

Dazu klicken Sie in der Registerkarte *Start* auf das kleine Dreieck bei *Neue Folie*.

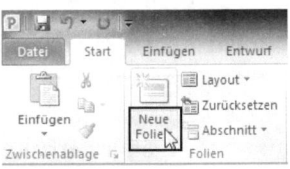

Dadurch wird ein Fenster geöffnet, in dem Sie sich das Layout Ihrer neuen Folie aussuchen können.

Wir werden uns erst etwas später den verschiedenen Layoutvorschlägen von Office 2010 genauer zuwenden.

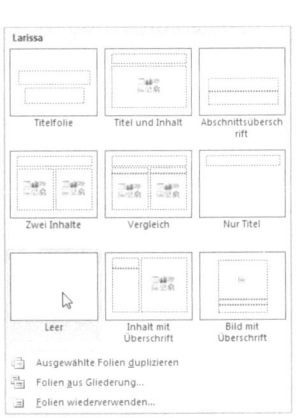

Zuerst noch einige Punkte zum allgemeinen Handwerkszeug von PowerPoint.

Objekte exakt positionieren – Raster, Zeilenlineal und Führungslinien

Bisher haben Sie die Objekte einfach nur irgendwo auf die Folie gelegt und verschoben. Meist wird es aber so sein, dass Sie Ihre Objekte exakt platzieren müssen. Und dazu gibt es in PowerPoint 2010 verschiedene Möglichkeiten.

Das Zeilenlineal

Das Zeilenlineal sollten Sie sich eigentlich immer einblenden und auch eingeblendet lassen. Es hilft schon für die erste schnelle Positionierung. Wie schalten Sie es ein?

In der Registerkarte *Ansicht* setzen Sie in der Gruppe *Anzeigen* bei *Lineal* durch Klicken ein Häkchen.

Nun haben Sie sowohl ein waagerechtes als auch ein senkrechtes Zeilenlineal bekommen. Wenn Sie nun ein Objekt verschieben, so wandern in
beiden Zeilenlinealen kleine Striche mit, die es Ihnen erlauben sollen, das
Objekt richtig zu positionieren.

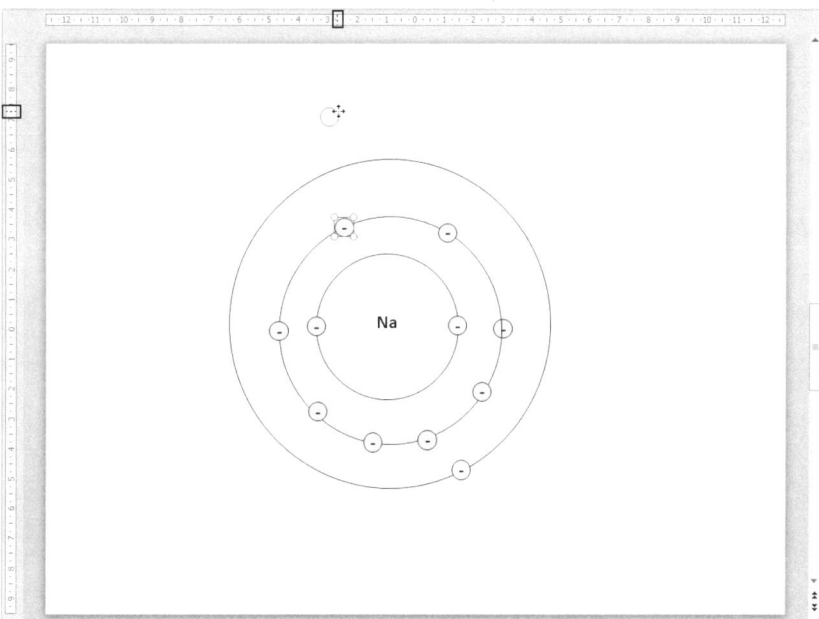

Diese kleinen Striche sind nicht besonders gut zu sehen, deshalb gibt es
zwei weitere Möglichkeiten, um exakt zu positionieren.

Das Raster

Das Raster bietet schon wesentlich bessere und genauere Möglichkeiten.
Sie müssen aber auch dieses erst einmal einschalten. Über die Register-
karte *Ansicht* setzen Sie in der Gruppe *Anzeigen* bei *Gitternetzlinien* durch
Klicken ein Häkchen.

Fortan haben Sie auf Ihrer Folie ein Gitternetz, das Sie zum exakten Positionieren benutzen können.

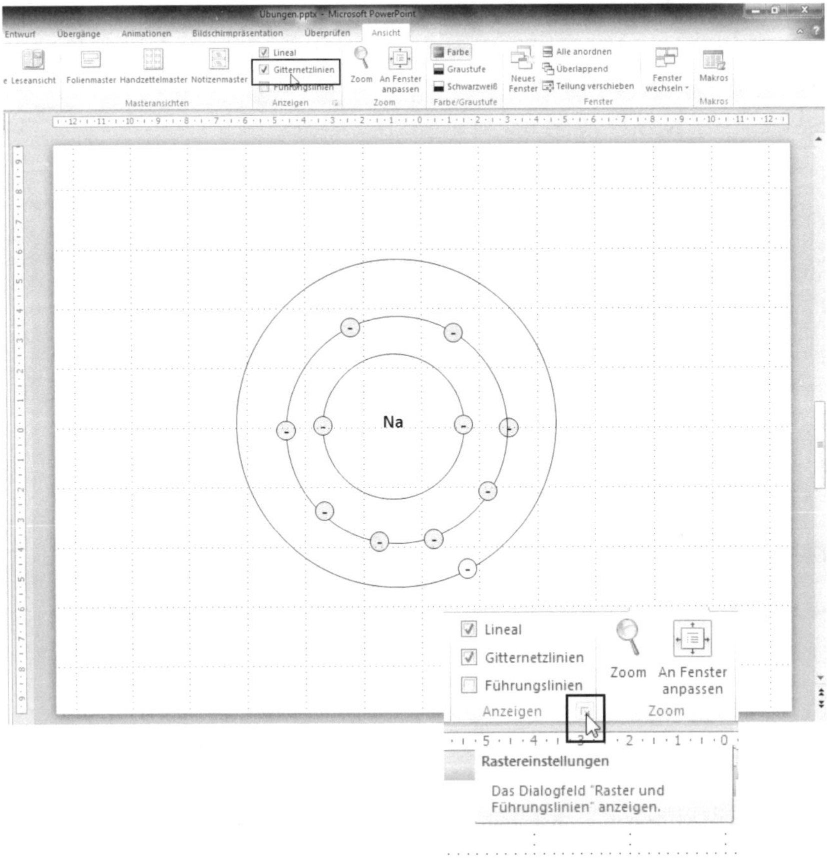

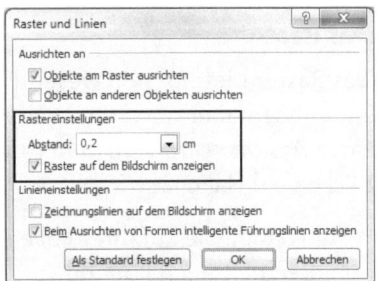

Wenn Sie die Abstände der Gitternetzlinien verändern wollen, klicken Sie in der Registerkarte *Ansicht* bei *Anzeigen* auf den kleinen Pfeil unten rechts.

Sie erhalten ein weiteres Fenster, in dem Sie die Abstände der Gitternetzlinien auf einen anderen Wert festlegen können.

Die Führungslinien

Die Führungslinien bieten eine weitere Möglichkeit, Objekte exakt auf der Folie zu positionieren.

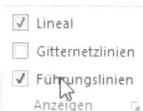

Zum Einblenden wählen Sie wieder *Ansicht* und in der Gruppe *Anzeigen* versehen Sie *Führungslinien* mit einem Häkchen.

Sofort haben Sie auf Ihrer Folie zwei Führungslinien.

Wenn Sie nun Ihr Objekt in die Nähe dieser Führungslinien schieben, wird es wie durch Magnete an die Führungslinien gezogen. Ein wirklich exaktes Positionieren ist somit möglich.

Natürlich können Sie die beiden Führungslinien auch an eine andere Position schieben. Klicken Sie dazu einfach eine der Führungslinien an und verschieben Sie sie.

Ihre Führungslinien können Sie nun mithilfe der Zeilenlineale und des Werts, der während der Verschiebung angezeigt wird, exakt platzieren.

Sicher erkennen Sie auch sofort den entscheidenden Nachteil: Power-Point zeigt nur zwei Führungslinien an. Das ist für umfangreiche Arbeiten aber viel zu wenig.

Mit nur zwei Führungslinien wäre PowerPoint wirklich etwas zurückhaltend ausgestattet und deshalb haben Ihnen die Entwickler die Möglichkeit gegeben, diese beiden Standardführungslinien fast beliebig oft zu kopieren. Wie geht das?

Halten Sie dazu die Strg-Taste gedrückt, während Sie eine der Führungslinien verschieben. Durch das Drücken der Strg-Taste wird die gewählte Führungslinie nun nicht verschoben, sondern kopiert.

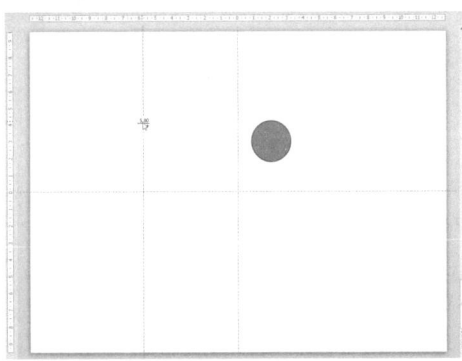

Diese kopierten Führungslinien werden abgespeichert und bleiben erhalten, wenn Sie das nächste Mal Ihre PowerPoint-Präsentation öffnen. Aber natürlich werden sie nicht mit ausgedruckt, das wäre ja fatal.

Um eine dieser kopierten Führungslinien wieder zu entfernen, ziehen Sie sie einfach aus der Folie heraus und lassen die Maustaste los. Die Standardführungslinien müssen Sie so ausblenden, wie Sie sie eingeblendet haben.

Eine Kurzversion zum Einblenden der Positionierungshilfen

Eine Kurzversion zum Einblenden von Gitternetz, Lineal und Führungslinien besteht darin, dass Sie mit der rechten Maustaste auf einen leeren Bereich Ihrer Folie klicken und dann den Befehl *Raster und Führungslinien* oder *Lineal* mit der linken Maustaste wählen.

Speichern, Öffnen und individuelle Einstellungen mithilfe des Menüs Datei

Speichern einer Präsentation

Es gibt mehrere Möglichkeiten zum Speichern Ihrer Präsentation. Da ist einmal die Möglichkeit, über das *Datei*-Menü in den Bereich *Speichern* zu gehen.

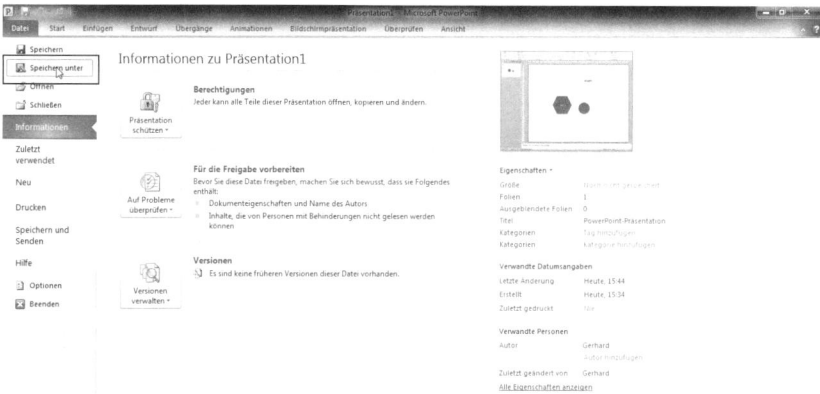

Hier wählen Sie *Speichern* oder *Speichern unter*.

Der Unterschied zwischen diesen beiden Möglichkeiten wurde im Word- und im Excel-Teil dieses Buches schon besprochen.

Die andere Möglichkeit geht über das Diskettensymbol.

Wir möchten nun noch auf die PowerPoint-spezifischen Speichermöglichkeiten eingehen. So können Sie in der Office-Version 2010 Ihre ganze Präsentation nicht nur als PowerPoint-Präsentation abspeichern, sondern zusätzlich auch noch als PDF-Datei.

Das Portable Document Format (PDF) ist ein Dateiformat, das von der Firma Adobe entwickelt wurde. In einer PDF-Datei werden die Inhalte der Ursprungsdatei (z. B. Word) einschließlich aller Formatierungen präzise wiedergegeben. Um eine solche Datei jedoch lesen und ausdrucken zu können, benötigt man ein spezielles Leseprogramm, den Acrobat Reader, den man sich von der Website der Firma Adobe kostenlos herunterladen kann.

Um Ihre PowerPoint-Folien in diesem PDF-Format abzuspeichern, gehen Sie über das *Datei*-Menü zu *Speichern* oder *Speichern unter*. Nun wählen Sie bei *Dateityp PDF(*.pdf)* aus.

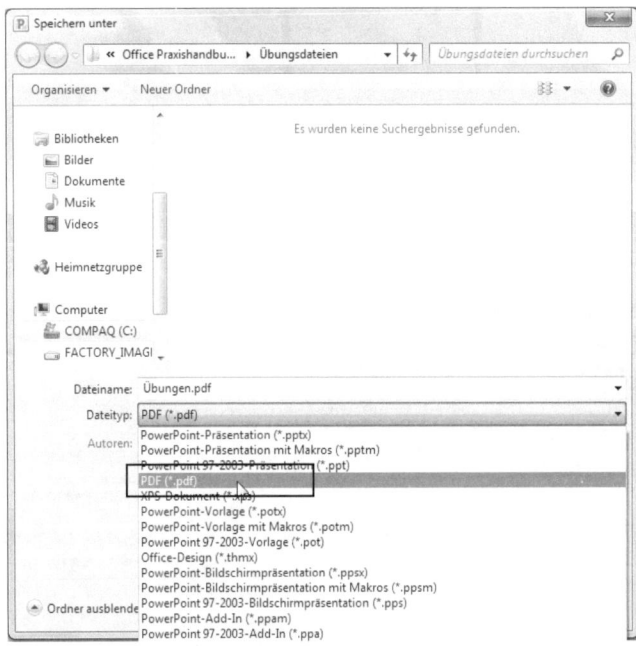

Schnell haben Sie alle Folien Ihre Präsentation als PDF-Datei vorliegen. PDF-Dateien sind mit dem Acrobat Reader jedoch nur lesbar, können aber nicht im Reader bearbeitet werden.

Aber PowerPoint wartet noch mit weiteren Abspeicherungsmöglichkeiten auf. Es ist beispielsweise auch kein Problem, alle Folien (oder auch nur eine) als normales Bild im JPG-Format abzuspeichern.

Wahrscheinlich kennen Sie das JPG-Format von Ihrer Digitalkamera. In Office 2010 können Sie auch Ihre Folien in diesem Format speichern.

Dazu wählen Sie im *Speichern unter*-Menü bei *Dateityp* lediglich *JPEG-Dateiaustauschformat (*.jpg)*.

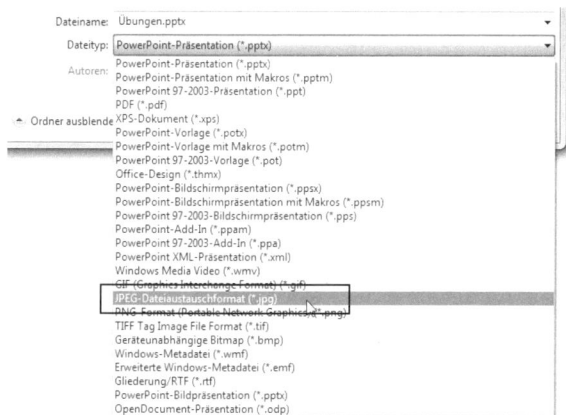

Sobald Sie einen Dateinamen eingegeben und auf *Speichern* geklickt haben, möchte PowerPoint von Ihnen noch wissen, ob alle Folien der Präsentation als Bilder abgespeichert werden sollen oder nur die Folie, die Sie gerade bearbeiten.

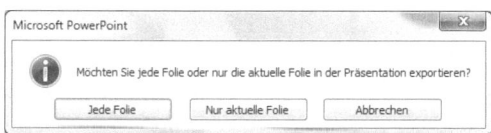

Klicken Sie hier auf *Jede Folie*, wird PowerPoint einen Ordner auf Ihrer Festplatte anlegen, in dem alle Folien als Bilder abgespeichert sind.

Das Öffnen einer Präsentation funktioniert nach dem gleichen Prinzip wie das Öffnen einer Word- oder Excel Datei.

Und wenn Ihre PowerPoint-Präsentation auch von einer alten PowerPoint-Version gelesen werden soll, so wählen Sie beim Speichern bei *Dateityp* den Eintrag *PowerPoint 97-2003-Präsentation*.

Legen Sie den Standardspeicherort für Ihre Präsentationen fest

Es ist immer hilfreich, wenn man etwas abspeichern möchte und die Anwendung schon einen Vorschlag macht, wohin gespeichert werden soll. So können Sie PowerPoint veranlassen, beim Speichern sofort in den entsprechenden PowerPoint-Ordner zu gehen.

Solche Einstellungen nehmen Sie über das *Datei*-Menü vor. Dort wählen Sie *Optionen* und links in den Kategorien *Speichern*.

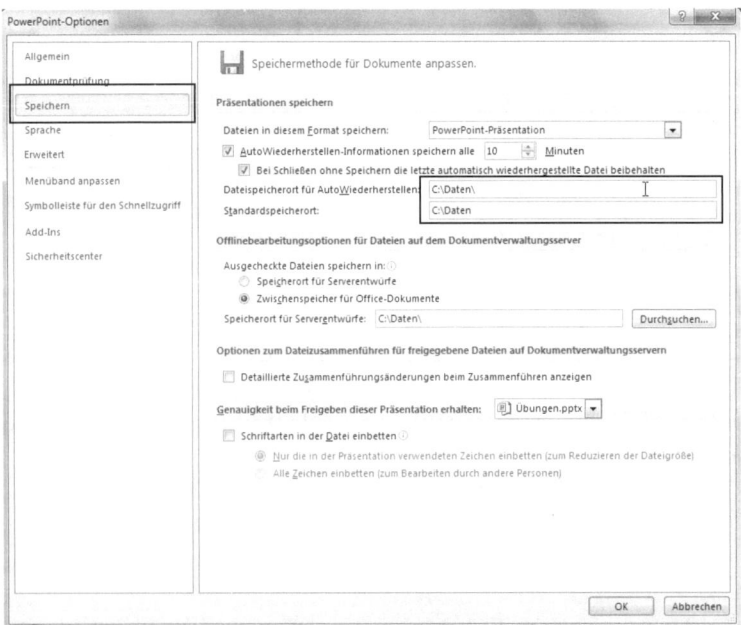

Hier geben Sie bei *Standardspeicherort* einfach den Pfad zum Ordner an, in dem Sie Ihre Präsentationen gespeichert haben möchten.

Es ist auch durchaus sinnvoll, die *AutoWiederherstellen-Informationen* alle 10 Minuten speichern zu lassen. So haben Sie die Gewähr, dass bei einem eventuellen Absturz Ihres Rechners die Datei wiederhergestellt werden kann.

PowerPoint 2010 speichert standardmäßig im neuen PPTX-Format ab. Ältere Versionen des Programms können dieses Format aber nicht lesen. Wenn Sie also häufig Ihre Präsentationen weitergeben müssen, um sie von anderen Personen lesen und bearbeiten zu lassen, müssen Sie sie in einem Format speichern, das auch ältere Programmversionen verstehen.

In diesem Fenster können Sie auch einstellen, dass PowerPoint standardmäßig im alten Format speichert. Wählen Sie im *Datei*-Menü bei den *Optionen* im Bereich *Speichern* bei *Dateien in diesem Format speichern* einfach *PowerPoint-Präsentationen der Versionen 97-2003* an.

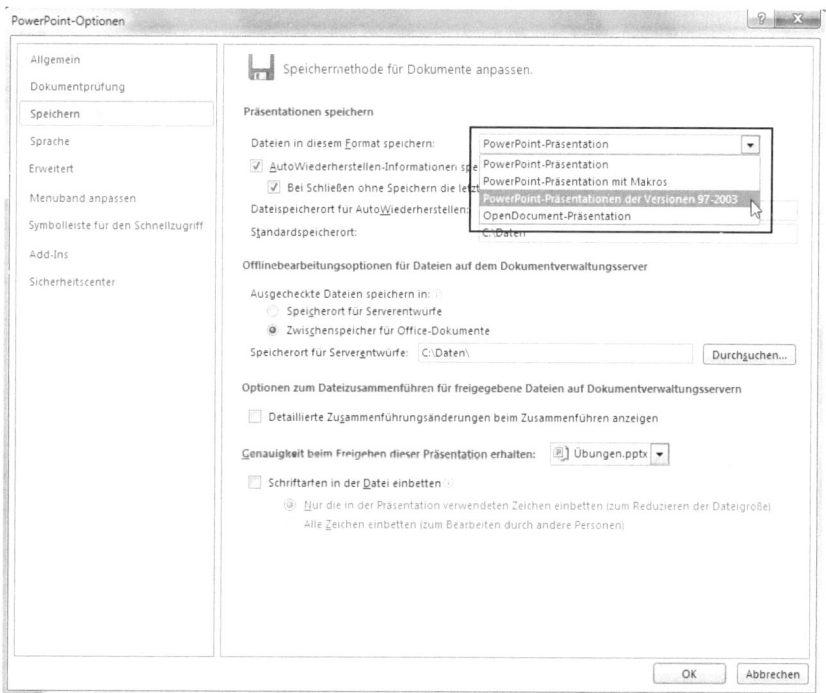

Schneller ans Ziel mit Tastenkombinationen

Die folgenden Tabellen bieten Ihnen die wichtigsten Tastenkombinationen, mit denen Sie in PowerPoint oftmals schneller ans Ziel kommen. Benutzen Sie diese Tabellen als eine Art Nachschlageheft. Alle Begriffe, die in den Tabellen vielleicht noch etwas unverständlich sind, werden im Laufe der nächsten Abschnitte ausführlich erläutert.

Markieren und Formatieren von Objekten

Tastenkombination	Das erreichen Sie
Strg + A	Markieren aller Elemente auf einer Folie
Esc	Aufhebung der Markierung
Tab	Markierung des nächsten Elements
Umschalt + Tab	Markierung des vorherigen Elements
Strg + Umschalt + .	Vergrößern der Schrift
Strg + Umschalt + ,	Verkleinern der Schrift

Umgang mit der Präsentation

Tastenkombination	Das erreichen Sie
Strg + S	Speichern der Präsentation
Strg + M	Eine neue Folie einfügen
Strg + G	Markierte Elemente gruppieren
Strg + D	Duplizieren eines markierten Elements
Strg + Umschalt + D	Duplizieren einer ganzen Folie
Strg + Z	Tätigkeit rückgängig machen
F4	Wiederholen eines Befehls

Bildschirmpräsentation

Tastenkombination	Das erreichen Sie
F5	Starten der Show von der ersten Folie an
Esc	Beenden der Show
\<Foliennummer\> + Enter-Taste	Sprung zur Folie \<Foliennummer\>
B	Anzeigen eines schwarzen Bildschirms und zurückgehen vom schwarzen Bildschirm zur Präsentation
W	Anzeigen eines weißen Bildschirms und zurückgehen vom weißen Bildschirm zur Präsentation

4.2 Die optimale Vorbereitung einer Präsentation

Eine Präsentation besteht in der Regel aus mehr als nur einer einzigen Folie, aber letztendlich besteht sie aus Folien. Deshalb soll es in diesem Kapitel zunächst einmal darum gehen, was Sie auf den Folien so alles machen können.

Doch bevor Sie eine große Präsentation beginnen, sollten Sie sich auch über einige grundsätzliche Elemente Gedanken machen. Auch müssen Sie sich von vornherein klar werden, ob Sie die Präsentation mit einem Vortrag begleiten müssen oder ob es eine selbstablaufende Präsentation wird. Haben Sie Ihre Vortragsnotizen in Word gemacht oder möchten Sie sie als Notizen in PowerPoint?

Wie sollen Ihre Folien prinzipiell aussehen? Welche Hintergrundfarbe sollten Sie wählen? Muss ein Logo auf jeder Folie angebracht werden?

Um all das werden wir uns in diesem Kapitel kümmern.

Bevor Sie loslegen – ein paar wichtige theoretische Gedanken sollten am Anfang stehen

Um schnell mal eben eine Folie zu erstellen, müssen Sie sich nicht unbedingt sehr lange Gedanken darüber machen, obwohl es auch hier nichts schadet, sich zu überlegen, wie kann ich auf dieser einen Folie mein Anliegen am besten rüberbringen.

Wenn Sie aber eine vollständige Präsentation mit 60 bis 70 oder mehr Folien präsentieren müssen, so sollten Sie dies gut planen. So wäre zuerst zu überlegen:

1. Für wen müssen Sie die Präsentation erstellen?

Ein Kassenbericht für den nächsten Vereinsabend läuft nach anderen Gesetzen als eine Präsentation der Umsatzzahlen für den Vorstand eines großen Unternehmens oder die Pressekonferenz zur Eröffnung der neuen Disco. Es wird also nicht gehen, dass Sie einfach Ihre Gedanken auf eine Folie pressen und vorführen. Wie Ihre Gedanken verpackt sind, ist ebenso für den Erfolg ausschlaggebend.

Je mehr Sie über die Zielgruppe Ihrer Präsentation wissen, desto besser können Sie die Präsentation aufbauen, um das Interesse der Zuhörer zu wecken.

2. Wie lange soll Ihre Präsentation dauern?

Nehmen wir an, Sie sollen einen 45-minütigen Vortrag über das letzte auswärtige Turnier Ihres Schachvereins halten. Nun rechnen Sie: 45 Minuten, jede Folie ca. 1 Minute präsentieren, macht 45 Folien. Also erstellen Sie 45 Folien und lassen Sie stakkatoartig von PowerPoint vorführen.

So werden Sie schnell Ihre Zuhörer abhängen. Und dann nützt auch die Antwort nichts, die Sie auf die Bitte, die Folien etwas langsamer vorzuführen, eventuell geben möchten: „Denken Sie einfach etwas schneller, dann klappt das schon."

45 Folien mit jeweils neuem Inhalt sind für einen 90-minütigen Vortrag in der Regel zu viel. Bedenken Sie, dass Sie zu jeder Folie etwas sagen müssen. Jawohl, müssen! Jede Ihrer Folien muss bei einem Votrag von Ihnen erläutert werden. Das kostet Zeit. Rechnen Sie einmal gute 2 bis 3 Minuten pro Folie an Vortragszeit ein.

Es ist eine anerkannte Tatsache, dass man sich 10 % von dem merken kann, das man gelesen hat. Man merkt sich 20 % des Gehörten und 30 % des Gesehenen. Eine gute Präsentation besteht also aus Texten und Bildern, also aus Sprache, Schrift und Bild. Aber all das muss in einem Tempo vorgeführt werden, bei dem ein normales Gehirn noch mitdenken kann.

3. Ist die Präsentation Bestandteil eines Vortrags?

Vielleicht fragen Sie nun nach dem Sinn dieser Vorüberlegung, denn natürlich wird eine Präsentation in der Regel von einem Vortrag begleitet.

Aber das muss nicht sein. Innerhalb von Power Point haben Sie auch die Möglichkeit eine Präsentation zu erstellen, die Sie z. B. auch auf Messen vorführen können und die den ganzen Tag automatisch ablaufen soll. Bei einer solchen Präsentation gibt es keine erläuternden Worte und die einzelnen Folien müssen also selbstredend und deshalb auch ausführlicher sein als bei einem Vortrag vor Publikum, wo Sie noch die Möglichkeit haben, bestimmte Sachverhalte mit Worten erläutern zu können. Bei einer automatisch ablaufenden Präsentation haben Sie diese Möglichkeit nicht.

Zur 150-Jahr-Feier Ihrer Kirchengemeinde möchten Sie die Geschichte und wirtschaftliche Situation Ihrer Gemeinde in einer PowerPoint-Präsentation vorführen. Aber da Sie sich am Tage der Festveranstaltungen auch noch um andere Dinge kümmern müssen, soll die Präsentation automatisch ablaufen. Es ist sicher spontan klar, dass eine solche Präsentation anders aufgebaut sein muss, als wenn Sie es als Vortrag am Abend vorführen möchten.

4. Welches Ziel möchten Sie mit der Präsentation erreichen?

„Wer kein Ziel hat, für den ist jeder Weg der falsche" sagt eine Lebensweisheit. Nur wenn Ihnen ganz klar ist, was Sie mit der Präsentation erreichen wollen, werden Sie auch einen roten Faden finden.

Ihr kleines Adventure Reiseunternehmen braucht für eine Floßreise über den Amazonas noch ein paar Kunden, die so viel Abenteuerlust im Blut haben, damit sie die Reise bei Ihnen buchen. Hier werden Sie natürlich mehr mit Freiheit und Abenteuer arbeiten, als wenn es nur darum geht, wie der Bürgermeister im letzten Jahr das Altersheim eingeweiht hat.

5. Haben Sie alles im Kopf?

Dies ist eine der wichtigsten Fragen. Müssen Sie während des Vortrags in Ihre Unterlagen schauen oder haben Sie alles, was Sie sagen wollen, im Kopf. Wenn Sie in die Unterlagen schauen müssen, gibt es im Vortragsraum genügend Licht. Ist Ihr Laptop in der Nähe des Mikrofons, sodass Sie vielleicht mit der Notizseite von PowerPoint arbeiten können? Dann nämlich kann der Vortragsraum auch vollständig dunkel sein. Am Besten ist es aber, wenn Sie Ihren gesamten Vortrag im Kopf haben, dann nämlich können Sie Augenkontakt zum Publikum halten und merken sofort, wenn die ersten Augen zufallen.

6. Welchen grundsätzlichen Aufbau für die Folien sollten Sie wählen?

Ihre Folien sollten einheitlich sein. So zeugt es von schlechtem Stil, die Folien 1–5 mit einem roten Hintergrund zu versehen, 6–7 mit blauem und die restlichen ... na mal sehen, was Power Point noch so drauf hat.

Was brauchen Sie für eine gute Präsentation?

Wenn Sie nur mal gerade eine Folie brauchen, so müssen Sie sich meist nicht unbedingt ein Konzept durch den Kopf gehen lassen. Und deshalb ging es bisher auch eher darum, was Sie alles auf und mit einer Folie machen können. Haben Sie aber einen längeren Vortrag zu halten, den Sie auch mit eindruckvollen Folien untermalen wollen, so sollten Sie sich doch vorher ein Konzept durch den Kopf gehen lassen.

Doch hier ist eine kleine Entwarnung sinnvoll. PowerPoint 2010 ist ein sehr mächtiges und vielseitiges Programm und es muss nicht unbedingt sein, dass Sie sich vorher in langen Ergüssen ein Konzept zurechtlegen und dieses dann sturr einhalten. Es reicht, wenn Sie einen roten Faden und ein Ziel im Kopf haben. Sie müssen auch nicht von Anfang an, noch bevor Sie überhaupt beginnen, die Reihenfolge Ihrer Folien festlegen.

Überlegen Sie, was Sie sagen wollen. Legen Sie fest, wie lang der Vortrag sein soll, und entscheiden Sie, was das Ziel Ihres Vortrags ist. Dann entscheiden Sie über das grundsätzliche Aussehen jeder Folie, über die Schriftart, -größe und die Hintergrundgestaltung der Folie. Jetzt können Sie schon loslegen.

Wenn die Folien Ihrer Präsentation fertig sind und Sie sich an die Animation der einzelnen Folienelemente machen und auch die Folienübergänge integrieren wollen, können Sie immer noch die Reihenfolge der einzelnen Folien ganz leicht verändern und auch noch neue Folie einbauen.

Hier eine sehr kleine, nicht ganz vollständige Checkliste der Gedanken, die Sie sich möglichst vor Beginn der eigentlichen Erstellung der Folien, machen sollten.

Checkliste

Soll Ihre Präsentation farbig oder schwarz-weiß sein?

Müssen Sie irgendwelche Elemente integrieren, die eindeutig zeigen, in welchem Auftrag Sie den Vortrag machen. Muss also z. B. ein Firmenlogo rein.

Wer sind Ihre Zuhörer?

Welche Ziele sollen mit der Präsentation verfolgt werden?

Welches Material ist schon vorhanden? Müssen Sie sich noch Bilder besorgen oder einscannen?

Wo werden Sie den Vortrag halten?

Welche Technik können Sie nutzen? Gibt es einen Beamer oder müssen Sie Overheadfolien erstellen?

Sollen die Teilnehmer irgendwelches Material bekommen?

Eine Präsentation besteht in der Regel aus mehr als nur einer einzigen Folie, aber letztendlich besteht sie aus Folien. Deshalb soll es in diesem Abschnitt zunächst einmal darum gehen, was Sie auf den Folien so alles machen können. Erst am Ende, wenn wir mit Ihnen konkret eine vollständige Präsentation entwerfen möchten, werden wir uns auch darüber unterhalten, was Sie bei der Erstellung einer guten Präsentation berücksichtigen sollten und müssen.

Es gibt innerhalb von PowerPoint zwei verschiedene Folienarten: Folien und Masterfolien.

Folie mit Notizen erstellen

Was eine Folie ist, dürfte sicher inzwischen klar geworden sein. Aber was ist der Unterschied zwischen einer normalen Folie und einer Notizseite?

Notizseiten sind für lange Vorträge eine durchaus sinnvolle Einrichtung, denn darauf können Sie sich kleine Notizen machen und niederschreiben, was Sie während des Vortrags alles erzählen möchten.

Eine Notizseite ist quasi ein weiterer Bereich einer Folie und Sie können für jede Folie eine Notizseite anlegen und dort hinterlegen, was Sie genau zu dieser Folie sagen möchten. Schauen wir uns das einmal an einem Beispiel an.

Sie haben auf einer Folie das Natrium- und das Chloratom als Bohrsches Atommodell zusammengestellt und wollen während der Präsentation erklären, wie sich die beiden Atome zu NaCl, unserem Kochsalz, verbinden.

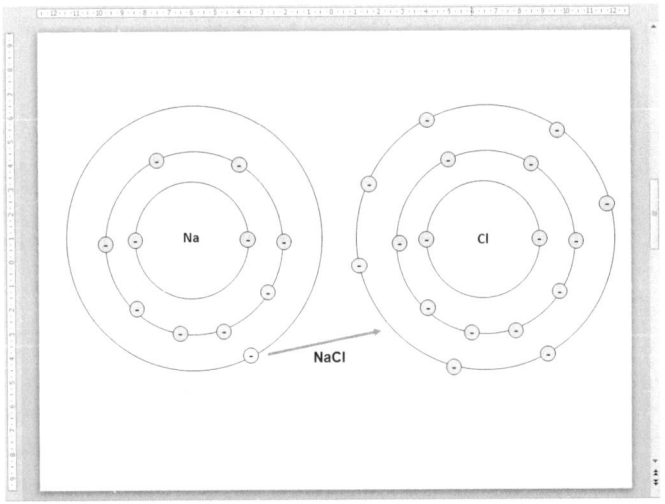

Sie können nun das, was Sie zu diesem Bild erklären wollen, in eine eigene Word-Datei schreiben, es ausdrucken und während des Vortrags als Gedankenstütze verwenden. Leider sind oft die Räume bei solchen Vorträgen abgedunkelt, sodass das Ablesen mit Schwierigkeiten verbunden ist.

Hier hilft die Notizseite von PowerPoint. Klicken Sie auf die Registerkarte *Ansicht* und wählen Sie dort *Notizseite* in der Gruppe *Präsentationsansichten*.

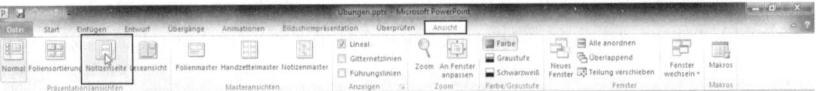

Sie erhalten nun im oberen Bereich die Folie und im unteren Bereich die Möglichkeit, einen Text zu dieser Folie zu verfassen.

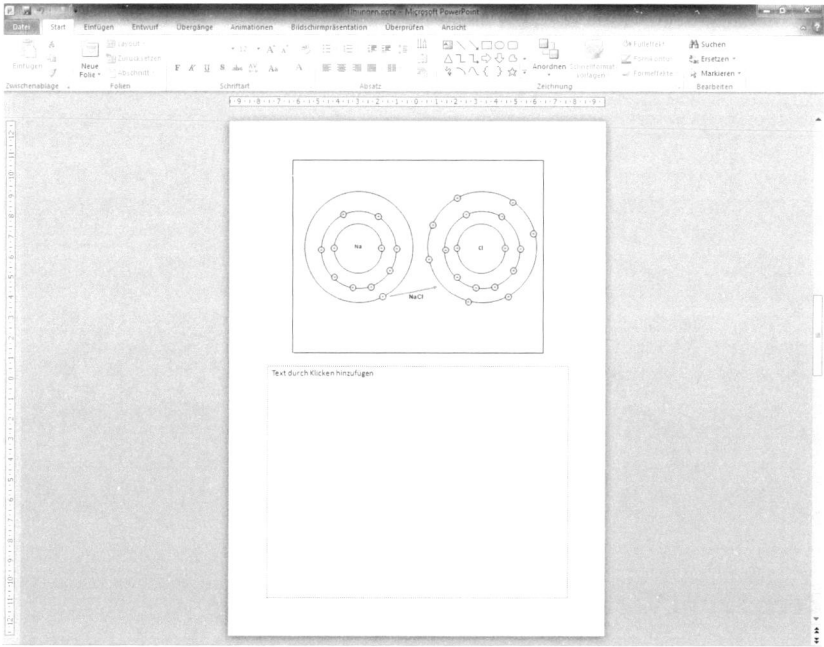

Ein kurzer Klick in den unteren Bereich und Sie können Ihren Text zu dieser Folie eintippen.

Die Notizseite hat zwei sehr interessante Punkte. Zum einen können Sie bei einer Präsentation mit Beamer die Folie über den Beamer auf eine Leinwand werfen, während Sie am Laptop auch noch die Notizseite lesen können. So haben Sie Ihre Notizen also immer bei Ihrer Präsentation. Während also der Zuschauer nur Ihre Folie sieht, sehen Sie zusätzlich die Notizseite und wissen damit immer, was Sie sagen wollen. Wie Sie das im Einzelnen bei der Präsentation machen, schauen wir uns ab Seite 632 genauer an.

Zum anderen können Sie diese Notizseite mit der Folie zusammen ausdrucken und haben so schnell Unterlagen für die Teilnehmer Ihrer Präsentation. Wie Sie das mit dem Ausdrucken machen, sehen wir uns auch etwas später genauer an.

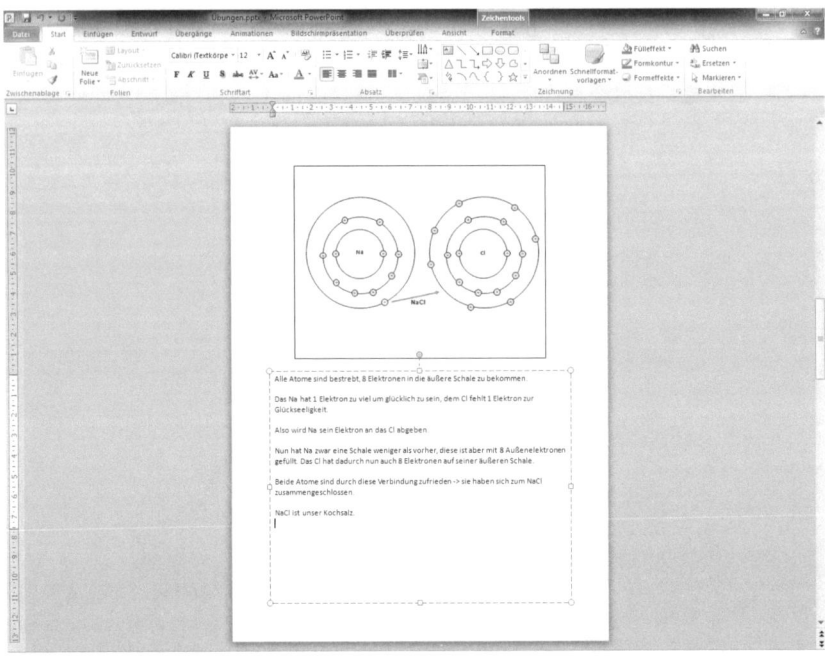

Zettel zum Verteilen – was sind Handzettel?

Ihre Präsentation besteht in der Regel aus mehreren Folien. Möchten Sie beispielsweise den Teilnehmern Ihres Vortrags ein paar Unterlagen mitgeben, so können Sie diese mit PowerPoint recht schnell erstellen – vorausgesetzt, Sie haben Ihre Präsentation professionell aufgebaut.

Als Unterlagen, die Sie den Teilnehmern mitgeben, werden Sie sicher nicht die gesamte Präsentation ausdrucken, sondern nur einige wichtige Folien. Diese Folien können Sie mit Ihren Notizen ausdrucken oder aber Sie drucken nur die Folien aus, behalten also die Notizen für sich.

Um Kosten zu sparen, können Sie zwei, drei oder noch mehr Folien auf einer DIN-A4-Seite ausdrucken.

Das sind die Handzettel.

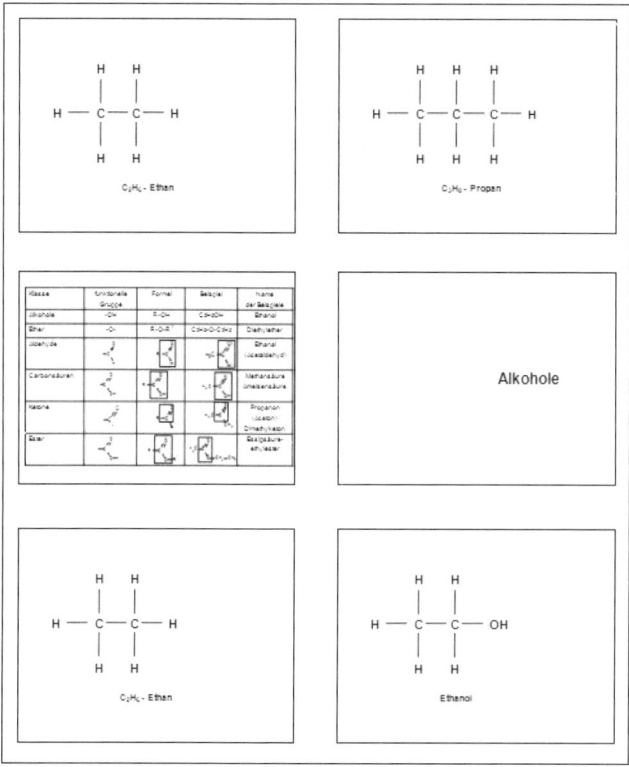

Handzettel sind aber mehr ein Element des Druckens, denn erst dort entscheiden Sie, wie viele Folien Sie auf einer Seite haben möchten. Deshalb werden wir uns die Handzettel im Abschnitt über das Drucken genauer anschauen. Auch brauchen Sie sich bei der Erstellung der Folien noch nicht darum zu kümmern, ob und wie viele Folien Sie pro Seite haben möchten. Das entscheiden Sie erst später. Hier ging es deshalb erst einmal nur um die Begriffsbestimmung.

Das Arbeiten mit den Folienvorlagen

Eine Präsentation besteht aus mehreren Folien. Auf jeder dieser Folien können Sie Texte, Grafiken, Bilder Videoclips und Sounddateien integrieren, um die Präsentation für einen Betrachter ansprechender zu machen. Wir werden alle diese einzelnen Elemente noch ausführlich besprechen. Hier soll es aber erst einmal um das Layout dieser Objekte auf einer Folie gehen.

Damit Sie sich nicht allzu viele Gedanken um ein perfektes Layout machen müssen, bietet PowerPoint eine Vielzahl vorgefertigter Layoutvorschläge. Dies sind Vorschläge, die Sie jederzeit ändern können.

Schauen wir uns ein paar dieser Vorschläge etwas genauer an. Beim Start einer neuen Präsentation wird sich PowerPoint Ihnen in folgendem Aussehen zeigen:

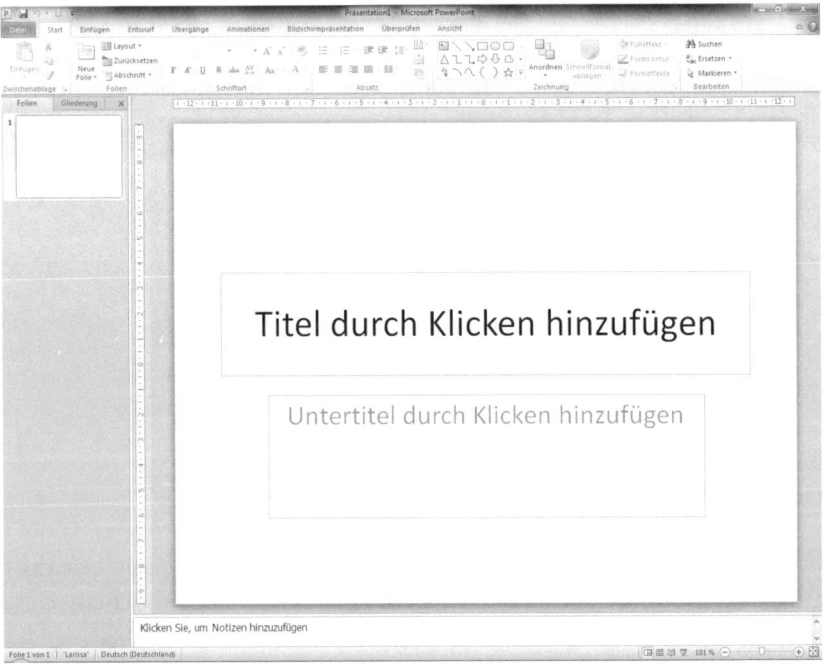

Dies ist die Standardfolie für die erste Folie Ihrer Präsentation, denn eine Präsentation sollte immer eine Anfangsfolie mit einem Titel haben. Im Untertitel haben Sie dann noch die Möglichkeit, den Zuschauern eine kleine Beschreibung des Themas und/oder Ihren Namen zu zeigen. Von der Möglichkeit, Ihren Namen zu zeigen, sollten Sie Gebrauch machen, denn gerade bei einem Namen ist es wichtig, dass Ihre Zuschauer ihn auch einmal richtig geschrieben sehen.

Klicken Sie also einfach in die verschiedenen Bereiche und tragen Sie den Titel und alles Weitere ein.

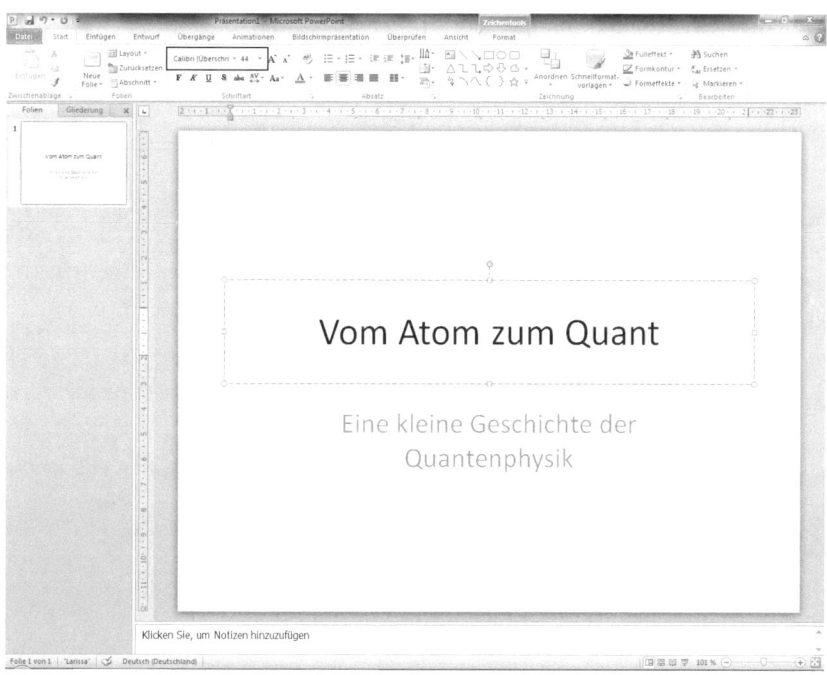

Sie sehen im Bereich *Schriftart*, dass für den Titel eine Schriftgröße von 44 pt vorgesehen ist. Sollte Ihnen das zu groß erscheinen, klicken Sie entweder den Rahmen des Titels an oder markieren den Text und können dann im Bereich *Schriftart* die Größe und die Schrift selbst jederzeit ändern.

Nach der Titelfolie könnte schon Ihre erste inhaltliche Folie kommen. Um eine neue Folie einzufügen, klicken Sie in der Registerkarte *Start* in der Gruppe *Folien* auf *Neue Folie*.

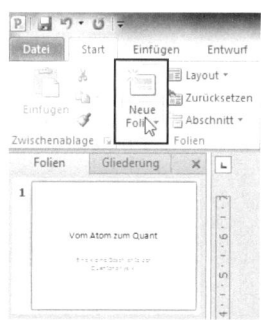

Es öffnet sich ein Fenster mit den verschiedenen Vorlagen. Sie müssen nun entscheiden, was Sie den Zuschauern Ihrer Präsentation auf dieser Folie zeigen möchten. Und Sie entscheiden sich, wie die einzelnen Objekte auf der Folie angeordnet werden sollen.

Welches Layout Sie hier auch immer wählen, Sie können es nachträglich jederzeit ändern. Jederzeit meint jederzeit! Auch nach Jahren noch können Sie alles ändern.

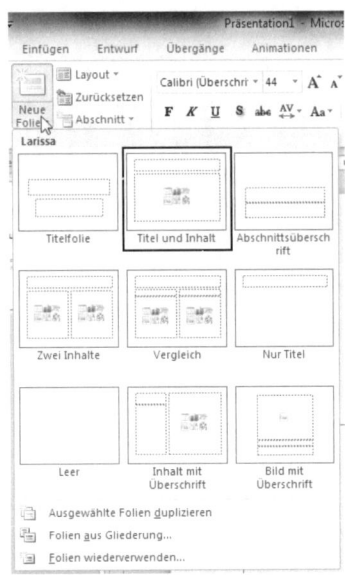

Schauen wir uns einmal die Vorlage *Titel und Inhalt* etwas genauer an. Damit nämlich dürften auch die anderen Vorlagen klar werden. Klicken Sie also auf *Titel und Inhalt*.

Auf der linken Seite sehen Sie, welche Folien Sie im Augenblick in Ihrer Präsentation haben. Auch auf der Folie *Titel und Inhalt* können Sie einen Titel eingeben. Dieser Titel hier ist aber als Titel für diese spezielle Folie gedacht und sollte sich nicht auf die gesamte Präsentation beziehen.

Titel durch Klicken hinzufügen

- Text durch Klicken hinzufügen

Nach Eingabe des Titels und einem Klick in die untere Hälfte der Folie können Sie entweder kleine Stichworte mit Aufzählungszeichen oder verschiedene Objekte durch Klicken auf eines dieser Symbole hinzufügen.

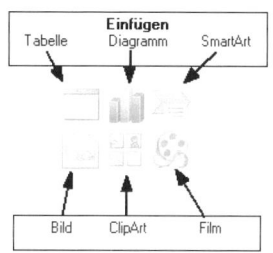

Fügen wir an dieser Stelle einfach einmal ein ClipArt-Bild ein. Klicken Sie also auf das entsprechende Symbol. Sogleich erhalten Sie auf der rechten Seite ein Fenster, in dem Sie sich durch einen Klick auf *OK* einmal alle ClipArt-Bilder zeigen lassen können.

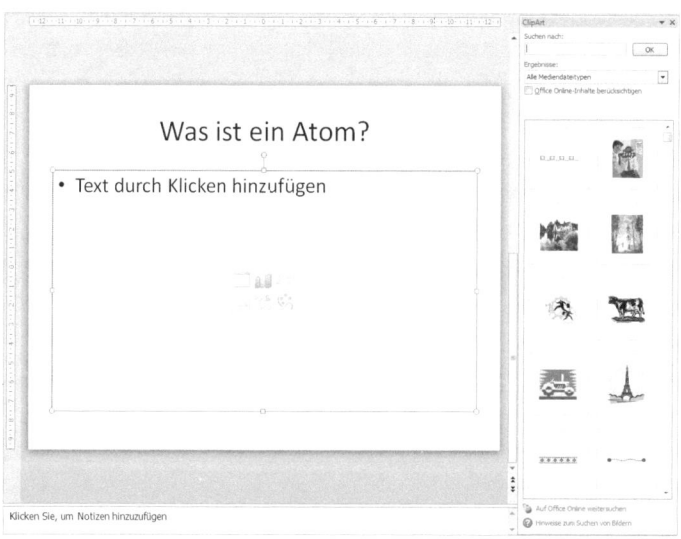

Gehen Sie an der Bildlaufleiste etwas nach unten. Dort müsste dann das Bild eines Spaceshuttles erscheinen. Klicken Sie das Bild einmal an und schon haben Sie es auf Ihrer Folie.

Sie können das Bild nun noch nach Herzenslust drehen oder verschieben. Diese Elemente haben wir in einem vorherigen Abschnitt schon besprochen.

Sie sehen, wie leicht es ist, mit diesen Vorlagen, schnell eine Präsentation zu erstellen.

Wir geben natürlich unumwunden zu, dass die Frage nach dem Atom nicht unbedingt etwas mit dem Bild eines Spaceshuttles zu tun hat, aber hier geht es im Moment erst noch um das Handwerkszeug von PowerPoint.

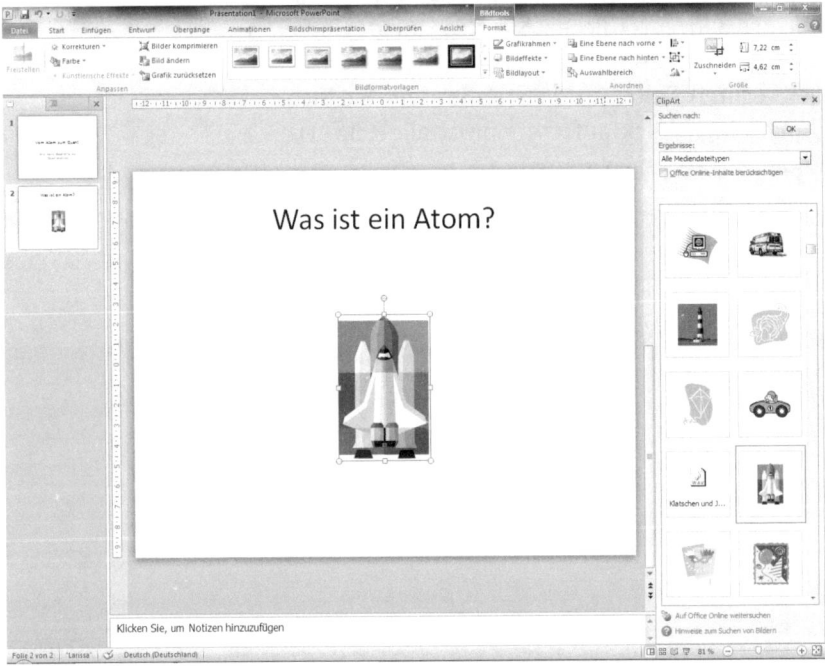

Ob Sie nun zukünftig mit diesen Vorlagen arbeiten oder immer mit einer leeren Folie, ist eine Sache, die Sie selbst entscheiden müssen. Vielleicht denken Sie auch, dass die Schriftart und -größe auf den Vorlagen für Ihre Präsentation nicht geeignet sind, und empfinden es als überflüssige Arbeit, dies auf jeder weiteren Folie immer zu ändern.

Das müssen Sie auch nicht. Für alle diese Folien gibt es Folienmaster, auf denen Sie die einzelnen Elemente ändern können. Dann werden diese Änderungen auf alle zukünftigen Folien Ihrer Präsentation angewendet.

Vorlagen für Folienhintergründe erstellen

Bisher hatten Sie alles noch auf einer Folie positioniert, die weiß war. Das mag für einen Ausdruck durchaus gerechtfertigt sein, für eine Bildschirmpräsentation ist es aber höchst langweilig. Hier können Sie Ihre Folienhintergründe durch die raffinierte Wahl von Farben und Formen aufwerten.

Aber versuchen Sie keine Aufwertung nach dem Motto: „PowerPoint kann so viel, das muss alles rein." Weniger ist oftmals mehr!

In der Registerkarte *Entwurf* gibt es in der Gruppe *Designs* Echtzeitvorlagen, die Sie mit der Maus nur berühren müssen, um die Wirkung am Bildschirm zu sehen.

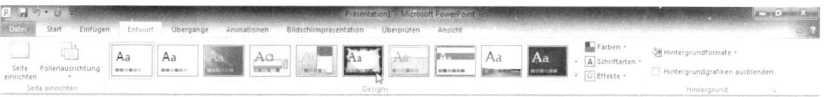

Aber Achtung, einige der vordefinierten Hintergründe können Ihr Layout verändern, wie die folgende Abbildung zeigt:

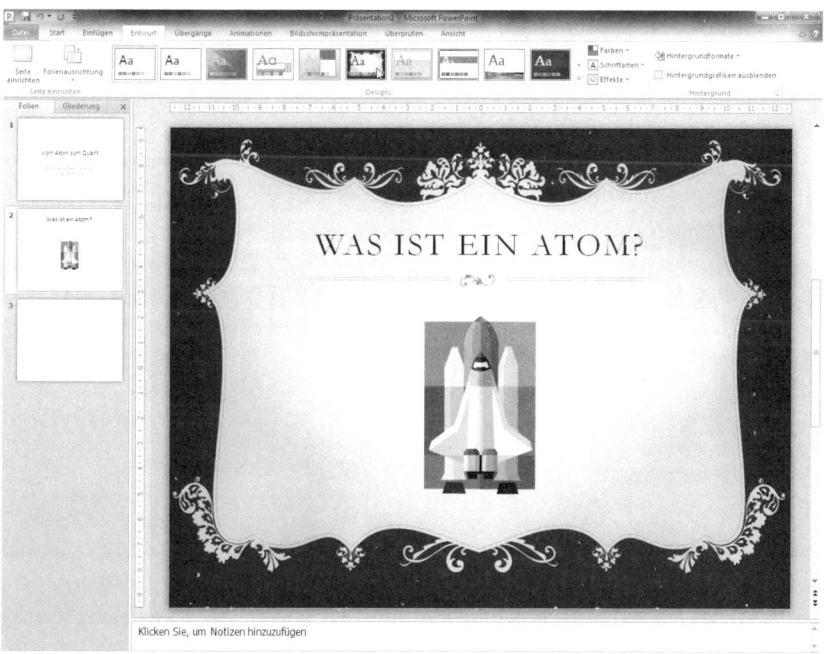

Das heißt, das Layout schreibt auch automatisch die Überschriftentexte an eine andere Stelle.

Klicken Sie auf *Weitere*, so erhalten Sie eine Unmenge von weiteren Hintergründen.

Die Qual der Wahl liegt nun bei Ihnen. Ein kleiner Tipp von uns: Schauen Sie sich alle diese Hintergründe und Designs schon einmal an, bevor Sie sie an einer „heißen" Präsentation anwenden. Fahren Sie mit der Maus einmal über die möglichen Designs, aber klicken Sie noch nicht auf ein ausgewähltes Design.

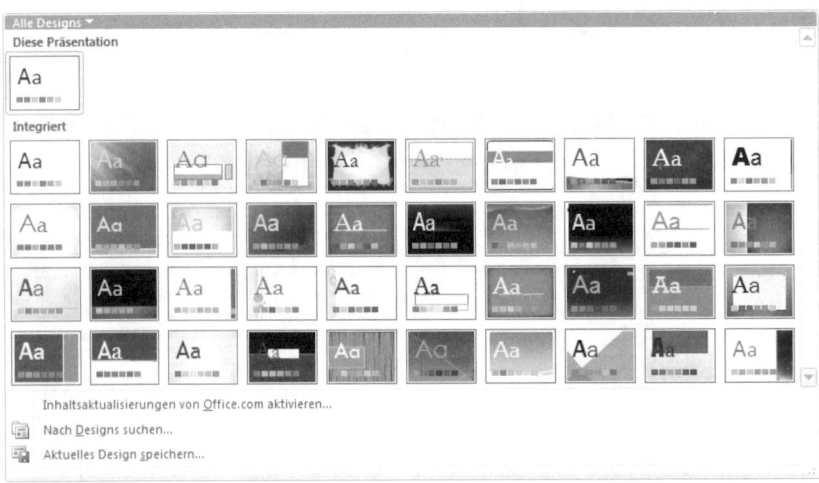

Wenn Sie nämlich schon Ihr Wunschdesign anklicken, wird dieses für alle Folien übernommen. Meist ist das natürlich sinnvoll, denn Ihre Präsentation sollte schon ein einheitliches Erscheinungsbild haben, aber vielleicht möchten Sie genau dieses ausgewählte Design nur auf der augenblicklich aktuellen Folie haben. Diese Entscheidung treffen Sie, indem Sie das Design, für das Sie sich entschieden haben, mit der rechten Maustaste anklicken.

Nun klicken Sie die gewünschte Option mit der linken Maustaste an.

Sollten Ihnen alle diese vorgefertigten Elemente nicht gefallen, so wählen Sie den Befehl *Hintergrundformate* in der Registerkarte *Entwurf* an.

Nun können Sie wieder wählen:

547

Und wenn Ihnen das immer noch nicht reicht, dann klicken Sie auf *Hintergrund formatieren* und „spielen" dort weiter. Hier wird Ihrer Kreativität kaum eine Grenze gesetzt.

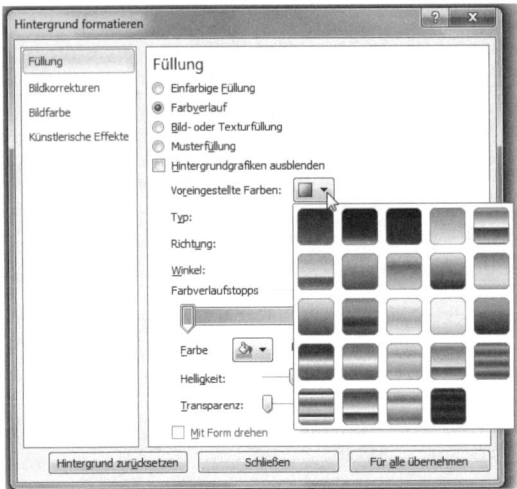

Wichtiger Hinweis zur Schonung der Nerven

Wenn Sie mit Hintergründen und Layoutvorschlägen nachträglich „spielen" wollen, wenn Sie also schon viele Folien produziert haben, so raten wir Ihnen, Ihre Präsentation zuerst einmal zu speichern und erst dann mit all diesen Dingen zu experimentieren. Denn wenn Sie etwas später merken, dass das ursprüngliche Aussehen Ihrer Präsentation doch viel schöner war, können Sie Ihre Präsentation schließen, ohne sie zu speichern, und haben damit die ursprüngliche Version immer noch.

Die Masterfolie

Ihre bisherigen Versuche haben Sie auf normalen Folien durchgeführt, das heißt, alles, was Sie bisher gemacht haben, haben Sie nur auf einer einzigen Folie gemacht und diese hatte keine Auswirkungen auf andere Folien Ihrer Präsentation. Eine professionelle Präsentation zeichnet sich u. a. aber dadurch aus, dass jede Folie ein einheitliches Layout besitzt. Die gleiche Schriftart und -größe, der gleiche Hintergrund und das gleiche Logo bewirken ein Wiedererkennen. Bei Firmen sorgt das für die Corporate Identity.

Was aber bei Firmen richtig und wichtig ist, muss im privaten Bereich oder an der Universität nicht falsch sein. Aber auch wenn Sie wenig Wert auf ein einheitliches Aussehen Ihrer Präsentation legen, sollten Sie den Abschnitt über Masterfolien nicht überblättern.

Wann immer etwas auf allen Folien erscheinen soll, müssen Sie es auf der Masterfolie platzieren. Jedes Bild, jede Sounddatei oder jede Grafik, die Sie in der Masterfolie eingeben, erscheint standardmäßig auf allen Folien der Präsentation. Ein immer wiederkehrendes Logo gehört also auf eine Masterfolie.

Aber auch wenn ein Logo nicht auf jeder Folie angezeigt werden soll, gehört es auf die Masterfolie. Blenden Sie es einfach auf den Folien, auf denen es nicht erscheinen soll, aus.

Natürlich gibt es eine Masterfolie für normale Folien, eine Masterfolie für Ihre Notizseite und eine Masterfolie für Handzettel. Schauen wir uns zunächst einmal den Folienmaster an.

Diese Masterfolie rufen Sie über die Registerkarte *Ansicht* auf. In der Gruppe *Masteransichten* finden Sie den *Folienmaster*.

Ein kurzer Klick mit der linken Maustaste führt Sie zu folgender Folie:

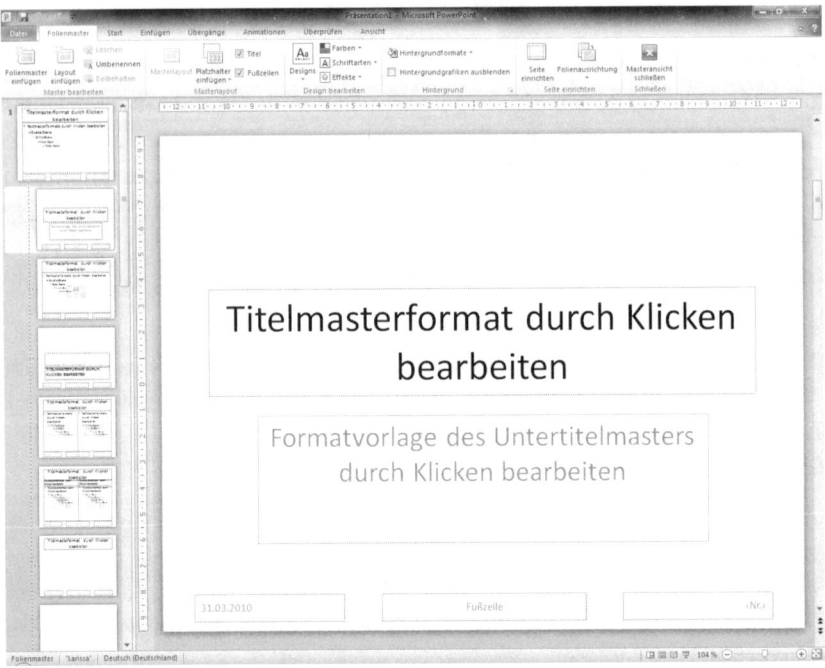

Was immer Sie nun in diese Masterfolie legen, sehen Sie automatisch auf jeder Folie dieser Präsentation.

Nehmen wir also zunächst einmal an, Sie wollten die Schriftart auf der Titelfolie ändern und die Schriftgröße sollte etwas kleiner werden.

1 Klicken Sie in der Folienübersicht auf der linken Seite auf die Titelfolie.

2 Klicken Sie nun auf der Folie auf den Rand des Titelbereichs.

3 Als Letztes wählen Sie in der Registerkarte *Start* in der Gruppe *Schriftart* die gewünschte Schriftart und die Schriftgröße. Sobald Sie mit dem Mauszeiger ohne zu klicken über die Auswahl der Schriftgröße oder Schriftart fahren, sehen Sie auf der Folie eine Vorschau. Erst wenn Ihnen das Gezeigte gefällt, klicken Sie auf Ihre Wahl.

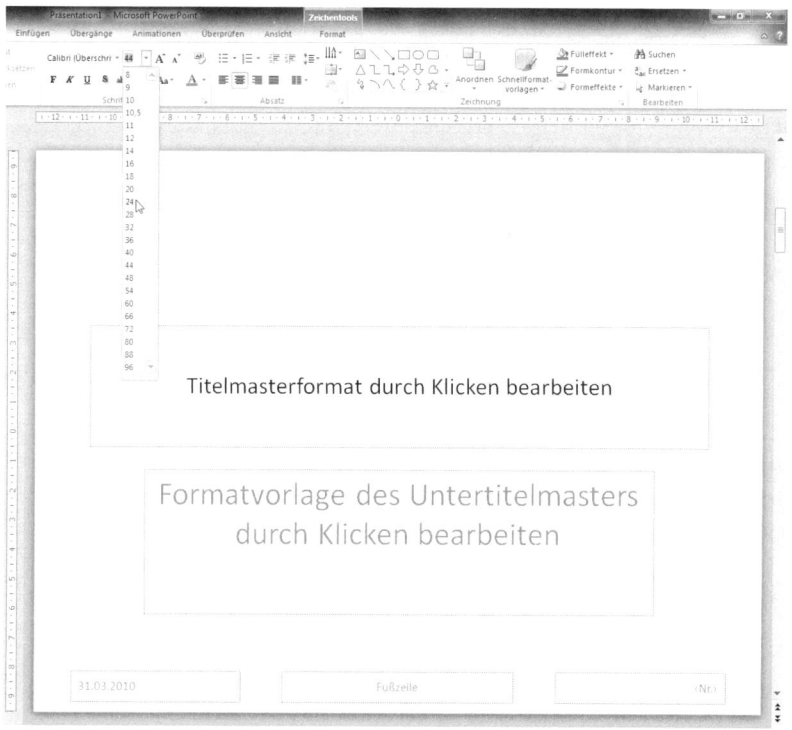

PowerPoint bietet Ihnen eine große Menge an verschiedenen Masterfolien an. Aber Sie werden in einer Präsentation in der Regel niemals alle diese Layouts brauchen. Da Ihre Präsentation ein einheitliches Bild liefern soll, werden Sie vielleicht zwei, drei oder vier der Layoutvorschläge benötigen. Diese für Sie wichtigen Layouts können Sie in der Mastersortierung auf der linken Seite zusammenfassen.

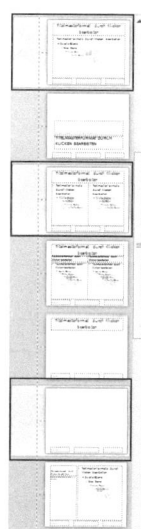

Nehmen wir einmal an, Sie brauchen nur die erste Vorlage und die drei in der Abbildung markierten Folienvorlagen. Diese sollten am besten ganz oben und untereinander stehen.

Kein Problem. Klicken Sie jede Vorlage mit der linken Maustaste an und schieben Sie sie an die Stelle, an der Sie sie haben wollen.

Schon sind die Vorlagen in der Reihenfolge, die Sie möchten. Und diese Reihenfolge wird nun auch beibehalten, wenn Sie in Ihre Präsentation eine neue Folie einfügen möchten.

Die Foliennummerierung

Nehmen wir einmal an, Sie möchten eine Foliennummerierung haben, damit Sie während des Vortrags immer wieder sehen, wie viele Folien noch zu besprechen sind.

Dazu brauchen Sie zunächst keinen Folienmaster aufzurufen.

1 Gehen Sie auf die Registerkarte *Einfügen* und wählen Sie dort in der Gruppe *Text* die *Foliennummer*.

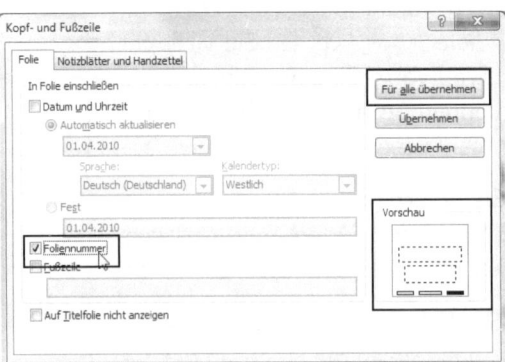

2 Sie erhalten nun ein Fenster, in dem Sie *Foliennummer* mit einem Häkchen versehen müssen.

3 PowerPoint wird die Foliennummer rechts in die Fußzeile setzen. Sie sehen das in der Abbildung rechts im *Vorschau*-Bereich.

4   Als Nächstes müssen Sie noch entscheiden, ob Sie die Foliennummerierung für alle Folien übernehmen wollen. Wenn Sie das möchten,
klicken Sie auf *Für alle übernehmen*. Damit wird das Fenster geschlossen und Sie haben auf allen Folien unten rechts eine Nummerierung.

Zum Aktivieren der Foliennummer brauchen Sie also nicht unbedingt
den Folienmaster. Aber wenn Sie diese Foliennummer an einer anderen
Stelle haben möchten, müssen Sie dies im Folienmaster eintragen. Nehmen wir also einmal an, Sie wollen die Nummerierung rechts in der
Kopfzeile haben.

1   Rufen Sie dazu den Folienmaster auf. Sie finden ihn in der Registerkarte *Ansicht*.

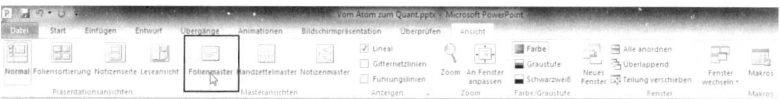

2   Standardmäßig sehen Sie unten rechts ein Kästchen, das für die Foliennummer vorbereitet wurde.

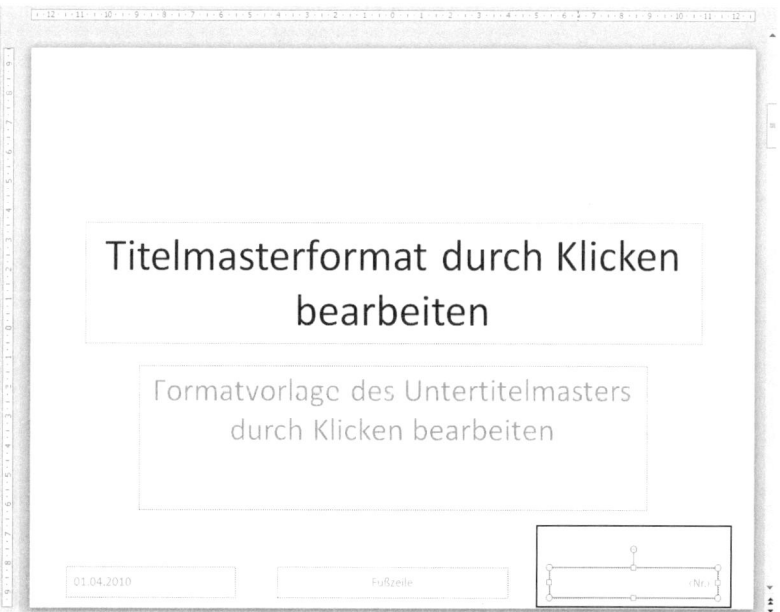

3 Schieben Sie dieses Feld nun einfach an die Position, an der Sie es haben wollen.

Achtung: Wenn Sie mit mehreren Folienvorlagen arbeiten

Sollten Sie in Ihrer Präsentation mit mehreren Folienvorlagen arbeiten, müssen Sie jede Änderung auf einer Vorlage auch auf allen anderen benutzten Folienvorlagen vornehmen. Änderungen, so wie wir sie bisher durchgeführt haben, gelten nur für die Folien Ihrer Präsentation, die mit diesen Folienvorlagen erstellt wurden.

Für das Schließen der Masterfolie gibt es mehrere Wege. Der erste führt über die Registerkarte *Ansicht*. Dort klicken Sie bei den *Präsentationsansichten* auf *Normal*.

Der zweite Weg ist etwa schneller. Klicken Sie in der Taskleiste auf das in der Abbildung gezeigte Symbol.

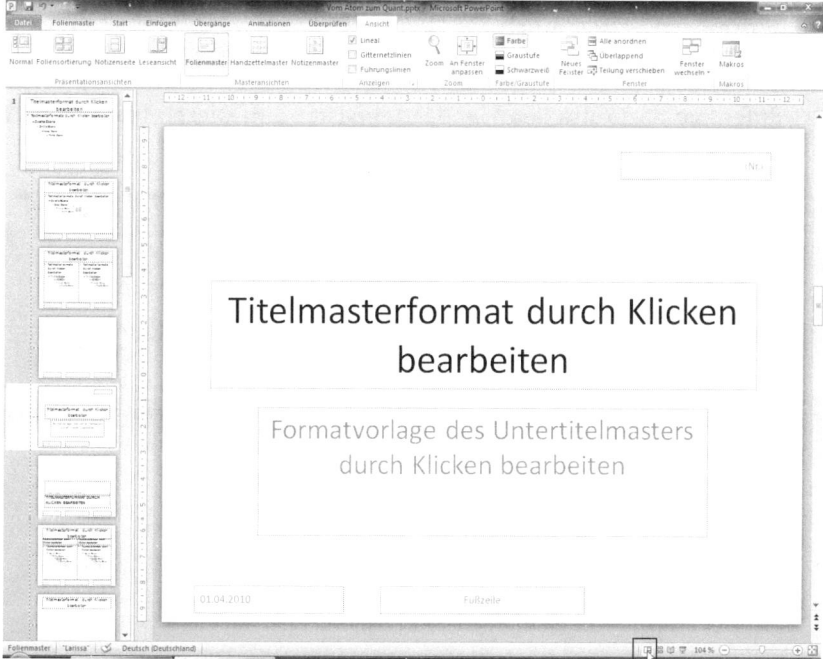

Und es gibt noch einen dritten Weg. Wenn Sie sich im Folienmaster befinden, haben Sie eine neue Registerkarte *Folienmaster* bekommen. Klicken Sie auf diese Registerkarte und Sie sehen dann ganz rechts *Masteransicht schließen*.

Der Handzettelmaster

Handzettel bieten die Möglichkeit, mehrere Folien verkleinert auf einer DIN-A4-Seite auszudrucken, um sie den Zuhörern Ihrer Präsentation mit nach Hause zu geben.

Für diese Handzettel gibt es natürlich auch eine entsprechende Master-folie. Und diese ist besonders wichtig, da die Handzettel an die Zuhörer verteilt werden. Schließlich soll hier Ihr Copyright-Zeichen und eventuell eine Adresse mit ausgedruckt werden, über die man Sie für weitere Vorträge buchen kann.

1 Rufen Sie dazu nun den Handzettelmaster auf. Diesen finden Sie in der Registerkarte *Ansicht* bei den *Masteransichten*.

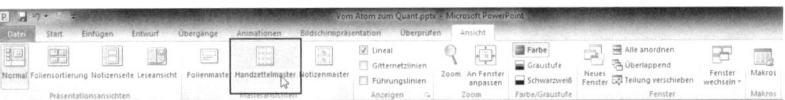

2 Nun erhalten Sie eine Ansicht, die mehrere Ihrer Folien auf einer DIN-A4-Seite zeigt.

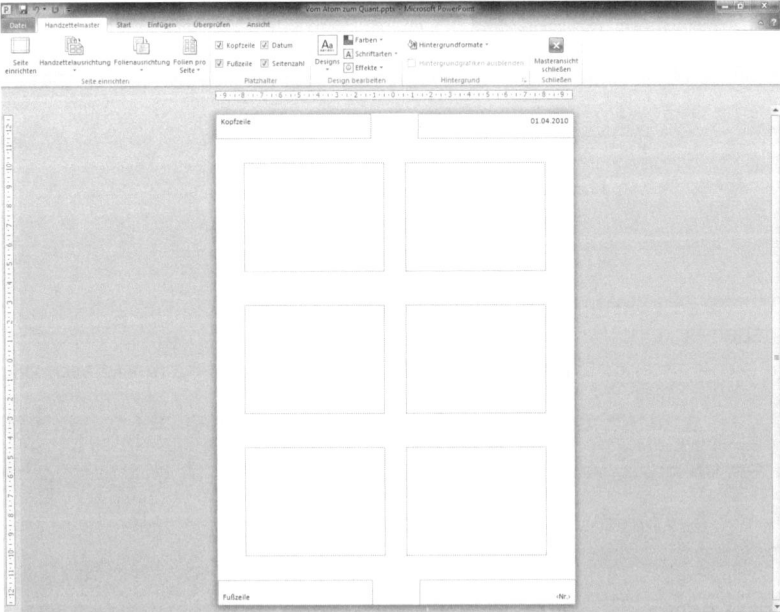

3 Um Ihre Adresse und das Copyright-Symbol in die Fußzeile zu setzen, klicken Sie in den entsprechenden Bereich *Fußzeile* auf dem Master.

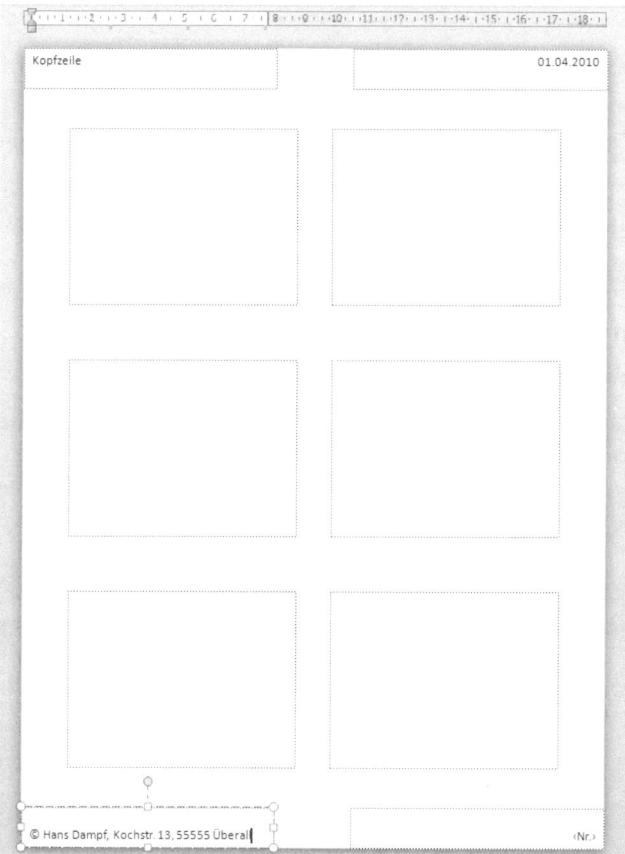

4 Sollte die Fußzeile nicht groß genug sein, können Sie sie mit den bekannten Symbolen vergrößern.

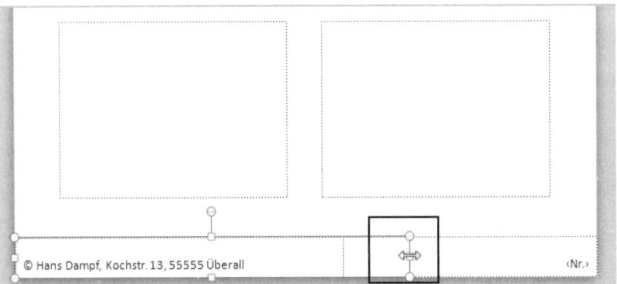

Was Sie nun in den Handzettelmaster eingeben, erscheint auf jeder Seite Ihres Handzettels, aber natürlich nicht auf jeder Folie.

In der Abbildung werden nun sechs Folien pro DIN-A4-Seite ausgedruckt. Die Folien selbst werden dadurch sehr klein und wenn sie Text enthalten, ist dieser recht schwer lesbar. Besser ist es also, wenn Sie vielleicht nur zwei oder vier Folien auf einer Seite ausdrucken lassen.

Das erreichen Sie im Handzettelmaster bei *Folien pro Seite*.

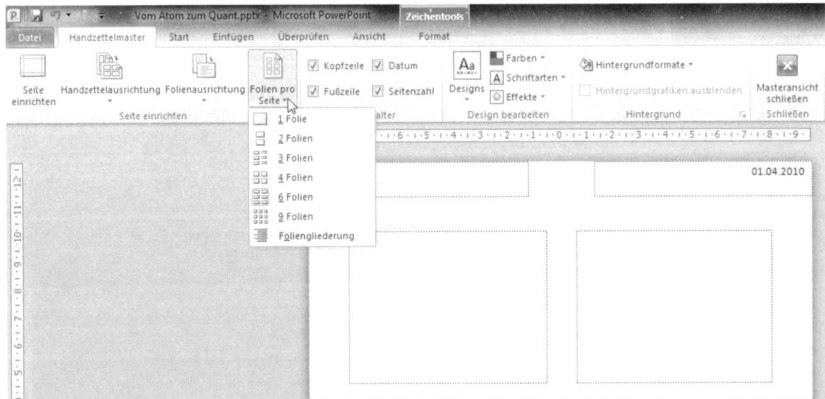

4.3 Machen Sie mehr aus Ihren Texten

Das Geheimnis von guten Texten auf Folien

PowerPoint ist keine Textverarbeitung, sondern ein Präsentationspro-
gramm. Und aus diesem Grund gehören keine umfangreichen Prosa-
texte auf eine Folie. Natürlich ist es für einen Vortragenden einfach, den
ganzen Text seines Vortrags auf Folie zu bannen und zum Mitlesen zu
präsentieren. Aber nach wenigen Minuten wird keiner der Zuhörer weiter mitlesen und das erste unruhige Stühlerücken wird unüberhörbar
sein. Andere werden vielleicht noch mitlesen, aber zuhören wird Ihnen
niemand mehr.

Auf eine Folie gehören also keine Romane, sondern knappe und einprägsame Sätze. Sätze, die man schnell und einfach mitschreiben kann und
die vielleicht die Quintessenz dessen sind, was Sie ausführlich vorgetra-
gen haben. Genau hier liegt aber das Problem. Wie fasst man Gedanken,
die sich im Vortragsmanuskript auf mehrere Absätze verteilen, zu einem
einprägsamen Satz zusammen?

Auch liest man in vielen Publikationen, dass jede Folie einer Präsentation
eine Überschrift zu bekommen hat. Das aber ist auch kein ehernes Gesetz, das man auf „Teufel komm raus" befolgen muss. Versetzen Sie sich
bei allem, was Sie tun, in die Situation des Zuhörers. Wie lange hat er
Zeit, sich in die Folie einzudenken? Wenn er viel lesen soll, wird er keine
Zeit mehr haben, Ihnen zuzuhören.

Deshalb ist es so unendlich wichtig, knappe und einprägsame Sätze zu entwerfen. Aber auch das ist kein feststehendes Gesetz. Nehmen wir an, Sie
möchten eine wichtige Idee eines wichtigen Zeitgenossen in einem kleinen
Zitat vortragen. Wenn der Zuhörer Ihrer Präsentation dieses Zitat nun
auch gleichzeitig mitlesen kann, wäre das eine wirklich gute Sache, auch
wenn der Teilnehmer dieses Zitat mitschreiben möchte. Sie sehen: Viel
Text – wenig Text, es kommt auf die Situation an.

Nur eines lässt sich mit Sicherheit sagen: 20 Folien, vollgestopft mit Text,
wird niemand verkraften.

Texte – ganz einfach

Wenn Sie nicht mit einem standardisierten Layout arbeiten, sondern die Vorteile einer leeren Folie ausnutzen möchten, so werden Sie auf vielen Folien Überschriften mit einem Textfeld zu schreiben haben.

Das *Textfeld* finden Sie in der Registerkarte *Einfügen* in der Gruppe *Text*.

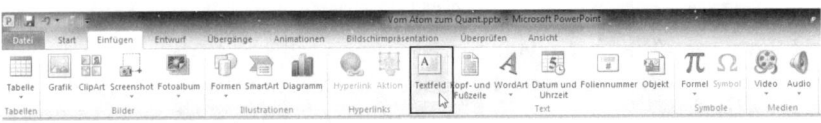

Sie klicken darauf und ziehen Sie auf der Folie eine rechteckige Textbox auf – genauso, als würden Sie ein Rechteck zeichnen.

Nachdem Sie die Maus losgelassen haben, blinkt die Einfügemarke in der Box und Sie können Ihre Überschrift schreiben.

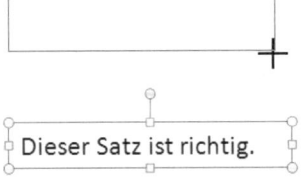

Dieser Satz ist richtig.

Nun müssen Sie nicht unbedingt ein rechteckiges Textfeld aufziehen, wenn Sie einen Text eingeben möchten. Nachdem Sie auf *Textfeld* geklickt haben, genügt es, irgendwo auf Ihre Folie zu klicken. In diesem Fall hätten Sie nur die „normalen" Markierungspunkte mit einer blinkenden Einfügemarke erhalten. Auch so hätten Sie nun Ihren Text eingeben können.

Natürlich ist es ein Unterschied, ob Sie vorher ein Rechteck für ein Textfeld aufziehen oder nicht. Wenn Sie ein Rechteck für ein Textfeld aufziehen, wird PowerPoint automatisch einen Textumbruch durchführen, sobald Ihr Text größer zu werden droht als das aufgezogene Textfeld.

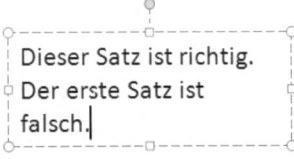

Dieser Satz ist richtig. Der erste Satz ist falsch.

Dieser Satz ist richtig. Der erste Satz ist falsch.

Wenn Sie nur auf Ihre Folie klicken, wird PowerPoint den Text zunächst einmal ohne Umbruch hintereinander schreiben.

Natürlich können Sie in beiden Fällen das Textfeld mithilfe der Markierungspunkte verkleinern und vergrößern. Ihr Text wird dann in beiden Fällen neu umbrochen.

In ein solches Textfeld passt natürlich nicht nur ein kleiner Satz. Theoretisch könnten Sie ganz lange Textpassagen schreiben, was aber sicher keinen Sinn macht. Das hatten wir ja bereits besprochen. Also versuchen Sie selbst, Text auf kleine, überschaubare Sätze zu beschränken.

Die Überschrift soll zentriert werden

Haben Sie einen Text eingegeben, der als Überschrift für die Folie dienen soll, so sollte er natürlich in der Regel im oberen Teil der Folie zentriert werden.

Zum Zentrieren eines Textfeldes können Sie das Lineal, Führungslinien oder auch das Raster benutzen. Alle drei Elemente haben wir in einem vorherigen Abschnitt schon besprochen. Aber so ganz glücklich wird man bei dieser Aufgabe damit nicht. Es bleibt noch eine gewisse Fummelei.

Wenn Sie nicht fummeln möchten, so gibt es einen kleinen Trick, mit dem Sie das Zentrieren auch einfacher schaffen. Ziehen Sie dazu die Textbox einfach vom linken zum rechten Folienrand auf, schreiben Sie Ihren Text hinein und zentrieren Sie ihn mit dem *Zentrieren*-Symbol. Das funktioniert natürlich auch, wenn Sie den Text schon in Ihr Textfeld geschrieben haben.

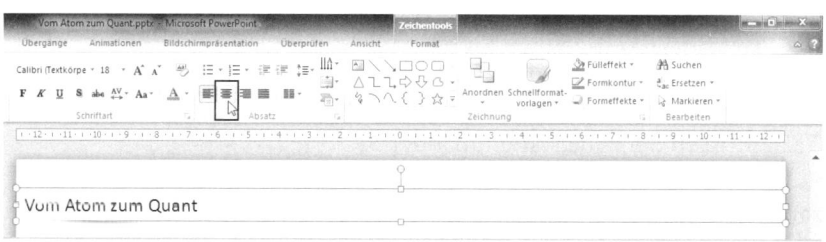

Die meisten Symbole aus der Gruppe *Schriftart* kennen Sie sicher schon aus dem Word- bzw. Excel-Teil dieses Buches. Deshalb möchten wir hier nur auf die noch nicht besprochenen Elemente eingehen.

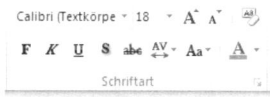

Symbol	Erklärung	Wirkung
S	Erzeugt einen Schatten an Ihrem Text	**Vom Atom zum Quant**
abc	Streicht den Text durch	~~Vom Atom zum Quant~~
AV↔ ▾	Vergrößert oder verkleinert den Zeichenabstand	Sehr eng / Eng / ✓ Normal / Weit / Sehr weit / Weitere Abstände... Absatz · ı · 5 · ı · 4 · ı · 3 · ı · 2 · ı · 1 · ı V o m A t o m
Aa ▾	Texte werden in Groß- oder Kleinbuchstaben auf die Folie geschrieben	Ersten Buchstaben im Satz großschreiben. / kleinbuchstaben / GROSSBUCHSTABEN / Ersten Buchstaben im Wort Großschreiben / gROSS-/kLEINSCHREIBUNG umkehren ꟾ · 1 · ı · 0 · vom aTOM Zl

Texte mit Aufzählungszeichen

Neutrale Aufzählungszeichen

Eine Überschrift ist eine Sache, viel häufiger werden Sie aber sicher einfache und prägnante Sätze für Ihre Präsentation brauchen. Oder vielleicht möchten Sie auf einer Folie den Zuhörern zunächst einmal zeigen, was Sie im Vortrag alles erzählen werden.

Sie planen einen Vortrag über kosmetische Produkte für interessierte Laien. Dazu müssen Sie zunächst einmal den Aufbau unserer Haut erläutern. Das kann man sehr schön mit einem Textfeld und Aufzählungszeichen machen.

> Unsere Haut besteht aus:
>
> • Oberhaut (Epidermis)
> • Lederhaut (Dermis oder Corium)
> • Unterhaut (Subcutis)

1 Dazu ziehen Sie ein Textfeld auf und schreiben zunächst einmal die Überschrift und die Namen der einzelnen Schichten unserer Haut. Die Bezeichnung jeder Hautschicht kommt in eine neue Zeile, d. h., nach jedem Namen erfolgt ein [Enter].

2 Nun markieren Sie die drei Bezeichnungen, da diese mit einem Aufzählungszeichen versehen werden sollen.

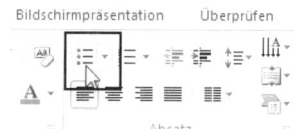

3 Zum Schluss fügen Sie durch einen Klick auf das Symbol für die Aufzählungszeichen diese den Namen der Hautschichten hinzu.

Nun hat PowerPoint Ihrer Aufzählung neutrale Aufzählungszeichen hinzugefügt.

Vielleicht sind aber die Aufzählungszeichen und die Texte für Ihren Geschmack etwas zu nahe beieinander oder zu weit voneinander entfernt.

Mithilfe der aus Word bekannten Symbole können Sie das ändern. Sollten bei Ihnen die Symbole rechts nicht zu sehen sein, so schalten Sie das Zeilenlineal ein.

Markieren Sie die Bezeichnungen der Hautschichten (erschrecken Sie nicht, wenn die Aufzählungszeichen selbst nicht mit markiert werden, das ist normal). Schieben Sie nun das untere Dreieck nach rechts oder links, je nachdem, ob die Texte weiter oder weniger weit von den Aufzählungszeichen entfernt sein sollen.

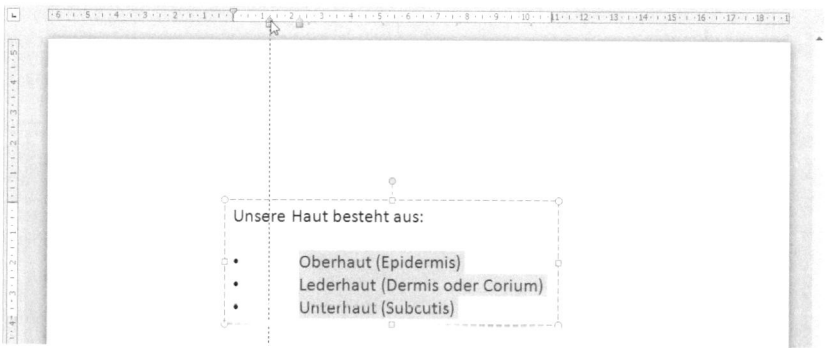

Die Oberhaut teilt man in weitere Schichten ein und die sollten ebenfalls in der Aufzählung erscheinen. Klicken Sie dazu an das Ende des ersten Aufzählungspunktes (Oberhaut) und drücken Sie dort die Enter-Taste. Sofort hat PowerPoint Ihnen ein weiteres Aufzählungszeichen eingefügt.

Nun schreiben Sie den Text zur ersten Hautschicht unter *Oberhaut (Epidermis)*:

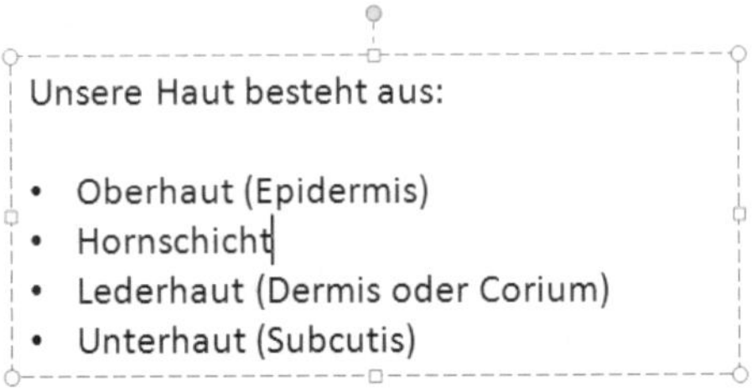

> Unsere Haut besteht aus:
>
> - Oberhaut (Epidermis)
> - Hornschicht
> - Lederhaut (Dermis oder Corium)
> - Unterhaut (Subcutis)

Die Hornschicht ist aber eine Unterteilung der Epidermis, sie müsste also etwas eingerückt und auch mit einem anderen Aufzählungszeichen versehen werden.

Kein Problem. Betätigen Sie bei *Hornschicht* die Tab-Taste und schon rückt das Ganze ein.

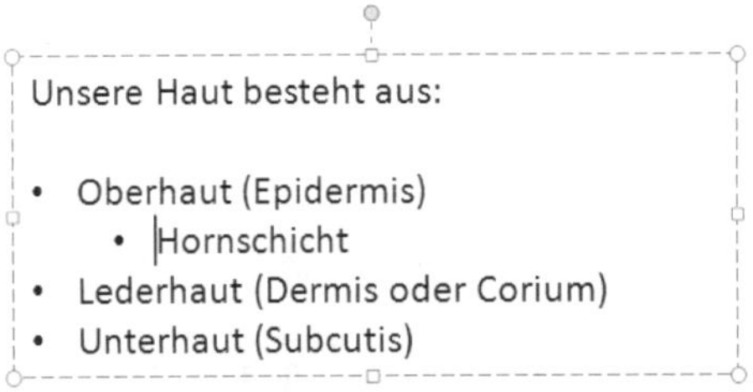

> Unsere Haut besteht aus:
>
> - Oberhaut (Epidermis)
>   - Hornschicht
> - Lederhaut (Dermis oder Corium)
> - Unterhaut (Subcutis)

Hinter *Hornschicht* drücken Sie erneut die Enter-Taste und haben nun ein weiteres Aufzählungszeichen, diesmal aber eine Ebene tiefer, also eingerückt.

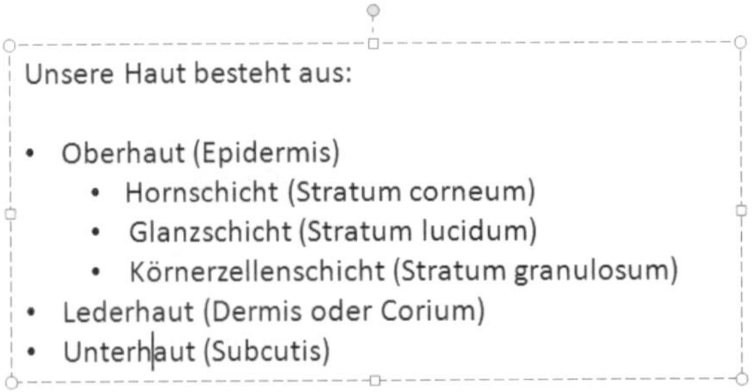

> Unsere Haut besteht aus:
>
> - Oberhaut (Epidermis)
>   - Hornschicht (Stratum corneum)
>   - Glanzschicht (Stratum lucidum)
>   - Körnerzellenschicht (Stratum granulosum)
> - Lederhaut (Dermis oder Corium)
> - Unterhaut (Subcutis)

Nun sollten aber die drei eingerückten Schichten andere Aufzählungszeichen bekommen.

Markieren Sie die Namen dieser Schichten und klicken Sie das kleine Dreieck neben den Aufzählungszeichen in der Multifunktionsleiste an.

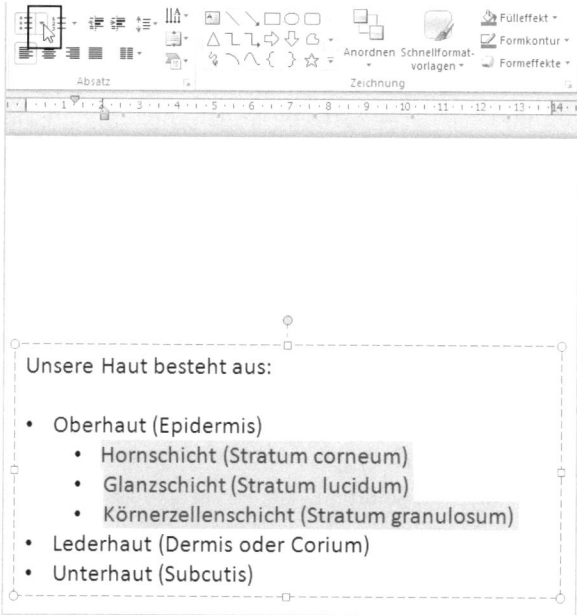

Das nun folgende Fenster bedarf sicher keiner weiteren Erläuterung:

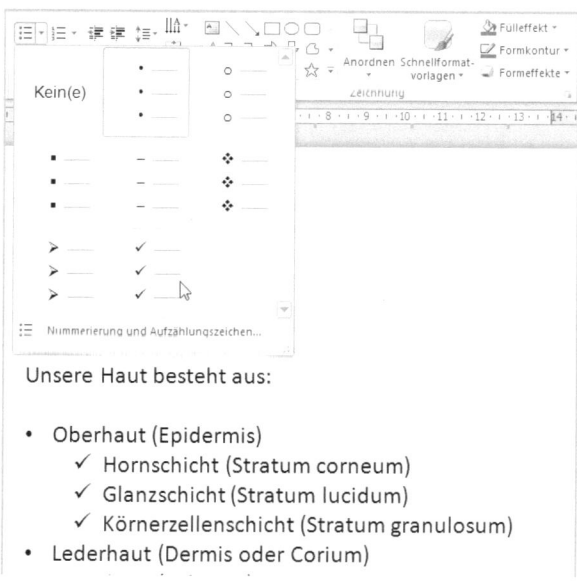

Nun wissen Sie aber, dass die Hornschicht (Stratum corneum) nur an der Leistenhaut der Hand- und Fußinnenseiten vorhanden ist. Das sollten Sie der Vollständigkeit halber auch noch erwähnen. Wenn Sie aber jetzt hinter diesen Punkt klicken und die Enter-Taste betätigen, bekommen Sie ein neues Aufzählungszeichen. Das aber ist in diesem Fall nicht richtig, denn der Text, den Sie hier eingeben wollen, ist nur eine Zusatzinformation zum Unterpunkt.

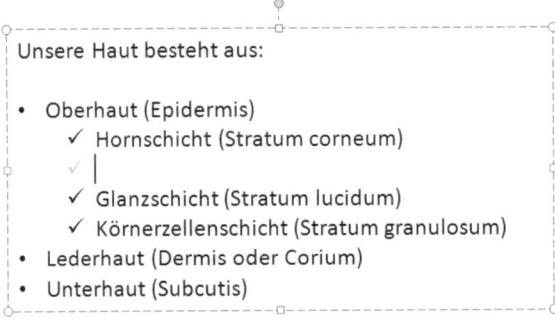

Wenn Sie aber einen Punkt einfügen möchten, ohne dass PowerPoint ein Aufzählungszeichen macht, drücken Sie die Tastenkombination Umschalt + Enter.

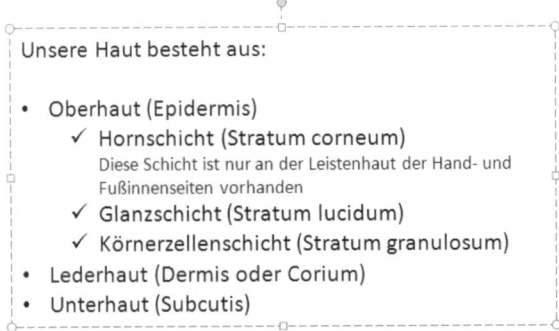

Wenn Sie für diese Bemerkung auch noch eine etwas kleinere Schrift wählen, sieht das schon ganz vortrefflich aus.

Standardmäßig wird PowerPoint für diese neutralen Aufzählungszeichen kleine schwarze Kreise benutzen. Das aber dürfte im Laufe der Zeit ziemlich langweilig werden, deshalb gibt es natürlich weitere Möglichkeiten.

Dazu klicken Sie in der Registerkarte *Start* auf das kleine Dreieck neben den Aufzählungszeichen. Durch Klick auf *Nummerierung und Aufzählungszeichen* kommen Sie zu einem neuen Fenster mit weiteren Aufzählungszeichen.

Wenn das noch nicht reicht, klicken Sie auf *Anpassen*. So kommen Sie in das *Symbol*-Fenster, in dem Sie viele weitere Aufzählungszeichen finden.

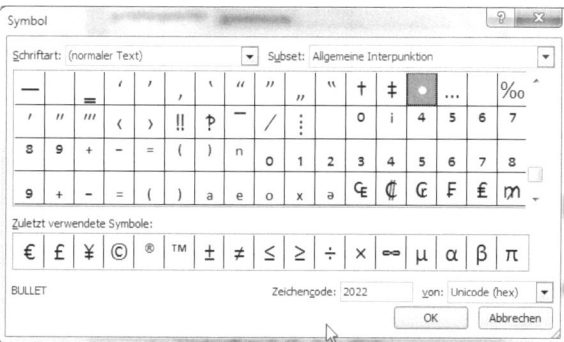

Sollten Sie nun auch dort kein adäquates Zeichen finden, ist Ihnen nicht mehr zu helfen. Oder?

Aber natürlich ist Ihnen noch zu helfen, denn Sie können auch ganze Bilder als Aufzählungszeichen benutzen. Vielleicht möchten Sie den Äskulapstab als Aufzählungszeichen verwenden.

1   Besorgen Sie sich ein Bild des Äskulapstabs.

2   Markieren Sie die entsprechenden Aufzählungen auf Ihrer Folie.

3   Klicken Sie das Dreieck bei den Aufzählungszeichen an.

4   Wählen Sie *Nummerierung und Aufzählungszeichen*.

5   Klicken Sie auf *Bild*. Hier finden Sie auch schon ein paar nette Bilder.

6 Klicken Sie auf *Importieren*.

7 Wählen Sie nun den Ordner aus, in dem sich das Bild befindet. Wählen Sie es aus und klicken Sie auf *Hinzufügen*.

8 Nun haben Sie das Bild importiert.

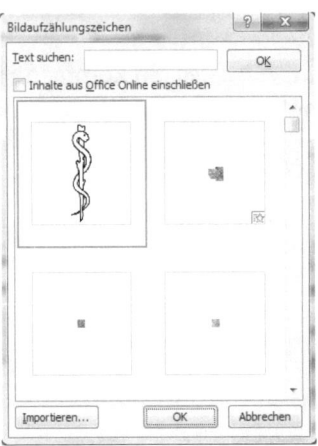

9 Bestätigen Sie nun alle Fenster und schon haben Sie den Äskulapstab als Aufzählungszeichen.

Wir möchten an dieser Stelle aber nicht verschweigen, dass nicht jedes Bild als Aufzählungszeichen geeignet ist, und es ist manchmal eine gehörige Fummelei, ein entsprechendes Bild so aufzubereiten, dass es sinnvoll verwendet werden kann. So ist beispielsweise ein Symbol, das mehr Länge als Breite hat, nicht unbedingt als Aufzählungszeichen zu gebrauchen.

Nummerierungen als Aufzählung

Möchten Sie statt der neutralen Aufzählungszeichen Nummerierungen, so ist das auch kein Problem.

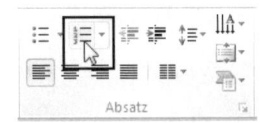

Markieren Sie die Texte, die Sie nummerieren möchten, und klicken Sie auf das Nummerierungssymbol.

Alternativ können Sie auch das Dreieck neben dem Symbol anklicken. Das führt Sie zur Auswahl der Nummerierungssymbole.

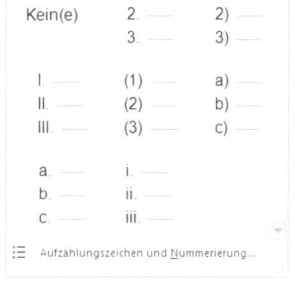

Der Rest der Nummerierungen verläuft analog zu dem, was bei den neutralen Aufzählungszeichen gesagt wurde.

Da schaut jeder hin – tolle Überschriften mit WordArt

Bisher haben Sie kleine Texte auf Ihrer Folie verarbeitet und am Anfang eine Folie mit dem Titel Ihrer Präsentation erstellt. Der Titel einer Präsentation sollte immer größer als der Text auf den restlichen Folien sein. Und diese Titelfolie sollte auch etwas fürs Auge bieten. Noch immer gilt die alte bitterböse Weisheit: „Wenn man schon inhaltlich nichts zu sagen hat, sollte wenigstens die Aufmachung gut sein."

Nehmen Sie also für die Schrift der Titelfolie ruhig einmal WordArt. Wenn das gut gemacht ist, bleibt das Auge gefangen oder, wie es neudeutsch heißt, haben Sie einen Eyecatcher erstellt.

Das Vereinshaus möchten Sie auch als Tanz- oder allgemeinen Veranstaltungsraum vermieten und planen eine Präsentation für den nächsten Tag der offenen Tür.

1 Gehen Sie auf die Registerkarte *Einfügen*. In der Gruppe *Text* klicken Sie auf *WordArt*.

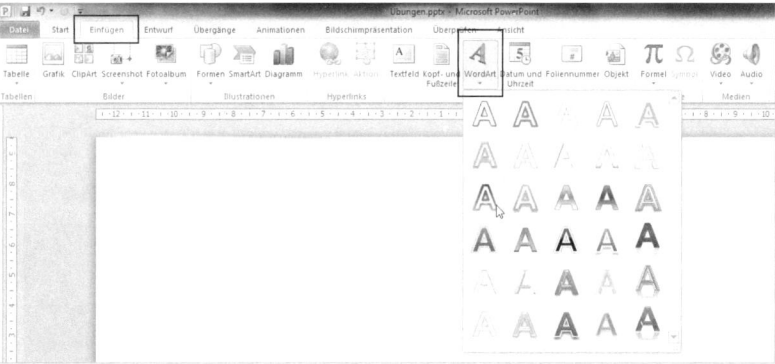

2 Klicken Sie auf ein gewünschtes Layout.

3 Füllen Sie nun den Platzhalter mit dem gewünschten Überschriftentext aus und vergrößern Sie gegebenenfalls das Fenster durch Ziehen der Markierungselemente an den Seiten.

Sollte Ihnen nun nachträglich das gewählte Layout nicht gefallen, können Sie über die Registerkarte *Zeichentools* bei *WordArt-Formate* auf *Weitere* klicken.

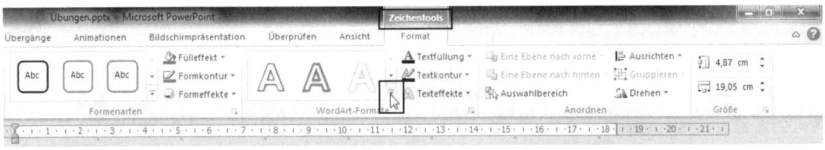

Eine riesige Auswahl an verschiedenen Layouts wird angezeigt. Sie haben die Qual der Wahl. Fahren Sie mit dem Mauszeiger auf ein neues Layout und schon wird es wieder temporär angezeigt. Erst wenn Sie klicken, wird es übernommen.

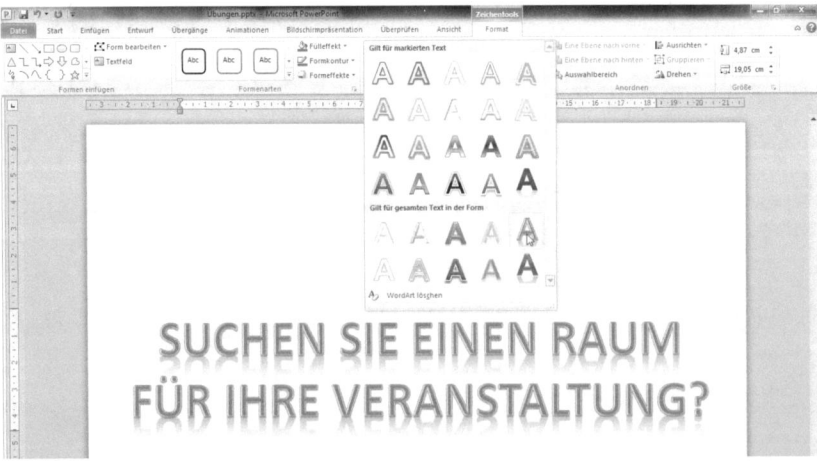

Und wenn Ihnen das immer noch zu langweilig ist, können Sie bei den *Zeichentools* in der Gruppe *WordArt* einmal *Texteffekte* anklicken.

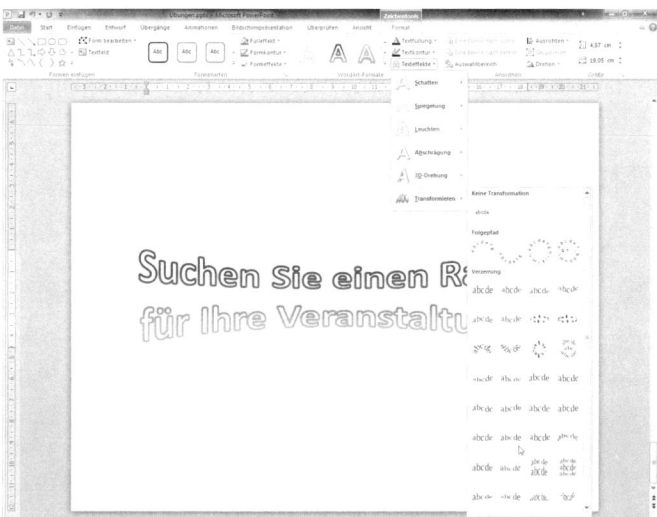

Sie können Ihren Text auch mit einem Bild oder einer Textur füllen. Markieren Sie Ihren Text, klicken Sie in den *Zeichentools* auf *Textfüllung* und dann auf *Textur*.

Mit den gleichen Schritten können Sie den Text auch mit einem Bild füllen. Damit das aber wirklich wirkt, muss die Schrift sehr groß sein. Probieren Sie es einfach aus.

Auch mit Farbverläufen können Sie Ihren WordArt-Text aufwerten. Das funktioniert wie das Füllen mit Textur. Markieren Sie Ihren Text, klicken Sie in den *Zeichentools* auf *Textfüllung* und dann auf *Farbverlauf*.

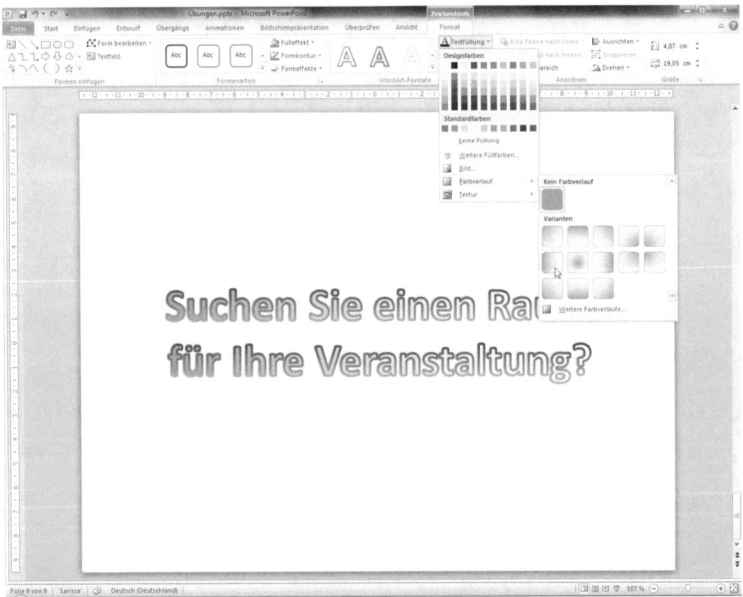

4.4 Gelungene Präsentationen mit Bildern aufwerten

Folien, die nur aus Texten bestehen, sind langweilig. Deshalb sollten Sie, wann immer es möglich ist, mit Bildern oder ClipArts arbeiten. Bilder haben wir im Abschnitt, in dem wir über das Layout gesprochen haben, schon eingebunden, dort allerdings über ein entsprechendes Layout. Natürlich können Sie auch mit Bildern arbeiten, wenn Sie mit einer leeren Folie arbeiten. Gehen Sie dazu folgendermaßen vor:

1 Klicken Sie auf die Registerkarte *Einfügen* und dann in der Gruppe *Bilder* auf *Grafik*.

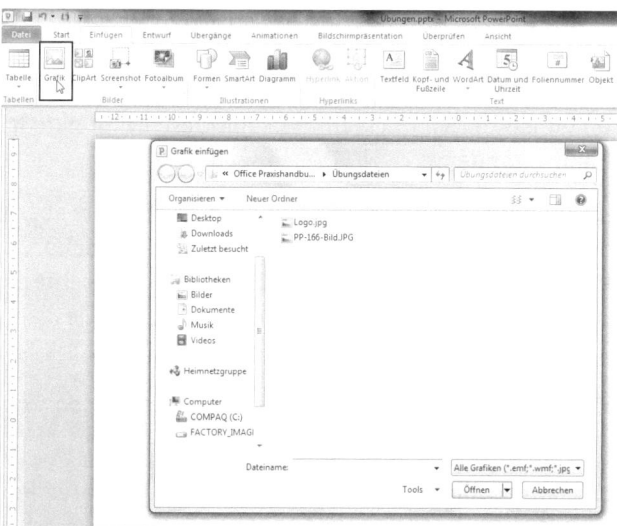

2 Gehen Sie in den Ordner, in dem sich Ihre Bilder befinden, wählen Sie eines aus und klicken Sie auf *Öffnen*.

PowerPoint hat nun das entsprechende Bild eingefügt. An den Anfassern an den Ecken und Seiten können Sie das Bild vergrößern oder verkleinern. Beim Vergrößern bedenken Sie aber, dass nicht jedes Bild beliebig vergrößert werden kann.

Wenn Sie das Bild in den richtigen Proportionen verändern möchten, ziehen Sie nur an einem der vier Eckpunkte. Nur diese Eckpunkte lassen die Proportionen unverändert.

Am grünen Kreis oben können Sie das Bild drehen. Drehen Sie aber bitte nicht jedes Bild nach dem Motto: „Wenn PowerPoint das schon kann, sollte man es auch kräftig nutzen." In alle Richtungen verdrehte Bilder können den Zuschauer auf eine arge Geduldsprobe stellen. Deshalb setzen Sie dieses Stilmittel bitte sparsam ein.

Wenn Sie das Bild irgendwo in der Mitte mit der Maus anfassen, können Sie es auch noch beliebig auf der Folie verschieben.

Durch Ihren Klick auf *Einfügen* wird das Bild Bestandteil Ihrer Power-Point-Datei. Das heißt aber auch, wenn Sie mit vielen Bildern arbeiten, dass Ihre Datei riesig wird. Und wenn Sie gar Bilder mit besonders hoher Auflösung einbinden, kann Ihre Datei schnell gigantische Ausmaße annehmen. Deshalb sollte man bestrebt sein, die PowerPoint-Datei möglichst klein zu halten.

Dazu bedarf es aber einer anderen „Einbindungstechnik" für Bilder. Die Schritte sind die gleichen, nur zum Schluss wählen Sie im Fenster *Grafik einfügen* nicht den Befehl *Einfügen*, sondern klicken auf das kleine Dreieck daneben.

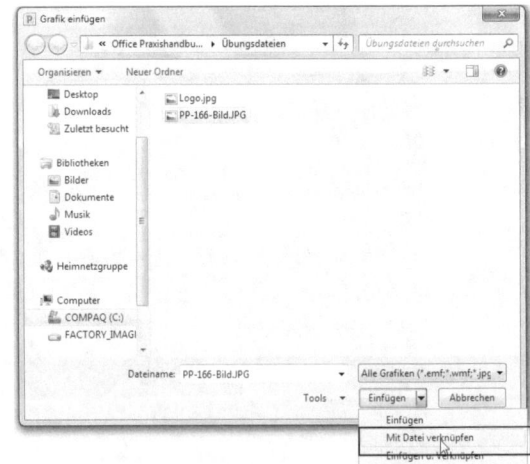

Es wird eine kleine Liste aufgeklappt, in der Sie *Mit Datei verknüpfen* wählen. Dadurch wird das Bild zwar kein physischer Bestandteil der PowerPoint-Datei, aber PowerPoint hat sich den Pfad zum Objekt auf Ihrer Festplatte gemerkt und wird nun immer das Bild von Ihrer Festplatte holen.

Ihre PowerPoint-Datei bleibt dadurch erstaunlich klein, aber natürlich gibt es auch hier kein Licht ohne Schatten. PowerPoint kennt nämlich nur den Pfad auf Ihrer Festplatte, auf der sich das Bild befindet. Haben Sie aber zwischenzeitlich Ihre Festplatte aufgeräumt oder Ihre Bilddatei umbenannt, wird PowerPoint das Objekt vergeblich suchen und Ihnen frustriert ein leeres Rechteck zeigen.

Das alles wird dann besonders unangenehm, wenn Sie mit Ihrem Laptop einen Vortrag halten müssen und vergessen haben, die Bilder ebenfalls auf Ihren Laptop zu kopieren. Dann hilft kein Wehen und Klagen, Sie müssen improvisieren.

Es ist also Ihre Entscheidung, ob Sie die Bilder durch einen Klick auf *Einfügen* physisch in die PowerPoint-Präsentation einbinden oder mithilfe von *Mit Datei verknüpfen* mit der Präsentation verknüpfen.

Wir haben Ihnen einmal in einer kleinen Tabelle die Vor- und Nachteile zusammengefasst.

Einfügen	Mit Datei verknüpfen
Die Datei wird sehr groß.	Die Datei bleibt erstaunlich klein.
Das Bearbeiten der Datei wird langsam.	Das Bearbeiten der Datei ist schnell.
Die Bilder in der Präsentation sind immer vorhanden.	Die Bilder der Präsentation liegen auf der Festplatte Ihres Rechners und müssen mit auf den Laptop kopiert werden.
Das Bild wird nicht aktualisiert. Wenn es also z. B. ein Bild aus Excel ist, wird nicht das Bild mit den neusten Daten genommen.	Es wird immer das aktuelle Bild genommen. Das ist interessant bei Grafiken aus Excel.

Teile des Bildes mit einer transparenten Form versehen

Bilder auf einer Folie sind eine ganz wichtige Möglichkeit, den Geist Ihrer Zuhörer wach zu halten oder wieder wach zu machen. Schön ist es auch, wenn man Bilder in die gesamte Präsentation integrieren kann. Wenn Sie über ein solches Bild dann aber einen Text in einem Textfeld legen möchten, sieht das Ganze vielleicht nicht mehr ganz so schön aus.

Das liegt nicht nur an der vielleicht zu klein gewählten Schrift. Alles wirkt etwas unruhig und das Auge springt ständig zwischen Text und Bild hin und her.

Hier wäre es gut, den Text mit einem transparenten Hintergrund zu versehen, sodass Sie zwar das Bild noch erkennen, aber den Text auch in Ruhe lesen können.

1   Sie fügen in gewohnter Weise das Bild ein.

2   Als Nächstes wählen Sie in der Registerkarte *Einfügen* die Gruppe *Illustrationen* und klicken dort auf *Formen*.

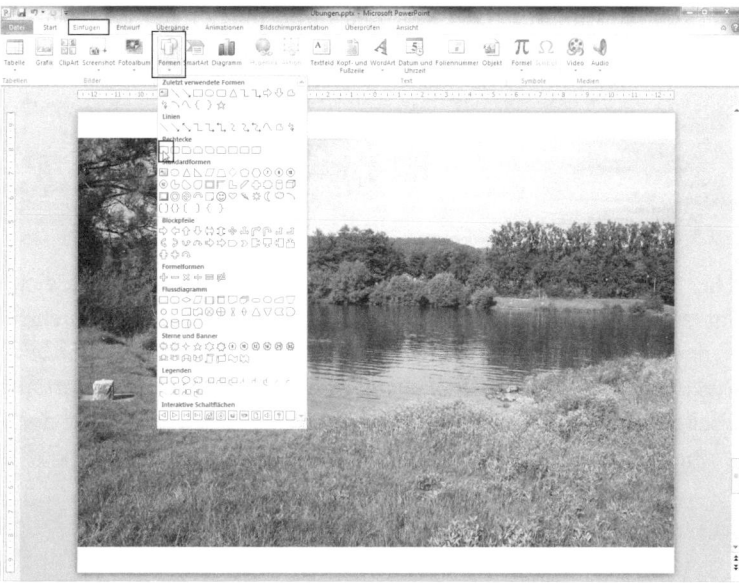

3 Wählen Sie eine der Rechteckformen aus. Natürlich können Sie auch jede andere dieser Formen benutzen. Zeichnen Sie nun die Form auf Ihr Bild in der Größe, die Sie haben möchten.

4 Klicken Sie nun auf die *Zeichentools* und im Bereich *Formenarten* auf den kleinen Pfeil, um das Fenster *Form formatieren* zu öffnen.

5 Hier wählen Sie *Einfarbige Füllung* und können nun im Bereich *Füllfarbe* zunächst eine Farbe auswählen, um dann bei *Transparenz* einen Prozentwert einzutragen, wie transparent die Form werden soll. Auch das wird wieder in Echtzeit geregelt, d. h., Sie lassen an den Pfeilen die Prozentzahl einfach hochzählen und sehen auf der Folie sofort, wie transparent die Form auf der Folie wirkt.

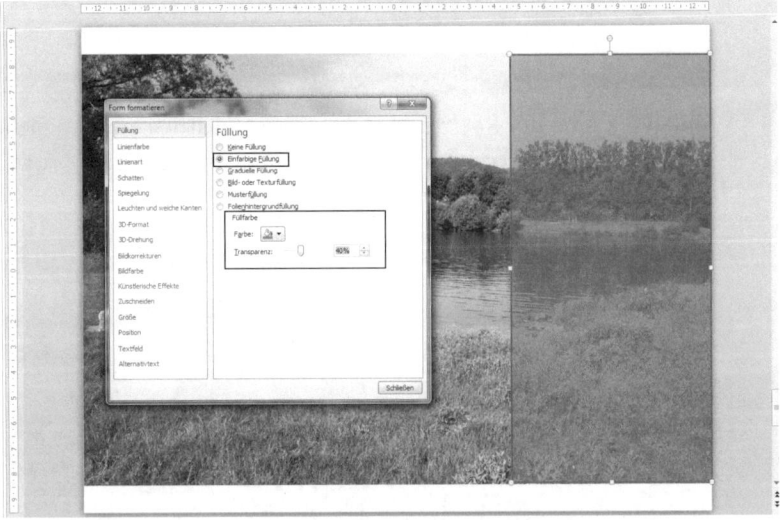

6 Als Nächstes klicken Sie in der Registerkarte *Einfügen* auf *Textfeld*, klicken auf Ihre Form und schreiben Ihren Text.

Welche Form Sie wählen, hängt davon ab, was Sie erreichen möchten. Haben Sie einen Vortrag über Sterne zu halten, könnte folgende Idee Ihre Präsentation einleiten:

Das wird dann besonders eindrucksvoll, wenn Sie den Rahmen mit dem Text bei der Präsentation auch noch animieren. Wie das geht und was Sie da alles machen können, schauen wir uns etwas später an.

Bilder freistellen und beschneiden

Manchmal möchte man aber nicht das ganze Bild in seiner Präsentation haben. Vielleicht genügt auch nur ein kleiner Ausschnitt. Oder Sie haben ein Bild eingescannt und möchten nur das Bild, nicht aber seinen Rahmen.

Nehmen wir als Beispiel die Code-Sonne. Unsere Erbsubstanz DNA besteht aus nur vier Buchstaben (Basen): AGCT, die in unterschiedlicher Reihenfolge in den Genen vorkommen. Die DNA wird dann kopiert, und es entsteht die RNA. Die RNA hat die vier Buchstaben AGCU. Jeweils drei Basen der RNA sind der Übersetzungsschlüssel für die Aminosäuren unseres Körpers, aus denen die Proteine gebildet werden. Die Code-Sonne zeigt, von innen nach außen gelesen, welche drei Basen für welche Aminosäure codieren. Dies war jetzt nur eine sehr grobe Erklärung, für welchen Zweck es die Code-Sonne gibt. Genaueres entnehmen Sie den entsprechenden Fachbüchern.

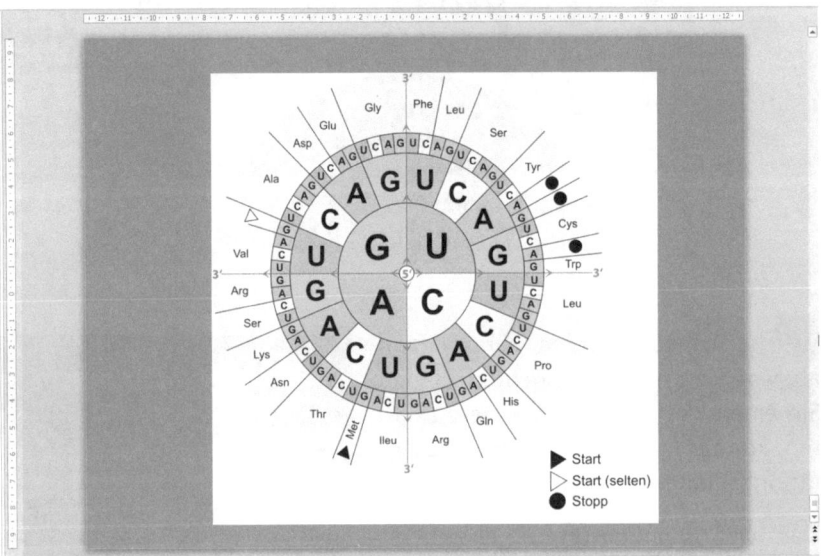

Quelle: www.Wikipedia.de

Wenn Ihre Präsentation zusätzlich noch einen farbigen Hintergrund hat, sieht ein solches Bild nicht besonders gut aus. Viel eindrucksvoller wäre doch ein solches Bild:

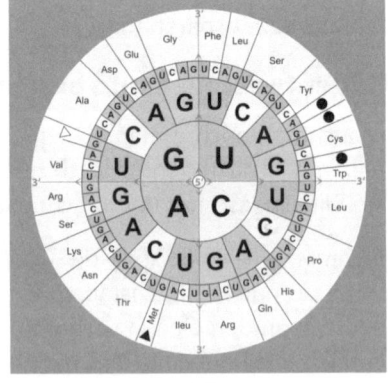

Natürlich können Sie in PowerPoint 2010 ein solches Bild zuschneiden. Durch Klick auf *Zuschneiden* bekommt Ihr Bild die entsprechenden Markierungspunkte.

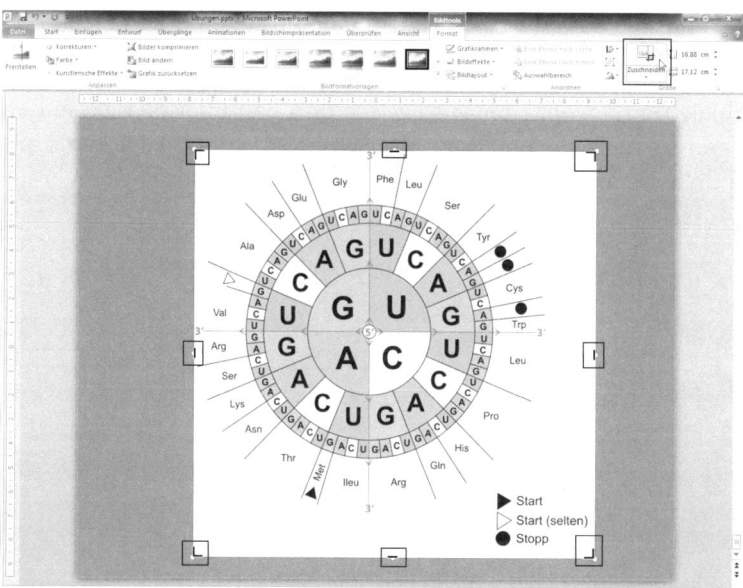

An diesen Punkten können Sie es nun zuschneiden. Das Problem ist aber: Sie können nur gerade Linien abschneiden.

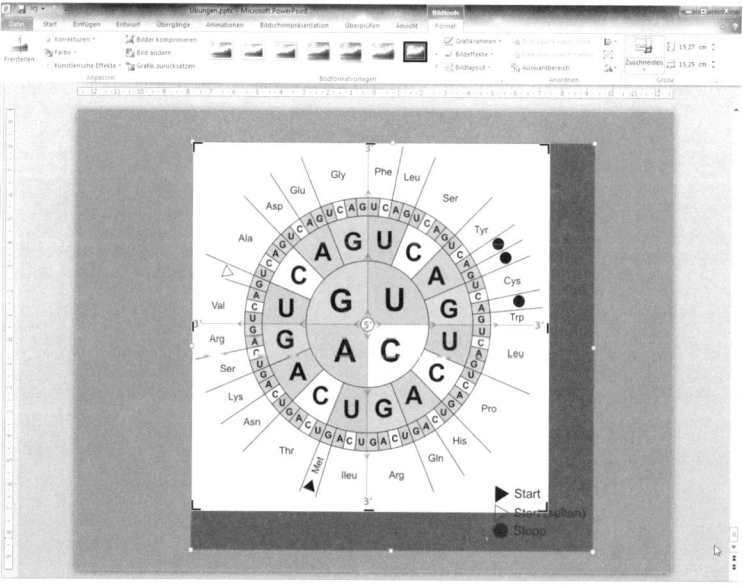

Doch auch hierfür hat PowerPoint 2010 eine Lösung. Klicken Sie in den *Bildtools* nicht auf *Zuschneiden*, sondern auf das kleine Dreieck darunter.

Hier wählen Sie nun *Auf Form zuschneiden* und dann beispielsweise den Kreis. Wenn Sie dann nochmals auf das Symbol *Zuschneiden* klicken, können Sie nun auf einen der Eckpunkte gehen und bekommen einen kreisrunden Ausschnitt.

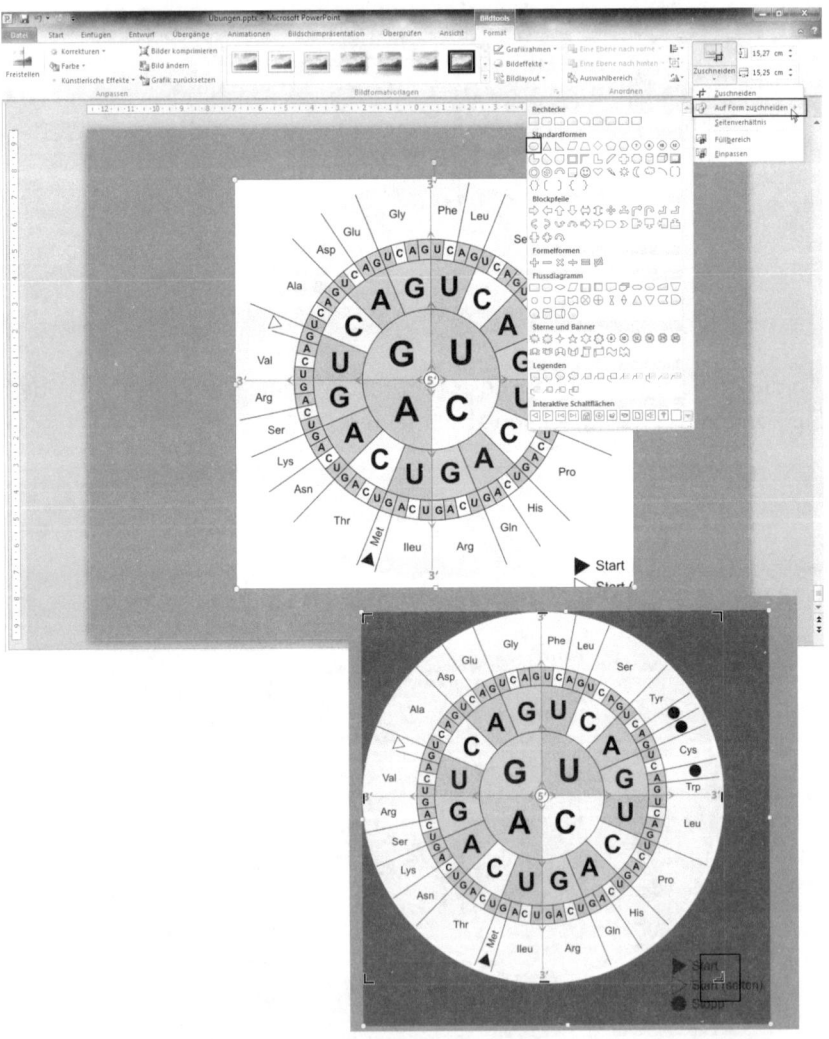

Nun haben Sie das Bild wirklich kreisrund ausgeschnitten.

Aber noch viel mehr bietet die Funktion *Freistellen*. Nehmen wir an, Sie haben folgendes Foto und möchten nur den Kopf der Gans ohne die Wiese und die andere Gans im Hintergrund.

Klicken Sie zuerst das Bild an und klicken Sie dann auf die *Bildtools*. Nun wählen Sie durch einen Klick *Freistellen*.

PowerPoint macht Ihnen nun einen Vorschlag, der aber in der Regel nicht das Beste ist. Das freigestellte Objekt hat die bekannten Farben, während der Teil, den PowerPoint wegschneiden möchte, rötlich eingefärbt ist.

Verschieben Sie nun die Markierungspunkte. Das ist der einfachste Weg, den Gänsekopf frei zu bekommen.

Haben Sie den Kopf frei, klicken Sie einfach auf *Änderungen beibehalten*.

Bei komplexeren Objekten klicken Sie auf *Zu behaltende Bereiche markieren*. Klicken Sie nun auf den Beginn des Objekts, das Sie freistellen möchten, und setzen Sie dort eine Markierung. Klicken Sie diese Markierung nochmals an, halten Sie die linke Maustaste fest und ziehen Sie eine Linie zum nächsten Punkt usw. Das ist etwas Fummelei, aber das Ergebnis lässt sich sehen.

4.5 Auch Tabellen können attraktiv wirken

Natürlich können Sie auf einer Folie auch eine Tabelle vorführen und es ist bei kleinen Tabellen durchaus sinnvoll, wenn der Zuhörer auch ein paar konkrete Zahlen sehen kann. Aber seien Sie trotzdem sparsam mit Tabellen, denn die visuelle Darstellung in Form eines Diagramms ist bei Weitem einprägsamer als die Präsentation eines Wustes von Zahlen.

Sie erinnern sich an unseren kleinen Teeladen aus dem Excel-Kapitel? Diese Daten wollen wir nehmen, um in PowerPoint eine kleine Tabelle zu bekommen. Etwas später werden wir natürlich auch in PowerPoint ein paar Ideen für Tabellen umsetzen, die in Excel nicht ganz so schön zu machen sind.

Wir brauchen also die Daten unseres Teeladens aus Excel.

1   Starten Sie Excel und markieren Sie dort die Werte, die Sie nach PowerPoint kopieren möchten. Kopieren Sie mit ⌈Strg⌋+⌈C⌋ oder den anderen Kopiermöglichkeiten.

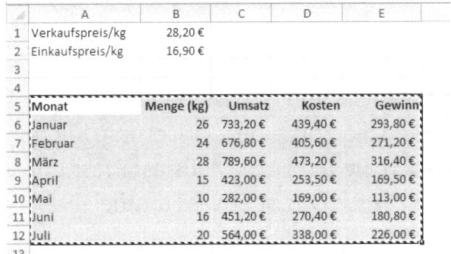

2   Gehen Sie auf eine PowerPoint-Folie und drücken Sie dort die rechte Maustaste. Es öffnet sich ein Fenster mit Eingabeoptionen. Fahren Sie einmal über sämtliche Optionen, um zu sehen, was dahintersteckt. Erst wenn Sie auf eine der Optionen klicken, wird die Excel-Tabelle eingefügt.

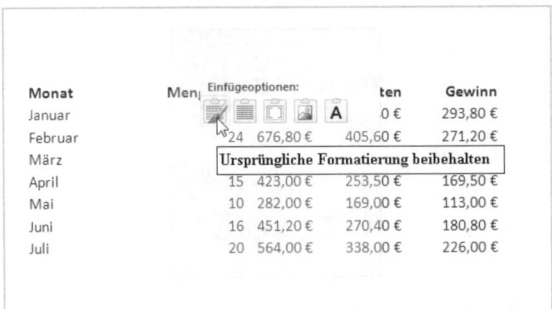

3 Nun haben Sie die Tabelle in PowerPoint und können sie dort noch verändern. Fahren Sie einfach einmal in den *Tabellentools* über die verschiedenen *Tabellenformatvorlagen*. PowerPoint wird Sie förmlich erschlagen mit ansprechenden Formatvorlagen.

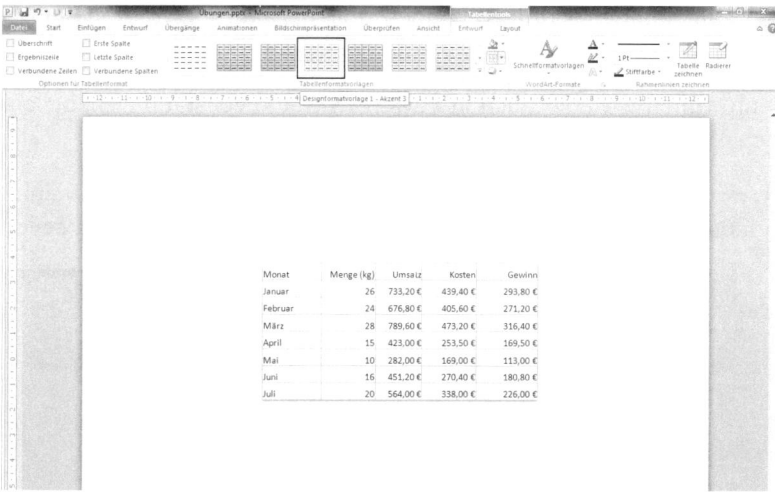

4 Falls Sie mit den vordefinierten Formaten nicht arbeiten wollen, markieren Sie einfach die entsprechenden Zeilen oder Spalten und formatieren sie „zu Fuß". Um beispielsweise eine Spalte zu markieren, gehen Sie über die Spalte, bis ein schwarzer Pfeil erscheint, und klicken dann mit der linken Maustaste.

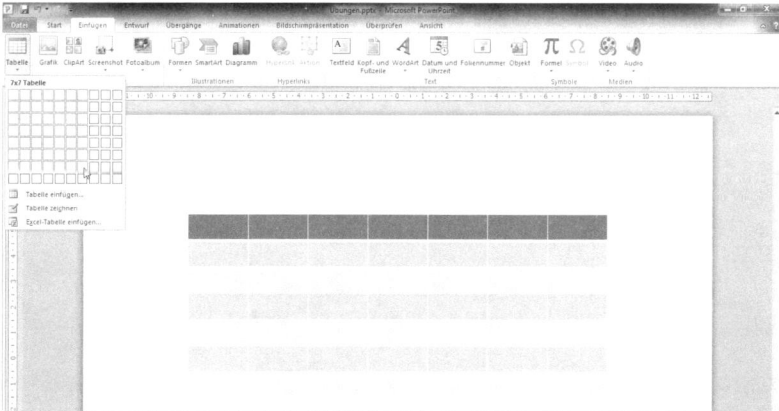

Denken Sie an dieser Stelle daran, dass unsere Tabelle in PowerPoint nun nicht mehr weiß, woher sie ursprünglich kam, d. h., Änderungen an der Excel-Tabelle haben keine Auswirkungen auf diese PowerPoint-Tabelle.

Dass Sie als Hintergrund solcher Tabellen natürlich nicht nur Farben, sondern auch Bilder benutzen können, soll hier nur der Vollständigkeit halber erwähnt werden. Sicher war Ihnen das längst klar.

Nun wollen wir aber auch in PowerPoint eine vollständige Tabelle anlegen. Wie wäre es mit einem kleinen Kalender?

1   Gehen Sie dazu in der Registerkarte *Einfügen* auf *Tabelle* und wählen Sie durch Markieren eine Tabelle mit sieben Spalten und sieben Zeilen.

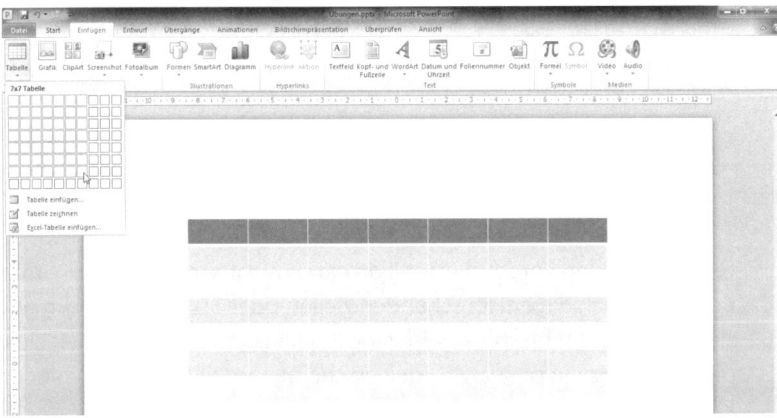

2   Tragen Sie nun zunächst einmal als Spaltenüberschriften die Tage einer Woche ein.

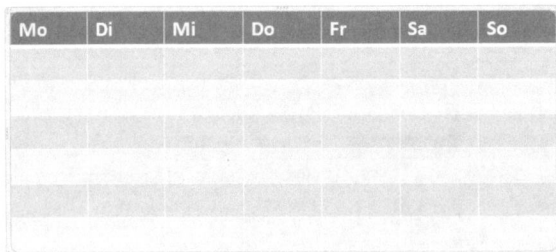

3 Schreiben Sie dann in die einzelnen Zellen das entsprechende Datum hinein. Mit der ⌜Tab⌝-Taste wandern Sie am besten immer in die nächste Zelle.

Mo	Di	Mi	Do	Fr	Sa	So
					1	2
3	4	5	6	7	8	9
10	11	12	13	14	15	16
17	18	19	20	21	22	23
24	25	26	27	28	29	30
31						

4 Nun markieren Sie ganz klassisch die Zellen mit den Zahlen und nehmen eine kleinere Schriftgröße.

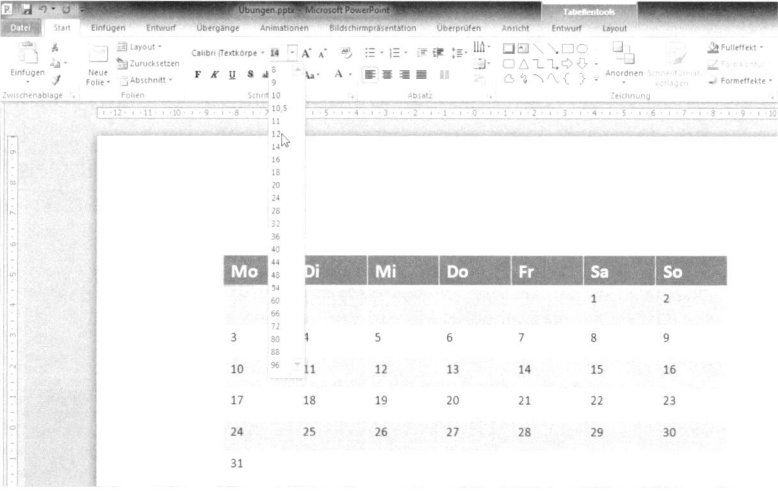

5 Jetzt setzen Sie alles in die rechte obere Ecke jeder Zelle. Das geschieht mit dem bekannten Symbol.

Sie können weitere Zeilen oder Spalten nachträglich einfügen, indem Sie mit der rechten Maustaste in eine Zelle klicken und über den Punkt *Einfügen* mit der linken Maustaste entscheiden, was eingefügt werden soll.

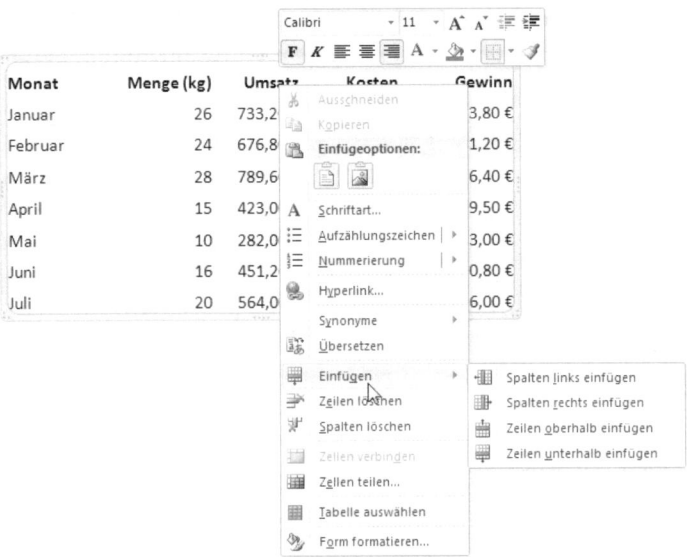

Wer denkt, PowerPoint sei nur ein Programm für Präsentationen, der verkennt, dass man damit auch Formulare erstellen kann, auf denen man handschriftliche Eintragungen machen kann. Wie wäre es beispielsweise mit einem immerwährenden Kalender, in den man die Geburtstage von Freunden und Bekannten eintragen kann?

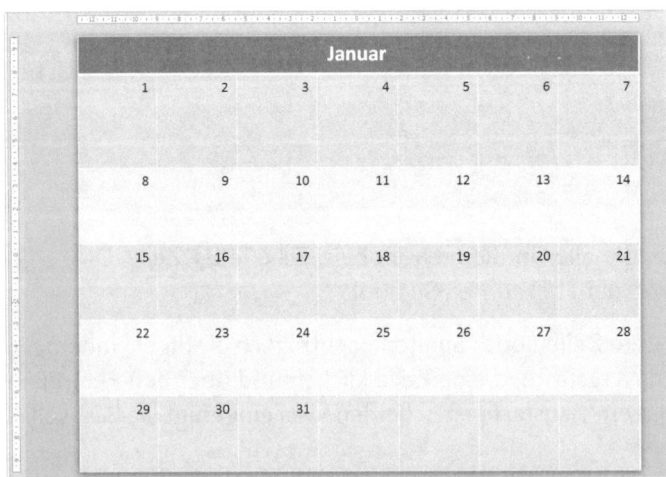

Die Schritte sind zunächst die gleichen wie gerade besprochen. Aber rätselhaft dürfte vielleicht noch sein, wie Sie den Monatsnamen zentriert über mehrere Spalten bekommen.

1   Schreiben Sie den Monatsnamen in die erste Zelle. Dann markieren Sie alle Spalten, über die der Monatsname zentriert werden soll.

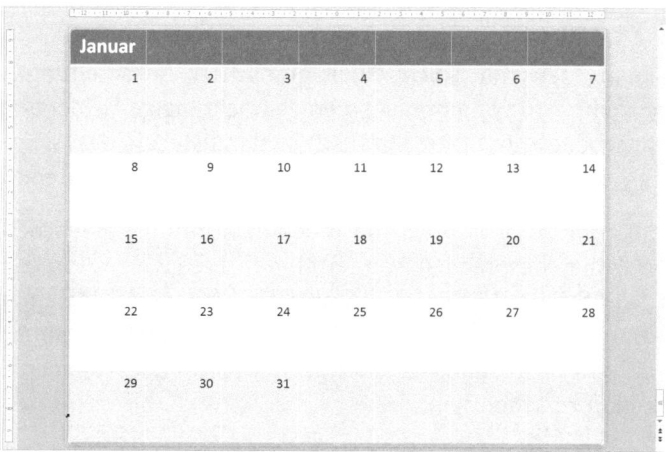

2   Klicken Sie anschließend irgendwo in der ersten Zeile mit der rechten Maustaste und wählen Sie *Zellen verbinden*.

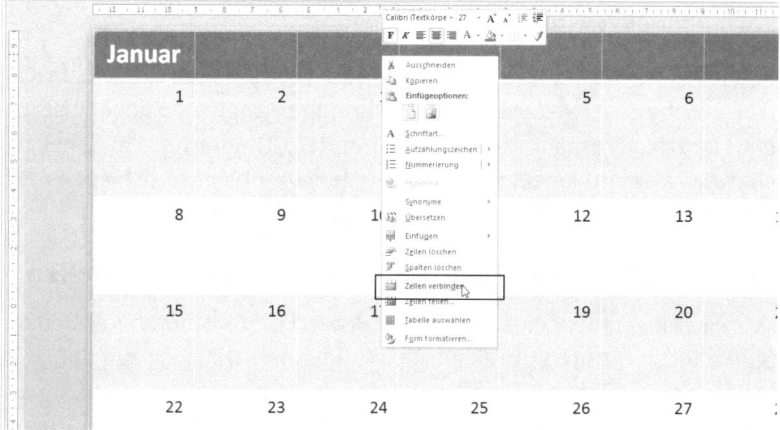

3   Und das war es schon!

4.6 Beeindruckende Diagramme statt Zahlen einsetzen

Nichts ist öder als eine Präsentation aus Zahlen. Wir Menschen können mit der grafischen Aufbereitung von Zahlenbergen wesentlich mehr anfangen und deshalb sollten Sie, wann immer es geht, Ihre Zahlen grafisch darstellen.

Natürlich kann man mit solch einer grafischen Aufbereitung auch Schindluder treiben und es gibt nicht wenige hochrangige Firmenberater, die sich nicht scheuen, ihre Daten grafisch so darzustellen, dass sie genau das belegen, was die entsprechenden Berater auch sagen möchten.

In diesem Abschnitt möchten wir mit Ihnen nicht nur die grafische Darstellung von Zahlen besprechen, sondern Ihnen auch einige Anregungen vermitteln, wie Sie Ihre Diagramme mit verschiedenen Bildelementen versehen können. Dabei gilt natürlich auch wieder das schon einmal Gesagte: PowerPoint 2010 kann viel, aber es muss nicht alles in einer einzigen Präsentation zu sehen sein.

Hier könnte natürlich die Frage auftauchen, weshalb Sie in PowerPoint eine Grafik erstellen sollen, wenn Ihre Daten in Excel enthalten sind und Sie auch dort tolle Grafiken erzeugen können. Warum also nicht gleich die Grafik in Excel machen und das fertige Produkt dann nach Power-Point über die Zwischenablage kopieren?

Niemand wird Sie daran hindern, es so zu machen, und da vielen Zahlenwerten ohnedies in der Regel Berechnungen zugrunde liegen, ist es auch ein legitimer Vorgang, Säulen- und andere Diagramme in Excel zu machen. Wie das im Einzelnen geht, werden wir uns natürlich auch noch anschauen. Es ist manchmal eine reine Gewissensentscheidung.

Erste Schritte – ein Diagramm in PowerPoint erstellen

Wie Sie eine Tabelle aus Excel nach PowerPoint kopieren können, haben Sie im letzten Abschnitt erfahren. Nun wollen wir aber auch noch in Po-werPoint eine Tabelle erstellen, aus der heraus dann eine Grafik gemacht werden soll. Das haben wir zwar auch schon besprochen, aber nun soll es über eines der vordefinierten Layouts gehen.

1 Klicken Sie deshalb als Erstes in der Registerkarte *Start* auf das kleine Dreieck bei *Neue Folie* und wählen Sie beispielsweise *Titel und Inhalt*.

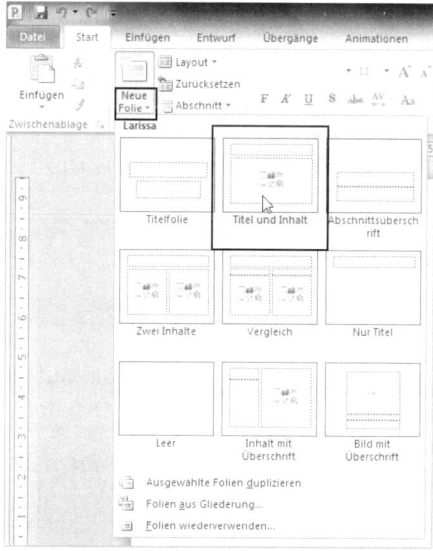

2 Wenn Sie eine Tabelle erstellen möchten, klicken Sie nun auf das Tabellensymbol.

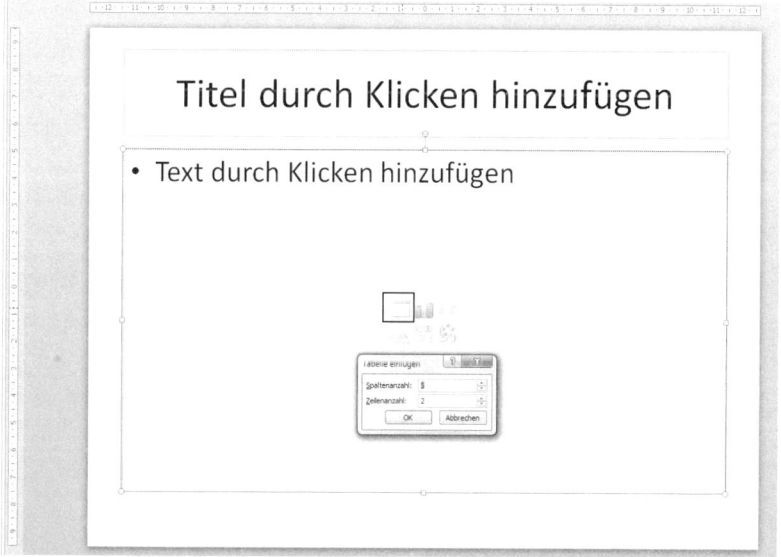

3 Entscheiden Sie sich, wie viele Zeilen und Spalten Sie haben möchten, und bestätigen Sie mit *OK*.

4 Den Rest entnehmen Sie dem vorherigen Abschnitt.

Was aber geschieht, wenn Sie auf das Diagrammsymbol klicken, ohne dass Sie vorher eine Tabelle erstellt haben?

1 Klicken Sie also einmal auf das Diagrammsymbol. Sie hätten bei einer leeren Folie auch über *Einfügen* und einen Klick auf *Diagramm* das folgende Fenster einblenden können. Sie sehen, auch bei PowerPoint führen viele Wege zum Ziel.

2 Wenn Sie den Excel-Teil dieses Buches schon durchhaben, werden Sie das Fenster sofort erkennen:

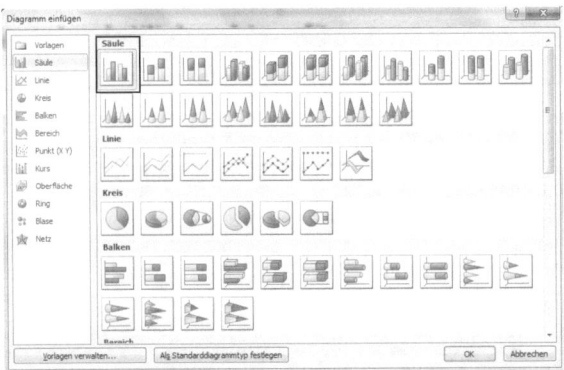

3 Wählen Sie hier zunächst die einfache Säulengrafik und klicken Sie auf *OK*.

4 Nun wird es dramatisch. PowerPoint teilt sich in zwei Fenster. Auf der rechten Seite sehen Sie eine fiktive Tabelle, auf der linken Seite das dazugehörende Diagramm.

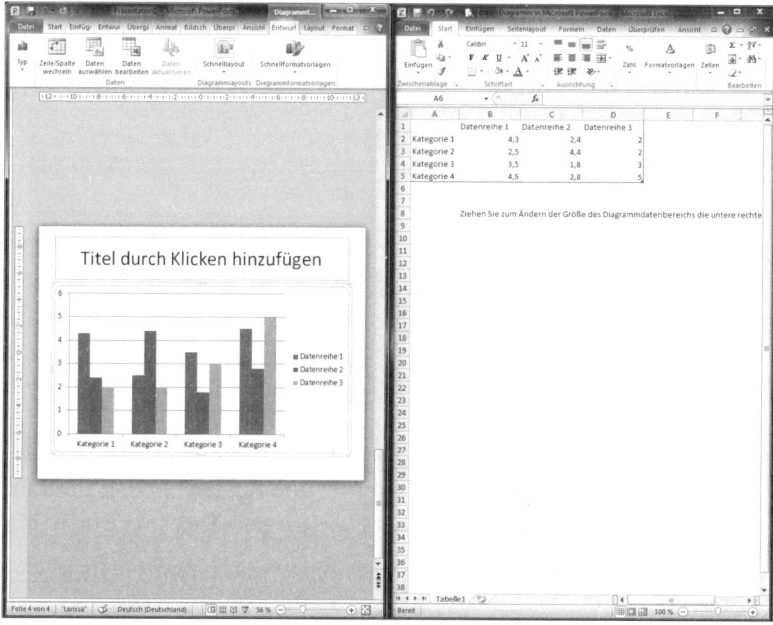

5 Das Datenblatt auf der rechten Seite werden Sie sicher leicht als ganz normale Excel-Tabelle erkennen. Das heißt für Sie nun, dass Sie die ganze Rechentechnik von Excel für PowerPoint benutzen können. Nun brauchen Sie eigentlich nur Ihre Daten in das Datenblatt einzutragen. Vergessen Sie nicht die Beschriftungen für die Zeilen und Spalten. Sobald Sie in das Datenblatt etwas eintragen, wird das Diagramm links aktualisiert.

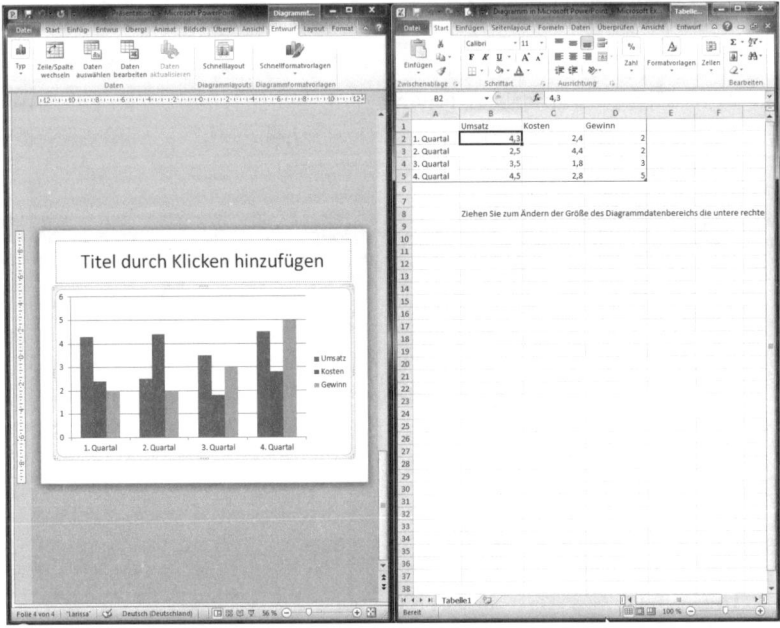

6 Ein wenig anders werden aber Formeln im Datenblatt angezeigt. Geben Sie einmal ein paar Zahlen für Umsatz und Kosten ein und subtrahieren Sie die Werte in Spalte D genau so, wie Sie es in Excel machen würden.

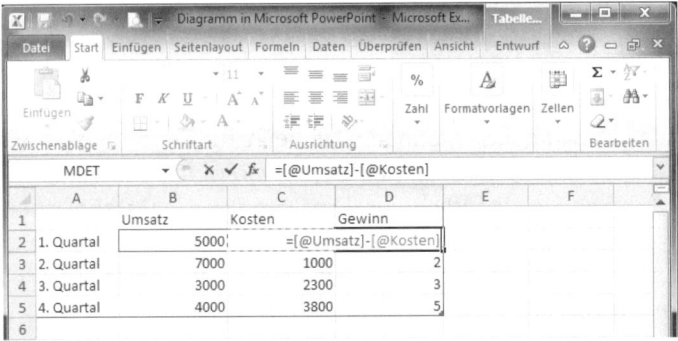

Das @-Symbol in der Formel zeigt an, dass PowerPoint die Rechenoperation mit Werten der gleichen Zeile durchführt. Wenn Sie Werte einer anderen Zeile nehmen, ist die Darstellung der Zelladressen wie bei Excel.

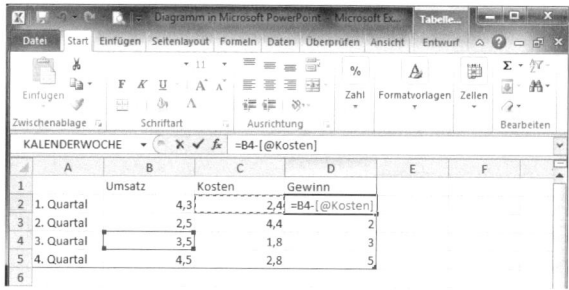

Diese Rechnung macht in unserem Beispiel natürlich keinen Sinn. Sie soll nur die Darstellung von Formeln in PowerPoint demonstrieren.

Durch Ziehen an der rechten unteren Ecke des Datenblatts können Sie diese Standardtabelle jederzeit erweitern oder verkleinern.

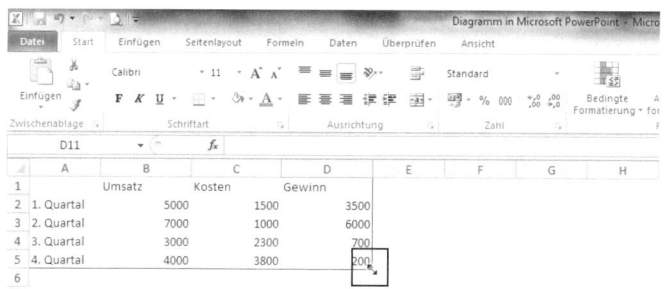

Zum weiteren Bearbeiten des Diagramms können Sie nun das Datenblattfenster durch einen Klick auf das entsprechende Windows-Symbol schließen.

Meist merkt man nun erst, dass ein Wert im Datenblatt nicht stimmt. Wie also bekommen Sie Ihr Datenblatt wieder?

1 Klicken Sie gegebenenfalls Ihr Diagramm in PowerPoint an. Sie sollten nun die Registerkarte *Diagrammtools* sehen.

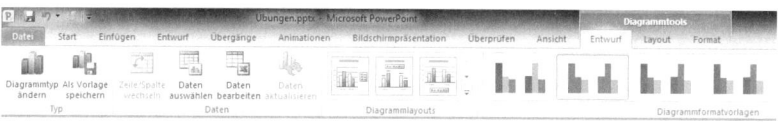

2 Nun klicken Sie in der Registerkarte *Entwurf* auf *Daten bearbeiten*. Schon haben Sie Ihr Datenblatt wieder.

Wann sollten Sie welchen Typ wählen?
Ändern des Diagrammtyps

Natürlich ist ein Säulendiagramm nicht alles, was PowerPoint an Diagrammen zu bieten hat. Und wie bei Excel können Sie natürlich auch nachträglich den Diagrammtyp noch ändern.

1 Dazu gibt es wieder mehrere Möglichkeiten. Sie können beispielsweise mit der rechten Maustaste auf das Diagramm klicken, das Sie ändern möchten. Dann wählen Sie *Diagrammtyp ändern* mit der linken Maustaste aus.

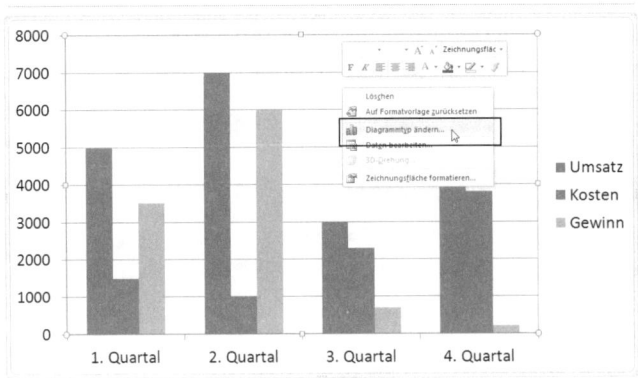

2 Oder Sie klicken in der Registerkarte *Diagrammtools* in der Multifunktionsleiste in der Gruppe *Typ* auf das Symbol *Diagrammtyp ändern*.

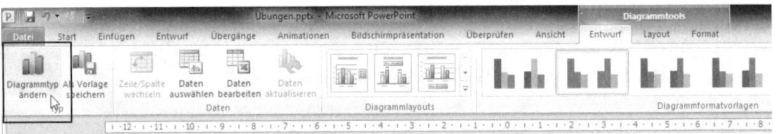

Wie Sie es machen wollen, ist reine Geschmackssache. Auf jeden Fall erhalten Sie das schon bekannte Fenster, aus dem Sie nach Herzenslust einen neuen Diagrammtyp auswählen können.

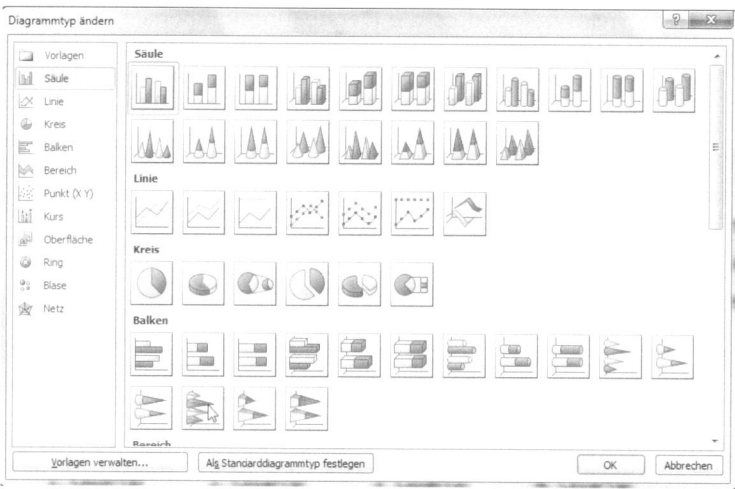

PowerPoint bietet eine riesige Menge an unterschiedlichen Diagramm-typen. Aber nicht jede Datenmenge passt zu jedem Diagrammtyp.

Säulen- oder Balkendiagramme werden häufig eingesetzt, wenn es da-rum geht, Daten zu vergleichen, denn dieser Diagrammtyp zeigt die Un-terschiede zwischen absoluten Werten. Sie können diesen Diagrammtyp auch dann einsetzen, wenn Sie eine Reihenfolge von Werten darstellen möchten. Aber bei sehr vielen Werten pro Kategorie wird dieser Dia-grammtyp sehr schnell sehr unübersichtlich.

In der folgenden Abbildung wurde der tägliche DAX-Kurs über mehrere Jahre dargestellt.

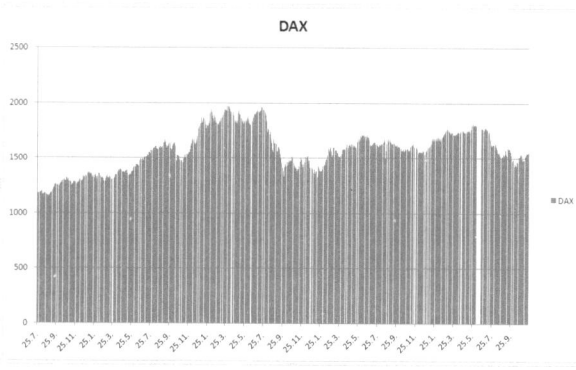

Das sind nun so viele Werte, dass die Darstellung unübersichtlich wird. Hier sollte man besser ein Liniendiagramm auswählen.

Linien- und Flächendiagramme eignen sich sehr gut, um Trends aufzuzeigen. Damit können, wie die Abbildung zeigt, auch sehr große Datenmengen übersichtlich dargestellt werden.

Kreisdiagramme eignen sich, wenn es darum geht, Teile eines großen Ganzen zu visualisieren. Im Businessbereich könnte man diesen Diagrammtyp nehmen, um z. B. zu zeigen, welche prozentuale Aufteilung die Gesamtkosten einer Firma aufweisen oder in welchen Stärken einzelne Parteien bei einer Wahl abgeschnitten haben.

Sie sollten bei diesem Diagrammtyp jedoch beachten, dass nicht zu viele Teilmengen dargestellt werden müssen. Die Aussagekraft der DAX-Werte in einem Kreisdiagramm wäre praktisch Null.

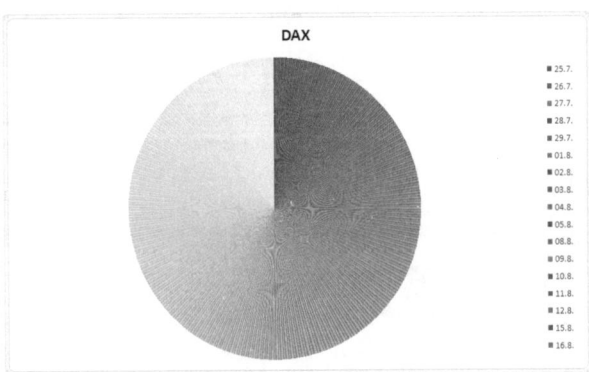

Der Teil und das Ganze – die Darstellung von Zahlen mit Kreisdiagrammen

Strom wird hierzulande aus unterschiedlichen Energieträgern gewonnen. Folgende Werte haben Sie recherchiert:

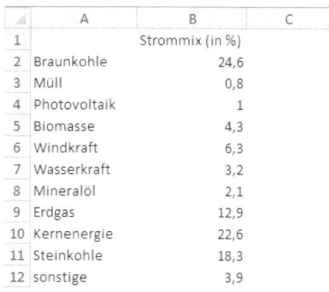

⬜	A	B	C
1		Strommix (in %)	
2	Braunkohle	24,6	
3	Müll	0,8	
4	Photovoltaik	1	
5	Biomasse	4,3	
6	Windkraft	6,3	
7	Wasserkraft	3,2	
8	Mineralöl	2,1	
9	Erdgas	12,9	
10	Kernenergie	22,6	
11	Steinkohle	18,3	
12	sonstige	3,9	

Hier drängt sich ein Kreisdiagramm förmlich auf, denn Sie möchten die einzelnen Werte im Verhältnis zum Ganzen sehen. Darüber hinaus haben Sie nur eine einzige Datenreihe.

1   Ein Kreisdiagramm erstellen Sie ähnlich wie die eben besprochenen Säulendiagramme. In der Registerkarte *Einfügen* klicken Sie in der Rubrik *Illustrationen* auf das Symbol *Diagramm*. Nun wählen Sie *Kreis* aus.

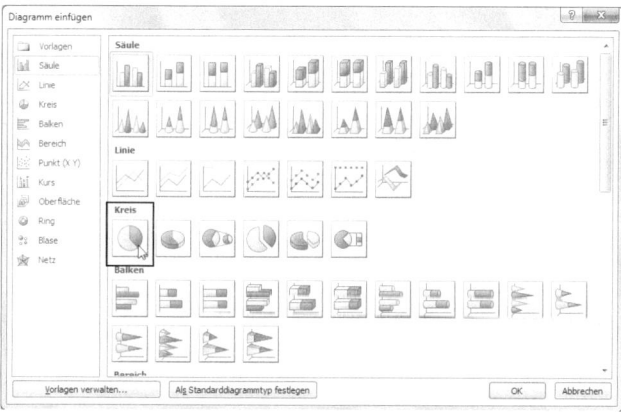

2   Im Datenblatt auf der rechten Seite haben Sie nur eine Datenreihe, da Sie pro Kreisdiagramm auch nur eine Datenreihe verarbeiten können. Tragen Sie, wie weiter oben besprochen, die Werte ein.

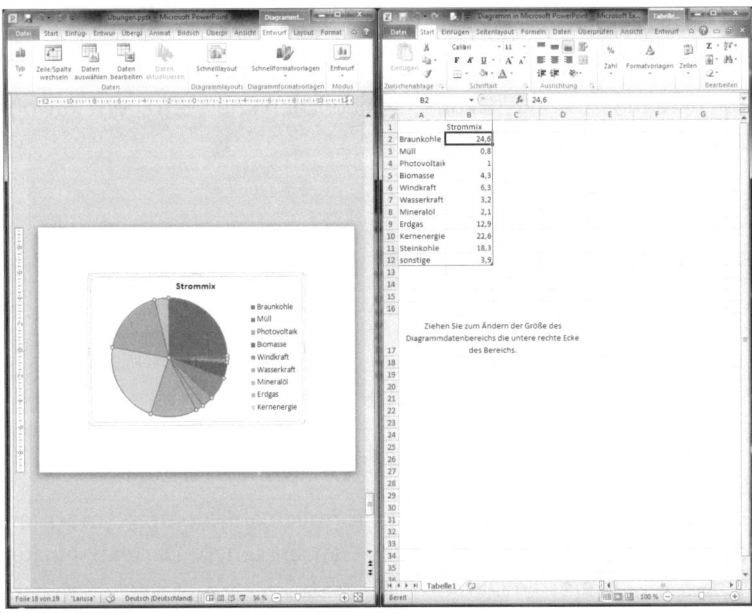

3 Wenn Sie nun das Datenblattfenster schließen, haben Sie Ihr Kreis-diagramm in voller Größe.

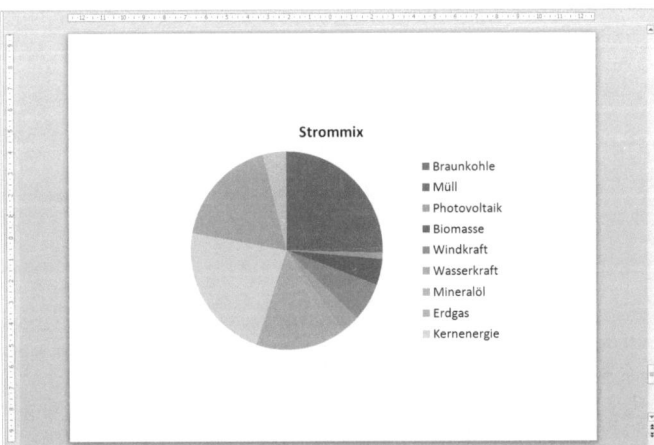

Ist Ihnen aufgefallen, dass in der Diagrammlegende die Angaben für *Steinkohle* und *sonstige* fehlen? Wenn das auch bei Ihnen einmal passiert, ist Ihr Diagrammfenster etwas zu klein. Ziehen Sie es an den seitlichen Anfasspunkten einfach größer.

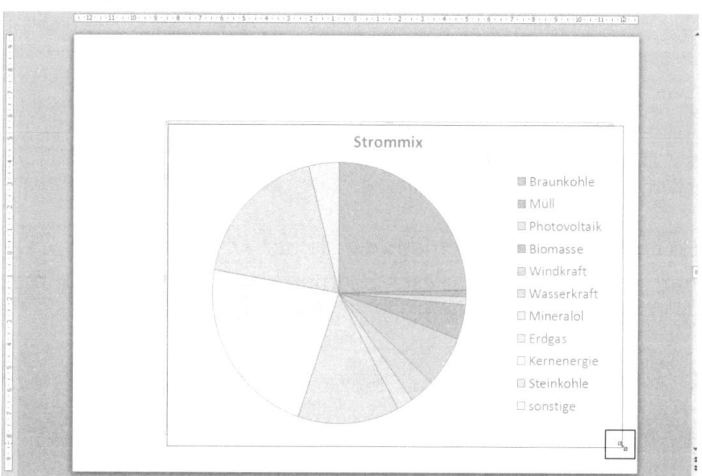

Wenn Ihnen die Farben der einzelnen Segmente nicht zusagen, können Sie sie natürlich ändern.

1 Klicken Sie Ihre Grafik an. Dann klicken Sie auf *Diagrammtools* und bei *Diagrammformatvorlagen* auf das kleine Dreieck mit dem Strich darüber.

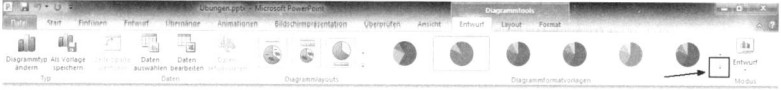

2 Schon haben Sie ganz nette, auch plastisch aussehende Kreisdiagramme.

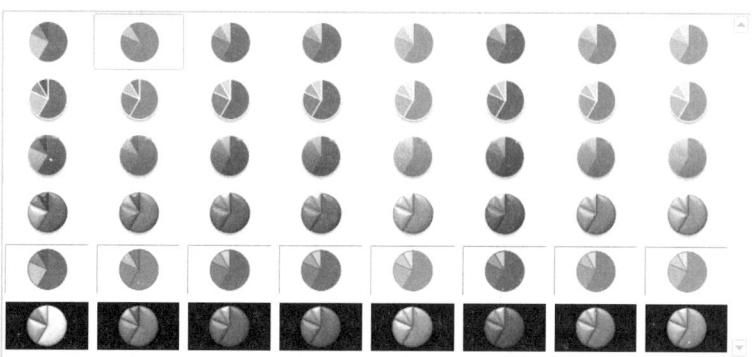

Natürlich können Sie auch die Farbe für jedes Segment einzeln ändern.

1 Klicken Sie zunächst die Kreisgrafik an. Klicken Sie anschließend auf das Segment, dessen Farbe Sie ändern möchten. Verwechseln Sie das nicht mit einem Doppelklick, denn die Aufgabe ist, nur das eine Segment zu markieren, dessen Farbe geändert werden soll.

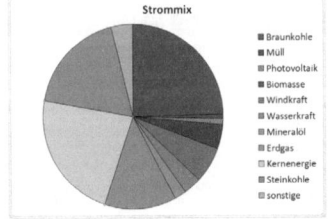

2 Wenn das entsprechende Segment die kleinen Markierungskreise erhalten hat, können Sie auf dieses Segment einen Doppelklick machen, um zum Fenster *Datenpunkt formatieren* zu kommen.

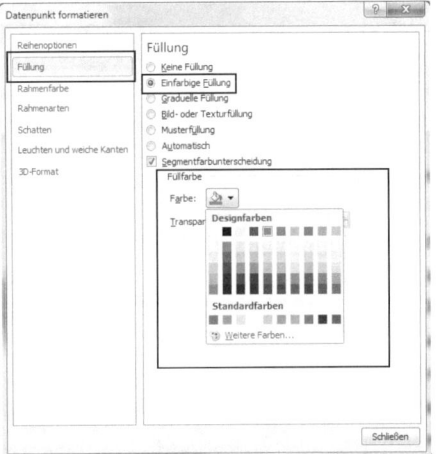

3 Hier wählen Sie links die Kategorie *Füllung* und auf der rechten Seite bei *Einfarbige Füllung* durch Klick auf das Dreieck bei *Farbe* Ihre Farbe.

Vielleicht möchten Sie aber die einzelnen Segmente nicht mit Farben belegen, sondern mit Bildern. Nehmen wir an, Sie möchten das Segment der Kernenergie mit dem entsprechenden Warnsymbol kennzeichnen statt mit einer Farbe.

1 Markieren Sie wieder das entsprechende Segment und machen Sie dann einen Doppelklick darauf, um zu *Datenpunkt formatieren* zu kommen.

2 Hier wählen Sie bei *Füllung* nun *Bild- oder Texturfüllung*. Sie müssen sich nur noch entscheiden, ob Sie das Bild aus der Zwischenablage oder aus einer Datei holen möchten. Wählen Sie hier *Datei*, müssen Sie auf Ihrer Festplatte noch in den richtigen Ordner gehen, in dem sich das Bild befindet.

3 Das Bild wird vielleicht etwas zu groß für das Segment sein.

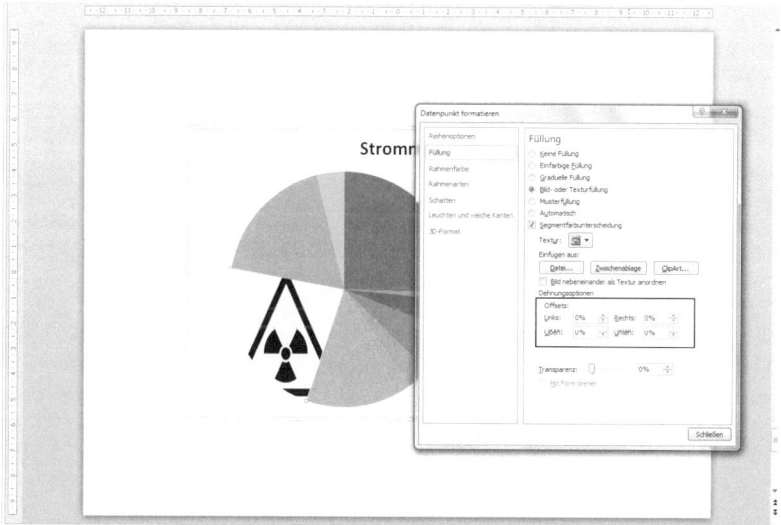

4 Im Bereich *Offsets* können Sie das ändern. Klicken Sie einfach die verschiedenen Dreiecke an und schauen Sie, was diese mit Ihrem Bild anstellen.

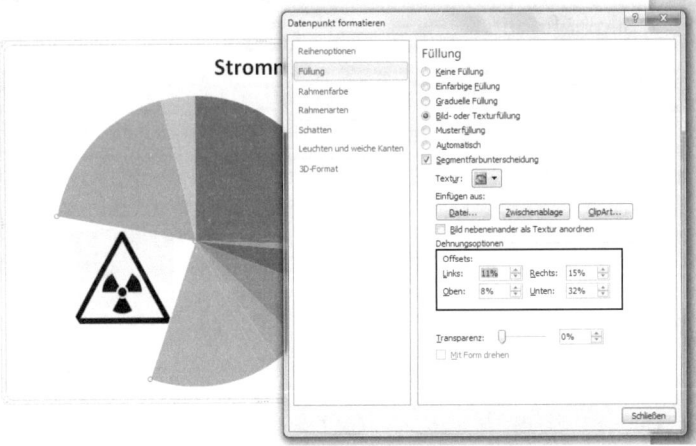

5 Als Letztes ist es sinnvoll, den Kreis mit einem Rahmen zu versehen. Dazu klicken Sie auf das Kreisdiagramm, um nun alle Segmente zu markieren. Dann klicken Sie mit der rechten Maustaste auf die Grafik und wählen *Datenreihen formatieren*.

6 Wählen Sie bei *Rahmen-farbe* die *Einfarbige Linie* und suchen Sie sich eine Linienfarbe aus.

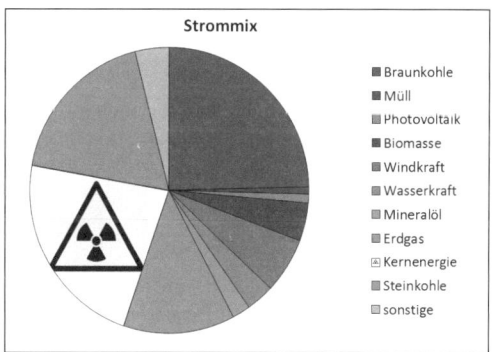

Wenn Sie das Segment erneut kurz anklicken, um es zu markieren, können Sie es auch durch Drücken, Festhalten und Ziehen der Maus etwas herauszuziehen.

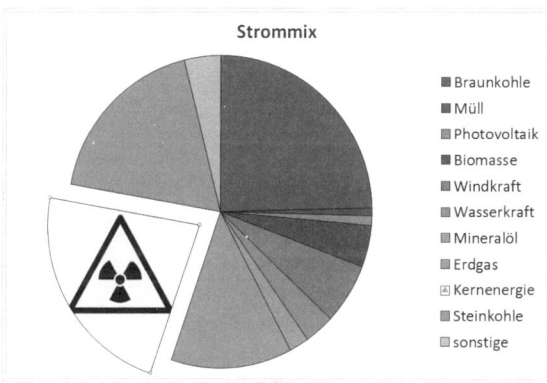

4.7 Abläufe grafisch darstellen – die SmartArt-Grafiken nutzen

SmartArt-Grafiken dienen dazu, Abläufe bildlich darzustellen. Theoretisch könnten Sie solche Abläufe auch mit den schon besprochenen Autoformen erstellen. Das kann aber ein ziemlicher Aufwand werden und es sicht wahrscheinlich bei Weitem nicht so professionell aus wie mit den Grafiken von SmartArt.

Elementarteilchen – mit SmartArt

Der Large Hadron Collider (LHC) in der Nähe von Genf ist in Betrieb und Sie möchten in einem Vortrag einmal den Zusammenhang zwischen Hadronen, Protonen und Neutronen in einer Grafik erläutern.

Ihre Grafik soll folgendermaßen aussehen:

Wir schauen uns hier natürlich nur einen ganz kleinen
Ausschnitt aus dem gesamten
heute bekannten Elementar-
teilchenzoo der Physik an,
denn dies ist kein Lehrbuch
der Physik, sondern soll Ihnen
nur zeigen, wie Sie auch komplexe Organigramme in Po-
werPoint erstellen können.

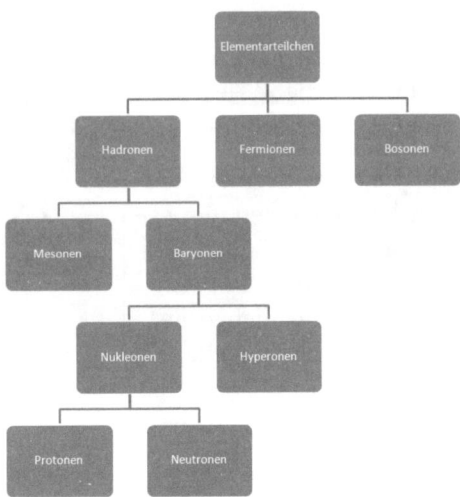

1 Klicken Sie auf die Registerkarte *Einfügen* und dort
auf *SmartArt*. Wählen Sie nun im Fenster *SmartArt-Grafik auswählen*
in der Kategorie *Hierarchie* das Organigramm oben links und klicken
Sie auf *OK*.

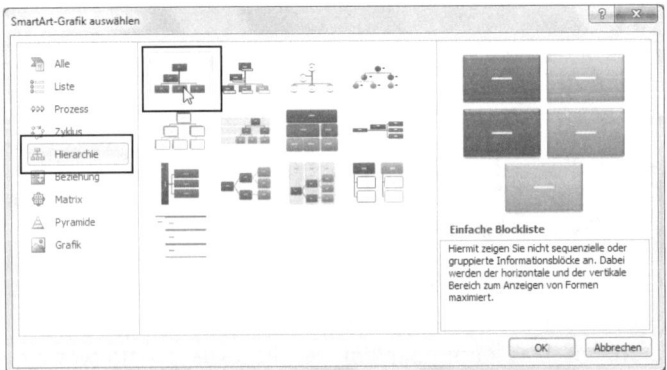

2 Sie erhalten nun eine leere Struktur, aus der Sie die Elemente, die Sie
nicht brauchen, entfernen sollten. Klicken Sie dazu das Element an
und entfernen Sie es mit der [Entf]-Taste.

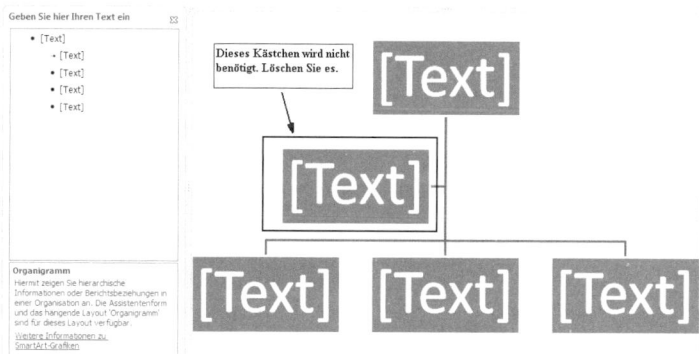

3 Auf der linken Seite haben Sie den Textbereich, in den Sie Ihren Text eingeben. Das obere Kästchen trägt die allgemeine Überschrift *Elementarteilchen*. Die anderen drei Kästchen füllen Sie nun mit den Namen *Hadronen, Fermionen* und *Bosonen*.

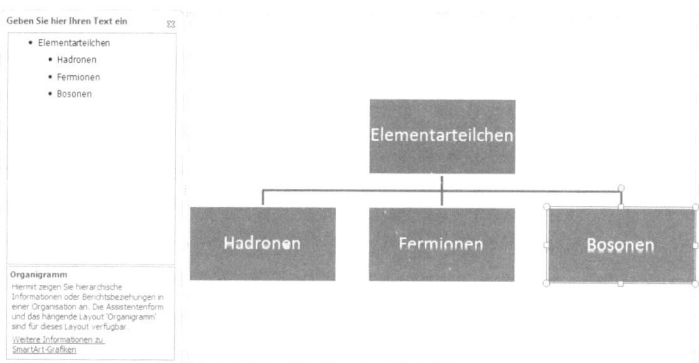

4 Hadronen unterteilen sich in Mesonen und Baryonen. Wir brauchen also eine neue Hierarchieebene mit zwei Kästchen. Klicken Sie dazu zunächst auf das Kästchen *Hadronen*, gehen Sie dann in den *SmartArt-Tools* auf *Form hinzufügen* und wählen Sie *Form darunter hinzufügen*.

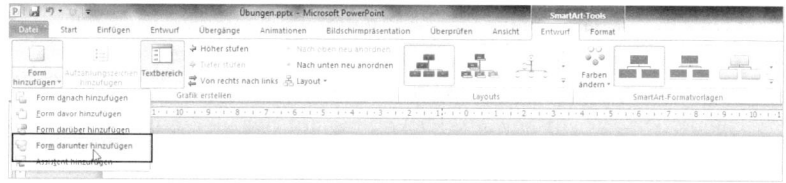

5 Füllen Sie das Kästchen nun mit *Mesonen*.

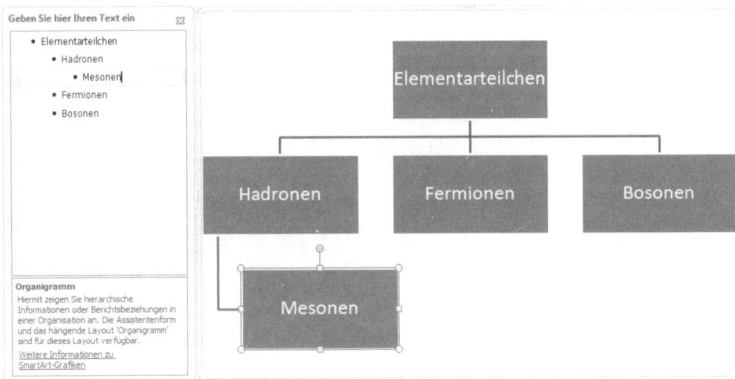

6 Nun brauchen wir unter *Hadronen* noch ein weiteres Kästchen für die Baryonen. Klicken Sie wieder auf *Hadronen* und wählen Sie nochmals *Form hinzufügen* und dann *Form darunter hinzufügen*. Füllen Sie das entsprechende Kästchen nun aus.

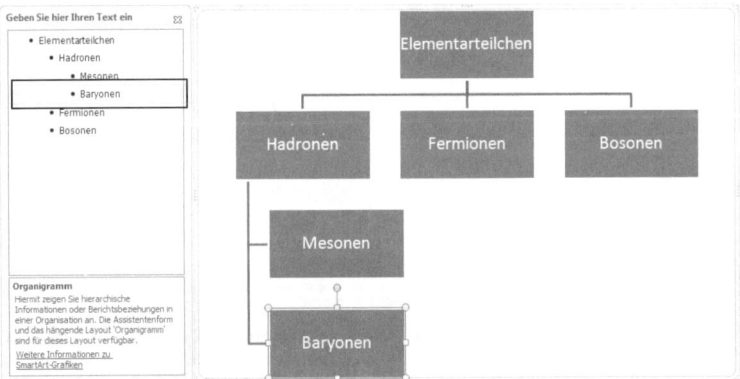

7 Leider hat PowerPoint diese beiden neuen Kästchen untereinander geschrieben. Besser wäre es, wenn auch diese Kästchen nebeneinander stehen würden. Gehen Sie deshalb in den

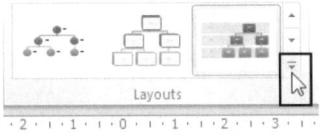

SmartArt-Tools auf *Layouts*, klicken Sie auf das kleine Dreieck und wählen Sie das in der Abbildung markierte Layout aus.

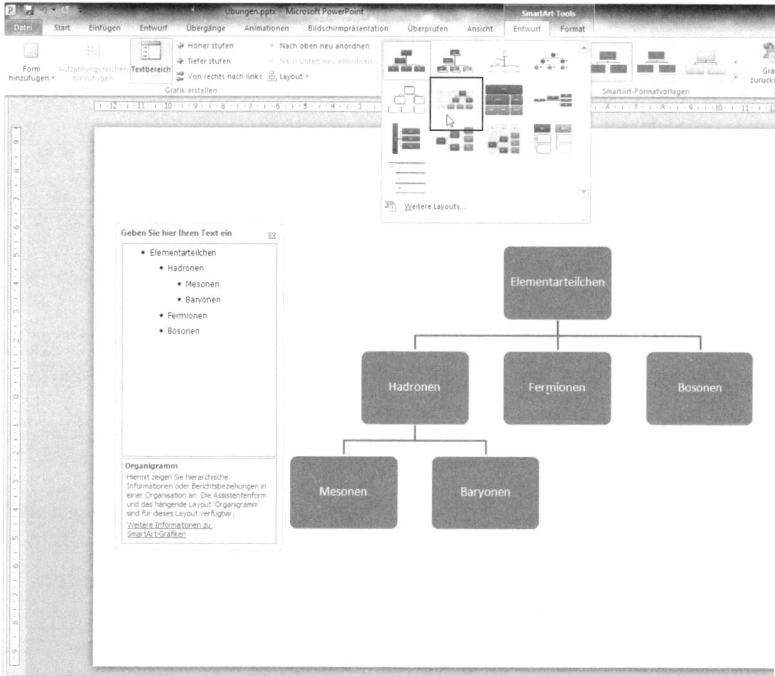

8   Nun brauchen wir unter *Baryonen* zwei neue Kästchen. Klicken Sie *Baryonen* an und wählen Sie bei *Form hinzufügen* wieder *Form darunter hinzufügen*. Wenn Sie diesen Schritt noch einmal durchführen, haben Sie zwei Kästchen. Füllen Sie sie mit den Teilchennamen *Nukleonen* und *Hyperonen* aus.

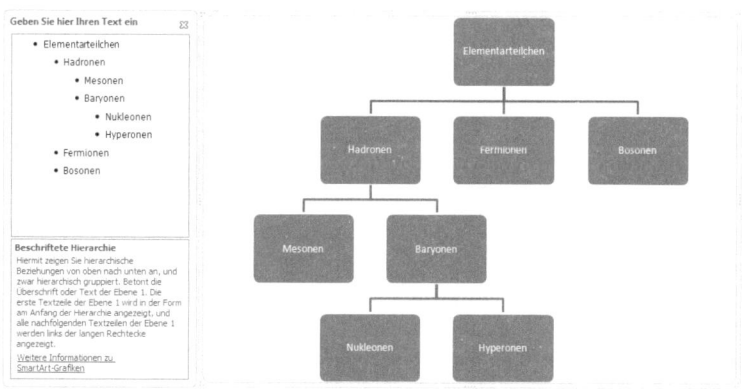

9 Nun brauchen nur noch unter *Nukleonen* zwei weitere Kästchen. Dort tragen Sie die beiden bekannten Teilchen *Protonen* und *Neutronen* ein.

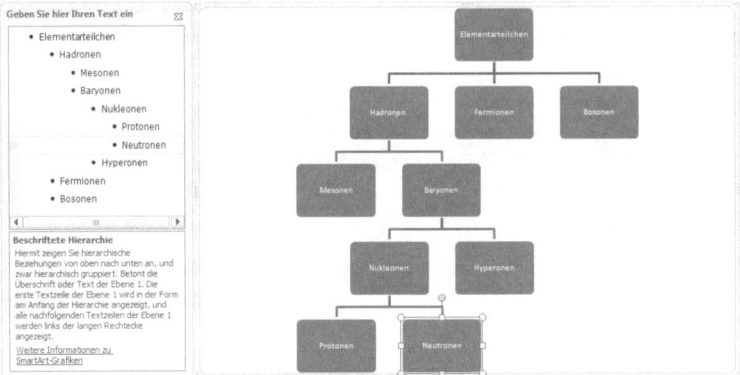

Wer möchte, kann den gesamten heute bekannten Elementarteilchen-zoo in einem solchen PowerPoint-Organigramm grafisch darstellen. Sie müssen nur die Kästchen der richtigen Hierarchieebene zuordnen.

Wem das Aussehen noch zu langweilig oder zu konservativ ist, der sollte einmal in die *SmartArt-Formatvorlagen* schauen.

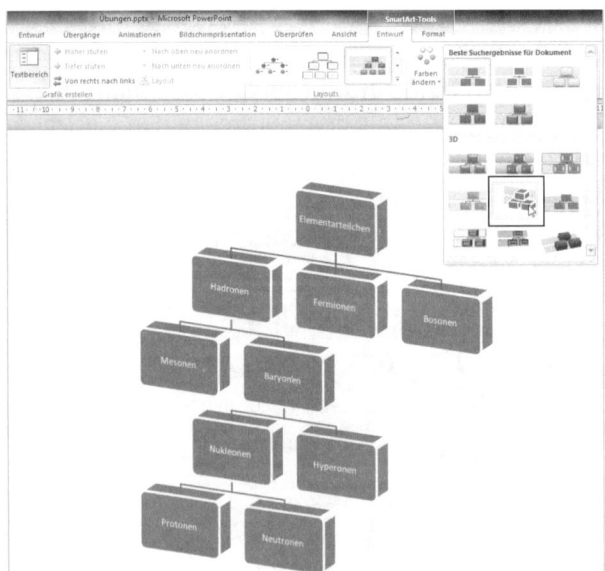

4.8 Verblüffen Sie mit eingefügten Sound- und Videoclips

In diesem Abschnitt geht es nicht darum, wie Sie einen abendfüllenden Film in Ihre Präsentation einbinden, sondern wie Sie kleine Videoclips oder Musikdateien in Ihrer Präsentation ablaufen lassen können.

Mit kleinen Videos können Sie Ihre Folien und damit Ihre gesamte Präsentation gehörig aufpeppen, aber – und jetzt kommt das große Aber – Videodateien verlangen vom Präsentationsrechner schon eine Menge Power und können Ihre Präsentation nicht unerheblich verlangsamen. Überlegen Sie also lieber zweimal, wann und ob Sie überhaupt Videodateien in Ihre Präsentation einbinden wollen.

Abspielen von Videos und Musikstücken

Das Abspielen von Video- und Musikdateien bedingt natürlich auch spezielle Abspielprogramme. In der Regel haben Sie diese sicher zu Hause auf Ihrem Rechner. In den meisten Fällen genügt dazu nämlich der Windows Media Player. Wenn Sie aber Ihre Präsentation nicht auf Ihrem Laptop haben, sondern auf CD brennen müssen, weil sie auf einem anderen Rechner abgespielt werden soll, so müssen Sie sichergehen, dass auf dem Abspielrechner auch die entsprechende Abspielsoftware vorhanden ist. Wenn Sie Video- und Musikdateien in Ihre Präsentation integriert haben, genügt PowerPoint auf dem anderen Rechner in der Regel nicht.

Sie sollten sich auch angewöhnen, vor der eigentlichen Veranstaltung die ganze Präsentation probeweise auf dem Rechner abzuspielen, auf dem dann die eigentliche Vorführung laufen soll. So ersparen Sie sich Stress und Nervosität, wenn schon 100 Teilnehmer im Saal sitzen, während Sie noch schweißgebadet versuchen, die wichtigen Videoclips in der Präsentation zum Laufen zu bringen.

Bei naturwissenschaftlichen Präsentationen können kleine Videosimulationen einen schwierigen Sachverhalt noch anschaulicher machen. Wenn es aber nur etwas sein soll, um die Zuschauer am Einschlafen während der Präsentation zu hindern, so genügt vielleicht schon ein kleines animiertes GIF-Bildchen. Solche GIF-Bildchen lassen sich wie ganz normale Bilder einbinden. Zu erkennen sind diese GIF-Bilder an der entsprechenden Dateiendung *.gif.

Das sollten Sie beim Einsatz von Videos und Musikstücken bedenken

Es tummeln sich viele Videodateiformate auf dem Markt und für jedes Format gibt es auch Abspielsoftware. Auch sollten Sie sich niemals darauf verlassen, wenn man Ihnen sagt: „Natürlich haben wir den Windows Media Player. Machen Sie sich mal keine Sorgen." Und dann erfahren Sie erst vor Ort, dass zwar tatsächlich der Media Player auf dem Abspielrechner vorhanden ist, aber eine Version aus dem „Mittelalter".

Also halten Sie sich möglichst fern von exotischen Videoformaten. MPEG- und AVI-Formate sind relativ unproblematisch und Sie sollten im Zweifelsfall andere Formate in diese Formate konvertieren.

PowerPoint ist eine Präsentationssoftware und kein Videoschnittprogramm. Spielen Sie also bitte nicht in Ihrer Präsentation den 30-minütigen IMAX-Film Ihrer Besteigung des Mount Everest ab. Da wird Ihnen PowerPoint aussteigen.

Videodateien werden nicht in die PowerPoint-Präsentation eingebunden, sondern nur verknüpft. Vergessen Sie also diese Videodateien nicht, wenn Sie Ihre Präsentation an verschiedenen Orten vorführen wollen. Und Sie müssen im gleichen Ordner liegen wie auf Ihrem Rechner zu Hause, denn PowerPoint hat sich ja nur den Pfad zum Clip gemerkt. Wenn sich der Pfad aber ändert, findet PowerPoint nichts.

Wie binden Sie Videoclips in eine Präsentation ein?

PowerPoint hat im Bordgepäck ein paar nette kleine GIF-Bilder.

1 Klicken Sie in der Registerkarte *Einfügen* ganz rechts auf *Video* und wählen Sie dann *ClipArt-Video*.

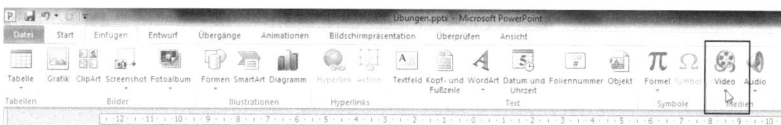

2 Sie erhalten eine kleine Auswahl von animierten GIF-Bildern. Wählen Sie eines aus.

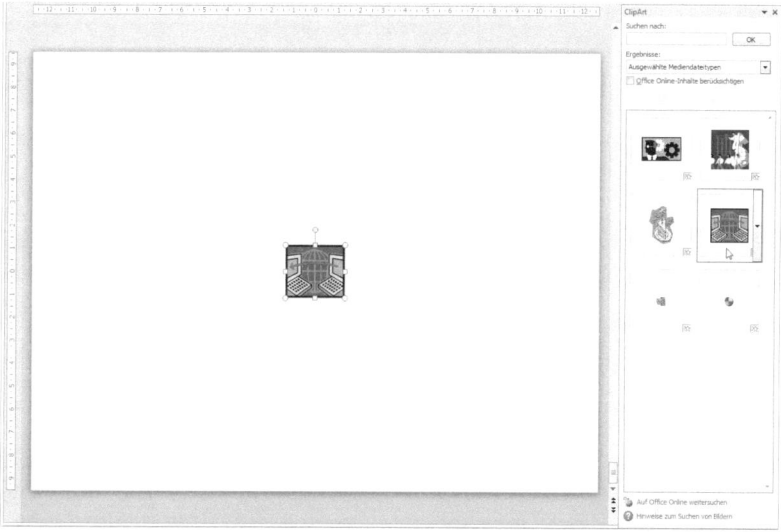

3 Das war es eigentlich schon. Sollten Sie sich nun wundern, dass sich auf dem Bild absolut nichts  tut, so liegt das daran, dass Sie animierte GIFs erst dann sehen, wenn Sie Ihre Präsentation auch gestartet haben. Sie müssen also rechts unten auf die kleine Projektionsleinwand klicken.

Ähnlich binden Sie nun auch richtige Videoclips in Ihre Präsentation ein. Es ist heute einfach, mit einer kleinen Digitalkamera eigene Videos zu machen und diese in eine Präsentation einzufügen. Wenn Sie aber einen gewissen Anspruch an die Qualität legen, sollten Sie schon eine bessere Kamera für das Video einsetzen.

1 Klicken Sie in der Registerkarte *Einfügen* ganz rechts auf *Video* und wählen Sie dann *Video aus Datei*.

2 Wählen Sie anschließend auf der Festplatte den Ordner, in dem sich Ihr Videoclip befindet, klicken Sie ihn an und bestätigen Sie dann mit *OK*.

3 Als Nächstes müssen Sie sich entscheiden, wie und wann der Film während der Präsentation vorgeführt werden soll. Soll der Film automatisch gestartet werden oder erst, wenn Sie ihn anklicken? Ihre Auswahl hängt davon ab, ob Sie zuvor noch etwas erläutern möchten oder nicht. Vielleicht möchten Sie die Zuschauer aber auch vor dem Start des Films auf eine wichtige Szene im Film aufmerksam machen. In diesen Fällen sollte der Film erst gestartet werden, wenn Sie mit Ihren Informationen fertig sind, also auf den Film geklickt haben. Es ist Ihre Entscheidung.

4 Wie der Film gestartet werden soll, wählen Sie in den *Videotools* aus. Dort haben Sie zwei Registerkarten: *Format* und *Wiedergabe*. Um die Wiedergabeoptionen zu bestimmen, klicken Sie auf *Wiedergabe*.

5 Wählen Sie nun, wie der Film beim Start der Folie abgespielt werden soll: erst wenn Sie auf das Video klicken oder automatisch, wenn die Folie erscheint.

6 Starten Sie Ihre Präsentation und schauen Sie es sich an.

Sie sehen an den Markierungspunkten, dass Sie den Film auch skalieren können. Aber vergessen Sie nicht, dass dadurch die Darstellungsqualität beeinflusst wird.

Die Wiedergabe des Films anpassen

Nachdem Sie den Film mit einem Klick markiert haben, erscheint über der Multifunktionsleiste die Schaltfläche für die *Videotools*.

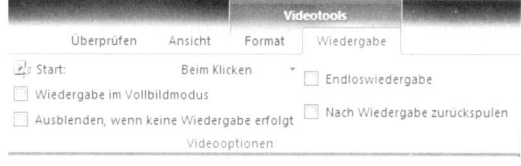

Befehl	Beschreibung
Endloswiedergabe	Wenn Sie diffizile Simulationen zeigen, ist es manchmal nötig, den Film mehrmals anzuschauen, um den Vorgang wirklich sehen zu können. Mit dieser Schaltfläche führt PowerPoint den Film so lange vor, bis Sie zur nächsten Folie gehen.
Nach Wiedergabe zurückspulen	Damit wird der Film ein einziges Mal abgespielt. Danach wird auf das erste Filmbild gesprungen und der Film wird angehalten.

Befehl	Beschreibung
Wiedergabe im Vollbildmodus	Hiermit wird der Film bildschirmfüllend vorgeführt. Mit der Esc-Taste kommen Sie aus dem Vollbildmodus wieder zurück. Sie sollten diesen Modus aber nur wählen, wenn Ihr Film in einer entsprechend hohen Auflösung vorliegt. Ansonsten wird er für die Zuschauen zum Martyrium.

Musik in eine Präsentation einbinden

Ähnlich wie einen Videoclip können Sie auch Musik- und andere Soundstücke in Ihre Präsentation einbinden. Nehmen wir an, Sie erklären das akustische Phänomen der Schwebung und haben folgende Folie vorbereitet:

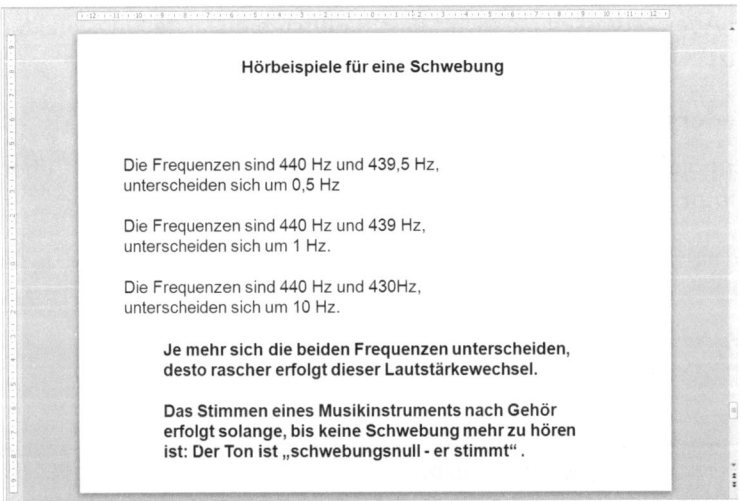

Nun wäre es sicher für die Zuschauer erhellend, wenn sie auch die entsprechenden Tonbeispiele hören könnten.

1 Klicken Sie in der Registerkarte *Einfügen* ganz rechts auf *Audio* und wählen Sie dann zunächst *Audio aus Datei*.

2 Wählen Sie nun auf der Festplatte den Ordner, in dem sich Ihre Audiodatei befindet, klicken Sie sie an und bestätigen Sie dann mit *OK*.

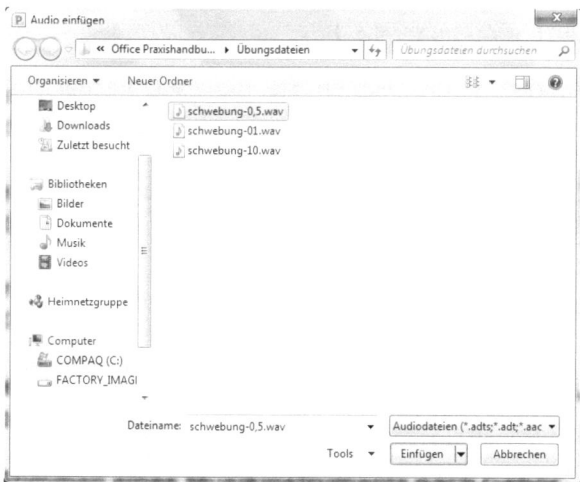

3 PowerPoint hat nun in der Mitte Ihrer Folie ein Lautsprechersymbol abgelegt. Schieben Sie das Symbol an die richtige Stelle auf Ihrer Folie.

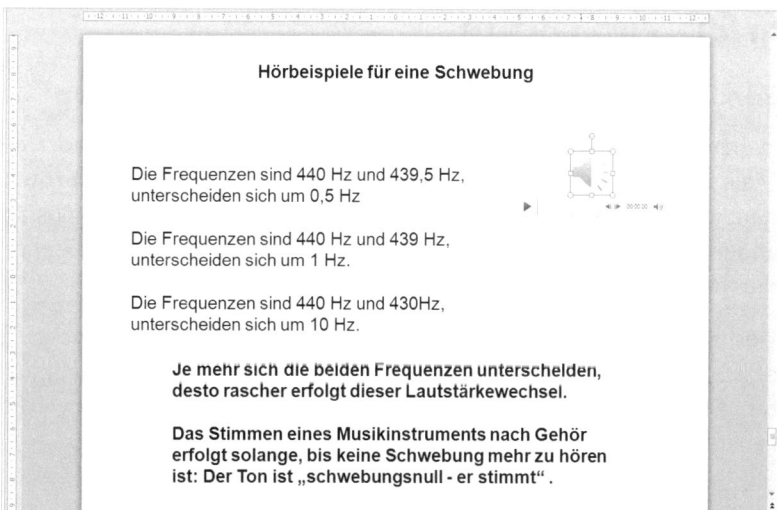

Auf die gleiche Weise binden Sie auch die anderen Audiodateien ein. Aber Vorsicht: PowerPoint wird Ihnen bei allen Audiodateien nur ein schnödes Lautsprechersymbol zeigen. Sie können nicht entscheiden, welcher Ton nun zu welcher Audiodatei gehört.

Bei der Bildschirmpräsentation werden Sie die Lautsprechersymbole ebenfalls sehen. Das ist in diesem Fall aber auch richtig, denn Sie werden den Ton erst abspielen wollen, wenn Sie vorher noch etwas erläutert haben. Der Ton sollte also erst zum Abspielen kommen, wenn Sie klicken. Das müssen Sie jetzt ebenfalls noch angeben.

Klicken Sie einfach Ihr entsprechendes Lautsprechersymbol an und wählen Sie bei *Audiotools* die Registerkarte *Wiedergabe*.

4.9 Jetzt wird es ernst: damit die Präsentation erfolgreich abläuft

Sortieren und Löschen der Folien einer Präsentation

Haben Sie Ihre Präsentation fertig, so sollten Sie sie natürlich noch einige Male überprüfen, um festzustellen, ob das Ganze auch einen roten Faden hat oder ob die Folien mehr oder weniger zusammenhanglos aneinandergereiht sind. Das aber kann beim Erstellen einer Präsentation durchaus passieren.

Deshalb sollten Sie zum Schluss, bevor Sie die eigentlichen Showeffekte erzeugen, die Reihenfolge Ihrer Folien als Gesamtschau einmal betrachten. Dazu dient die *Foliensortierung* rechts unten in Ihrem PowerPoint-Fenster.

Klicken Sie darauf und Sie erhalten eine Übersicht aller Ihrer Folien.

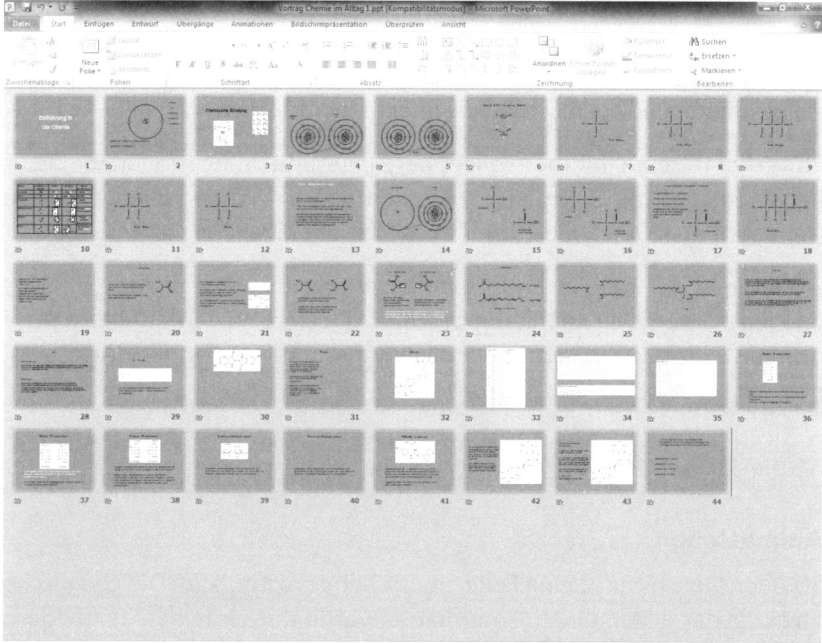

In dieser Ansicht können Sie die Reihenfolge der Folien jederzeit korrigieren. Sie brauchen nur die Folie, die Sie an einen anderen Platz schieben wollen, mit der Maus dorthin zu schieben.

Hier können Sie Folien auch sehr schnell löschen: einfach in der Foliensortierung auf eine Folie klicken und auf die Entf-Taste drücken. Sollten Sie einmal eine Folie versehentlich ge-  löscht haben oder haben Sie aus Versehen ein Objekt auf Ihrer Folie gelöscht, können Sie es mit *Rückgängig* wieder zurückholen. Alternativ funktioniert auch die Tastenkombination Strg+Z.

Wenn Sie dann mit der Reihenfolge zufrieden sind, gehen Sie zurück zu einer bestimmten Folie, indem Sie diese doppelt anklicken. Alternativ können Sie auch den entsprechenden Befehl unten rechts anklicken.

Die Show – Folienübergänge und Animationen einsetzen

Wenn Sie mit einem Overheadprojektor arbeiten, dann war es das schon. Sie müssen Ihre Präsentation nur noch auf Folien ausdrucken. Professioneller wirkt es aber, wenn Sie einen Beamer benutzen. Nur damit können Sie noch ein paar nette und beeindruckende Effekte für die Folien erzeugen.

PowerPoint kennt hierbei Folienübergänge und Animationen. Folienübergänge sind die Übergänge zwischen den einzelnen Folien. Mit den Animationen können Sie einzelne Objekte auf einer Folie animieren.

Die Menge der möglichen Effekte birgt aber die Gefahr, dass Sie alles und jedes irgendwie animieren möchten. Doch dann wird Ihre Präsentation ein einziges Zucken und Rollen, Aus- und Einblenden. Also auch hier: Weniger ist oftmals mehr.

Doch solche Animationen, sparsam eingesetzt, können eine durchaus sehr didaktische Präsentation bedeuten. Beginnen wir also mit den Animationen.

Animationen

Schauen wir uns dazu eine Folie eines Chemievortrags an. Die chemische Struktur der allgemeinen Aminosäure wurde mit einzelnen Textfeldern und ganz normalen Strichen erzeugt. Als die Struktur fertig war, wurde sie gruppiert.

Zur besseren Veranschaulichung wurden auf der Folie alle farbigen Hintergründe entfernt. Würde eine solche Folie „in einem Zug" auf die Leinwand projiziert, würde das viele Zuhörer ziemlich verwirren. Einige würden vielleicht schon versuchen, die Zusammenhänge der farbig unterlegten Elemente zu ergründen, andere beginnen zu lesen. Eines haben aber alle Zuhörer gemeinsam: Kaum einer wird Ihnen noch zuhören.

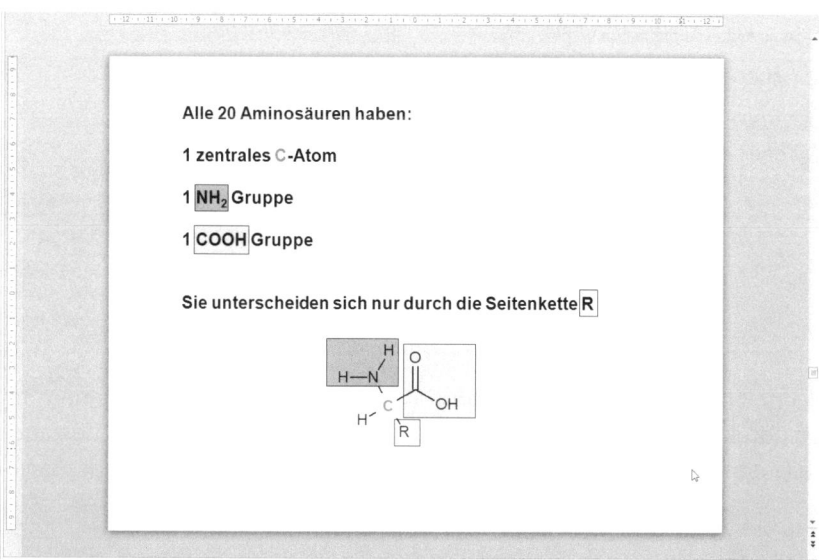

Es ist also besser, die einzelnen Elemente der Folie auch einzeln erscheinen zu lassen, und zwar genau dann, wenn Sie über diesen Punkt sprechen.

So könnte man die allgemeine Formel einer Aminosäure den Zuschauern von vornherein schon mal zeigen.

Alle 20 Aminosäuren haben:

Danach lassen Sie die Bestandteile einer Aminosäure einzeln einblenden:

Alle 20 Aminosäuren haben:

1 zentrales C-Atom

1 NH₂ Gruppe

1 COOH Gruppe

Sie unterscheiden sich nur durch die Seitenkette R

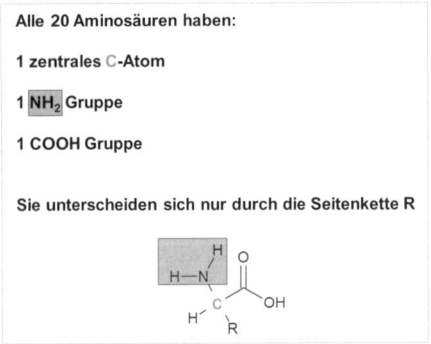

Wenn alle Textelemente zu sehen sind, unterlegen Sie die einzelnen Bestandteile noch farblich, sodass der Zuschauer die textlichen Bestandteile den Elementen der Formel zuordnen kann:

Alle 20 Aminosäuren haben:

1 zentrales C-Atom

1 NH₂ Gruppe

1 COOH Gruppe

Sie unterscheiden sich nur durch die Seitenkette R

Wie machen Sie das?

1 Die Texte sind in einem Textfeld angeordnet. Klicken Sie also zunächst einmal auf den Rahmen dieses Textfeldes und dann auf die Registerkarte *Animationen* und wählen Sie dort in der Gruppe *Animationen* einen der Effekte aus. Am besten sehen Sie die einzelnen Effekte, wenn Sie mit der Maus, ohne zu klicken, auf einen der Effekte zeigen. In Echtzeit wird Ihnen dann gezeigt, was dieser Effekt macht. Leider ist die Kunst des Buchdrucks noch nicht so weit fortgeschritten, um Ihnen alle die möglichen Effekte hier im Buch abzubilden. Sie müssen sich das Ganze also schon am Computer anschauen. Für Texte ist aber das *Einfliegen* eine recht nette Sache.

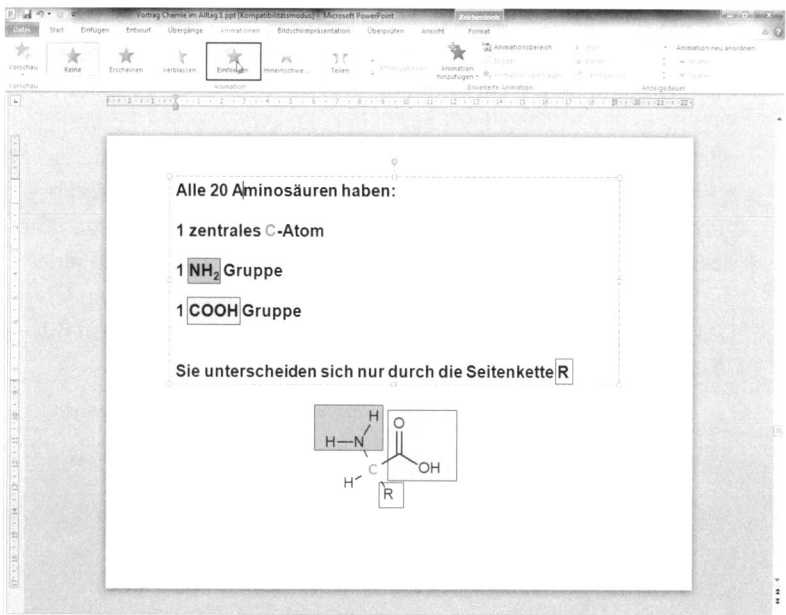

2 Sollte Ihnen von diesen Animationen keine gefallen, klicken Sie auf *Weitere* und Sie erhalten noch ein paar nette Möglichkeiten.

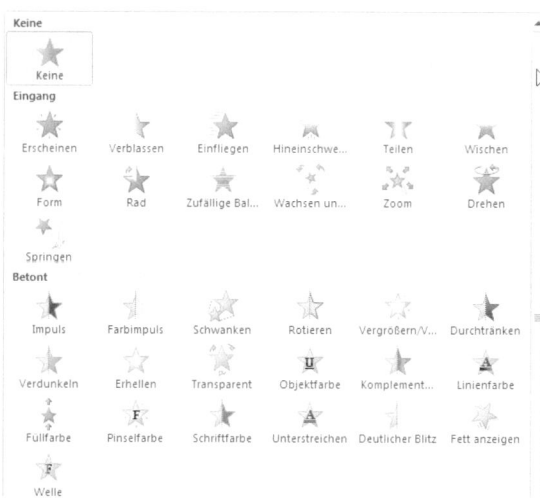

3 Wählen Sie für das Textfeld *Einfliegen*. Wenn Sie nun Ihre Präsentation zum Test starten, werden Sie sehen, dass alle fünf Zeilen des Textes gemeinsam einfliegen. Das war so aber nicht gewollt. Sie sollten Satz für Satz nach einem Mausklick einfliegen. Das müssen wir PowerPoint nun noch mitteilen. Klicken Sie dazu in der Multifunktionsleiste auf *Effektoptionen* und wählen Sie, von welcher Seite die einzelnen Sätze einfliegen sollen. In einem zweiten Schritt in diesem Menü legen Sie fest, dass *Nach Absatz* die Texte einfliegen sollen, d. h., da nach jedem Satz die Enter-Taste gedrückt wurde, wird nun jeder Satz einzeln einfliegen. Das müssen Sie leider am Bildschirm ausprobieren, in einem Buch geht so etwas noch nicht.

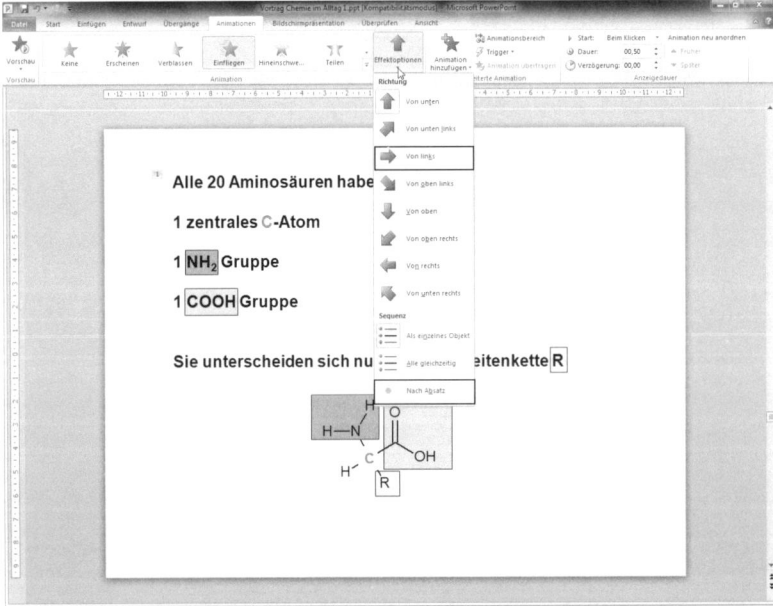

4 Nun haben die einzelnen Sätze kleine Nummern bekommen. Diese Nummern geben an, in welcher Reihenfolge die einzelnen Sätze auf dem Bildschirm erscheinen. Sie werden bei der Präsentation natürlich nicht gezeigt.

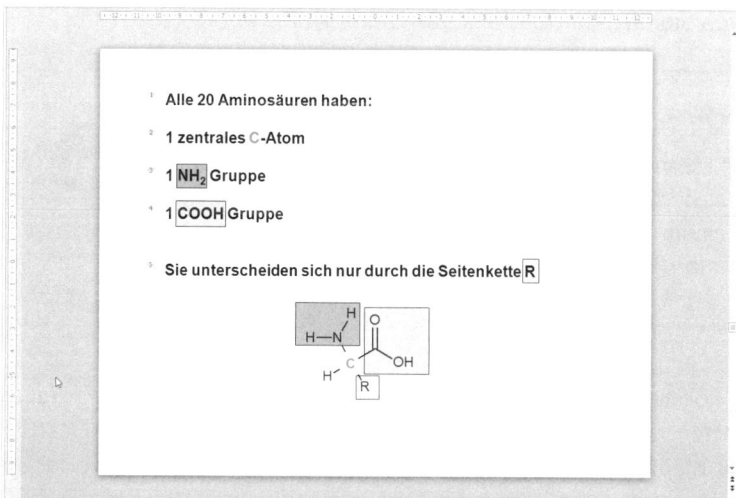

5 Als Nächstes markieren Sie eines der Kästchen und lassen es vielleicht durch *Verblassen* erscheinen. Denken Sie daran, dass Kästchen, die zusammengehören, auch nacheinander eingeblendet werden sollen. Wenn Sie in dieser Weise alle Kästchen animiert haben, hat jedes Objekt auf Ihrer Folie eine kleine Nummer bekommen.

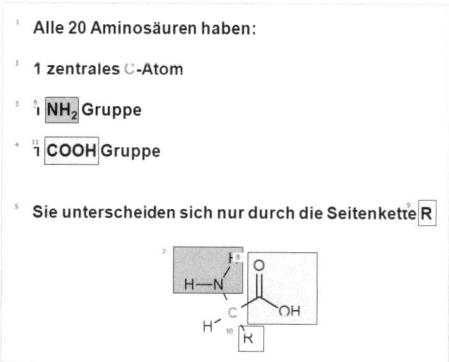

Wenn Sie sich die Nummern einmal in der Reihenfolge anschauen, sehen Sie, dass Kästchen Nummer 8 und danach Kästchen 9 erscheint. Nach Kästchen 8 sollte aber besser Kästchen 11 kommen. Sie müssten also die Reihenfolge der Objekterscheinung nachträglich ändern. Kästchen 11 sollte also besser Kästchen 9 werden.

Klicken Sie die Nummer des Kästchens 11 an.

Objekt anklicken

Klicken Sie die entsprechende Nummer des Objekts an, nicht das Objekt selbst. Wenn das Objekt nämlich hinter einem anderen Objekt liegt, werden Sie Schwierigkeiten haben, es anzuklicken. Die Nummern sind aber immer im Vordergrund.

Nun können Sie rechts oben im Fenster in der Gruppe *Anzeigedauer* das Kästchen auf eine frühere oder spätere Position schieben. Das Objekt selbst bleibt natürlich an Ort und Stelle, es wird nur früher oder später eingeblendet.

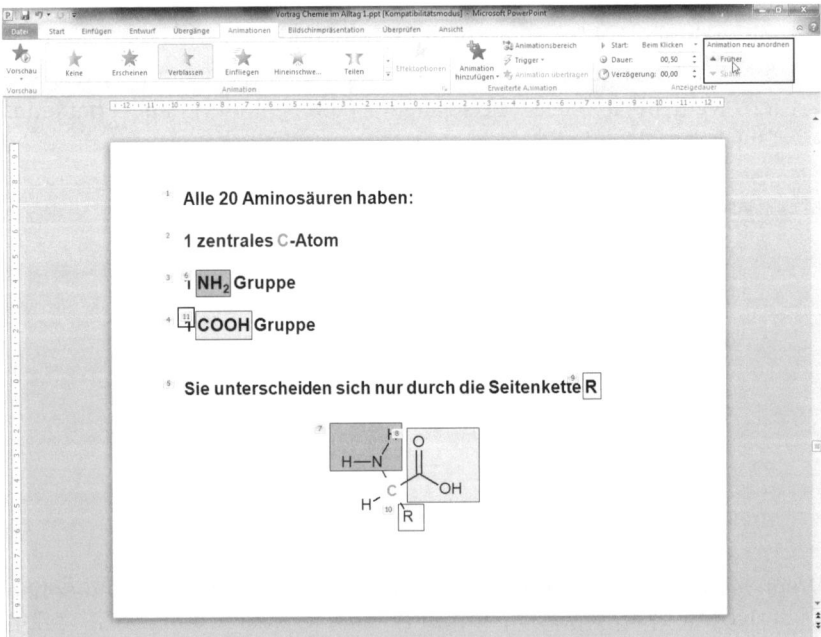

So können Sie die Reihenfolge aller animierten Objekte verändern. Kontrollieren Sie sie immer wieder, indem Sie die Präsentation starten. Mit der [Esc]-Taste können Sie jede Präsentation vorzeitig beenden.

Folienübergänge

Eine andere Möglichkeit, mehr Leben in Ihre Präsentation zu bringen, sind Folienübergänge, also die Art und Weise, wie PowerPoint eine alte Folie entfernen und eine neue erscheinen lassen soll.

1   Dazu gehen Sie wieder in Ihre Foliensortierung und klicken auf die Folie, für die Sie einen Übergang festlegen möchten.

2   Wählen Sie dann die Registerkarte *Übergänge*.

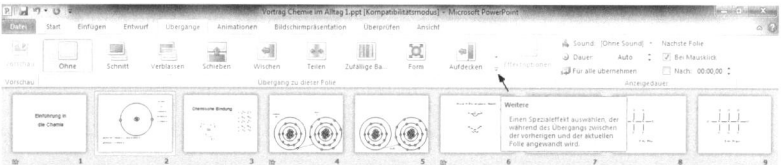

3   Im Bereich *Übergänge zu dieser Folie* haben Sie nun eine Fülle von Übergängen und Sie haben wieder einmal die Qual der Wahl. Auch hier müssen Sie halt testen, welcher Übergang zu welcher Folie am besten ist. Sagen Ihnen alle Übergänge in der Multifunktionsleiste nicht zu, klicken Sie auf *Weitere*.

4   Haben Sie sich für einen Übergang entschieden, können Sie bei *Effektoptionen* noch festlegen, von welcher Seite der Übergang erfolgen soll. Soll also die Folie von links, rechts, oben oder unten eigeblendet werden?

In der Gruppe *Anzeigedauer* können Sie weitere Entscheidungen fällen. Die folgende Tabelle gibt einen Überblick über die verschiedenen Möglichkeiten.

Symbol	Was es bedeutet
Dauer: 01,00	Gibt die Dauer des Folienübergangs an. Je größer die Zahl, desto langsamer wird der Übergang sein.
Für alle übernehmen	Der gewählte Übergang wird für alle Folien Ihrer Präsentation übernommen.
Nächste Folie Bei Mausklick Nach: 00:00,00	Hier legen Sie fest, ob die nächste Folie erst mit dem nächsten Mausklick erscheinen soll oder automatisch nach einer bestimmten Zeit. Bei Präsentationen mit Vortrag sollte hier immer *Bei Mausklick* gewählt werden.
Sound: [Ohne Sound]	Zum Aufwecken Ihrer Zuhörer können Sie die neue Folie u. a. mit einem Trommelwirbel oder einem Applaus einblenden lassen. Klicken Sie auf das Dreieck und entscheiden Sie selbst. Sie können dafür aber auch jede andere WAV-Datei nehmen.

So schön diese verschiedenen Übergänge sind, Sie sollten sich trotzdem viele Gedanken darüber machen, denn nichts ist schlimmer als Übergänge, die nicht zueinander passen.

Oft liest man in Büchern, dass Sie nicht allzu viele verschiedene Übergänge in Ihre Präsentation einbinden sollen. Besser wäre es, sich auf einen, höchstens zwei verschiedene Übergänge zu beschränken. Diese Einschränkung halten wir nicht für sinnvoll, denn man sollte auch hier die Präsentation der Zielgruppe anpassen. Die Präsentation einer neu eröffneten Disco vor dem entsprechenden Publikum darf sicher etwas poppiger werden als eine Präsentation zu neuen Verfahren der Virenanalyse auf dem nächsten Medizinerkongress.

Wenn Sie Ihre Präsentation nun für den Stand einer Ausstellung erstellt haben, so ist es durchaus sinnvoll, eine solche Präsentation den ganzen Tag, also quasi endlos, ablaufen zu lassen. Dazu klicken Sie auf die Registerkarte *Bildschirmpräsentation* und wählen *Bildschirmpräsentation einrichten*.

Nun setzen Sie im Bereich *Optionen anzeigen* durch einen Klick ein Häkchen bei *Wiederholen, bis "Esc" gedrückt wird*.

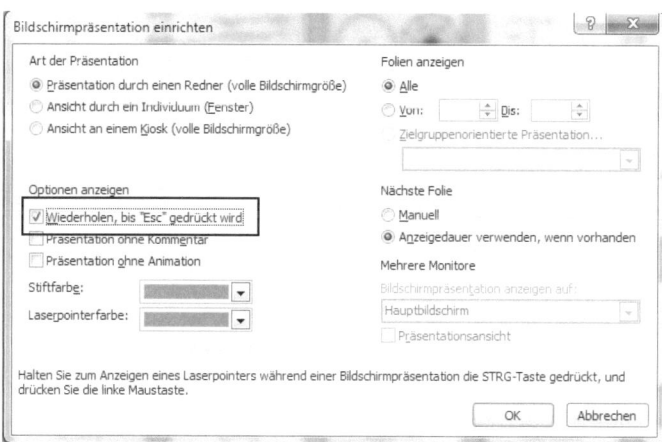

Damit veranlassen Sie PowerPoint, Ihre Präsentation so lange endlos vorzuführen, bis Sie durch Drücken der [Esc]-Taste dem ganzen Spuk ein Ende setzen.

Denken Sie daran, Ihre Präsentation startet erst durch einen Klick auf den kleinen Projektionsschirm.

4.10 Wichtige Hilfsmittel für eine erfolgreiche Präsentation

Um eine PowerPoint-Präsentation vor einem größeren Publikum vorzu-führen, bedarf es einiger zusätzlicher Geräte. Da Overheadprojektoren nur für das Zeigen einzelner Folien geeignet sind, sollen diese hier nicht besprochen werden.

Dass ein Beamer unerlässlich ist, ist sicher kein großes Geheimnis. Wenn Sie einen Laptop an einen Beamer anschließen, können Sie beispiels-weise die Folien über den Beamer dem Publikum vorführen, während Sie gleichzeitig die Notizseite Ihrer Folien im Auge behalten können. Wie das im Einzelnen geht, möchten wir Ihnen in diesem Abschnitt zeigen.

Doch wie blättern Sie von einer Folie auf eine andere? Mit der Maus natür-lich. Damit kleben Sie aber immer in der Nähe Ihres Laptops. Eine Präsenta-tion wirkt aber viel persönlicher, wenn Sie in der Nähe des Publikums sind.

Was sind Presenter?

Stellen Sie sich vor, Ihr Laptop muss projektionsbedingt an einem Ende des Raums sein, während Sie am anderen Ende vortragen. Wie blättern Sie zur nächsten Folie?

Eine Funkmaus ist hier nicht geeignet, denn Mäuse brauchen eine Unterlage. Und einem guten Freund oder einem Mitarbeiter ständig zuzurufen: „Bitte die nächste Folie", wirkt unprofessionell.

Für solche Zwecke hat die Firma Logitech den Presenter entwickelt. Mit diesem Gerät können Sie bis zu 30 Meter von Ihrem Laptop entfernt sein und trotzdem auf Knopfdruck zur nächsten Folie oder auch zurückblättern.

Das Gerät besitzt eine USB-Empfangsstation, die Sie einfach in eine USB-Schnittstelle an Ihrem Laptop stecken. Sie benötigen keine Installationssoftware.

Mit dem Sender in der Hand können Sie sich dann frei im Raum bewegen. Durch einen integrierten Laserpointer können Sie von jeder beliebigen Stelle des Vorführraums auf einen wichtigen Bereich Ihrer Präsentation zeigen.

Mit dem Beamer arbeiten

An dieser Stelle sollen weder Beamer erläutert oder getestet noch Minimalanforderungen besprochen werden, sondern es geht in diesem Abschnitt ausschließlich um den Einsatz eines Beamers während der Präsentation.

Verschweigen möchten wir an dieser Stelle aber auch nicht, dass Sie einen fremden Beamer wenn möglich einen Tag vor der eigentlichen Präsentation mit Ihrem Laptop zusammen testen sollten. Es wäre nicht das erste Mal, wenn auf Ihrem Laptop alles funktioniert, nur der Beamer findet nach dem Anschließen an den Loptop diesen nicht. Das kostet Nerven, selbst wenn Sie einen guten Geist neben sich haben, der versucht, den Fehler zu finden. Letztendlich sind Sie es, der dem Publikum erklären muss, warum Sie noch nicht anfangen können.

Ein Beamer wird in PowerPoint behandelt wie ein zweiter Bildschirm. Wenn Sie keinen Beamer haben, können Sie auch einen zweiten Bildschirm an Ihren Computer anschließen. Dieser muss jedoch über zwei Bildschirmeingänge verfügen. Moderne Grafikkarten können einen zweiten Bildschirm steuern, haben also zwei Bildschirmeingänge. In der Regel wird es aber leider nicht so sein, dass zwei VGA-Eingänge vorhanden sind. Wahrscheinlich brauchen Sie dann nur einen Adapter für den VGA-Anschluss Ihres zweiten Monitors.

Aber hier gehen wir einmal davon aus, dass Sie Ihren Laptop für die Präsentation benutzen und ein Laptop hat einen separaten VGA-Anschluss. Schließen Sie also den zweiten Monitor oder den Beamer an diesen Anschluss an. Windows Vista und Windows 7 erkennen den zweiten Bildschirm, besonders dann, wenn Sie zuerst den Bildschirm/Beamer anschließen und erst dann den Laptop hochfahren.

Öffnen Sie in der Systemsteuerung unter *Darstellung und Anpassung* die Funktion *Bildschirmauflösung anpassen*.

Hier finden Sie zwei Bildschirme, jeder mit einer Nummer versehen. Durch Klicken auf einen der beiden Bildschirme können Sie dann die Auflösung dieses Bildschirms einstellen. So können Sie Ihren Laptop und den Beamer mit einer anderen Auflösung benutzen. Durch einen Klick auf *OK* bestätigen Sie dann Ihre Einstellungen.

1   Als Nächstes starten Sie Ihre Präsentation in PowerPoint. Gehen Sie auf die Registerkarte *Bildschirmpräsentation*. Dort sehen Sie rechts die Gruppe *Bildschirme*. Hier klicken Sie auf das kleine Dreieck und wählen das Gerät aus, auf dem die Bildschirmpräsentation gezeigt werden soll. Es ist das Gerät, auf dem die Zuschauer die Präsentation sehen sollen. In der Regel ist das der Beamer.

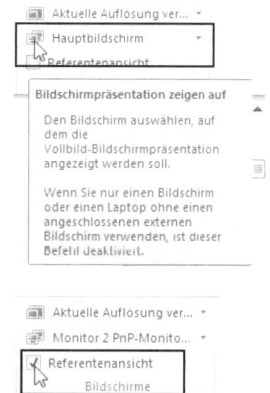

2   Vergessen Sie nicht, das Häkchen bei *Referentenansicht* zu setzen.

3 Alternativ können Sie diese Einstellungen auch in der Registerkarte *Bildschirmpräsentation* bei *Einrichten* und dort *Bildschirmpräsentation einrichten* vornehmen.

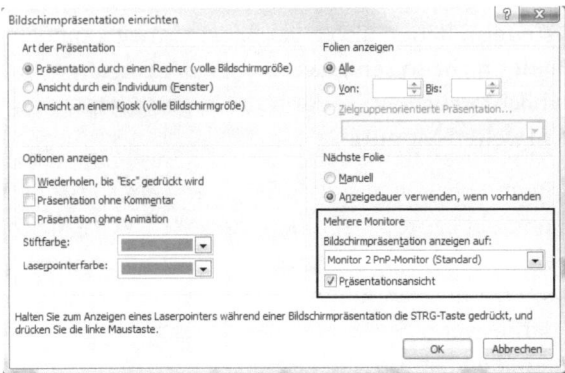

4 Nun müssen Sie noch Ihre Präsentation starten. Die Zuschauer sehen jetzt nur die Folie, während Sie folgende Abbildung vor sich haben. Auf der linken Seite Ihres Bildschirms sehen Sie die Folie, die die Zuschauer sehen, und auf der rechten Seite sehen Sie Ihre Notizen. Die aber sehen die Zuschauer nicht.

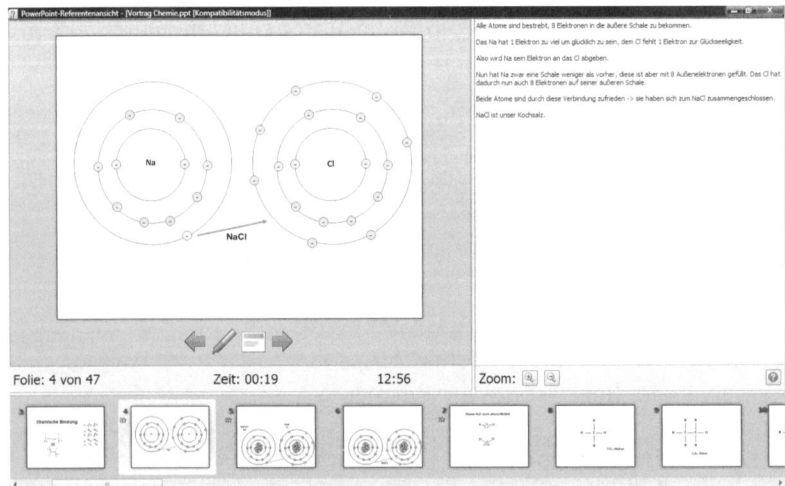

5 Natürlich funktioniert auch bei einer solchen Konstellation aus Bildschirm und Beamer der Presenter hervorragend.

4.11 Das Drucken der Präsentation

Die schnellste Möglichkeit, Ihre gesamte Präsenta- 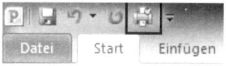 tion zu drucken, ist ein simpler Klick auf das Druckersymbol. Hierbei wählt PowerPoint den als Standard ausgewählten Drucker und druckt die gesamte Präsentation.

Sollten Sie das Druckersymbol noch nicht in Ihrer Schnellzugriffsleiste haben, klicken Sie oben in der Leiste auf das Dreieck. Wählen Sie nun den Befehl *Schnelldruck*.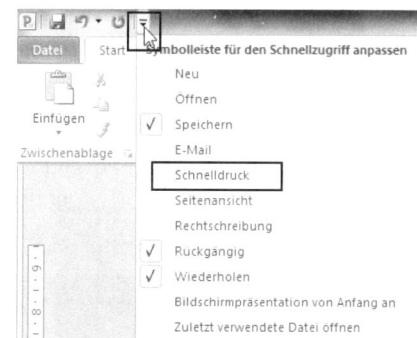

Wenn Sie aber doch einen etwas individuelleren Ausdruck brauchen, so wählen Sie das *Datei*-Menü und darin den Befehl *Drucken*.

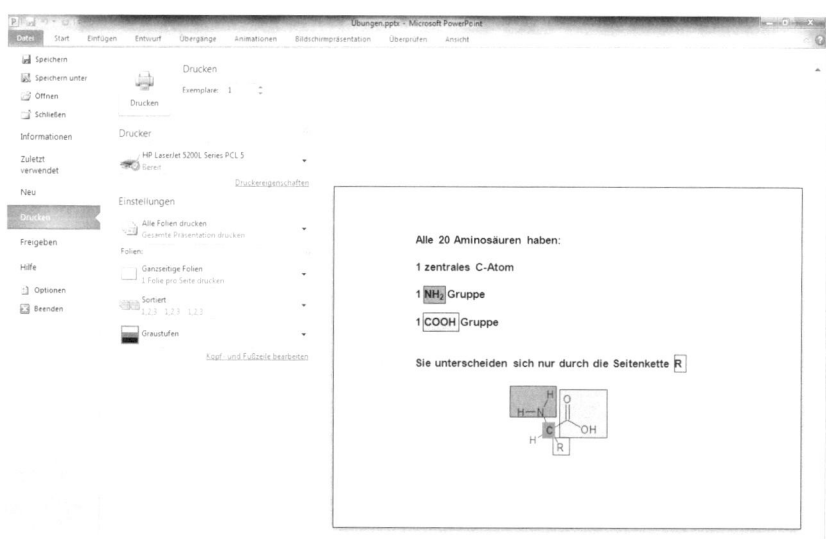

Hierbei können Sie entscheiden, ob Sie die aktuelle Folie oder bestimmte Foliennummern drucken möchten. Die Nummern der Folien geben Sie im Bereich *Folien* ein. Hierbei müssen die einzelnen Folien aber keine Foliennummerierung bekommen haben.

Symbol	Bedeutung
Alle Folien drucken Gesamte Präsentation drucken Folien:	Hier entscheiden Sie, ob Sie alle Folien oder nur einige ausdrucken möchten. Bei *Folien* tragen Sie die Nummern der Folien ein, die Sie ausdrucken möchten. Diese Nummern müssen mit Semikolon getrennt werden. Beispiel: *1;5;13;17*
Ganzseitige Folien 1 Folie pro Seite drucken Drucklayout Ganzseitige Folien Notizenseiten Gliederung Handzettel 1 Folie 2 Folien 3 Folien 4 Folien horizontal 6 Folien horizontal 9 Folien horizontal 4 Folien vertikal 6 Folien vertikal 9 Folien vertikal Folienrahmen Auf Seitenformat skalieren Hohe Qualität Kommentare und Freihandmarkierungen drucken	Hier definieren Sie, wie viele Folien Sie auf einer DIN-A4-Seite haben wollen. Hier legen Sie die Handzettel fest und entscheiden, ob und durch welchen *Folienrahmen* die Folien auf dem DIN-A4-Blatt getrennt werden sollen.
Sortiert 1,2,3 1,2,3 1,2,3 Sortiert 1,2,3 1,2,3 1,2,3 Getrennt 1,1,1 2,2,2 3,3,3	Hier legen Sie fest, in welcher Reihenfolge die einzelnen Folien bei mehreren Exemplaren gedruckt werden sollen. Nehmen wir an, Sie möchten die Präsentation zehn Mal drucken. Soll erst zehn Mal die erste Seite, dann zehn Mal die zweite Seite usw. gedruckt werden oder sollen alle Folien ein Mal, dann alle Folien noch ein Mal usw. gedruckt werden?
Graustufen Farbe Graustufen Reines Schwarzweiß	Eine farbige Präsentation auf einem Schwarz-Weiß-Drucker auszudrucken, wirkt nicht besonders schön. Besser ist es, hier *Reines Schwarzweiß* auszuwählen. Das gilt natürlich nur für den Ausdruck, die Präsentation bleibt farbig.
Drucken	Wenn alle Einstellungen stimmen, führt ein Klick hierauf zum Druck.

5. Clever mailen, planen & managen mit Outlook und OneNote

Auch in Version 14 bietet Microsoft Outlook eine solide und leicht zu handhabende Möglichkeit, der täglichen Informations- und E-Mail-Flut Herr zu werden. Umsteiger von Outlook 2007 werden die neuen und verbesserten Tools zu schätzen wissen. Aber auch für Einsteiger liefert Outlook einen schnellen Start für eine einfache Bedienung. Mit der überarbeiteten Benutzeroberfläche und einer noch besseren Suchfunktion, der Verbindung zu sozialen Netzwerken wie Facebook oder Xing und sogenannten QuickSteps erreichen Sie schnellere und bessere Ergebnisse im Alltag und können so alle gesammelten Informationen in einer einheitlichen Oberfläche verwalten.

5.1 Outlook: erste wichtige Schritte für Ein- und Umsteiger

Der erste Start: E-Mail-Konto in fünf Minuten einrichten

Sollten Sie bereits früher Outlook auf Ihrem PC benutzt haben, wird Outlook Ihre E-Mails, Kontakte und Termine automatisch übernehmen. Wenn Sie Outlook zum ersten Mal benutzen, startet Outlook 2010 mit dem Start-Assistenten, der Ihnen eine einfache Konfiguration für Ihr E-Mail-Konto ermöglicht. Sie können diesen Schritt jedoch auch überspringen und Ihr E-Mail-Konto zu einem späteren Zeitpunkt einrichten.

Wenn Sie die Servereinstellungen Ihres E-Mail-Anbieters nicht kennen, bietet Ihnen Outlook eine automatische Konfiguration des E-Mail-Kontos an. In der Regel erhalten Sie jedoch von Ihrem E-Mail Anbieter die genauen Zugangsdaten und Einstellungen, wie beispielsweise Posteingangs- oder Postausgangsserver. In diesem Fall wählen Sie die Option *Servereinstellungen oder zusätzliche Servertypen manuell konfigurieren* und klicken auf *Weiter*. Tragen Sie alle notwendigen Daten im darauf erscheinenden Dialog ein. Um sicherzustellen, dass Ihre Einstellungen korrekt sind, empfehlen wir Ihnen die Option *Kontoeinstellungen testen*.

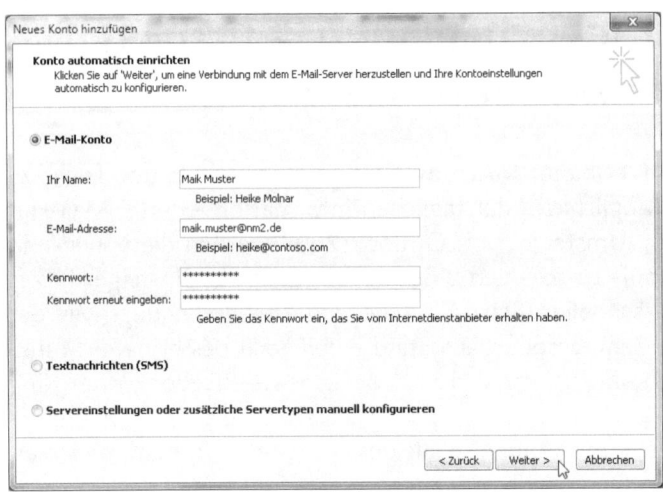

Am Postausgangsserver anmelden

Bei vielen E-Mail-Anbietern müssen Sie sich mittlerweile auch vor dem Senden von E-Mails am Server anmelden. Unter *Weitere Einstellungen/Postausgangsserver* müssen Sie hierzu ein Häkchen bei der Option *Der Postausgangsserver (SMTP) erfordert Authentifizierung* setzen.

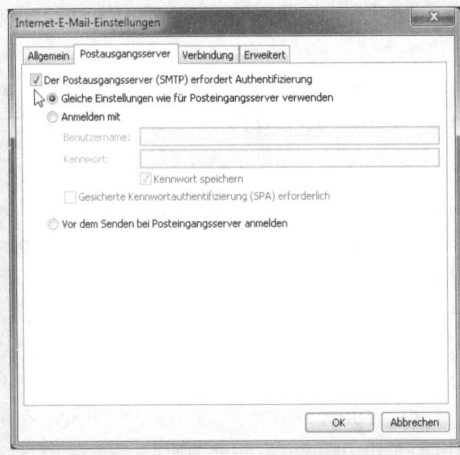

Das hinzugefügte E-Mail-Konto finden Sie in Outlook 2010 im Menüband unter *Datei/Informationen*. Hier haben Sie ebenfalls die Möglichkeit, weitere E-Mail-Konten hinzuzufügen oder bestehende Konten zu verändern. Im weiteren Verlauf dieses Kapitels erklären wir Ihnen Schritt für Schritt auch die Einrichtung anderer Arten von E-Mail-Konten.

POP3 oder IMAP?

Das gängigste Protokoll zum Abrufen von E-Mails ist POP3 (Post Office Protocol Version 3). Der Vorteil von POP3 besteht darin, dass keine ständige Verbindung zum Mailserver bestehen muss, sondern bei Bedarf vom E-Mail-Programm aufgebaut und wieder beendet wird. Die meisten E-Mail-Anbieter unterstützen POP3, aber auch ein anderes Verbindungsprotokoll kommt immer häufiger zum Einsatz: IMAP. Beim Internet Message Access Protocol verbleiben die E-Mails in der Regel in einer Ordnerstruktur auf dem E-Mail-Server. Sinn und Zweck ist es, den Zugriff auf E-Mails so bereitzustellen, als wenn diese sich auf Ihrem lokalen PC befänden. Der Vorteil ist hierbei vor allem bei mobilen Arbeitsplätzen zu sehen. Die jeweiligen E-Mails können von jedem Punkt der Welt aus, zum Beispiel auch über ein Mobiltelefon, abgerufen werden und verbleiben auf dem Server.

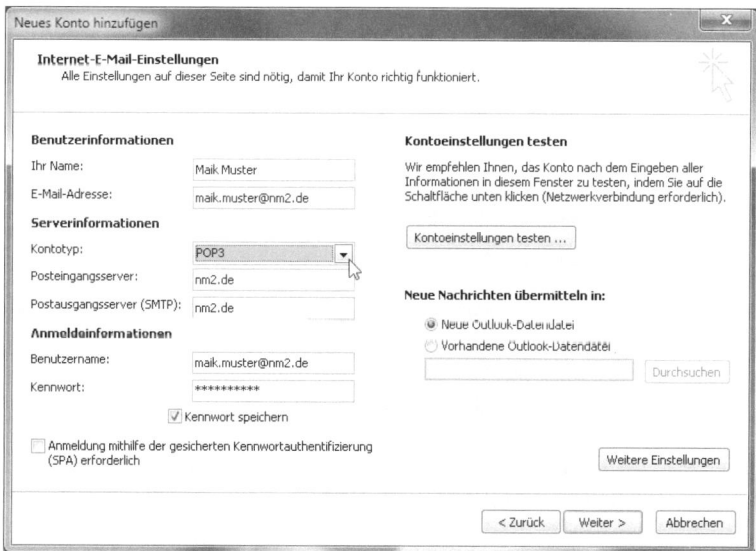

Wenn Ihr E-Mail-Anbieter IMAP unterstützt und Sie auf Ihre E-Mails jederzeit zugreifen möchten, empfehlen wir Ihnen die Einrichtung eines IMAP-Kontos. Das jeweilige Protokoll (POP3/IMAP) können Sie beim Hinzufügen eines neuen Kontos unter *Kontotyp* festlegen.

Die Outlook-Datendatei

Wenn Sie Ihre E-Mails über das POP3-Protokoll abrufen, werden diese vom E-Mail-Server Ihres Anbieters auf Ihren Computer heruntergeladen und in einer Outlook-Datendatei gespeichert. Wenn Sie mehrere E-Mail-Konten hinzufügen, legt Outlook für jedes E-Mail-Konto standardmäßig eine eigene Datendatei an. Das bedeutet aber auch, dass Sie verschiedene Posteingänge im Navigationsbereich von Outlook vorfinden. Wenn Sie alle E-Mails in einer Datendatei speichern und somit nur einen Posteingang möchten, können Sie beim Einrichten weiterer E-Mail-Konten unter dem Punkt *Neue Nachrichten übermitteln in* eine vorhandene Outlook-Datendatei (*.pst*) auswählen.

Servereinstellungen für bekannte E-Mail-Anbieter

Die wichtigsten Einstellungen der bekanntesten E-Mail-Anbieter haben wir Ihnen in der nachfolgenden Übersicht zusammengestellt, um die Einrichtung Ihres E-Mail-Kontos zu beschleunigen.

Anbieter	Einstellungen und wichtige Informationen
T-Online	Kontotyp: POP3 Posteingangsserver: *popmail.t-online.de* Postausgangsserver: *smtpmail.t-online.de* Benutzername: Ihre komplette T-Online-E-Mail-Adresse Wichtige Option: *Postausgangsserver erfordert Authentifizierung (Weitere Einstellungen/Postausgangsserver)*
GMX	Kontotyp: POP3 Posteingangsserver: *pop.gmx.net* Postausgangsserver: *mail.gmx.net* Benutzername: komplette GMX-E-Mail-Adresse Wichtige Option: *Postausgangsserver erfordert Authentifizierung (Weitere Einstellungen/Postausgangsserver)*

Anbieter	Einstellungen und wichtige Informationen
Google Mail	Kontotyp: IMAP Posteingangsserver: *imap.googlemail.com* Postausgangsserver: *smtp.googlemail.com* Benutzername: Ihre komplette Google Mail-Adresse Erweiterte Einstellungen: Geben Sie unter *Weitere Einstellungen/Erweitert* als Server-anschlussnummern jeweils *993* für IMAP und *587* für SMTP ein. Wählen Sie als verschlüsselten Verbindungstyp *SSL* für IMAP und *TLS* für SMTP aus. Bevor Sie E-Mails eines Google Mail-Kontos per Outlook abrufen können, müssen Sie bei Google Mail diese Option unter *Einstellungen/Weiterleitung und POP/IMAP* aktivieren.
Web.de	Kontotyp: POP3 Posteingangsserver: *pop.web.de* Postausgangsserver: *smtp.web.de* Benutzername: Ihre komplette Web.de-E-Mail-Adresse Wichtige Option: *Postausgangsserver erfordert Authentifizierung* *(Weitere Einstellungen/Postausgangsserver)*

Die neue Oberfläche kennenlernen

Ähnlich wie Word, Excel und PowerPoint erscheint auch Outlook 2010 in neuem überarbeitetem Glanz. Der zentrale Bestandteil der Oberfläche ist das Menüband, das bereits mit Outlook 2007 eingeführt wurde. Dieses finden Sie bei allen Funktionen, beispielsweise beim Verfassen und Formatieren von E-Mails, beim Eintragen von Terminen oder beim Hinzufügen von Aufgaben, im oberen Bereich vor. Anstelle unübersichtlicher oder verschachtelter Menüs können Sie schnell und einfach auf alle Funktionen zugreifen, die Sie benötigen. Außerdem können Sie das Menüband so anpassen, dass es eigene von Ihnen definierte Registerkarten enthält, die Ihren Vorlieben und Ihrem Arbeitsstil entsprechen.

Das Menüband beim Verfassen von E-Mails.

Durch die grafische Darstellung sowie eine logische Struktur lassen sich die einzelnen Merkmale und Funktionen schnell wiederfinden.

Mehrere Layoutbereiche für einen schnellen Überblick nutzen

Das Hauptfenster von Outlook 2010 ist grundsätzlich in drei verschiedene Bereiche eingeteilt. Beim ersten Start finden Sie links den Navigationsbereich vor. Hier können Sie entweder zwischen den einzelnen E-Mail-Ordnern navigieren oder im unteren Bereich zwischen E-Mail, Kalender, Kontakte oder Aufgaben hin und her wechseln.

In der Mitte des Hauptfensters finden Sie den sogenannten Lesebereich. Wie der Name bereits sagt, erhalten Sie hier einen Überblick über Ihre empfangenen E-Mails und können diese ebenfalls dort betrachten.

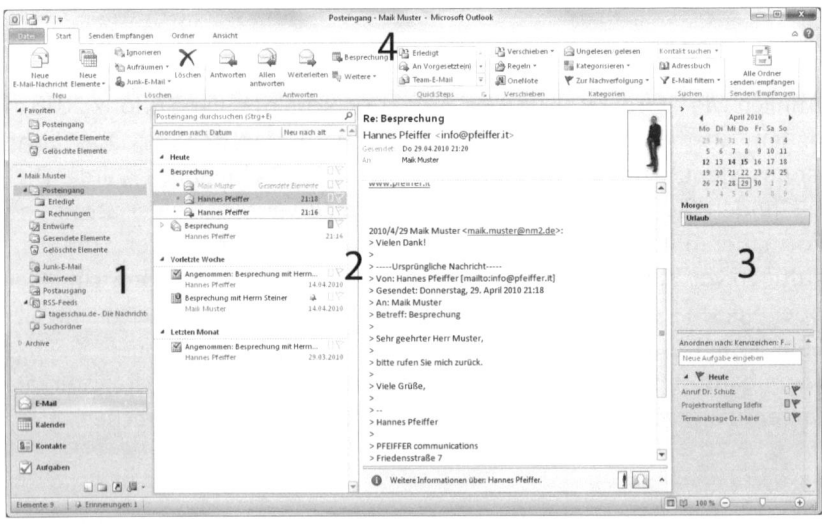

Navigationsbereich (1), Lesebereich (2), Aufgabenleiste (3) und Menüband (4).

Ganz rechts ist die Aufgabenleiste. Hier erhalten Sie einen schnellen Überblick über anstehende Termine und zu erledigende Aufgaben. Ebenfalls können Sie an dieser Stelle neue Termine und Aufgaben hinzufügen. Dieses Thema behandeln wir jedoch in einem späteren Abschnitt.

Outlook Heute

Wenn Sie bereits eine frühere Version von Outlook im Einsatz hatten, werden alle Einstellungen automatisch importiert. Beim Starten von Outlook werden Sie mit der bereits bekannten Outlook Heute-Oberfläche begrüßt, die einen schnellen Überblick über neu erhaltene E-Mails, anstehende Termine und Aufgaben bietet. Sie erreichen Outlook Heute, indem Sie im linken Navigationsbereich auf den Namen des E-Mail-Kontos klicken. In unserem Beispielbild ist das *Maik Muster*.

Über die Schaltfläche *Outlook Heute anpassen* können Sie diese Darstellung Ihren Wünschen und Anforderungen anpassen. Legen Sie fest, welche E-Mail-Ordner Sie innerhalb des Abschnitts *Nachrichten* einsehen möchten, wie viele Tage im Kalender angezeigt werden sollen und wie Aufgaben dargestellt werden sollen. Um die Änderungen zu aktivieren, klicken Sie auf die Schaltfläche *Änderungen speichern*.

Im rechten Bereich von Outlook Heute wird die Anzahl der ungelesenen Nachrichten angezeigt. Mit einem Klick auf den jeweiligen E-Mail-Ordner gelangen Sie direkt zu Ihren E-Mails.

Silber, Blau oder Schwarz: Farbschema ändern

In der Standardkonfiguration ist Outlook 2010 in einem silbernen Farbschema. Gefällt Ihnen dieses Schema nicht, haben Sie die Möglichkeit, dieses über das Menüband *Datei/Optionen/Allgemein* unter der Auswahlliste *Farbschema* zu ändern.

Outlook als Standard-E-Mail-Programm

Wenn Sie Outlook als Standard-E-Mail-Programm einrichten, werden alle E-Mail-Verknüpfungen, die Sie zum Beispiel auf Internetseiten finden, mit Outlook assoziiert. Auch wird Outlook damit zum Standard für Ihr Kontaktmanagement und den Kalender. Die Option dazu befindet sich unter dem Punkt *Startoptionen* im Menü *Datei/Optionen/Allgemein*.

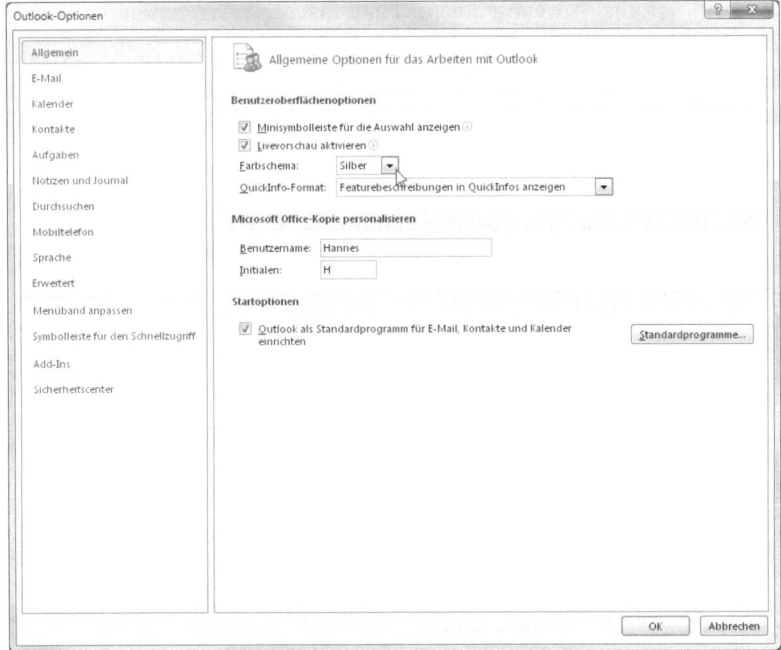

Editor-Optionen anpassen

E-Mails im privaten Bereich werden oftmals mit farbigen Schriften, Bildern und grellen Hintergründen verziert. Viele Benutzer vergessen dabei oft, dass nicht alle Empfänger von E-Mails HTML- oder Rich-Text-formatierte Nachrichten korrekt darstellen können. Unter *Datei/Optionen/E-Mail* können Sie die Einstellungen für das Verfassen von E-Mails festlegen. Stellen Sie das Nachrichtenformat generell auf *Nur-Text* ein, um sicherzugehen, dass alle Ihre Kontakte Ihre Nachrichten richtig und vollständig lesen können.

Beim späteren Verfassen von Nachrichten können Sie in jeder E-Mail im Menüband unter *Text formatieren* festlegen, in welchem Format diese verschickt werden soll, falls Sie spezielle Designs (z. B. Briefpapier) oder zusätzliche Features in Ihrer Nachricht einfügen möchten.

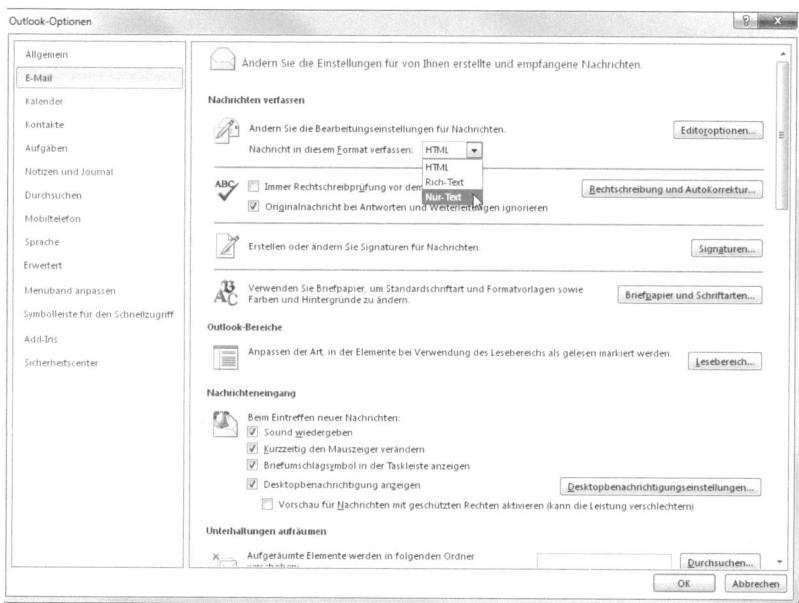

Rechtschreibprüfung aktivieren

Unter dem Abschnitt *Nachrichten verfassen* im Menü *Datei/Optionen/ E-Mail* können Sie festlegen, wie die integrierte Rechtschreibprüfung von Outlook arbeiten soll. Nichts ist schlimmer als ein peinlicher Schreibfehler in einer wichtigen E-Mail. Mit der Option *Immer Rechtschreibprüfung vor dem Senden* überprüft Outlook Ihre Mails automatisch vor dem Senden auf Fehler und schlägt bei gefundenen Schreibfehlern sofort Alarm.

Zugriff auf Outlook-Datendatei schützen

Manchmal gibt es auf einem PC mehr als einen Benutzer, der Outlook verwendet. Alle Elemente wie E-Mails, Kontakte, Termine und Notizen werden von Outlook in einer persönlichen Ordnerdatei (PST) gespeichert, die bei Outlook 2010 im Windows-Explorer unter *Eigene Dateien\ Outlook-Dateien* zu finden ist. Im Outlook-Menü unter *Datei/Informationen/Kontoeinstellungen/Datendateien* können Sie sich den genauen Speicherort der PST-Datei ansehen.

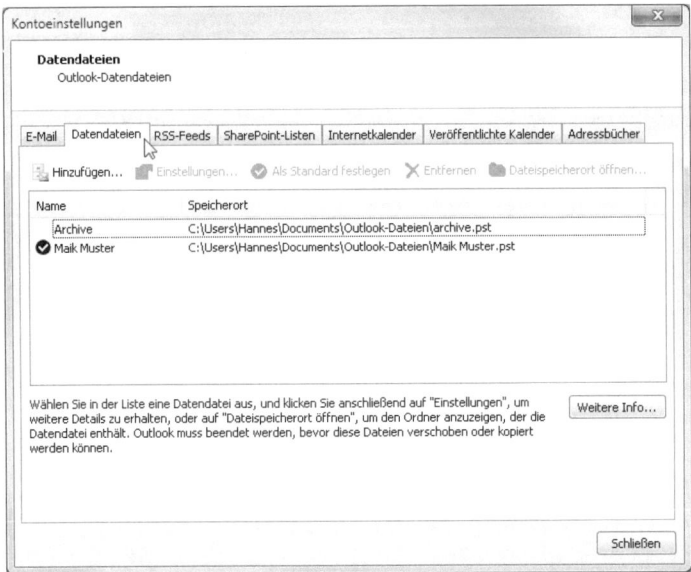

Standardmäßig ist diese Datei jedoch nicht durch ein Kennwort geschützt und könnte von anderen Benutzern einfach über die Funktion *Hinzufügen* eingesehen werden. Wenn Sie an einem ungeschützten Mehrbenutzer-arbeitsplatz arbeiten, sollten Sie daher in jedem Fall Ihre PST-Datei mit einem Kennwort versehen, um Ihre Privatsphäre zu schützen.

Mehrere Outlook-Benutzer auf einem PC

Wenn Sie für mehrere Personen an einem gemeinsamen PC Outlook bereitstellen möchten, müssen Sie verschiedene Windows-Benutzerprofile einrichten. Für jeden Windows-Benutzer wird dann ein eigenes Outlook-Profil mit eigenen Ordnerdateien sowie eigenen Konfigurationen angelegt. Um den gegenseitigen Zugriff auf diese zu unterbinden, sollten Sie sowohl die Outlook-Datendatei als auch das Windows-Benutzerprofil mit einem sicheren Passwort schützen.

Klicken Sie hierzu die Schaltfläche *Einstellungen* an und legen Sie unter *Kennwort ändern* ein Kennwort für das Öffnen der PST-Datei fest. Beim nächsten Start von Outlook werden Sie dann dazu aufgefordert, das Kennwort einzugeben. Damit Sie unter Ihrem Windows-Benutzernamen nicht jedes Mal das Kennwort eingeben müssen, ist es sinnvoll, dieses in der Kennwortliste zu speichern.

5.2 Bequemes Senden und Empfangen von E-Mails

Das weltweite E-Mail-Aufkommen steigt mit jedem Tag mehr. Vor allem durch Spamnachrichten und unzählige Newsletter geht die Übersichtlichkeit wichtiger E-Mails verloren. Wir zeigen Ihnen in diesem Kapitel, wie Sie effizient mit der täglichen E-Mail-Flut fertigwerden und dabei einen kühlen Kopf bewahren.

So rufen Sie Ihre E-Mails ab

Sie können Ihre E-Mails im Menüband unter der Registerkarte *Start* auf *Alle Ordner senden/empfangen* oder durch Drücken der Taste F9 auf Ihrer Tastatur jederzeit abrufen. Outlook ruft Ihre E-Mails außerdem in regelmäßigen Abständen automatisch ab. Um lange Wartezeiten zu vermeiden und schnellstmöglich über das Vorliegen neuer E-Mails informiert zu werden, sollten Sie diesen Zeitraum allerdings deutlich verkürzen.

Häufiger E-Mails abrufen: Mit der Einstellung Automatische Übermittlung alle 5 Minuten werden Sie in kürzeren Abständen über neue E-Mails informiert.

Wählen Sie im Menü *Senden/ Empfangen* unter *Senden-Empfangen-Gruppen* die Option *Senden-Empfangen-Gruppen definieren* und ändern Sie den Wert für die *Automatische Übermittlung alle* auf *5 Minuten*.

Neue E-Mails werden – sofern Sie noch keine E-Mail-Regeln erstellt haben – im Ordner *Posteingang* gespeichert, den Sie im linken Navigationsbereich vorfinden. Wenn neue E-Mails vorhanden sind, wird der Ordnername zudem in Fettschrift dargestellt.

Eine neue E-Mail schreiben

Um eine neue E-Mail zu verfassen, klicken Sie im oberen Menü unter *Start* auf *Neue E-Mail-Nachricht* oder verwenden die Tastenkombination [Strg]+[Umschalt]+[M]. Achten Sie dabei darauf, dass Sie sich im E-Mail-Bereich befinden, indem Sie im Navigationsbereich unten links auf *E-Mail* klicken. Das Layout des E-Mail-Fensters hat sich im Vergleich zu früheren Outlook-Versionen seit Outlook 2007 deutlich verändert.

Um den E-Mail-Empfänger festzulegen, tragen Sie dessen E-Mail-Adresse in das Textfeld hinter der Schaltfläche *An* ein. Ist der Empfänger bereits in Ihrem Adressbuch gespeichert, können Sie ihn über einen Klick auf die Schaltfläche *An* direkt auswählen. Wenn Sie eine Nachricht an mehrere Empfänger schicken möchten, trennen Sie die E-Mail-Adressen mit einem Semikolon, also zum Beispiel *max.schmidt@nm2.de; lieschen. mueller@example.com*.

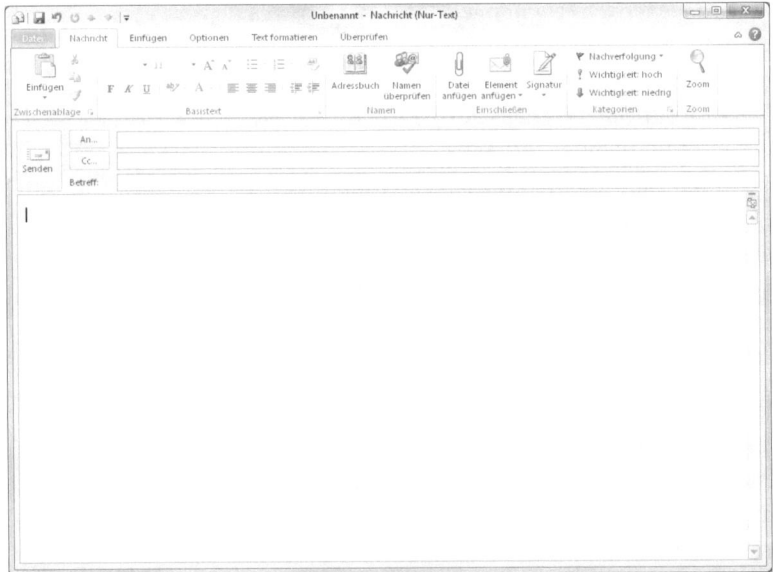

Auch das E-Mail-Fenster bietet ein intuitiv bedienbares Menüband.

Legen Sie besonderen Wert darauf, Ihrer Nachricht einen gut durchdachten Betreff zu geben. Leere oder unverständliche Betreffzeilen führen gerade bei Spamfiltern oftmals dazu, dass die E-Mail unbeabsichtigt im Papierkorb landet und schlichtweg nicht gelesen wird.

Den Inhalt der E-Mail formatieren und gestalten

Damit Sie die E-Mail gestalten können, ist es notwendig, diese entweder im HTML-Format oder im Rich-Text-Format zu verfassen. Klicken Sie hierzu im Menüband auf *Text formatieren* und wählen Sie dort unter *Format* die Option *HTML* aus. HTML, das normalerweise für die Präsentationen von Inhalten auf Webseiten eingesetzt wird, bietet nach dem Nur-Text-Format die höchste Kompatibilität mit anderen E-Mail-Programmen.

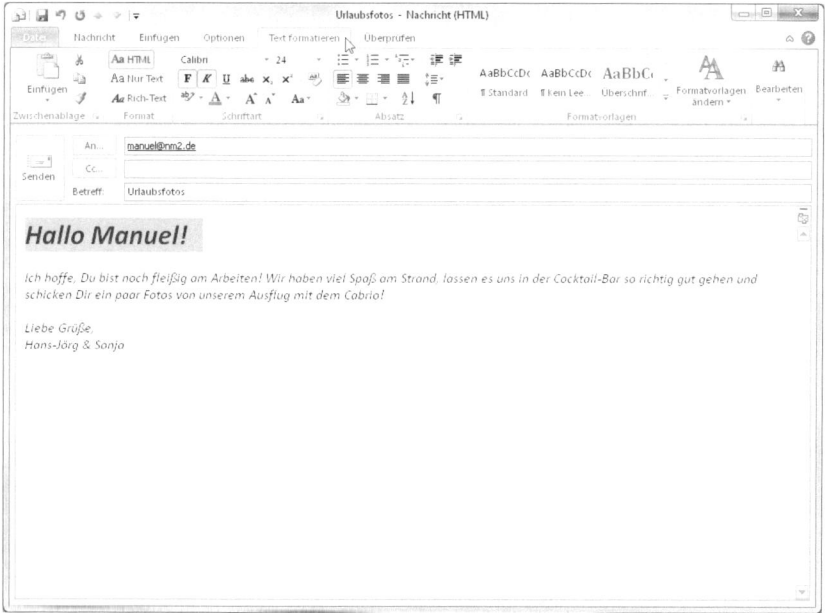

Im HTML-Format können Sie Formatierungen wie Schriftart, Schriftfarbe, Schriftgröße und andere Optionen festlegen.

Wählen Sie im Menüband die Registerkarte *Text formatieren*, wenn Sie einzelne Elemente der E-Mail besonders hervorheben möchten. Die Bedienung dieser Funktionen kennen Sie bereits aus Word. Achten Sie jedoch in jedem Fall darauf, dass Ihre E-Mail übersichtlich bleibt und nicht mit bunten Formatierungen im unleserlichen Chaos endet. Das bringt weder Ihnen noch dem Empfänger der E-Mail Vorteile.

E-Mail-Anhänge, Dateien und Objekte hinzufügen

Das Menüband bietet unter der Registerkarte *Einfügen* allerhand Möglichkeiten, Dateien und Objekte wie beispielsweise Grafiken oder Diagramme an Ihre E-Mail anzuheften. Über die Schaltfläche *Datei anfügen* werden Dateien der E-Mail als Anhang hinzugefügt. Das ist die normale Vorgehensweise, wenn Sie zum Beispiel Bilder oder Word-Dokumente versenden möchten. Sie können jedoch auch bestimmte Inhalte, insbesondere Bilder, direkt in der E-Mail sichtbar machen, ohne dass der Empfänger diese zusätzlich aus dem Anhang öffnen muss. Klicken Sie hierzu im Menüband unter *Einfügen* auf *Grafik* und wählen Sie das einzufügende Bild von Ihrer Festplatte oder vom USB-Stick aus. Diese Funktion ist jedoch nur dann möglich, wenn Sie die E-Mail im HTML- oder Rich-Text-Format verfassen.

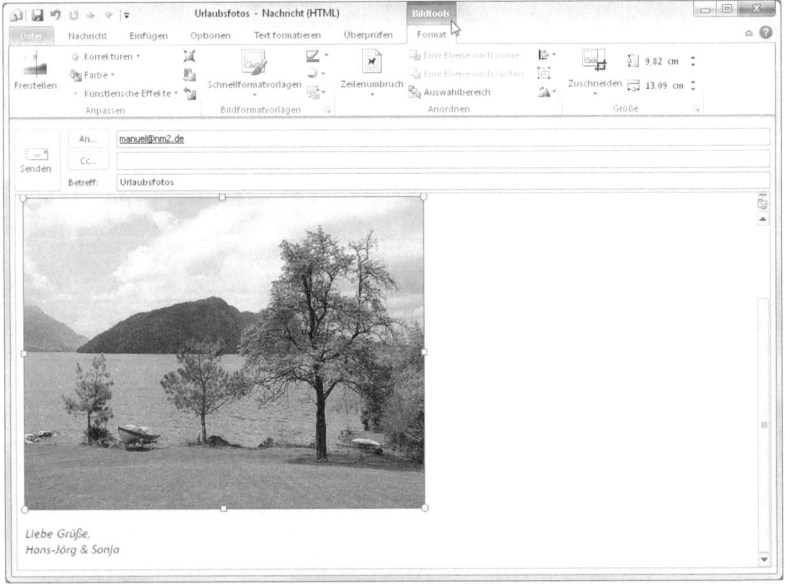

Die Formatierungstools für einzelne Elemente können wie in Word ausgewählt und benutzt werden.

Cc und Bcc: Kopie und Blindkopie an andere Empfänger

Der Begriff Carbon copy (*Cc*) kommt vom früher im normalen Briefverkehr benutzten Durchschlag. Beim Schreiben einer E-Mail dient dieses Feld dazu, Kopien an einen oder mehrere Empfänger zu senden. Dem Empfänger in diesem Feld wird dadurch indirekt symbolisiert, dass diese E-Mail sich nicht direkt an ihn richtet, sondern lediglich zur Kenntnisnahme oder zur Begutachtung dient. Die Einträge in diesem Feld werden bei allen Empfängern angezeigt und sind somit öffentlich. Anders im Feld Blind carbon copy (*Bcc*): Empfänger in diesem Feld erhalten die Nachricht als sogenannte Blindkopie. Die anderen Empfänger können in der Regel nicht einsehen, wer die Blindkopie erhalten hat. Um das *Bcc*-Feld zu aktivieren und Ihre E-Mail als Blindkopie an andere Empfänger zu versenden, klicken Sie im Menüband unter *Optionen* im Bereich *Felder anzeigen* auf *Bcc* und tragen dann im neu erscheinenden *Bcc*-Feld die jeweiligen Empfänger ein.

Wichtigkeit einer Nachricht festlegen

Sie haben mit Outlook beim Verfassen von E-Mails die Möglichkeit, die Wichtigkeit dieser E-Mail festzulegen. Hierdurch können Sie Ihrem Gegenüber signalisieren, ob die E-Mail wichtig oder eher weniger wichtig ist. Im Menüband unter *Nachricht* gibt es im Feld *Kategorien* hierfür zwei Symbole, um diese Stufen festzulegen. Mit einem Klick auf das rote Ausrufezeichen (*Wichtigkeit: hoch*) wird die Wichtigkeit als hoch eingestuft, bei einem Klick auf den blauen Pfeil (*Wichtigkeit: niedrig*) als gering. Beachten Sie jedoch, dass nicht alle E-Mail-Programme diese Funktion in der Form unterstützen. Weisen Sie explizit in der Nachricht oder in der Betreffzeile noch einmal darauf hin, wenn eine Angelegenheit wichtig oder dringend ist.

Lesebestätigung anfordern

Mit den Verlaufsoptionen können Sie Ihre E-Mail mit noch mehr Funktionen ausstatten. Wenn Sie eine Lesebestätigung vom Empfänger erhalten möchten, wählen Sie im Menüband unter *Optionen* die Option *Lesebestätigung anfordern* aus. Sobald der Empfänger die E-Mail abgeholt hat, erhalten Sie eine E-Mail mit einer Bestätigung hierüber. Dieses Merkmal wird jedoch – ähnlich wie die Übermittlungsbestätigung – nicht von allen E-Mail-Programmen unterstützt. Wundern Sie sich deshalb nicht, wenn Sie unter Umständen keine Lesebestätigung empfangen.

Visitenkarten versenden

Wer kennt diese Situation nicht: Sie möchten Ihrem Empfänger Ihre Kontaktdaten oder die Kontaktdaten einer anderen Person zusenden und vergeuden Zeit mit der Suche oder dem Abtippen. Wenn Sie einen Kontakt bereits in Ihrem Outlook-Adressbuch haben, können Sie beim Verfassen von E-Mails über das Menü *Einfügen/Visitenkarte* alle Daten im sogenannten vCard-Format an den Empfänger der E-Mail übermitteln. Das vCard-Format ist eine elektronische Visitenkarte und wird mittlerweile von vielen E-Mail-Programmen und Mobiltelefonen unterstützt. Bevor Sie mit Outlook richtig loslegen, sollten Sie Ihre eigenen Kontaktdaten im Adressbuch von Outlook abspeichern, damit Sie diese schnell und einfach versenden können. Legen Sie besonderen Wert darauf, Ihre Daten vollständig und fehlerfrei einzutragen, damit es erst gar nicht zu zeitintensiven Rückfragen kommen kann. Ihre Visitenkarte ist auch in elektronischer Form Ihr persönliches Aushängeschild. Sofern Sie Ihre E-Mail im HTML-Format versenden, können Sie auch ein Foto von sich in Ihrem Kontakteintrag hinterlegen, das dann mitsamt Ihren Kontaktdaten versendet wird.

Signaturen verwenden

Eine Signatur ist in der Regel ein Textbaustein, der der herkömmlichen Grußformel oder Unterschrift im normalen Schriftverkehr ähnelt und den Sie automatisch unter jeder E-Mail einfügen lassen können. Es ist eine etablierte Konvention, eine Signatur beginnend mit einer Zeile, die nur die Zeichenfolge „-- " (zwei Bindestriche und ein Leerzeichen) enthält, an den E-Mail-Text anzufügen. Dadurch wird es den meisten E-Mail-Programmen ermöglicht, die Signatur beim Beantworten einer Nachricht automatisch abzutrennen, da diese dadurch erkannt wird. Achten Sie darauf, dass Ihre persönliche Signatur nicht länger als vier Zeilen à 80 Zeichen Text ist.

So geht's: Signatur einrichten

1 Klicken Sie im Menüband von Outlook auf *Datei/Optionen/E-Mail/Signaturen*. Wählen Sie anschließend die Schaltfläche *Neu* und geben Sie Ihrer Signatur einen Namen (z. B. *Standard*). Wenn Sie verschiedene Signaturen für unterschiedliche E-Mail-Konten verwenden möchten, empfiehlt sich beispielsweise eine Trennung in *Geschäftlich* und *Privat*.

2 Bearbeiten und formatieren Sie anschließend im unteren Textfeld Ihre Signatur, wie es die nachfolgende Abbildung verdeutlicht.

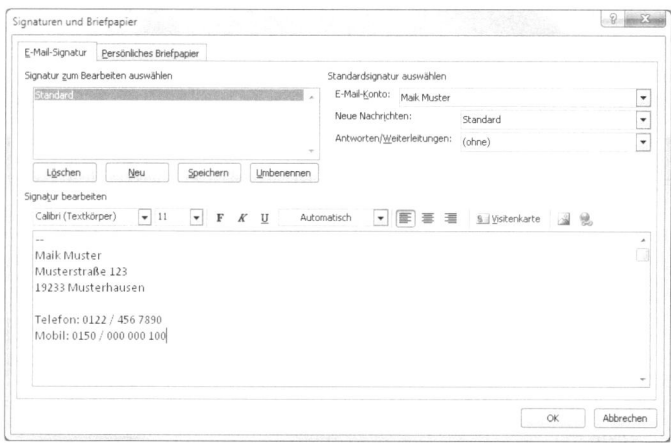

3 Damit Ihre Signatur automatisch unter jede Nachricht gesetzt wird, müssen Sie im Feld *Standardsignatur auswählen* die jeweils zu verwendende Signatur selektieren. Wenn Sie Ihre Kontaktdaten in der E-Mail-Signatur verwenden, ist es ratsam, diese nur bei neuen Nachrichten anzufügen, um unnötige Zeilen beim Beantworten von E-Mails, die der Empfänger bereits kennt, wegzulassen.

E-Mails lesen und beantworten

Der Lesebereich von Outlook ist in zwei Spalten aufgeteilt. In der linken Spalte erhalten Sie eine Übersicht über alle erhaltenen E-Mails im Ihrem Posteingang. In der Standardkonfiguration werden diese absteigend nach Datum sortiert, sodass Sie die neusten E-Mails immer ganz oben vorfinden. Nachdem Sie in dieser Spalte eine E-Mail angeklickt haben, erscheint in der rechten Spalte neben dem Betreff, Absender und Datum ebenso der Inhalt der jeweiligen E-Mail.

Wenn Sie eine E-Mail beantworten möchten, klicken Sie im Menüband einfach auf die Schaltfläche *Antworten*. Die Antwort erhält – auch bei mehreren Empfängern der E-Mail – nur der ursprüngliche Absender. Die Funktion *Allen antworten* bewirkt, dass die Antwort an alle Empfänger und den Absender einer E-Mail übertragen wird.

Unterhaltungen anzeigen und Gesprächsverläufe einsehen

Eine neue Funktion von Outlook 2010 ist die Darstellung von Unterhaltungen. Wenn Sie auf eine E-Mail geantwortet haben oder sich der Dialog über mehrere E-Mails erstreckt, können Sie sich den gesamten Gesprächsverlauf im Posteingang anzeigen lassen. Unter Umständen müssen Sie die Unterhaltungsansicht jedoch erst aktivieren. Klicken Sie hierzu im oberen Teil des Lesebereichs auf *Anordnen nach: Datum* und stellen Sie sicher, dass die Option *Als Unterhaltungen anzeigen* aktiviert ist.

Sofern ein Gesprächsverlauf verfügbar ist, erscheint links neben dem Betreff der E-Mail in der E-Mail-Übersicht ein Pfeilsymbol. Klicken Sie dieses an, um den zu dieser E-Mail dazugehörigen Verlauf zu betrachten. Sie haben dadurch jederzeit die Möglichkeit, einfach und schnell Ihre Antwort noch einmal zu lesen oder Diskussionen chronologisch sortiert nachvollziehen zu können.

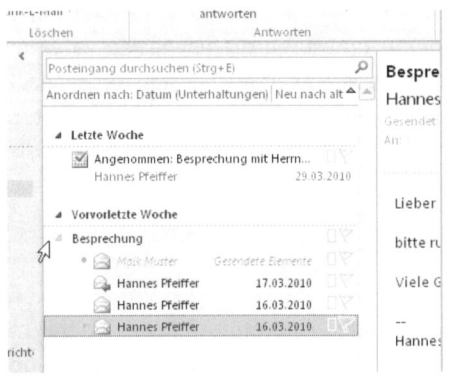

Neu in Outlook 2010: Unterhaltungen und komplette Gesprächsverläufe mit einem Klick anzeigen lassen.

E-Mails ausdrucken

Outlook bietet zwei verschiedene Druckvorlagen, die Sie beim Drucken einer E-Mail über das Menüband *Datei/Drucken* auswählen können. Das Format *Memoformat* druckt nur die ausgewählte E-Mail aus, während das Format *Tabellenformat* eine Übersicht aller im Posteingang befindlichen E-Mails ausgibt. Unter dem auf dieser Seite befindlichen Menüpunkt *Druckoptionen/Druckformat/Formate definieren* können Sie diese Druckvorlagen anpassen. Im Register *Kopfzeilen/Fußzeilen* können Sie festlegen, welche Informationen in der Kopf- bzw. Fußzeile erscheinen sollen. Hierbei stehen Ihnen einige bereits vorgefertigte Formatvorlagen zur Verfügung:

Formatvorlage	Beschreibung
[Seite]	Aktuelle Seite bei mehrseitigen E-Mails
[Seiten]	Gesamtseitenzahl
[Datum]	Datum der E-Mail
[Zeit]	Zeit der E-Mail
[Benutzername]	Der Benutzername des E-Mail-Kontos, über das die E-Mail empfangen wurde

Nachrichten mit eigenen Ordnern sortieren

Um stets eine klare Übersicht über wichtige E-Mails zu haben, können Sie Ihre E-Mails in mehrere E-Mail-Ordner verteilen. Klicken Sie mit der rechten Maustaste im linken Navigationsbereich dafür auf *Posteingang* und wählen Sie die Option *Neuer Ordner*. Wählen Sie aussagekräftige Namen für Ihre E-Mail-Ordner aus, damit Sie wissen, was sich hinter diesen verbirgt.

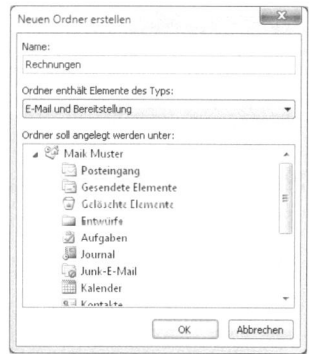

Ziehen Sie die E-Mails in der Übersicht im Posteingang per Drag & Drop in den jeweiligen Ordner, damit die E-Mail dort gespeichert wird.

Nachrichten mit Farben kategorisieren

Ein weiteres praktisches Werkzeug in Outlook 2010 ist die farbige Kennzeichnung von Nachrichten, mit denen Sie E-Mails kategorisieren können. Bevor Sie dieses Werkzeug verwenden, sollten Sie den einzelnen Kategorien einen eindeutigen Namen zuweisen. Klicken Sie im Posteingang im Menüband auf *Kategorien/Kategorisieren/Alle Kategorien*. Mit der Schaltfläche *Umbenennen* ändern Sie die Bezeichnungen der jeweiligen Kategorien. Um einer E-Mail eine oder mehrere Kategorien zuzuweisen, klicken Sie sie im E-Mail-Ordner mit der rechten Maustaste an und wählen die Option *Kategorisieren*.

Mit einem Klick auf die jeweilige Kategorie wird diese der E-Mail zugewiesen. Sie können der Nachricht jedoch auch mehrere Kategorien zuweisen, indem Sie die Option *Alle Kategorien* im gleichen Menü wählen und die passenden Kategorien mit einem Häkchen auswählen.

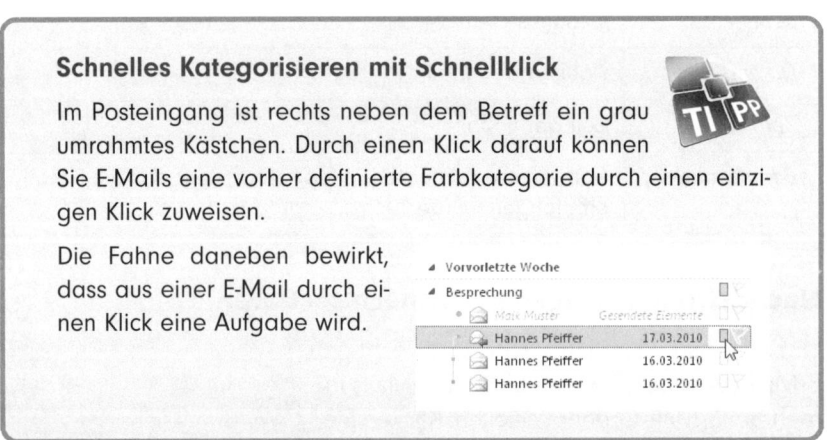

Schnelles Kategorisieren mit Schnellklick

Im Posteingang ist rechts neben dem Betreff ein grau umrahmtes Kästchen. Durch einen Klick darauf können Sie E-Mails eine vorher definierte Farbkategorie durch einen einzigen Klick zuweisen.

Die Fahne daneben bewirkt, dass aus einer E-Mail durch einen Klick eine Aufgabe wird.

Nachrichten suchen und finden

Wo ist die E-Mail von Herrn Müller? Wann wollte er eine Rückantwort? Wer kennt solche Fragen aus dem täglichen E-Mail-Alltag nicht? Outlook bietet einige optimierte Funktionen zum Aufspüren von verschollen geglaubten E-Mails. Mithilfe der Suche ist es eine Leichtigkeit, bestimmte E-Mails schnell aufzuspüren. Je nach Betriebssystem sind jedoch unter Umständen zusätzliche Windows-Komponenten (Windows Search) notwendig. Wenn Sie Outlook zum ersten Mal starten und Windows Search nicht installiert sein sollte, wird ein Dialogfeld angezeigt, mit dem Sie zum Herunterladen der Software aufgefordert werden. Installieren Sie diese Komponente unbedingt, damit Sie leichter und effizienter nach Nachrichten und anderen Objekten suchen können.

Die Suchtools bieten viele Möglichkeiten, die Suche zu verfeinern.

E-Mails durchsuchen

Die Outlook-Suchleiste steht Ihnen in jedem E-Mail-Ordner zur Verfügung. Drücken Sie die Tastenkombination Strg+E, um in das Suchfeld zu gelangen, geben Sie dann Ihren Suchbegriff ein und drücken Sie anschließend die Enter-Taste, um die Suche zu starten. In der darunter befindlichen Auswahl sehen Sie dann alle E-Mails, die den Suchbegriff enthalten. Dieser wird an allen gefundenen Stellen farbig hervorgehoben.

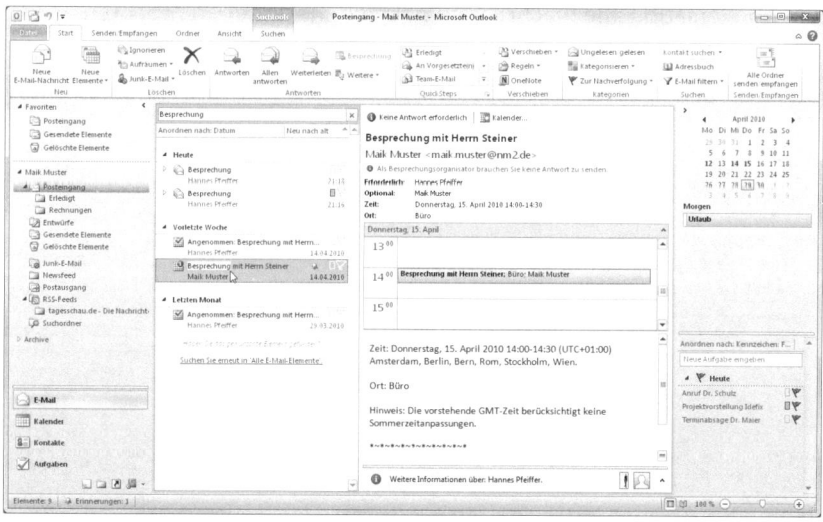

Wenn Sie alle E-Mail-Ordner gleichzeitig durchsuchen möchten, klicken Sie im Menüband unter Suchtools auf Alle E-Mail-Elemente.

Erweiterte Suchmöglichkeiten

Im Menüband unter *Suchtools* können Sie Ihre Suche verfeinern und bei- spielsweise nur nach einem bestimmten Absender oder Betreff suchen. Unter *Verfeinern* können Sie das jeweilige Feld auswählen, das dann im Suchfeld eingetragen wird. Im nachfolgenden Beispiel wird nach einer E-Mail mit dem Betreff *Besprechung* vom Absender *Maik Muster* gesucht: *betreff:(besprechung) von:(Maik Muster)*

Nachrichten zur selben Unterhaltung oder vom selben Absender suchen

Neben der erweiterten Suchfunktion oder der bereits vorgestellten Un- terhaltungsfunktion bietet Outlook noch ein drittes Merkmal zum schnellen Aufspüren von E-Mails. Durch einen Klick mit der rechten Maustaste und die Auswahl *Verwandtes suchen* in der E-Mail-Liste können Sie nach Nachrichten suchen, die entweder zur Unterhaltung gehören oder vom selben Absender stammen. Dieses Merkmal ist vor allem dann hilfreich, wenn Sie sich im Laufe einer längeren, nicht zusammenhängen- den Konversation alle Nachrichten noch einmal ansehen möchten.

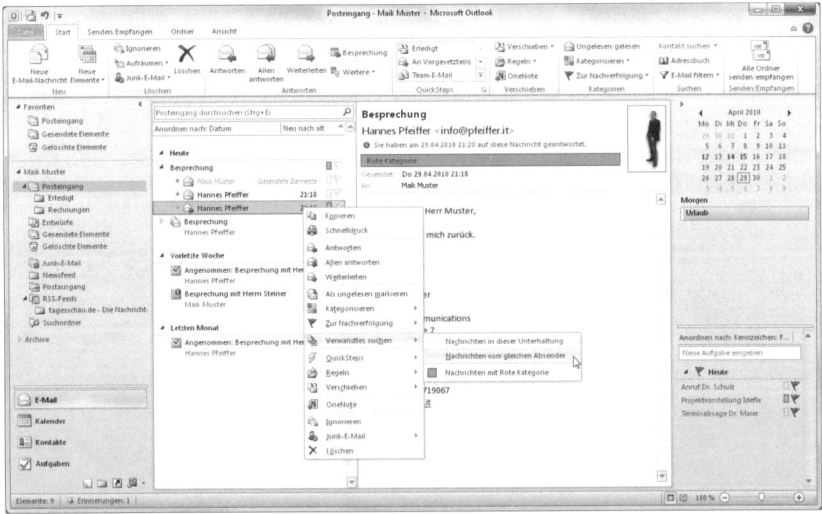

QuickSteps für regelmäßige Aktionen

Neu an Bord von Outlook 2010 sind die sogenannten QuickSteps. Diese Funktionen ermöglichen es Ihnen, bestimmte Befehle und Verfahren, die Sie häufig verwenden, zu definieren und mittels eines einzigen Klicks auszuführen. Von Haus aus bietet Outlook fünf vorgefertigte Aktionen, z. B. das Verschieben von E-Mails in einen bestimmten Ordner oder das Antworten und direkte Löschen einer E-Mail.

So geht's: eigene QuickSteps erstellen

1 Klicken Sie im Feld *QuickSteps* unter der Registerkarte *Start* im Menüband auf *Neu erstellen*. Eventuell müssen Sie auf den danebenstehenden Pfeil nach unten klicken, bis diese Option sichtbar wird.

2 Überlegen Sie sich einen kurzen und aussagekräftigen Namen für Ihren QuickStep und tragen Sie diesen im Dialog ein. Mit einem Klick auf die Schaltfläche links daneben können Sie ein Symbol für Ihren QuickStep auswählen.

3 Wählen Sie eine Aktion aus, die ausgeführt werden soll, wenn Sie auf diesen QuickStep klicken. Klicken Sie anschließend auf *Aktion hinzufügen*.

4 Sie können mehrere Aktionen gleichzeitig in einem QuickStep zusammenfassen. Im nachfolgenden Beispiel wird die E-Mail als gelesen markiert und in den Ordner *Rechnungen* verschoben:

5 Optional können Sie eine Tastenkombination für Ihren Quick-Step festlegen, mit der dieser ausgeführt wird. Klicken Sie auf *Fertig stellen*, um den QuickStep zu speichern.

Um bestehende QuickSteps zu verwalten, zu ändern oder zu löschen, klicken Sie mit der rechten Maustaste einen QuickStep im Menüband an und wählen *QuickSteps verwalten* aus.

5.3 Immer auf dem Laufenden mit aktuellen News: RSS-Feeds einrichten

In diesem Abschnitt zeigen wir Ihnen, wie Sie RSS-Feeds in Outlook einbinden. Dem einen oder anderen Leser wird der Begriff RSS sicher schon einmal im Internet begegnet sein. RSS, englisch für Really Simple Syndication, ist eine Technik, die es dem Nutzer ermöglicht, die Inhalte einer Internetseite oder Teile davon zu abonnieren. Am häufigsten finden sich RSS-Angebote auf Nachrichtenseiten und Blogs mit dem Ziel, schnell und unkompliziert aktuelle Beiträge abrufen zu können. RSS-Dateien sind im XML-Format aufgebaut und beinhalten somit weder ein Layout noch ein Design. Mithilfe eines sogenannten Aggregators ist es möglich, diese XML-Dateien abzurufen und die Inhalte des Feeds in für Menschen lesbarer Form auszugeben. Seit der Version 2007 beinhaltet auch Outlook einen solchen Aggregator.

RSS-Feeds abonnieren

Um RSS-Feeds zu abonnieren, klicken Sie in der linken Navigationsleiste mit der rechten Maustaste auf *RSS-Feeds* und wählen die Option *Neuen RSS-Feed hinzufügen*. Geben Sie anschließend die Internetadresse des Feeds ein und klicken Sie auf *Hinzufügen*.

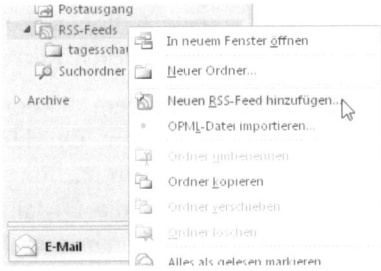

Der neu hinzugefügte RSS-Feed wird dann automatisch als Ordner in der linken Navigationsleiste angezeigt. Mit einem Klick auf diesen Ordner sehen Sie anschließend die Inhalte des Feeds. Outlook aktualisiert diese Inhalte automatisch in regelmäßigen Abständen.

Hier finden Sie RSS-Feeds

Stellen Sie sich Ihre Themengebiete, die Sie interessieren, selbst zusammen und erhalten Sie schon beim ersten Starten von Outlook alle aktuellen Nachrichten und Informationen. Ob eine Internetseite einen RSS-Feed anbietet, erkennen Sie oftmals am folgenden Symbol:

Einige wirklich lohnende Feeds möchten wir Ihnen an dieser Stelle in einer kurzen Übersicht vorstellen.

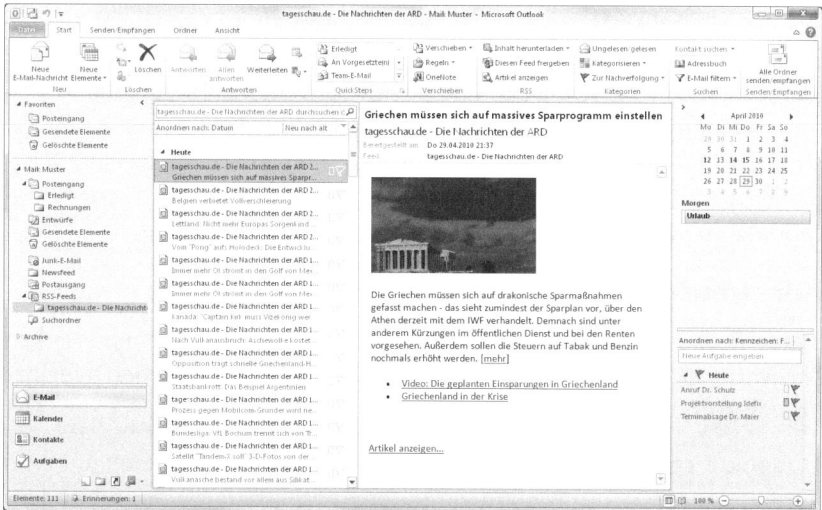

Der Newsfeed der Tagesschau liefert Kurztexte und sogar Bilder, die Sie direkt in Outlook betrachten können.

Feed-Adresse	Titel/Beschreibung
http://www.tagesschau.de/xml/rss2	Tagesschau – Nachrichten
http://www.spiegel.de/schlagzeilen/rss/index.xml	Spiegel Online – Nachrichten
http://www.manager-magazin.de/news/rss/index.xml	Manager Magazin – Wirtschaftsnachrichten
http://www.heise.de/newsticker/heise-atom.xml	Heise Online News – IT-Nachrichten
http://www.ftd.de/rss/	Financial Times Deutschland – Wirtschaft und Politik
http://www.boerse-online.de/rss/boerseonline.rdf	Börse Online – Börsennachrichten
http://rss.golem.de/rss.php?feed=ATOM1.0	Golem.de – IT-News

5.4 Kontakte mit Outlook verwalten

Das Adressbuch ist mitunter das wichtigste Hauptmerkmal von Outlook, um schnell und einfach an die Daten eines Kontakts zu gelangen. Neben Standardmerkmalen wie Adresse, Telefonnummer und E-Mail-Adresse bietet es auch eine schnell zu erreichende Liste über Vorgänge und Unterhaltungen mit einem Kontakt. Bei Outlook 2010 hervorzuheben ist auch der Outlook Social Connector für soziale Netzwerke, der Ihnen aktuelle Meldungen Ihrer Kontakte beispielsweise von Plattformen wie Facebook oder Xing liefert.

Adressbuch kennenlernen und anpassen

Sie erreichen das Adressbuch von Outlook mit einem Klick in der linken Navigationsleiste auf *Kontakte*. In der Standardansicht sehen Sie Ihre Kontakte im Visitenkartenformat.

Outlook bietet Ihnen verschiedene Möglichkeiten zur Darstellung von Kontakten, die Sie im Menüband unter *Ansicht/Aktuelle Ansicht* ändern können. Die Anordnung und Sortierreihenfolge können Sie ebenfalls in dieser Registerkarte verändern.

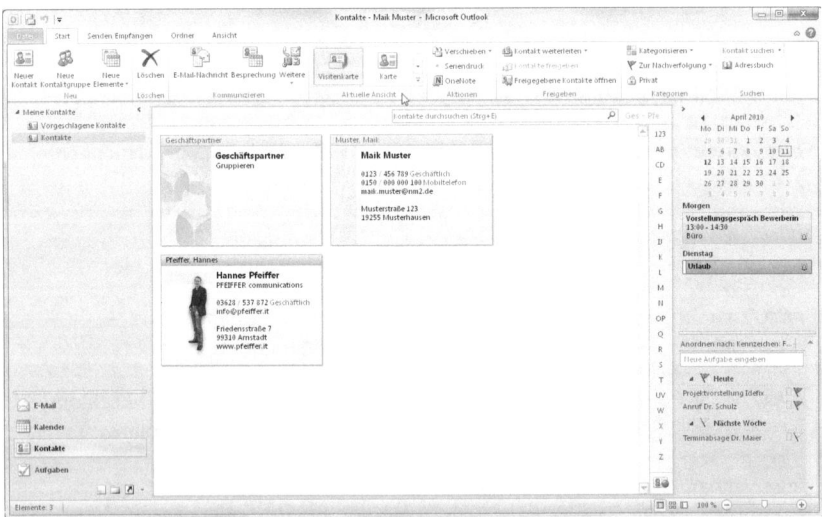

Neue Kontakte hinzufügen und anzeigen

Es gibt zwei Möglichkeiten, einen neuen Kontakt hinzuzufügen. Entweder klicken Sie im Menüband unter *Start* auf *Neuer Kontakt* oder Sie klicken im Posteingang im Lesebereich doppelt auf den Absender einer E-Mail, um zum Dialog zum Erstellen eines neuen Kontakts zu gelangen.

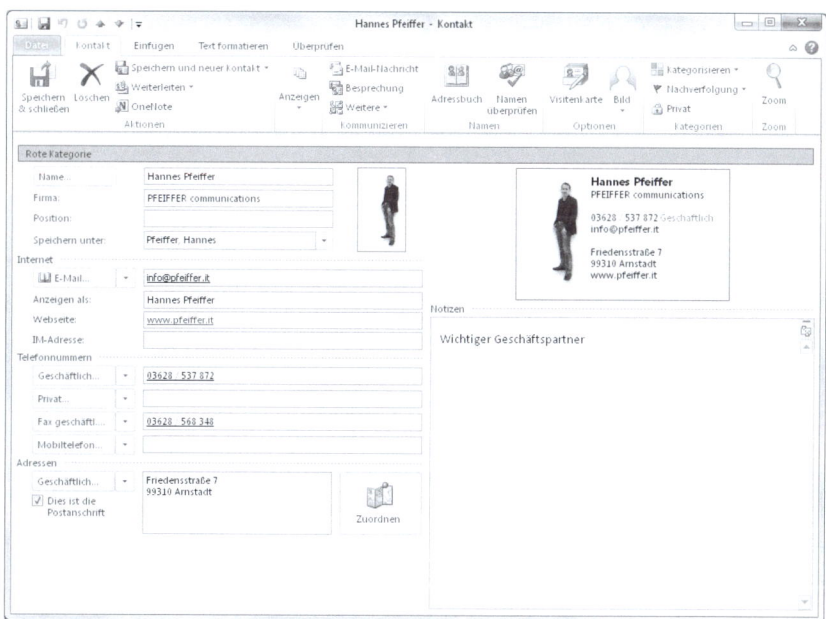

Im Notizfeld stehen Ihnen unter *Text formatieren* die gleichen Formatierungen zur Verfügung, wie Sie sie bereits vom Erstellen neuer E-Mails kennen. Nachdem Sie alle wichtigen Daten eingetragen haben, speichern Sie den Kontakt im Adressbuch über die Schaltfläche *Speichern & schließen* in der Registerkarte *Kontakt* ab.

Kontaktgruppen erstellen

Outlook bietet Ihnen die Möglichkeit, mehrere Kontakte zu einer Kontaktgruppe zusammenzufügen. Dies ist insbesondere dann ratsam, wenn Sie regelmäßig an denselben Personenkreis E-Mails schreiben. Sie können die Kontaktgruppe dann beim Schreiben von E-Mails als Empfänger auswählen und müssen nicht mühselig alle Kontakte einzeln als Empfänger selektieren.

Um eine neue Kontaktgruppe zu erstellen, klicken Sie im Menüband unter *Start* auf *Neue Kontaktgruppe*. Geben Sie Ihrer neuen Kontaktgruppe einen aussagekräftigen Namen und fügen Sie die Mitglieder der Gruppe unter *Mitglieder hinzufügen* hinzu. Anschließend betätigen Sie die Schaltfläche *Speichern & schließen*. Sie können danach diese Kontaktgruppe sofort als Empfänger von E-Mails nutzen.

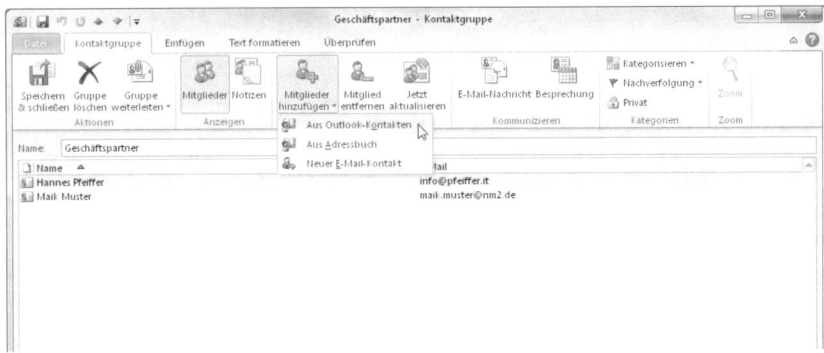

Kontakte kategorisieren

Wir haben Ihnen bereits die Möglichkeiten zur Kategorisierung von E-Mails in diesem Kapitel gezeigt. Diese können Sie auch für Kontakte verwenden. Klicken Sie dazu in der Detailansicht (Doppelklick) eines Kontakts auf *Kategorisieren* und wählen Sie die entsprechenden Kategorien aus.

> **Weniger ist oftmals mehr**
>
> Versuchen Sie, so wenige Kategorien wie möglich zu verwenden, damit Sie den Überblick nicht verlieren.
> Viele verschiedene Kategorien führen nur zur „Überkategorisierung" einzelner Kontakte und zur langatmigen Suche nach der passenden Kategorie. Als Faustregel gilt: maximal zwei Kategorien für jeden Benutzer.

Importieren und Exportieren von Kontakten

Outlook speichert die Kontakte beim Exportieren oder Senden im standardisierten VCF-Format. Wenn Sie eine Visitenkarte per E-Mail im VCF-Format erhalten, können Sie diese einfach mit Outlook öffnen und anschließend über die Funktion *Speichern* Ihrem persönlichen Adressbuch hinzufügen. Möchten Sie selbst eine Visitenkarte per E-Mail versenden, klicken Sie mit der rechten Maustaste im Adressbuch auf einen Kontakt und wählen die Option *Kontakt weiterleiten/Als Visitenkarte*. Alternativ können Sie Visitenkarten auch über *Einfügen/Visitenkarte* im Menüband des Fensters für das Erstellen einer neuen E-Mail in den Anhang einfügen.

Aktivitäten mit einem Kontakt anzeigen

Mit Outlook können Sie sich alle Aktivitäten anzeigen lassen, an denen ein Kontakt beteiligt war. Öffnen Sie dazu den Kontakt mit einem Doppelklick im Adressbuch und klicken Sie im Menüband auf *Anzeigen/Aktivitäten*. In der darauffolgenden Übersicht können Sie ebenfalls die einzelnen Arbeiten von Aktivitäten, also E-Mails, Aufgaben, Terminen oder Notizen, einschränken. Dadurch erhalten Sie gerade bei wichtigen Gesprächspartnern einen schnellen Überblick über bisherige Unterhaltungen und müssen nicht manuell nach ihnen suchen.

Schnelle Übersicht über Unterhaltungen mit Kontakten im Personenbereich

Outlook 2010 bietet in jedem Bereich, in den ein Kontakt involviert ist, den sogenannten Personenbereich an. Sie erkennen diesen beispielsweise beim Lesen oder Verfassen von E-Mails oder in der Kontaktansicht im unteren Bereich des jeweiligen Fensters.

Sobald mehrere Kontakte in eine Konversation oder Aktion involviert sind, können Sie diese im rechten Teil des Personenbereichs auswählen. Klicken Sie dazu einfach das Bildsymbol oder das Foto Ihres Kontakts an. Anschließend vergrößert sich der Personenbereich und Sie erhalten eine Übersicht über alle Aktivitäten dieses Kontakts, wie zum Beispiel E-Mails mit Ihnen, Termine oder Statusmeldungen aus sozialen Netzwerken wie Facebook oder Xing. Um diese Funktion nutzen zu können, müssen Sie Outlook jedoch erst für diese Netzwerke konfigurieren.

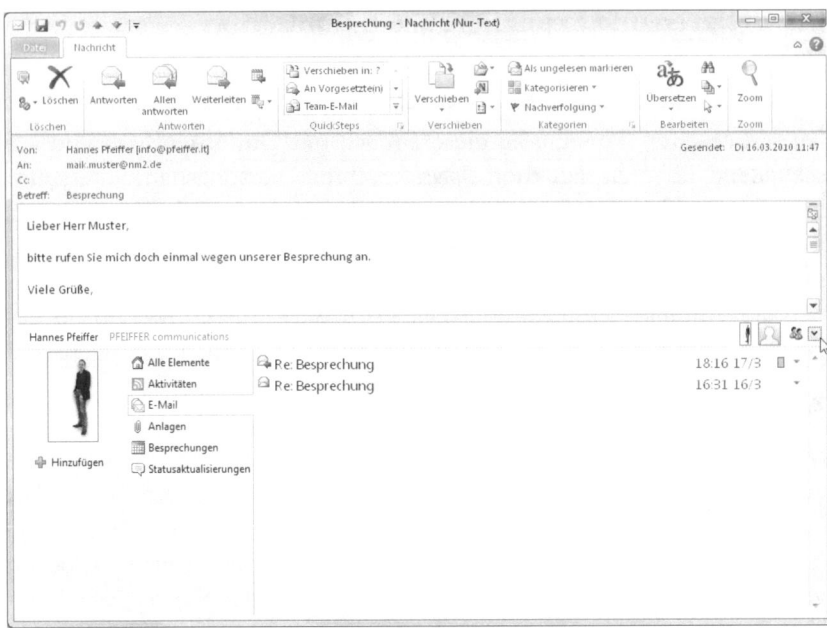

Sollten Sie den Personenbereich nicht nutzen wollen, können Sie ihn im Hauptfenster von Outlook deaktivieren. Klicken Sie dazu im Menüband auf *Ansicht/Personenbereich* und wählen Sie die Option *Aus*.

5.5 Termine mit Outlook erstellen und verwalten

In diesem Abschnitt möchten wir Ihnen zeigen, wie Sie effektiv und optimal mit dem Kalender von Outlook 2010 arbeiten. Um zum Kalender von Outlook zu gelangen, genügt ein Klick auf die Schaltfläche *Kalender* im linken Navigationsbereich.

Kalender einrichten

Kalenderoptionen

Bevor es richtig losgehen kann, sollten Sie Ihren Kalender nach Ihren Vorgaben einrichten und anpassen. Wählen Sie hierzu im Menüband unter *Datei/Optionen* die Auswahl *Kalender*.

Verschiedene Ansichten: Tag, Arbeitswoche, Woche, Monat und Planungsansicht.

Legen Sie fest, welche Tage Ihre Arbeitswoche beinhaltet und zu welchen Uhrzeiten Ihr Arbeitstag stattfindet, damit Sie später eine perfekte Übersicht über anstehende Termine erhalten können. Aktivieren Sie unter *Anzeigeoptionen* die Option *Wochennummern in der Monatsansicht und im Datumsnavigator anzeigen*, damit im Kalender auch die Wochennummern zum Vorschein kommen, die gerade im geschäftlichen Bereich oftmals von großer Bedeutung sind, wenn es um eine effektive Projektplanung geht.

Feiertage hinzufügen

Wählen Sie in den Kalenderoptionen die Schaltfläche *Feiertage hinzufügen*, um Ihren Kalender mit Feiertagen zu bestücken.

Keine Termine aus Versehen an Feiertagen: Tragen Sie automatisch alle Feiertage in den Terminkalender von Outlook ein.

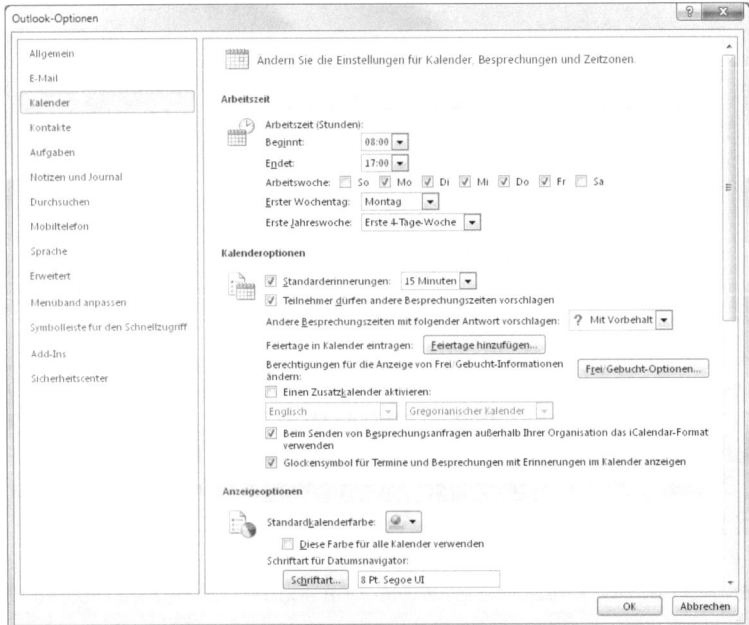

Die Kalenderoptionen sind für eine perfekte Übersicht unumgänglich!

Ansichten des Kalenders

Der Kalender von Outlook verfügt über verschiedene Ansichten: Tagesansicht, Arbeitswoche, Woche, Monat und Planungsansicht. In der Arbeitswochenansicht können Sie sich schnell einen Überblick über die in der Woche anstehenden Termine verschaffen. In der linken Datumsauswahl im Navigationsbereich können Sie jeweils zwischen den einzelnen Zeitabschnitten wechseln. Seit Outlook 2007 können Sie sich zudem unter jedem Tag in der Tages- und Wochenansicht die anstehenden Aufgaben des jeweiligen Tages ansehen. Ganztägige und mehrtägige Termine finden Sie in der oberen blauen Leiste der jeweiligen Ansicht wieder.

Termin erstellen

Wählen Sie zunächst in der Tages- oder Wochenansicht den Tag aus, an dem Ihr Termin stattfindet. Klicken Sie anschließend auf *Start/Neuer Termin* oder klicken Sie mit der Maus doppelt in ein Uhrzeitfeld, um den Dialog zum Erstellen eines neuen Termins zu öffnen.

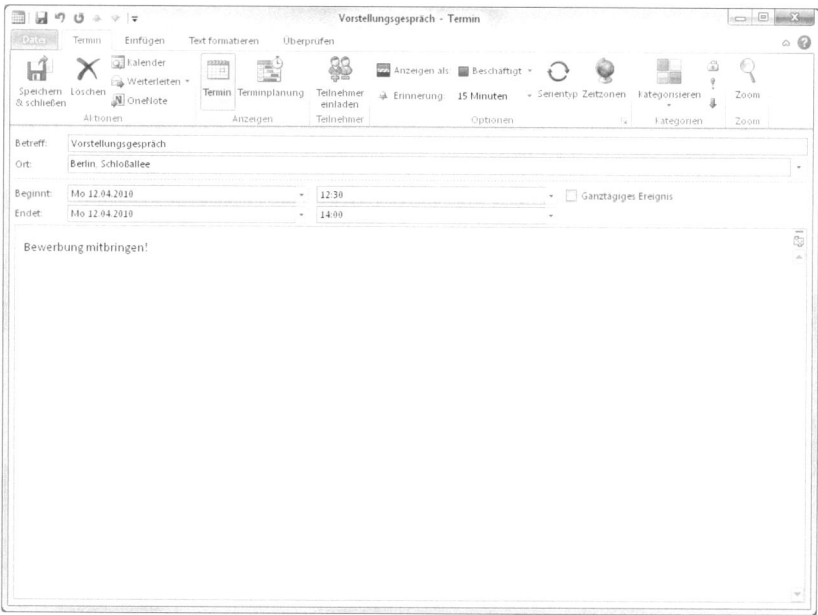

Tragen Sie zunächst die grundlegenden Informationen zum Termin ein: Betreff, Ort, Beginn, Ende und Notizen. Achten Sie darauf, eindeutige und aussagekräftige Betreffzeilen für Termine zu verwenden, damit Sie bereits in der Kalenderübersicht wissen, um welchen Termin es sich handelt. Wenn ein Termin ganztägig ist, klicken Sie rechts auf *Ganztägiges Ereignis*.

Im Menüband unter *Termin* können Sie weitere Details zum Termin festlegen, beispielsweise die farbige Kennzeichnung im Terminkalender (*Beschäftigt, Frei, Mit Vorbehalt*) oder wann Sie sich an diesen Termin von Outlook erinnern lassen möchten. Wählen Sie einen ausreichenden Zeitraum für Termine, auf die Sie sich gesondert vorbereiten müssen.

Auch bei Terminen steht die Funktion *Kategorisieren* zur Verfügung. Benutzen Sie sie für mehr Übersicht und ein effektiveres Arbeiten. Kategorisierte Termine werden in der jeweiligen Farbe der Kategorie im Kalender angezeigt. Besonders bei wichtigen Terminen sollten Sie dieses Feature unbedingt verwenden.

Wenn Sie Ihren Kalender freigeben, beispielsweise bei Office Online oder in einer Exchange-Umgebung, können Sie private Termine vor dem Zugriff Dritter schützen. Klicken Sie hierzu im Feld *Kategorien* im Menüband auf das Schlüsselsymbol, damit nur Sie die Details des Termins einsehen können.

Über die Registerkarte *Einfügen* im Menüband können Sie weitere Informationen zum Termin hinzufügen, die Sie zur Abarbeitung benötigen. Verknüpfen Sie wichtige Dateien mit einem Kalendereintrag, damit Sie diese nicht erst suchen müssen, sondern direkt zur Verfügung haben, falls Unterlagen zu einem Termin erforderlich sind.

Serientermine erstellen

Serientermine sind, wie der Name fast schon verrät, Termine, die sich in regelmäßigen Abständen wiederholen. Um einen Serientermin zu erstellen, klicken Sie im Fenster für das Erstellen von Terminen im Menüband unter *Termin* auf *Serientyp*. Im anschließenden Dialog können Sie festlegen, wann und wie oft sich dieser Termin wiederholt. Verwenden Sie diese Funktion beispielsweise für Geburtstage oder wiederkehrende Besprechungen.

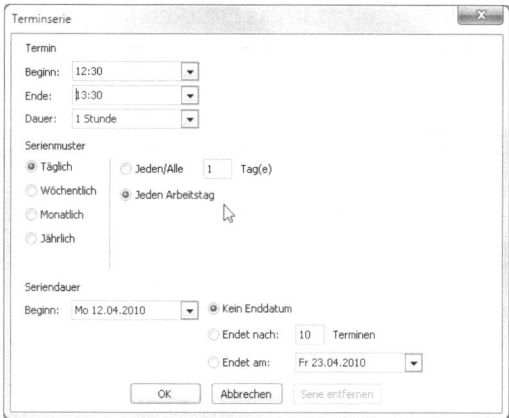

Kalender drucken

Sie können Ihren persönlichen Kalender in vielen verschiedenen Formaten drucken. Diese Funktion lohnt sich vor allem dann, wenn Sie häufiger ohne den Zugriff auf einen PC unterwegs sind und Ihren Kalender stets in gedruckter Form bei sich haben möchten, um keinen Termin zu verpassen. Wählen Sie unter *Kalender* im Menüband *Datei/Drucken* aus.

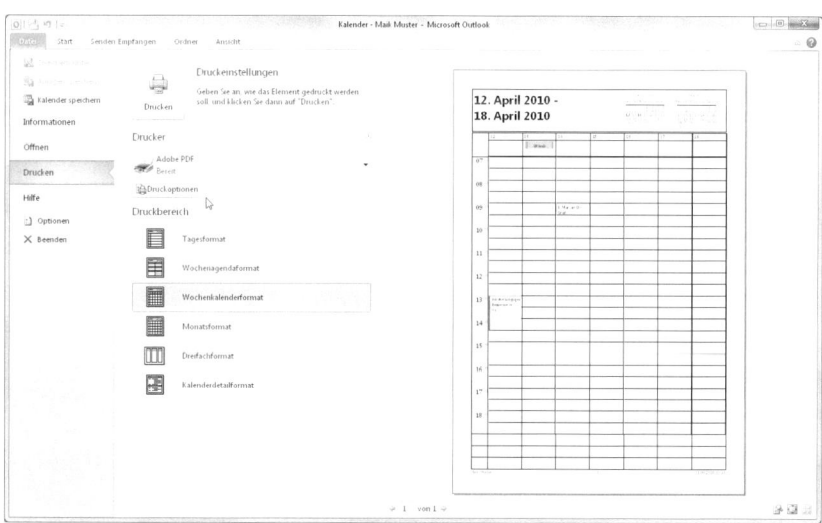

Outlook bietet verschiedene Druckformate für das Drucken Ihres Kalenders an. Im Tagesformat werden alle Tage, die Sie in der Kalenderansicht vorher angezeigt haben, separat ausgedruckt. Das Wochenformat liefert eine wöchentliche Übersicht über alle anfallenden Termine.

5.6 Aufgaben mit Outlook koordinieren

Egal ob Unternehmer, Angestellter oder Privatperson: Aufgaben hat jeder zu bewältigen. Wir zeigen Ihnen in diesem Kapital, wie Sie die Aufgabenfunktion in Outlook 2010 nutzen.

Aufgabenplaner kennenlernen und einrichten

Der Aufgabenplaner von Outlook bietet grundsätzlich zwei verschiedene Ansichten, die Sie im Navigationsbereich unter *Meine Aufgaben* wechseln können. In der *Vorgangsliste* werden alle Aufgaben, E-Mails, Termine und Kontakte angezeigt, die zur Nachverfolgung markiert sind. Unter *Aufgaben* werden lediglich die einzeln erstellten Aufgaben angezeigt.

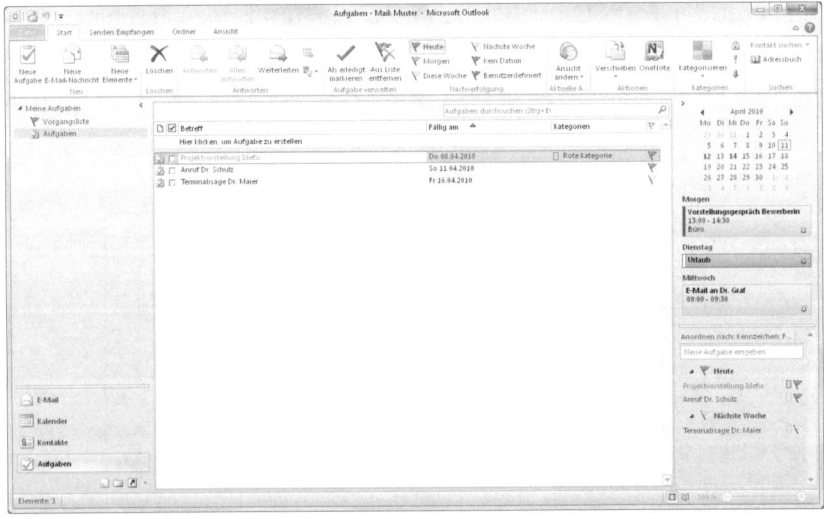

Übersicht: In der Aufgabenliste sehen Sie alle anstehenden Aufgaben sortiert nach Fälligkeit.

Aufgaben erstellen und verwalten

Um eine neue Aufgabe zu erstellen, klicken Sie im Menüband auf *Start/Neue Aufgabe* oder klicken doppelt in einen leeren Bereich der Aufgabenübersicht. Anschließend erscheint der Dialog zum Erstellen einer neuen Aufgabe.

Geben Sie Ihrer Aufgabe zunächst eine aussagekräftige Bezeichnung im Feld *Betreff* und fügen Sie weitere benötigte Informationen zur Aufgabe im Textfeld ein.

Mit den Feldern *Beginnt am* und *Fällig am* legen Sie fest, wann eine Aufgabe beginnt und bis zu welchem Tag sie erledigt sein muss. Wir empfehlen zudem, für jede Aufgabe eine *Erinnerung* einzurichten, damit Sie das Erledigen einer Aufgabe nicht verpassen.

Im Bereich *Anzeigen/Details* im Menüband können Sie weitere Informationen zur Aufgabe angeben, beispielsweise den Gesamtaufwand und die aufgewendeten Reisekilometer. Ähnlich wie bei allen anderen Outlook-Elementen haben Sie auch bei den Aufgaben die Möglichkeit, diesen eine oder mehrere Kategorien zuzuweisen.

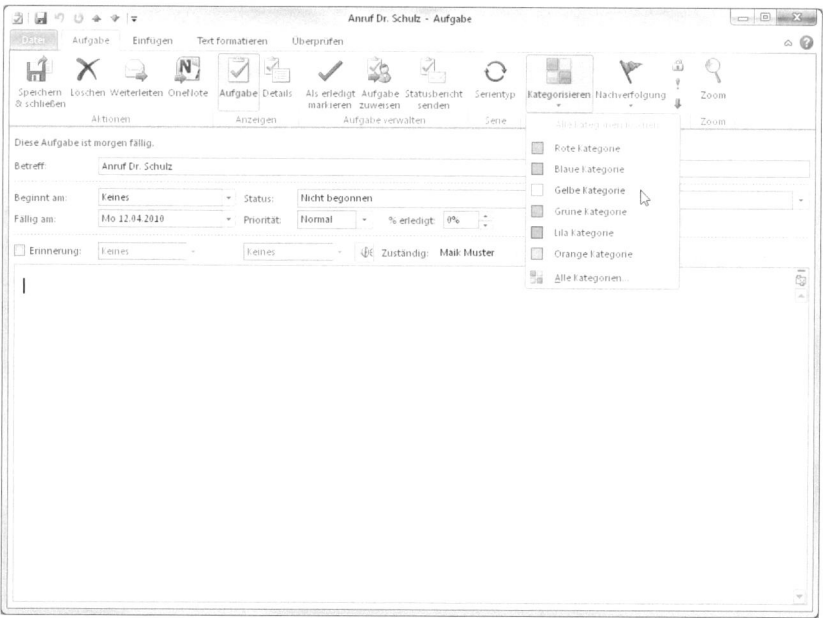

Wenn eine Aufgabe erledigt ist, klicken Sie auf die Schaltfläche *Als erledigt markiert* im Menüband, damit diese Aufgabe aus der Übersicht aktiver Aufgaben entfernt wird.

Aufgabenserien einrichten

Wie auch bei Terminen können Sie wiederkehrende Aufgaben leicht im Aufgabenplaner einrichten. Klicken Sie hierzu im Menüband unter *Serie* auf *Serientyp* und wählen Sie aus, in welchem Zeitraum die Aufgabe wiederholt werden soll.

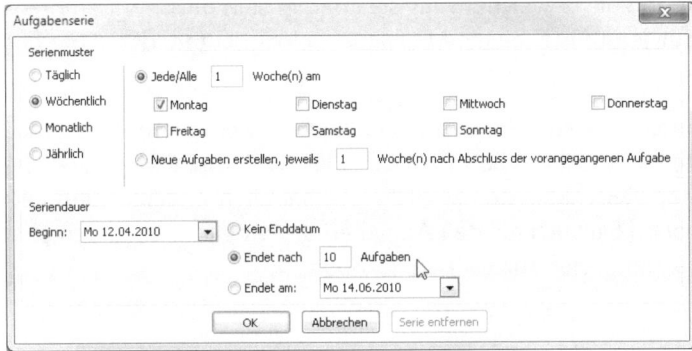

Wiederkehrende Aufgaben: Tägliche, wöchentliche, monatliche oder jährliche Aufgaben können Sie einfach mit dem Serientyp festlegen.

Einen Termin aus einer Aufgabe erstellen

Um einen Termin aus einer eingetragenen Aufgabe zu erstellen, ziehen Sie die jeweilige Aufgabe aus der Aufgabenansicht per Drag & Drop auf die Schaltfläche *Kalender* im linken Navigationsbereich. Der Aufgabentext und der Betreff werden automatisch für den neuen Termin eingefügt, den Sie wie jeden normalen Termin bearbeiten können.

5.7 Der Outlook-Connector für soziale Netzwerke – XING, Facebook & Co. in Outlook integrieren

Mit dem Outlook-Connector für soziale Netzwerke können Sie jene in den Personenbereich von Outlook integrieren. Die Updates Ihrer Kontakte und Freunde können Sie dadurch beispielsweise unter jeder E-Mail mit ihnen einsehen.

Wir zeigen Ihnen das kurz am Beispiel von XING: Um das Businessnetzwerk XING in Outlook zu integrieren, klicken Sie im *Menüband* unter *Ansicht/ Personenbereich* auf *Kontoeinstellungen*.

Klicken Sie danach auf *Online verfügbare Anbieter für soziale Netzwerke anzeigen ...*

... und laden Sie den XING Connector herunter.

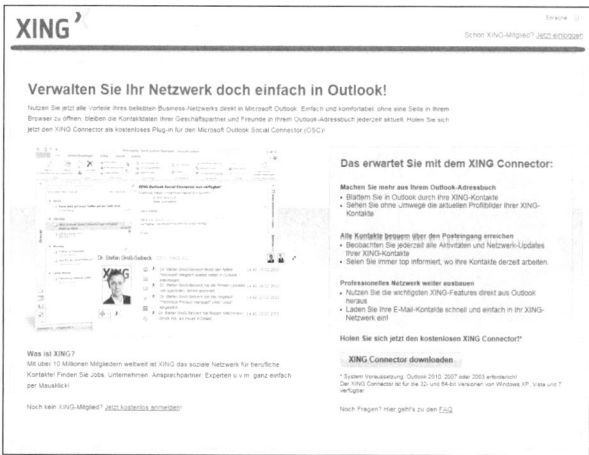

Ob Sie die 32- oder 64-Bit-Version benötigen, erfahren Sie dadurch, indem Sie in der Systemsteuerung von Windows auf *System* klicken.

Für die Installation von XING Connector ist es notwendig, dass Sie Outlook beenden. Installieren Sie den Connector und öffnen Sie Outlook anschließend wieder.

Anschließend öffnet sich ein Dialogfeld mit den Konten sozialer Netzwerke. Wählen Sie *XING* aus und klicken Sie auf *Verbinden*.

Melden Sie sich mit Ihren XING-Zugangsdaten an und klicken Sie zunächst auf *Erlauben*, danach auf *OK*.

So sieht das dann beispielhaft unter einer E-Mail aus:

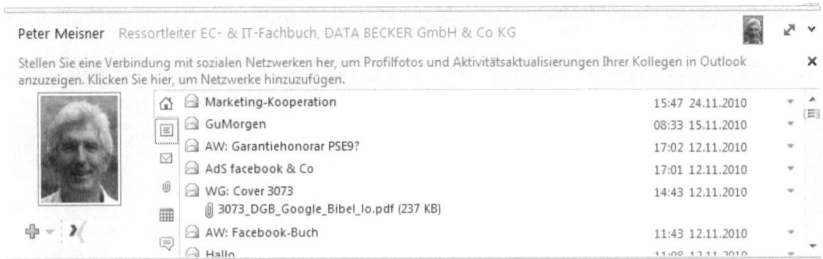

5.8 OneNote: erste Schritte für Einsteiger

OneNote ist, einfach ausgedrückt, die elektronische Variante eines Notizbuchs aus Papier, in dem Sie Notizen, Gedanken, Ideen und alle anderen Arten von Informationen abspeichern können. Dabei bietet
OneNote selbst die Möglichkeit, mehrere Notizbücher, Abschnitte und
Seiten anzulegen, damit Sie klare Strukturen schaffen können. Wir zeigen Ihnen, wie Sie sich schnell in OneNote zurechtfinden.

Die neue Oberfläche kennenlernen

Bevor es mit dem Anlegen von Notizen losgehen kann, ist es notwendig,
dass Sie sich mit der Oberfläche von OneNote vertraut machen. Diese ist
in drei verschiedene Bereiche gegliedert.

In der linken Navigationsleiste finden Sie die verschiedenen Notizbücher,
die zur Hauptgliederung von Notizen dienen. Generell werden in diesem
Bereich die zuletzt geöffneten Notizbücher angezeigt. Um einen Überblick
über alle vorhandenen Notizbücher zu erhalten, klicken Sie in der Navigationsleiste auf die mit einem Pfeil nach rechts versehene Schaltfläche.

Im oberen Bereich von OneNote befinden sich, wie oftmals auch in herkömmlichen Notizbüchern, die einzelnen Abschnitte des momentan geöffneten Notizbuchs in Form von Registerkarten. Im rechten Bereich finden
Sie die jeweiligen Seiten und Unterseiten des ausgewählten Abschnitts.

Über den Registerkarten befindet sich das Menüband, welches beim
Öffnen von OneNote eventuell minimiert dargestellt wird. Wenn Sie
beispielsweise auf *Start* klicken, klappt das Menüband nach unten aus.
Klicken Sie erneut auf *Start*, um das Menüband wieder zu minimieren
und einen besseren Überblick über Ihre Notizen zu erhalten.

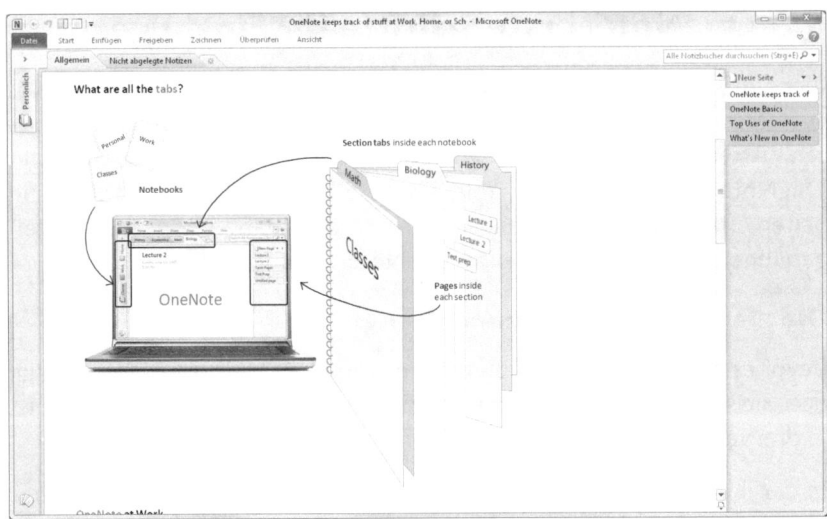

Menüband fixieren und immer anzeigen

Damit das Menüband fixiert dargestellt wird und somit nicht die einzelnen Notizbuchabschnitte überdeckt, klicken Sie einfach mit der Maus doppelt auf einen Menüpunkt, also z. B. *Start*. Um das Menüband wieder zu verstecken, wiederholen Sie einfach den Vorgang.

Neues Notizbuch hinzufügen

OneNote bietet bereits von Hause aus mehrere vorgefertigte Notizbücher. Um weitere Notizbücher hinzuzufügen, gehen Sie wie folgt vor:

Klicken Sie im Menü von OneNote auf *Datei/Neu* und wählen Sie zunächst aus, ob Sie Ihr Notizbuch auf Ihrem PC oder im Web speichern möchten. In unserem Beispiel wählen wir zunächst die Speicherung auf dem lokalen Arbeitsplatz aus.

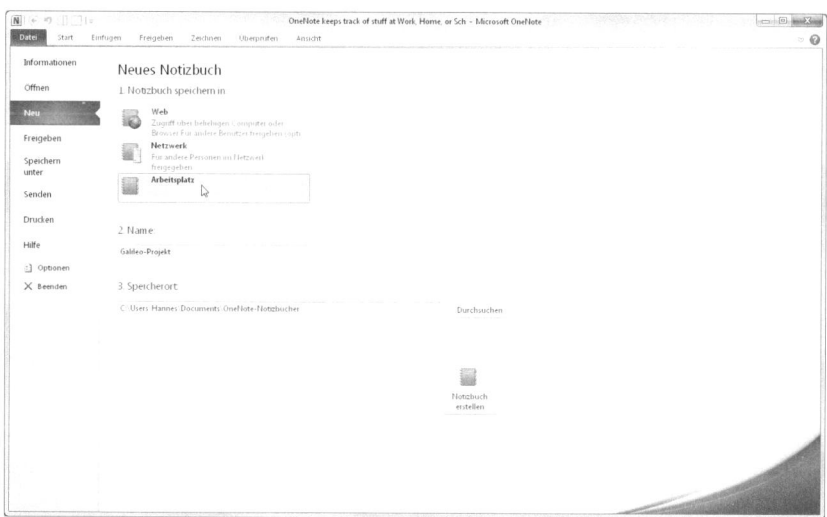

Wählen Sie einen Namen für das anzulegende Notizbuch und klicken Sie anschließend auf *Notizbuch erstellen*. In der linken Navigationsleiste erscheint anschließend das neu angelegte Notizbuch, welches ebenfalls dann automatisch geöffnet ist.

Abschnitte hinzufügen

Jedes Notizbuch kann in beliebig viele Abschnitte unterteilt werden. Nachdem Sie das Notizbuch geöffnet haben, klicken Sie in der Abschnittsleiste auf die rechte Schaltfläche.

In der oberen Abschnittsleiste erscheint dann ein neuer Abschnitt, dessen Namen Sie einfach ändern können. Um die Bezeichnung nachträglich zu ändern, klicken Sie doppelt mit der Maus auf den jeweiligen Abschnitt.

Seiten und Unterseiten definieren

In jeden Abschnitt eines Notizbuchs können Sie mehrere Seiten und Unterseiten hinzufügen. Um eine neue Seite hinzuzufügen, klicken Sie im rechten Navigationsbereich auf *Neue Seite* oder drücken Strg+N. Den Seitentitel legen Sie in dem mit Strichen umrandeten Feld auf der Notizseite fest. Innerhalb der einzelnen Seiten können Sie ebenso beliebig viele Unterseiten erstellen.

Wählen Sie hierfür zunächst die Hauptseite im rechten Bereich aus, klicken Sie dann neben der Schaltfläche *Neue Seite* auf den nach unten zeigenden Pfeil und wählen Sie die Option *Neue Unterseite*. Auch hier wird der Seitentitel direkt in der jeweiligen Notizseite festgelegt.

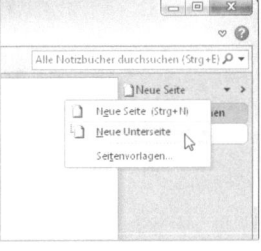

So geht's: Abschnitte farblich trennen

Um eine bessere Übersicht über die Abschnitte der einzelnen Notizbücher zu erhalten, können Sie diese mittels Farben kategorisieren. Klicken Sie dazu mit der rechten Maustaste auf den jeweiligen Abschnitt und wählen Sie im Menü unter *Abschnittsfarbe* eine Farbe für den Abschnitt aus.

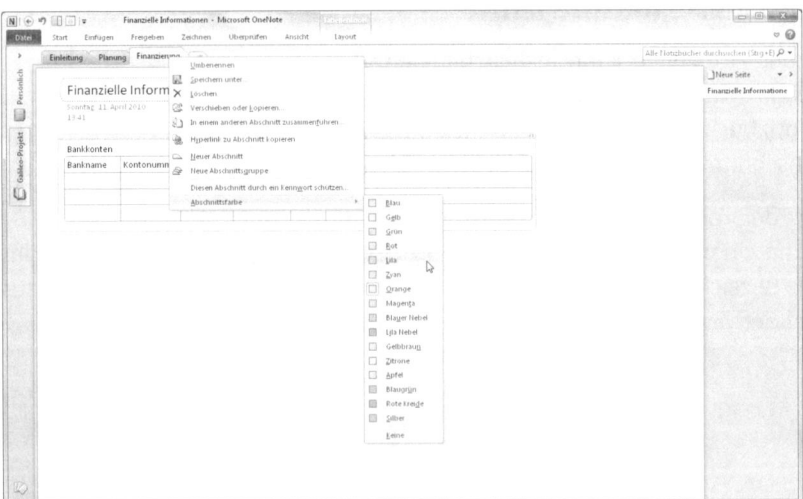

5.9 Clever Notizen erstellen

Eingabe von Notizen

Die Eingabe von Notizen in eine OneNote-Seite ist spielend einfach. Klicken Sie mit der Maus einfach in einen leeren Bereich auf der Seite und fangen Sie an zu schreiben.

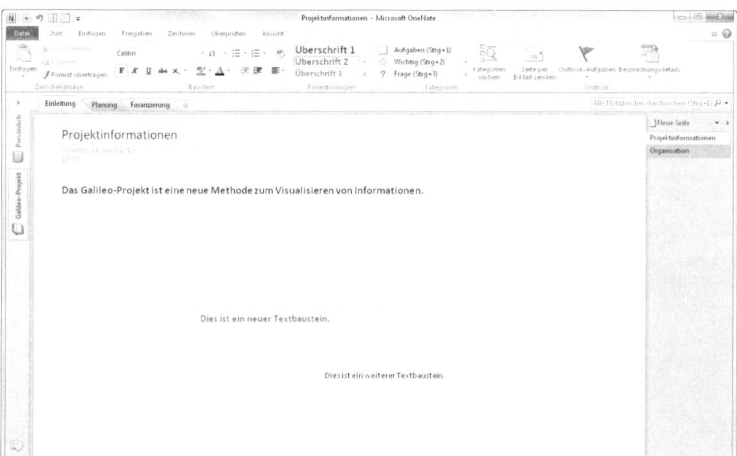

Wie Sie sicherlich bemerken werden, erscheint um den Text ein grauer Rahmen. Mit dessen Hilfe können Sie den Textabschnitt einfach per Drag & Drop innerhalb der Seite verschieben oder das Textfeld an den Rändern des Rahmens skalieren. Die einzelnen Texte können Sie natürlich auch über die Formatierungswerkzeuge, die Sie bereits aus Word kennen, formatieren. Im Menüband können Sie beispielsweise Schriftart, Schriftgrad und Farbe festlegen. Über das Menü *Zeichnen* können Sie innerhalb Ihrer Notizen z. B. bestimmte Elemente wie mit einem Textmarker kennzeichnen oder damit beispielsweise über ein Grafik-Tablett geschriebenen Freihand-Text in normalen Text konvertieren.

Notizen kategorisieren

Ein mit OneNote 2010 neu hinzugekommenes Merkmal ist das Kategorisieren von Notizen. Sie können einzelne Textabschnitte damit beispielsweise farblich hervorheben, als Aufgabe kennzeichnen oder festlegen, dass ein Textabschnitt eine Adresse darstellt.

Um eine Textzeile oder einen Textabschnitt zu kategorisieren, klicken Sie mit der Maus einfach die betreffende Zeile an oder markieren mehrere Zeilen. Wählen Sie dann anschließend im Menüband unter *Start/Kategorien* die jeweilige Kategorie aus, mit der Sie den ausgewählten Text kennzeichnen möchten.

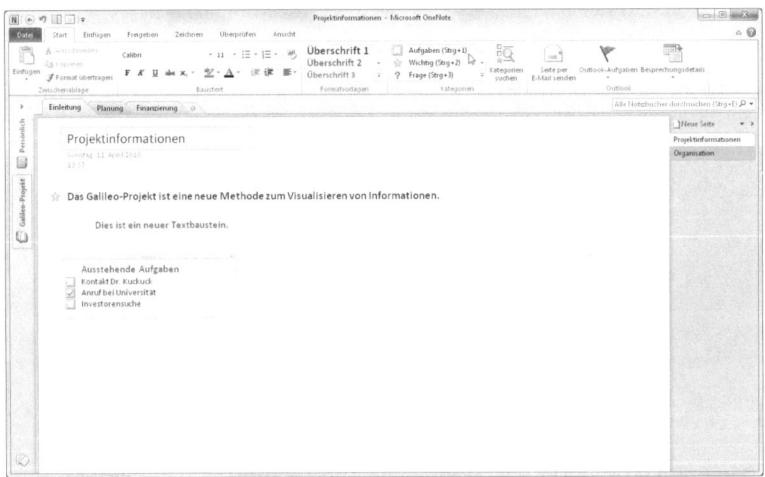

Textzeile als Aufgabe: Mit einem Klick auf Aufgaben wird der Text als Aufgabe gekennzeichnet. Bei einem zweiten Klick wird die Aufgabe als erledigt markiert.

Sie können die jeweiligen Kategorien auch durch Tastenkombinationen zuweisen. Die voreingestellten Tastaturkürzel stellen wir Ihnen in dieser Übersicht vor.

Kombination	Kategorie	Kombination	Kategorie
Strg+1	Aufgaben	Strg+6	Hervorheben
Strg+2	Wichtig	Strg+7	Kontakt
Strg+3	Frage	Strg+8	Adresse
Strg+4	Für später vormerken	Strg+9	Telefonnummer

Kombination	Kategorie	Kombination	Kategorie
Strg+5	Definition		

Objekte einfügen

Neben reinem Text und Zeichnungen können Sie in jeder Notiz auch Objekte wie Bilder, Screenshots, Tabellen und sogar Audioaufzeichnungen einbinden. Klicken Sie hierzu einfach im Menüband auf *Einfügen* und wählen Sie das einzufügende Objekt aus.

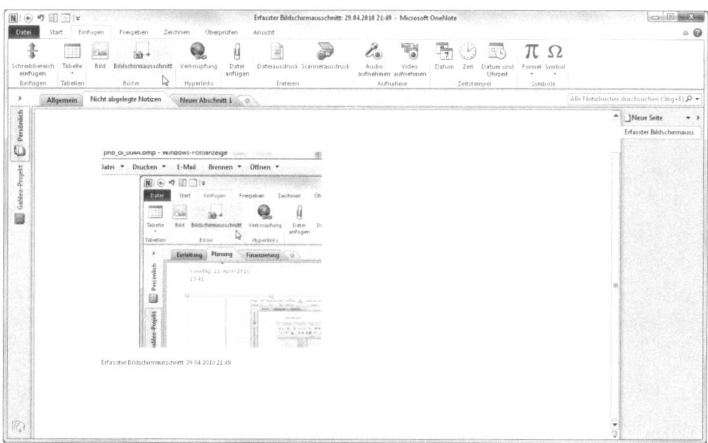

Mittels Bildschirmausschnitt im Menüband unter Einfügen können Sie schnell Screenshots erstellen und einfügen.

Zusammenarbeit mit Outlook und Word

OneNote bietet mehrere Möglichkeiten, mit anderen Office-Programmen zusammenzuarbeiten. Im Bereich *Outlook* im Menüband unter der Registerkarte *Start* können Sie beispielsweise direkt eine Outlook-Aufgabe aus einer Notiz erstellen und festlegen, bis wann diese erledigt sein soll. Einzelne Seiten können Sie ebenfalls als PDF per E-Mail versenden, in Microsoft Word exportieren oder sogar direkt bloggen. Klicken Sie hierzu ganz einfach im Menüband unter *Datei* auf *Senden*.

So geht's: Notizen bloggen

Wählen Sie die zu bloggende Notiz aus und klicken Sie im Menüband unter *Datei/Senden* auf die Schaltfläche *An Blog senden*.

Ihre Notiz wird anschließend an Microsoft Word exportiert und in ein publikationsfähiges Format konvertiert. Klicken Sie anschließend in Word im Menüband unter *Blogbeitrag* auf *Veröffentlichen*, um Ihre Notiz zu bloggen.

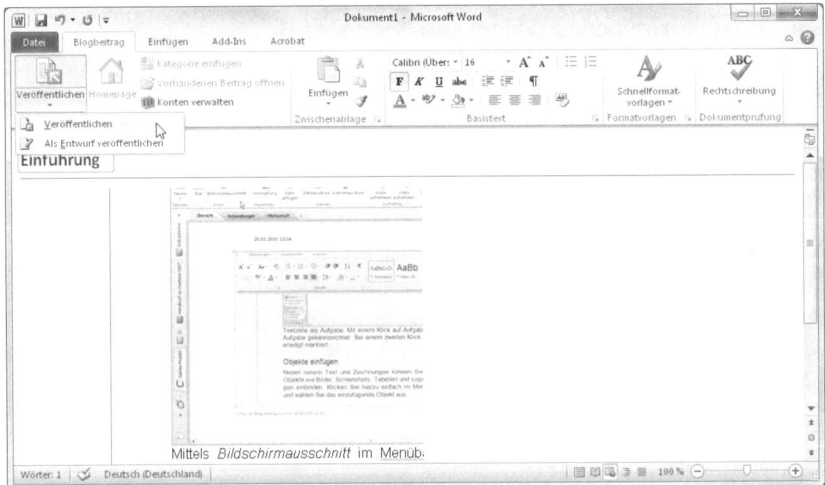

6. Datenaustausch in Office 2010 ganz einfach

In den vergangenen Kapiteln wurden die einzelnen Elemente des Office 2010-Pakets ausführlich beschrieben. Nun ist es aber nicht Ziel und Zweck, die Komponenten des Pakets immer als separate Einheiten zu benutzen. In den einzelnen Kapiteln wurden schon die verschiedensten Möglichkeiten angesprochen, wie Sie zwischen den Komponenten einen Datenaustausch vollziehen können. In diesem Kapitel sollen Ihnen weitere vorgestellt werden.

Bisher haben Sie die Adressen für einen Word-Serienbrief mit einer Word- oder Excel-Tabelle erstellt. Sie können aber auch Ihre Outlook-Kontakte dafür benutzen. Wie verschicken Sie ein Word-Dokument, eine Excel-Tabelle oder eine PowerPoint-Präsentation per E-Mail?

Sind eigentlich Ihre Office 2010-Dateien auch für ältere Office-Versionen lesbar, und wie können Sie zu Hause oder in einem kleinen Büro Ihre Dateien auch von anderen bearbeiten lassen?

All das werden Sie in diesem Kapitel erfahren.

Mit Office 2010 erstellte Dateien freigeben

Damit andere mit Ihren Dateien arbeiten können, müssen Sie diese Dateien für Ihre Kollegen freigeben. In einer Heimnetzgruppe teilen sich die integrierten Computer schon eine Reihe von Daten wie Bilder, Musik und Videos. Eine Heimnetzgruppe ist aber nicht standardmäßig zu Hause eingerichtet. Zum Einrichten unter Windows 7 gehen Sie folgendermaßen vor:

1 Starten Sie die *Systemsteuerung* und wählen Sie dann *Heimnetzgruppen- und Freigabeoptionen auswählen*.

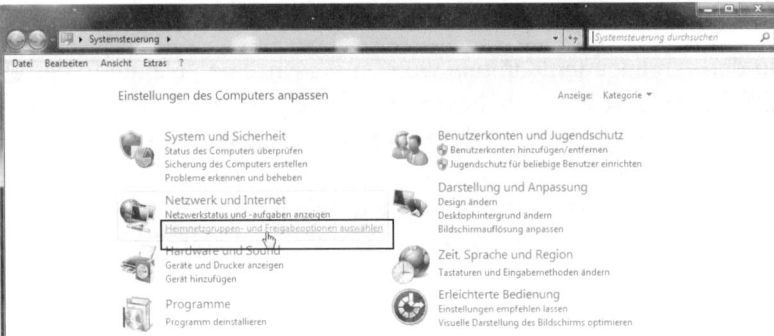

2 Wenn es noch keine Heimnetzgruppe gibt, klicken Sie auf *Heimnetzgruppe erstellen*.

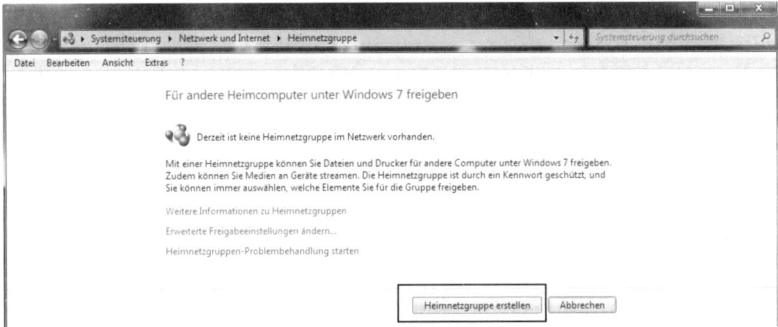

3 Nun wählen Sie, welche Geräte und Daten Sie in der Heimnetzgruppe mit anderen teilen möchten. Hier können Sie zusätzlich auch Ihre Dokumente für andere bereitstellen. Diese Einstellungen lassen sich später jederzeit wieder ändern.

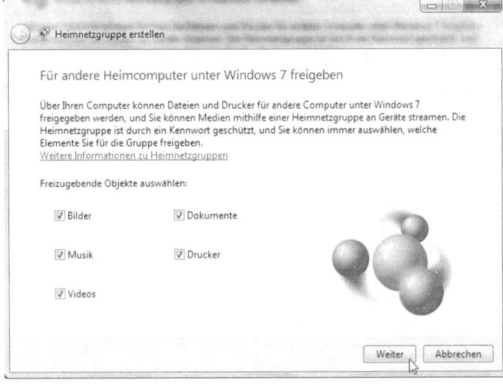

4 Als Nächstes vergibt Windows 7 für die Heimnetzgruppe ein Kennwort. Wer dieses Kennwort kennt, kann sich zukünftig in Ihre Heimnetzgruppe einbinden. Überlegen Sie sich also gründlich, wem Sie dieses Kennwort verraten.

5 Nun noch auf *Fertig stellen* klicken und das Heimnetzwerk ist fertig.

Heimnetzwerke gibt es aber nur mit Rechnern, auf denen Windows 7 läuft. Ältere Versionen können Heimnetzwerke weder anlegen noch ihnen beitreten. Hier muss man sich dem klassischen Netzwerk zuwenden.

Die Frage, was denn der Unterschied zwischen den beiden Netzwerken ist, liegt nahe und ist recht einfach zu beantworten. Um ein Heimnetzwerk zu erstellen und zu verwalten, brauchen Sie keine sehr tiefgründigen Netzwerkkenntnisse. Es lässt sich intuitiv und recht einfach einrichten. Darüber hinaus werden Sie zu Hause immer nur ein Netzwerk haben, in einer großen Firma können es durchaus mehrere verschiedene Netzwerke sein. Ein klassisches Netzwerk einzurichten, ist ohne Kenntnisse von Protokollen und Gruppen- oder Domänennamen kaum möglich. Für ein Heimnetzwerk dagegen brauchen Sie dieses Wissen nicht.

Haben Sie nun ein Heimnetzwerk eingerichtet, können Sie zusätzlich jede beliebige Datei oder jeden Ordner für die Mitglieder der Gruppe freigeben.

1 Um einen Ordner freizugeben, klicken Sie mit der rechten Maustaste auf den Ordnernamen und wählen aus, ob die anderen die Dateien nur lesen oder auch verändern dürfen (*Lesen/Schreiben*).

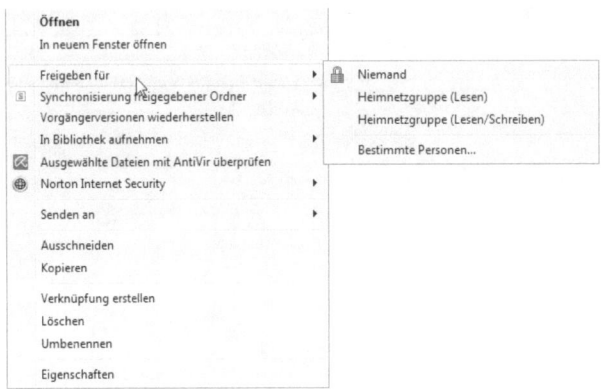

2 Möchten Sie den Ordner nur für bestimmte Personen freigeben, erhalten Sie folgendes Fenster, in dem Sie den entsprechenden Personennamen auswählen können.

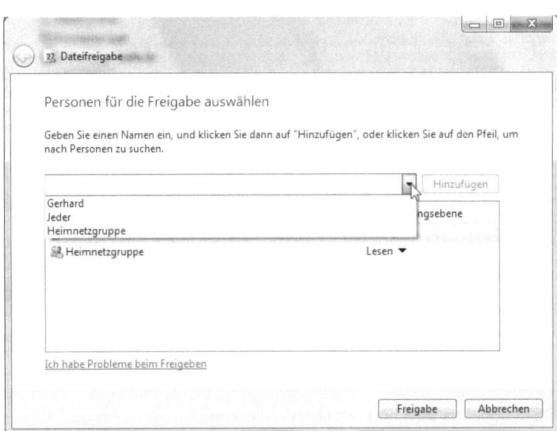

Dokumente im Team bearbeiten

Um nun auf einen der Computer im Heimnetzwerk zugreifen zu können, gibt es mehrere Möglichkeiten. Wir zeigen Ihnen eine davon.

1 Klicken Sie auf *Start* und wählen Sie dann *Computer*. Nun sehen Sie, dass der Computer von Tante Hedwig eingeschaltet und ein Zugriff über das Heimnetzwerk möglich ist.

2 Klicken Sie nun auf den Computer von Tante Hedwig und Sie erhalten alle freigegebenen Ordner auf deren Computer.

3 Mit einem Doppelklick können Sie nun jeden der freigegebenen Ordner öffnen und die darin befindlichen Dateien ebenfalls mit einem Doppelklick starten, um sie zu bearbeiten.

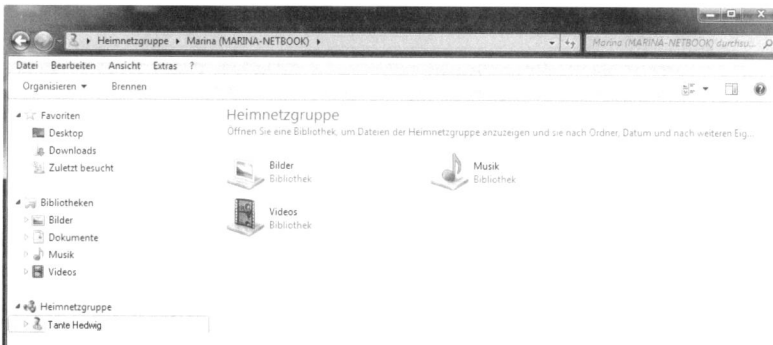

Angezeigt werden aber nur die freigegebenen Ordner. Sehen Sie also den Word-Ordner nicht, obwohl Sie wissen, dass Tante Hedwig einen angelegt hat, dann hat sie diesen womöglich nicht freigegeben. Wie Sie einen Ordner freigeben, konnten Sie im vorigen Abschnitt lesen.

Kann ich Office 2010-Dateien in älteren Office-Versionen nutzen?

Die schnelle Antwort lautet: Ja. Die etwas ausführlichere Antwort macht zunächst die Einschränkung, dass die Formatierungselemente, die es erst seit der Office-Version 2010 gibt, natürlich nicht in älteren Office-Versionen nutzbar sind. Aber Ihre Texte, Tabellen und Präsentationen sind problemlos auch in älteren Versionen zu bearbeiten, wenn – und jetzt kommt das große Wenn – Sie Ihre Office 2010-Datei in einem älteren Dateiformat abspeichern.

Sie wissen, dass seit Office 2007 die Dateiendung für Word-Dateien *.docx* lautet. Auch bei PowerPoint- und Excel-Dateien wurde an die Dateinamenerweiterung ein *x* angehängt. Es besagt, dass die Dateien in einem völlig anderen Format abgespeichert wurden, das ältere Office-Versionen nicht verstehen.

Warum tut Microsoft so etwas? Die Antwort ist recht einfach. Weil die neue Abspeicherungsart erhebliche Vorteile gegenüber den älteren Formaten bietet. So sind die neuen Dateien u. a. kleiner als die alten und nutzen die Festplattenkapazität wesentlich optimaler aus.

Wenn Sie also Ihre Office 2010-Dateien auch in einer älteren Office-Version bearbeiten möchten, genügt es nicht, einfach das *x* bei der Dateinamenerweiterung zu entfernen. Sie müssen die Datei in dem alten Format abspeichern. Das bedingt aber, dass die neuen Office 2010-Formatierungen verloren gehen.

Wie Sie in einer älteren Office-Version abspeichern, möchten wir Ihnen nun anhand eines Word-Dokuments zeigen. Die Schritte in Excel sind identisch. Im Kapitel über das Speichern in PowerPoint auf Seite 528 wurde die Vorgehensweise in PowerPoint schon beschrieben.

Klicken Sie in der Registerkarte *Datei* auf *Speichern* bzw. *Speichern unter* und wählen Sie bei *Dateityp* den Eintrag *Word 97-2003-Dokument (*.doc)*.

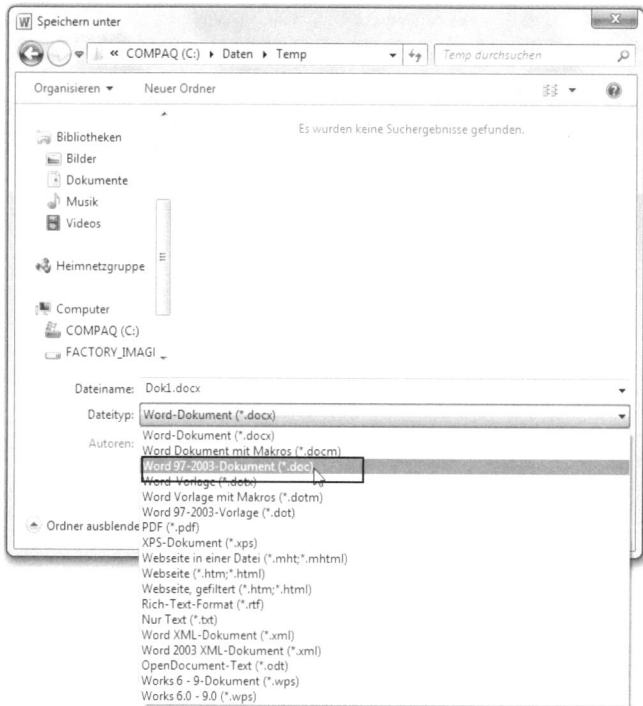

Diese Auswahl müssen Sie bei jeder Datei treffen, die in einer älteren Office-Version nutzbar sein soll.

Sie können natürlich diese Vorgabe von vornherein festlegen, müssen aber dann damit leben, dass die neuen Möglichkeiten von Office 2010 in diesem Format nicht abgespeichert werden können.

Die Voreinstellung können Sie über die Registerkarte *Datei* im Bereich *Optionen* festlegen.

Dort wählen Sie in der Kategorie *Speichern* bei *Dateien in diesem Format speichern* die Auswahl der Abbildung.

Nun speichert Office 2010 standardmäßig im alten Format und Sie brauchen sich in Zukunft beim Speichern um nichts mehr zu kümmern.

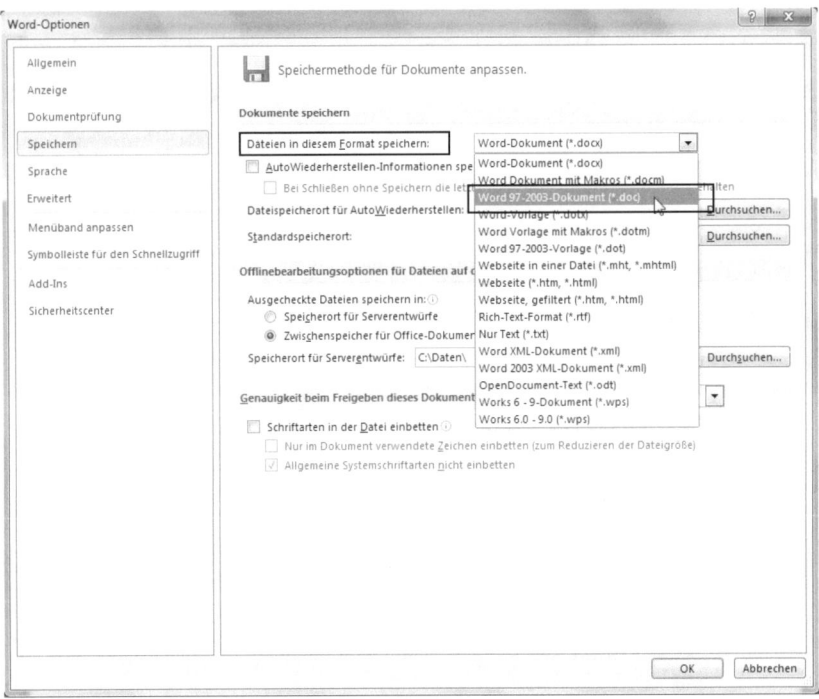

Daten einfach in anderen Programmen einsetzen

Dateien, sei es aus Word, Excel oder PowerPoint, in anderen Programmen des Office-Pakets zu nutzen, ist im Grunde kein Problem. Es läuft immer darauf hinaus, die Daten, die Sie in anderen Programmen benutzen möchten, zu markieren und zu kopieren ([Strg]+[C]). Dann öffnen Sie das andere Programm und fügen die in der Zwischenablage befindlichen Daten durch [Strg]+[V] in das neue Programm ein.

Diese Vorgehensweise bedingt aber, dass es nun keine Verbindung zwischen den Daten mehr gibt. Wenn also Daten in der einen Anwendung geändert werden, werden sie in der anderen Anwendung nicht geändert.

Wenn Sie aber statt auf *Einfügen* ([Strg]+ [V]) in der Registerkarte *Start* bei *Zwischenablage* auf das kleine Dreieck bei *Einfügen* klicken, können Sie *Inhalte einfügen* auswählen.

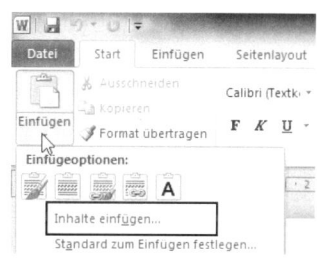

Hier wählen Sie, wenn es sich um eine Excel-Tabelle handelt, *Microsoft Excel-Arbeitsmappe-Objekt*. Wichtig ist aber nun, dass Sie die Tabelle als *Verknüpfung einfügen*. Nur dann ist gewährleistet, dass die Daten in Word verändert werden, sobald die Daten in Excel verändert wurden.

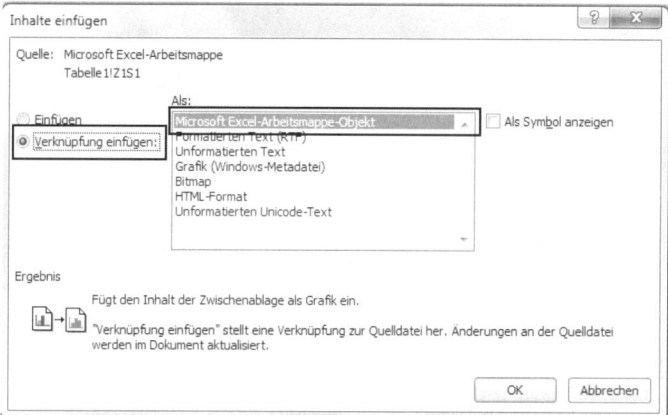

Excel-Tabellen und Diagramme in Word erstellen

In Word erstellen Sie in der Regel eigenständige Tabellen. Diese zeichnen sich u.a. dadurch aus, dass große Rechenoperationen nicht möglich sind.

Wenn Sie aber komplexe Rechnungen durchführen müssen, werden Sie das besser in einer Excel-Tabelle machen und diese mit der Word-Datei verknüpfen, so wie es im letzten Abschnitt erläutert wurde.

Es gibt aber auch die Möglichkeit, innerhalb von Word eine Excel-Tabelle aufzurufen und zu bearbeiten.

1 Wählen Sie dazu die Registerkarte *Einfügen*. Dort klicken Sie auf das kleine Dreieck bei *Tabelle*.

2 Hier wählen Sie die *Excel-Kalkulationstabelle*.

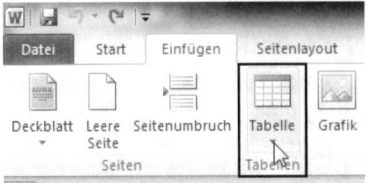

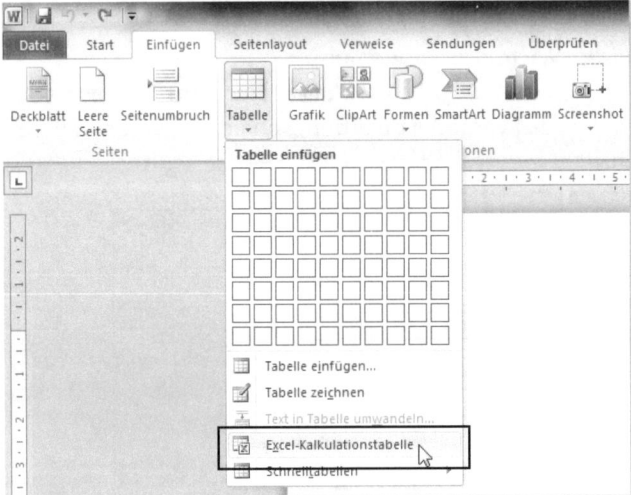

3 In Word wird nun eine Excel-Tabelle geöffnet. Dass dies eine tatsächliche Excel-Tabelle ist, ist leicht zu erkennen, denn Sie bekommen auch die bekannte Multifunktionsleiste von Excel.

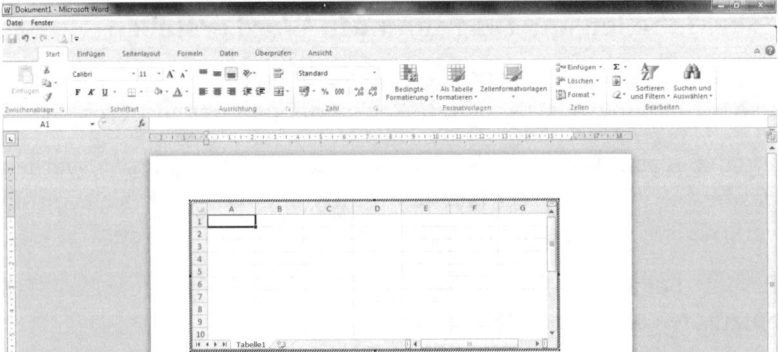

4 Diese Tabelle können Sie nun bearbeiten, genau, wie es in Excel besprochen wurde. Sie können alle Formeln und Funktionen benutzen.

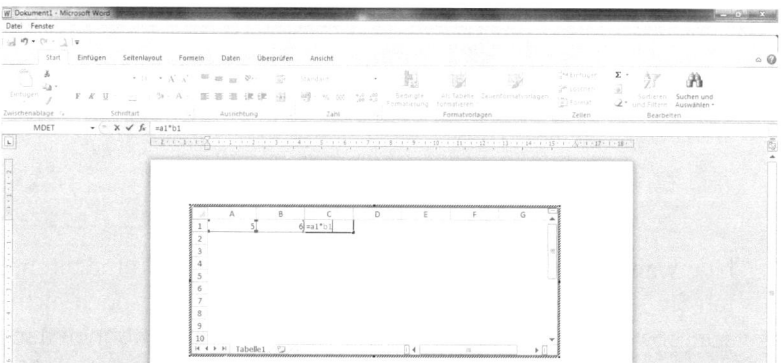

5 Wenn Sie mit der Kalkulation fertig sind und wieder ganz nach Word zurück möchten, klicken Sie einfach irgendwo auf das Blatt auf Ihrem Bildschirm. Die Excel-Multifunktionsleiste verabschiedet sich nun und Sie haben in Ihrer Word-Datei ein eingebettetes Excel-Objekt.

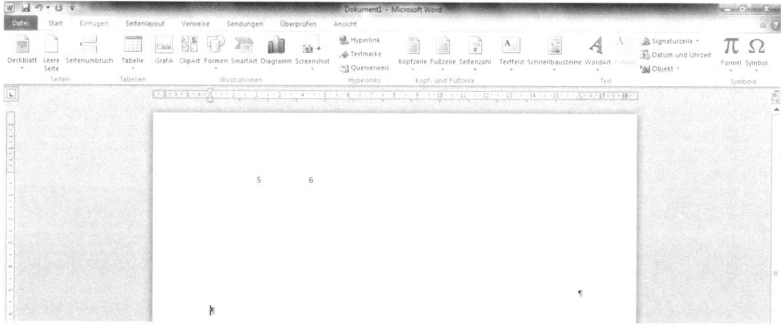

Ein solches eingebettete Objekt können Sie jetzt in Word aber nicht ändern. Sie müssen Excel wieder aufrufen. Aber das ist ganz einfach: Machen Sie eine Doppelklick auf die eingebettete Tabelle und schon sind Sie wieder in Excel und können die Tabelle bearbeiten.

Ähnlich einfach verfahren Sie, wenn Sie ein Excel-Diagramm in Word erstellen möchten.

1 Da Sie ein Objekt einfügen möchten, gehen Sie die Karteikarte *Einfügen* und wählen dort *Diagramm*.

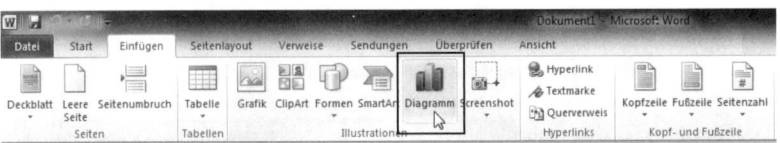

2 Nun wählen Sie, welchen Diagrammtyp Sie einfügen möchten. Sollten Sie sich an dieser Stelle über den Diagrammtyp noch nicht klar sein, so wählen Sie irgendeinen sinnvollen, denn Sie können den Diagrammtyp jederzeit nachträglich noch verändern. Bestätigen Sie Ihre Wahl mit *OK*.

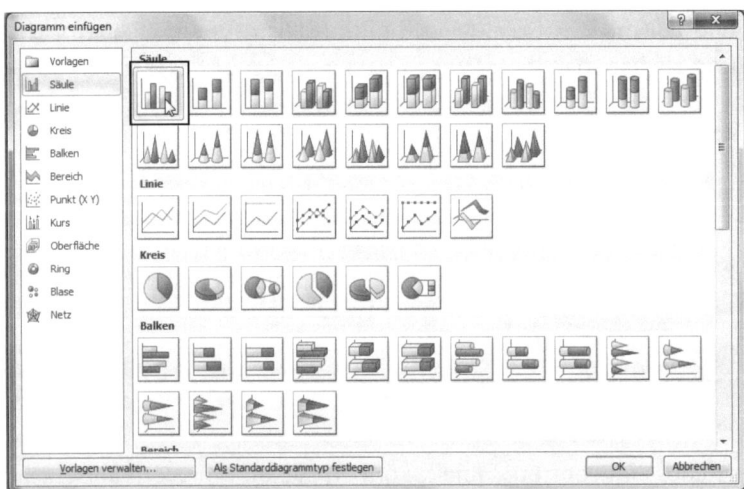

3 Ihr Bildschirm hat sich nun in zwei Fenster geteilt. Auf der linken Seite finden Sie ein Diagramm, das sich aus den Werten der Tabelle im rechten Fenster ergibt.

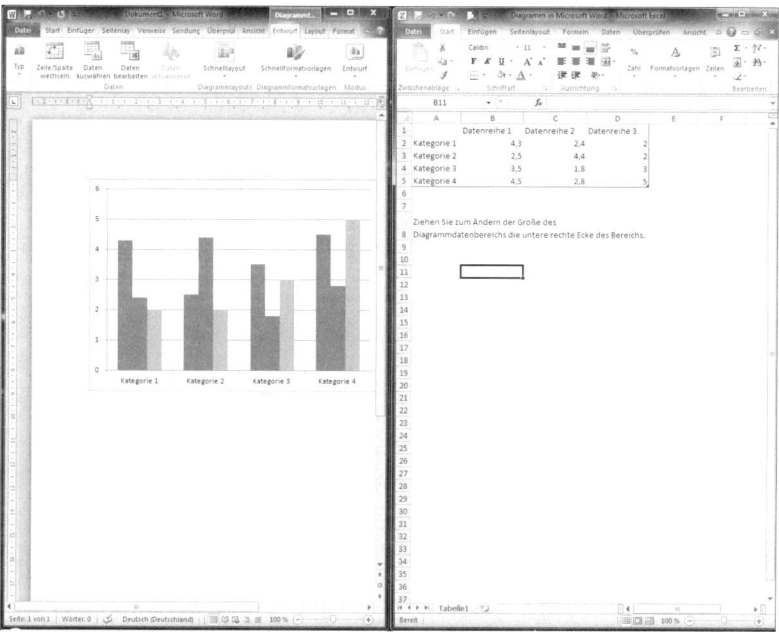

4 Verändern Sie die Tabelle auf der rechten Seite, und sofort wird das Diagramm auf der linken Seite ange- passt. Zum Vergrößern der Tabelle ziehen Sie einfach die rechte untere Ecke der Tabelle in die gewünschte Richtung.

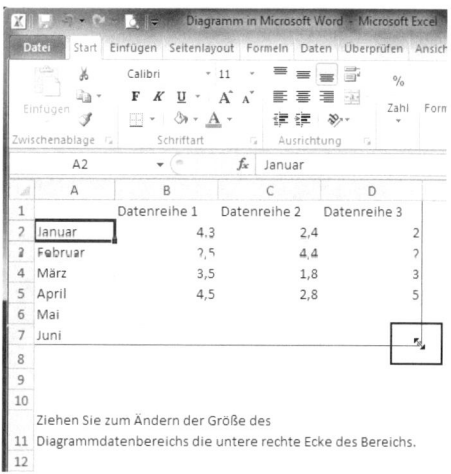

5 Nun verfahren Sie mit der Tabelle so, wie wir es in Excel besprochen haben. Selbstverständlich können Sie in der Tabelle alle aus Excel bekannten Formeln benutzen, denn letztendlich ist das, was Sie da haben, eine reine Excel-Tabelle.

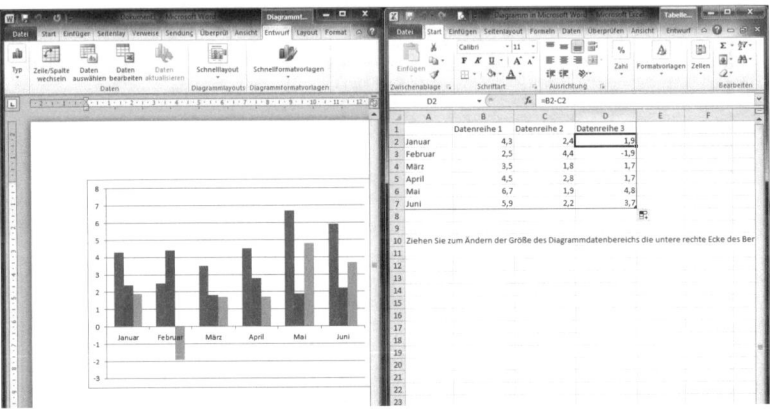

6 Haben Sie die Tabelle fertig, können Sie das Tabellenfenster über das bekannte Windows-Symbol schließen.

7 Möchten Sie danach Ihre Daten verändern, klicken Sie das entsprechende Diagramm an und wählen in den *Diagrammtools* das Symbol *Daten bearbeiten*.

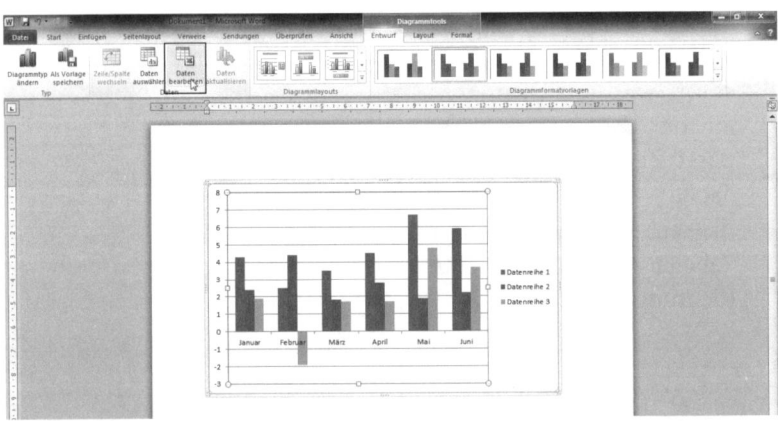

Dateien bequem per E-Mail versenden

Recht schnell und einfach können Sie in Office 2010 Ihre erstellten Dateien per E-Mail oder als PDF-Datei verschicken. Sie brauchen dazu lediglich ein richtig konfiguriertes Outlook 2010. Wie Sie Outlook richtig konfigurieren, haben Sie in Kapitel 5 erfahren. Wir möchten Ihnen nun zeigen, wie Sie ein Word-Dokument aus Word heraus per E-Mail verschicken können. In Excel und PowerPoint funktioniert das aber genauso.

1 Klicken Sie in Word auf die Registerkarte *Datei* und wählen Sie dann *Speichern und Senden*.

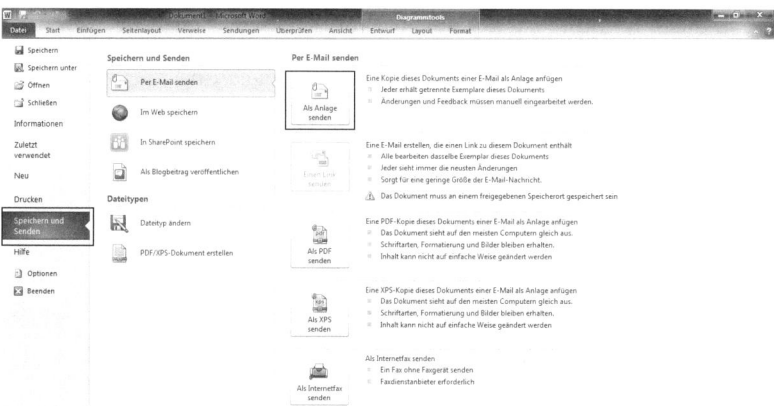

2 Hier können Sie nun entscheiden, ob Sie die Datei als Anlage oder als PDF verschicken möchten. Klicken Sie auf *Als Anlage senden*.

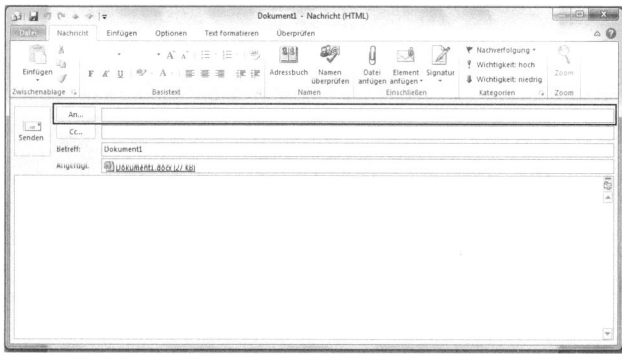

3 Sie müssen nur noch den Empfänger eingeben und vielleicht ein paar Sätze zu seiner Information, was Sie ihm da gerade geschickt haben. Der Rest funktioniert, wie in Kapitel 5 beschrieben.

Serienbriefe an Ihre Outlook-Kontakte senden

Nehmen wir an, Sie möchten ein Word-Dokument mit einer eingebetteten Excel-Tabelle an all diejenigen verschicken, die in Ihrer Kontakte-Liste von Outlook aufgeführt sind.

1 Schreiben Sie das Word-Dokument und betten Sie eine entsprechende Excel-Tabelle ein. Das Einbetten einer Excel-Tabelle haben wir in diesem Kapitel schon besprochen.

2 Nun wählen Sie die Registerkarte *Sendungen* und klicken im Bereich *Seriendruck starten* auf *Empfänger auswählen*. Nun wählen Sie *Aus Outlook-Kontakten auswählen*.

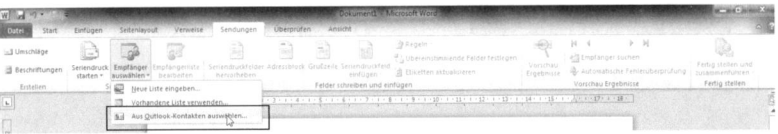

3 Im folgenden Fenster entscheiden Sie sich für die Kontakte und klicken dann auf *OK*.

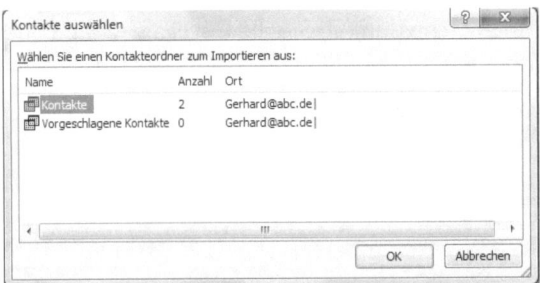

4 Nun erhalten Sie ein Fenster mit allen Ihren Kontakten in Outlook. Hier entscheiden Sie nun durch Entfernen des Häkchens, wer dieses Dokument nicht bekommen soll. Haben Sie die Entscheidungen getroffen, bestätigen Sie mit *OK*.

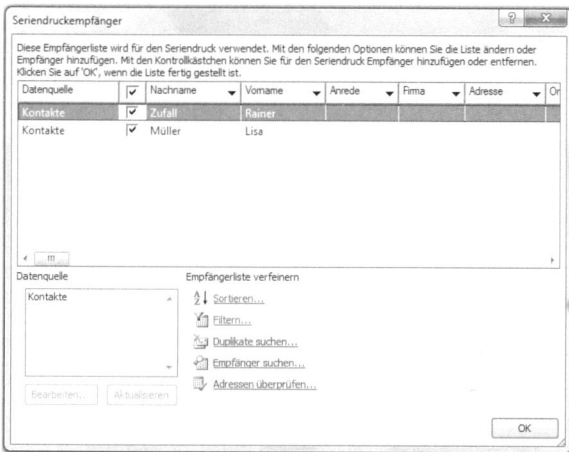

5 Nun fügen Sie, wie im Word-Teil dieses Buches beschrieben, die benötigten Seriendruckfelder ein, indem Sie in der Registerkarte *Sendungen* auf *Seriendruckfeld einfügen* klicken. Hier wählen Sie die nötigen Seriendruckfelder. Im Word-Teil dieses Buches lesen Sie Genaueres darüber.

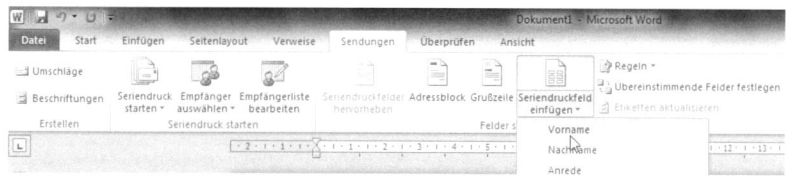

6 Damit ist nun Ihr Serienbrief fertig und kann verschickt werden. Durch einen Klick auf *Vorschau Ergebnisse* können Sie vorher noch überprüfen, ob alle Angaben richtig sind.

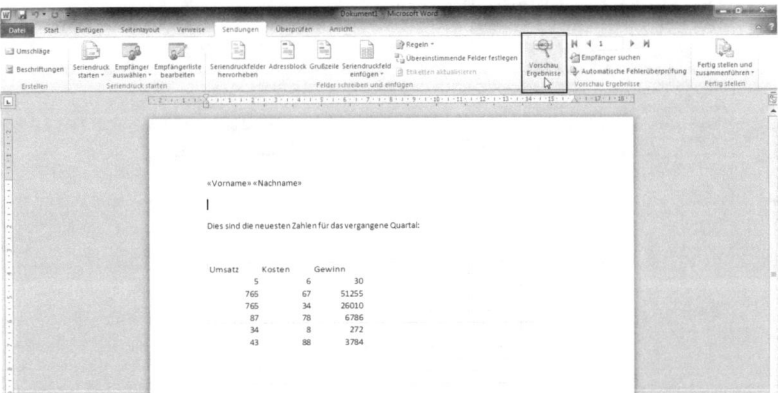

Anhang: Wichtige Tastenkombinationen im Überblick

Word: die besten Tastenkombinationen

Arbeit mit Dokumenten	
Strg + N	Neues Dokument erstellen
Strg + O	Dokument öffnen
Strg + W	Dokument schließen
Strg + S	Dokument speichern
Strg + F	Nach Text, Formatierung und Sonderzeichen suchen
Alt + Strg + Y	Weitersuchen
Strg + H	Text, Formatierung und Sonderzeichen ersetzen
Strg + G	Zu einer Seite, Textmarke, Fußnote, Tabelle, einem Kommentar, einer Grafik oder einer anderen Stelle im Dokument wechseln
Alt + Strg + Z	Zu einer Seite, Textmarke, Fußnote, Tabelle, einem Kommentar, einer Grafik oder einer anderen Stelle im Dokument zurückkehren
Esc	Aktion abbrechen
Strg + Z	Aktion rückgängig machen
Strg + Y	Aktion wiederherstellen oder wiederholen
Alt + Strg + L	Wechseln zur Layoutansicht
Alt + Strg + G	Wechseln zur Gliederungsansicht
Alt + Strg + N	Wechseln zur Entwurfsansicht

Formatieren von Zeichen und Absätzen	
Strg + Umschalt + A	Zeichenformatierung ändern
Strg + Umschalt + >	Schriftgrad vergrößern
Strg + <	Schriftgrad verkleinern
Strg + 9	Schriftgrad um 1 pt vergrößern
Strg + 8	Schriftgrad um 1 pt verkleinern
Umschalt + F3	Groß-/Kleinschreibung der Buchstaben ändern
Strg + Umschalt + G	Buchstaben als Großbuchstaben formatieren
Strg + Umschalt + F	Text fett formatieren
Strg + Umschalt + U	Text unterstreichen
Strg + Umschalt + W	Lediglich Wörter (keine Leerzeichen) unterstreichen

Formatieren von Zeichen und Absätzen	
Strg + Umschalt + D	Text doppelt unterstreichen
Strg + Umschalt + H	Text verborgen formatieren
Strg + Umschalt + K	Text kursiv formatieren
Strg + Umschalt + Q	Buchstaben in Kapitälchen formatieren
Strg + #	Tiefgestellt-Formatierung zuweisen (automatischer Abstand)
Strg + Umschalt + +	Hochgestellt-Formatierung zuweisen (automatischer Abstand)
Strg + Leertaste	Manuelles Zeichenformat entfernen
Strg + Umschalt + B	Dem markierten Text die Symbol-Schriftart zuweisen
Strg + Umschalt + * (Asterisk)	Nicht druckbare Zeichen anzeigen
Umschalt + F1 (danach auf den Text klicken, dessen Formatierung Sie prüfen möchten)	Textformatierung überprüfen
Strg + Umschalt + C	Formate kopieren
Strg + Umschalt + V	Formate einfügen
Strg + 1	Einfacher Zeilenabstand
Strg + 2	Doppelter Zeilenabstand
Strg + 5	1,5-facher Zeilenabstand
Strg + 0 (Null)	Zeile vor einem Absatz hinzufügen oder entfernen
Strg + B	Absatz im Blocksatz ausrichten
Strg + L	Absatz linksbündig ausrichten
Strg + R	Absatz rechtsbündig ausrichten
Strg + M	Absatz von links einziehen
Strg + Umschalt + M	Absatzeinzug von links entfernen
Strg + T	Hängenden Einzug erstellen
Strg + Umschalt + T	Hängenden Einzug verkleinern
Strg + Q	Absatzformatierung entfernen
Strg + Umschalt + S	Formatvorlage zuweisen
Strg + J	AutoFormat starten
Strg + Umschalt + N	Formatvorlage *Standard* zuweisen
Alt + 1	Überschriftformatvorlage *Überschrift 1* zuweisen
Alt + 2	Überschriftformatvorlage *Überschrift 2* zuweisen
Alt + 3	Überschriftformatvorlage *Überschrift 3* zuweisen
Strg + Umschalt + L	Formatvorlage *Liste* zuweisen

Bearbeiten und Verschieben von Texten und Grafiken

Rück	Zeichen links neben der Einfügemarke löschen/Wort links neben der Einfügemarke löschen
Entf	Zeichen rechts neben der Einfügemarke löschen
Strg + Entf	Wort rechts neben der Einfügemarke löschen
Strg + X	Markierten Text in die Zwischenablage verschieben
Strg + Z	Letzte Aktion rückgängig machen
Strg + F3	In die Sammlung verschieben
Strg + C	Text oder Grafiken kopieren

Kopieren und Verschieben von Text und Grafiken

F2 (danach Verschieben der Einfügemarke und Drücken der Enter-Taste)	Text oder Grafiken verschieben
Alt + F3	AutoText erstellen
Strg + V	Inhalt der Zwischenablage einfügen
Strg + Umschalt + F3	Inhalt der Sammlung einfügen/Einfügen von Sonderzeichen
Strg + F9	Feld
Enter (nach Eingabe der ersten Zeichen des Namens des AutoText-Eintrags und Anzeige der QuickInfo)	AutoText-Eintrag
Umschalt + Enter	Zeilenwechsel
Strg + Enter	Seitenwechsel
Strg + Umschalt + Enter	Spaltenwechsel
Strg + -	Bedingter Bindestrich
Strg + Umschalt + -	Geschützter Bindestrich
Strg + Umschalt + Leertaste	Geschütztes Leerzeichen
Alt + Strg + C	Copyright-Symbol
Alt + Strg + R	Symbol für eingetragene Marke
Alt + Strg + T	Markensymbol
Alt + Strg + . (Punkt)	Auslassungspunkte

Markieren von Text und Grafiken

Umschalt + →	Um ein Zeichen nach rechts
Umschalt + ←	Um ein Zeichen nach links
Strg + Umschalt + →	Bis zum Wortende
Strg + Umschalt + ←	Bis zum Wortanfang

Excel: die besten Tastenkombinationen

Allgemeine Tastenkombinationen	
Strg + O	Zeigt das Dialogfeld *Öffnen* an; ist gleichgebeutend mit einem Klick auf die Office-Schaltfläche und das Wählen von *Öffnen*
Strg + N	Erstellt eine neue, leere Arbeitsmappe
Alt + Umschalt + F1 Umschalt + F11	Fügt ein neues Tabellenblatt ein
Strg + P	Blendet den Dialog *Drucken* ein
Strg + S	Speichert die aktive Datei; verwendet wird der aktuelle Dateiname, das aktuelle Dateiformat und der aktuell gewählte Speicherort
F12	Blendet den Dialog *Speichern unter* ein
Strg + W Strg + F4	Schließt das markierte Arbeitsmappenfenster

Wechsel zwischen Ansichten und Navigation im Programm	
F6	Wechselt zwischen Tabellenblatt, Multifunktionsleiste, Aufgabenbereich und Zoom-Steuerelementen. Ist das Tabellenblatt geteilt, werden die geteilten Fenster für den Wechsel miteinbezogen.
Umschalt + F6	Wechselt zwischen Tabellenblatt, Aufgabenbereich, Zoom-Steuerelementen und Multifunktionsleiste
Strg + F6	Sofern mehrere Arbeitsmappenfenster geöffnet sind, wechseln Sie mit dieser Tastenkombination in die nächste Arbeitsmappe.
F1	Zeigt die Excel-Hilfe an

Oft verwendete Funktionen	
Strg + Y F4	Wiederholt die zuletzt ausgeführte Aktion
Strg + Z	Macht den letzten Befehl rückgängig oder löscht den zuletzt eingegebenen Befehl
Strg + Umschalt + Z	Macht die letzte automatische Korrektur rückgängig
Strg + G F5	Blendet das Dialogfeld *Gehe zu* ein
Strg + F	Blendet das Dialogfeld *Suchen und Ersetzen* ein. Ausgewählt ist die Registerkarte *Suchen*.
Strg + H	Blendet das Dialogfeld *Suchen und Ersetzen* ein
Umschalt + F4	Wiederholt den letzten Suchvorgang

Bearbeitung einer Tabelle

Alt + Enter	Beginnt in derselben Zelle eine neue Zeile. Die Zelle muss vorher aber zum Bearbeiten geöffnet worden sein.
Umschalt + Enter	Schließt die Eingabe einer Zelle ab und markiert die darüberliegende Zelle.
Umschalt + Leertaste	Markiert in einem Tabellenblatt eine komplette Zeile.
Strg + Umschalt + Leertaste	Markiert das gesamte Tabellenblatt. Enthält das Tabellenblatt Daten, wird der aktuelle Bereich markiert. Drücken Sie die Tastenkombination ein zweites Mal, werden der aktuelle Bereich und die zugehörigen Zusammenfassungszeilen markiert. Drücken Sie die Tastenkombination ein drittes Mal, wird das gesamte Tabellenblatt markiert. Ist ein Objekt markiert, werden mit der Tastenkombination alle Objekte auf dem Tabellenblatt markiert.
F2	Öffnet die aktive Zelle zum Bearbeiten
Rück	Löscht in der Bearbeitungszeile ein Zeichen links; löscht außerdem den Inhalt einer aktiven Zelle
Entf	Löscht den Inhalt einer Zelle. Entfernt werden Daten und Formeln. Formate und Kommentare bleiben erhalten. Im Zellbearbeitungsmodus wird das Zeichen neben der Einfügemarke gelöscht.

Navigation in einer Tabelle

Pfeiltasten	Bewegung in einem Tabellenblatt um eine Zelle nach oben, unten, links oder rechts.
Umschalt + Tab	Navigiert in einem Tabellenblatt zur vorherigen Zelle
Strg + Ende	Navigiert zur letzten verwendeten Zelle in einem Tabellenblatt
Strg + Pos1	Navigiert an den Anfang des Tabellenblatts

Arbeit mit Zahlenformaten

Strg + Umschalt + §	Weist das Währungsformat zu. Zwei Dezimalstellen werden verwendet. Negative Werte werden in eine Klammer gesetzt.
Strg + Umschalt + %	Weist das Zahlenformat *Prozent* zu

Arbeit mit Zahlenformaten	
Strg+Umschalt+!	Weist das Zahlenformat mit zwei Dezimalstellen und Tausendertrennzeichen zu. Negative Werte werden mit einem Minuszeichen kenntlich gemacht.

Arbeit mit Datums- und Zeitformaten	
Strg+Umschalt+:	Trägt die aktuelle Uhrzeit ein
Strg+Umschalt+;	Trägt das aktuelle Datum ein
Strg+#	Weist das Datumsformat zu

Ausführung von Berechnungen und Überprüfung von Formeln	
F9	Berechnet alle Tabellenblätter in den geöffneten Arbeitsmappen
Umschalt+F9	Berechnet das aktive Tabellenblatt

Markieren von Tabelleninhalten und Arbeit mit der Zwischenablage	
Strg+A	Markiert das gesamte Tabellenblatt. Enthält das Tabellenblatt Daten, wird mit der Tastenkombination der aktuelle Bereich markiert. Drücken Sie die Tastenkombination zweimal hintereinander, um den aktuellen Bereich und die zugehörigen Zusammenfassungszellen zu markieren. Drücken Sie die Tastenkombination dreimal, um das gesamte Tabellenblatt zu markieren.
Strg+C	Kopiert die markierten Zellen in die Zwischenablage. Drücken Sie die Tastenkombination zweimal, um die Zwischenablage anzuzeigen.
Strg+V	Fügt den Inhalt der Zwischenablage an der Position, an der sich die Einfügemarke befindet, ein. Eine mögliche Auswahl wird dabei ersetzt.

PowerPoint: die besten Tastenkombinationen

Arbeit in Präsentationen	
Strg+P	Drucken einer Präsentation
Strg+S	Speichern einer Präsentation
Strg+N	Anlegen einer neuen Präsentation
Strg+M	Einfügen einer neuen Folie

Arbeit in Präsentationen

Strg+Enter	Wechsel zum nächsten Textplatzhalter
Strg+G	Markierte Objekte gruppieren
Strg+D	Duplikat eines markierten Objekts erstellen
Strg+Umschalt+D	Duplikat einer ausgewählten Folie erstellen
F5	Starten einer Bildschirmpräsentation von der ersten Folie an
Strg+Z	Rückgängigmachen eines Befehls
F4 oder Strg+Y	Wiederholen eines Befehls
Strg+F	Suchen nach Text, Formatierungen oder besonderen Elementen
Strg+H	Ersetzen von Text, Formatierungen oder besonderen Elementen

Markieren

Strg+A	Alle Objekte markieren (Normalansicht); alle Folien markieren (Foliensortierungsansicht); gesamten Text markieren (Gliederungsansicht)
Esc bei Objekten	Markierung des Objekts aufheben
Tab	Nächstes Objekt markieren
Umschalt+Tab	Vorheriges Objekt markieren

Textformatierung

Strg+Umschalt+P oder Strg+T	Öffnen des Dialogfeldes zur Zeichenformatierung
Umschalt+F3	Wechsel zwischen Groß-/Kleinschreibung
Strg+Umschalt+F	Fett
Strg+Umschalt+U	Unterstrichen
Strg+Umschalt+I	Kursiv
Strg++	Tiefgestellt (automatisches Anpassen des Schriftgrades)
Strg+Umschalt++	Hochgestellt (automatisches Anpassen des Schriftgrades)
Strg+Leertaste	Entfernen manueller Zeichenformatierungen
Strg+L	Linksbündig
Strg+R	Rechtsbündig
Strg+E	Zentriert
Strg+J	Blocksatz

Während einer Bildschirmpräsentation	
Foliennummer eingeben und [Enter]	Wechseln zur Folie <Nummer>
[B] oder [.]	Anzeigen eines schwarzen Bildschirms oder Zurückkehren vom schwarzen Bildschirm zur Bildschirmpräsentation (früher [S] wie Schwarz)
[W] oder [,]	Anzeigen eines leeren, weißen Bildschirms oder Zurückkehren von einem leeren, weißen Bildschirm zur Bildschirmpräsentation
[S] oder [+]	Anhalten einer automatischen Bildschirmpräsentation oder erneutes Starten (früher [A])
[Esc] oder [Strg]+[Pause] oder [-]	Beenden einer Bildschirmpräsentation
Beide Maustasten für zwei Sekunden gedrückt halten	Zurückkehren zur ersten Folie

Outlook: die besten Tastenkombinationen

Tastenkombination	Funktion
[Strg]+[1]	Wechseln zu *E-Mail*
[Strg]+[2]	Wechseln zu *Kalender*
[Strg]+[3]	Wechseln zu *Kontakte*
[Strg]+[4]	Wechseln zu *Aufgaben* bzw. *Vorgangsliste*
[Strg]+[5]	Wechseln zu *Notizen*
[Strg]+[6]	Ordnerliste anzeigen
[Strg]+[7]	Wechseln zu *Verknüpfungen*
[Strg]+[8]	Wechseln zu *Journal*
[Strg]+[Umschalt]+[M]	Neue E-Mail
[Strg]+[Umschalt]+[A]	Neuer Termin
[Strg]+[Umschalt]+[C]	Neuer Kontakt
[Strg]+[Umschalt]+[L]	Neue Kontaktgruppe
[Strg]+[Umschalt]+[K]	Neue Aufgabe
[Strg]+[Umschalt]+[J]	Neuer Journaleintrag
[Strg]+[Umschalt]+[N]	Neue Notiz
[F9]	E-Mails empfangen/senden
[Strg]+[E]	Sofortsuche

Stichwortverzeichnis